Regieren im modernen Staat

Politikwissenschaftliche Abhandlungen I

von

Wilhelm Hennis

Mohr Siebeck

Für Haide
in dankbarer Liebe

Die Deutsche Bibliothek – CIP-Einheitsaufnahme

Hennis, Wilhelm:
Politikwissenschaftliche Abhandlungen / Wilhelm Hennis. –
Studienausg. – Tübingen : Mohr Siebeck
1. Regieren im modernen Staat. – 2000
ISBN 3-16-147344-2

Das Buch wurde gesetzt aus der Bembo Antiqua von Computersatz Staiger in Pfäffingen, gedruckt von der Druckerei Gulde in Tübingen auf alterungsbeständigem Werkdruckpapier der Papierfabrik Weissenstein in Pforzheim und gebunden von der Großbuchbinderei Heinr. Koch in Tübingen.

Vorbemerkung

Über den Weg des Verfassers vom Öffentlichen Recht zur Politikwissenschaft berichtet der Vortrag am Ende dieses Bandes. Dem uralten Fach wurde in den fünfziger Jahren eine neue Chance als Universitätsdisziplin gegeben. Die Aufgaben, die sich ihm stellten, ergaben sich aus der Fraglichkeit der historischen Situation: den »Vorbelastungen« (Ernst Fraenkel) des deutschen politischen Denkens, dem so offenkundigen Mißlingen unserer politischen Praxis. Die beiden ersten in diesen Band aufgenommenen Arbeiten zeigen, wie ich mir den Auftrag des Fachs zurechtlegte.

Daß ich den Gang der deutschen Politik über nun mehr als ein halbes Jahrhundert beobachten durfte, nie gleichgültig, sondern wie ein Arzt mal mehr, mal weniger besorgt anteilnehmend, empfinde ich als dankbares Geschick. Nicht teilnahmslos-«objektive« Analyse, sondern zugewandte Diagnose ist die Aufgabe einer sich recht verstehenden Politikwissenschaft, – darum Politik als«praktische« Wissenschaft. Ich hoffe, daß der zweite Band mit Arbeiten zu »Politikwissenschaft und politisches Denken« diese Position auch dem »Fach« endlich plausibel machen wird. Immerhin habe ich dafür große Autoritäten, Aristoteles und Max Weber (man vergleiche die Anführungszeichen im »Objektivitäts«-Aufsatz), auf meiner Seite.

»Publizistisches« wurde in diesen Band nicht aufgenommen. Eine Ausnahme macht die Baring-Rezension. Sie wurde aufgenommen, weil die in Barings Buch behandelten Jahre zwischen 1969 und 1974 die immer latente Gefahr eines »romantischen Rückfalls« (Richard Loewenthal), die deutsche Anfälligkeit für verstiegene »Bewegtheit«, erneut signalisierten. Diese Gefahren haben sich in der langen »Ära Kohl« keineswegs verflüchtigt.

Herrn Georg Siebeck und seinem Verlag danke ich für die Ermöglichung dieser Sammlung, der Thyssen-Stiftung für eine Sachbeihilfe.

Freiburg im Breisgau, 1. Mai 1999 W.H.

Inhalt

Parlamentarische Opposition und Industriegesellschaft*

Zur Lage des parlamentarischen Regierungssystems

Ein gewisser pädagogischer, ja schulmeisterlicher Kern steckt in aller Geistes- und Sozialwissenschaft. Insbesondere Staatslehre und politische Theorie haben sich immer, sofern sie nicht in einem wertneutralen Positivismus versanken, ein wenig als das institutionalisierte Gewissen der Nation verstanden. An die selbstgewählten Prinzipien zu erinnern, nach denen ein Gemeinwesen erklärterweise leben will, gehört zu ihren ihnen immer aufgegebenen Pflichten. Gegenüber einer politischen Soziologie, die ausschließlich an der Analyse von »Struktur« und »Funktion« politischer Machtverhältnisse interessiert ist, besteht Anlaß daran zu erinnern, daß die politische Bildungsarbeit in Deutschland nur erfolgreich sein kann, wenn sie sich in ständiger *kritischer* Auseinandersetzung mit der vorgefundenen Verfassungswirklichkeit vollzieht. Gehört es doch zu den Grunderfahrungen jedes Sozialkundelehrers, daß die Diskrepanz zwischen den gelehrten und den die Wirklichkeit regierenden Prinzipien allen Erfolg des Unterrichts in Frage stellen kann. Da mehr als alle schulpädagogischen Bemühungen eine gute und institutionsgerechte politische Wirklichkeit politisch erziehend wirkt, schlechte Wirklichkeit alle Bemühungen zuschanden machen könnte, ist Kritik unserer Zustände eine untrennbar mit aller politischen Bildungsarbeit verbundene Aufgabe. Der politische Unterricht ist sicher nicht von der »Treue zur *Verfassung*« entbunden (Art. 4 GG), sowenig wie Forschung und Lehre. Aber vom Sozialkundelehrer eine Apologie unserer *Verfassungswirklichkeit* zu fordern, heißt etwas pädagogisch Unmögliches verlangen.

---

* Nach einem vor der Wirtschaftspolitischen Gesellschaft am 28. 6. 1956 in Frankfurt am Main gehaltenen Vortrag.

Die Väter unserer Verfassungen in Bund und Ländern haben nach 1945 entschieden, daß sich das neue politische Leben in den Formen parlamentarischer Regierungssysteme entfalten soll. Alle unsere Verfassungen, sowohl das Grundgesetz wie sämtliche Länderverfassungen, sehen mit gewissen unwesentlichen Modifikationen *parlamentarische Regierungssysteme* vor, das heißt eine Verfassungsordnung, die die Exekutive aus der Mitte der Legislative hervorgehen läßt und an ihr ständig präsentes Vertrauen bindet.[1] Ob die Wirklichkeit unseres politischen Lebens die Bedingungen erfüllt, die erfüllt sein müssen, um die spezifischen *Vorzüge* parlamentarischer Regierungsweise zum Tragen zu bringen, um *derentwillen* das parlamentarische Regierungssystem vor anderen konstitutionellen demokratischen Systemen den Vorzug verdient, ist die hier gestellte Frage. Sie geht dahin, ob wir die »Ambiance« (Dietrich Schindler), d.h. die nicht verfassungsrechtlich normierten sozialen Entsprechungen besitzen, die vorhanden sein müssen, damit das parlamentarische Regierungssystem seine Vorzüge entwikkeln kann. Die Hauptentsprechung im nicht normierten Bereich des parlamentarischen Systems ist das Vorhandensein einer Opposition, die die Möglichkeit hat, Regierungspartei zu werden. Das Problem der Opposition muß daher im Vordergrund jeder Analyse unserer parlamentarischen Verhältnisse stehen.[2]

I.

Das parlamentarische Regierungssystem ist für Deutschland ein Problem. Gering ist das Verständnis für seine Eigengesetzlichkeit. So prinzipiell wir uns in bezug auf Ideen und Weltanschauungen geben, so leichthin in bezug auf die Notwendigkeiten politischer Institutionen. Die Gründe für die Problematik des parlamentarischen Regierungssystems sind zunächst historische. Die Tradition des landesväterlichen Obrigkeitsstaates, für den Kritik der Regierung identisch ist mit Kritik des Staates, ist auch heute noch lebendig. Ein Regierungssystem, in

---

[1] Nur die bayerische Landesverfassung weicht in bezug auf das letztgenannte Erfordernis wesentlich von der Norm ab.

[2] Ich folge darin den Referaten von Siegfried Landshut und Dolf Sternberger auf der Tagung der Vereinigung für die Wissenschaft von der Politik, Hamburg 1954. Beide Referate finden sich in der *Festschrift für Alexander Rüstow, Wirtschaft und Kultursystem,* hrsg. v. Gottfried Eisermann, Erlenbach-Zürich und Stuttgart, 1955.

dem ein Teil des Systems, die Opposition, die Hauptaufgabe hat, Kritik zu üben und eine andere als die gerade vorherrschende Politik vorzuschlagen, ist für dieses Staatsdenken ein Widerspruch in sich. Weiter ist zu bedenken, daß wir bis zum Jahre 1918 nicht parlamentarisch regiert wurden, sondern in Reich und Einzelstaaten unter Formen konstitutioneller Monarchien lebten, das heißt unter einem Regierungssystem, in dem die Exekutive nicht aus dem Parlament hervorging, sondern vom Souverän nach eigenem Willen ohne Berücksichtigung des Parlaments gebildet werden konnte. Die Scheidelinie im System der konstitutionellen Monarchie verlief also streng im Sinne der Gewaltenteilungslehre zwischen Exekutive und Legislative. Hier und nur hier ist die Vorstellung zu Hause und legitim, daß das Parlament als *Ganzes* der eigentliche Gegenspieler der Regierung ist, eine Vorstellung, die auch heute, unter völlig anderen Verhältnissen, noch sehr lebendig ist. Sicher gibt es auch im parlamentarischen Regierungssystem Fälle solidarischen Zusammenstehens des ganzen Hauses gegen die Exekutive in ihrer Gestalt als *Bürokratie*. Schlamperei und unlustige Gesetzesausführung darf auch die regierende Mehrheit nicht dulden. Täte sie es, so würde sie institutionelle Pflichten verletzen. Besser aufgehoben sind Kontrolle und Kritik auch der Bürokratie aber bei einer Opposition, die frei ist von der Versuchung, das Interesse institutionellen Pflichten vorzuziehen.

Ein weiterer Grund für die schlechte Anpassung unseres politischen Denkens an die Notwendigkeiten des parlamentarischen Regierungssystems liegt in dem starken Fortwirken Rousseauscher Theorien, ganz im Gegensatz zum Bestand angelsächsischen politischen Denkens. Rousseauscher Theorien insofern, als Identität und Homogenität des Volkes Ansatzpunkte aller staatstheoretischen Überlegungen sind, für eine Opposition also nur durch Verbiegung des Systems Platz geschaffen werden kann. Schließlich gehört in diese geschichtlichen Zusammenhänge noch die Tatsache, daß wir verfassungstreue Oppositionen in Deutschland erst seit 1949 kennen. In der Zeit des Bismarckreiches bis hin zu seinem Ende, jedenfalls bis zum Beginn des Ersten Weltkrieges, war die Politik der Sozialdemokratischen Partei als wichtigster Oppositionspartei dadurch bestimmt, daß sie jenem System »keinen Groschen« zu geben bereit war. Die Oppositionsparteien im Weimarer Reichstag, die Kommunisten auf der einen Seite und alle Parteien rechts der DVP einschließlich der Deutschnationalen – die bekanntlich die Restauration der Monarchie zu den Grundlagen ihres Parteiprogrammes erklärten –, lehnten das parlamentarische System grundsätzlich ab, so daß wir in Deutschland historisch erst eine sehr geringe Erfahrung mit einer Opposition gemacht haben, die auf dem Boden der Verfassung steht.

Zu diesen historischen kommen gewichtigere soziologische Gründe. Ein Volk erfährt seine politische Schulung ja nie ausschließlich auf dem Lebensgebiet der Politik. In England, dessen parlamentarisches Regierungssystem unter den Bedingungen eines demokratischen, richtungbestimmten Parteiensystems auch erst auf die Erfahrung eines knappen Jahrhunderts zurückblickt,[3] ist die Ausbildung des Volkes für das parlamentarische System auf einer Fülle von Lebensgebieten vorgenommen worden. So ist der Sport, der in England ganz anders als bei uns *alle* Schichten und Klassen des Volkes seit Beginn des 19. Jahrhunderts erfaßt, wie Herbert Schöffler besonders feinsinnig gezeigt hat,[4] eine der großen politischen Schulungsstätten des englischen Volkes gewesen. Ein weiteres Lebensgebiet, auf dem die Engländer für das politische System des Parlamentarismus gewissermaßen vortrainiert haben, ist der Bereich des kirchlich-religiösen Lebens. Seit dem Ende der Großen Revolution muß man einsehen, daß es religiöse Minoritäten gibt und Toleranz erwiesen werden muß. Darüber hinaus sind alle nichtpolitischen Bereiche des englischen Lebens durch ihre rhetorischen Elemente charakterisiert. Da der Parlamentarismus darauf beruht, daß mit den Mitteln des öffentlich gesprochenen Wortes die Staatsangelegenheiten gelenkt und entschieden werden, ist die Pflege des gesprochenen Wortes in den englischen Schulen, an den Universitäten und vor allem den konfessionellen Sonntagsschulen eine außerordentlich wichtige Schulungsstätte der Nation für die spezifischen Notwendigkeiten des Parlamentarismus gewesen.[5]

Demgegenüber kann man unsere deutsche Kultur wohl eher als eine Hochkultur des Parierens bezeichnen. Die Schule mit ihrer – tra-

---

[3] Den epochalen Einschnitt stellen nicht die verschiedenen Erweiterungen des Wahlrechts dar, sondern die Geschäftsordnungsreformen (Einführung der closure) anfangs der achtziger Jahre. Dazu jetzt Edward Hughes, The Changes in Parliamentary Procedure, 1880–1882, *Essays presented to: Sir Lewis Namier,* London 1956, 289 ff. Eine von der modernsten verfassungsgeschichtlichen Forschung noch nicht überbotene Einsicht in die epochale Bedeutung dieser Vorgänge zeigen Lothar Buchers ressentimentgeschärfte zeitgenössische Kommentare. Vgl. *Kleine Schriften politischen Inhalts,* Stuttgart 1893, 220 ff.

[4] ›Die politische Schulung des englischen Volkes‹, *Hefte zur Englandkunde 5,* Leipzig 1931.

[5] Dazu Hildegard Gauger, *Die Kunst der politischen Rede in England,* Tübingen 1952.

ditionell zumindest – strengen Zucht und der Kasernenhof haben für die politische Schulung des deutschen Volkes eine wesentlich größere Bedeutung gehabt als Sportplatz und Gemeindeversammlung. Widerworte, Widerrede gelten bei uns schon in früher Kindheit als nicht nur läßliche Sünden. Da aber Widerworte, Widerrede zu pflegen nun einmal zu den Grundprinzipien parlamentarischer Regierungsweise gehört, hat die geringe Schulung, die wir auf allen rhetorischen Lebensgebieten, auch in Schule und Universität, erfahren, uns nicht gerade vorbereitet, uns schnell den Rock des parlamentarischen Regierungssystems anzupassen. Auch unsere kirchliche Vergangenheit, in der das Prinzip »Cuius regio, eius religio« herrschte, in der also Freiheit und Toleranz des kirchlichen Bekenntnisses sehr spät erkämpft wurden, gibt nichts ab, das für das parlamentarische Regierungssystem sonderlich hätte erziehen können. Darüber hinaus setzt sich ein jeder, der im Lande des Pietismus und kategorischen Imperativs den rhetorischen Charakter der Politik betont, leicht dem Verdacht aus, daß er eine solch große Angelegenheit, wie es die Politik, die Lenkung der Geschicke der Nation ist, leichtfertig und in anrüchiger Form behandelt.

II.

Wollen wir die Frage beantworten, ob wir in Deutschland die außerrechtlichen Bedingungen eines seine Vorzüge entfaltenden parlamentarischen Regierungssystems erfüllen, so müssen wir einen Maßstab, eine Norm dieses Systems besitzen. Der englische Parlamentarismus gibt das Muster ab für alles, was sich parlamentarische Regierungsweise nennt, und daher gewinnen wir diese Maßstäbe am einfachsten, wenn wir kurz nach England hinüberschauen.

Eine klassische Definition des einen Partners im Zusammenspiel von Regierung und Opposition hat Lord Bolingbroke im Jahre 1736 in seinem Essay ›On the Spirit of Patriotism‹ gegeben. Er bezeichnete die Opposition als ein »alternative system of conduct«, also »als ein alternatives System politischen Gesamtverhaltens, dessen Ziel es ist, ein anderes Generalkonzept vom Allgemeinwohl durchzusetzen«, jedoch auf Grund einer die Einheit und Kontinuität der Staatspolitik wahrenden Gemeinsamkeit mit der Regierung über und jenseits aller Alternativen.[6] Es ist nun ein Gemeinplatz aller englischen Darstellungen,

---

[6] Ich folge LANDSHUT, aaO. 217 ff. Blackstone steht im Mittelpunkt des bedeu-

daß es Pflicht der Opposition sei, Opposition zu treiben. Dabei werden drei Aufgaben immer wieder genannt: 1. Kritik der jeweiligen Regierungspolitik, 2. ihre Kontrolle – nach den Normen der Verfassung und dem Inhalt des Wahlversprechens, das heißt daraufhin, ob sie auch tut, was sie den Wählern versprochen hat, und 3. als wichtigste Aufgabe: der Entwurf einer Alternativpolitik. Kritik, Kontrolle, Entwurf einer Alternative, dies sind die Aufgaben, die einer Opposition im parlamentarischen Regierungssystem gestellt sind.

Der Rahmen, in dem sie das tun soll, ist gekennzeichnet durch das, was man in England präzis als »cabinet-government« bezeichnet. Es entspricht etwa dem, was man bei uns mit einem gewissen, aus Unverständnis über die Notwendigkeiten parlamentarischer Demokratie gespeisten Unbehagen als »Kanzlerdemokratie« apostrophiert. In diesem System ist der Führer der Mehrheitspartei automatisch der designierte Premierminister. Die Krone hat noch ein gewisses Recht der Auswahl, wenn innerhalb der siegreichen Partei zwischen zwei Persönlichkeiten um die Parteiführung gestritten wird, aber in der Regel ist es ein durch Volksentscheid bestimmter, von der Krone nur noch zu bestätigender Premierminister, der nun souverän die Richtlinien der Politik festsetzt, wobei er in beiden Parteien das unbestrittene Recht hat, sich seine Assistenten, seine Minister, nach eigenem Wunsch und Gutdünken auszuwählen. Die Aufgabe der Mehrheit im Parlament ist in diesem System *nicht:* Bestimmung der Politik, sondern ihre Aufgabe besteht in der Unterstützung, Deckung des Kabinetts vor den Angriffen der Opposition, deren ganzes Ziel darauf gerichtet ist, von der Mehrheit genügend Abtrünnige abzuspalten, um durch ein Mißtrauensvotum die Regierung stürzen zu können. Selbstverständlich kann der Premier die Richtung der Politik nur in ständiger Auseinandersetzung mit den führenden Mitgliedern seines Kabinetts und den einflußreichen Abgeordneten der Fraktion festlegen. Das Zusammenspiel von Premier, Kabinett, Fraktion und Parteiorganisation ist in den großen englischen Parteien unterschiedlich. Ein konservativer Premier kann die einzuschlagende Politik souveräner bestimmen als ein Labour-Premier, dessen Partei und Fraktion stärkere Machtansprüche stellen. Die Verantwortung und letzte Entscheidungsmacht des Premiers und die Überlegenheit der Regierung über die Mehrheit im Unterhaus ist aber in

tenden Buches von KURT KLUXEN, *Das Problem der politischen Opposition,* Entwicklung und Wesen der englischen Zweiparteienpolitik im 18. Jahrhundert, Freiburg – München 1956.

beiden Parteien anerkanntes Recht – jedenfalls solange der Premier sich des Vertrauens seiner Mehrheit versichern kann.[7] Die wichtigsten Partner im englischen Regierungssystem sind demnach der Premier mit seinem Kabinett und die Mehrheit im Parlament auf der einen und »Her Majesty's most loyal Opposition« auf der anderen Seite. Der Verfassungsrang der Opposition ist dabei in England seit dem Jahre 1937 dadurch legalisiert worden, daß man dem Führer der Opposition das ansehnliche Salär von zweitausend Pfund im Jahr aussetzte. Baldwin argumentierte damals, der Führer der Opposition müsse auch gegenüber den Forderungen und Wünschen seiner eigenen Fraktion und Partei eine gewisse Unabhängigkeit bewahren können, um die große Verantwortung voll tragen zu können, die darin begründet ist, der präsumtive alternative Premierminister der Nation zu sein.

Unabdingbare Voraussetzung für das »Funktionieren« eines so skizzierten Systems ist in der soziologischen Wirklichkeit ein Zweiparteiensystem.[8] Nur in ihm hat eine Opposition den Rang der alternativen Regierung, da sie nur hier die begründete Chance hat, zur Regierungspartei von morgen zu werden. »Funktionieren« in dem Sinne, als in der Möglichkeit des Alternierens alle die Vorzüge des parlamentarischen Regierungssystems begründet sind, um derentwillen es eine so grandiose Erfindung der praktischen Vernunft ist. In der Möglichkeit, morgen in die Opposition zu geraten auf der einen Seite, aber in der Hoffnung, es nicht immer bleiben zu müssen, und in der Möglichkeit, morgen die Regierungsverantwortung übernehmen zu müssen – was nicht immer eine vergnügliche Angelegenheit zu sein braucht –, in den psychologischen und institutionellen Folgen dieser Möglichkeiten liegt die Größe des parlamentarischen Regierungssystems.[9]

Diese Folgen sind einmal eine gewisse Mäßigung und Versachlichung des politischen Kampfes. Wenn es notwendig ist, daß man die absolute Mehrheit aller Mandate gewinnt, um die Regierung zu über-

---

[7] Eine heute schon klassische Schilderung der Machtverhältnisse innerhalb der beiden großen englischen Parteien gibt das Buch von R. T. McKenzie, *British Political Parties,* The Distribution of Power within the Conservative and Labour Parties, London 1955. Es revidiert die insbesondere seit Ostrogorski und Max Weber gängig gewordenen Vorstellungen vom parteistaatlichen Charakter des englischen Parlamentarismus grundlegend.

[8] Daß nur das relative Mehrheitswahlrecht die Entwicklung zum Zweiparteiensystem wenn nicht garantiert, so doch in den Grenzen des Manipulierbaren sicherstellt, sollte nach allen Erfahrungen wirklich nicht mehr in Frage gestellt werden.

[9] Vgl. dazu auch Sternberger, 315 f.

nehmen, so muß man an das *ganze* Volk appellieren. Es genügt nicht, sich des festen Stammes seiner Wähler, der überkommenen Parteigemeinde, in Wahlzeiten zu versichern, sondern man muß versuchen, darüber hinaus Kreise des Volkes anzusprechen, die von beiden Seiten mit gewissen Chancen angesprochen werden können. Ein weiterer außerordentlicher Vorteil eines Systems, das als Regel nur die Einparteienregierung kennt, liegt darin, daß zwischen den konkurrierenden Parteien keine Verpflichtungen eingegangen werden müssen, wie das im Vielparteienstaat mit seinem Koalitionszwang regelmäßig der Fall ist, so daß Klarheit und Wahrheit stiftende Unabhängigkeit zwischen ihnen herrschen kann. Im englischen Regierungssystem können Parlamentsdebatten ohne faktische Verschweigungen in aller Öffentlichkeit geführt werden, denn man hat wohl gelegentlich voreinander, aber nicht miteinander Geheimnisse. Man kann oder konnte in der Zeit, für die man mit dem Regierungsauftrag ausgestattet war, nach der eigenen Konzeption regieren, war also nie Komplice des anderen. Zwar wird man immer das nationale Schicksal gemeinsam tragen müssen, nicht aber die parteipolitische Regierungsverantwortung. In der Unabhängigkeit der Hauptparteien voneinander sind zum Teil auch jene Eigenschaften des englischen Regierungssystems begründet, die es rechtfertigen, es als ein »responsible«, ein verantwortliches Regierungssystem zu bezeichnen. Denn hier können Opposition und Volk die Regierung wirklich verantwortlich machen, in dem einzigen Sinne »politischer Verantwortung«, daß man die Quittung für schlechtes Regieren einstecken muß, indem man abgewählt wird, und zwar bis auf weiteres radikal, ohne erneute Koalitionschancen. Dieses System ist auch *demokratisch* insofern, als dem Volk die Möglichkeit einer wirklichen *Wahl* gegeben ist. Voraussetzung für eine Wahl ist ja immer, daß Verschiedene Verschiedenes zur Wahl anbieten. Mögen auch Programme und politische Zielrichtungen der englischen Parteien einander immer ähnlicher werden, so bleiben doch mindestens zwei Führungsteams, die um das Vertrauen konkurrieren, und in der Offenhaltung der Konkurrenz um die Führung liegt ja das Wesentliche der modernen Demokratie, nicht aber in der Vorstellung, wie sie Rousseau entwickelte, daß der »Volkswille« durchzuführen sei. In Gestalt der öffentlichen Meinung behält dieser Volkswille in England allerdings eine erhebliche Macht.

Wenn jede Partei eine Mehrheit des Volkes ansprechen muß, so können unter den Bedingungen des englischen Wahlsystems schon kleine Schwankungen der öffentlichen Meinung zu einer kompletten

Revolutionierung der Mehrheitsverhältnisse im Parlament führen. Man hat also allen Anlaß, die öffentliche Meinung in einem solchen Regierungssystem sehr aufmerksam zu verfolgen, sei es, daß sie sich im Ausgang der Nachwahlen kundtut, in der Kritik der Opposition oder in den Äußerungen der anderen repräsentativen Organe der öffentlichen Meinung, also insbesondere der Presse und den Stellungnahmen der großen, nicht nur partikulare Interessen vertretenden Verbände.

Dieses System hat gewisse organisatorische Konsequenzen. Wenn die beiden Hauptpartner des Systems die regierende Mehrheit auf der einen Seite und die Opposition auf der anderen sind und wenn der Preis des Kampfes zwischen ihnen die Regierungsmacht ist, so müssen beide Lager relativ fest organisiert sein, insbesondere muß der Premier, wenn die Mehrheitsverhältnisse labil sind, darauf dringen, daß die Regierungsfraktion sich straff organisiert, um eventuelle Einbrüche der Opposition abzuwehren. Das hat einen Fraktionszwang zur Folge, der in England viel stärker ist, als wir das im allgemeinen annehmen, und es führt weiter dazu, daß die Opposition als der präsumtive Nachfolger in der Regierungsverantwortung sich daraufhin organisiert, einmal die Regierung zu übernehmen, also ein Schattenkabinett aufstellt und insbesondere den Leader, den Führer der Oppositionspartei, klar als den präsumtiven Nachfolger des gerade amtierenden Premiers bezeichnet. Es können in England gar keine Zweifel aufkommen, daß, wenn heute allgemeine Wahlen durchgeführt würden und die Labourparty dabei einen Sieg erringen würde, der englische Premierminister morgen Hugh Gaitskell heißen würde. Das weiß das englische Volk so gut, wie es die Eingeweihten der Politik wissen, und sie wissen darüber hinaus auch ziemlich genau, wer im Falle eines Labourwahlsiegs Justizminister, Innenminister, Außenminister usw. sein würde, denn schon in der Zeit der Opposition sind bestimmte Persönlichkeiten, die das Vertrauen der Partei gewonnen haben, damit beauftragt worden, bestimmte Ressorts jedenfalls in Kritik des gerade amtierenden Ministers wahrzunehmen, um sich vorzubereiten auf die Möglichkeit, daß sie einmal dieses Amt selbst verantwortlich übernehmen könnten.

Der letzte Vorzug dieses Regierungssystems liegt also in der Überschaubarkeit, in der Klarheit, in der gewissen Rationalität, die zu bewahren für die moderne Demokratie, in der so viele Kräfte am Werk sind, diese Überschaubarkeit und Rationalität in Frage zu stellen, ein Hauptanliegen aller staatstheoretischen Konstruktion wie praktischen Politik sein muß.

III.

Wenn wir uns demgegenüber der Situation in Bund und Ländern zuwenden, so ist zuvor noch einmal zu betonen, daß wir im Bund wie in allen Ländern parlamentarische Verfassungen eingeführt haben, daß es also nicht darum geht, das eben erörterte englische System zu kopieren. Das haben wir in unseren Verfassungen jedenfalls schon getan. Alle deutschen Verfassungen bestimmen, daß die Exekutive aus dem Parlament hervorgehen soll. Die Frage ist nur, ob wir die soziologischen Entsprechungen in unserer Wirklichkeit entwickelt haben, die erfüllt sein müssen, damit das parlamentarische Regierungssystem seine spezifischen Vorzüge entwickeln kann. Wir haben seit 1949 zum erstenmal in einem überregionalen deutschen Parlament eine große verfassungstreue Oppositionspartei. Man mag sehr wohl meinen, daß es in anderer Hinsicht wünschenswert gewesen wäre, wenn eine größere Koalition die Regierungsverantwortung für die ersten Nachkriegsjahre getragen hätte. Aber für die Entwicklung unserer Verfassungsinstitutionen war es sicher gut, daß wir in der Sozialdemokratischen Partei seit 1949 eine verfassungstreue Opposition im Bunde haben. Aber – hier schon muß die Einschränkung gemacht werden – es ist keine Oppositionspartei, die im Sinne des parlamentarischen Regierungssystems die Chance hätte, als ein »alternative system of conduct« die allein verantwortliche Regierungspartei von morgen zu werden. Unter dem gegenwärtigen Wahlsystem wird die Sozialdemokratische Partei – jedenfalls für alle nähere, voraussehbare Zukunft – auf Koalitionen angewiesen sein. Für die CDU gilt nach dem einmaligen Erfolg von 1953 sicher generell das gleiche. Das hat Folgen, die die spezifischen Vorzüge des parlamentarischen Regierungssystems sehr schnell aufheben. Denn im Fall der Regierungsübernahme können unsere Hauptparteien nur mit sehr erheblichen Einschränkungen jene Politik vertreten, die sie der Öffentlichkeit als die ihre kundgetan haben. Sie sind, wenn sie an die Regierung kommen, darauf angewiesen, ihr Programm zu modifizieren, und zwar je nachdem, welcher Partner sich findet, um mit ihnen eine Koalition zu bilden. Das hebt jene Klarheit und Wahrheit, jene Verantwortlichkeit in dem Sinne, daß man jemanden beim Worte nehmen kann, wie das in England der Fall ist, sehr schnell auf. Es stellt alle Politik, insbesondere alle Opposition, unter den Vorbehalt des unbekannten Koalitionspartners. Das muß taktischen Erwägungen einen ganz unzulässigen Raum geben; das Bild der Opposition muß im Hinblick auf sachliches Programm und personelles Führerangebot unklar und unverbindlich werden. Ist es doch eine sehr theoretische Angelegenheit, ein Schattenkabinett herauszustellen oder ein Regierungsprogramm zu entwickeln, wenn beides unter der auflösenden Bedingung des noch unbestimmten Koalitionspartners erfolgen muß. Es ist eine Konsequenz dieser Situation, daß die im klassischen Sinne repräsentativen Organe der öffentlichen Meinung (der Begriff der öffentlichen Meinung stammt ja aus dem *liberalen* Denken) im Vielparteienstaat von recht geringem Einfluß sind. Insbesondere die gerade regierende Hauptpartei interessiert nur noch in zweiter Linie, ob ihre Politik von diesen Organen bejaht oder verneint wird. Interessant wird allein die Frage, ob und in welchem Ausmaß man auf Koalitionen angewiesen ist, was dazu führt, daß man um so intensiver auf jene unverantwortliche »öffentliche Meinung« hört, wie sie sich im statistischen Querschnitt demoskopischer Umfragen niederschlägt. Und dann bekommt man in der Regel, jedenfalls in bezug auf den *Inhalt* der Politik, das beruhigende Resultat, daß all das, was Presse, Opposition und die sonstigen Träger der wahren öffentlichen Meinung zu sagen oder zu kritisieren haben, beim Wähler gar nicht »ankommt«. Und da seine Entscheidung für die Koalitionsmöglichkeiten nur sehr relativ von Belang ist, hat man keinen sonderlichen Anlaß, die öffentliche Meinung, wie sie sich in den klassischen Institutionen niederschlägt, besonders ernst zu nehmen. Die Durchführung demoskopischer Umfragen im Auftrag politischer Parteien stärkt also durchaus nicht die Position des Volkes, das immer nur das Volk mit seinen Meinungsführern ist, nie als solches im statistischen Querschnitt eine politische Größe sein kann, stärkt also nicht den demokratischen Charakter des Staates, sondern die Tendenz zur Manipulation des Willens des Volkes durch diejenigen, die Macht innehaben.

Besonders unerfreuliche Konsequenzen hat der Koalitionszwang der Hauptparteien für die umworbenen Nebenparteien, die sich sagen dürfen, daß man keine Koalition bilden kann, ohne eine oder mehrere von ihnen heranzuziehen. Sind sie in der Regierung, so können sie es sich leisten, »Opposition in der Koalition« zu spielen, Regierungsverantwortung also nur unter Vorbehalt zu tragen. Das geht natürlich nur eine Weile gut. Irgendwann müssen Konsequenzen gezogen werden. Man muß zusehen, wo man zu Hause ist. Das Fatale ist nur, daß man es bis zum Tage nach der Wahl hinausschieben kann. Die Unklarheit, in die sich die FDP in den letzten Jahren hineinmanövriert hat, hängt ganz entscheidend von den taktischen Versuchungen unseres Parteiensystems ab. Der Koalitionsopportunismus[10], der seine Folge ist, hat sich während der vergangenen acht Jahre besonders kraß in der Frage des Wahlrechts gezeigt, eine Praxis, deren demoralisierende Folgen trotz des angeblich (!) nur technischen Charakters des Wahlrechts im »Parteienstaat« nicht ausbleiben können.

Zieht man das Fazit aus der gegenwärtigen Situation des Parlamentarismus im Bunde, so wird man sagen dürfen, daß die Bundesrepublik sicher ein »sozialer Rechtsstaat« im Sinne des Bonner Grundgesetzes geworden ist oder sich wenigstens darum bemüht, es zu sein. Der starke Minderheitenschutz, der Ausbau der Verfassungsgerichtsbarkeit, all das spricht für den rechtsstaatlichen Charakter des Bundes, aber weit entfernt sind wir noch, alle Voraussetzungen parlamentarischer Demokratie bei uns zu erfüllen. Immerhin sind wir in Anbetracht einer großen verfassungstreuen Opposition im Parlament diesem Ideal unendlich näher gekommen, als wir es in der Zeit der Weimarer Republik je gewesen sind.

IV.

Ein wesentlich düstereres Bild als das des Bundes bieten die Länder, wobei man bedenken muß, daß die erlebnisbildende Kraft parlamentarischer Institutionen nicht nur vom Bundestag ausgeht, sondern auch das Verfassungswesen der Länder das politische Bewußtsein des Staatsbürgers mitbestimmt. Untersucht man einmal alle Länderkabinette, die wir seit 1946 bis Mitte 1955 gehabt haben, darauf hin, welchem Koalitionstyp sie entsprechen,[11] so waren von den insgesamt 35 Kabinetten nur fünf von einer Partei allein bestimmt, entsprachen also dem klassischen Ideal parlamentarischer Regierungsweise, nach dem eine Partei *allein* die volle Verantwortung tragen soll. Dem Typus der Kleinen Koalition, in der eine Hauptpartei mit einer oder mehreren Nebenparteien (in der Terminologie Theodor Eschenburgs) regierte, ent-

[10] »Zu den Spekulationen über die Regierungsbildung nach den nächstjährigen Bundestagswahlen sagte Lemmer, *Koalitionen seien kein Dogma*. Koalitionsentscheidungen dürften nicht vorweggenommen, sondern erst nach dem Wahlgang gefällt werden« (*FAZ* vom 1. 10. 1956.) – Das heißt den *Opportunismus* zum Dogma erheben! Ähnliche Schlußfolgerungen könnten für alle Parteien beigebracht werden. Wo es das Ziel des Wahlkampfes ist, den Ausschluß von der Regierungsbildung unmöglich zu machen, muß mit allen *echten* Fronten dem Wähler jede Orientierungsmöglichkeit genommen werden.

[11] Vgl. STERNBERGER, *Lebende Verfassung,* Meisenheim am Glan 1956, 132.

sprachen neun Kabinette. Hier war also immer noch ein Anhaltspunkt für eine wirkliche Opposition vorhanden, stand doch eine Hauptpartei, die CDU oder SPD, in der Opposition. Große Koalitionen, in denen kaum noch davon gesprochen werden kann, daß eine wirkliche Opposition im Parlament vorhanden ist, gab es elfmal und Allparteien-Koalitionen, in denen also keine einzige Partei mehr in der Opposition stand, in zehn Fällen. Das heißt, daß von 35 Kabinetten nur vierzehn über eine ernst zu nehmende parlamentarische Opposition verfügten, während einundzwanzig ohne eine solche regieren konnten. Das darf wohl die Feststellung erlauben, daß zwei Drittel aller deutschen Landesregierungen der Nachkriegsjahre systemwidrig regierten, gehört es doch zu den rechtfertigenden Notwendigkeiten des parlamentarischen Regierungssystems, daß eine kritisierende und kontrollierende Opposition im Landtag vorhanden ist.[12]

Die systemwidrigen Folgen liegen auf der Hand. Wenn keine Hauptpartei im Landtag in der Opposition steht, so ändert sich die Verfassungswirklichkeit von Grund auf, ein völliger Funktionswandel von Regierung und Parlament tritt ein. Es fehlt die Ablösegruppe, es fehlt das »alternative government«, an dem der Wähler sich für die Bestimmung seines politischen Willens orientieren könnte, es fehlt vor allem aber eine in den Interessen des politischen Lebens gesicherte Kontrolle und Kritik der Regierung. In einem so bestimmten politischen System sind es nicht mehr politische Notwendigkeiten, die die Regierungsbildung bestimmen, sondern das Gesetz des höchsten Angebots an die Nebenparteien. Nicht mehr politische Grundsätze, sondern der Ämter- und Richtungshandel zwischen der regierungsbildenden Hauptpartei und den umworbenen Nebenparteien bestimmen die Kabinettsbildung. Wenn nur noch das Verlangen, die Macht zu übernehmen, bestimmend wirkt, so muß man bereit sein, dem Koalitionspartner Konzessionen zu machen, die im strikten Gegensatz zur eigentlich programmatischen Politik stehen. Wer möchte wohl meinen, daß die SPD gegenwärtig in Nordrhein-Westfalen eine sozialdemokratische Wirtschaftspolitik betreiben könnte, wenn sie mit

---

[12] Dabei ist sicher einschränkend zu sagen, daß eine solche Statistik, wie alle Statistiken, übertreibt, denn man muß anerkennen, daß in den ersten Nachkriegsjahren große Koalitionen durchaus legitim waren. Auch Berlin ist ein Sonderfall, der große Koalitionen rechtfertigt. Wäre die Regierungsbildung in den Ländern aber während der letzten Jahre nicht so sehr von Bonn her bestimmt worden, so würde wohl trotz Wegfalls der Ausnahmesituation der Besatzungszeit die große Koalition in den Ländern die Regel darstellen.

dem äußersten rechten Flügel der FDP eine Koalition eingeht? Und wer möchte glauben, daß die sozialdemokratisch geleitete Regierung Bayerns eine sozialdemokratische Kulturpolitik betreiben kann, wenn sie auf einer Koalition mit der Bayernpartei basiert? Also geben die Hauptparteien ihre Politik preis, um nur noch zu verwalten. Das politische System wird stationär, um nur noch geringfügig nach dieser oder jener Richtung hin modifiziert zu werden. Das führt zu einer Mäßigung, die mit der echten institutionellen Mäßigung im Zweiparteiensystem nichts zu tun hat. Man denke an die Sorgen, die Ministerpräsident Högner in Bayern täglich bereitet werden durch die radikalen Forderungen seines Kollegen Max Wönner, der mühsam zum Verhalten gebracht werden muß, weil selbstverständlich die Koalitionspartner ein Anrecht darauf haben, daß die repräsentativen Führer der Hauptpartei sich in der Öffentlichkeit so äußern, wie es zuvor im Koalitionsvertrag abgesprochen ist. In der Kulturpolitik Nordrhein-Westfalens haben wir ähnliches erlebt. Es ist dort zur Bedingung des Regierungswechsels gemacht worden, daß an der Schulgesetzgebung nichts geändert wird. Was ist das für ein Zustand, wenn der Ministerpräsident eines Landes, daraufhin angesprochen, ob er die Kulturpolitik seiner Partei durchführen werde oder nicht, nur antworten kann, er sei an die Gesetze gebunden. Schließlich ist es ja das Privileg einer regierenden Koalition, daß sie Gesetze ändern kann. Wenn keine Gesetzesänderung mehr zur Disposition steht, wie kann dann überhaupt noch Politik gemacht werden?

Ein Hauptgrund für den mißlichen parlamentarischen Zustand unserer Länder liegt in der unglücklichen grundgesetzlichen Konstruktion des Bundesrates. Nach dem Katalog der zustimmungsbedürftigen Materien ist der Bundesrat praktisch bei allen irgendwie wichtigen Entscheidungen der Bundesrepublik zustimmungsberechtigt. Gegen seinen Willen zu regieren, auch wenn die Materie nicht zustimmungsbedürftig ist, würde auch dem stärksten Bundeskanzler Schwierigkeiten bereiten. Da der Bundeskanzler nun nach dem Grundgesetz die Richtlinien der Politik bestimmt, hat er die institutionelle Pflicht, sich für die Durchsetzung seiner Politik im Bundestag und allen anderen Verfassungsinstitutionen, deren Zustimmung er braucht, auch die erforderlichen Mehrheiten zu verschaffen. Niemand hat es bisher dem Bundeskanzler verargt, daß er versucht, sich im Bundestag eine arbeitsfähige Mehrheit zu erhalten. Das ist sein gutes Recht, ja seine Pflicht. Aber man hat ihm immer wieder dieses Recht bestritten im Hinblick auf die Länder, ja ihn während der vergangenen Jahre sehr scharf kritisiert, weil er dauernd versucht war, die Länderkabinettsbildung dahin zu beeinflussen, daß sie seinen Wünschen im Hinblick auf den Bundesrat entsprach. Sicher eine unerfreuliche Praxis, aber kann man sie einem Bundeskanzler so sehr verargen? Bei der Konstruktion des Grundgesetzes ist er dazu schlechthin gezwungen, da er zur Durchsetzung seiner Politik – und er hat das gute Recht, seine Politik durchsetzen zu wollen – darauf angewiesen ist, sich auch im Bundesrat eine arbeitsfähige Mehrheit zu verschaffen. Da der Bundesrat zusammengesetzt wird nach der parteimäßigen Färbung der Länderregierungen, ist die einzig sichere Möglichkeit, sich des Bundesrates zu versichern, die, Einfluß zu nehmen auf die Regierungsbildung in den Ländern. Es ist auch nicht nur der Bundeskanzler, der eine solche Fernbestimmung der Länderpolitik versucht.

Wir haben im Sommer 1956 einen markanten Fall solcher Fernbestimmung durch die SPD erlebt. Im Lande Baden-Württemberg ist die alte Koalition aller Parteien fortgeführt worden. Dabei war die Hauptforderung der Sozialdemokratischen Partei im Wahlkampf die Verkleinerung des Kabinetts von zwölf auf sechs Mitglieder. Da dem Bundesvorstand der SPD viel daran lag, weder FDP noch BHE zu verärgern, in der Hoffnung, die Möglichkeit einer Landesregierung nach bayerischem Muster für das Jahr 1957 offenzuhalten, ergriff er geeignete Maßnahmen, um die durch den Stuttgarter Fraktionsvorsitzenden Alex Moeller repräsentierten Länderpolitiker zu bewegen, sich gegen ihre landespolitische Überzeugung damit abzufinden, daß das frühere Kabinett wiederhergestellt würde. Der Unterschied zwischen Regierungseinfluß und sozialdemokratischem Parteivorstandseinfluß ist nur der, daß solche Auseinandersetzungen in der Sozialdemokratischen Partei als Mitgliederpartei öffentlich geführt werden. Jedermann hat sich über die Auseinandersetzungen auf dem örtlichen Bezirksparteitag der SPD informieren können. Die Presse berichtete darüber ausführlich. Gehen länderpolitische Forderungen vom Bundeskanzleramt aus, so in der Regel (die Fälle Nordrhein-Westfalen 1951 und Hamburg 1956 sind kennzeichnend) auf nichtöffentlichen Wegen.

Warum ist dieser Zustand der Länder so bedenklich? Weil er die demokratischen Grundlagen der Verfassungswirklichkeit aushöhlt. Diese Wirklichkeit ist undemokratisch insofern, als dem Wähler mit allen Unterscheidungskriterien die Möglichkeiten echter Wahl genommen werden.[13] Solche Unterscheidungskriterien gab es immer

---

[13] Am Beispiel der letzten Landtagswahlen in Baden-Württemberg veran-

im Wesentlichen nur drei: Tradition, Programme und konkurrierende Persönlichkeiten. Die Tradition mag der älteren Generation und gewissen, soziologisch zumindest dem Bewußtsein nach noch eindeutig bestimmten Teilen des Volkes als Richtschnur politischer Entscheidung dienen. Sie tut es immer weniger. Parteiprogramme, die die Orientierung erleichtern könnten, fehlen in der Länderpolitik völlig. Nicht einmal »Plattformen«, nach Art der amerikanischen Parteiprogramme, gibt man sich die Mühe zu entwerfen. Da von der Sache, vom Inhalt der Landespolitik her jeder Partei jede Koalition offensteht (es gibt auf Länderebene und für das Jahr 1957 auch im Bunde keine »geborenen«, keine natürlichen Koalitionen mehr – alles ist möglich), könnten die Programme, streift man gewisse Stimmungsfloskeln ab, sich auch ähneln wie ein Ei dem anderen. Der faktische Charakter der Länder als autonomer Verwaltungsprovinzen läßt für Programme im klassischen Sinne keinen Raum: Es gibt keinen christlich-demokratischen Straßenbau und keine sozialdemokratische Wasserwirtschaft. Bleiben die Persönlichkeiten. Aber auch da tappt der Landesbürger im dunkeln. Wer hätte zum Beispiel in Nordrhein-Westfalen sagen können, wer im Falle einer sozialdemokratischen Regierungsbildung der Nachfolger Arnolds sein würde? Sicher waren die meisten »Nordrhein-Westfalen« über die Wahl von Herrn Steinhoff genauso überrascht, wie es die übrigen Bundesbürger waren. Wer hätte ahnen können, daß der deutsche Gesandte in Stockholm – nicht einmal Mitglied der CDU! – Nachfolger von Max Brauer in Hamburg werden sollte? Wer sah in Herrn Hellwege, Bundesminister in Bonn, den Nachfolger des niedersächsischen Ministerpräsidenten Hinrich Kopf? Und wer weiß im Lande Hessen, wer der mögliche Nachfolger Dr. Zinns wäre, falls einmal eine »bürgerliche« Regierung in diesem Lande gebildet würde? Also nicht einmal die Person dessen ist klar, an dem sich der Wähler als eventueller Alternative im höchsten Amt des Landes orientieren könnte. Ähnlich ist es in allen Bundesländern und auch im Bunde selbst.

All dies sind aber nur Symptome. Man wird sich nämlich fragen müssen, ob das parlamentarische Regierungssystem den politischen Bedürfnissen der Länder überhaupt entspricht. Grundsatzentscheidungen stehen in ihnen nicht zur Debatte.[14] Das parlamentarische

---

schaulichte diesen Sachverhalt sehr eindrücklich ein Artikel von THEODOR ESCHENBURG, Gebhard Müller oder Alex Moeller?, *Christ und Welt* v. 12. 1. 1956.

[14] Über das Mißverständnis, im Problem der konfessionellen oder überkonfes-

Regierungssystem paßt aber seinem Wesen nach nur dorthin, wo im politischen Körper zwei große Richtungen miteinander konkurrieren, zwischen denen zu wählen ist. Wo nichts mehr zu wählen ist, es sei denn allenfalls noch die Person der Verwaltungsexekutoren, hat der Parlamentarismus als *Regierungssystem* sein Recht verloren. Nicht ohne Grund hat Hugo Preuss, der Schöpfer der Weimarer Verfassung, die Parlamentarisierung der Einzelstaaten abzuwenden gesucht. Er schlug für sie das schweizerische System auf Zeit gewählter Regierungen vor, in dem die Regierungsbildung – in der Regel unter Beteiligung aller Parteien – in erster Linie nach Amtsgesichtspunkten erfolgt. Man kann auch auf das Vorbild der alten preußischen Magistratsverfassung hinweisen. Wenn in den Ländern wirklich nur verwaltet wird, wie es den Tatsachen ja entspricht, so ist es nur recht, daß auch alle Hauptströmungen und Interessengruppen der Verwalteten pro rata an der Verwaltung beteiligt werden. Eines bleibt jedenfalls für die Länder wie für jede politische Ordnung verfassungspolitisch aufgegeben: die institutionelle Sicherung von Kontrolle und Kritik. Diese Aufgabe erfüllt *nicht nur* das parlamentarische Regierungssystem! Kontrolle und Kritik sind auch im amerikanischen wie im schweizerischen System gewährleistet. Ein mit der Regierungsbildung beauftragtes Parlament, das kollektiv die Verantwortung für die Regierung trägt, erfüllt die verfassungspolitischen Grundforderungen, die an *jedes* rechtsstaatliche Verfassungssystem zu stellen sind, nicht.

V.

Ist das parlamentarische Regierungssystem in Bund und Ländern aber nicht noch durch eine tiefere Problematik in Frage gestellt? Kommen wir mit der Wiedereinführung des parlamentarischen Regierungssystems nach 1945 nicht wieder einmal zu spät? Es ist ein Grundzug der deutschen Verfassungsgeschichte, daß die großen demokratischen Verfassungsinstitutionen alle mit Verspätungen bei uns heimisch wurden – wie auch der moderne Kapitalismus, die moderne Industriegesellschaft – und infolge dieser Verspätung mit erheblicher Steigerung ihrer Anpassungsprobleme.

---

sionellen Schule ein Grundsatzproblem der Kulturpolitik zu sehen, hat HELLMUT BECKER, *Kulturpolitik und Schule,* Stuttgart 1956, 61 ff., 85 ff. alles Nötige gesagt.

Ich wies darauf hin, daß in den Ländern keine echten Alternativen entwickelt werden können und deshalb das parlamentarische Regierungssystem für sie nicht paßt. Ich möchte meinen, daß auch für die Bundespolitik die Herausbildung solcher Alternativen immer schwieriger wird. Sieht man von ideologischen Scheinpositionen und persönlichen Zwistigkeiten ab, so wird man immer wieder auf den Fundamentalsachverhalt stoßen, daß die westdeutsche Nachkriegsgesellschaft die allgemeine Entwicklung zur egalitären Massengesellschaft auf einmal mit besonderer Schnelligkeit vollzieht, schneller als das in Frankreich, Italien, ja auch in England der Fall ist. Wir bewegen uns hin auf eine Industriegesellschaft, die durch ein bisher unbekanntes Ausmaß gesellschaftlicher Gleichheit charakterisiert ist, in der es zwar erhebliche, ja ungeheure *Machtunterschiede* gibt,[15] aber in viel geringerem Maße als in früheren Epochen ständische, bildungsmäßig weltanschaulich oder wie immer bedingte *Gliederungen* der Gesamtgesellschaft. In einer solchen Gesellschaft verwischen sich die klassischen, sei es sozial, sei es weltanschaulich bedingten Unterschiede zwischen den Parteien von Tag zu Tag. Sie ähneln mehr und mehr dem Typus der amerikanischen Wahlparteien, die im wesentlichen nur Organisationen zur Durchführung von Persönlichkeitswahlen sind. (Daß sich hinter den Persönlichkeiten die Summe der in der modernen Gesellschaft virulenten *Interessen* verbirgt, bleibt unbestritten.) In einer solchen Gesellschaft kann eine Opposition nicht mehr ein grundsätzlich anderes Programm entwickeln, sie ist vielmehr auf eine Opposition ad hoc angewiesen, die ihr allenfalls erlaubt zu sagen, was sie während *der nächsten Jahre* besser oder anders machen will. Die Auswirkungen der egalitären Industriegesellschaft zeigten sich selbst in England schon, als im Jahre 1951 die beiden Parteien Mühe hatten, echte Alternativen herauszustellen. Man war sich in allen großen Fragen doch einig, einig in den Fragen der Außenpolitik, einig auch in den Grundfragen der Wirtschafts- und Sozialpolitik.[16] Modifikationen gibt es selbstverständlich, aber keine grundlegenden inhaltlichen Alternativen. Untersucht man sozialdemokratische und christlich-demokratische Erklärungen und vor allem Taten auf ihren Kern, so sieht das Bild in Deutschland trotz aller Animositäten sehr ähnlich aus, auch im Bereich der Außenpolitik. Nicht ohne Grund hat man von unseren Parteien,

---

[15] Für Amerika, seit Tocqueville das Muster einer egalitären Gesellschaft, vgl. C. Wright Mills, *The Power Elite,* New York 1956.

[16] Vgl. D. E. Butler, *The British General Election of 1951,* London 1952.

insbesondere in den Fragen der Außenpolitik, immer wieder jene intellektuelle Redlichkeit fordern müssen, die klarstellt, was man wirklich für möglich und realisierbar hält.[17]

Unter dem Eindruck antiparlamentarischer Massenbewegungen hat man in den zwanziger Jahren die ideengeschichtlichen Grundlagen des parlamentarischen Regierungssystems klarer als früher erkannt. Insbesondere durch Carl Schmitts berühmte Untersuchung über ‚Die geistesgeschichtliche Lage des heutigen Parlamentarismus' wurde es Gemeingut, daß der Glaube an die spezifische Rationalität des Vernunftzeitalters, an Diskussion und Öffentlichkeit, die eigentliche Grundlage des Parlamentarismus gewesen sei. Dieser Glaube sei heute weggefallen und damit recht eigentlich auch die Legitimität parlamentarischer Institutionen. Mit Recht wandte man demgegenüber ein, daß dies eine allzu ideengeschichtliche Interpretation einer politischen Institution sei, und es gibt gewiß einen Austausch der legitimierenden Werte, der eine politische Institution auch über ihre ursprünglichen Prinzipien hinaus institutionell legitimieren kann. Mit tieferem Recht wies man unter dem Eindruck der sozialen Spannungen der zwanziger Jahre auf die fehlende *soziale* Homogenität, das Ausmaß politischer und sozialer Zwietracht hin, das nicht nur die demokratischen, sondern auch die parlamentarischen Grundlagen der Weimarer Republik zerstören mußte. Unser Problem zeigt die Zeitbedingtheit aller politischen Einsichten. Ein gewisser Konsensus vor allen Alternativen ist gewiß Voraussetzung des parlamentarischen Regierungssystems. Unter den *heutigen* Verhältnissen wird aber etwas Komplementäres offenbar, daß nämlich auch eine gewisse *Teilung* der Nation in zwei große Lager – nicht nur in zwei große Interessengruppen, sondern auch in zwei weltanschauliche Lager – Voraussetzung für das richtige Funktionieren des parlamentarischen Regierungssystems ist.

Man kann die Phasen des westeuropäischen Parlamentarismus dahin skizzieren, daß in der ersten, frühliberalen Phase in den Repräsentativversammlungen darüber gestritten wurde, wie der *Staat* am besten zu organisieren sei, wie insbesondere die Rechtsverhältnisse zwischen Staat und Individuum am besten abzugrenzen wären. Es ist die Epoche

---

[17] Welche Konsequenzen die egalitäre Massengesellschaft für eine parlamentarische Opposition im Gefolge hat, hat m. W. Siegfried Landshut zum erstenmal aufgewiesen, aaO. 225f. Es ist aber das parlamentarische Regierungssystem schlechthin, das in Frage gestellt ist. Die hier vertretene These seiner sozialgeschichtlichen Bedingtheit hoffe ich bald in größerem Zusammenhang darstellen zu können.

der großen Verfassungswerke. Wenn man die Parlamentsverhandlungen jener Zeit durchsieht, so glaubt man, liberale oder konservative Staatsrechtskollegnachschriften zu lesen. Denn *zwei* große Bewegungen stritten allerorts miteinander: die konservative, um die Autorität des Staates fürchtende, und die liberale, die die Grundrechte und Freiheiten des einzelnen in den Vordergrund rückte. Einig in der Einsicht, daß dem Bürger eine andere Rechtsstellung zukommen müsse als in der vorkonstitutionellen Ordnung, bleiben Meinungsverschiedenheiten zwischen beiden Lagern von solcher Stärke, daß sie die Grundlage für das moderne Parteiensystem mit seiner allgemein-europäischen Einteilung in eine Linke und Rechte legen konnten.

In der zweiten Phase des Parlamentarismus steht nicht mehr in erster Linie die Organisation des Staates auf der Tagesordnung, sondern die beste Gestaltung der *Gesellschaft*. Nachdem die Arbeiterbewegung zumindest mit Vortrupps in den Parlamenten vertreten ist bzw. die Liberalen und Sozialkonservativen sich der Interessen des Vierten Standes annahmen, geht es nicht mehr nur um die staatsrechtliche Freiheit und Gleichheit, sondern um Gerechtigkeit. Wieder sind es zwei große, nicht nur aus Interessengegensätzen abzuleitende, sondern weltanschauliche Lager, die miteinander ringen. Die Auseinandersetzung vollzieht sich im Namen von Prinzipien, deren Rang und Anspruch sich niemand entziehen kann. Legitim war nur der Dissens über die Art, wie Freiheit, Gleichheit und Gerechtigkeit zu verwirklichen seien. Die Polarität der Meinungen auf der Basis allgemeinverbindlicher Prinzipien ist eine beide Phasen des Parlamentarismus kennzeichnende Struktureigentümlichkeit.

In diesem historischen Rahmen ist das parlamentarische Regierungssystem unter dem Vorzeichen des allgemeiner werdenden Wahlrechts dann in der Tat die großartigste Lösung des Verfassungsproblems. Es ist kein Zufall, daß der Parlamentarismus als Regierungssystem in England theoretisch erkannt wurde – Walter Bagehots ›English Constitution‹ erschien 1867 – erst in der zweiten Hälfte des vergangenen Jahrhunderts, als das englische Unterhaus begann, eine wirkliche soziale Differenzierung in zwei große Gruppen aufzuzeigen, die des grundbesitzenden Adels und der durch Industrie und Handel Reichgewordenen. Da erst beginnt man in England zu erkennen, daß man nicht mehr in einer konstitutionellen Monarchie lebte, wie sie Montesquieu und Blackstone beschrieben hatten, sondern unter einem parlamentarischen Regierungssystem, in dem die Zusammensetzung des Parlaments die Exekutive bestimmt. Ist es kein Zufall, daß in den

Vereinigten Staaten die Forderung nach Parlamentarisierung des Verfassungslebens, also Abhängigkeit der Exekutive vom Kongreß, in modifizierter Form erst erhoben wurde, als sich Anzeichen dafür fanden, daß auch dort zwei große weltanschauliche Lager um die Regierungsmacht stritten, nämlich in der Epoche des New Deal mit Vorankündigungen durch Woodrow Wilsons »Neue Freiheit«. Mir scheint es jedenfalls nicht zufällig, daß alle Debatten darüber, ob man in Amerika ein modifiziertes parlamentarisches Regierungssystem einführen sollte, mit dem Ende des Fair Deal erloschen sind. Die soziale Ambiance des parlamentarischen Regierungssystems besteht in einem gewissen Dualismus der gesellschaftlichen und weltanschaulichen Richtungen. Es ist – wenn man so will – die Staatsform der antagonistischen bürgerlichen Klassengesellschaft. In einer durch große Egalität ausgezeichneten Industriegesellschaft kann es nicht gedeihen, jedenfalls seine spezifischen Vorzüge nicht entfalten.

Dazu kommt noch ein weiteres. Die Klassiker des Repräsentativsystems haben einmütig darauf hingewiesen, daß das Charakteristische aller Repräsentativverfassungen darin besteht, daß die Gesetze aus einem Kampf der *Meinungen,* nicht nur aus einem Kampf der Interessen hervorgehen. Das sei das Besondere der Repräsentativversammlungen gegenüber den alten Landständen, in denen auch Verhandlungen stattfanden zwischen Städten, Adel und den anderen verfassungsmächtigen Institutionen, diese aber abgemacht wurden nach der Art privatrechtlicher Interessenten, die einen Kaufvertrag abschließen. Jeremy Bentham hat das in die Formel gebracht, daß sich im Parlament die Ideen träfen: »Die Berührung der Ideen schlägt Funken und führt zur Evidenz.« Das ist für den modernen Parlamentarismus gewiß nicht mehr kennzeichnend. Es gehört zum Gemeingut der politischen Wissenschaft und Soziologie, daß unser parlamentarisches System unterwandert worden ist durch die verschiedenen *Interessen,* die in der Gesellschaft vorhanden sind, das drückt sich in Deutschland besonders kraß in der »Verbandsfärbung« der einzelnen Fraktionen aus. Wir haben darüber bereits eine Reihe empirischer Untersuchungen. Sie zeigen, daß nicht mehr weltanschauliche Konzeptionen grundsätzlicher Art den Fraktionen zugrunde liegen, sondern daß sie sich mehr und mehr in Koalitionen der verschiedensten partikularistischen Interessen verwandeln. Dieser Prozeß ist in den einzelnen Parteien verschieden fortgeschritten; die Tendenz ist eine allgemeine.

Die Gefahr ist nun, daß ein Parlament, das nicht mehr Ideen und Meinungen und große soziale Strömungen, sondern eine Kumulation begrenzter Interessen repräsentiert, nicht mehr als ein Mittel des solidarisierenden, integrierenden, die ganze Nation erfassenden Verfassungslebens verstanden wird, sondern als eine von den Verkehrsregeln privater Geschäftspartner beherrschte, dem Aushandeln von Interessen dienende, wesentlich private Angelegenheit ohne öffentlichen Rang. Wo das hinführt, hat die alte Donaumonarchie wie so vieles andere in ihrem Reichsrat, jenem »Nationalitätenkongreß zu partikularistischen Transaktionen«, demonstriert, in dem die Nationalitäten nichts anderes miteinander verband als das gemeinsame Bedachtsein auf ihren partikular-politischen Profit. Wenn gewisse Kritiker unserer Verfassungswirklichkeit von dem »Clearing-System« , der »Konferenzgelegenheit«, der »Apparatur« sprechen, die den verschiedenen Verbänden und Machtträgern in den parlamentarischen Institutionen zur Verfügung gestellt würden, so ist genau dieser Sachverhalt gemeint. Das Problem ist aber gar nicht so sehr ein solches des Parlamentarismus, der Repräsentativverfassung, sondern das eigentliche Problem ist, wie aus einem solchen Parlament noch eine Regierung kommen kann, deren Aufgabe es ist, »Richtlinien der Politik« festzusetzen. Ich weise hin auf das Beispiel Frankreichs. In einem Parlament von der Zusammensetzung des französischen, in dessen regierungsfähigen Mittelparteien *trotz* der weltanschaulichen Herausforderung der Kommunisten nur noch regionale und sonstige partikulare Interessen zur Vertretung drängen, kann keine Regierung mehr geboren werden – sowenig wie etwa aus dem amerikanischen Repräsentantenhaus –, die in der Lage wäre, die *öffentliche* Aufgabe der Lenkung der Nation zu übernehmen.

Am fatalsten sind die Auswirkungen dieser Lage für das *politische Erlebnis*[18] des Staatsbürgers. Alle ältere politische Theorie stand unter der Fragestellung, ob eine konkrete Verfassungsform unter den gegebenen Umständen von Zeit, Klima, Bildungsstand und allen anderen gesellschaftlichen Faktoren die Entwicklung der Tugenden des Bürgers fördert oder hemmt. Die vielbeklagte Entpolitisierung unserer Generation ist nicht zuletzt eine Konsequenz der zum sinnvollen Engagement nur noch bedingt herausfordernden realen Gestalt des parlamentarischen Regierungssystems unter den Bedingungen der modernen, ideologiearmen Industriegesellschaft. Natürlich geht nur ein Teil auf dieses Konto. Aber ein Vergleich mit den Verhältnissen in der

---

[18] An dieses für alle Staats- und Verfassungstheorie zentrale Problem erinnert die für die politische Bildungsarbeit besonders wichtige Studie RUDOLF SMENDS, Politisches Erlebnis und Staatsdenken seit dem 18. Jahrhundert, jetzt in: *Staatsrechtliche Abhandlungen,* Berlin 1955, 346 ff.

Schweiz[19] und vor allem den Vereinigten Staaten lehrt doch, daß *unter den Bedingungen einer egalitären Industriegesellschaft* andere demokratische Verfassungsformen jene politisierenden – altertümlich, aber richtiger ausgedrückt, *die Tugend fördernden Effekte* in stärkerem Maße behalten haben als das parlamentarische Regierungssystem.

Müßte unter diesen Bedingungen eine Gesamtdeutsche Nationalversammlung, die wir uns für eine möglichst baldige Zukunft wünschen, nicht erwägen, ob nicht das schweizerische oder amerikanische System konsequenterer Gewaltenteilung eine für unsere Epoche angemessenere Verfassungsform ist? Die relative Unabhängigkeit des auf Zeit gewählten Präsidenten in den Vereinigten Staaten, des Bundesrats in der Schweiz sichert in der heutigen politischen und soziologischen Konstellation die politische Führung in größerem Maße und beim Inhaltsverlust der politischen Richtungen in legitimerer Weise als das parlamentarische Regierungssystem. Alle Reformbemühungen in Frankreich zielen hin auf eine Regierung auf Zeit. Im Jahre 1949 konnte es noch so aussehen, als ob, ähnlich der Weimarer Zeit, bei uns in Deutschland zwei große Lager einander gegenüberstehen würden, die ihre politische Vertretung am besten in Formen parlamentarischer Regierungsweise finden würden. Die Tendenz zur demokratischen Egalisierung, eine Tendenz, die seit der Französischen Revolution in allen Ländern des Westens spürbar ist (mit Brechungen und Hemmungen und allem sie im Resultat nur stärkenden Klassenkampf), wird der industriellen Gesellschaft das Signum aufprägen. Das parlamentarische Regierungssystem könnte in solcher Situation seinen Sinn verlieren; mit den weltanschaulichen und sozialen Spannungen geht auch ihm der Atem aus. Es ist nur zu fürchten, daß die vor uns liegenden Jahre uns kaum Gelegenheit geben werden, uns in Ruhe einen Verfassungsrock zu schneidern, in dem wir den Gegebenheiten unserer Epoche entsprechend so politisch »tugendhaft« leben können, wie es das parlamentarische Regierungssystem bei Erfüllung seiner Voraussetzungen in so großartiger Form erlaubt und gefordert hat.

(1956)

---

[19] Wo die viel zu häufige Anwendung von Formen plebiszitärer Demokratie die politische Aktivität allerdings eher lähmt als fördert.

Das Modell des Bürgers

I.

Politische Erziehung setzt Klarheit über das Wesen von Politik und Erziehung voraus; solche Klarheit ist unserer Zeit weitgehend abhanden gekommen. Daß Erziehung es wesentlich mit der Bildung (educatio, formazione), d.h. der heteronomen Formung des natürlichen Menschen zum rechten Menschen zu tun hat, widerstrebt seit Rousseau dem pädagogischen Zeitgeist. Der Gedanke autonomer Entfaltung der natürlichen Anlagen, wie er aller modernen Pädagogik zugrunde liegt, ist der Gegenbegriff aller älteren Theorie der Erziehung. In der Bewährungsprobe des politischen Unterrichts scheint sich die Grenze dieser modernen Pädagogik zu enthüllen, nicht weniger aber auch das Ungenügende unseres modernen Begriffs der Politik. Denn daß Politik es wesentlich mit der Herrschaft, der guten, gerechten, in die Verantwortung gezwungenen Herrschaft zu tun hat, ist in der Nachfolge Rousseaus gleichfalls als die große Ketzerei verschrieen worden. Der moderne theoretische Begriff der Demokratie, begriffen als Selbstherrschaft (Identität von Regierenden und Regierten), hat die Tatsache der Herrschaft bisher allerdings nur theoretisch beseitigen können. Dabei wird es wohl auch bleiben.

Von der *wissenschaftlichen Politik,* der Art, wie sie in der Gegenwart überwiegend betrieben wird, ergibt sich keine befriedigende Einstiegsmöglichkeit in die Aufgabe politischer Erziehung. Wo diese Wissenschaft von der Politik sich an das hält, was sie Empirie nennt, ist sie in der Nachfolge Macchiavellis bis auf unsere Tage eine Lehre vom Erwerb, von der Erhaltung und dem Verlust der Macht, und zwar einer Macht, die dem »empirischen« Ansatz entsprechend, ohne jeden Bezug auf den rechten, einem normativen Bild entsprechenden Menschen gedacht ist. Wozu der ganze Kampf um Macht nütze sein soll, wenn nicht zur Befriedigung egoistischer Bedürfnisse, darüber kann diese Richtung der politischen Wissenschaften ohne Bruch mit ihren Voraussetzungen kein Wort aussagen. Von der Politik, begriffen als Kampf um Macht, gibt es nur zwei mögliche Zugänge zum Problem der politischen Erziehung:

1. – da es nun einmal so sei – die Aufforderung, an diesem Machtkampf kräftig teilzunehmen;

2. – da es nun einmal so sei – die Aufforderung zum Sichabfinden damit, daß es nun einmal so sei.

Das höchste, was an moralischer Substanz von hier aus zu gewinnen ist, ist das Verständnis der politischen Pädagogik als der Versuch der Bewahrung des zu Erziehenden vor bitteren Enttäuschungen, – ein seit Max Weber gerade von den vornehmsten Geistern oft begangener Weg. Daß er uns keinen Schritt weiterführt, steht auf einem anderen Blatt.

Auch von der modernen, auf der Grundlage der Rechtsordnung betriebenen juristischen Staatslehre der Demokratie ergibt sich kein befriedigender Zugang zum Problem politischer Erziehung. Diese Staatslehre ist eine Staatslehre ohne Tugend, ohne Menschenbild. Der Einzelne kommt in ihr nicht vor, es sei denn als ein durch das Wahlrecht an der Willensbildung beteiligtes Partikelchen oder als Inhaber von Rechten gegenüber der Staatsgewalt. Die Entsprechung dieser Staatslehre ist die Staatsbürgerkunde im Stil der Weimarer Zeit: Belehrung über die Staatsform, die Möglichkeiten der Teilnahme an der Willensbildung und der dem Bürger zustehenden Rechte. Über das Unbefriedigende dieses Zuganges zum Problem politischer Erziehung sind sich heute wohl alle einig.

Wie verlegen die zeitgenössische *Pädagogik* vor der Aufgabe des politischen Unterrichts steht, zeigt allein schon die Fülle der uns angebotenen Erziehungsziele. Halten sie einer eingehenden Prüfung stand? Ich beschränke mich auf Thesen:

1. Erziehung zur Freiheit, zum »freiheitlichen Menschen«, hat gewiß ein Bestandteil jeder politischen Erziehung zu sein. Aber was ist Freiheit? Doch die Möglichkeit, mich wissend, in Einsicht und Verantwortung für das Rechte oder Unrechte entscheiden zu können. Ist mithin nicht Erziehung zur Einsicht in das Rechte die hier gebotenen Erziehungsaufgabe? Freiheit ohne Wissen um das Rechte ist Willkür, licence. Und können wir voraussetzen, daß der Mensch von sich aus auf das Rechte kommen wird?

2. Erziehung zur Verantwortung mißversteht, daß es in allen Bereichen der politischen Erziehung um die Erziehung des gewöhnlichen Bürgers geht. Dessen Macht als Einzelner ist minimal; es heißt bewußt Ideologien verbreiten, so zu tun, als ob es anders wäre und unter modernen Bedingungen anders sein könnte. Verantwortung aber ist die Bürde des Mächtigen, im Politischen derer, die in ein Amt berufen sind. Zur Verantwortung gehört der, der mich zur Verantwortung ziehen kann. Da im innerweltlich-politischen Bereich nicht ersichtlich ist, wer im freiheitlichen Staat den Durchschnittsbürger für sein politisches Denken oder Nichtdenken, Handeln oder Nichthandeln zur Verantwortung ziehen könnte (wir haben es doch nicht mit Verfassungsbrechern oder Kriminellen zu tun), ist Erziehung zur Verantwortung ein Schlagwort. Gemeint ist: Erziehung zur Erkenntnis meiner Verbindlichkeiten, mir, meinen Mitmenschen, der politischen Ordnung gegenüber. Dies ist aber etwas strukturell und phänomenologisch wesentlich anderes.

3. Erziehung zur Demokratie, zu »demokratischen Lebensformen«. Auf den ersten Blick eine von allen akzeptierte, brauchbare Formel; auf den zweiten Blick, – das ist mit aller Entschiedenheit zu sagen –, eine gedankenlose, törichte Redensart, die enthüllt, wie weit bis in die Sprache hinein das kollektivistische und etatistische Denken unter uns zur Selbstverständlichkeit geworden ist. Die demokratische Staatsform ist in der modernen Welt zweifellos eine Voraussetzung für die Ermöglichung menschenwürdigen und freiheitlichen Lebens. Aber Demokratie als eine Form politischer Willensbildung ist nicht identisch mit Freiheit, Menschenwürde und dem Guten. Uns das Erziehungsziel von der Gesellschaft oder einer Staatsform bestimmen zu lassen, sollten wir totalitären Systemen überlassen.

4. Erziehung zur Partnerschaft, »mitbürgerlichen Verhaltensweisen«, ist im letzten nichts anderes als das Moralische, das gesellschaftlich Moralische, was sich auch heute noch von selbst verstehen sollte. Oetinger bringt sich um die Wirkung seiner Ideen, wenn er sie in einen Gegensatz zur neu-idealistischen Bildungstheorie und zum »Obrigkeitsstaat« bringt. Partnerschaft als Antithese bleibt an ihren Gegner gebunden und kommt mit ihm zu Fall. (Das Wahre und Unaufgebbare steht in anderen, – gegen Oetinger – »letzten« Zusammenhängen politischer Erziehungsarbeit.) Der anti-intellektualistische Aktivismus, das Ressentiment gegen die Geschichte, ist eine nicht weniger große Gefahr als der in der Gegenüberstellung von Sein und Sollen verharrende unverbindliche Idealismus der älteren Lehre. »Verhaltensweisen« ohne Bezug auf ein Letztes sind kein menschliches Erziehungsziel. Man kann auf letzte Gesichtspunkte nicht wie auf einen Luxus verzichten, am allerwenigsten in der geistigen Begründung von Politik und Erziehung.

5. Erziehung zum »politischen Menschen« oder »aktiven Staatsbürger«, bleibt in dem Sinn, wie dieses Erziehungsziel von Theodor Litt und Erich Weniger entwickelt wurde, ganz spezifischen, epochal zu Ende gehenden Bedingungen des 19. Jahrhunderts verbunden. Politik ist nur noch höchst bedingt als der Kampf um Macht zu verstehen, um bestimmte subjektive Ordnungsvorstellungen rechtlich institutionalisieren zu können. Was könnte dabei auch Aufgabe des politischen Unterrichts sein, als ein Hinweis auf die Formen, in denen sich solch ein Kampf »anständigerweise« vollziehen kann? Das »anständigerweise« steht als etwas Objektives aber schon außerhalb des Systems. Soll man denn das, *worum* gekämpft wird, subjektiver Willkür überlassen?

Zudem: dem aktiven Staatsbürger Wenigers werden ähnlich dem »Partner« Oetingers Wirkungsmöglichkeiten zugeschrieben – in der Selbstverwaltung, in politischen und gesellschaftlichen Gruppen etc. –, wie sie faktisch der moderne Staat nicht mehr zur Verfügung stellt. Die Idee demokratischer Selbstregierung ist unter modernen Bedingungen Illusion; der als Ausweg sich anbietende Rückzug in die Kleingemeinschaft aber gerade das, was vermieden werden muß. Die unvermittelte Gegenüberstellung von Bürger und Staat, die Oetinger an unserem überkommenen Denken so rügt, ist unter modernen Bedingungen eine sich noch zwingender aufdrängende Realität als im alten »Obrigkeitsstaat«. Die Parteien, Verbände und Kommunen sind in der Gestalt, wie sie heute dem Einzelnen gegenübertreten, unmöglich mehr als vermittelnde Zwischengewalten (pouvoirs intermédiaires) zu verstehen. Die Bewältigung des unvermittelten Gegenübertretens von Einzelnem und Herrschaft ist sowohl verfassungspolitisch wie pädagogisch eine der dringensten Aufgaben der Zeit.

II.

Die Vielfalt der Erziehungsziele zeigt m.E., wie sehr die politische Erziehung noch um den systematischen Ort ringt, an dem sich in gemeinsamem Bemühen eine angemessene Theorie des Politischen mit dem pädagogischen Auftrag treffen kann. Die hier gestellte Aufgabe scheint mir am fruchtbarsten begriffen zu werden, wenn man sie als *Problem der politischen Anthropologie* versteht. Unter dieser Chiffre ist das Problem in den zwanziger Jahren gesehen worden. Dabei ist nicht gedacht an das einzige Werk dieses Titels, Woltmanns biologisch-darwinistischen Versuch, sondern vor allem an Helmuth Plessners große Untersuchung »Macht und menschliche Natur« und an Eduard Sprangers Darstellung des »Machtmenschen« in den »Lebensformen«. Beide Arbeiten stehen jedoch noch im Bann eines Begriffs der Politik, der diese als Kampf um die Macht definierte. Nach Plessner ist es die Frage der politischen Anthropologie, inwieweit die Politik, das Hineingestelltsein des Einzelnen in den Staat, zum Wesen des Menschen gehört. Das aber ist ein Problem jedes Menschen. Die politische Pädagogik hat sich daher davor zu hüten, ihr Modell den großen Tätern, den sogenannten geschichtlichen Persönlichkeiten, den Machtmenschen, wie sie noch Spranger schilderte, zu entnehmen. Es bedarf keines Wortes, daß uns weder Machiavellis Cesare Borgia noch Stendhals Lucien Leuwen helfen können, ein *Modell des Bürgers* zu entwerfen, das dem politischen Unterricht als Leitbild dienen könnte. Es ist, glaube ich, auch falsch, als Erziehungsziel sich vorzunehmen, dem Schüler »Willensimpulse« vermitteln zu wollen, die ihn einmal bewegen könnten, für den Bundestag oder zumindest für die örtliche kommunale Vertretung zu kandidieren, und den, der diese Willensimpulse nicht aufnimmt, als eine Abweichung vom pädagogischen Soll zu verstehen. *Vom einfachen Menschen und seinem Verhältnis zur Politik muß im politischen Unterricht die Rede sein.* Allerdings auch davon, was dieser einfache Mensch von jenen erwarten soll, die sich um Herrschaftsämter der öffentlichen Gewalt bewerben. Es muß wieder ein Prinzip der politischen Ethik werden, daß die Ethik des Politikers keine Ausnahmeethik gegenüber der des Bürgers ist, sondern nur gesteigerte, höhere Anforderungen stellende Ethik, die mit dem Zwang zur Verantwortung verbunden ist.

Ich möchte die Aufgabe noch einmal dahin definieren, daß *ein Modell des Bürgers zu entwerfen ist, das als Leitbild der politischen Erziehung dienen könnte.* Zweifellos liegt diese Idee auch allen oben genannten Erziehungszielen zugrunde. Entscheidend scheint mir allerdings die richtige systematische Einordnung des Problems zu sein als eines der politischen Anthropologie.

Eine der ersten Aufgaben, die hier gestellt sind, scheint mir darin zu bestehen, den bisherigen historischen Motiven nachzugehen, die in der hinter uns liegenden Epoche den Einzelnen bestimmen konnten, ein politischer Mensch in dem für diese Epoche maßgeblichen Sinn aktiven Engagements zu sein. Denn wohl nie in der Geschichte war für jedes geisteswissenschaftliche Problem eine Reflektion über die geschichtliche Lage, in der wir uns befinden, so notwendig. Der Ruf nach dem politischen Menschen wird nämlich heute so laut, weil die gesellschaftlich-ideologischen Bedingungen diesen Menschen nicht mehr quasi automatisch produzieren, wie das in der durch Klassenkampf und rivalisierende Weltanschauungen bestimmten bürgerlichen Gesellschaft des 19. Jahrhunderts der Fall war.

Die demokratische Staatstheorie, auf der volonté des Volkes aufbauend, setzt außer ihr liegende Motive voraus, die es dem Einzelnen sinnvoll und interessant erscheinen ließen, an der Mitbestimmung des Staatswillens teilzuhaben. Diese Motive sind durchweg brüchig geworden. Sie können heute in viel geringerem Maße als im 19. Jahrhundert der gesellschaftlichen Situation (Appell an das Interesse, sei es des seinen Besitz verteidigenden und vergrößernden Bürgers oder des um die Verbesserung seiner Lage kämpfenden Arbeiters) oder gar der »Idee« des Staates als einer zur sittlichen Einordnung verpflichtenden Potenz entnommen werden. Die weitgehende klassenmäßige und ideologische Einebnung der modernen Industriegesellschaft hebt die bisherigen Motive politischen Engagements genau so weitgehend auf. Bis in die jüngste Vergangenheit war man politischer Mensch nicht qua politischer Mensch sondern als Liberaler, Sozialist, Konservativer, Staatsdiener. Davon sind nur noch Formeln geblieben. Gleich, welche Partei am Ruder ist, der Durchschnittsbürger hat im großen und ganzen das Gleiche von ihr zu erwarten. Die Motive politischer Entscheidung werden im Gegensatz zur Lage im 19. Jahrhundert klassen- und bewußtseinsmäßig unspezifisch. Andererseits ist der Staat in der überkommenen Vorstellung unserer politischen Ideenwelt für alle gleichermaßen, zum mindesten erlebnismäßig, ein Betrieb, eine Anstalt, eine Maschine geworden, die man nach ihren Leistungen, der Güte ihrer Aufgabenerledigung beurteilt. Der Zeitgeist versteht als die primäre dieser Aufgaben die gerechte Verteilung der Güter, eine Vorstellung, von der sich nur eine private, am eigenen Profit orientierte, nie aber eine öffentliche, vom bonum commune – und das ist das allen Menschen gleiche Bedürfnis, in Freiheit und Menschenwürde leben zu können – herleitende Grundregel politischer Erziehung ableiten läßt. Die dringendste Aufgabe der politischen Erziehung besteht daher darin, wieder bewußt zu machen, daß die Qualität der politischen Herrschaft, die Tugenden und Laster der Herrscher, das private Menschsein in seiner *seelischen* Qualität entscheidend mitbestimmen. Die alte Definition der Tyrannis als einer Staatsform, in der die seelische Verfassung der Herrschenden und dadurch bedingt auch die der

Bürger in Unordnung geraten ist, hat nach den Erfahrungen totalitärer Systeme ihren realistischen Wahrheitsgehalt erneut bewiesen.

III.

Zum Begriff der politischen Herrschaft, den wir zurückzugewinnen haben, gehört, daß alle öffentliche Herrschaft nur als *Amt,* als anvertraute *Aufgabe,* für die man verantwortlich einzustehen hat, zu begreifen ist. Angelsächsisches Staatsdenken hat diese Vorstellung nie preisgegeben. Es orientiert sich an den großen Staatsämtern, den »offices«, im Gegensatz zum kontinentalen, für das die Stufenleiter der Willensbildung das zentrale Problem ist. Das drückt sich in jenem bis heute in England und USA wachen Bewußtsein für das Kriterium staatsmännischen Ranges aus, das nicht darin zu sehen ist, ob ein Politiker unverfälschter Vertreter dieser oder jener politischen Strömung oder Ideen ist, sondern ob er jene Tugenden des guten Staatsmannes besitzt, die Voraussetzung für staatsmännischen Erfolg und die an der Gerechtigkeit orientierte Leitung der Geschicke eines politischen Gemeinwesens sind. Es ist der Rang der Person, ihr Mut, ihre Bedachtsamkeit, ihre Unerschrockenheit, ihre Offenheit, Lauterkeit und Klugheit, kurzum, der Inbegriff der Tugenden des Staatsmannes, der trotz aller Überlagerungen bis heute die politischen Auseinandersetzungen im tiefsten bestimmt. Englische Premiers pflegen nicht gestürzt zu werden, weil die öffentliche Meinung mit der Ideologie des Kabinetts unzufrieden ist, sondern weil der Zweifel an den staatsmännischen Fähigkeiten das ursprünglich gegebene Vertrauen verdrängt hat. Auch der deutschen Politik, der Entwicklung einer angemessenen politischen Kultur, würde es nur gut tun, wenn wir unsere führenden Politiker wieder entscheidend unter diesem klassischen Aspekt betrachten würden. Leitende Politiker sind nicht nur Funktionäre, Vertreter von Klassen, Strömungen, Repräsentanten einer Ideologie, die Spitze einer Phalanx politischer Willensbildung, sondern sie sind Bewerber um Herrschaftsämter, deren Inhaber die durch die Aufgabe bedingten persönlichen Tugenden aufweisen müssen. Daß diese Denkweise in Deutschland noch nicht ganz abgestorben ist, zeigte der großartige Protest der Göttinger Universität gegen den designierten Minister Schlüter, ein Protest, der nur aus diesen Zusammenhängen verständlich wird, wie andererseits die Argumentation des niedersächsischen Ministerpräsidenten ein klassisches Beispiel dafür war, wie sehr das

Ämterdenken gefährdet ist durch Vorstellungen, die im Prozeß der Willensbildung die letzte und einzige Quelle öffentlicher Legitimität erblicken.

IV.

Alle Bemühungen um den Entwurf eines Modells des Bürgers, auf das hin wir erziehen können, muß die Erfahrungen der deutschen Geschichte berücksichtigen. Gerade wenn man es mit diesen Erfahrungen ernst meint, werden Zweifel kaum zu unterdrücken sein, ob die Erziehung zum aktiven, mit Willensimpulsen geladenen Vollbürger denn eine so vordringliche Aufgabe ist. An Aktivismus hat es im Lande der Lebensphilosophie und des Mythos der Tat doch wahrlich nicht gefehlt. Hier anzuknüpfen, würde den antiintellektualistischen, geistfeindlichen Zug, der in aller Reformpädagogik mitschwang, gerade auf dem unpassendsten Gebiet wieder zum Leben erwecken. Die Katastrophen der deutschen Geschichte sind nicht unmittelbare Folgen eines irregeleiteten Willens. Das waren sie auch, aber sekundär; sie sind zutiefst das Resultat eines falschen, unangemessen urteilenden und bewertenden *Erlebens* der politischen Wirklichkeit. Das Eigentümliche ist dabei, daß sich das deutsche Denken gegenüber dem des Westens immer als besonders nüchtern, objektiv und illusionslos verstanden hat. Gegenüber dem Verfangensein im Nebel schöner Ideen, Ideologien und Utopien stoße es in viel entschiedenerem Ansatz durch zur harten, unverhüllten Faktizität der gesellschaftlichen und politischen Realitäten. Diese Haltung des »radikalen« Sichstellens einer »radikal« gesehenen Wirklichkeit gegenüber, findet sich im deutschen sozialistischen Schrifttum, angefangen vom jungen Marx mit seiner These von der radikalen Selbstentfremdung des Menschen in der bürgerlichen Gesellschaft, genauso prononciert wie im bürgerlich-idealistischen Lager von Hegel über Treitschke und Spengler bis zu Carl Schmitt. Man schiebt die »Illusionen« und »heuchlerischen Phrasen« von sich, um entweder die »Total«-Revolution zu fordern oder das jeweilige Sein mit einem »so ist es nun mal« zu akzeptieren. Beide Male sieht man aber die Wirklichkeit, in der man steht, nicht richtig, sondern verkrampft, übersteigert, schwärmerisch oder mit nihilistischer Skepsis. Die »sterile Aufgeregtheit«, die Max Weber seinen Zeitgenossen so ankreidete, ist seit der Romantik ein Grundzug deutschen politischen Denkens und Erlebens. Für eine rationalgläubige, humane Auffassung ist die menschliche Wirklichkeit demgegenüber dadurch bestimmt, daß uns in dieser Welt Aufgaben gestellt sind, von denen wir wissen, daß wir sie zwar sehr oft nicht erfüllen werden, daß uns ihre Erfüllung aber auch nicht prinzipiell verschlossen ist. Diese Auffassung ist dem Schwärmer wie dem desillusionierten Skeptiker gleich fern.

V.

Worum es geht, kann vielleicht an einem Beispiel erläutert werden, das dem modernen Pädagogen, der sich mit der Faszination des Sports auseinandersetzen muß, gar nicht absonderlich erscheinen wird. Darüber hinaus gehören Elemente des Sports ja seit je zu jeder kulturell hoch stehenden Form des politischen Lebens. Was ist es, das Millionen von Menschen jedes Wochenende, sei es als Mithandelnde oder, in der überwiegend größeren Zahl, als Miterlebende in die Sportarenen treibt? In Ergänzung des von Buytendyk Gesagten möchte ich meinen, daß hier im Gegensatz zu so vielen anderen Lebensgebieten der Zuschauer das Leben in einer Weise erfahren kann, die ihm im politischen Bereich ganz besonders weitgehend verwehrt ist. Denn was muß der ideale Zuschauer eines Fußballspieles mitbringen? Will er Freude am Geschehen auf dem Rasen haben, so muß er zunächst Kenntnis der Regeln besitzen. Er muß wissen, worum es geht. Er muß um die Kunst wissen, wie man einen Ball vorbeispielt, wie den Sieg erringen kann. Dabei ist durchaus nicht Voraussetzung für ein befriedigendes Verfolgen des Spielverlaufs, daß man selbst wie ein kleiner Herberger in der Lage ist, im vorhinein zu wissen, was dieser oder jener Spieler jetzt tun müßte. Aber wenn ein besonders gelungener Schuß gefallen ist, wenn besonders kunstvoll gespielt wurde, dann muß er in der Lage sein, zu würdigen, was die Könner, die Aktiven gerade vollbracht haben. Wer Könner und Stümper nicht voneinander unterscheiden kann, ist bei einem guten Fußballspiel fehl am Platz. Aber nicht allein die Einsicht in die Kunst, in Regel und Beherrschung der Technik, macht einen guten Zuschauer aus, sondern darüber hinaus muß er fähig sein, sich emotional zu engagieren, sich zu freuen, sich zu ärgern, sich begeistern, klatschen und enttäuscht oder empört pfeifen zu können. Der bloße Kenner ohne Fähigkeit zur Leidenschaft wird ein Fremdling auf der Tribüne sein gleich dem, der schreit, wenn es nichts zu schreien gibt.

Nun ist die Politik wahrlich kein Spiel. Das Leben, das Gerechte und Humane steht zur Frage. Aber für das, was von unserem Modell des Bürgers verlangt werden muß, hilft das Bild weiter. Mir scheint nämlich, daß vom politischen Menschen – transponiert in die hohen Dinge, die hier »im Spiel« sind – strukturell das Gleiche verlangt werden muß wie vom rechten Zuschauer. Er muß zumindest soviel Wissen von den Zusammenhängen politischen Lebens besitzen, daß er diese Welt nicht als eine fremde, seiner Einsicht entzogene betrachtet. Der Sinn dieses Wissens ist nicht Vermittlung von techne, sondern Ermöglichung jener »cognitiven« Freiheit, die die Entfremdung zumindest zum Teil aufhebt. Es geht um Wissen, das zur Einsicht wird. Wer die Zusammenhänge kennt, wer weiß, was bedeutend und unbedeutend ist, wird nicht zu jenen schrecklichen Vereinfachungen und Kurzschlüssen fähig sein, im Juden, im Kapital, in der Bürokratisierung, der Kirche, oder was sonst, das Unheil der Welt zu sehen. Es klingt uns ja noch alles in den Ohren. Wirklichkeitsangemessene Einsicht ist das erste Erziehungsziel des politischen Unterrichts.

Das allein genügt aber keineswegs, sondern darüber hinaus muß der Mensch fähig sein, das Gute und das Schlechte, die Tugend und das Laster auch im Politischen zu unterscheiden. Richtig oder falsch sind für den politischen Unterricht keine Kriterien, die auf eine Ideologie zu beziehen wären, sondern auf die schlichten, aufgegebenen Tugenden politischen Verhaltens unter einer demokratischen Verfassungsordnung. Die »partnerschaftlichen Verhaltensweisen«, die »demokratischen Lebensformen«, sind doch nichts anderes als die alten Tugendregeln, angewandt auf das öffentliche Leben, nur, daß man heute Gefahr läuft, sich lächerlich zu machen, wenn man von Tugenden spricht.

Das besondere Problem unserer Zeit liegt nun m.E. in der Möglichkeit des Auseinanderfallens beider hier erhobenen Forderungen, der nach rechter Einsicht und der nach der Fähigkeit und Bereitschaft moralischen Engagements. David Riesman hat in seiner Soziologie des modernen Massenmenschen zwischen dem Typus des »inside dopester« und des »moralizer« unterschieden. Der eine weiß um alle Zusammenhänge, er ist durch nichts zu verblüffen, er weiß um alle Tricks und ist davon überzeugt, daß überall mit gleich schlechtem Wasser gekocht wird. Ein einflußreicher Zweig der modernen Massenpresse, die in Amerika durch die Wochenzeitschrift »Time« bei uns durch den »Spiegel« repräsentiert wird, appelliert an diese Menschen. Wenn der Spiegelleser am Montag sein »Nachrichtenmagazin« gelesen hat, weiß er, in welcher Gunst gerade der Verteidigungsminister beim Kanzler steht, wer mit Herrn Globke gefrühstückt hat und was die letzte demoskopische Rundfrage ergab. Man kann ihm »nichts vormachen«! Er weiß, daß er ein »kleiner Mann« ist, ohne Möglichkeit, denen, die »oben« sind, in ihrem Treiben Einhalt zu gebieten. Das Wissen um das scheinbar Wichtige befriedigt das, was an ihm »politischer Mensch« ist, vollauf. Balzac hat die »concierge« seiner Zeit so beschrieben. Die moderne Betriebssoziologie weiß um die »Arbeitsfreude« schaffende Bedeutung des Betriebsklatsches, und der Psychologie des Staatsmannes ist der Typus nicht fremd, der die Politik vom Gesichtspunkt der besten Information her sieht, der einen guten Geheimdienst für die Garantie erfolgreicher Politik hält. Auf der anderen Seite ist die Seelenverfassung unseres politischen Gemeinwesens genauso bedroht durch jenen in der Regel durchaus rechtschaffenen, schlichten Menschen, der drauflos moralisiert, schimpft und urteilt, leidenschaftlich »Stellung bezieht«, ohne sich um die Erkenntnisgrundlagen seines Engagements groß zu kümmern. Während der Typ des »Spiegel«-Lesers nach außen politisch apathisch wirkt, findet man letzteren in beängstigend anwachsender Zahl in allen politischen Gruppen; jedem mit der Erwachsenenbildung Vertrauten ist er ein stetiger Alpdruck. Beide Typen dieses unvollständigen politischen Menschen sind Ausdruck für das gestörte Verhältnis zur politischen Wirklichkeit. Einsicht und Leidenschaft gehören zusammen. Hier scheint mir daher die entscheidende Aufgabe der politischen Erziehung zu liegen, eine Aufgabe, die sie – falls unsere Verfassungswirklichkeit ihr entgegenkommt –, auch erfüllen kann: Erziehung zum rechten, angemessenen Erleben *und* moralischen Reagieren auf die Wirklichkeit des Politischen. Die Deutschen sind keine böseren und ungerechteren Menschen als die Franzosen und Engländer. Aber wir haben die Wirklichkeit des Politischen in ganz unangemessener Form über eineinhalb Jahrhunderte hin erlebt, mit entsetzlichen Auswirkungen im politischen Handeln. Ich möchte es ganz provozierend formulieren: Die Aufgabe des Lehrers in der Schule ist nicht *unmittelbar* Erziehung zur rechten Aktion, sondern zur rechten Re-Aktion.

Sich am richtig miterlebenden Menschen als Modell des Bürgers zu orientieren, bedeutet nicht, daß hier resigniert ein Monopol der Berufspolitiker zum politischen Handeln akzeptiert würde. Selbstverständlich soll sich der Einzelne in allen Lebenskreisen, die ihm zugänglich sind, so viel Mitwirkungsrechte wie möglich erkämpfen. Aber entscheidend ist für unser politisches Schicksal die Stellung, die der Einzelne zu den großen Institutionen der Nation einnimmt, ob er einen Sinn in jenem politischen Geschehen sehen kann, das über den Kreis der Familie, des Arbeitsplatzes, der Gemeinde hinausgeht. Es geht darum, wieder zu erreichen, daß der Einzelne wieder einen Sinn in seiner Existenz als zoon politikon sieht. *Polis* in diesem Sinne ist aber nicht die Gemeinde oder das Land, sondern jene letzte Instanz – der moderne Staat –, die bestimmt, ob der Einzelne die Möglichkeiten zu dem hat, was die Alten das »gute Leben« nannten.

Wenn hier das richtige Erleben so sehr betont wird, so soll damit nicht bestritten werden, daß für modernes demokratisches Bewußtsein das »gute Leben« allerdings nur möglich ist, wenn dem Einzelnen ein Minimum an Mitbestimmung des staatlichen Willens überlassen wird. Ist die Herrschaft unvermeidlich, so soll sie von seiner Bestimmung und Zustimmung abhängig sein. Es gehört nun zu den grundlegenden Einsichten der modernen Psychologie und politischen Wissenschaft, daß die so weit verbreitete politische Apathie nicht nur ein Produkt der Enttäuschung am Staat und den Parteien ist, sondern Ausdruck einer Komplikation der uns umgebenden gesellschaftlichen und politischen Wirklichkeit, die zu durchschauen ein außerordentliches Maß an Kenntnis und Urteilsvermögen verlangt.

Diese Situation stellt Forderungen an das Verfassungs- und Parteiensystem. Das amerikanische und englische Zweiparteiensystem mit seiner großen Überschaubarkeit erleichtert das politische Engagement sehr viel mehr als das undurchsichtige Vielparteiensystem deutscher und französischer Prägung. Die völlige Bedeutungslosigkeit des Wählers für die politische Willensbildung, insoweit als es um das eigentlich Entscheidende, nämlich die Regierungsbildung geht, vergrößert das Ausmaß politischer Gleichgültigkeit, bleibt doch kaum einsichtig, warum man eigentlich wählen soll, wenn die individuelle Entscheidung für die Möglichkeiten der Regierungsbildung unter Umständen völlig gleichgültig ist. Alle politische Erziehung muß auf lange Sicht scheitern, wenn die Realität unseres Verfassungslebens dem Bürger nicht eine reale Möglichkeit der Mitbestimmung zuweist. Der Rahmen, der hier gesteckt ist, ist ohnehin eng genug. Denn er erschöpft sich, was die unmittelbar rechtliche Willensbildung anbelangt, in der Möglichkeit, für oder gegen die konkurrierenden Aspiranten um die politische Führung zu votieren. Hier Korrekturen unserer Verfassungswirklichkeit vorzunehmen, ist nicht Sache des politischen Unterrichts. Diese Forderung lebendig zu machen, sollte man ihm allerdings nicht verwehren. In jedem Fall muß sich der politische Unterricht orientieren am Modell des Bürgers in einer Demokratie, die ihm diese Mitwirkungsrechte läßt. Um von diesen Mitbestimmungsrechten einen sinnvollen Gebrauch zu machen, kommt es aber – zumindest als Auftrag der Schule – weniger auf die Entwicklung voluntativer Talente, sondern auf die Erziehung zur rechten Einsicht und zum rechten Erleben an.

Der unvollständige Mensch unserer Zeit ist der erlebnisunfähige Mensch.

Hier scheint mir die eigentliche Rechtfertigung des politischen Unterrichts zu liegen: dem verkümmerten, unvollständigen Menschen unserer Zeit den Weg zu größerer menschlicher Fülle und Anschauung zu weisen. Die Aufgabe, den Menschen vollkommener zu machen, ist auch heute noch der eigentliche Kern des pädagogischen Auftrags. Ein Mensch, der das Politische von sich streift, dem diese Seite seines Wesens verloren geht, verrät seine Natur. Politische Erziehung, so verstanden, weist in die Mitte der Erziehung schlechthin.

(1957)

Meinungsforschung und repräsentative Demokratie

Zur Kritik politischer Umfragen

I. Gesellschaftliche Bedingungen der Meinungsforschung

Die planmäßige Erforschung politischer Meinungen auf der Grundlage repräsentativer Umfragen ist für Deutschland ein Novum. Wie faszinierend die Möglichkeit ständiger in Zahlen ausdrückbarer Darstellung dessen, »was man so denkt«, für eine breite Öffentlichkeit sein muß, beweist die Fülle der Zeitungs- und Zeitschriftenartikel, die zum Teil gut informierend diesen Gegenstand beschrieben[1]. Daß er allgemeine Aufmerksamkeit verdient, ist auch nicht zu bezweifeln. Kann eine angesehene deutsche Tageszeitung doch berichten, daß »seit langem die Meinungsumfragen in der Wählerschaft zum eisernen Bestand der Wahlstrategen aller Parteien gehören«[2]; hat doch das Bundeskanzleramt seit Jahren eines, inzwischen zwei der deutschen demoskopischen Institute in einem Dauervertragsverhältnis verpflichtet, allmonatlich über die Entwicklung der öffentlichen Meinung zu berichten. Die im Etat des Bundeskanzleramtes für diesen Zweck bereitgestellten Mittel stiegen innerhalb von drei Jahren von 54000,– DM auf 150000,– DM[3]. Es ist ein öffentliches Geheimnis, daß dies nicht ent-

---

[1] Vgl. die Angaben bei FRIEDRICH LENZ, *Meinungsforschung in Deutschland*, Stuttgart 1950, 14. Seitdem sind besonders zu nennen: NORBERT MÜHLEN, Glanz und Elend der Meinungsforschung, *Der Monat* 1. Jg. (1948/49) Heft 4, 61 ff.; WOLFGANG STIEBLER, Sind Sie der Meinung, daß ..., ebd. Bd. XII (1953/54) Heft 68, 123 ff.; JÜRGEN PECHEL, Probleme der Meinungsforschung, *Deutsche Rundschau* 79. Jg. (1953) 1153 ff.; P. W. WENGER, Demoskopie, *Rheinischer Merkur* Nr. 38, 11. Jg. (21. 9. 1956).

[2] »Koalitionsprozente«, *Frankfurter Allgemeine Zeitung* v. 7. 8. 1956.

[3] Die erste Erhöhung im Jahre 1954 begründete der Abg. MARTIN BLANK damit, daß »diese Form der Meinungsforschung sich als außerordentlich zuverlässig

fernt den Gesamtbetrag darstellt, der im direkten oder mittelbaren Auftrag der Bundesregierung für Meinungsumfragen aus öffentlichen Mitteln verausgabt wird[4].

Schon der Bundestagswahlkampf im Jahre 1953 wurde in einem kaum zu überschätzenden Ausmaß auf der Grundlage der Expertisen eines deutschen Meinungsforschungsinstituts geführt. Unter anderem sind die so wirkungsvollen Annoncen der »Waage« (Gesellschaft für sozialen Fortschritt)«, von Mal zu Mal auf Grund von Umfragen der Reaktion der Bevölkerung angepaßt worden. Was im Wahlkampf in den Vordergrund gerückt wurde: die Person des Bundeskanzlers, der wirtschaftliche Aufstieg, entschied nicht mehr allein der gesunde Menschenverstand von Politikern, die wiedergewählt werden wollten, sondern der Rat von Experten, die statistisch belegen konnten, was (in der Sprache des Fachs) »ankam« und was nicht[5]. Die Strategie des dritten Bundestagswahlkampfes scheint in einem noch stärkeren Maße von ihnen vorgezeichnet zu werden: Die Besprechungen Dr. Adenauers mit dem FDP-Vorsitzenden Dr. Dehler im September 1956 waren durch Meinungsumfragen veranlaßt[6]. Dem öffentlichen Parteitag der Sozialdemokratischen Partei in München im Juli 1956 ging eine nicht-öffentliche Sitzung aller Delegierten voraus, auf der der Pressechef der Partei die Ergebnisse der letzten Befragungen mitteilte. Auch auf der sogenannten Klausurtagung der CDU-CSU Bundestagsfraktion in Bad Honnef stand ein Bericht des Abg. Lenz über das gleiche Thema im Mittelpunkt des Interesses. Nach allem kann man mit Sicherheit sagen, daß die Meinungsumfragen in der Bundesrepublik zu einem anerkannten Instrument des politischen Kampfes avanciert sind, das aus der Technik moderner Herrschaftsformen kaum mehr weggedacht werden kann. Das um so mehr, als die Entwicklung gerade der westdeutschen Gesellschaft und ihres Parteiensystems dieses Instru-

---

und zweckmäßig« erwiesen habe (*2. Dt. Bundestag, Sten. Berichte,* 7. 4. 1954, S. 800). Im Jahre 1956 wird die »lebhafte politische Tätigkeit« angeführt (Erläuterungen zum Bundeshaushaltsgesetz 1956, Einzelplan 04, Kap. 0403, Titel 304).

[4] Nach Lage der Dinge wird der Sonderfonds »Zur Verfügung des Bundeskanzlers für Förderung des Informationswesens« (1956: 12,5 Millionen DM) der Topf sein, aus dem die zahlreichen halbamtlichen »überparteilichen« Organisationen, unter denen die »Arbeitsgemeinschaft demokratischer Kreise« (ADK) eine prominente Stellung einnimmt, ihre Umfragen finanzieren.

[5] Über die Rolle des Allensbacher »Instituts für Demoskopie« im Wahlkampf 1953 berichtete sehr informativ das Nachrichtenmagazin »*Der Spiegel*« in seinen Ausgaben vom 28. 10. 1953 und 25. 7. 1956.

[6] *Frankfurter Neue Presse* v. 17. 9. 1956; *Deutsche Zeitung und Wirtschaftszeitung* v. 22. 9. 1956.

ment vom Gesichtspunkt des Machterwerbs aus immer unentbehrlicher macht.

Von der Schwäche der Ideologien zu sprechen, ist heute fast zu einem Gemeinplatz geworden[7]. Daß unsere Gesellschaft eine Tendenz zur Einebnung überkommener gesellschaftlicher Gegensätze aufweist, steht im Mittelpunkt der gegenwärtigen soziologischen Forschung. In allen Lebensbereichen läßt sich der Zug zur Entpolitisierung und Entideologisierung aufzeigen; im politischen Bereich im engeren Sinn wird er am deutlichsten im Vergleich des heutigen Parteiensystems mit dem der Weimarer Republik oder auch des Bismarckreiches. Wo früher klare soziale und weltanschauliche Fronten die politische Landkarte eines Volkes bestimmten, herrscht heute trotz Tradierens alter Begriffe Ungewißheit über die wirkliche klassenmäßige Struktur und noch größere über das der Klassenlage entsprechende Bewußtsein. Bei aller Problematik, die in einer ausgeprägten ständischen oder klassenmäßigen Schichtung einer Nation enthalten sein mag, hatte sie jedenfalls den einen Vorteil rationaler Eindeutigkeit im Hinblick auf das, was bestimmte Volksteile dachten, meinten, wünschten. So unrichtig uns die Auffassung erscheint, nach der in Wahrheit »Öffentliche Meinung« nur als die öffentlichen Meinungen der verschiedenen Klassen und Gruppen eines Volkes gegeben sei[8], so richtig ist es, daß mit der zunehmenden Einebnung der Klassengesellschaft, mit dem Prestigeverlust sozialer und kultureller Eliten, dem Verschwinden aller echten Zwischengewalten, der Relativierung der Presse durch wirkungsvollere Medien politischer Kommunikation es immer schwieriger wird, festzustellen, welche Meinungen in einem Volke vertreten werden und welche gegebenenfalls als die »öffentliche Meinung« angesprochen werden kann.

Dieses Dilemma muß den Politiker im parlamentarischen Regierungssystem, der sich ständig der Zustimmung seiner Wähler versi-

---

[7] So Otto Brunner, »Das Zeitalter der Ideologien«, in *Neue Wege der Sozialgeschichte*, Göttingen 1956, 217; vgl. auch R. Aron, »Fin de l'âge idéologique?« in »Sociologica« (*Horkheimer-Festschrift*), Frankfurt 1955, 219 ff. Die befreiende Wirkung dieser Entideologisierung, insbesondere im Sinne der Zerstörung der Denkfesseln des 19. Jahrhunderts betont eindrucksvoll Eric Voegelin, *Israel and Revelation*, Baton Rouge 1956 XII f.

[8] So Herbert Sultan, Zur Soziologie des modernen Parteiensystems, *Archiv f. Soz. Wiss. u. Sozialpol.*, Bd. 55 (1926) 124 f. Wie Sultan, durchweg die positivistische Soziologie in USA, insbes. seit Arthur F. Bentley, *The Process of Government,* 1908. Für viele steht David B. Truman, *The Governmental Process.* – Political Interests and Public Opinion, New York 1951.

chern muß, nicht wenig beunruhigen. War noch in der Weimarer Zeit der Schluß von der Klassenlage auf die parteipolitische Stimmabgabe im großen und ganzen ohne allzu große Fehlurteile möglich, so bestimmen das Wahlverhalten heute mehr und mehr Neigungen und Meinungen, die der Gesamtbevölkerung zu eigen sind. So wenig wie unser parlamentarisches Leben noch durch »geborene« Koalitionen bestimmt wird, so ungewiß wird für das Kalkül des Wahlstrategen die »geborene« Parteizugehörigkeit bestimmter, von ihm traditionell ansprechbarer Bevölkerungsgruppen. So wie die Parteien sich freie Hand genommen haben, um ungehindert durch ehemalige weltanschauliche Barrieren Koalitionen mit praktisch jedem Partner abzuschließen, der auf die gebotenen Bedingungen eingeht[9], so groß ist die Möglichkeit des Wählers, zwischen den verschiedenen Parteien seine Wahl zu treffen[10]. Der Arbeiter »muß« nicht mehr (statistisch ausgedrückt) sozialdemokratisch wählen und der Beamte »muß« nicht mehr »bürgerlich« wählen. Da die Parteien im »Daseinsvorsorgestaat« im großen und ganzen alle das gleiche zu tun versprechen und faktisch im großen und ganzen auch alle das gleiche tun würden, kämen sie an die Macht, sind es Faktoren persönlicher, stimmungsmäßiger Art, die das Urteil des Wählers mehr und mehr bestimmen, immer weniger aber eine zunehmend undifferenziert werdende Klassenlage und die spezifischen Interessen, die mit ihr traditionell verbunden waren.

Eine Möglichkeit, das Dilemma des Politikers zu überbrücken, der nicht mehr ohne weiteres aus der Klassenlage seiner potentiellen Anhänger auf ihre politischen Wünsche schließen kann, bietet die Meinungsforschung. Sie verspricht Aufschluß darüber zu geben, was der Wähler denkt, wie man ihn »ansprechen« muß, welche Politik der Erhaltung oder dem Erwerb der politischen Macht förderlich oder hin-

---

[9] Über die Folgen dieser Lage für das parlamentarische Regierungssystem Siegfried Landshut, Formen und Funktionen der parlamentarischen Opposition, in *Wirtschaft und Kultursystem,* herausgeg. v. Gottfried Eisermann, Zürich und Stuttgart 1955, 225f. und Wilhelm Hennis, Parlamentarische Opposition und Industriegesellschaft. – Zur Lage des parlamentarischen Regierungssystems in: *Gesellschaft, Staat, Erziehung* I 5 (1956) 205ff. [In diesem Band S. 1ff.]

[10] Jedenfalls kann die *Tendenz* zur Auflockerung der starren, »selbstverständlichen« Parteitreue doch nicht übersehen werden. Dies zu Rothe, Illusionen im Wahlrechtsstreit, *Die Neue Gesellschaft,* 3. Jg. (1956) 381ff. Wenn das »Institut für Demoskopie« in Allensbach nach einem Bericht seines Leiters im »Spiegel« (11. Jg. Nr. 2 v. 9. 1. 1957, S. 14) feststellt, daß 70–75% aller Wähler in der Bundesrepublik immer für ein und dieselbe Partei stimmen, so ist dieser Prozentsatz nicht hoch, sondern erstaunlich niedrig.

derlich ist. Der – am Klassenmaßstab gemessen – immer unverbindlichere, inhaltsleere Charakter der individuellen politischen Meinung ruft die Meinungsforschung auf den Plan. Es ist kein Zufall, daß sie in Amerika, dem Land größter sozialer Homogenität und geringster ideologischer Parteidifferenzen, zuerst entwickelt wurde. Je unartikulierter die Meinungen, um so klarer der Nutzen der Meinungsforschung.

Die Probleme, die das Aufkommen der Meinungsforschung für Staatslehre und politische Wissenschaft stellen, sind – zumindest in Deutschland – von der staatswissenschaftlichen Fachwelt bisher noch nicht aufgegriffen worden[11]. Wenn das so ist, kann unsere Untersuchung nicht beanspruchen, eine vollständige Darlegung all dieser Probleme zu geben. Insbesondere interessiert in unserem Zusammenhang nicht die statistische Zuverlässigkeit und mithin auch praktische Verläßlichkeit der Meinungsforschung. Nicht interessieren soll auch der meinungs*bildende* Effekt der Meinungsforschung. Es gehört zu den agonal wohl unentbehrlichen Gepflogenheiten des politischen Kampfes, für die eigene Partei den sicheren Sieg vorauszusagen. Daß man sich heute bis auf die Prozentzahl genau Mut zusprechen kann, ist nur eine unbeträchtliche, dem wissenschaftsgläubigen Zeitgeist entgegen-

---

[11] So HANS SCHNEIDER, Volksabstimmung in der rechtsstaatlichen Demokratie, in Forschungen und Berichte aus dem Öffentlichen Recht, *Gedächtnisschrift für Walter Jellinek,* München 1955, 167. Hinweise auf die politikwissenschaftliche Problematik der Meinungsforschung finden sich aber immerhin bei KARL LOHMANN, Parlamentarismus und Publizistik, *Tymbos für Ahlmann,* Berlin 1951, 206; FRIEDRICH LENZ, Über öffentliche Meinung und Meinungsforschung, *Europa-Archiv 5* (1950 1. Hlbj.) 3023 ff.; JEAN POUILLON, Les sondages et la science politique, *Revue Française de Science Politique* I (1951) 83 ff.; SIEGFRIED LANDSHUT, Volkssouveränität und öffentliche Meinung, in Gegenwartsprobleme des Internationalen Rechts und der Rechtsphilosophie *(Festschrift für Laun)* Hamburg 1953, 579 ff.; ALPERT et al., Congressional Use of Polls, *Public Opinion Quarterly* 18 (1954), 121 ff.; ERNST FRAENKEL, Diktatur des Parlaments?, *Zeitschrift für Politik* N.F. Bd. I (1954) 124; DAVID MITRANY Parliamentary Democracy and Poll Democracy, *Parliamentary Affairs,* Vol. IX (1955/56) 21. Die erste eingehende Auseinandersetzung in deutscher Sprache – allzu sehr vom Standpunkt der Meinungsforschung aus – versucht die Frankfurter Jur. Diss. v. KLAUS A. LINDEMANN, *Die rechtlichen Grenzen der Meinungsforschung,* 1956. Vgl. auch KAISER, *Die Repräsentation organisierter Interessen,* Berlin 1956, 232. – Hinzuweisen ist aus der ausländischen Literatur vor allem auf das glänzende Buch von LINDSAY ROGERS, *The Pollsters.* – Public Opinion, Politics and Democratic Leadership, New York 1949. Vgl. auch HANS HUBER, Öffentliche Meinung und Demokratie in der neueren amerikanischen Staatslehre, *Festgabe für Karl Weber,* Zürich 1950, 34 ff. – Nicht mehr einsehen konnte ich die Freiburger Diss. Phil. von GERHARD SCHMIDTCHEN, *Demoskopie und Politik,* 1957.

kommende Variante eines klassischen Themas[12]. Nur einige *politische* Aspekte der Meinungsforschung sollen hier interessieren. *Inwieweit ist sie geeignet, unser Verfassungssystem zu beeinflussen, welche Tendenzen der Zeit fördert sie?* Ein wesentlicher Teil der Antwort auf diese Frage fällt in eins der Antwort auf die Frage nach dem Gegenstand der Meinungsforschung.

II. Der Gegenstand der Meinungsforschung

Ist dieser Gegenstand, die öffentliche Meinung, identisch mit *der* öffentlichen Meinung, von der die nachrevolutionäre Verfassungstheorie gehandelt hat, wenn sie vom »government by public opinion«, von der öffentlichen Meinung als »unsichtbarem Sittengericht«[13], »öffentlichem Gewissen«[14] und ähnlichem mehr gesprochen hat?

Schon hier überrascht, wie gleichgültig die Meinungsforschung dem Problem gegenübersteht. Erörterungen über Natur, Rang und Bedeutung der öffentlichen Meinung wird man in der so umfangreichen Literatur zur Meinungsforschung vergeblich suchen. Es ist eine Umgehung, keine Lösung des Problems, wenn die großen amerikanischen Textbücher an der Stelle, wo von der Natur der öffentlichen

---

[12] Kritische Bemerkungen zu diesem sogenannten Bandwagon-Effekt u.a. bei H. A. SIMON, Bandwagon and Underdog Effects and the Possibility of Election Predictions, *Public Opinion Quarterly* 18 (1954), 245 ff. und FRIEDRICH FÜRSTENBERG, Meinungsforschung und Politik, Voraussetzungen und Gefahren einer Modewissenschaft, *Deutsche Universitäts-Zeitung,* Heft XI (1956) v. 19. 7. 1956. – Über die Methoden der Meinungsforschung orientieren im deutschen Schrifttum am besten:

a. *Praktische Sozialforschung* – Das Interview. Herausgeg. v. RENÉ KÖNIG u.a., Dortmund-Zürich 1952;

b. Empirische Sozialforschung. – Meinungs- und Marktforschung. Methoden und Probleme (*Wissenschaftliche Schriftenreihe des Instituts zur Förderung öffentl. Angelegenheiten* e.V. Bd. 13) Frankfurt 1952;

c. Art. Sozialforschung, empirische, im *HdSw;*

d. Beobachtung und Experiment in der Sozialforschung – *Praktische Sozialforschung* II, herausgeg. von RENÉ KÖNIG u.a., Köln 1956.

Eine gute Zusammenfassung bei LINDEMANN, 16 ff. Einen Eindruck von der Spezialisierung des Gebiets gibt der Führer durch die Literatur des letzten Jahrzehnts (!): B. L. SMITH and CH. M. SMITH, *International Communication and Political Opinion,* Princeton 1956, der nicht weniger als 2600 Stichworte verzeichnet.

[13] K. S. ZACHARIAE, *Staatswissenschaftliche Betrachtungen über Ciceros neugefundenes Werk vom Staate* 1822, 242.

[14] BLUNTSCHLI, *Lehre vom modernen Staat,* 3. Theil: Politik, Stuttgart 1876, 10.

Meinung die Rede sein muß, in der Regel Auszüge aus Werken zur öffentlichen Meinung vorführen, die lange vor dem Aufkommen quantifizierender Umfragen geschrieben wurden. Die Frage ist ja gerade, ob die Ergebnisse einer Umfrage mit dem älteren Begriff der öffentlichen Meinung gleichgesetzt werden können. Solche Überlegungen mögen sich bei der Erfassung wirtschaftlicher Meinungen erübrigen. Es versteht sich von selbst, warum ein Fabrikant die Konsumwünsche seiner möglichen Kunden erfahren möchte. Die Resultate in diesem Bereich ergeben Informationen, niemals aber »öffentliche Meinung«. Das gleiche gilt aber auch für Umfragen im politischen Bereich, solange nicht der Nachweis geführt wird, daß die Resultate *doch* die öffentliche Meinung wiedergeben mit dem ihr eigenen Anspruch auf Gehör und Respektierung. Solange die Meinungsforschung ihre Ergebnisse als »öffentliche Meinung« präsentiert, kann man von ihr den Nachweis fordern, daß es sich in der Tat darum handelt.

Befragt man die deutsche Meinungsforschung nach dem Selbstverständnis ihres Gegenstandes, so bleibt sie einem bislang jede Antwort schuldig[15]. Der einzige Versuch einer Definition – wenn man es so nennen will – findet sich in den »Antworten« von Erich Peter Neumann und Elisabeth Noelle (Allensbach 1954, S. 12). Danach handelt es sich bei der öffentlichen Meinung »nicht gleichsam um die Meinung des personifiziert gedachten Staatsvolkes, sondern um ein komplexeres Phänomen, das man sich seinem Wesen nach viel eher als ein Kraftfeld oder Spannungsfeld, vielleicht auch als ein Strömungsfeld vorstellen sollte, und zwar als ein Feld, das man aus der Vogelperspektive betrachtet«. Das ist ein Bild, eine Definition ist es sicher nicht. Man möchte demgegenüber der überwiegend agnostischen Auffassung der amerikanischen Meinungsforschung den Vorzug geben, die ein führender Mann des Fachs in dem Satz zusammenfaßt: »Die Natur der öffentlichen Meinung muß nicht definiert, sondern studiert werden.«[16] Agnostizismus im Hinblick auf den Gegenstand, äußerster Scharfsinn in bezug auf die Methode sind denn auch das Kennzeichen der amerikanischen Meinungsforschung[17].

---

[15] Auch die Arbeit von ROLF FRÖHNER, Meinungsforschung – ihre Aufgaben und Problematik, *Publizistik*, Jg. 1 (1956) Heft 5, 259 ff., läßt uns über das Wesen der öffentlichen Meinung im unklaren.

[16] H. L. CHILD, By Public Opinion I mean, *Public Opinion Quarterly*, April 1939, zitiert nach Gruppenexperiment, *Frankfurter Beiträge zur Soziologie* Bd. 2, Frankfurt 1955, 24.

[17] Nicht zur Meinungsforschung in diesem Sinne zu zählen ist die psychoana-

Dies wird besonders deutlich, wenn man die Arbeiten auf dem Gebiet der öffentlichen Meinung seit dem Aufkommen repräsentativer Befragungen, also seit Mitte der dreißiger Jahre[18], mit der älteren Literatur zur öffentlichen Meinung vergleicht, also den Werken von Bauer, Lippmann, Dicey und Tönnies. In einem instruktiven Vortrag hat Bernard Berelson, einer der besten Kenner der amerikanischen Meinungsforschung und sicher nicht ihr Gegner, sondern einer ihrer größten Förderer, kürzlich einen solchen Vergleich unternommen[19]. Er faßt den »revolutionären Wandel« der Disziplin in dem Satz zusammen: »... the field has become technical and quantitative, atheoretical, segmentalized, and particularizied, specialized and institutionalized ... in short, as a characteristic behavioral science, Americanized«. Während vor fünfundzwanzig Jahren und zuvor die »öffentliche Meinung« von einzelnen berühmten, zumeist europäischen Forschern nicht für sich, sondern im Zusammenhang mit allgemeinen Problemen der Staats- und Gesellschaftstheorie behandelt worden sei, würden heute »teams of technicians« ihre Research-Projekte auf eng begrenzte Fragen einstellen und »Fakten mitteilen« (report findings). »Twenty years ago the study of public opinion was part of scholarship, today it is part of science.«[20] Im völligen Bruch mit der älteren Literatur zur öffentlichen Meinung – und sie reicht weiter zurück, als auch Berelson annimmt– sieht er den empfindlichsten Mangel der modernen Meinungsforschung.

Dieser Bruch der empirisch-quantifizierenden Arbeitsweise mit der älteren Tradition muß zur Verdunkelung aller wissenschaftsgeschichtlichen Zusammenhänge führen. Die Folgen sind Schrumpfung der Probleme auf die mit dem neuen Instrument zu lösenden einerseits, Fehlurteile über die eigene Stellung im Rahmen der Wissenschaftsge-

---

lytisch orientierte Persönlichkeitsforschung unter politischer Fragestellung, wie sie vor allem durch die von HORKHEIMER und FLOWERMAN herausgegebenen *Studies in Prejudice* vorangetrieben worden ist. Insbesondere TH. W. ADORNOS ET AL. *The Authorian Personality,* New York 1950, ist als Beitrag zur politischen Anthropologie zu verstehen. Wo man in Anknüpfung an dort erprobte Methoden allerdings meint, die »öffentliche Meinung« in den Griff zu bekommen – so Gruppenexperiment S. 7, 3 – werden m.E. die unbestreitbaren, nur auf anderem Felde liegenden Möglichkeiten dieser Methoden wie das Wesen der öffentlichen Meinung verkannt, s. auch unten Anm. 73.

[18] Näheres bei FRÖHNER aaO. 263 f. und der dort angeführten Literatur.

[19] The Study of Public Opinion, in LEONARD D. WHITE (ed.), *The State of the Social Sciences,* Chicago 1956, 299 ff.

[20] AaO. 304 f.

schichte andrerseits. Selbst mit der Einführung der Druckerpresse hat man die *Polls* schon verglichen[21]. Es ist eine kaum zu erschütternde Überzeugung der Meinungsforscher, daß das, was sie leisten, vor ihnen niemand vollbracht hat: Berelson: »Everyone acknowledges that public opinion was not invented in 1935, but some people forget that the study of public opinion was not invented then either.«[22] Der Glaube, daß sie etwas ganz Neues, vor ihnen noch nie Mögliches betrieben, ist zutiefst eine Folge der von Berelson gerügten »Segmentalisierung« der Meinungsforschung, ihrer Abtrennung vom Muttergebiet, das für die Erforschung der öffentlichen Meinung früher zuständig war: der Politik und Verfassungstheorie.

»Oboedientia facit imperantem«. Solange es politische Herrschaft gibt, haben die Herrschenden ein Interesse daran gehabt, zu wissen, was in den Köpfen ihrer Untertanen vorgeht. Seit der Einführung des allgemeinen Wahlrechts gehört es zu den Existenzbedingungen eines erfolgreichen Politikers, das »Gras der Notwendigkeit« (Jac. Burckhardt) wachsen zu hören. Der Weg von den »Augen und Ohren« der persischen Könige bis zu den im Auftrag von Parteien und Regierungsstellen arbeitenden demoskopischen Instituten ist weit, aber nicht unbedingt durch eine Verfeinerung der Ergebnisse gekennzeichnet. Wie reich ist die Verfassungsgeschichte an Formen, den *gravamina* der Bevölkerung Gehör zu verschaffen. Der als Lastträger verkleidete Harun-al-Raschid, überhaupt das Inkognito, das Tribunat, die Bittschriftenlinde, die Audienz des Regenten, der Hofnarr, das Petitionsrecht, der Leserbrief – alles steht in diesem Zusammenhang. Bis in das 19. Jahrhundert stand das *ius supremae inspectionis* – das Recht der allerhöchsten Einsichtnahme – an der Spitze aller Hoheitsrechte. Es diente nicht zuletzt dazu, dem Regenten Kenntnis von den Interessen seiner Bürger zu verschaffen[23]. Weiter wissen wir, welche Bedeutung in England der *Secretary of State* als eine Art Nachrichtendienst der Krone hatte[24]. Seit Adolf Schmidts ersten Veröffentlichungen der Berichte der »observateurs« Fouchés sind wir über die Formen der Auskundschaftung der

---

[21] NORBERT MÜHLEN, aaO. 65.

[22] AaO. 317.

[23] Vgl. HERBERT KRÜGER, *Neue Jurist. Wochenschrift* 9 (1956) 1218 und die dort angeführte Literatur.

[24] Dazu PETER FRASER, *The Intelligence of the Secretaries of State and their Monopoly of Licensed News,* 1660–1688, Cambridge 1956. Hingewiesen sei auf das analoge Material aus den italienischen Stadtstaaten, ferner auf STENDHALS und BALZACS Schilderungen der zeitgenössischen Praktiken.

öffentlichen Meinung während und nach der Französischen Revolution bis in die letzten Details unterrichtet worden. Von Lothar Bucher, selber keinem Dilettanten auf diesem Gebiet, besitzen wir eine höchst anschauliche Beschreibung ihrer Arbeitsweise[25]:

»Diese Männer hatten nichts gemein mit Polizeiagenten ... Ihre Aufgabe war nicht, Verbrechen nachzuspüren, Material zu Anklagen zu sammeln, sondern, wie sie selbst es ausdrücken, den *esprit public* zu beobachten. Sie waren Männer von einer gewissen Stellung, manche von einer Bildung, welche sie hoch über das Parteigezänk erhob, zuweilen dem Minister, der sie ausgewählt hatte, nahe befreundet. Sie besuchten öffentliche Versammlungen, die Börsen, Kaffeehäuser und Privatgesellschaften, sammelten und verglichen die Nachrichten und die Ansichten, welche sie hörten, suchten den Ursprung der Gerüchte, die Quelle der politischen Vorstellungen, den Vater eines bestimmten, auf einmal überall gehörten Raisonnements zu ermitteln, die Richtigkeit des letzteren an der Tatsache zu prüfen, und berichteten täglich.«

Welche Überlegenheit der observateurs Fouchés über die moderne Meinungsforschung! Denn wo bemüht sie sich um eine Überprüfung der ermittelten Meinungen an den Tatsachen? Die einzigen Tatsachen, die sie kennt, sind die »Meinungen«. Ludwig Neundörfer hat auf einer Tagung der deutschen Meinungsforscher mit Recht darauf aufmerksam gemacht, »daß unsere Politiker weniger hören müßten, wie das Volk über dies und jenes denkt, als daß sie wissen müßten, wie dieser oder jener Tatbestand tatsächlich draußen in der Realität sich darstellt, wie er ist«[26]. Die Verdrängung sozialwissenschaftlicher Enquêten klassischer Anlage, etwa nach dem Muster der berühmten Erhebungen des Vereins für Sozialpolitik oder der großen Wirtschaftsenquête des Vorläufigen Reichswirtschaftsrats durch demoskopische Umfragen, gehört in diesen Zusammenhang.

Aber hier sollen uns noch nicht die Auswirkungen der Meinungsforschung beschäftigen, sondern das, was sie selbst zu leisten behauptet. *Public Opinion Research*, Erforschung der öffentlichen Meinung ohne Klarheit über das, was »öffentliche Meinung« ist, muß hinsichtlich der Erfüllung ihrer Forschungsabsicht im Ungewissen bleiben. Es könnte sich ja herausstellen, daß man in Wahrheit einen ganz anderen Gegenstand erforscht. Wo also erfahren, was die öffentliche Meinung ist?

Da ist zunächst daran zu erinnern, daß bis vor einem Menschenalter niemand bestritten hätte, daß die öffentliche Meinung ein Gegenstand

---

[25] *Kleine Schriften politischen Inhalts,* Stuttgart 1893, 178.

[26] *Empirische Sozialforschung,* aaO. 159.

der Staatstheorie ist. Juristen und politische Wissenschaftler haben um die Jahrhundertwende die Hauptwerke zur Theorie der öffentlichen Meinung geschrieben: von Holtzendorff 1879, Dicey 1905, Lowell 1921, James Bryce 1921. Sie befanden sich allerdings schon auf dem Rückzug gegenüber den Historikern: Wilhelm Bauer 1914, und Soziologen: Tönnies 1922. Immerhin gehörte die öffentliche Meinung noch zum klassischen Problemkreis der konstitutionellen Theorie: Hermann Heller hat sie in seiner »Staatslehre«[27] als eine der Bedingungen staatlicher Einheit verstanden, Carl Schmitt interpretierte sie als die moderne Form demokratischer Akklamation[28], und selbst Georg Jellinek, dessen »Allgemeine Staatslehre« gesellschaftlichen Faktoren des Staatslebens keinen übermäßigen Rang einräumt, erwähnt sie, wenn auch unter einem bloß psychologisierenden Aspekt[29]. Die öffentliche Meinung wurde als ein Gegenstand der Staatslehre schon wegen ihres »öffentlichen«, auf die politische Ordnung bezogenen Charakters begriffen. Das ist verständlich allerdings nur, wo mit dem Begriff »öffentlich« noch ein Rest seines ursprünglichen Sinnes verbunden wird. Das war in der Epoche der oben genannten Autoren schon kaum noch der Fall. Rudolf Smend hat geschildert, wie der »grundlegende Begriff« des Öffentlichen, »dieses Herzstück der modernen politischen Begriffswelt«, der Gegenwart verloren gegangen ist[30]. Und so helfen uns die großen Autoren der Jahrhundertwende denn auch nicht sehr weit bei der Suche nach einer Antwort auf die Frage, ob die Meinungsforschung die *öffentliche* Meinung in den Griff bekommt. Sind sie doch nicht die Klassiker, die Begründer der Wissenschaft von der öffentlichen Meinung, sondern Epigonen einer viel weiter zurückliegenden Tradition.

Wie bei allen wesentlichen Fragen der politischen Theorie ist auch hier eine Antwort nur zu finden auf dem Wege über die ältere, vorpo-

---

[27] Leiden 1934, 173 ff.

[28] *Verfassungslehre,* 1928, 246 ff.

[29] *Allgemeine Staatslehre,* 5. Aufl. 1929, 102 f. – Wenn HANNS BRAUN, Wandlungen des Begriffs »Öffentliche Meinung« in Deutschland, *Publizistik* 2. Jg. (1957) 7, festgestellt, im 20. Jhdt. hätten sich Geisteswissenschaft, Psychologie, Soziologie und Zeitungswissenschaft um die Erforschung des Phänomens der öffentlichen Meinung besonders bemüht, so ist der Ausschluß der Staatstheorie das Bemerkenswerte an dieser im ganzen zutreffenden Beobachtung.

[30] Staat und Kirche nach dem Bonner Grundgesetz, in *Staatsrechtl. Abhandlungen,* Berlin 1955, 420 f. und Zum Problem des Öffentlichen und der Öffentlichkeit, Forschungen und Berichte aus dem Öffentlichen Recht, *Gedächtnisschrift für Walter Jellinek,* München 1955, 11. ff.

sitivistische Staatslehre, die die »*Politik*«, *die Wissenschaft von der guten Herrschaft*, weder ausschließlich unter dem Gesichtspunkt der »politischen Willensbildung«, noch dem der Machtstruktur des politischen Gemeinwesens behandelt[31].

III. Der Begriff der öffentlichen Meinung in der älteren Staatstheorie

Ein solcher Rückgriff auf die ältere Theorie stößt allerdings auf gewisse Schwierigkeiten. Der Entwicklungsgeschichte der Meinungen über die öffentliche Meinung ist bisher in umfassender Form noch nicht nachgegangen worden[32]. So kann uns die Dogmengeschichte der öffentlichen Meinung hier auch nur insoweit angehen, als es für die Erfassung eines *Begriffs* dieses Phänomens erforderlich ist. Dabei ergibt sich die Beschränkung auf die moderne politische Theorie von selbst. Ist die Einstellung der Regierten zum Inhaber der politischen Gewalt auch in jedem Herrschaftssystem von fundamentaler Bedeutung, so gewinnt sie im modernen Staat, der im Rahmen der Gewaltenteilung die Mitbestimmung des Volkes, ja dessen Souveränität fordert und proklamiert, einen ganz anderen Rang. Ist sie hier doch nicht nur Existenzvoraussetzung der Herrschaft, sondern legitimierende Grundlage[33].

---

[31] Zum Begriff der Politik im hier gültigen Sinn etwa SIEGFRIED LANDSHUT, Begriff und Gegenstand der politischen Soziologie, *Kölner Zeitschrift für Soziologie* 8. Jg. (1956) 410 ff.

[32] FERDINAND TÖNNIES beabsichtigte, sie in einem eigenen Werke darzustellen – vgl. *Kritik der öffentl. Meinung,* Berlin 1922. VI, und Macht und Wert der öffentl. Meinung, in *Die Dioskuren* II, München 1923, 73 –, hat diesen Plan aber nicht mehr ausgeführt. Eine Übersicht geben: HERMANN ONCKEN, Politik, Geschichtsschreibung und öffentl. Meinung, in *Historisch-Politische Aufsätze und Reden,* Bd. 1, Berlin und München 1914, 203 ff.; PAUL A. PALMER, The Concept of Public Opinion in Political Theory, in *Essays in History and Political Theory in Honour of Charles H. McIlwain,* Cambridge, Mass. 1936; HANS SPEIER, The Historical Development of Public Opinion, in *Social Order and the Risks of War,* New York 1952, 323 ff. Viel Material auch bei HERBERT KRÜGER, *Die geistigen Grundlagen des Staates,* Stuttgart und Berlin 1940, 144 ff.

[33] ONCKEN, aaO. 226: »Erst innerhalb konstitutioneller und demokratischer Staatsformen kann die öffentliche Meinung als ernsthafter politischer Faktor, mit dem Rechte sich zu äußern und mit dem Anspruch, gehört zu werden und womöglich gar maßgebend in die Politik des Staates einzugreifen, in Betracht kommen.« – Ohne das hier weiter ausführen zu können, soll doch darauf hingewiesen werden, daß in dem späten Aufkommen des Begriffs der öffentlichen Meinung eine wesentliche Ursache für die schnelle Zerstörung seines ursprünglichen Ge-

Zum anderen ist der Begriff der öffentlichen Meinung wie kein zweiter politischer Begriff durch die ihm innewohnende Tendenz zu Abstraktion und uferloser Allgemeinheit gefährdet. Ein politischer Begriff, der für eine Macht im Staate stehen soll, verliert seinen Sinn und seine Legitimität, wenn er nicht einem qualifizierten Subjekt zugeordnet werden kann. Ein markantes Beispiel aus der Geschichte des deutschen Staatsdenkens ist der Souveränitätsbegriff. Der Ausweg aus der Verlegenheit, die Souveränität weder dem Volke noch dem Monarchen zusprechen zu können, war der »Staat« als Souverän, ein Ausweg, der die inhaltsleeren Abstraktionen der deutschen Souveränitätslehren seit Laband zur Folge hatte. Wo das undifferenzierte »Volk« oder die »Gesellschaft« zum Träger der öffentlichen Meinung gemacht wird, ist es nur eine Frage des politischen Geschmacks, ob man in ihr die »einzige große und allmächtige, gleichzeitig natürliche und vernünftige Autorität, die einzige, die wir achten können« sieht[34] oder eine Sammlung aller Torheiten und Vorurteile des »Zeitgeistes«. Eine solche zwischen den Extremen schillernde Auffassung findet sich schon bei Rousseau[35], ihr Klassiker ist Hegel. Da sich für ihn die öffentliche Meinung im Meinen der »Vielen«, der Masse, in der »unorganischen Weise, wie sich das, was ein Volk will und meint«, zu erkennen gibt, ist es nur sinnvoll zu sagen, daß sie »verdient ..., ebenso geachtet als verachtet zu werden«[36]. Wenn der öffentlichen Meinung ein so allgemeines Subjekt zugeordnet wäre, so konnte man Hegel nur darin zustimmen, daß »die Unabhängigkeit von ihr die erste formelle Bedingung zu etwas Großem und Vernünftigem« ist[37]. Wem die öffentliche Meinung bar jeder repräsentativen Qualität ist (repräsentativ nicht im Sinne der Meinungsforschung sondern der politischen Theorie), für den kann ihre Bewertung nur eine Sache des Maßes, des Charakters, der politischen Tugend, nicht aber das Ergebnis von Forderungen der Vernunft sein.

---

halts gesehen werden muß. Alle großen politischen Begriffe, wie die der Herrschaft, der Souveränität, des Gesetzes, des Bürgers, des öffentlichen Rechts etc., sind mit tiefen Wurzeln in die alteuropäischen politischen Traditionen hineingesenkt. Es bedarf seiner Zeit, sie restlos zu zerstören. Der Begriff der öffentlichen Meinung, die es als Wort zwar auch schon früher gibt, muß seine ganze Kraft aus dem ziehen, was das 18. und frühe 19. Jhdt. ihm mitgeben konnten – das ist im Vergleich mit der Wegzehrung der obigen Begriffe sehr wenig.

[34] So BAKUNIN, *Werke I,* 1921, 117 von der öffentl. Meinung einer Gesellschaft ohne Klassengegensätze.

[35] Zu Rousseau vgl. HENNIS, Der Begriff der öffentl. Meinung bei Rousseau, *Archiv f. Rechts- und Sozialphilos.* XLII (1957) 111 ff.

[36] *Rechtsphilosophie* § 318 und Zusätze zu § 316.

[37] Ebd. und Zusätze zu § 318.

Anders, wo in der älteren Theorie der repräsentative Charakter der öffentlichen Meinung gewahrt bleibt. Hier ist das erste, grundlegende Begriffselement, daß sie auf bestimmte, angebbare Träger zurückführbar sein muß[38]. Sie ist *nicht* das allgemeine Raunen, wirre Meinen, für das die spätere psychologisierende Theorie die aus der Physik entnommenen Bilder vom festen, flüssigen, gasförmigen Aggregatzustand anwandte, sondern als *öffentliche* Meinung eine Meinung, für die bestimmte Personen oder Institutionen verantwortend einstehen müssen. Wenn die öffentliche Meinung eine Macht, eine bestimmende Größe des politischen Lebens sein sollte, so mußte für ein vernünftig-verantwortliches Staatsdenken auch jemand persönlich für sie einstehen können. *Power without responsibility* ist das Vorrecht des Despoten, für freiheitlich-rechtsstaatliches Denken soll es keine Macht ohne Verantwortung geben. Die presserechtlichen Vorschriften über die persönliche Verantwortung des Redakteurs, die Publizitätsvorschriften in allen mit dem öffentlichen Leben zusammenhängenden Bereichen stehen sämtlich, wo sie nicht einfach obrigkeitsstaatlichen Überwachungsabsichten entspringen, in diesem legitimierenden Zusammenhang[39]. Daß sich das Recht der freien Meinungsäußerung am Modell des freien verantwortlichen Staatsbürgers orientiert, ist allbekannt.

So heißt es etwa bei Zirkler[40], daß die öffentliche Meinung nur solange Meinung bleibe, solange dafür ein »verantwortlicher Urheber« zu finden ist. Die Denk- und Sprechfreiheit müsse Privatsache bleiben, »für die ein verantwortlicher Urheber zu finden sein muß, ohne sich hinter dem Haufen verstecken zu können«. Das wird damit begründet, daß nur so die in der öffentlichen Meinung zu bewahrende *Spontaneität* gesichert werden könne. »Kollektivmeinungen« sind für ihn deshalb politisch suspekt, da sie weder einer physischen noch moralischen Person zugerechnet werden können. Etwa gleichzeitig schreibt der Frhr. Ferd. Bernh. v. Seckendorff[41]: »Es ist ein, wohl in den Motiven schuldloses, aber, der daraus zu ziehenden Folgerung wegen, höchst gefahr-

---

[38] Eine formalsoziologische Darstellung am Beispiel der Frühformen öffentlicher Meinungsbildung im Deutschland des 18. Jahrhunderts versucht die interessante Arbeit von ERNST MANHEIM, *Die Träger der öffentlichen Meinung,* Brünn-Leipzig 1933.

[39] Vgl. etwa KARL BÜCHER, Die Anonymität in den Zeitungen, in *Gesammelte Aufsätze zur Zeitungskunde,* Tübingen 1926, 107 ff.

[40] *Das Associationsrecht der Staatsbürger in den deutschen Constitutionellen Staaten ...,* Leipzig 1834, 7.

[41] *Bedenken gegen die Öffentlichkeit der Berathung und Beschlußfassung moralischer Personen,* besonders des Staates, Glogau und Leipzig 1835, 98 f.

volles Unternehmen, wenn man in einem Abstractum, in der Volksstimme, in der öffentlichen Meinung, Geist, Willensfreiheit und Bewußtsein nachzuweisen versucht ... Mit diesen Vorzügen hat die Natur bloß den lebenden einzelnen Menschen beschenkt. Dem praktischen Verstande dringt sich sogleich die Vermutung auf, daß jenem versuchten Nachweis eine sophistische Spitzfindigkeit zu Grunde liegen müsse ... Die Volksgesamtheit als solche hat gar keinen Geist, die Denkkräfte ihrer einzelnen Ratgeber sind allein für sie wirksam. Sie hat gar keinen Willen, also auch keine Willensfreiheit, denn sie hat so wenig ein Begehrungs- als Vorstellungsvermögen, sie kann keine Gründe erwägen«. Noch Holtzendorff sieht in der Anonymität der modernen öffentlichen Meinung eine sittliche Gefahr. »Die Klarheit der öffentlichen Meinung bedingt wesentlich die Vermittlung eines für seine Meinungsäußerung persönlich verantwortlichen Organs.«[42].

Die Maxime, daß die öffentliche Meinung auf angebbare Individuen zurückführbar sein müsse, findet ihren bekanntesten, wenn auch schon verwaschenen Ausdruck in der Verbindung der öffentlichen Meinung mit den Einsichten und Auffassungen der Mittelklasse[43]. Diese das ganze 19. Jahrhundert beherrschende Lehre ist gewiß zum

---

[42] *Wesen und Wert der öffentl. Meinung,* München 1879, 109 u. 52.

[43] Klassisch BLUNTSCHLI: »Sie ist die Meinung der großen Mittelklassen« (Bluntschli-Brater, *Staatswörterbuch,* 2. Bd. Leipzig und Stuttgart 1876, 745). Ferner WILLIAM A. MACKINNON, *On the Rise,* Progress and Present State of Public Opinion in Great Britain and other Parts of the World, 2nd ed. 1928; 7: »Public opinion may be said to be that sentiment on any given subject which is entertained by the best informed, most intelligent, and most moral persons in the community, which is gradually spread and adopted by nearly all persons of any education or proper feeling in a civilized state«. Besonders treffend sind die Beobachtungen WALTER BAGEHOTS: »The middle classes – the ordinary majority of educated men – are in the present day the despotic power in England. »Public opinion«, nowadays, is the opinion of the bald-headed man at the back of the omnibus. It is *not* the opinion of the aristocratical classes as such; or of the most educated or refined classes as such; it is simply the opinion of the ordinary mass of educated, but still commonplace, mankind« (The English Constitution, ed. *World's Classics,* 1952, 235 f.). In der Bereitschaft dieser Schicht, sich mit den Prärogativen der Public Opinion zufriedenzugeben, und die eigentliche Macht den *select few* der alten Aristokratie zu überlassen, sah BAGEHOT bekanntlich die Grundlage für das Funktionieren des *Cabinet Government* zu seiner Zeit. Die Zusätze zur zweiten Auflage (1872) seines 1867 erstmalig erschienenen Buches gehören zu den bedeutendsten zeitgeschichtlichen Analysen des Wandels, den Demokratie und parlamentarisches Regierungssystem im 19. Jahrhundert durchgemacht haben. Vgl. dazu die kurzen Hinweise in meinem oben Anm. 9 zitierten Aufsatz. – Zum ganzen Zusammenhang s. noch FRANCIS G. WILSON, Public Opinion and the Middle Class, *Review of Politics* 17 (1955) 486 ff.

Teil ideologischen Charakters, Ausdruck des bürgerlichen Klasseninteresses, aber doch auch zugleich Ausdruck der berechtigten Auffassung, daß in der Situation des 19. Jahrhunderts nur das gebildete und besitzende Bürgertum über jenes Maß an Kenntnissen, Einsichten und politischen Prinzipien verfügte, das die Voraussetzungen für die Bildung einer vernünftigen öffentlichen Meinung ist. Modell steht hier das englische Bürgertum, mit dessen Intelligenz und fortschrittlichem Sinn die Mittelklassen anderer Länder teils zu konkurrieren, teils sich zu schmücken suchten. Zur Bildung der öffentlichen Meinung sollte nur beitragen, wer für sich selbst (par lui propre) zu urteilen in der Lage war. Diesem Gedanken begegnen wir in den verschiedensten Formulierungen. Christian Garve, einer der ersten, die sich ausführlich mit der öffentlichen Meinung beschäftigen, bestimmt sie »als die Übereinstimmung vieler oder des größten Teils der Bürger eines Staates in Urteilen, die jeder einzelne zufolge seines eigenen Nachdenkens oder seiner Erfahrung über diesen Gegenstand gefällt hat«[44]. Niebuhr[45] wollte der öffentlichen Meinung die Eigenschaft einer »Gottesstimme« zuerkennen für den Fall, daß sie ein allgemein ausgesprochenes »und nicht nachgesprochenes Urtheil« sei.

Wer davon ausgeht, daß in einer politischen Gemeinschaft immer teils dümmere, dahergeredete, mithin weniger beachtenswerte, teils klügere, durchdachte, mithin öffentlichen Respekt fordernde Meinungen vertreten werden, den darf man nicht gleich »naiver Elitetheorien« zeihen[46]. Preisgegeben werden kann diese Unterscheidung nur, wo die Meinungen der Menschen verstanden werden allein als Produkt ihrer Verhältnisse, als schlechthin ideologisiert. Dann mag es berechtigt sein, die öffentliche Meinung zu verstehen als den »Inbegriff« des die »gesellschaftlichen Verhältnisse und Machttendenzen widerspiegelnden objektiven Geistes«, als einer Erscheinung des »in Wahrheit Gegebenen«, der »bestimmenden Machtverhältnisse der Gesellschaft«[47]. Das 19. Jahrhundert teilte diese Auffassung nicht, dachte an-

---

[44] *Versuche über verschiedene Gegenstände der Moral,* der Literatur und des gesellschaftlichen Lebens, Bd. 5 (1802), zit. nach SCHNYDER v. WARTENSEE, *Die öffentl. Meinung als Element der staatl. Willensbildung in der Demokratie,* Jur. Diss. Bern 1946, 8.

[45] *Über geheime Verbindungen im preußischen Staat und deren Denunziation,* 1815, 10.

[46] Dies zu »Gruppenexperiment«, *Frankfurter Beiträge zur Soziologie,* Frankfurt 1955, 21.

[47] Ebd. 24. – Zur Auflösung des klassisch-liberalen Begriffs der öffentl. Mei-

ders, vielleicht »naiver«, politisch aber sinnvoller, wenn es unter öffentlicher Meinung die von den relativ bestinformierten, intelligentesten und moralischsten Bürgern vertretene Ansicht verstand[48]. Die öffentliche Meinung wurde also nicht primär durch ihre Öffentlichkeit im Sinne allgemeiner Teilhabemöglichkeit und faktischer Publizität bestimmt, sondern durch ihre inhaltlichen Qualitäten. Sie muß »*really* public« sein, um in der Demokratie eine »proper motive force« darzustellen. Mehrheit und Allgemeinheit sind dafür nicht entscheidend, sondern sie muß so sein, daß, wenn die Minderheit sie auch nicht teilt, sie sich doch durch sie gebunden fühlt und zwar aus Überzeugung, nicht aus Furcht[49]. Die inhaltliche Qualifikation der öffentlichen Meinung findet im 19. Jahrhundert einen sich nahezu institutionalisierenden Ausdruck in der Auffassung, daß der *Wissenschaft* bei ihrer Bildung eine besondere Aufgabe zukomme. Für Welcker war die öffentliche Meinung »ein Kind der Wissenschaft«, Holtzendorff sah in der Wissenschaft ihre »Erzieherin«[50]. Und noch für Ferdinand Tönnies war die Zukunft der öffentlichen Meinung von der Zukunft der Wissenschaft abhängig[51].

---

nung durch den Marxismus RÜDIGER ALTMANN, *Das Problem der Öffentlichkeit und seine Bedeutung für die moderne Demokratie,* Marburger Diss. Phil. 1954, 61 ff.

[48] S. oben Anm. 43. Ferner H. K. JAUP im *Staatslexikon oder Enzykl. d. Staatswiss.,* 1834 ff., Bd. XIII, 335 ff.: Öffentl. Meinung als »Die Stimme über physische und geistige Bedürfnisse des Volkes, begründet im moralischen Urteil aller Besseren und Verständigen.« Oder SCHELTZ, *Versuch über das Verhältnis der Staatspolitik zur öffentlichen Meinung mit besonderer Beziehung auf den preußischen Staat,* Berlin 1812, 35: »... das Produkt der nach Zeit und Umständen reinsten Intelligenz«; ZIRKLER, aaO. 34: öffentliche Meinung als die Meinung der Edelsten und Weisesten im Volke, von »der ein aristokratisches Element sich kaum trennen läßt«. Für den Freiherrn vom Stein war sie »die Stimme der Vernunft und die des Guten« (nach RUTH FLAD, *Der Begriff der öffentlichen Meinung bei Stein,* Arndt und Humboldt, Berlin und Leipzig, 1929, 161).

[49] So LOWELL, *Public Opinion and Popular Government,* New York 1926, 8 ff.

[50] AaO. 144.

[51] Kritik 573. – Daß der nur seinem Gewissen verantwortliche, das ganze Volk vertretende Abgeordnete die institutionelle Aufgabe hat, die öffentliche Meinung in ihrem wahren Sinne zur Repräsentation zu bringen, zeigten die Wahlrechtsmaßstäbe der altliberalen konstitutionellen Theorie besonders schön. Vgl. dazu SMEND, Maßstäbe des parlamentarischen Wahlrechts in der deutschen Staatstheorie des 19. Jahrhunderts, in *Staatsrechtl. Abhandlungen* 21 f., und GERHARD LEIBHOLZ, *Das Wesen der Repräsentation,* Berlin und Leipzig 1929, 178 ff.

Nur wo die altliberale, mit dem *Repräsentationsbegriff* zusammenhängende Herkunft des Begriffs der öffentlichen Meinung übersehen wird, ist es möglich, in der öffentlichen Meinung eine Art existentieller Akklamation der Regierenden durch das »Volk« zu sehen. Auch dieser Begriff CARL SCHMITTS (*Verfassungslehre* 246 ff.)

Welches ist nun die Aufgabe der öffentlichen Meinung, wozu ist sie im Rahmen dieses Denkens berufen? Keineswegs soll sie »regieren« – höchstens »sanktionieren«. Für Rousseau war es Sache der öffentlichen Meinung, die Unterschiede zwischen den Bösewichten und den rechtschaffenen Leuten zu machen. »In diesem Punkt«, »sur ce point« – also unüberhörbar eingeschränkt – sei das Volk ein erleuchteter und sogar unkorrumpierbarer Richter[52]. Für Kant ist die Öffentlichkeit (im Sinne des Offenbaren) als »transcendentale Formel des öffentlichen Rechts« nur *negatives* Kriterium, dazu dienend, zu erkennen, was gegen Andere nicht recht ist[53]. Für Hegel[54] entscheidet die öffentliche Meinung »durch Verlust des Zutrauens«. Nach Stahl soll die öffentliche Meinung die Regierung »abhalten von dem, was im Sinne aller Parteien schlecht und unlöblich ist«[55]. Jeremy Bentham spricht aus dieser Überlegung lieber von »moral or popular *sanction*« statt von public opinion[56], und Bluntschli vergleicht sie mit dem Chor der antiken Tragödie, der »die Handlungen und Leiden der dramatischen Personen beobachtet und ausspricht, was das Gemeinbewußtsein empfindet und urteilt«. Sie sei im Großen dasselbe, was der Wahrspruch der Geschworenen in Strafsachen bedeute. Sie sei keine schöpferische sondern eine kontrollierende Macht. Nur ausnahmsweise trete sie aus ihrer passiven in eine aktive Haltung über, nämlich »wenn die Aktion derer, die zum Handeln berufen sind, mit ihr in einen feindlichen Widerspruch gerät.

---

ist das Produkt seiner einseitigen Interpretation der älteren Staatslehre und der aus ihr abgezogenen abstrakten Begriffe. Zur Kritik dieses Verfahrens HENNIS, *Das Problem der Souveränität,* Diss. Jur. Göttingen 1951 (Masch.-Schrift) 43 ff. insbesondere 43 Anm. 2, und PETER v. OERTZEN, *Die soziale Funktion des staatsrechtlichen Positivismus,* Diss. Phil. Göttingen 1953, 16 ff. – Beklagte ERICH KAUFMANN vor 25 Jahren die mit dem Repräsentationsbegriff »üblich gewordene geistreiche Spielerei« (*Problematik des Volkswillens,* Berlin und Leipzig 1931, 10), so droht er heute unter der Faszination »existentieller« Faktizitäten um jeglichen Sinn gebracht zu werden. So ist die »Repräsentation organisierter Interessen« die JOSEPH H. KAISER in seiner gleichnamigen Arbeit (Berlin 1956) wenn auch als »faktische«, als »représentation de fait« meint behaupten zu können, ein hölzernes Eisen. Den Versuch einer Neubegründung der Repräsentationstheorie macht gegen alle diese Tendenzen ERIC VOEGELIN, *The New Science of Politics,* Chicago 1952.

[52] Über die Ungleichheit, ed. WEIGAND, *Philos. Bibl.* Bd. 243, Hamburg 1955, 254 f.

[53] *Zum ewigen Frieden* (1795), Anhang II.

[54] Fragment 3 zur »Verfassung Deutschlands« (1802) = *Schriften zur Politik und Rechtsphil.,* ed. LASSON, Leipzig 1913, 141.

[55] *Philosophie des Rechts* II, 2, Heidelberg 1837, 238.

[56] *Principles of Morals and Legislation,* ed. HARRISON, Oxford 1948, 148.

Sie ist eine öffentliche Macht, aber keine öffentliche Gewalt«[57]. Was an ihr Dezision ist, ist also Billigung oder Mißbilligung der von den verfassungsmäßig dazu Berufenen getroffenen Entscheidungen. Sie ist eine reaktive, nicht selbst gestaltende Macht und darin nur der allgemeinen Bestimmung des Volkswillens entsprechend, der auch nur annehmen oder verwerfen kann[58]. Die öffentliche Meinung kann für oder gegen die Regierung sein, aber sie kann nicht selbst regieren.

Fassen wir das Bisherige zusammen, so ergibt sich, daß die öffentliche Meinung bestimmt wird:

1. durch ihre »Öffentlichkeit« im Sinne der Zurückführbarkeit auf eine bestimmte Quelle. Wer sie mitbestimmen will, muß sich durch Einsicht – wenn man so will – durch eine *eigene* Meinung auszeichnen. Das Gerede ist niemals öffentliche Meinung.

2. ist die öffentliche Meinung inhaltlich durch ihren repräsentativen, der Wahrheit verpflichteten Charakter ausgezeichnet. Interessentenforderungen können niemals öffentliche Meinung sein.

3. erschöpft sich die Funktion der öffentlichen Meinung im Bejahen oder Mißbilligen politischer Akte. Sie kann fordern, aber sie kann als Meinung nichts erzwingen. Um zu erzwingen, muß sie sich verwandeln in verfassungsmäßig organisierten und legitimierten *Willen.*

Nicht durchweg hat die ältere Theorie den Begriff der öffentlichen Meinung allerdings in diesem herausgehobenen, repräsentativen Sinn verstanden. Die Tendenz zur Subjektlosigkeit des Begriffs wurde schon erwähnt. Es ist eigentümlich, daß sowohl die politische Linke (Bakunin, Rousseau und der Vulgärdemokratismus) wie die politische Rechte (Hegel, Stahl, Lancizolle, Ancillon) den Begriff der öffentlichen Meinung undifferenziert zur Kennzeichnung aller Meinungen benützen, die in einem Volke vertreten werden. Die öffentliche Meinung wird hier gleichgesetzt mit der »Volksstimme«, der »allgemeinen

---

[57] AaO. 746 f.

[58] Vgl. ERICH KAUFMANN, *Zur Problematik des Volkswillens,* 1931 und jetzt, im Zusammenhang der Möglichkeiten einer Wahl, THEODOR ESCHENBURG, *Staat und Gesellschaft in Deutschland,* Stuttgart 1956, 189. – Die Kritik HERMANN HELLERS (*Staatslehre* 179 ff.) an der »demoliberalen Fiktion« einer unorganisierten Herrschaft der öffentlichen Meinung ist nur zu berechtigt, wo sie sich gegen platte, nichtssagende aber das politische Klima vergiftende, weil irreführende Schlagworte richtet, geht jedoch fehl, wenn sie die liberale Theorie treffen will. Die Blasphemie des *vox populi vox dei* ist nicht auf liberalem Boden erwachsen. Zur Kritik der öffentlichen Meinung vom Standpunkt des Liberalismus vgl. KARL R. POPPER, Die öffentliche Meinung im Lichte der Grundsätze des Liberalismus, *Ordo* VIII (1956) 7 ff.

Stimme« oder dem »Zeitgeist«[59]. Die Wankelmütigkeit, Prinzipienlosigkeit, Unberechenbarkeit *dieser* öffentlichen Meinung gehört seit Rousseau und Wieland zum festen Bestandteil aller Urteile über sie. Von *ihr* hielt Goethe so außerordentlich wenig. Von *dieser* »öffentlichen Meinung« Unabhängigkeit zu bewahren, mag in der Tat mit Hegel die Bedingung alles Vernünftigen und Großen in der Welt sein. Wo der oben beschriebene Begriff der wahren öffentlichen Meinung nicht in dieser allgemeinen Fragwürdigkeit untergehen soll, macht die ältere Theorie denn auch eine Unterscheidung, zu der alle Vernunft drängt: nämlich die zwischen öffentlicher und *gemeiner* Meinung. Interessant ist für unseren Zweck nun nicht, wie diese gemeine Meinung, der Zeitgeist, der »popular clamour« (Mac Kinnon) zu definieren ist – darüber gibt es von Rousseau bis auf unsere Tage wenig Meinungsverschiedenheiten –, sondern welche Haltung der verantwortliche Staatsmann ihr gegenüber einzunehmen hat. Durchaus nicht immer kommt die Antwort so von oben herab wie bei Hegel. Zirkler, der die Scheidung besonders klar vollzieht, ist »weit entfernt, der gemeinen Meinung alles Gewicht abzusprechen, sie verdient jederzeit Achtung und eine tiefere Prüfung, ob man ihr nachgeben oder widerstehen soll. Wäre die Stimme des Volkes immer der Ausdruck vernünftiger Überlegungen, dächte jeder Mensch, ja dächte unter Hunderten nur einer für sich selbst (d'après lui, wie Rousseau sagt), oder zöge er wirklich die Maßregeln, die er zu billigen oder zu verwerfen im Begriffe steht, in Erwägung, … so würde die gemeine Meinung unbedingt zu achten sein, da aber die Echtheit, die reelle Übereinstimmung und die Zuverlässigkeit der gemeinen Meinung so vielen Zweifeln unterliegt, so ist es vernunftwidrig, sie zum Prinzip, zur Alleinherrschaft zu erheben«[60].

Entschieden fordert Ancillon, daß eine Regierung den Geist der Zeiten kennen soll. Da er aber nie rein vernünftig und rein sittlich sein kann, er immer von Natur aus falschen, kleinlichen und wahren, großartigen und verderblichen, schönen und heilsamen Gefühlen zusammengesetzt sei, müsse er nicht allein »aufgefaßt und erkannt, sondern geprüft, beurteilt und gesichtet werden«. Der Zeitgeist sei für eine jede Regierung, »was die Meinung der anderen ihn umgebenden Menschen für jeden einzelnen Menschen ist. Nun ist der einzelne Mensch verloren, wenn er die Meinung der anderen zur alleinigen Norm sei-

---

[59] ANCILLON, Der Zeitgeist, in: *Über Souveränität und Staatsverfassungen,* Berlin 1815, 68 ff.; HEGEL, Über die englische Reformbill, *Schriften zur Politik und Rechtsphil.,* 286.

[60] AaO. 38 Anm.

nes Thuns und Lassens erhebt. Dann wird ihm alle persönliche Würde und alle Selbständigkeit auf immer entrissen. So wird es auch einer jeden Regierung ergehen, die dem Zeitgeist allein frönt, und ihm ängstlich folgt oder nachschwimmt«. Eine solche Regierung würde »weit mehr die Wirkung als die Wirkungen berechnen, den Rücksichten mehr als der Einsicht einräumen …«[61]. Die gleiche Parallele zwischen Privatmann und Regierung zieht Lancizolle. Beide sollten auf das, was die anderen meinen, *hören*; aber »wehe dem, … der daraus die leitenden Grundsätze entnehmen will«. Das hieße nicht den Kompaß, sondern den Wetterhahn zur Richtschnur nehmen[62].

Schließlich ist es ein durchgehender Gedanke der älteren Theorie, daß der Staatsmann keineswegs verpflichtet ist, »allen Forderungen der öffentlichen Meinung zu jeder Zeit Genüge zu tun. Im Gegenteil kann es unter Umständen eine politische Pflicht sein, der öffentlichen Meinung Widerstand entgegenzusetzen«[63]. Wer dabei bleibt, daß die regierende Gewalt, die Führung einer politischen Gemeinschaft, nicht zu verstehen ist als eine Art Geschäftsführung der Gesellschaft, sondern als repräsentative öffentliche Aufgabe, als ein Auftrag, der zu verantworten ist, wird mit dieser älteren Auffassung nicht rechten wollen.

Allerdings ist sie nicht mehr die heute herrschende. Je vielstimmiger mit zunehmender Demokratisierung im Laufe des vergangenen Jahrhunderts der Chor der an der öffentlichen Debatte Mitwirkenden wurde, je mehr die Quantität der Meinungen anwuchs, um so schwieriger wurde es, der Qualität den Rang der Öffentlichkeit vorzubehal-

---

61 AaO. 72.

62 Karl Wilhelm v. Lancizolle, Über die öffentliche Meinung, in *Beiträge zur Politik und zum Staatsrecht,* 1. Sammlung, Berlin 1831, 148 f. – Auf das alteuropäische Gedankengut, das überall durchschimmert, wo man sich einen Sinn für die vom Privat- wie Staatsmann zu verlangenden Tugenden bewahrt hat (den Zusammenhang von »Politik« und »Oekonomik«), hat vor allem Otto Brunner in seinen für die politische Theorie noch viel zu wenig gewürdigten Arbeiten hingewiesen. Vgl. vor allem: *Land und Herrschaft,* Brünn- München-Wien 2. Aufl. 1942, 269 ff., *Adeliges Landleben und europäischer Geist,* Salzburg 1949, 237 ff., *Neue Wege der Sozialgeschichte,* Göttingen 1956, 33 ff. Die entscheidenden Wurzeln der Problematik der modernen Welt sind erfaßt, wenn es bei Brunner (*Adeliges Landleben* 339) heißt: »Wir leben noch immer in stärkstem Maße aus dem geistigen Erbe einer andersartigen Vergangenheit, ohne in ihm zwischen dem Dauernd-Gültigen, Allgemein-Menschlichen und dem Zeitbedingten, nun zur Vergangenheit Gewordenen mit Sicherheit scheiden zu können. Es gibt uns in vielem keine Antwort auf die uns bedrängenden Fragen mehr und doch können wir es nicht aufgeben, ohne vor dem Nichts zu stehen.«

63 So z.B. Holtzendorff, aaO. 59; vgl. auch Stahl, aaO. 234 f.

ten. Die positivistische Wissenschaftstheorie der Zeit, zum Teil als Versuch zu verstehen, im Jahrhundert der massenhaft auftretenden, miteinander rivalisierenden Ideologien Freiheit und Unabhängigkeit zu bewahren[64], verstärkt diese Entwicklung. Die Geschichte der Wissenschaft von der öffentlichen Meinung spiegelt diese Lage. Waren Wieland und Rousseau mit ihrem psychologisierenden, auf das wirre Raunen und Meinen abstellenden Begriff der öffentlichen Meinung für ihre Zeit noch durchaus untypisch, so setzt sich seit der Mitte des vergangenen Jahrhunderts mehr und mehr eine Auffassung der öffentlichen Meinung durch, die bar aller repräsentativen Qualifizierungen ist. Aus dem Jahre 1852 stammt die früheste deutsche Abhandlung, die ganz einem naturalistischen Begriff huldigt: wie eine »Lawine« bilde sich die öffentliche Meinung; das Bild vom Wind, der bläst, wo er will (Joh. 3,8) wird gebraucht[65]. Die Werke von Bauer, Tönnies, Tarde und Le Bon bestimmen die Richtung. Die öffentliche Meinung, einst ein Gegenstand der Staatstheorie, wird in den Phänomenen der »Massenpsychologie« zu einem Sondergebiet der naturalistischen Psychologie. Walter Lippmanns Bücher stellen den End- aber zugleich auch Wendepunkt dieser Entwicklung dar[66]. Die öffentliche Meinung, verstanden als die Meinung der generellen Gesellschaft wird zu einem »Phantom« – nur als die Stimme der interessierten, aufgeklärten und verantwortungsbewußten »spectators of action« behält sie für ihn einen Sinn. Es kennzeichnet die heutige Lage, daß gerade Lippmann, der wie kein anderer die Natur der gemeinen Meinung beschrieben hat, heute, dreißig Jahre nach jenen Arbeiten, mit größter Entschiedenheit eine Rückbesinnung auf die wahren Beziehungen zwischen Wählern und Regierung, auf die philosophischen Grundlagen der freiheitlichen Repräsentativdemokratie und damit auch auf das unaufgebbare Wesen der öffentlichen Meinung fordert[67]. Die Dringlichkeit dieser Aufgabe macht nichts deutlicher als das Aufkommen der Meinungsforschung und die Art, wie von ihr Gebrauch gemacht wird.

---

64 Max Weber ist der eindrücklichste Repräsentant eines solchen Positivisten um der inneren Freiheit willen.

65 Ernst Fabri, *Die öffentliche Meinung und die Politik in ihrer Wechselwirkung,* Erlangen 1852.

66 *Public Opinion,* 1921, und das insbes. für die Theorie der Demokratie noch bedeutendere *The Phantom Public,* New York 1925. Typisch für den heute noch vorherrschenden krassen Positivismus Peter R. Hofstätter, *Psychologie der öffentlichen Meinung,* Wien 1949. Eine brauchbare Zusammenfassung der »Massenpsychologie« bietet Paul Reiwald, *Vom Geist der Massen,* Zürich 1946.

67 *The Public Philosophy,* London 1955.

IV. Meinungsforschung und repräsentative Demokratie

1. Die gemeine Meinung als Gegenstand der Meinungsforschung

Daß für den, der die ältere Begriffsbestimmung auch weiterhin für verbindlich hält, die Meinungsforschung weit entfernt ist, die *öffentliche* Meinung in den Griff zu bekommen, bedarf keines detaillierten Nachweises mehr. Die Meinungen, die sie wiedergibt, sind von jener privaten Unverbindlichkeit, wie sie nur privaten Meinungen eigen sein kann. Die Versicherung, daß eine Antwort für den Befragten ohne alle Konsequenzen bleibt, gehört zur Einleitung jedes Interviews. Strikteste *Anonymität* liegt über der Quelle der Emanation dieser »öffentlichen« Meinung, gehört der Personenkreis des *Samples* doch zu den am strengsten gehüteten Betriebsgeheimnissen der Meinungsforschungsinstitute. Die Geheimhaltung der Namen gehört sogar zu den rechtlichen Auflagen jeder Befragung[68]. Wenn ein enthusiastischer Bewunderer der *Polls* in ihnen die Chance eines »freien Volkes« sieht, das »seiner Meinung stolz und furchtlos Ausdruck geben kann«[69], so ist daran zu erinnern, daß ein Stück Bekennermut, ein wenig Bereitschaft des freien Mannes, seine Meinung *öffentlich* zu sagen, die sittliche Bedingung des Rechts zur Mitgestaltung der öffentlichen Meinung bleiben muß. Bisher jedenfalls hat man in der Anonymität nicht gerade die Zuflucht eines freien Menschen gesehen. Jedenfalls nicht unter den Bedingungen einer freien Gesellschaft[70]. Von jeher hat man die Freiheit der Meinungsäußerung im engsten Zusammenhang mit der Gewissens- und Denkfreiheit des verantwortlichen Bürgers gesehen. Und nicht mit Unrecht, ist es doch »zunächst ein Stück sittlich notwendiger Lebensluft für den Einzelnen, die Wahrheit sagen zu dürfen«[71]. Das anonyme *Sample* kann niemals Repräsentant der öffentlichen Meinung sein.

Zweitens gebricht es den »Antworten« an jeder *inhaltlichen* Qualität, die es rechtfertigen könnte, in ihnen den Inbegriff der öffentlichen Meinung zu sehen. Aus 40 % Ja's, 35 % Nein's und einem Rest »Ich

---

[68] Vgl. die oben Anm. 11 angeführte Dissertation von KLAUS A. LINDEMANN, 96 ff.

[69] NORBERT MÜHLEN, *Der Monat,* Heft 4, 65.

[70] Die Unterstellung, wir lebten *nicht* in einer freien Gesellschaft, die es erlaubt, seine Meinung frei zu sagen, gehört denn auch zu den unausgesprochenen ideologischen Vorurteilen vieler Meinungsforscher.

[71] SMEND, *Staatsrechtl. Abhandlungen* 95 und – am Beispiel der Göttinger Sieben – 406 f.

weiß nicht« besteht keine öffentliche Meinung[72]. Das Postulat, man kenne die öffentliche Meinung, »wenn man sagen könne, wieviel Prozent der Stichprobe – und damit der Gesamtbevölkerung, für welche diese repräsentativ ist – eine Frage in dem einen oder anderen Sinn beantworten«, ist in der Tat keine Lösung, sondern eine Umgehung des Problems[73]. Auch der Mangel an Spontaneität schließt es aus, den *»response«* der Befragten als öffentliche Meinung anzuerkennen. Auch ist das Gegenüber des Befragten, der Interviewer bzw. der Verfasser des Fragebogens, nicht der geeignete Mann, um den Funken der öffentlichen Meinung zum Überspringen zu bringen. Öffentliche Meinung ist öffentlich kundgetane Reaktion auf öffentliche Akte. Zur öffentlichen Meinung gehört das ihr wesensmäßig zugeordnete Gegenüber. Die Fragen eines Interviews sind das Produkt des Privatinteresses der Fragebogenentwerfer oder ihrer Auftraggeber. Schon die einfachsten Gesetze der politischen Anthropologie verbieten, den Akt des privaten

---

[72] Dazu eingehend ROGERS 18 ff. und die glänzende Kritik aller Prätentionen der Meinungsforschung bei HERBERT BLUMER, Public Opinion and Public Opinion Polling, *American Sociological Review* 1948, 542 und DERS., Attitudes and the Social Act, *Social Problems* 3 (1955) 59.

[73] *Gruppenexperiment* 17 f. – Genau so abwegig erscheint mir allerdings die dem Gruppenexperiment (vgl. Anm. 46) zugrunde liegende Auffassung, in der Atmosphäre der »Unverbindlichkeit und Zwanglosigkeit« der »Situation in einem Eisenbahnabteil«, einer solchen, in der möglichst »alle hemmenden Faktoren« ausgeschaltet sind, »die durch die äußeren Verhältnisse hätten hervorgerufen werden können«, und in einer »Anonymität ..., die es dem Teilnehmer erleichtern sollte, bei der Erörterung der verschiedenen Themen *wirklich aus sich herauszugehen*« (Hervorhebung von mir), käme man der »wirklichen«, »eigentlichen«, »wahren« öffentlichen Meinung und nicht bloßen Oberflächen- oder vorgespiegelten Meinungen auf die Sprünge. Abgesehen davon, daß auch das in der psychoanalytischen Behandlung Ausgeplauderte nicht den »eigentlichen«, den »wahren« Menschen enthüllt – das ist er in seiner Ganzheit, mit all seinen Bemühungen, mit sich fertig zu werden und zu sein, was er sein soll –, muß die Übertragung des individualanalytischen Modells auf die Gesamtgesellschaft schon an ihrem öffentlichen Charakter scheitern. Überdies spielt sich ja auch das gewöhnliche Leben des Einzelmenschen, insbesondere jenes, in dem er zu politischem und sonstigem sozialrelevanten Verhalten aufgerufen ist, nicht in Verhältnissen ab, die denen im Eisenbahnabteil zu vergleichen wären, wo man sich in der Tat nur zu gern einmal gehen läßt, um ohne Angst vor Folgen daherzuschwätzen. Eine Verhaltenssituation ohne »hemmende Faktoren« »äußerer Verhältnisse« gibt es allenfalls in der Intimität der Liebesbeziehung – also dem radikal Privaten. Der Schluß von den Ergebnissen des »Gruppenexperiments« auf mögliches politisches Verhalten verbietet sich schon aus dieser einfachen Überlegung. Dieser Schluß auf potentielles Verhalten wird von den Autoren nicht gezogen. Ist die These schlüssig, auf obige Weise erführe man die *öffentliche* Meinung, so muß er aber nicht nur gestattet sein, sondern um der wissenschaftlichen Deutlichkeit willen auch gezogen werden.

Befragens von anonymen Privatleuten durch Privatleute mit einer irgendwie gearteten Äußerung der öffentlichen Meinung gleichzusetzen.

Schließlich rächt sich die mangelnde Klarheit über das Wesen des »*Öffentlichen*«. Denn wo immer sich die Meinungsforschung überhaupt mit der Natur der öffentlichen Meinung beschäftigt hat, ist unter »öffentlich« ein möglichst hohes Maß von Allgemeinheit verstanden worden, und zwar nicht der materiellen Allgemeinheit des Vernünftigen im Sinne der Aufklärung[74], sondern der formalen Allgemeinheit »aller«. Welche Allgemeinheit, hängt von der Art der Umfrage ab: sei es aller Raucher, aller Radfahrer oder, bei politischen Umfragen, aller Wähler. Nun hat die Gesamtheit aller Wähler sicher eine Meinung – die *Polls* verkünden sie –; nur ist ihre Addition und statistische Aufschlüsselung nicht die öffentliche Meinung. Zwar hat in der Demokratie des allgemeinen gleichen Wahlrechts jeder Erwachsene nach den Gesetzen seines Landes das Recht zu wählen, er hat in einem freien Lande auch das Recht, seine Meinung frei zu äußern, aber auch in der freiheitlichen Demokratie und gerade in ihr entscheidet darüber, ob eine Meinungsäußerung ein Beitrag zur *öffentlichen* Meinung ist, nicht der Kopf, sondern das, was in ihm ist. Deshalb, weil der mit dem Stichprobenverfahren arbeitenden Meinungsforschung jede Meinung gleich viel zählt, in ihr ein »demokratisches Potential« zu sehen[75], heißt der freiheitlichen Demokratie einen seltsam vernunftwidrigen Begriff von Egalität zu implizieren. »Sachverstand und ausgewiesenes Verantwortungsbewußtsein legitimieren dazu, öffentliche Meinung zu bilden.«[76] Die Demokratie nimmt sich von dieser Regel nicht aus, täte sie es, so wäre es schlecht um sie bestellt.

Die Meinungsforschung verkennt den fundamentalen Unterschied von Wählen und Meinen[77]. Man kann zwar – und das ist das bewußte und sinnvolle Risiko der Demokratie – wählen, ohne etwas zu meinen – es gilt dem Wahlleiter gleich viel –, aber man kann nicht, jedenfalls nicht mit dem Anspruch, dadurch einen Beitrag zur öffentlichen Meinung zu leisten, meinen, ohne etwas zu meinen. Den durchschnittlich

---

[74] Dazu SMEND, aaO. 97.

[75] ADORNO, *Frankfurter Hefte* VII (1952/3) 585, ebenso *Gruppenexperiment* 16.

[76] KARL KORN, Schule im Ghetto, *Frankf. Allg. Zeitung* vom 19. 9. 1956. Ebd.: »Die öffentliche Meinung aber ist nicht die statistische oder demoskopische Meinung, sondern primitiv gesagt, die Meinung derer, die eine Meinung haben«.

[77] Eine vorzügliche Analyse des Wesens der Wahl bei ESCHENBURG, *Staat und Gesellschaft in Deutschland,* Stuttgart 1956, 164 ff.

10–30 % der Meinungslosen unter den Befragten wird dieses Kunststück zugemutet.

Was die Meinungsforschung mit ihrem komplizierten Instrumentarium in den Griff bekommt, ist mithin nichts anderes als die *gemeine Meinung*, das »vage Meinen und Raunen« der älteren Theorie. *Die Tatsache, daß dies ihr Gegenstand ist*[78]*, er von ihr aber präsentiert wird, als handele es sich um die öffentliche Meinung, die gehört und respektiert werden müsse, muß der Ausgangspunkt für jede Untersuchung ihrer Auswirkung sein.* Das seinem ganzen Wesen nach nicht Repräsentative wird als das Repräsentative ausgegeben.

Die Auswirkungen dieses Sachverhalts sind nur zu verstehen im Zusammenhang allgemeiner Rechtstendenzen der Gegenwart: politischer, gesellschaftlicher und wissenschaftlicher Tendenzen, die insgesamt auf einen Abbau der liberalen Repräsentativdemokratie und des ihr zugeordneten Begriffs der öffentlichen Meinung hinauslaufen. Nicht daß die Meinungsforschung geeignet wäre, diese Tendenzen selbst zu schaffen. Aber von ihrer instrumentalen Unterstützung und der unter falschem Begriff laufenden geistigen Legitimierung dieser Tendenzen muß die Kritik ausgehen. Das erste, worauf wir hier stoßen, ist die Auswirkung der Meinungsforschung auf das Verständnis und die Chancen der *Staatsform*, unter der wir leben.

2. Die Abwertung des Bürgers

Eine der tragenden Grundlagen der modernen Demokratie ist die Annahme, daß jeder Bürger in gleicher Weise mittels des allgemeinen und gleichen Wahlrechts an der Bildung des staatlichen Willens mitzuwirken imstande ist. Muß nicht, wenn wie hier an der Unterscheidung von öffentlicher und gemeiner Meinung festgehalten wird, dem eine geringschätzige Einstellung zum »gemeinen Mann«, ja zur Demokratie zugrunde liegen? Die Meinungsforscher machen es sich leicht, wenn sie jeden, der Zweifel, nicht an ihrer Arbeit, sondern an dem von ihnen

---

[78] Wobei selbst das mit einem Fragezeichen versehen werden muß. Die Meinungsforschung bekommt »Antworten« auf von ihr gestellte Fragen in den Griff. Die prozentuale Aufteilung dieser Antworten auf die den Befragten zugestandenen Beantwortungsmöglichkeiten erweckt den Anschein einer »Gestalt« der gemeinen Meinung, die ihr in Wahrheit gar nicht zukommen kann. Auch der gemeinen Meinung ist die Quantifizierung wesensfremd, nur die Antworten auf vorweg bestimmte Beantwortungsmöglichkeiten lassen sich quantifizieren. Für die politikwissenschaftliche Fragestellung dieser Arbeit ist dies aber ohne Belang.

behaupteten Wert ihrer Arbeit hegt, als »Elitetheoretiker«, Obskuranten und Reaktionär abtun. Lindsay Rogers hat eine Auswahl dieser Argumente ad hominem zusammengetragen[79]. Man wird nämlich die Gegenfrage aufwerfen müssen, ob die bisherigen Ergebnisse der Meinungsumfragen etwa den Respekt vor dem einfachen Mann vergrößert haben? Die Neigung vieler Meinungsforscher, Fragen zu stellen, auf die sie bei einem Querschnitt-*Sample* unmöglich mit vernünftigen Antworten rechnen können, läßt einen im Gegenteil an *ihrem* Respekt vor dem *common man* zweifeln. Fragen zu stellen, auf die mit voraussehbarer Gewißheit ein erheblicher Teil der Befragten nur mit einem verlegenen Achselzucken, beschämten Nichtwissen oder, um nur ja nicht als »meinungslos« dazustehen, mit etwas schnell Dahergeredetem aufwarten kann, ist im gewöhnlichen Leben das Vorrecht von Kindern, unter den Erwachsenen das der Taktlosen. Wie fein empfand die ältere Staatstheorie das Problem. Eine Stelle bei Christian Ferd. Schlosser ist so treffend, daß wir sie ausführlich zitieren möchten:

»Freiheit beruht auf Selbstbestimmung. Insofern man fähig ist, sich selbst zu bestimmen, ist man fähig, frei zu sein. Dazu gehört, daß man den Zweck zu überschauen wisse, für welchen man sich bestimmen soll. Der ungeordneten Menge Selbstbestimmung über Zwecke anmuthen, die sie zu überschauen nicht vermögend ist, ist Verrath an der Menge. Ist die Menge durch ... besondere dem Leben der Einzelnen entsprechende Verhältnisse geordnet, ruft man sie so auf zu wählen, für Vertretung desjenigen, in welches sie Einsicht hat, über welches ihr daher ein Urtheil zusteht, dann wird sie nach dem Würdigen greifen. Ruft man sie ungeordnet auf, für dasjenige zu wählen, in welches sie ihrer ganzen Lebenslage nach keine Einsicht haben oder je erwerben kann, so wird sie, was immer diejenigen von ihr rühmen mögen, denen die Pflicht obläge, sie zu führen, die ihr Ansehen mißbrauchen, sie zu bethören, gar nicht wählen.«[80]

Die »Schweiger« und »Verweigerer« dokumentieren es. Die Gefahr des Umschlagens der Demoskopie in ein demokratiefeindliches Instrument liegt mithin nicht allein in der Manipulierbarkeit der Fragen[81]; man weiß, wie leicht sich das Ergebnis »repräsentativer Umfragen« durch Umformulierung der Fragen beeinflussen läßt. Schon im Fragen nach unbekannten und unbeantwortbaren Gegenständen liegt

---

[79] AaO. 16 f. Vgl. auch Empirische Sozialforschung 48; *Jahrbuch der öffentl. Meinung* 1947–1955, Allensbach 1956, V f.; *Antworten 13*.

[80] Christian Ferd. Schlosser, *Ständische Verfassungen, ihr Begriff, ihre Bedingung*. Frankfurt 1817, 10 f.

[81] So aber Carl J. Friedrich, *The New Belief in the Common Man,* 1945, 267 f.

die Gefahr. In der hochkomplizierten Industriegesellschaft der Gegenwart steigert sich diese Gefahr, da mit der immer geringer werdenden Überschaubarkeit und Durchsichtigkeit der politischen Zusammenhänge die Forderung an Sachverstand und Wissen für die rationale Beantwortung politischer Fragen stetig steigt. Bei der bekannten, z.T. aus dieser Situation herrührenden Entfremdung des modernen Menschen von der Welt der Politik, wird die Durchschnittsquote des *Sach*verstands – nicht notwendig auch des *Personal*verstandes, d.h. der erforderlichen Menschenkenntnis für die Beurteilung der Bewerber um die höchsten Ämter – des Durchschnittsbürgers genau so stetig fallen. Auch die intensivste politische Bildungsarbeit wird dem nur wenig entgegenarbeiten können, so notwendig sie ist. Bei dieser Sachlage werden die *Polls* auf die Dauer eher den Gegnern als den Freunden und Verteidigern der Demokratie Waffen in die Hand liefern. Oder kann man sich bessere Argumente für die These wünschen, das Volk sei unfähig, »sich selbst zu regieren«, als die Ergebnisse der Meinungsumfragen, die solch erschreckendes Bild politischen Nichtwissens vor uns entrollt haben?[82]

3. Das Mißverständnis der Demokratie

Ein durchschlagendes Argument ist dies allerdings nur für den, der sich unter einer Demokratie das vorstellt, was die Meinungsforscher in aller Regel tun. Die Antworten des »überfragten Bürgers« sprächen gegen die Demokratie nur, wäre unsere Staatsform die einer plebiszitär-unmittelbaren Demokratie nach dem Muster der Rousseauschen *Cité* oder des älteren amerikanischen *Town-Government*[83]. Linday Rogers hat dieses verführerischste und verhängnisvollste Mißverständnis der Meinungsforscher so eingehend und überzeugend offengelegt, daß

---

[82] Oder erinnern nicht bereits manche Kommentare zu den dem »Volke« abverlangten »Antworten« an jene im dortigen Zusammenhang ergötzliche, auf die Umfragen übertragen zutiefst bedenkliche, von HERBERT SCHÖFFLER (*Kleine Geographie des deutschen Witzes,* Göttingen 1955, 68 f.) erzählte »berlinischste Geschichte« des kleinen Mädchens, das das Verstummen des unter ihrem Fragenansturm ermatteten Onkels mit dem stereotyp-befriedigten »Siehste Onkel, weeste nich!« quittiert? – Ein groteskes Beispiel unzulässiger Überfragung (Auswirkung der Produktivitätsrente) im *Volkswirt* Nr. 47/1956, 8.

[83] Das mit Recht viel diskutierte Buch WINFRIED MARTINIS, *Das Ende aller Sicherheit,* Stuttgart 1954, ist deshalb im Kern so unfruchtbar, da es keinen anderen Begriff der Demokratie kennt als den im Text abgelehnten.

dem nur wenig hinzuzufügen ist[84]. Dieses Mißverständnis wird genährt durch den von der Meinungsforschung immer wieder gestützten Glauben, Abraham Lincoln habe mit seiner Bestimmung der Demokratie als »Government of the people, *by the people*, for the people« das Richtige getroffen. Weder die Verfassung der Vereinigten Staaten, die Englands noch die der Bundesrepublik kennt eine Regierung »durch das Volk«, sie kennen nur eine Regierung durch Ermächtigung und mit Billigung des Volkes. Die Demokratie ist weder »Selbstregierung des Volkes« noch »Volksherrschaft«, sondern Regierung und Herrschaft mit verfassungsmäßig geregelter und periodisch revozierbarer Zustimmung des Volkes. Die amerikanische und englische Verfassungswirklichkeit demonstriert das so anschaulich, daß anderslautende Ideologien demgegenüber relativ machtlos sind. Anders die Lage in Deutschland. Hier ist ein aufnahmebereiterer Boden für das Gedeihen des plebiszitär-demokratischen Mißverständnisses unserer Staatsform, als ihn die repräsentativen Demokratien von der alten Tradition der angelsächsischen Staaten abgeben. Die Ideen Rousseaus haben in England und Amerika nie jenen Anklang gefunden, dessen sie in Kontinentaleuropa sicher sein konnten. Insbesondere die deutsche demokratische Linke wird sich nur schwer von der Idee trennen können, die Demokratie bestünde darin, daß der Wille des Volkes in jeder nur denklichen Weise geschehe und die Identität von Regierenden und Regierten im Sinne unmittelbarer »Teilhabe« des Volkes an der Regierungsmacht hergestellt wird[85]. In Wirklichkeit kennt die Demokratie – jedenfalls des modernen Flächenstaates – die Unterscheidung von Regierenden und Regierten so gut wie jede andere Staatsform, ja *muß* sie kennen und aufrechterhalten als Bedingung der gesellschaftlichen und individuellen Freiheit. Das Besondere der Demokratie liegt nur darin, daß sich die potentiellen oder aktuellen Regierenden in verfas-

---

[84] *Pollsters,* 65 ff., 207 ff.

[85] Welche Anpassungsschwierigkeiten an die Normen eines repräsentativen Regierungssystems die »archaische« unmittelbar-demokratische Ideologie innerhalb der englischen Labour-Party aufwirft, schildert überaus anschaulich R. T. Mc Kenzie, *British Political Parties,* London 1955, 455 ff., und Ders., The Wilson Report and the Future of the Labour Party Organization, *Political Studies* IV (1956), 93 ff. Die ähnliche Problematik innerhalb der SPD trat in den zahlreichen auf dem Münchner Parteitag (Juli 1956) eingebrachten Anträgen zutage, die Parteiführung straffer an den Willen der Mitglieder, zumindest aber des Parteitags zu binden. Kritisch zum *Rousseau*schen Demokratiebegriff in seiner sozialistischen Auslegung als »Teilhabe« und »Mitbestimmung« Franz L. Neumann, Zum Begriff der politischen Freiheit, *Z. f. ges. Staatswiss.* 109 (1953) 50 ff.

sungsmäßig geregelter Form um die durch Wahl erteilte Zustimmung der Regierten bewerben müssen, die Regierungsmacht auszuüben. In der Definition Schumpeters ist die Demokratie »eine Ordnung der Institutionen zur Erreichung politischer Entscheidungen, bei welcher einzelne die Entscheidungsbefugnis mittels eines Konkurrenzkampfes um die Stimme des Volkes erwerben«[86]. Nur diese Theorie der Demokratie läßt nach Schumpeter den »wünschbaren Raum für eine angemessene Anerkennung der lebenswichtigen Tatsache der Führung«. Zum anderen entspricht aber auch nur sie den Normen unserer Verfassungsordnung, die eine solche der gewaltenteilend-rechtsstaatlichen parlamentarischen Demokratie ist. Es gehört zu den Gemeinplätzen der Meinungsforschung, gegenüber dem angeblich »formalen« Bild der nur in ihrer Verfassungsform existenten Demokratie, das pathetische Bild einer »wahreren«, »echteren Demokratie zu zeichnen, die sich aus der perpetuierlichen Befragung eines statistisch-repräsentativen *Samples* ergeben soll.

Die Meinungsforschung mag diesen Vorwurf von sich weisen und geltend machen, eine Untergrabung der repräsentativen Demokratie entspreche jedenfalls nicht ihren *Absichten*. So heißt es etwa in den vom Allensbacher Institut für Demoskopie herausgegebenen »Antworten«, es gehe nicht darum, »daß hier gleichsam ein kontinuierlicher Volksentscheid herbeigeführt, ein Ersatz für die Arbeit und Abstimmung der Parlamente angeboten wird«. Unsere Demokratie sei eine »Demokratie durch Mandat«, durch gewählte Repräsentanten[87]. Gewiß, aber die auf kommerzieller Grundlage arbeitenden Institute sind abhängig von ihren Auftraggebern, *politischen* Auftraggebern, die sehr wohl ein Interesse daran haben können, die Ergebnisse der *Polls* »im Namen des Volkes« gegen die Auffassung der verfassungsmäßigen Repräsentanten auszuspielen. Ernst Fraenkel sieht das entscheidende Problem der Um-

---

[86] *Kapitalismus, Sozialismus und Demokratie,* dt. Ausgabe, München 1950, 428. Zustimmend SCHEUNER, Grundfragen des modernen Staates, in *Recht, Staat Wirtschaft* III, Düsseldorf 1951, 129. Schon ERICH KAUFMANN, *Zur Problematik des Volkswillens,* 1931, hatte mit Recht das Wesen der Demokratie als Staatsform in »Approbation und Reprobation« erblickt. Demokratie bedeutet, daß die Regierten die Regierenden ein- und absetzen und sie in ihrem Amt lenken, indem sie bestimmte Methoden der Herrschaft fordern oder ablehnen (HERMANN JAHRREISS in der *Festschrift für Richard Thoma,* 1950, 71). Vgl. auch die Umschreibung der »bleibenden Grundzüge des demokratischen Staates der neuen Zeit« bei SCHEUNER, Der Staat und die intermediären Kräfte, *Zeitschr. f. evangelische Ethik* I (1957) 33.

[87] *Antworten* 11.

fragen darin, »ob die Manipulatoren der öffentlichen Meinung nicht mit Hilfe der *»polls«* in die Lage versetzt werden, sich gegenüber den verfassungsmäßigen Repräsentanten der Nation auf den Nachweis zu berufen, daß sie die wahren Interpreten der *vox populi* sind«[88]. Diese Befürchtung ist nicht aus der Luft gegriffen. Verbände und Interessengruppen untermauern ihre Forderungen zunehmend durch den Hinweis auf Umfrageergebnisse, und die Parteien stehen ihnen dabei nicht nach. Im deutschen Bundestag hat man sich bisher allerdings erst gelegentlich auf Meinungsumfragen berufen und wenn, so in der Regel mit der Einschränkung, daß eine »solche private Befragung ... natürlich keine ordentliche Wahl« sei und man aus den Ergebnissen »keinerlei – keinerlei! – Konsequenzen in bezug auf die Position des Parlaments« gezogen habe[89]. Immerhin werden, falls die Ergebnisse einer Umfrage für die eigene Auffassung sprechen, diese doch als Argument für die eigene Sache verwandt, des Sinnes, daß man sich in Übereinstimmung mit der »Meinung des Volkes« befinde. Um solche Übereinstimmung sollen sich in der Demokratie Regierung und Parlament gewiß bemühen, nur verschleiert die Berufung auf die *Polls*, daß, wenn es ums »Meinen« geht, auch das »Volk« als Träger einer Meinung ein repräsentativer Begriff ist. Was das Volk in Gestalt aller Wahlberechtigten *will*, kann es in verfassungsmäßiger Form durch Wahlen und Abstimmungen bekunden (Art. 20 II GG), was es als »Volk«, also als Kategorie der politischen Theorie *meint*, nur vermittelt durch die repräsentativen Institutionen der öffentlichen Meinung – die Parteien, Presse und die klassischen Institutionen gesellschaftlicher Repräsentanz, unter denen auch heute noch die Universitäten nicht an letzter Stelle genannt werden dürfen[90].

4. *Schwund der Führungsbereitschaft*

In der Beeinträchtigung der repräsentativen Verfassungsinstitutionen durch scheinplebiszitäre Argumente liegt aber nicht einmal die größte Gefahr der Meinungsumfragen. Aktueller ist die Gefahr, daß sie zu ei-

---

[88] *Zeitschrift für Politik* N.F. I (1954) 124.

[89] So der Abg. OLLENHAUER (2. Dt. Bundestag, 72. Sitzung v. 27. 2. 1955, *Sten. Ber.* 3891 f., 3893), dessen Beteuerung sicher nicht als bloßes Lippenbekenntnis zu verstehen ist.

[90] Über das *Volk* in seiner Gestalt a) als Gesamtheit aller Wähler und b) als repräsentativem Begriff der politischen Gemeinschaft LIPPMANN, *The Public Philosophy*, 34 ff.

nem weiteren Abbau der staatsmännischen Führungs- und Verantwortungsbereitschaft beitragen. Die fortschreitende Entartung der amerikanischen Präsidentschaftswahlkämpfe zu einem Popularitätstest der Kandidaten geht nicht zuletzt auf die berufsmäßigen Tester und Manipulatoren der öffentlichen Meinung zurück, die den Kandidaten einzureden suchen, sie müßten um des Erfolges willen nur das tun und sagen, was nach ihren »wissenschaftlich erprobten Methoden« die größte Chance hat, bei einer größtmöglichen Mehrheit der Bevölkerung »anzukommen«. Was von den Kandidaten an Charaktereigenschaften, politischer Konzeption usw. erwartet wird, soll nicht mehr das Ergebnis verantwortlicher persönlicher Entscheidung und des für ein hohes Amt geltenden Standards sein, sondern ein aus den Durchschnittsmeinungen destilliertes Produkt. Zeichen für die Fähigkeit zu staatsmännischem Handeln rangieren in den Augen der *Public-Relations*-Berater auf einer Stufe mit Wohlklang der Stimme, Tier- oder Blumenliebe, geordnetem Familienleben und Sinn für alle Trivialitäten einer genormten Massenkultur. Daß damit in Wahrheit den Wünschen des »comman man« gar nicht entsprochen wird, ist unsere Überzeugung gegenüber der zynischen Geringschätzung des einfachen Mannes, die aus den üblichen Ratschlägen der Publicity-Manager spricht[91]. Und selbst *wenn* es anders läge, so wäre es die Aufgabe eines verantwortlichen Staatsmannes, die Massen über das Niveau hinauszuführen, das ihnen nach den Erhebungen der *Pollster* zukommen soll!

Welche Gefahren hier liegen, demonstriert in der Bundesrepublik die Politik aller Parteien in der Frage der Wiedervereinigung Deutschlands, insbesondere der deutschen Ostgrenzen. Wer das Tabu der Worte und eingespielten Begriffe zu sprengen versucht, wird wegen mög-

---

[91] Die Rolle der »politischen Meinungspflege« im Rahmen der zeitgenössischen demokratischen Herrschaftsordnung verlangt dringend nach kritischer Untersuchung. Ansätze dazu bei STANLEY KELLEY jr., *Professional Public Relations and Political Power,* Baltimore 1956 und J. A. R. PIMLOTT, *Public Relations and American Democracy,* Princeton 1951. Einen Überblick über die »Praxis der politischen Meinungspflege in Deutschland« (so der Untertitel) gibt die Materialsammlung von HANS EDGAR JAHN, *Lebendige Demokratie,* Frankfurt/M. 1956. – Das Problem ist nicht nur ein solches der »Kommunikation« zwischen Regierung und Volk, es rührt an die Grundfrage der Herrschaft. Erträgt die egalitäre Gesellschaft die politische Herrschaft nur noch, wenn sie ihr nach dem Muster der privaten Wirtschaftswerbung schmackhaft gemacht wird? Spiegelt die Meinungspflege das Absterben des »politischen« Staates? Zur paradoxen Realisierung der Marxschen Voraussage LANDSHUT, Die Gegenwart im Lichte der Marxschen Lehre, *Hamburger Jahrbuch für Wirtschafts- und Gesellschaftspolitik* 1 (1956) 50 f.

licher wahltaktischer Konsequenzen zur Ordnung gerufen. Auch hier irrt man sich aber über die wahre Einstellung der Bevölkerung, die auch zu diesem Problem Nüchternheit und staatsmännische Einsicht, vor allem aber den Mut zur Führung honorieren würde. Die Gefahr, die besteht, wenn die Politik »in die Hände von Leuten geraten sollte, die statt zu Entschlüssen fähig zu sein, ängstlich abtasten, was das jeweils jüngste Orakel der Meinungsforscher anzuraten vorgibt«[92], ist in Deutschland nicht geringer als in anderen Nationen[93].

---

[92] *Deutsche Zeitung und Wirtschaftszeitung,* »Wissen, was man will«, in der Ausgabe v. 22. 9. 1956.

[93] Außer der oben angeführten Literatur vgl. noch W. E. SÜSKIND, »So einseitig«, *Dt. Ztg. u. WiZtg.* v. 22. 8. 1956; »Wählt DMP«, *Die Zeit* v. 11. 10. 1956; PAUL SETHE, Die Herrschaft der 2000, *Die Welt* Nr. 16 (12. Jg.) v. 19. 1. 1957 und HANS LILJE, »Die Gefahr des polit. Opportunismus«, *Bulletin des Presse- und Informationsamtes der BReg.* v. 6. 7. 1956. In einem Bericht über den 6. Parteitag der CDU in Stuttgart heißt es in dem Organ des Ringes Christlich-Demokratischer Studenten, die Eröffnungsrede Dr. Adenauers sei voll gewesen von Ressentiments gegen die Besatzungsmächte, das föderalisitische Grundgesetz, den Bundesrat usw. … »Bei diesem Teil der Ausführungen des Kanzlers wurde für viele die Gefahr deutlich, daß die Politik, statt die öffentliche Meinung vernünftig zu lenken, sich ihrem Diktate beugt und sie in ihren Vorurteilen bekräftigt. Denn keine der Beschwerden, die der Bundeskanzler vorgetragen hat, ist sachlich vertretbar. Aber alle gehören zum unverlierbaren Fonds des neudeutschen Ressentiments. Man wird in Zukunft darüber wachen müssen, daß nicht die Meinungsumfragen die politischen Entscheidungen bestimmen können; sonst erleben wir, wie schon in einigen anderen Ländern des demokratischen Westens, eine gallupierende Schwindsucht der politischen Substanz« (*Civis* Nr. 18 v. Juni 1956, 27 f.). Die »Wand von Illusionen, Komplexen, Ressentiments, Tabus und Idolen« die das politische Denken in der Bundesrepublik bestimme, findet eine bemerkenswerte Analyse in dem *anonymen* Artikel »Auf dem Prüfstand. – Zur Pathologie des politischen Denkens der Deutschen« in *Wort und Wahrheit,* XII. Jg. (1957) 91 ff. Zu unserem Gegenstand heißt es dort: »Als Ersatz für die lebendige Wechselwirkung (der CDU) mit dem Volk hat man die Demoskopie herangezogen. Da die Parteifunktionäre und Parlamentarier offenbar instinktunsicher geworden sind und es offenbar nicht mehr verstehen, dem Volk den Puls zu fühlen, verläßt man sich auf diese vermeintlich sichere und jedenfalls ‚moderne' Methode.« Man nehme die demoskopischen Analysen entgegen »… wie ein Urteil, gegen das es keine Berufung gibt und dem man sich zu unterwerfen hat – statt daß man von dem schlechtinformierten Volk an das besser zu informierende Volk appellierte … man neigt immer mehr dazu, die eigentliche Ausgabe des Politikers: den politischen Willen der Nation zu bilden, also zu *führen,* einfach aufzugeben und sich so zu verhalten wie die Verkaufschefs des Kommerzes auf Grund einer Marktanalyse: sich dem vorherrschenden Geschmack anzupassen, statt ihn zu beeinflussen« (aaO. 106).

5. Die Verantwortung der Meinungsforschung

Daß die Repräsentation, Beurteilung und Führung der öffentlichen Meinung ein öffentliches Amt ist, das spezifische Pflichten und ein besonderes Berufsethos, etwa des Abgeordneten und des Journalisten impliziert, war für die ältere Staatslehre etwas Gegebenes. Wo man vor einem halben Jahrhundert noch ein Amt sehen konnte, steht heute die dürre »gesellschaftliche Funktion«. Herbert Morrison, verdienter Repräsentant der englischen Arbeiterpartei und in vielen öffentlichen Ämtern erfahren, mag leichter das Ohr unserer Zeit gewinnen als die Einsichten der älteren politischen Theorie. In seinem Buch über das englische Regierungssystem unterstreicht er die Pflicht der Regierung, die öffentliche Meinung zu berücksichtigen. Aber die Kunst, die öffentliche Meinung zu beurteilen, sei schwer. Doch nicht technische, sondern moralische Gründe führt er für diese Schwierigkeit an. »It is important to have a respect and not a contempt for the general body of good citizens. It is undesirable to cultivate a vindictive relish in offending the susceptibilities (even if mistaken) of large numbers of one's fellow citizens ... Ministers should have a human liking for the people as well as for Parliament, for it is not easy to understand either people or Parliament unless one likes and respects them.« Niemand könne dem Volk dienen, wer sich nicht zu ihm hingezogen fühle und sein Bestes tue, es zu verstehen, selbst wenn man seine Meinungen für falsch halte und sich von Amts wegen verpflichtet sehe, ihnen entgegenzutreten[94]. In einem Lande, in dem man sich ein lebendiges Bewußtsein für die von einem Politiker zu verlangenden humanen Tugenden bewahrt hat, spricht Morrison mit diesen Sätzen nur eine allgemeinverbindliche Überzeugung aus. Man wird solch demokratische Humanität in Deutschland nicht ohne weiteres, weder bei den Politikern, die Meinungsumfragen in Auftrag geben, noch bei den Technikern, die sie durchführen, voraussetzen dürfen. Die Gefahr, daß ein angeblich bloßes »Informationsmittel«[95] unter der Hand zu einem Instrument des Herrschaftswissens wird, ist so offensichtlich, daß sie uns hier gar nicht beschäftigen soll. Die Verschwiegenheitspflicht der mit politischen Umfragen betrauten Institute und die Sekretierung, die die Auftraggeber mit den Ergebnissen der Meinungsforschung vornehmen – sofern eine Veröffentlichung nicht propagandistisch gelegen

---

[94] *Government and Parliament,* London 1954, 168 f.

[95] E. P. Neumann, *Empirische Sozialforschung* 46 und *Jb. d. öffentl. Meinung* V.

kommt –, sollte aufhorchen lassen. Die angeblich doch »öffentliche« Meinung als Geheime Bundes- bzw. Parteisache, ist ein der Phantasie eines George Orwell würdiges Phänomen. Wenn sich die Meinungsforscher darauf berufen, ihr Amt sei nur, »Informationen« zu liefern, damit unterstellend, daß sie für die Rückschlüsse, die man aus diesen Informationen zieht, keine Verantwortung treffen könne, so verharmlosen sie ihre berufsethische Verantwortung. Wer sich in ein so enges Dienstverhältnis zur Politik begibt, wie dies einige kommerzielle Institute in der Bundesrepublik getan haben, kann sich für die politischen Folgen seines Tuns nicht mit dem Hinweis auf den Auftraggeber dispensieren. Die These, man liefere nur Informationen, klingt im Munde der *Pollster* zuweilen, als sehe man die eigene Arbeit in Analogie zum desinteressiert forschenden Naturwissenschaftler, der die Auswertung seiner Erkenntnisse auch der guten Absicht derjenigen meint anheimstellen zu können, die sich ihrer bedienen. Wird man eine solche Auffassung schon beim Naturwissenschaftler nicht ohne weiteres akzeptieren, so bedarf die völlig andere Situation der Meinungsforscher keines Wortes. Soweit sie auf kommerzieller Basis arbeiten – und nur von ihnen ist hier die Rede –, werden sie auf Bestellung und nicht, weil der eigene Forschungsdrang sie treibt, aktiv. Die Informationen der Meinungsforscher sind Ware und kein Ergebnis freier Forschung. Sie wissen, warum man sich ihrer bedient. In der Regel schaffen sie dieses Wissen sogar erst, gehört es doch zur Branche, die potentiellen Auftraggeber darüber aufzuklären, wozu man nützlich ist. Öffentliche Meinungsforschung und »Öffentlichkeitsarbeit« sind Zweige eines Stammes. Daß sich die Meinungsforscher nicht darauf berufen können, ihre Arbeit stünde unter dem Schutz der Wissenschaftsfreiheit, (Art. 5^{III} GG) versteht sich von selbst[96]. Sie betreiben ein Gewerbe, das

[96] Die entgegengesetzte Meinung LINDEMANNS, aaO. 165, kann nicht entschieden genug zurückgewiesen werden. Zu seinem Ergebnis, die Meinungsforschung stünde unter dem Schutz von Art. 5 GG, kommt er über einen an der »Verkehrsauffassung« orientierten Begriff von Forschung, die vor allem auf die von Menschen verwandten Methoden abstelle: »Forschung bedeutet daher die Anwendung wissenschaftlicher Methoden.« – Die »Verkehrsauffassung« zum Kriterium wissenschaftlicher Begriffsbildung zu wählen (168 f.), sollte ein Jurist der Meinungsforschung überlassen, zumal wenn es um Begriffe geht, die »wertfrei« nicht zu erfassen sind. Wäre Lindemanns Definition richtig, so wären auch die Tätigkeit jedes Baumeisters, der die erprobten Methoden seines Fachs befolgt, und die Reihenuntersuchungen einer Sprechstundenhilfe »Forschung«. Wenn L. behauptet, »es bedarf keiner Untersuchung«, daß »die Mf. einem eigenen Streben nach Erkenntnis folgt«, so ist das eine allzu pauschale Feststellung. Da bedarf es doch einigen Aufwandes, um dieses »Streben« in Gang zu setzen.

wie jedes andere bei Vorliegen eines öffentlichen Bedürfnisses einer rechtlichen Regelung zugängig ist.

6. Gleichlaufende Tendenzen: »Parteienstaat« und Parteiensoziologie

Nach einer weit verbreiteten Meinung ist unsere gegenwärtige verfassungspolitische Lage durch das »Absterben der liberalen Repräsentativdemokratie« charakterisiert[97]. Daß die Meinungsforschung den Prozeß des Abbaus der tragenden Grundlagen der repräsentativen Demokratie fördert und beschleunigt, ist das Motiv unserer Kritik. Die hier behauptete Gefahr wäre nicht so groß, ja vielleicht ganz belanglos, würde dieser Prozeß in der Bundesrepublik nicht durch Eigentümlichkeiten der Verfassungswirklichkeit und weitverbreitete wissenschaftliche Lehrmeinungen gefördert, ja verfassungstheoretisch geradezu unterbaut. In einem parlamentarischen System, das durch Allparteien- oder bloße Opportunitätskoalitionen gekennzeichnet ist, kann sich die Idee der Demokratie in ihrer Gestalt als verfassungsrechtlich organisierter Wettbewerb um die repräsentative politische Führung nur schwer durchsetzen. Wo sich die Regierungsbildung ohne Aufruf des Wählerwillens vollzieht, muß mit einem Abbau demokratischer Verantwortung auch eine Rückbildung des repräsentativen, »öffentlichen« Charakters des Regierungssystems einhergehen. Die Regierungsbildung als wichtigster Akt des Staatslebens wird in das diskretionäre, beim Fehlen weltanschaulich-politischer Bindungen allzu private Ermessen der Parteiführungsstäbe gestellt. In einem Punkt sind sich die deutschen Parteien mit situations-, nicht institutionsbedingten Nuancen einig: die Frage der erwünschten Regierungsbildung im Volke nicht zur Diskussion zu stellen. Das Volk mag debattieren über die Koalition, die man *nicht* wünscht, – das ist die, an der man nicht beteiligt ist, sei's die »Bonner«, »Schwarz-Rote« oder »Düsseldorfer«. Von der, die man erstrebt, abgesehen davon, daß man dabei sein möchte, ist jedoch bis zum Tag nach der Wahl nicht die Rede, damit man ohne Bindung an ein der Wählerschaft gegebenes Wahlversprechen jede Chance wahrnehmen kann. Da man sich vor der Wahl weder auf eine Richtung noch auf eine Person festlegen mag, bleibt unklar, welchen Volkswillen die schließlich gebildete Regierung eigentlich repräsentieren soll, hat man die Bildung eines Volkswillens *zu diesem Punkt*

---

[97] H. K. J. RIDDER, Art. Meinungsfreiheit, in NEUMANN-NIPPERDEY-SCHEUNER, *Die Grundrechte* II, Berlin 1954, 251.

doch mit Bedacht verhindert. Für die Parteiführungen ist die Demoskopie in der Bundesrepublik beim allgemeinen Koalitionszwang ein so gesuchter Helfer geworden, weil sie zu jedem Zeitpunkt Aufschluß verspricht über den prozentualen Anteil, den die einzelnen Parteien jeweils in der Wählerschaft verbuchen können, woraus sich unschwer die für jede Partei gegebenen Koalitionsmöglichkeiten errechnen lassen. Gegenüber der handfesten Realität des Koalitionszwangs bleiben alle Forderungen der öffentlichen Meinung nach eindeutigen Entscheidungen bei den Parteien unerhört. Kommt den Parteien in einem demokratischen System die große Aufgabe zu, die wesentlichen Fragen zu formulieren, auf die das Volk bejahend oder verneinend reagieren kann, so entziehen sich die deutschen Parteien in der gegenwärtigen Situation, durch ein mit dem parlamentarischen Regierungssystem unvereinbares Wahlrecht mehr oder weniger dazu gezwungen, dieser öffentlichen Aufgabe in einem den demokratischen Charakter der Verfassungswirklichkeit in Frage stellenden Maße. Mit Ausschaltung des Volkes als wirklichem Kontrahenten der Regierung wird der repräsentative Charakter des Systems im Kern angetastet[98].

Der gegenwärtige Zustand, durch einen progressiven Abbau der repräsentativen Elemente eines demokratischen Verfassungslebens gekennzeichnet, findet seine Rechtfertigung in der Lehre vom »Parteienstaat«, nach der dieser nichts anderes ist, als die unserer gesellschaftlichen Wirklichkeit angemessene Erscheinungsform »der plebiszitären Demokratie, oder wenn man will, ein Surrogat der direkten Demokratie im modernen Flächenstaat« (Leibholz), und im Art. 21 GG die verfassungsrechtliche Legitimierung dieses Zustandes sieht. Ob die Verfassungs*wirklichkeit* dieser Konzeption schon entspricht, sei dahingestellt[99]. Es ist hier auch nicht der Ort, darzustellen, daß das Grundgesetz weder das Urbild einer direkten Demokratie einführen wollte, geschweige denn ein »Surrogat« davon. Aus dem einen Artikel 21, dessen strikte Auslegung solches niemals zuläßt, ein Gegenbild zum liberal-repräsentativen Verfassungsstaat demokratischer Prägung herauszulesen, überschreitet m.E. die der Verfassungsauslegung gezogenen Grenzen[100]. Wenn Werner Kägi in mehreren Abhandlungen die in der Ge-

---

[98] Vgl. dazu ESCHENBURG, aaO. 683 ff., und mein oben Anm. 9 angeführter Aufsatz.

[99] Kritisch JOACHIM ROTTMANN, *Über die repräsentativen und unmittelbar-demokratischen Elemente in der Verfassungswirklichkeit des modernen deutschen Parteienstaates*, Berliner Jur. Diss. 1952 (Masch.-Schrift).

[100] Zur Kritik der Leibholzschen Thesen vgl. HELMUT UNKELBACH, *Grundlagen*

genwart miteinander ringenden Vorstellungen der totalitär-dezisionistischen und der rechtsstaatlich-gewaltenteilenden Demokratie repräsentativer Gestaltung einander gegenübergestellt hat[101], so kann es kei-

---

der Wahlsystematik, Göttingen 1956, insbes. 153 ff. – Die entscheidenden Schwächen scheinen mir in folgendem zu liegen: 1. bedeutet der »Strukturwandel der modernen Demokratie« vom »liberalrepräsentativen Parlamentarismus« zur »modernen parteistaatlichen Massendemokratie« mit allen von LEIBHOLZ zutreffend beschriebenen Wandlungen des Abgeordnetenstatus, der parlamentarischen Verhandlungen, der Parteien etc. für die Lage der *Staatsform,* das ist das parlamentarische Regierungssystem, wie das englische Beispiel zeigt, relativ wenig. Von der Staatsform ist bei Leibholz aber nie die Rede, nur von den Wandlungen der »Repräsentation«, des »Parlamentarismus« und der »Demokratie« – außerhalb der Staatsform abstrakten Begriffen. Daß sein Kronbeispiel England *kein* Parteienstaat in seinem Sinne ist, hat R. T. McKenzie klassisch nachgewiesen, vgl. auch G. CATLIN, Consideration on the British Constitution, *Political Science Quarterly* 70 (1955) 481 ff., und EPSTEIN, *American Pol. Science Review* 50 (1956) 360 ff. Die Wandlungen des englischen »Parlamentarismus«, insbesondere der straffe Fraktionszwang, sind historisch – im Gegensatz zur Geschichte des Fraktionszwangs in Deutschland – vielmehr gerade erfolgt, um dem Gesamtsystem den repräsentativen Charakter zu bewahren. Die Präponderanz des Kabinetts war das zur Wahrung des repräsentativen Charakters notwendige Korrelat zur Demokratisierung des Wahlrechts und zur Bildung richtungsbestimmter Parteien. Dem »Passing of Parliament« (i.S. von Keetons Buch) wird nur nachtrauern, wer sich doktrinär-demokratischen Vorstellungen über die einer deliberierenden Versammlung im modernen Staat zugeteilten Initiativmöglichkeiten hingibt, das verbliebene Kontrollrecht andererseits zu gering einschätzt. Nur Leibholz' Fixierung auf das »Repräsentativsystem« einerseits, die Ignorierung des »Regierungssystems« andererseits kann seine Position in der Wahlrechtsfrage verständlich machen. – 2. ist es jedenfalls für die gegenwärtigen und wohl nicht nur temporären deutschen Verhältnisse wirklichkeitsfremd, in den Parteien das »Sprachrohr« zu sehen, »dessen sich das mündig gewordene Volk bedient, um sich artikuliert zu äußern und politische Entscheidungen fällen zu können« (*Recht, Staat, Wirtschaft* III, 104). Will man ein Bild, so wird man die Entscheidungen des Volkes eher als das Echo auf das von den Parteien Artikulierte verstehen müssen. Das Volk ist ihr »sounding-board«. Nicht die Demokratisierung der Parteien kann bei dieser Lage das verfassungspolitische Zentralproblem der Gegenwart sein, sondern die verfassungsrechtliche Sicherung dieser »sounding-board«-Funktion des Volkes. Der erste Schritt dazu wäre die Einführung des relativen Mehrheitswahlrechts und die Wiedereinführung von Nachwahlen. In diesen Zusammenhang gehört, daß es auf dem Hintergrund der bundesrepublikanischen Entpolitisierung und Entideologisierung nicht mehr zutreffend ist – auch nicht für die SPD –, die deutschen Parteien als »demokratische Integrationsparteien« anzusprechen, eine Chiffre, die für die hoch politisierten Massenparteien der Weimarer Zeit sehr treffend war, der heute aber keine Realität mehr entspricht. Beim Fehlen eines durch die Parteien zur politischen Gestaltung drängenden Volkswillens – und er fehlt! – gebricht es dem Leibholzschen Typus des demokratischen Parteienstaates an jener voluntaristischen Legitimität, die ihn, wenn überhaupt, hätte rechtfertigen können. Wie weltentfernt die heutigen deutschen Parteien dem Typus der demokratischen Integrationspartei sind, zeigt der Vergleich mit der bisher großarnen Zweifel geben, wofür sich das Grundgesetz entschieden hat. Überdies wissen wir aus aller historischen Erfahrung, wohin plebiszitäre Kompetenzen in Hinblick auf den *Inhalt* der Politik – nicht, oder jedenfalls nicht notwendig auch in Hinblick auf die Wahl von Personen (das eine Beispiel des ohne parlamentarische oder parteiliche Auslese nach oben gekommenen Hindenburg darf nicht überstrapaziert werden)[102] – nur führen können. Hans Schneider hat diese Erfahrungen vor kurzem eindrücklich vor Augen geführt[103]. Unter den Bedingungen der modernen Gesellschaft, der Komplikation ihrer politischen und gesellschaftlichen Probleme, ermuntert auch das Schweizer Beispiel nicht zur Nachahmung. Eingedenk aller Erfahrungen haben die Schöpfer des Grundgesetzes die unmittelbare Demokratie außer für den Sonderfall der Länderneugliederung denn auch in keiner ihrer vielen Ausgestaltungsmöglichkeiten anerkannt. Wenn das Grundgesetz im Art. 21 das *Mit*wirkungsrecht der Parteien an der politischen Willensbildung konstatiert – die bloße Konstatierung ist ja das Neue, das *Recht* ergibt sich in der freiheitlichen Demokratie von selbst –, so im Einklang mit seiner ganzen Tendenz nicht deshalb, weil es in den Parteien eine Form unmittelbarer Teilhabe der Massen am Staat sieht, sondern weil nur sie in sinnvoller Form die unersetzliche und verantwortungsvolle Aufgabe erfüllen können, Teams politischer Führer herauszustellen, zwischen denen sich die Wählerschaft in periodischen Abständen entscheiden kann[104]. Die Verfassungswirklichkeit in der

---

tigsten Schilderung einer solchen Partei, dem der alten SPÖ, die JOSEPH BUTTINGER in seinem parteisoziologisch ungemein ergiebigen Buch *Am Beispiel Österreichs,* Köln 1953, gegeben hat. Es zeigt auch, was an demokratischem Potential im Zuge jener Entpolitisierung verloren gegangen ist. Um so dringlicher die Bewahrung der noch verbliebenen repräsentativen Substanz!

[101] Vor allem Rechtsstaat und Demokratie, in *Festgabe für Giacometti,* Zürich 1953, 107 ff., und jetzt – noch zwingender – Rechtsfragen der Volksinitiative auf Partialrevision, *Ztschr. f. Schweizerisches Recht,* N.F. Bd. 75 (1956) Heft 6, 739a ff.

[102] Über die besonderen Umstände, die die Volkswahl des Reichspräsidenten nach der Weimarer Verfassung zu einem Fehlschlag machten, vgl. ESCHENBURG, *Staat und Gesellschaft* 171 f. – Die gängigen pauschalen Urteile über den zweifelhaft demokratischen Charakter einer Präsidialverfassung, sind nur ein Ausdruck für die gering entwickelte Einsicht in die soziologischen Bedingungen des guten Funktionierens der drei großen Regierungssysteme auf dem Stand von DIETRICH SCHINDLERS *Verfassungsrecht und soziale Struktur,* Zürich 1932.

[103] Volksabstimmungen in der rechtsstaatlichen Demokratie, *Gedächtnisschrift für Walter Jellinek,* München 1955, 155 ff.

[104] Vgl. für England MCKENZIE, *British Pol. Parties,* 585 ff. Ob der Art. 21 Satz 3, nach dem die innere Ordnung der Parteien demokratischen Grundsätzen entsprechen muß, in solch apodiktischer Kürze einen Sinn ergeben wird, hängt von seiner

Bundesrepublik erfüllt diese Bedingungen gegenwärtig nicht oder in unzureichendem Maße. Darauf hinzuweisen, daß eine Herstellung dieser Bedingungen institutionell geboten ist, scheint mir eine der wichtigsten Aufgaben der politischen Wissenschaft zu sein. Die Lehre vom Parteienstaat sieht diese Aufgabe nicht nur nicht, sondern bagatellisiert alle dahin gehenden Bemühungen, insbesondere auf dem Gebiet des Wahlrechts, als zeit- und wirklichkeitsfremd.

Der gleichen Tendenz begegnen wir in einem anderen wichtigen Zweig der politischen Wissenschaft: der *Parteiensoziologie*. Denn der Aspekt der institutionellen Bedingungen parlamentarischer Demokratie muß – wenn irgendwo – insbesondere Richtschnur sein für die Analyse der politischen Parteien und des Parteiensystems. Eine politische Soziologie, die die Parteien in Abstraktion von der Staatsform beschreibt, innerhalb derer sie eine von dieser vorgezeichneten Funktion zu erfüllen haben, geht am Thema vorbei. Die in Deutschland und Frankreich übliche Art, Parteisoziologie zu betreiben, wobei eine Typologie der Parteien und Parteiensysteme gefördert wird, die für gesellschaftliche Phänomene statthaft sein mag, die relativ autonom, losgelöst von ihrer gesellschaftlichen Einbettung und Funktion interpretiert werden können, trägt nur bedingt zur Erhellung unserer politischen Wirklichkeit, entschieden aber zur Verhüllung der Problematik der parlamentarischen Demokratie, der uns aufgegebenen Staatsform bei. Gewiß ist der Prozeß der Willensbildung innerhalb der Parteien ein interessantes und beschreibenswertes Phänomen. Die Kriterien für eine Analyse und systematische Beurteilung dieses Prozesses sind aber nicht innerhalb der Parteien selbst zu finden, als autonom gedachter sozialer Gebilde mit nicht weiter ableitbarem Zweck, auch nicht aus allgemeinen Kategorien »der« Demokratie, sondern einzig aus der Verträglichkeit der jeweiligen Art und Weise innerparteilicher Willensbildung mit den institutionellen Erfordernissen der konkret gegebenen Staatsform. Die ephemere Rolle, die der Staatsform seit Robert Michels »Soziologie des Parteiwesens« – im Gegensatz zu Ostrogorskis zu Unrecht im Schatten stehendem Werk – in den üblichen parteiso-

---

Auslegung, insbesondere durch das noch zu erlassende Parteiengesetz ab. Legt man ihn unmittelbar-demokratisch aus, werden seine Konsequenzen sinnlos sein und im Widerspruch zu den Notwendigkeiten einer repräsentativen parlamentarischen Demokratie stehen. Das Problem ist klar erkannt von Dieter Hilger, Die demokratischen Parteien und die Parteiendemokratie, in *Hamburger Jb. für Wirtschafts- und Gesellschaftspolitik,* 1. Jahr (1956) 176 ff.

ziologischen Arbeiten zugeschrieben wird[105] – falls überhaupt von ihr die Rede ist –, hat ihre Wurzel in einem radikal-demokratischen Unverständnis für den sittlichen Sinn und die freiheitsbewahrende Funktion der Verfassung und der Staatsform insbesondere. Über lauter »Gesellschaft« sieht man die Verfassung nicht mehr, will sie auch nicht sehen, glaubt sie auch nicht sehen zu müssen, ist sie doch nur das »Produkt« gesellschaftlicher Verhältnisse.

Wenn man gesagt hat, daß unsere Verfassungsentwicklung dadurch gekennzeichnet sei, daß sie »mit zunehmender Geschwindigkeit die Restbestände des Konstitutionalismus abträgt«[106], und man dieses Urteil für zutreffend hält, ergibt sich für denjenigen, dem die Wissenschaft kein bloßes Derivat der gesellschaftlichen Verhältnisse ist, die Aufgabe von selbst. Er muß gegen diese Tendenzen angehen, wo immer sie sich verbergen. Gegenüber der Faszination der normativen Kraft des Faktischen ist es Sache der Wissenschaft, an die normative Kraft des Normativen zu erinnern. Die Tendenz erheblicher Meinungen innerhalb der politischen Wissenschaft geht in umgekehrter Richtung. Die Meinungsforschung ist wie nichts anderes geeignet, diese Tendenz zu verstärken.

V. Gesellschaftspolitische Auswirkungen

Mag man es für die Zwecke der politischen Theorie hingehen lassen, wenn wie hier der Begriff der öffentlichen Meinung als repräsentative, von der gemeinen Meinung zu unterscheidende Kategorie festgehalten wird, so könnte dies vom gesellschaftsanalytischen Standpunkt der Soziologie aus auf entschiedeneren Widerspruch stoßen. Ist ein solcher Begriff unter den Bedingungen der modernen Meinungsindustrie der richtungslosen Massenpresse, der allgewaltigen Manipulation des Denkens und Meinens durch die Massenmedien nicht pure »Ideo-

---

[105] Das gilt insbesondere für die verschiedenen Arbeiten SIGMUND NEUMANNS, so auch für den von ihm inspirierten Band »Parteien in der Bundesrepublik«, *Schriften des (Berliner) Instituts für Politische Wissenschaft,* Bd. 6, Stuttgart und Düsseldorf 1955. Eine Zusammenfassung seiner Thesen in NEUMANN (ed.). *Modern Political Parties,* Approaches to Comparative Politics, Chicago 1956, 395 ff. – Zur Kritik der französischen Parteisoziologie vgl. LAVAU, Partis Politiques et Réalités Sociales (*Cahiers der la Fondation Nationale des Sciences Politiques* 38) Paris 1953, und meine Besprechung dieses Buches in *Politische Literatur* 2 (1953) 422 ff.

[106] RIDDER, aaO. 260.

logie?« Ist nicht die Meinungslenkung in den totalitären Staaten nur der Grenzfall einer in der freien Welt zwar nicht von Staats wegen, aber genau so wirksam betriebenen Lenkung der öffentlichen Meinung? Es ist gerade die an den Ergebnissen der Massenpsychologie orientierte Meinungsforschung, die die Bejahung dieser Frage und damit die Verwerfung der klassischen Unterschiede nahelegt. Nur mit quantifizierbaren Massenerscheinungen beschäftigt, einer behavioristischen Psychologie oder einer den »eigentlichen« Machtverhältnissen verschriebenen Soziologie verbunden, müssen der Meinungsforschung alle noch vorhandenen und unaufgebbaren qualitativen Unterschiede durch das Netz ihrer Befragung schlüpfen.

Gewiß ist es richtig, daß unter dem Druck der modernen Massenmedien ein Konformismus der Meinungen hergestellt werden kann, der allen früheren Epochen in solcher Form fremd ist. Nur ist es eine zu einseitige Betrachtungsweise, die Ursache solcher Gleichförmigkeit vorwiegend in der Struktur der Herrschaftsverhältnisse und der Macht der monopolistisch verwalteten Medien insbesondere zu sehen. Aus dieser Auffassung spricht wieder jene allzu geringe Einschätzung der Menschen, die meint, man könne ihnen alles und jedes »verkaufen«, wenn es ihnen nur mit genügender Intensität aufgedrängt wird. Gerade der Grenzfall des totalen Staates hat die Unrichtigkeit dieses Menschenbildes bewiesen. Wie wäre es sonst möglich gewesen, daß selbst unter den Bedingungen totaler staatlicher Lenkung und intensivsten »Einsatzes« aller meinungsbildenden Mittel dennoch ein so hohes Maß an Immunität, innerer Freiheit und sittlicher Bewahrung trotz aller beschämenden Anpassung erhalten bleiben konnte? Der Widerstand der Bevölkerung im sowjetischen Herrschaftsbereich ist ein neuer Beleg für die Unrichtigkeit des fatalistisch-ideologischen Menschenbildes. Die Einseitigkeit einer Gesellschaftswissenschaft, die seit Rousseau[107] und Marx den Einzelnen mit dem Hinweis auf die »Verhältnisse« dispensiert, hat hier ihre geschichtliche Widerlegung erfahren. Den gesellschaftlichen Mächten sind selbst im totalen Staat engere Grenzen gesetzt, als eine naturalistische Psychologie und Soziologie anzuerkennen vermag[108]. Da keine »gesellschaftliche Notwendigkeit« zur Anpas-

---

[107] WEIGAND, aaO. XLI, bezeichnet die These Rousseaus im zweiten Discours, das Eigentum sei an der Ungleichheit der Menschen schuld, sehr treffend als einen »Freispruch der Menschen von der Erbsünde«.

[108] Vgl. zu diesem Problem DAVID RIESMAN, »Some Observations on the Limits of Totalitarian Power«, in *Individualism Reconsidered,* Glencoe, Ill. 1954, 414 ff.

sung zwingt, macht gerade die verschiedene Art der Bewahrung im totalen Staat deutlich, wie sehr neben die gesellschaftskritische Analyse *im Namen der Wissenschaft* eine die Verantwortung des Einzelnen herausstellende moralistische Kritik treten muß. Was für den totalen Staat gilt, gilt in noch viel höherem Maße für die freien, die Gleichheits-Chancen zunehmend vergrößernden Demokratien westlicher Prägung. Anpassung und Konformismus sind in ihnen immer auch ein Akt moralischer Zurechenbarkeit.

Für die übliche Meinungsforschung bestehen hier unüberschreitbare Grenzen. Unter ihrer Hand werden die Meinungen der Menschen zu verdinglichten Verhältnissen, zu Gegenständen, die man manipulieren kann wie beliebige Objekte der Wirtschaftswelt. Die Meinungsforschung ist der krasseste Ausdruck einer Sozialwissenschaft, die die wichtigste anthropologische Wirkungseinheit in den gesellschaftlichen Mächten sieht. Einer freien, nicht manipulierten, vernunftbestimmten öffentlichen Meinung kann man von diesem Ausgangspunkt aus in der modernen Welt nur geringe Chancen einräumen. Wo alles Reflex gesellschaftlicher Verhältnisse ist, kann es keine qualitativen Unterschiede der öffentlichen Meinung geben. Da gibt es nur das ohnmächtige Sichanpassen oder den unverbindlichen Rekurs auf eine geheimnisvoll sich ankündigende Totalrevolution.

Aber selbst wenn wir die moralistische Frage dahingestellt sein lassen und uns an die Befunde der Gesellschaftskritik halten, so heißt es die Problematik einer öffentlichen Meinung in der modernen Welt unzulässig verharmlosen, wenn die Ursachen für die unbestreitbar weitverbreitete Konformität und Anpassung allein in den Instrumenten der Macht und Meinungsbeeinflussung gesehen werden. Möglich wird das Ausmaß der Gleichförmigkeit im Denken und Meinen ja erst durch den hohen Grad gesellschaftlicher Egalität, den die moderne Demokratie und Industriegesellschaft bereits verwirklicht hat. Wie anfangs dargestellt, ist die Meinungsforschung ja gerade der Ausdruck dieser Situation. Auf die Idee, ein repräsentatives *Sample* der gesamten Bevölkerung nach seinen Meinungen zu fragen, kann man ja erst kommen, wenn man es mit halbwegs vergleichbaren Größen zu tun hat. Dabei sind die Kriterien, die für die Anlage eines *Samples* gemeinhin maßgebend sind, äußerst charakteristisch für die soziologistische Verabsolutierung sogenannter gesellschaftlicher Faktoren (Beruf, Religion, Alter, Wohnort etc.) für den Vorgang der Meinungsbildung[109].

---

[109] Vgl. die Wiedergabe des für das Allensbacher Institut »repräsentativen Be-

Es bedarf keiner großen Phantasie, vorauszusagen, daß mit zunehmender Egalität diese Faktoren an Bedeutung verlieren werden, bis schließlich die sogenannten objektiven Faktoren von subjektiven »Zufälligkeiten« überspielt werden könnten. Eine geradlinig hoffnungsvolle Vision ist dies allerdings nicht. Je mehr die Vergesellschaftung des Menschen im Sinne seiner Entgesellschaftung fortschreitet, d.h. je mehr er aufhört, in seinem Denken und Fühlen dadurch bestimmt zu sein, daß er Arbeiter, Bürger, Bauer, verheiratet, Dörfler, Großstädter etc. ist, um so mehr wird das Emotionale über das Rationale triumphieren. Die Manipulierbarkeit der Meinungen und Emotionen ist der eigentliche Preis demokratischer Egalität. Gewiß hat es immer die Möglichkeit gegeben, die Meinungen der Menschen zu beeinflussen. Nur vergrößert sich diese Möglichkeit in der egalitären Industriegesellschaft in ungeahntem Maße. In der ausgeprägten bürgerlichen Klassengesellschaft, in der der Klassencharakter offenbar geworden war, war die Chance der Meinungslenkung relativ begrenzt auf die gegebenen gesellschaftlichen Gruppen und Klassen. Der Prinz von Guermantes konnte sich von einem Tage zum anderen von einem selbstverständlichen Gegner zu einem überzeugten Anhänger des Hauptmanns Dreyfus wandeln. Die Umstimmung mußte nur von jemandem au pair versucht werden[110]. Der sozialdemokratische »Vorwärts« konnte sehr wohl die politische Meinung der Arbeiterschaft mitbestimmen, die »Kreuzzeitung« die ihrer feudal-konservativen Leser, die »Frankfurter Zeitung« die des liberalen Bürgertums – an den Grenzen ihres sozial klar konturierten Leserkreises brach sich ihre Macht. Das heute so offensichtlich viel geringere meinungsbildende Potential entsprechender Organe – soweit es sie noch gibt – liegt nicht darin, daß sie journalistisch schlechter als ihre Vorgänger sind, sondern am Fehlen der entsprechenden eindeutig ansprechbaren Leserschichten. Die zu Werbungszwecken beliebten statistischen Aufschlüsselungen des »einflußreichen« Leserkreises dieser Meinungspresse älteren Typs offenbaren zumindest für den geschichtlich Vergleichenden eher

---

völkerungsquerschnittes« der Bundesrepublik im *Jahrbuch der öffentl. Meinung* aaO. XXXV. – Solange die Meinungsforschung nicht eine verbindliche Theorie über den Zusammenhang von gesellschaftlicher Lage – konkret: der das Sample bestimmenden Kriterien – und Meinungsbildung vorlegen kann, schwebt der wissenschaftliche Wert all ihrer Aussagen in der Luft. Statistische Belege, der Hinweis auf erfolgreiche Prognosen etc. sagen da gar nichts.

[110] Man lese die wahrhaft idealtypische Schilderung eines solchen Vorganges bei Marcel Proust, *Sodom und Gomorra,* dt. Ausgabe Frankfurt/M. 1955, 166 ff.

die zunehmende Bedeutungslosigkeit als ihre Macht. Um so größer ist das meinungsbildende Potential der modernen Massenmedien, die sich unterschiedslos an einen kleinbürgerlich-mittelständlerischen Jedermann wenden, wobei die von ihnen vermittelten Meinungen an Rationalität, fundierendem Wissen, politischem Wirklichkeitssinn keinen Vergleich mit den älteren publizistischen Medien vertragen. Es versteht sich, daß aus dem Wust von Stimmungen, unklaren Meinungen und popularisierenden Ansichten, wie sie die Massenmedien verbreiten, sich sehr viel schwerer eine *öffentliche* Meinung bilden kann als aus der rationalen Auseinandersetzung der verschiedenen großen Meinungsströme, die in der bürgerlichen Klassengesellschaft miteinander stritten. Insofern ist zuzugeben, daß es eine öffentliche Meinung heute schwerer denn je hat, sich durchzusetzen.

Wenn ein deutscher Meinungsforscher aber andrerseits gefordert hat, die »Träger der publizierenden öffentlichen Meinung«, d.h. die Presse, »sollten ... in ganz anderem Umfang dazu gebracht werden, sich einmal darum zu kümmern, daß öffentliche Meinung etwas anderes ist als das, was sie selber schreiben«[111], so wird deutlich, wohin die Richtung gehen soll. Nur im Lichte dieser Aufforderung wird die heftige Kritik verständlich, die gerade von den wenigen noch verbliebenen repräsentativen Presseorganen an der Demoskopie geübt worden ist, geht es hier doch um die eigene Existenz. Könnten die Informationen der Meinungsforscher – in Unterstützung ohnehin übermächtiger Tendenzen – doch geeignet sein, den Rang und die kontrollierende Funktion der sich in der alten Meinungspresse äußernden öffentlichen Meinung zurückzudrängen[112].

Ein Beleg dafür – der noch einmal zur Problematik des repräsentativen Parlamentarismus zurückführt – bietet eine Durchsicht der in der »Fragestunde« des Bundestages während der letzten Jahre gestellten Fragen. Zugleich zeigt eine solche Durchsicht, wie wenig dieses in unmittelbarer Beziehung zur öffentlichen Meinung stehende Recht des einzelnen Abgeordneten in Deutschland verstanden wird, ist der primäre Sinn dieser Institution doch darin zu sehen, daß sie dem Abgeordneten eine Möglichkeit gibt, die öffentliche Meinung dem Ohr der Regierenden näherzubringen, nicht aber partikuläre Wünsche zu

---

111 E. P. NEUMANN, *Empirische Sozialforschung* 83.

112 Zur Situation der deutschen Nachkriegspresse außer den einschlägigen Handbüchern: CRON, in *Deutscher Geist zwischen Gestern und Morgen,* Stuttgart 1954, 75 ff.

befriedigen, die durchaus über nichtöffentliche Wege an die zuständigen Regierungsstellen herangetragen werden können. Die Aufmerksamkeit der Regierung auf bestimmte in der Presse erschienene Artikel zu lenken, ist dabei ein in England oft, im Bundestag kaum je beschrittener Weg[113]. Bei der Natur der meisten im Bundestag gestellten Fragen kann es nicht wundernehmen, daß die Bundesregierung dieser Einrichtung wenig Interesse entgegengebracht hat[114]. Man hat Parlament und Presse als »himmlische Zwillinge«, als »unzertrennliche Geschwister« bezeichnet. Es kann kaum daran gezweifelt werden, daß ein Parlament, das sich nicht als oberster Repräsentant der öffentlichen Meinung versteht, und das kann es nur im engsten Zusammenspiel mit einer freien und hochstehenden Meinungspresse, seinen eigenen Prestigeverlust betreibt. Die Erfüllung einer »Funktion« hat für sich ohne parallele Legitimierung durch zweck- und funktionsfreie Werte auf die Dauer noch nie eine politische Institution über Wasser halten können. Nur indem ein Parlament sich weigert, die gemeine Meinung demoskopischer Ergebnisse, sei es selbst gegen die Regierung auszuspielen oder gegen sich ausspielen zu lassen, kann es seinen repräsentativen Verfassungsrang bewahren. Der Parlamentarismus als Methode repräsentativer Volksvertretung verliert seine Legitimität, wenn sich seine Repräsentanten nicht mehr als klügere, besser informierte und einsichtigere Beurteiler politischer Fragen betrachten als die Masse des Volkes, das sie andererseits auch als solche respektieren muß. Auch hier ist die deutsche Problematik bedrängender als in den übrigen westlichen Demokratien. In England und den Vereinigten Staaten, ja auch in Frankreich, haben die alten geistigen und sozialen Eliten ohne Diskreditierung ihrer politischen Vergangenheit weit über ihre statistische Repräsentanz hinaus ihre politische Führerstellung auch unter den Bedingungen des allgemeinen und gleichen Wahlrechts bewahren können. Keine der repräsentativen Versammlungen der drei großen westlichen Demokratien ist so »egalitär« zusammengesetzt, kommt einer Spiegelung der Sozialstruktur so nahe, wie der Deutsche Bundes-

---

[113] Für England vgl. PARTRICK HOWARTH, *Questions in the House,* London 1956. Eine Ausnahme macht in Deutschland nur der »Spiegel«, aber nicht wegen seiner Meinungen, sondern wegen seiner Fakten.

[114] Vgl. die Frage des Abg. Ritzel, was der Bundestagspräsident zu tun beabsichtige, »um auch bei der Durchführung der Fragestunde dafür zu sorgen, daß dem Hohen Haus von der Bundesregierung und ihren einzelnen Gliedern der Respekt entgegengebracht wird, auf den dieses Haus einen Anspruch hat« (2. Dt. Bundestag, 103. Sitzung v. 29. 9. 1955, *Sten. Ber.* S. 5684).

tag[115], ein Sachverhalt, der auch in der Demokratie die Aufgabe der gesellschaftlich-politischen Führung, d.h. den Akt der demokratischen Vertrauensschöpfung, nicht unbedingt erleichtert, von den Durchsetzungsschwierigkeiten gegenüber der Bürokratie gar nicht zu sprechen. Ein Instrument von der Art der Demoskopie, das ständig das statistisch Repräsentative gegen die soziale Zusammensetzung der politischen Repräsentation ausspielt, ist nur geeignet, den Prozeß der Abschottung und Auslaugung der alten sozialen Führungsschicht zu verstärken[116], die Bildung einer neuen zu verhindern.

Auch der Verlust an öffentlichem Einfluß, den Wissenschaft, Kirche und Rechtswesen bei uns erfahren haben, muß in diesem Zusammenhang gesehen werden. Die Meinungsumfragen tragen die Tendenz in sich, das öffentliche Wort dieser Institutionen immer unvernehmlicher zu machen, besagt ihre öffentliche Kritik vom Machtgesichtspunkt doch wenig, solange die Umfragen die geringe Resonanz noch so wohlbegründeter, aber mit der Lautstärke anderer sozialer Mächte nicht konkurrenzfähiger öffentlicher Forderungen und Mahnungen dieser mehr dem Geiste als der Macht orientierten Institutionen bestätigen. So wenig wie ein Leitartikel heute noch Kabinette stürzen kann (allenfalls die Enthüllungen gewisser Nachrichtenmagazine), so schwer hat es insbesondere die Wissenschaft mit ihrem unbeträchtlichen »Wähleranhang«, sich Gehör zu verschaffen. Auch der Fall »Schlüter« ist eher ein Beleg für als gegen diese These. Der unabhängige Rat der Wissenschaft ist erwünscht, wenn er als Beleg der eigenen Gemeinschaften Ansprüche dienen kann. Die Degradierung verfassungsrechtlicher Gutachten steht hier für manche ähnliche Erscheinung. Sicher reicht der Prozeß des Wirkungsverlustes der Wissenschaft auf das öffentlich-politische Leben weit zurück[117], doch bedeutet das

---

[115] Für England vgl. etwa G. D. H. Cole, *Studies in Class Structure,* London 1955, 131 ff. und D. E. Butler, *The British General Elections of 1955,* London 1955, 42; für USA C. Wright Mills, *The Power Elite,* New York 1956, 248 ff. Eine sehr anschauliche Skizze der deutschen Entwicklung bei Karl Demeter, Die soziale Schichtung des Dt. Parlamentes seit 1848, ein Spiegelbild der Strukturwandlung des Volkes, in *Vierteljahresschrift für Sozial- und Wirtschaftsgesch.* 39 (1952) 1 ff. Zum Fehlen einer führenden Klasse in Deutschland noch immer am prägnantesten Schumpeter, Das soziale Antlitz des Deutschen Reiches (1929), in *Aufsätze zur Soziologie,* Tübingen 1954, 214 ff.

[116] Dazu Rüdiger R. Beer, »Zur Krise der gesellschaftlichen Führung«, in *Ordnung als Ziel, Beiträge zur Zeitgeschichte,* Stuttgart und Köln 1954, 187 ff.

[117] Für das öffentl. Recht etwa Smend, Der Einfluß der dt. Staats- und Verwaltungsrechtslehre des 19. Jahrhunderts auf das Leben in Verfassung und Verwaltung, *Staatsrechtliche Abhandlungen* 326 ff.

Aufkommen der Meinungsforschung eine neue Phase dieser Entwicklung. So intensiv beispielsweise bei der Vorbereitung der deutschen Wiederbewaffnung von Meinungsumfragen Gebrauch gemacht worden ist, so desinteressiert hat man sich an der Durchführung wissenschaftlicher Enquêten gezeigt, die die sachlichen Probleme (besonders im Bildungs- und Arbeitssektor) klarer hätten herausarbeiten können. Ähnlich steht es auf dem Gebiet der Sozialgesetzgebung: das eine »Professoren-Gutachten« ist nach Intensität des Aufwandes an Zeit und Arbeitskraft in nichts mit vergleichbaren Arbeiten früherer Zeiten auf eine Stufe zu stellen[118]. Völlig fehlen genauere Untersuchungen auf dem Gebiet der Schul- und Bildungssoziologie. Hellmut Becker hat darauf aufmerksam gemacht, daß die Kultusministerien solche Untersuchungen interessanterweise nicht nur nicht anregen, »sie scheinen sich sogar vor ihnen zu fürchten«[119]. Das Bundesministerium des Innern hat immerhin den sachverständigen Rat der Wissenschaft auf einigen Gebieten, so dem des Wahlrechts und der Parteiengesetzgebung, erbeten. Demgegenüber hat der Bundestag von seinem Recht, Untersuchungsausschüsse einzusetzen (Art. 44 GG) – abgesehen vom Untersuchungsausschuß zur Bereinigung des Reichs- und Bundesrechts, einer echten Enquête, deren Durchführung aber dem Justizministerium überlassen wurde – bisher nur zur Untersuchung von Mißständen Gebrauch gemacht. Wenn nicht schon in Art. 44 GG enthalten, so ist in seinem Gesetzgebungsrecht zweifellos aber als *implied power* das Recht inbegriffen, unabhängige Sachverständigenkommissionen einzusetzen (auch von Nichtparlamentariern), deren Enquêteberichte der eigenen Unterrichtung und der Anregung einer öffentlichen Diskussion dienen sollen. Wenn darauf hingewiesen worden ist, daß die Verbände dem Parlament ihren Sachverstand zur Verfügung stellen und daß dies eine geeignete Methode sei, die Interessen der Bürger zur Kenntnis zu bringen[120], so ist dazu zu sagen, daß den Verbänden in der

---

[118] So schreibt Hans Achinger, selbst einer der vier Gutachter, daß »diejenigen, die zur Besinnung auf ein soziales Gesamtkonzept oder auf eine gründliche Tatsachenerforschung aufforderten, nur als unbequeme, zeitraubende Störenfriede erscheinen konnten. So ist es gekommen, daß derartige Bemühungen bisher nur wirkungslose Beiwerke geblieben sind, zumal die Anregungen dazu niemals von den für die Gesetzgebung entscheidenden Stellen ausgingen«. (»Schlecht gezielte Renten«, *Frankf. Allg. Ztg.* Nr. 293 v. 15. 12. 1956.)

[119] *Kulturpolitik und Schule,* Stuttgart 1956, 84.

[120] So Herbert Krüger, Die Stellung der Interessenverbände in der Verfassungswirklichkeit, *Neue Jurist. Wochenschrift* 9 (1956) 1217 ff. – Daß die Stellung der Verbände nicht nur nach der Verfassungswirklichkeit, sondern auch nach gelten-

Regel nur ein sehr partikulärer Ausschnitt der Interessen am Herzen liegt und ihr Sachverstand unmöglich von einseitigem Engagement frei sein kann – auch nicht zu sein braucht. Den interessen-politisch doch wenigstens in größerer Annäherung unabhängigen Sachverstand wissenschaftlicher Enquêtekommissionen können sie jedenfalls nicht ersetzen.

Versteht man die vorwaltenden Methoden und Forschungsziele der Wissenschaft selbst als politische, den Geist der Zeit mitbestimmende Faktoren, so muß schließlich auch die Tendenz, im *Interview* den »eigentlichen Königsweg der praktischen Sozialforschung« zu sehen[121], die Soziologie zu einer »Wissenschaft vom Interview« zu machen[122], in diesem Zusammenhang gesehen werden. Es sind ja nicht nur die auf kommerzieller Basis arbeitenden Meinungsforschungsinstitute, sondern auch die soziologischen Universitätsinstitute, in denen die Umfragemethoden nicht nur Anerkennung, sondern zum Teil eine nahezu monopolistische Herrschaft errungen haben. Ob der Aufwand, den Befragungsstudien verlangen, immer in einem vernünftigen, »praktischen« Verhältnis zum erreichten Ergebnis steht, ist bei der fehlenden Publizität hinsichtlich der aufgewandten Mittel nur in den seltensten Fällen auszumachen. Der Schulungs- und Bildungswert ist für die zu solchen Untersuchungen herangezogenen Studenten meist gering, wirkliche Einsichten in gesellschaftliche Zusammenhänge werden selten erschlossen, die ältere Literatur gerät in Vergessenheit. Der Typ des Befragungstechnikers beginnt auch an den Universitäten, besonders in der jüngeren Generation, den philosophisch und historisch gebildeten, über umfangreiche Allgemeinkenntnisse verfügenden Soziologen zu verdrängen. Und nicht eine aus der Sache gebotene spezialistische

---

dem Verfassungsrecht in der Bundesrepublik weit über das hinausgeht, was ihnen vernünftigerweise zukommen kann, zeigen die maßgebenden Bestimmungen über die Hinzuziehung von nichtamtlichen Kreisen beim Gesetzgebungsvorverfahren nach der Gemeinsamen Geschäftsordnung der Bundesministerien (GGO II §§ 94 f. und GGO II §§ 23 f.), die in der bisherigen Diskussion allgemein übersehen wurden. Sie privilegieren den Interessenten, tolerieren den Sachverständigen und diskriminieren Parlament und öffentliche Meinung in grotesker Rangordnung. Die Kritik, die KURT EICHENBERGER an »Rechtsetzungsverfahren und Rechtsetzungsformen in der Schweiz« (*Zeitschr. f. schweiz. Recht,* N.F. 73 [1954] 1a ff., insbes. 68a ff.) geübt hat, gilt in noch stärkerem Maße für die deutschen Verhältnisse, wo es keine Korrektur durch das Referendum gibt.

121 RENÉ KÖNIG, in *Praktische Sozialforschung* I, 9 f.

122 »Sociology has become the science of the interview« – so MARC BENNEY und EVERATT C. HUGHES eingangs der Interviewproblemen gewidmeten Sondernummer des *American Journal of Sociology* Vol. LXII (1956) 137.

Konzentration ist daran schuld, sondern die Faszination durch eine Methode, die in beliebiger Wiederholung auf beliebig wechselnde Gegenstände angewandt werden kann. Das zeitgeschichtlich Bedenkliche ist dabei die notwendig mit reinen *Meinungs*untersuchungen verbundene Abstraktion von aller Praxis, der fehlende sozialreformerische Impuls. Dem positivistischen Charakter dieser Art Sozialwissenschaft entspricht die Wissenschaftslehre, die mit ihr einhergeht. Die Kritik eines der angesehensten amerikanischen Sozialforscher an dem ihn umgebenden Betrieb trägt den vielsagenden Titel »Knowledge for What«?[123]. Die Sammlung von Wissensstoff sei zum Selbstzweck, zum Fetisch entartet. Jede Bibliographie zur Sozialforschung – etwa im neuen Handwörterbuch der Sozialwissenschaften – enthüllt auf den ersten Blick den tiefen Wandel des Forschungsinteresses während der letzten dreißig Jahre. An Stelle von Erhebungen, Enquêten, Surveys über konkrete soziale Probleme, die der Zeit auf den Nägeln brannten, die in der Regel mit klaren Empfehlungen zur möglichen Verbesserung der Zustände abschlossen, bestimmt heute die Herrschaft der Methoden und die Unverbindlichkeit der Fragestellung das Feld. Was hilft es zu wissen, daß soundsoviel Prozent aller Menschen »autoritär« sind, nicht oder doch Sonntags in die Kirche gehen und in dieser oder jener Nation den »Erbfeind« sehen? Das Ergebnis steht bei solchen Untersuchungen für jeden halbwegs informierten Beobachter von vornherein fest; neu, aber für praktisches Handeln belanglos, ist allein die Quantifizierung solcher Erscheinungen. Der humanistischen Aufgabe aller Sozialwissenschaften ist damit *für sich* noch in keiner Weise gedient[124]. Diese Aufgabe kann nur ergriffen werden in der Behandlung konkreter menschlicher Gestaltung nicht entzogener Probleme, wobei die theoretische Fundierung aller Einzelforschung nicht eine übergreifende Theorie der Gesellschaft – alle sogenannte Totalschau der Gesellschaft ist totalitäre Schau – sondern wie eh und je nur eine grundlegende Wissenschaft vom Menschen vermitteln kann.

In solchem Rahmen haben auch Befragungen ihren guten, durch nichts zu ersetzenden Sinn. Nichts liegt uns ferner, als die Methoden wissenschaftlicher Befragung grundsätzlich in Acht und Bann zu tun.

---

[123] ROBERT S. LYND, Knowledge for What? – The Place of Social Science in *American Culture,* Princeton N.J. 1939.

[124] Zur Kritik der zeitgenössischen Sozialwissenschaft vom Standpunkt des Humanismus, LEO STRAUSS, Social Science and Humanism, in WHITE, *The State of the Social Sciences,* Chicago 1956, 415 ff., und ERIC VOEGELIN, *The New Science of Politics,* 6 ff.

Allerdings ist das, was an ihnen gut und brauchbar ist, nichts Neues. Auf administrativer Ebene, insbesondere zur Erleichterung einer vernünftigen Personalpolitik, ist der Fragebogen ein ehrwürdiges bürokratisches Instrument[125]. Die zahlreichen betriebssoziologischen Untersuchungen sind dort, wo sie nicht einfach an der »Struktur« des Betriebes orientiert sind, sondern an konkreten Mängeln, unnützen Belastungen des Arbeitnehmers und der Möglichkeit einer gerechteren Arbeitssituation, ein vorzügliches Hilfsmittel zur Humanisierung der industriellen Arbeitswelt. Undogmatisch benützt, das heißt in Verbindung mit anderen Methoden und ohne Fixierung auf einen statistischen Repräsentationsbegriff haben uns die Interviewmethoden ein realistischeres Bild unserer familiensoziologischen Situation vermittelt und die Denkweise der jüngeren Arbeiterschaft ist mit ihrer Hilfe wesentlich erhellt worden. Auch rein demoskopische Untersuchungen können ihre Verdienste haben, wenn sie sich ganz konkreten Themen widmen, wie das bei einigen der Emnid-Arbeiten der Fall ist, und die Ergebnisse mit anderen Einsichten in Beziehung gesetzt werden. Schließlich haben Meinungsumfragen auch im engeren politischen Bereich ihren guten Sinn, wenn es darum geht, sich zu orientieren, auf welche Weise eine politische Entscheidung am besten – d.h. mit geringstmöglichstem Eingriff in die persönliche Freiheit – zu verwirklichen ist. Das trifft vor allem dort zu, wo die Ausführung einer Maßnahme von der willigen Kooperation der Bürger abhängig ist. Hier können Umfragen sehr wohl die Aufmerksamkeit auf administrative Probleme lenken, die sonst, zum Schaden aller Beteiligten, leicht übersehen werden[126]. Bei der Komplikation der modernen Welt können solche Untersuchungen im Gegenteil gar nicht genug gefördert werden.

Unsere Kritik gilt allein jenen Umfragen, die, sei es um Herrschaftswissen oder bloße »Informationen« zu liefern, vorgeben, sie bekämen die *öffentliche Meinung* in den Griff. Diese ist eine qualitative Größe. Als

---

[125] Ein schönes Beispiel aus dem 18. Jahrhundert bei HERBERT SCHÖFFLER, *Deutscher Geist im 18. Jahrhundert,* Göttingen 1956, 16 ff. – Aus unseren Tagen sind die von HELMUTH PLESSNER geleiteten Untersuchungen zur Lage der deutschen Hochschullehrer zu nennen (Bd. I: *Nachwuchsfragen,* Göttingen 1956), die in ihrer Verbindung von praxisbezogener Fragestellung historischem Bewußtsein und vernünftiger Empirie richtungweisend werden können.

[126] In diesem einschränkend bejahenden Sinne HANS SPEIER, The Sociology of Military Organization, in *Social Order and the Risks of War,* New York 1952, 317, zum bisher voluminösesten Produkt der amerikanischen Meinungsforschung: SAM A. STOUFFER et al., *The American Soldier,* Princeton 1949.

solche entzieht sie sich jeder Erfassung durch quantitative Methoden. Zu erkennen, was die öffentliche Meinung ist und will, zu bestimmen, ob ihr gefolgt werden soll oder nicht, ist im Verfassungsstaat eine der verantwortlichen Aufgaben der Regierenden. Sie können vor dieser Aufgabe versagen, abnehmen kann sie ihnen niemand – auch nicht die Meinungsforscher. Wo der verantwortliche Staatsmann sich auf ihren Rat verläßt, läuft er Gefahr, dem gleichen Gesetz zu erliegen, dem so viele erliegen, die in guter Absicht Gutes tun wollen. Auch viele Meinungsforscher meinen guten Glaubens die öffentliche Meinung zu erforschen und zur öffentlichen Anerkennung zu bringen. Daß sie in Wahrheit dazu beitragen, sie durch die stimmkräftigere und in die Evidenz der Meßbarkeit gehüllte gemeine Meinung zu verdrängen, bezeugt eine Dialektik, der auch sie sich nicht entziehen können.

(1957)

Verfassungsordnung und Verbandseinfluß

Bemerkungen zu ihrem Zusammenhang im politischen System der Bundesrepublik

Die Verbände sind in Deutschland suspekt – aber ich glaube aus falschen Gründen. Man beschuldigt sie des Neofeudalismus, der Kolonisation des Staates, einer Demontage des Staatlichen. Es fehlt wenig, ihnen schlichtweg jede Legitimität zu bestreiten.[1] Dabei ist der Maßstab, an dem man ihr Wirken in aller Regel mißt, der einer über allen Interessen schwebenden Staatsautorität, das Modell eines Staates, in dem die verfassungsrechtlich eingesetzten Verfassungsorgane ein Monopol auf politische Willensbildung besitzen.[2] Aber dieser Maßstab lenkt eher ab, als daß er hülfe, die wirkliche Problematik der Verbände zu erfassen. Denn nicht der Zerfall der Staatsautorität ist das Problem, das sie stellen – im Gegenteil, die Tatsache, daß sich die großen Gruppeninteressen mit einer Organisation als Verband begnügen, den politisch entscheidenden Schritt zur Parteibildung unterlassen, kann man eher als Kompliment an die Adresse des Staates interpretieren. Ein hochentwickeltes Verbandsleben unter der Voraussetzung eines klar gegliederten Parteiensystems ist Ausdruck grundsätzlicher Bejahung der gegebenen politischen Ordnung, Zeugnis für ein hohes Maß an politischem Consensus.

Auf einen Staat ›Druck‹ ausüben, etwas von ihm fordern, ist eine Form der Bindung an ihn[3]; tief verbitterte Gruppen werden sich nicht

---

[1] Eine Zusammenstellung der gängigen Vorwürfe bei HANS HUBER, *Staat und Verbände,* Tübingen 1958, S. 5.

[2] Kennzeichnend das Thema eines von Werner Weber am 24. 11. 1954 gehaltenen Vortrags: ›Der Staat oder die Interessenten‹.

[3] Diese These ist neuerdings besonders klar herausgearbeitet von HARRY ECKSTEIN, *Pressure Group Politics;* The Case of the British Medical Association, London 1960, S. 31 ff. – Man überlege sich nur, was es bedeuten würde, wenn die Vertrie-

damit aufhalten, mit einem verhaßten System zu verhandeln. Etwas von jemandem fordern, heißt ihn grundsätzlich anerkennen. Wenn sich der ›Schuldner‹ dabei noch als so solvent herausstellt wie die Bundesrepublik im vergangenen Jahrzehnt, besteht noch weniger Grund, die Anerkennung zu verweigern.

Jenes »universe of claims«[4], in Gestalt von Wiedergutmachungen, Beihilfen, Subventionen, Entschädigungen und anderes mehr, das die Bundesrepublik ihren Bürgern geboten hat, kann nur in den Augen eines den Zeitgeist sehr mißverstehenden Beobachters zum Schwund ihrer Autorität beigetragen haben. Eine Kuh, die Milch gibt, schlachtet man nicht.

Ort der Problematik der Verbände ist nicht ein angeblicher Zerfall der Staatsautorität, sondern die Infragestellung bestimmter Prinzipien, die unserer politischen Ordnung, unserer Verfassungsordnung zugrunde liegen. Erst unter dem Aspekt der konkreten Verfassungsordnung – nicht dem abstrakten Staatsbegriff – wird deutlich, wo die Probleme – soweit sie die Politische Wissenschaft angehen – stecken, die die Verbände aufwerfen.

Der Schwerpunkt der Verbandseinflüsse

Schon für ihre Deskription, für eine realistische Schilderung des Einflusses der Verbände, insbesondere für die Lokalisierung ihres Wirkens, bedarf es des Aspektes der Verfassungsordnung. In den Vereinigten Staaten ist das Verbandswesen zum erstenmal Gegenstand umfassender wissenschaftlicher Untersuchungen geworden. Die Meinung, daß sich der Verbandseinfluß so wie dort wesentlich als Lobbyismus, das heißt als Einfluß auf die gesetzgebende Körperschaft äußere, hat die deutsche Forschung weithin zu der irrigen Annahme verführt, daß auch bei uns der wichtigste Adressat der Verbände das Parlament sei, daher die zahlreichen Arbeiten über die sogenannte Verbandsfärbung des Bundestages.[5]

---

benenverbände aus Verbitterung über eine evtl. Änderung der deutschen Ostpolitik den Schritt zur Parteibildung tun würden. Sie haben dazu heute (noch?) keine Veranlassung, da sie ihre eigenen außenpolitischen Vorstellungen bei den großen Parteien zur Genüge aufgehoben wissen können.

[4] Nach einem treffenden Ausdruck von OTTO KIRCHHEIMER, Notes on the political scene in Western Germany. In: *World Politics* 6 (1953/54), S. 311 f.

[5] Das gilt vor allem für die im übrigen sehr verdienstliche Arbeit von RUPERT BREITLING, *Die Verbände in der Bundesrepublik,* Meisenheim 1955. Vgl. z.B. die un-

Die Lokalisierung des Verbandseinflusses bestimmt sich aber einmal nach der Art der Wünsche der Verbände, zum anderen nach dem, der diesen Wünschen Rechnung tragen kann, das aber ergibt sich aus der Verfassungsordnung: dem Regierungssystem einschließlich Verwaltungsordnung und Parteiensystem.

Vom Standpunkt der Verbände aus stellt sich eine Verfassungsordnung mit ihrer Art von Gewaltenaufteilung, Gesetzgebungsverfahren, Initiativrecht, Wahlsystem, Parteiwesen als eine Operationsbasis dar, als das Terrain, auf dem sie sich bewegen müssen, stets orientiert am Ziel, den Zugang zur entscheidenden Stelle ausfindig zu machen.[6] Dabei sehen verschiedene Verbände – je nach der Art der ›Anliegen‹, die sie vertreten – diese Operationsbasis mit anderen Augen. Massenorganisationen wie die Gewerkschaften werden immer auch um den good will der öffentlichen Meinung besorgt sein müssen, ein Adressat, um den sich ein kleiner Wirtschaftsverband kaum je Sorgen machen wird, wenn er nur beim zuständigen Referenten des zuständigen Ministeriums für sein Problem Verständnis findet.

So gewagt es ist, auf diesem Gebiet überhaupt zu verallgemeinern, so wird man doch sagen dürfen, daß unter einem parlamentarischen Regierungssystem mit ausgebildeter Kabinetts- oder Kanzlerpräponderanz nicht das Parlament, sondern *Regierung* und *Verwaltung* der entscheidende Adressat des Verbandseinflusses sind. Das liegt einmal an der Natur der Wünsche der allermeisten Verbände, jedenfalls der verfassungspolitisch allein ins Gewicht fallenden, die wirtschaftliche und soziale Gruppeninteressen vertreten. Die große Masse ihrer Forderungen betrifft Fragen, die unter unserem Gesetzgebungs- und Parteiensystem überhaupt nicht in den Gesichtskreis des Parlaments treten, z.T. da dem die Allgemeinheit des Gesetzes im Wege steht oder aber die Materie wegen ihrer allgemeinpolitischen Bedeutungslosigkeit im Verordnungswege erledigt wird. Eine Erkundigung bei einer Reihe

---

haltbaren Behauptungen daselbst S. 89–92. Dagegen richtig Rüdiger Altmann, *Das Erbe Adenauers,* Stuttgart 1960, S. 48: »Viel wichtiger als die Beziehungen zu den Parteien, um deren Pflege die Politiker meist von sich aus besorgt sind, ist für die Verbände eine ständige Verbindung zur Ministerialbürokratie und der direkte, öffentliche Kontakt zur Regierung und zum Kanzler als Person.«

[6] Ich bezeichne hier als Operationsbasis, was Gabriel A. Almond »target-structure« genannt hat. Vgl. dessen Bericht ›A comparative study of interest groups and the political process‹, *AmPolScRev.* 52 (1958), S. 270 ff., 278. Vgl. auch Henry Ehrmann, in: *Interest Groups on Four Continents,* 1958, S. 1 ff.; Eckstein op. cit. S. 16 ff. und David B. Truman, *The Governmental Process,* N.Y. 1951, S. 264 f. und passim unter dem Stichwort ›access‹.

von Wirtschaftsverbänden ergab, daß der Kontakt zum Parlament – sei es zum Bundestag allgemein, den Fraktionen oder einzelnen Abgeordneten – zu den ganz seltenen Ausnahmefällen gehört. Wird ein einzelner Abgeordneter angegangen, so in der Mehrzahl der Fälle a) um von seiner Kenntnis der ›Operationsbasis‹ Gebrauch zu machen (– er weiß, wer zuständig ist –)[7], b) um von seiner fördernden Fürsprache bei einer Verwaltungsbehörde Gebrauch zu machen. Wie die Gewichte selbst bei dem umfassendsten, auch in den Fragen der großen Politik engagierten *Bundesverband der Deutschen Industrie* verteilt sind, zeigt eine Auszählung der förmlichen Eingaben, die der BDI während der letzten Jahre den einzelnen Verfassungsorganen hat zukommen lassen. Danach gingen in den Jahren von 1949–1958[8] im Durchschnitt jährlich 82,8 % aller Eingaben nur an Exekutivbehörden: Ministerien und Bundesämter, an die Legislative (Bundestag und Bundesrat) dagegen nur 7 %, der Rest zum größten Teil an die Bundesbahn und den Zentralbankrat.

Otto Suhr, dem wir eine der ersten Monographien über die deutschen Verbände verdanken[9], erklärte bei einer Konferenz der Präsidenten der deutschen Landtage[10], die sich mit der Behandlung von Gesetzesvorlagen im vorparlamentarischen Raum beschäftigte, nach »seinen Erfahrungen in Bonn säßen die Lobbyisten zwei bis drei Stunden wöchentlich im Bundestag, aber zehn Stunden täglich bei den Referenten der Ministerien«. Englische Untersuchungen vermitteln für die dortige Lage genau das gleiche Bild: Kontakte der Verbände zum Parlament gehören zu den seltenen Ausnahmen, während man sich das Zusammenspiel von Ministerialbürokratie und Verbänden gar nicht eng genug vorstellen kann.[11] Wie bei uns liegt es auch dort zum Teil an der

---

[7] Aus diesem Grunde sind mit kennzeichnender Differenzierung in USA gewesene Abgeordnete (vgl. TRUMAN, aaO., S. 269 f.), in Deutschland hohe Ministerialbeamte gesuchte Verbandsfunktionäre.

[8] Quelle sind die *Jahresberichte des BDI;* seit dem Jahr 1958/59 fehlen die entsprechenden Angaben.

[9] OTTO SUHR, *Die Organisationen der Unternehmer,* Berlin 1924.

[10] Sitzung v. 25./26. Okt. 1954 in *Hannover, Protokoll* S. 70.

[11] ECKSTEIN op. cit. passim, S. 17 f., 77; S. H. BEER, Pressure Groups and Parties in Britain, *AmPolScRev* 1956, S. 5 f.; S. E. FINER, in: EHRMANN, op. cit. S. 130: »For the interest-groups, dealings with government departments take up for the greatest part of the total time they devote to contact with government, and the vast bulk of it deals with minor detail.« Vgl. auch dessen *Anonymous Empire,* London 1958, und die (anonyme) Studie ›Industrial Trade Associations‹ (*PEP*), London 1957, S. 87 f. Einen vorzüglichen Eindruck von der Fülle der Kontakte englischer Verbände mit

Natur der Wünsche der Verbände, zum Teil an der Struktur der Gesetzgebung. Gesetze tendieren unter den Bedingungen des modernen Verwaltungsstaates immer mehr dahin, den Charakter von Rahmengesetzen anzunehmen. Von den Details überfordert und die Notwendigkeit schneller Anpassung und Änderung einkalkulierend, beschränkt sich der Gesetzgeber auf Andeutungen und allgemeine Direktiven, um es der Regierung oder einem Einzelminister zu überlassen, die Einzelheiten auszuführen, Ergänzungen vorzunehmen, oft auch Ausnahmen zuzulassen. »Das Gesetz ist so oft nur eine Skizze zu einem Gesetz.«[12] Die Verbände sind geneigt, die Skizze hinzunehmen, wenn nur die Ausführung in ihrem Sinne erfolgt – um darauf Einfluß zu gewinnen, müssen sie sich aber an die Verwaltung wenden. Aber selbst bei formellen Gesetzen verweist der übliche Gang der Gesetzgebung unter einem parlamentarischen Regierungssystem die Verbände an die Exekutive und erst in zweiter Linie ans Parlament. In England liegt die Initiative für Government Bills ausschließlich bei der Regierung, der Entwurf einer Private Members Bill, dem sie ihre Zustimmung versagt, hat so gut wie keine Chancen der Verwirklichung. In der Bundesrepublik entspringen mehr als zwei Drittel aller Gesetzeskraft erreichenden Vorlagen der Initiative der Bundesregierung.[13] In dieser Lage ist es für die Verbände ein Gebot der Vernunft, den Versuch zu machen, schon in der ersten Instanz des Gesetzgebungsverfahrens – im Referenten- und Kabinettsstadium – eine für sie günstige Vorentscheidung zu erlangen. Man wird sagen dürfen, daß in der Regel das Parlament nur Adressat der Verbandswünsche ist, wenn man zuvor bei der Regierung kein ausreichendes Gehör gefunden hat, über das dort Erreichte hinauskommen oder das bereits Gewonnene vor Schmälerung sichern möchte. Aber das sind in aller Regel – Ausnahmen bestätigen sie – Nachhutgefechte; – wie es ein Kenner formulierte: »Die Entscheidungsschlacht ist geschlagen, wenn die Vorlage von der Bundesregierung an den Bundesrat geht.«

Aber nicht nur für die Lokalisierung des Verbandseinflusses ist die Verfassungsordnung entscheidend, sie bestimmt auch die Art der Formalisierung und Institutionalisierung dieses Einflusses.

Regierungsstellen gibt der *Report of the Committee on Intermediaries,* Cmd. 7904, London (HMSO) 1950.

[12] Friedr. Dessauer, *Recht, Richtertum und Ministerialbürokratie,* Mannheim 1928, S. 94.

[13] Vgl. die Angaben in ›Zehn Jahre Bundesrat‹, herausgegeben v. *Dt. Bundesrat,* Köln 1959, S. 190 f.

Institutionelle Privilegien der Verbände

Den Verbänden geht es um den Zugang zum Machthaber, um die Möglichkeit des Immediatvortrags bei der entscheidenden Stelle.[14] Sie wollen ihre Wünsche nicht nur *schriftlich* äußern dürfen – dieses Recht hat jedermann nach Art. 17 Grundgesetz –, sondern sie wollen persönlich zur Audienz vorgelassen werden. Alle Spekulationen über Legitimität und Illegitimität des Verbandseinflusses kreisen um die Art und Weise der Vorlassung: geht der Weg über Hintertreppen oder gibt es hier einen geraden offenen Zugang? Es ist nun eine in allen deutschen wissenschaftlichen Arbeiten über diesen Gegenstand immer wiederkehrende Behauptung, das deutsche Verfassungsrecht nehme von den Verbänden keine Notiz, eröffne ihnen außer dem allgemeinen Petitionsrecht keine legalisierte Form des Zugangs, eine Behauptung, die den Vorstellungen von dunklem Einfluß, Nebenregierung, dissimulierter ›Herrschaft der Verbände‹ reiche Nahrung gibt. Aber nur soviel ist richtig: im Grundgesetz kommen die Verbände nicht vor, aber das Grundgesetz erschöpft nicht die Verfassungsordnung. Auch die *Geschäftsordnungen* der obersten Staatsorgane sind integrierender Bestandteil der *Verfassungsordnung*. Für die deutsche Staatsrechtslehre sind sie freilich, wie Hans Schneider[15] einmal feststellte, eine quantité und qualité négligeable – und anders ist das Übersehen der für den Zugang entscheidenden Bestimmungen des Verfassungsrechts auch nicht zu verstehen.[16] Denn die Gemeinsame Geschäftsordnung der Bundesministerien konstitutionalisiert den für die Verbände entscheidenden Zugang zur Ministerialbürokratie mit einer Wirksamkeit und in einem Umfang, wie keine andere mir bekannt gewordene Regelung.[17]

---

[14] Über die historische Bedeutung vgl. CARL SCHMITT, *Gespräch über die Macht und den Zugang zum Machthaber,* Pfullingen 1954, und DERS., *Verfassungsrechtliche Aufsätze,* Berlin 1958, S. 430 ff.

[15] HANS SCHNEIDER, Die Bedeutung der Geschäftsordnungen oberster Staatsorgane für das Verfassungsleben, in: *Rechtsprobleme in Staat und Kirche* (*Festgabe für Rud. Smend*), Göttingen 1952, S. 304.

[16] Die Geringschätzung der Geschäftsordnungen hat z.T. rechtssystematische Ursachen: Ihr ›Normwert‹ ist geringfügig, juristische Arbeiten befassen sich mit ihnen in der Regel nur unter dem Gesichtspunkt ihrer ›juristischen Natur‹, die von der politischen Bedeutung ganz unabhängig sein kann.

[17] Eine Übersicht über die wichtigsten ausländischen Regelungen in BEUTLER/STEIN/WAGNER, *Der Staat und die Verbände,* Heidelberg 1957, S. 56 ff.

Zwei Formen des Zugangs haben sich dabei herausgebildet, beide gestützt auf die Gemeinsame Geschäftsordnung. 1. die allgemeine Anhörung der zuständigen Spitzenverbände im Referentenstadium der Gesetzesvorbereitung nach § 23 GGO II; 2. die sichtbarere, aber nicht unbedingt wichtigere Heranziehung der Verbände zu jenem Kranz von Beiräten, Ausschüssen, Fachkreisen etc., die die obersten Bundesbehörden um sich geflochten haben. – In diesen beiden, von der Verfassungsordnung entwickelten Formen spielt sich der Verbandseinfluß wesentlich ab. Beides sind ungemein komplexe Erscheinungen, die hier nur eben angedeutet werden können.

Die Beteiligung der ›Fachkreise‹ an der Gesetzgebungsvorbereitung

Die Anhörung nach § 23 GGO II geht zurück auf eine entsprechende Bestimmung der Gemeinsamen Geschäftsordnung der Reichsministerien aus dem Jahr 1926, dem klassischen Werk Arnold Brechts.[18] Ihre Einfügung in die GGO scheint nicht ohne unmittelbares Zutun Stresemanns, des alten Verbandssyndikus, erfolgt zu sein[19], obgleich die Ratio dieser Vorschrift zum Teil eine abwehrende war und bis heute geblieben ist: man wollte den Verkehr auf Spitzenverbände beschränken.[20] (Die Hierarchisierung des deutschen Verbandswesens geht nicht zuletzt mit auf diese Forderung zurück.)

---

[18] Vgl. ARNOLD BRECHT, *Die Geschäftsordnung der Reichsministerien, ihre staatsrechtliche und geschäftstechnische Bedeutung,* Berlin 1927; A. BRECHT and COMSTOCK GLASER, *The Art and Technique of Administration in German Ministries,* Cambridge, Mass. 1940.

[19] Ich verdanke diesen Hinweis dem verstorbenen Dr. Jakob Herle. Die im Deutschen Zentralarchiv Potsdam lagernden Akten waren mir trotz mehrfacher Bemühungen leider nicht zugängig. Hinweise auf die Diskussion der zwanziger Jahre bei OTTO SCHEIGER, *Reformmöglichkeiten der Interessenvertretungen der deutschen Industrie,* Diss. rer. pol. Köln 1929, S. 105 f.

[20] Für die Umwandlung einer ursprünglich wesentlich abwehrend gemeinten in eine berechtigende Vorschrift ist die deutsche Regelung der Verbandsanhörung ein geradezu klassisches Beispiel. In einem Brief vom 15. März 1957 teilte mir Herr Prof. Dr. Arnold Brecht dazu mit: »Der Grund für die Aufnahme dieser Bestimmung war ein anderer, als Sie vermuten. Der Zweck war nicht die Anerkennung der Fach- und Berufsverbände, sondern der, eine Barriere dagegen aufzurichten, daß beliebige Ortsgruppen sich an die Ministerien wendeten und sie mit ihren Wünschen und Vorschlägen zeitlich und sachlich in Anspruch nahmen. Es wurde daher hier als Grundsatz zum Gebrauch nach innen und außen festgelegt, daß die Ministerien nur mit den Spitzenorganisationen verkehren und nicht mit

§ 23 GGO II lautet in seiner gegenwärtigen Fassung[21]:

Beschaffung von Unterlagen
1) Zur Beschaffung von Unterlagen für die Vorbereitung von Gesetzen können die Vertretungen der beteiligten Fachkreise herangezogen werden. Das gilt auch für die Spitzenverbände der Gemeinden und Gemeindeverbände. Zeitpunkt, Umfang und Auswahl bleiben, wenn nicht Sondervorschriften bestehen, dem Ermessen überlassen. Soll der Entwurf vertraulich behandelt werden, ist es zu vermerken.
2) Bei Gesetzentwürfen von besonderer politischer Bedeutung ist, bevor mit den Vertretern der Fachkreise Fühlung genommen wird, eine Grundsatzentscheidung des Kabinetts einzuholen. Im übrigen ist darauf zu achten, daß mit den Vertretungen der Fachkreise nicht in einer Weise Fühlung genommen wird, die dem Kabinett die Entscheidung erschwert.
3) Verbände, deren Wirkungskreis sich nicht über das gesamte Bundesgebiet erstreckt, sind im allgemeinen nicht heranzuziehen.

Für die Verbände ist es von großer Bedeutung, daß dieses Verfahren beim Erlaß von Rechtsverordnungen und Allgemeinen Verwaltungsvorschriften entsprechend anzuwenden ist (§§ 62 und 74 GGO II). Die Vorschrift steht im II. Kapitel (Weg der Gesetzgebung) l. Abschnitt (Vorbereitung der Entwürfe) der GGO II.

Welche Bedeutung dieser Paragraph mit der harmlosen Überschrift für die Verbände hat, bedarf keines besonderen Kommentars. Worum es hier geht, macht die Weimarer und noch während der ersten Jahre

---

den Ortsverbänden. Das bedeutete eine große Entlastung, denn die Zahl der Spitzenorganisationen ist ja ganz klein [...] Auch diese Taktik der Ministerien war nicht ganz neu, sondern hatte sich allmählich mehr und mehr durchgesetzt. Dadurch, daß der Grundsatz hier feierlich niedergelegt wurde, ersparte man es aber den einzelnen Referenten, Gründe für ihre Haltung anzugeben und sie zu verteidigen [...] Historisch ist noch zu erwähnen, daß nach der Revolution vom November 1918 zunächst sich jeder Ortsverband und jeder Staatsbürger ungeniert mit allen Wünschen direkt an die Volksbeauftragten in der Reichskanzlei wandten, mündlich wie schriftlich und telefonisch [...] Erst allmählich gelang es, Grundsätze aufzustellen, die es der Reichskanzlei und den Reichsministerien ermöglichten, einzelne Besucher und örtliche Vereine und Verbände von sich fernzuhalten und entweder an die örtlichen Behörden oder an ihre eigenen Reichsspitzenverbände zu verweisen.«

Die Beschränkung des Verkehrs auf Spitzenverbände generell fordert auch § 77 GGO I. (»Die Ministerien verkehren grundsätzlich nur mit Zentral- oder Gesamtverbänden, nicht mit örtlichen oder gebietlichen Unterverbänden oder Geschäftsstellen.«) § 23 Abs. 3 GGO II ist hier nur lex specialis für die Vorbereitung von Gesetzentwürfen.

[21] Abgedruckt findet sich die GGO bei LECHNER-HÜLSHOFF, *Parlament und Regierung*, 2. Aufl. 1958, unter Nr. 38, s. dort S. 410 f.

der Bundesrepublik gültige Fassung deutlich.[22] Hier lauteten Überschrift und erster Satz:

Beteiligung der Fachkreise
1) Bei der Vorbereitung von Gesetzen und wichtigen Verordnungen sind möglichst die Vertretungen der beteiligten Fachkreise rechtzeitig heranzuziehen … Die Verbände sollen hinreichend Zeit haben, ihre Unterverbände zu hören und deren Äußerungen zu verarbeiten …

Die neue Fassung – »Beschaffung von Unterlagen« – hat an der ›Beteiligung der Fachkreise‹ nichts geändert. Die möglichst frühzeitige Anhörung der betroffenen Verbände ist ein in allen Ministerien perfekt eingespieltes Verfahren: auf eine Anfrage nach den gemachten Erfahrungen erhielt Verfasser die Antwort: »Da sich in dieser Frage m. W. bisher keine Meinungsverschiedenheiten ergeben haben, dürfte es sehr zweifelhaft sein, ob überhaupt einschlägige Akten entstanden sind.«[23]

Ich unterlasse es aufzuzählen, was alles für die gegenwärtige Praxis spricht: Nutzbarmachung des Sachverstandes der Verbände, berechtigte Anhörung der von einer Regelung Betroffenen etc. Ihre Problematik zeigt sich, wenn man untersucht, wer in diesem die Weichen der Gesetzgebung steuernden Referentenstadium außer den Verbänden denn noch an der Erarbeitung der Regierungsentwürfe beteiligt wird. Da zeigt sich – die Einzelheiten kann man der GGO entnehmen – eine seltsame Privilegierung der Verbände, eine eingeschränkte Tolerierung unabhängiger Sachverständiger (§ 61 GGO I), eine sehr formale Anhörung der Länder, aber die so gut wie vollständige Aussperrung von Parlament und allgemeiner Öffentlichkeit (§ 25 GGO II).[24] Die Öffentlichkeit erfährt von den Verhandlungen zwischen Verbands- und Ministerialbürokratie in der Regel nur etwas, wenn diese Verhandlungen nicht zu einer Übereinstimmung führen und die Verbände – oft mit aufgesetzter Pathetik – den Fluchtweg in die Öffent-

---

[22] Vgl. LECHNER-HÜLSHOFF, *Parlament und Regierung,* 1. Aufl. 1953, S. 300.

[23] Frdl. Auskunft von Herrn Staatssekretär Dr. Strauß vom 6. 5. 1957.

[24] Auch hier formuliert die ältere Fassung die Praxis genauer: Entwürfe der Bundesministerien dürfen vor der Verabschiedung durch die Bundesregierung grundsätzlich weder der Presse noch Mitgliedern des Bundestages oder seiner Ausschüsse noch anderen amtlich nicht beteiligten Stellen vorgelegt werden. Ausnahmen bedürfen der Zustimmung der beteiligten Ministerien, bei politischer Bedeutung auch des Bundeskanzlers. *Die Vorschriften der §§ 22 und 23 über die Beteiligung der Landesregierungen und Fachkreise werden hierdurch nicht berührt.«* Die neue Fassung regelt nur die Ausnahme, bringt aber im übrigen keine Änderung der alten Praxis.

lichkeit beschreiten. Haben sie dazu keinen Anlaß, so kann man in der Regel annehmen, daß eine Vorlage ›verbandsfest‹ gemacht worden ist, worauf die Begründungen der Regierungsvorlagen, die an den Bundesrat gehen, denn auch gelegentlich hinweisen mit dem Unterton: wer an dieser Vorlage rüttelt, der soll selbst zusehen, wie er mit den Verbänden auskommt. Es kann nicht verwundern, daß es schon öfters den Unmut eines an der Materie besonders interessierten Abgeordneten erregt hat, daß er als Abgeordneter nicht in der Lage ist, einen Regierungsentwurf zu Gesicht zu bekommen, den er als Mitglied eines Spitzenverbandes großzügig zugestellt bekommt.[25] Aber in keinem dieser Fälle ist der Mechanismus, der dieses Verfahren bestimmt, vom Parlament oder dem betroffenen Abgeordneten angegriffen worden. Während das nicht einmal so weit gehende Anhörungsverfahren nach Art. 32 der Schweizerischen Bundesverfassung eine ganze Reihe glänzender wissenschaftlicher Erörterungen gefunden hat[26], der Schweizerische Bundesrat sich einen großen Sachverständigen-Bericht über die gemachten Erfahrungen hat erstatten lassen[27], ist ein seit über 30 Jahren eingespieltes Verfahren bei uns noch nie Gegenstand eingehender Untersuchung gewesen[28] – vielleicht, weil es nur in einer versteckten Geschäftsordnungsbestimmung verankert ist. Wie tief ›bloße‹ Geschäftsordnungsbestimmungen auf eine Verfassungsordnung einwirken können, dafür gibt es aber viele Beispiele.

---

[25] Vgl. SPD-Pressedienst vom 3. 11. 1958: ›Über die Geheimniskrämerei der Bundesregierung‹, ›Beschwerden der Opposition‹ (*FAZ* vom 4. 3. 1959) und die Äußerungen des Abgeordneten Oberbürgermeister Neinhaus in dem oben Anm. 10, angeführten Protokoll. Vgl. auch die Hinweise des Staatssekretärs Dr. Strauß in: *Ratgeber von Parlament und Regierung,* Frankfurt a.M. 1951, S. 61.

[26] Aus der reichen Literatur nenne ich nur: Hans Georg Giger, *Die Mitwirkung privater Verbände bei der Durchführung öffentlicher Aufgaben,* Bern 1951, S. 36 f., 177 ff.; Kurt Eichenberger, *Die oberste Gewalt im Bunde,* Zürich 1949, S. 236 ff.; Ders., Rechtssetzungsverfahren und Rechtssetzungsformen in der Schweiz, *Verhandlungen des Schweiz. Jur. Ver.* 1954, Heft 1; Hans Huber, Die Anhörung der Kantone und der Verbände im Gesetzgebungsverfahren, *Zt. d. Bernischen Jur. Ver.,* 95. Jahrgang (1959), S. 249 ff.

[27] R. Rubattel, *Die Beziehungen zwischen Bund und Wirtschaftsverbänden.* – Ein Gutachten z. Hd. des Bundesrates, Bern 1957.

[28] Nach Abschluß dieses Manuskripts erschien die Abhandlung von Günter Brenner, Zum Mitwirkungsrecht der Verbände und Vereinigungen bei der Gesetzgebung des Bundes und beim Erlaß von Verordnungen; *Der Betriebs-Berater,* 15. Jg. (1960), S. 873 ff. Die sorgfältige Arbeit ist interessant wegen ihrer Tendenz, den von der Anhörung willkürlich ausgeschlossenen Verbänden u.U. ein Klagerecht zu gewähren. Vgl. jetzt auch noch Heinz Burneleit, *Feindschaft oder Vertrauen zwischen Staat und Wirtschaft,* Frankfurt a.M. 1961, S. 41 ff.

Die Beiräte

Die andere Form des Einbaus der Verbände in die Verfassungsordnung sind die Beiräte. Sie erfüllen, neben der nominellen der Beratung, eine Fülle von Funktionen[29], nicht zuletzt die, den Einfluß divergierender Interessen aufeinander abzustimmen. Wie die Kommunikation zwischen Verbänden und Regierung ohnehin immer eine zweiseitige ist, die Regierung so sehr bemüht ist, bei den Verbänden Zustimmung zu finden, wie die Verbände bei der Regierung, so tendieren die Beiräte mehr dahin, der staatlichen Behörde als Schirm, als Auffanglinie gegen die Verbände zu dienen, als umgekehrt. Das drückt sich schon in der allerdings nur zu oft fiktiv bleibenden Vorschrift der GGO aus, nach der Beiratsmitglieder Repräsentanten, keine Vertreter, sein sollen. »Sie sind, wenn sie von Organisationen kommen, weder als deren Vertreter tätig noch an Weisungen gebunden.«[30] Um zumindest mit der Fiktion einer solchen Vertretermetamorphose arbeiten zu können, sieht die Verwaltung gelegentlich einen Ausweg aus festgefahrenen Verhandlungen nach § 23 in der Errichtung eines Beirats – wie Kenner berichten: selten mit Erfolg. Aber jedenfalls hat unsere Verfassungsordnung auch in den Beiräten seit langem eine allgemein anerkannte Form der Interessenrepräsentation gefunden: sie gehören so sehr zur Regierungsmaschinerie wie der Bundestag und die Finanzämter. Eine empirisch interessierte Politische Wissenschaft wird bei diesen hier nur angedeuteten zwei Formen des Verbandseinflusses ansetzen müssen und sie genauer Untersuchung unterwerfen. Allerdings nicht um der bloßen Schilderung dieses Mechanismus willen. Wenn die Verfassungsordnung Lokalisierung und Weg des Verbandseinflusses bestimmt, so werden auch nur von ihr her die eigentlichen verfassungspolitischen Probleme deutlich, die die Verbände aufwerfen.

---

[29] Vgl. die vorzügliche Studie von DAVID S. BROWN, The Public Advisory Body as an Instrument of Government, *Public Administration Review* 15 (1955), S. 196 ff. Sehr ergiebig auch AVERY LEISERSON, *Administrative Regulation.* – A study in representation of interest, Chicago 1942, S. 160 ff., 273 ff. Grundlegend K. C. WHEARE, *Government by Committee,* Oxford 1955. Viel interessantes Material in dem neuen *PEP-Report* ›Advisory Committees in British Government‹, London 1960. Aus der spärlichen deutschen Literatur immer noch wertvoll PAUL HACKER, *Die Beiräte für bes. Gebiete der Staatstätigkeit im Deutschen Reiche und in seinen bedeutenderen Gliedstaaten,* Tübingen 1903.

[30] § 62 III GGO I.

Verfassungspolitische Perspektiven

Es ist heute fast zur Mode geworden, die Reflexion über Wert und Unwert des Verbandseinflusses am so oder so verstandenen Begriff des ›Pluralismus‹ zu orientieren. Aber Pluralismus ist ein echter Leerbegriff, der nur durch sehr subjektive Anreicherungen – seien sie positiver oder negativer Art – Gestalt gewinnt. Diese Beliebigkeit der Wertausfüllung, sei es etwa im sozial-optimistischen Sinne Harold Laskis oder im autoritären Carl Schmitts, hat dazu geführt, daß soviel aneinander vorbeigeredet wird, wo von ›pluralistischer Ordnung‹ die Rede ist. Der modernen, durch hohe Differenzierung der gesellschaftlichen Kräfte und durch die Vielzahl der willensmitbestimmenden Faktoren gekennzeichneten politischen und gesellschaftlichen Ordnung ist durch Klagen über die verlorengegangene Einfachheit und Klarheit vergangener politischer Ordnung nicht gedient. Aber auch nicht mit Apologien des freiheitlichen Charakters moderner Vielfalt – wird diese Einheit doch nur durch substantielle Gegenkräfte, Rechtsstaatlichkeit und eine intakte Verfassungsordnung gewährleistet. Pluralismus mag für soziologische Analysen ein wertvoller Begriff sein, der politische Wissenschaftler wird sich besser an die Verfassungsordnung halten. In welchem Sinne, soll hier nur kurz skizziert werden.

Unsere Verfassungsordnung will nicht nur Rechtsstaat und Demokratie sein, sondern vor allem auch: ›responsible government‹. Alle öffentliche Gewalt wollen wir verstehen als trust, fiduciary power, als Amtsgewalt gebunden an die Zwecke des Gemeinwesens mit möglichst weitgehendem, institutionell gesichertem Zwang zur Verantwortung für die Art und Weise der Amtsausübung. Dieses Prinzip wird von den Parteien, der anderen großen Realität modernen Verfassungslebens, nicht grundsätzlich in Frage gestellt, bewerben sie sich doch um Ämter und können sie doch in periodisch wiederkehrenden Wahlen öffentlich zur Rechenschaft gezogen werden. Anders die Verbände: sie üben erhebliche politische Macht aus, verfahrenstechnisch sind sie in den Rang verfassungsrechtlicher Einrichtungen erhoben, die Verfassungsordnung gibt ihnen die Möglichkeit politischen Einflusses, aber nirgendwo zeigt sie Ansätze, diesen Einfluß in öffentliche Verantwortung zu nehmen. Die Verbände entziehen sich nicht nur der öffentlichen Verantwortung, an der Stelle, wo ihr Einfluß besonders wichtig ist – im Bereich der Exekutive im Gesetzgebungsverfahren –, entzieht er sich auch der Öffentlichkeit.

Die angeführte Regelung der Gemeinsamen Geschäftsordnung fordert ja ausdrücklich als Regelfall ein geheimbleibendes Verhandeln der Ministerialbürokratie mit den Verbänden, verwehrt Parlament und Öffentlichkeit den Einblick in dieses Stadium. Das verwischt alle Verantwortung für die Initiative und für das, was schließlich im Entwurf dabei herauskommt. Zwar stehen die Unterschriften des Kanzlers und des Ressortministers unter dem vom Kabinett beschlossenen Entwurf, aber niemand kann einem Entwurf mehr ansehen, was darin eigentlich Auffassung der Regierung und was ausgehandelter Kompromiß ist.

Bei einem Vergleich der verschiedenen Versuche, die Verbandsmacht in öffentliche Verantwortung zu nehmen, ragen zwei Lösungen hervor. Einmal *Wirtschaftsparlamente,* sei es als zweite Kammern oder quasi-parlamentarische, beratende Körperschaften. Sie sind überall Versuch geblieben, die Macht hat sich immer wieder direkt an die entscheidenden Adressaten zu wenden gewußt, so in Frankreich, Irland, Weimar. Wirtschaftsräte können unter Umständen wertvolle Arbeit in rein beratender Funktion leisten, als große Enquetekommissionen. Die Verbandseinflüsse zu konstitutionalisieren, sind sie nach allen bisherigen Erfahrungen ungeeignet.[31]

Einen anderen Weg geht die amerikanische *Lobby-Gesetzgebung.* Wenn die Macht der Verbände schon nicht in politischer Verantwortung steht, so soll sie wenigstens eine öffentlich erkennbare, dem Einfluß von Kritik und Gegenmacht ausgesetzte sein. Daher die Verpflichtung zur Registrierung und Offenlegung der Ziele und aufgewandten Mittel, wodurch man hofft, wenigstens ein Minimum an Kontrolle und damit auch Verantwortung zu gewährleisten. Auch dieser Weg hat sich zwar als nicht ganz nutzlos, aber doch als wenig erfolgreich erwiesen.[32]

Ich möchte meinen, daß es sinnvoller und vielleicht auch leichter zu verwirklichen wäre, nicht unmittelbar die Verbände selbst, sondern die *Adressaten der Verbände* einer verstärkten *Rechenschaftspflicht zu* unterwerfen. Es ist doch auffällig, daß die englische Diskussion des Problems

---

[31] Vgl. die bei KAISER, *Die Repräsentation organisierter Interessen,* S. 349 ff., genannte Literatur, ferner HANS BALLREICH, Die Wirtschaftsräte in Frankreich, Belgien und den Niederlanden, *Z.f.ausl.öff.R u. VR* 14 (1951/52), S. 789 ff. Immer noch die glänzendste Kritik der geistigen Grundlagen bietet CARL LANDAUER, Die Ideologie des Wirtschaftsparlamentarismus, *Festgabe für Lujo Brentano,* Bd. 1, München und Leipzig 1925, S. 152 ff.

[32] Vgl. BELLE ZELLER, The Federal Regulation of Lobbying Act, *Am. Pol. Sc. Rev.* 42 (1948), S. 239 ff. und das Sonderheft der *Annals of the Am. Academy of Pol. and Soc. Science,* Vol. 319 (Sept. 1958).

im auch dort faktisch wichtigsten Einfluß der Verbände auf die Ministerialbürokratie trotz der englischen Empfindlichkeit in allen Dingen, die das responsible government angeht, kein so gravierendes Problem sieht, hat man im Institut der ›ministerial responsibility‹ doch eine Gewähr, den letztverantwortlichen Adressaten des Verbandseinflusses einer scharfen Kontrolle unterziehen zu können.[33] Mir scheint, daß das Problem des Verbandseinflusses in der Bundesrepublik nicht zuletzt deshalb Anlaß zu besonderer Sorge gibt, weil das Parlament seit dem Wegfall der individuellen Ministerverantwortlichkeit nicht gerade angeregt worden ist, die Kontrolle der einzelnen Ressorts zu intensivieren, zum anderen aber auch die Minister kaum mehr in der Lage sind, das Parlament gegen den Verbandseinfluß zu mobilisieren, da zwischen ihnen und dem Parlament jene dialektische Spannung fehlt, die das Institut der Ministerverantwortlichkeit mit sich bringt. Will das Parlament eine Maßnahme eines Ministeriums scharfer Kritik unterziehen, so wird aus der Ministerfrage nach dem Grundgesetz nur zu schnell eine Kanzlerfrage, und um die aufzuwerfen, gibt der Verbandseinfluß in der Regel keinen Anlaß. Das Mißtrauensvotum nach Artikel 67 Grundgesetz ist eine so mächtige wie schwerfällige Waffe, als Sanktion für die laufende Kontrolle der Regierung durch das Parlament ist es ein völlig untauglicher Ansatzpunkt. Gewiß wird unter den Bedingungen einer starken und geschlossenen parlamentarischen Mehrheit auch dort, wo eine Verfassung den Sturz eines Einzelministers zuläßt, dieses kaum je in offener Feldschlacht geschehen, entscheidend ist aber das Vorhandensein geschäftsordnungsmäßig zulässiger Plattformen, um die kritische Frage überhaupt angemessen stellen zu können. Die Praxis des Bundestagspräsidiums, Mißbilligungsanträge gegen einzelne Minister nicht zuzulassen oder doch soweit wie möglich zu erschweren, hat die Lebendigkeit unseres politischen Lebens nicht gerade gefördert. Trotzdem: die Gründe, die den Parlamentarischen Rat bewogen haben, auf die individuelle Ministerverantwortung zu verzichten, haben nach wie vor Gewicht. Die Vorteile überwiegen wohl noch die Nachteile. Wenn das Problem auch von dort aus nicht zu fassen ist, wie aber dann?

Die Verbände haben ihren Zugang in die deutsche Verfassungsordnung über die Gemeinsame Geschäftsordnung der Ministerien gefun-

---

[33] Daß die Wirksamkeit der ›ministerial responsibility‹ sehr überschätzt wird, zeigt allerdings die sorgfältige Arbeit von S. E. Finer, The Individual Responsibility of Ministers, *Public Administration*, Winter 1956, S. 377 ff.

den. Ich glaube hier, in den Details der konventionell oder geschäftsordnungsmäßig geregelten Staatspraxis, sind auch die Abhilfen zu suchen. Das Verbandswesen ist kein tauglicher Gegenstand für große Verfassungsreformen. Aber es sollte Anlaß sein, den Feinheiten der Verwaltungs- und Gesetzgebungslehre wieder mehr Aufmerksamkeit zu widmen. Die Arbeiten Kurt Eichenbergers und Hans Hubers weisen für die Schweiz in die gleiche Richtung.[34] Genauso der vortreffliche Report of the Committee on Intermediaries.[35] Für die Möglichkeiten, die hier stecken, nur zwei Beispiele:

Nach der Gemeinsamen Geschäftsordnung – auch das ist keine Forderung der Verfassung – wird jedem Gesetzentwurf eine *Begründung* mit auf den Weg gegeben, die das federführende Ministerium schon dem Kabinett mit vorlegt, aus der die Veranlassung des Entwurfs, die Grundgedanken und Ziele der vorgeschlagenen Regelung und ihre Begründung hervorgehen.[36] Ich glaube, man würde einen nicht unbedeutenden Schritt hin zu größerer Verantwortlichkeit der Verbände getan haben, wenn man erreichen könnte, daß diese Begründungen auch gewissermaßen ein *Protokoll der vorhergehenden Verhandlungen* enthielten. Die Regierung müßte verpflichtet sein – und entsprechendes sollte für die Begründungen gelten, die die Berichterstatter der Ausschüsse des Bundestages vortragen –, darüber Aufklärung zu geben, in welcher Weise die Verbände versucht haben, den Entwurf zu beeinflussen, gegebenenfalls, indem man einfach als Anlage die entsprechenden Schriftstücke der Verbände beifügt. Ähnlich verfährt der schweizerische Bundesrat, der seinen Entwürfen in der Anlage die Gutachten, Denkschriften und Vernehmlassungen der Verbände einfach anhängt. Auf diese Weise könnte man zumindest zu einer gewissen Festlegung der Verbände auf eine einmal bezogene Position kommen. Während nämlich die Bundesregierung an einen Entwurf, den sie dem Bundesrat zugehen läßt, gebunden bleibt, und so, nachdem sie die Initiative ergriffen hat, verpflichtet ist, für ihren Entwurf auch einzustehen[37], ist es die Praxis der Verbände, je nach Lage, in den späteren Stadien des Gesetzgebungsverfahrens, wenn gewisse Forderungen einmal erfüllt sind, den Versuch zu machen, darüber hinauszugehen oder

---

[34] S. oben Anm. 26.

[35] In diesen Rahmen gehört z.B. auch die im *Bundesanzeiger* vom 10. 1. 1961 veröffentlichte 3. Bekanntmachung über die Vergabe öffentlicher Aufträge im Bereich des Bundesministers für Verteidigung vom 6. 1. 1961.

[36] Vgl. § 39 GGO II.

[37] Vgl. § 42 GGO II und die Anm. 3 in LECHNER-HÜLSHOFF, 2. Aufl., S. 420.

auch gänzlich neue Forderungen nachzuschieben. Zum anderen würden durch eine Veröffentlichung der formulierten Verbandsziele auch die Gegenkräfte zu eventueller Ausübung von Gegenmacht aufgerufen sein. Die Verbände müßten sich mehr als gegenwärtig im Schutz der ministeriellen Heimlichkeit überlegen, was sie billigerweise fordern und behaupten können. Die hier vorgeschlagene winzige Korrektur unseres Gesetzgebungsverfahrens ist keine Patentlösung, aber sie vermeidet eine festere Form des Einbaus der Verbände in die verfassungsmäßige Ordnung. Die Verbände drängen aus dem status naturalis mit Macht in einen status civilis, unter dem sie aber vorzüglich öffentlich-rechtliche Privilegierung, weniger die Last öffentlicher Verantwortung verstehen. Öffentliche Verantwortung ist aber in diesem Bereich nur als Staatsaufsicht mit der Hypothek größerer Bürokratisierung und Verödung des inneren Verbandslebens denkbar.

Auch gegen eine andere, höchst bedenkliche Entwicklung stecken im Geschäftsordnungsrecht, wenn man sich ihm nur strikte unterwerfen würde, die erforderlichen Sicherungen. Während der vergangenen zwei Jahre ist der *Bundeskanzler* mehr und mehr dazu übergegangen, die großen Verbandssprecher zu *unmittelbarem Vortrag* zu empfangen. Das hat seine persönliche Autorität nicht geschmälert, sondern nur verstärkt[38] – allerdings auf Kosten anderer: des Parlaments und vor allem der Minister. Wer es kann, bemüht sich um einen Immediatvortrag beim Kanzler, sucht mit ihm sein ›Anliegen‹ kabinetts- und fraktionsfest zu machen, indem an die Richtlinienkompetenz des Kanzlers appelliert wird. Wer etwas auf sich hält, geht nicht mehr zum Ressortminister, geschweige denn zum Parlamentsausschuß – dessen Mitglieder werden bestenfalls zu einer nachträglichen Aussprache ins Verbandsgebäude mit anschließendem Imbiß geladen[39].

Die geschriebene Verfassung will solche Praxis nicht. Sie hat zwar die Verantwortung der Bundesminister vor dem Parlament gestrichen, ihre Ressortverantwortlichkeit jedoch in keiner Weise geschmälert. Die Richtlinienkompetenz des Bundeskanzlers ist kein Knopf, auf den er beliebig drücken kann – jedenfalls ist das nicht der Wille der Verfassung. Und die Geschäftsordnung der Bundesregierung gibt diesem Willen Ausdruck. Um die Ressortverantwortung klarzustellen, um willkürliches Hineinregieren in einen anderen Geschäftsbereich zu

---

[38] Vortrefflich geschildert von Rüdiger Altmann, op. cit., S. 51.

[39] August Dresbach, Der Bundeskanzler und die Verbände, *FAZ* vom 27. 2. 1960.

verhindern, schreibt der § 10 der GeschO der BReg für den Empfang von Deputationen vor:

> 1) Abordnungen (Deputationen) sollen in der Regel nur von dem federführenden Fachminister oder seinem Vertreter empfangen werden. Sie sind vorher um Angabe des Verhandlungsgegenstandes zu ersuchen.
> 2) *Der Bundeskanzler empfängt Abordnungen nur in besonderen Fällen.*

Der Sinn dieser Vorschrift ist klar: sie soll nicht nur den Bundeskanzler entlasten, sie sichert auch die Ressortminister gegen eine Aushöhlung ihres Verantwortungsbereichs. Die Praxis des Bundeskanzlers, über den Kopf der Ressortminister hinweg entscheidende Verhandlungen selbst zu führen, den Verbänden Zusagen zu machen, für deren Einlösung der an der Sache unbeteiligte Ressortminister haftbar gemacht wird, hat dazu geführt, daß die politische Verantwortung sich immer mehr verflüchtigt, beziehungsweise – was im Effekt aufs gleiche herauskommt – sich in einer Person konzentriert, die anzugreifen die Sache nicht lohnt oder völlig aussichtslos ist.

(1961)

Richtlinienkompetenz und Regierungstechnik

> »There is no room for glorious daring in times of placid happiness... It has been the bane of many countries which have tried to obtain freedom, but failed in the attempt, that they have regarded popular government rather as a means of intellectual excitement than as an implement of political work.«
>
> WALTER BAGEHOT: »Dull Government«, in: *Works,* vol. IX, p. 240 f.

Wenig mehr als ein Jahr ist vergangen, seitdem Dr. Adenauer das Amt des Bundeskanzlers seinem Nachfolger übergab. »Aber der Richtige, wenn's einen gibt ...« heißt es in der »Arabella«. Dr. Adenauer hat bis zum letzten Augenblick keinen Zweifel daran gelassen, daß nach seiner Überzeugung Ludwig Erhard jedenfalls nicht der Richtige sei. Das zu entscheiden, ist vielleicht noch zu früh. Eines jedoch wird man sagen dürfen: wenn Männer schon nicht Geschichte machen, so doch jedenfalls Politik. Allem soziologischen Fatalismus von der Allmacht der Sachzwänge zum Trotz zeigt sich, wie sehr, wenn nicht gar das Schicksal (Kuba – Kennedy), so doch die Qualität der Politik abhängig geblieben ist von den sie entscheidend bestimmenden Personen. Von den Personen nicht nur im Hinblick auf ihre moralische Integrität, sondern ihrem quasi beruflichen Können, Geschick, Führungsfähigkeiten. An etwas so Selbstverständliches zu erinnern, ist etwas anderes als nach der charismatischen Führerpersönlichkeit zu rufen. Im Gegenteil: je gediegener das staatsmännische Mittelmaß, um so geringer das Bedürfnis und Verlangen nach ihr. Gerade um den unberechenbaren Machtmenschen den Weg zu verstellen, muß der demokratische Staatsmann Kunst und Technik politischer Führung beherrschen. Vom Kanzler der Bundesrepublik Deutschland wird diese Kunst von Verfassungs wegen verlangt. Genügen die Kompetenzen, die die Verfassung ihm einräumt; verfügt er über das notwendige institutionelle Instrumentarium; welches sind die wesentlichsten Bedingungen seines Erfolgs? Dies sind die Fragen, denen wir uns zuwenden wollen.

I. Der Sinn der Richtlinienkompetenz

Es ist die Richtlinienkompetenz, vor allem die Art, wie der erste Bundeskanzler von ihr Gebrauch gemacht hat, die es rechtfertigt, das politische System der Bundesrepublik als »Kanzlerdemokratie« zu bezeichnen.[1] Der Satz des Art. 65, »der Bundeskanzler bestimmt die Richtlinien der Politik«, gehört zu den ohne Änderung aus der Weimarer Verfassung übernommenen Organisationsgrundsätzen des Grundgesetzes. Die völlig anderen parlamentarischen Machtverhältnisse und die mächtige Konkurrenz des Reichspräsidenten haben es allen Weimarer Reichskanzlern verwehrt, eine Position zu erringen, die auch nur annähernd mit der des Kanzlers der Bundesrepublik zu vergleichen wäre. Aber schon heute, ein Jahr nach dem ersten Wechsel im Amt, ist abzusehen, wie überaus prekär diese Position ist, wie leicht sie verspielt werden kann. Das ist deshalb besonders bedenklich, weil sich weder im öffentlichen Bewußtsein noch in der Wissenschaft die Einsicht in Sinn und Notwendigkeit der herausgehobenen Stellung des Bundeskanzlers voll durchgesetzt hat. Ernst Fraenkel hat treffend bemerkt: das Erstaunlichste an der neudeutschen Kanzlerdemokratie sei das Erstaunen, das die Entdeckung ihrer Existenz hervorgerufen

---

[1] *Zur Richtlinienkompetenz* überhaupt vgl. die Kommentare, vor allem die vorzügliche Kommentierung bei MANGOLDT/KLEIN, *Das Bonner Grundgesetz,* 2. Aufl. 1955 ff. Zur Vorgeschichte und zur politischen Bewertung grundlegend ESCHENBURG, Die Richtlinien der Politik im Verfassungsrecht und in der Verfassungswirklichkeit, *DÖV* 7 (1954) 193 ff.; ergänzend DERS., *Staat und Gesellschaft* 732 ff. An Dissertationen liegen vor HERIBERT WÖCKEL, *Wer bestimmt die Richtlinien der Politik,* Diss. jur. Würzburg 1957; CHRISTIAN STARCK, *Einflußrechte auf die Richtlinienkompetenz der Regierungschefs,* ebd. 1962; ERNST ULRICH JUNKER, *Die Richtlinienkompetenz des Bundeskanzlers,* Diss. jur. Tübingen 1963. Über das Amt des Bundeskanzlers überhaupt JEAN AMPHOUX, *Le Chancellier Fédéral dans le Régime Constitutionnel de la République Fédérale d'Allemagne,* Aix-en-Provence 1960 (auch Paris 1962). Sehr brauchbar auch DIETRICH GRUBER, *Die Stellung des Regierungschefs in Deutschland und Frankreich,* Hamburg 1964. Wenig hilfreich, da jeder ersichtlichen Disposition ermangelnd, RUDOLF WILDENMANN, *Macht und Konsens als Problem der Innen- und Außenpolitik,* Ffm./Bonn 1963.

hat. Denn in Wahrheit entspricht die herausgehobene Stellung des Kanzlers nur jener in allen funktionierenden parlamentarisch regierten Staaten zu beobachtenden Annäherung an das amerikanische Präsidialsystem mit seiner verfassungsmäßig gewollten Konzentration der gesamten Exekutivmacht in der Hand des Präsidenten. Die sogenannte »Kanzlerdemokratie« ist nur der deutsche Parallelfall zum Premierminister-Regiment, Prime-Ministerial Government, das sich seit dem zweiten Weltkrieg in England in festen Formen ausgebildet hat und die gegenwärtig letzte Phase der einhundertjährigen Umbildung des Parliamentary Government über das Cabinet Government darstellt.[2] Wie umstritten und ungeklärt die Kanzlerdemokratie im öffentlichen Bewußtsein ist, hat Johannes Groß kürzlich in einer geistreichen Analyse des ersten Jahres der Regierung Erhard treffend formuliert: stöhnte unter Adenauer die Öffentlichkeit unter der Härte seines Regiments, fürchtete man um die Überwältigung aller anderen Institutionen durch den Kanzler, so habe unter Erhard die Richtlinienkompetenz eine passive Bedeutung bekommen, sie sei »das Portepee, an dem die öffentliche Meinung den Kanzler faßt, um ihn zu Härte und Durchsetzung zu veranlassen«. So wie gestern die Macht des Kanzlers, so wird heute seine Schwäche beklagt. Es könnte sein, daß in dieser allerneuesten Entwicklung für die Ausbildung unseres Verfassungsbewußtseins erfreulichere Ansatzpunkte liegen als in der larmoyanten Klage über die straffe Regierungsweise Adenauers. So viel dafür spricht, daß die individuelle Ministerverantwortlichkeit gegenüber dem Parlament, die unser Grundgesetz selbstverständlich kennt, nicht durch eine Alleinverantwortlichkeit des Kanzlers überdeckt wird – dem Parlament fehlten sonst die Adressaten ihres Kontrollrechts –, so

---

[2] Zum schwer ausrottbaren deutschen Unverständnis des *parlamentarischen Regierungssystems,* das ein Regierungssystem und kein »Ismus« ist, vor allem ERNST FRAENKEL, Historische Vorbelastungen des deutschen Parlamentarismus, *Vjhft. f. Zeitgesch.* 8 (1960); vgl. auch ERNST FRIESENHAHN, Parlament und Regierung im modernen Staat, *Veröff. d. Vereinig. d. Dt. Staatsrechtslehrer* 16 (1958) 9 ff. Die Entwicklung zum Prime Ministerial Government ist der Gegenstand von JOHN P. MACKINTOSH, *The British Cabinet,* London 1962; eine knappe, prägnante Skizze gibt R. H. S. CROSSMAN in seiner Einleitung zu WALTER BAGEHOT, The English Constitution (*The New Thinker's Library*), London 1964. Die Details der Kabinettsreform seit dem ersten Weltkrieg werden minutiös verzeichnet bei HANS DAALDER, *Cabinet Reform in Britain* 1914 bis 1963, Stanford 1963. In deutscher Sprache orientieren vorzüglich die Arbeiten von GERHARD A. RITTER, Regierung und Parlament in England, *PVS* 5 (1964) 20 ff. und DERS., Die Kontrolle von Regierung und Verwaltung in Großbritannien, in: Faktoren der politischen Entscheidung (*Festgabe für E. Fraenkel*), Berlin 1963, 294 ff.

unvermeidlich wie notwendig ist die prädominierende Stellung des Kanzlers. Das hat die Wissenschaft in der Ära Adenauer zumeist weder gesehen noch wahrhaben wollen. Grundtenor der Arbeiten über die Richtlinienkompetenz war in der Regel die Bemühung, den Kanzler in seine Schranken zu weisen entweder durch enge und strenge Auslegung des Begriffs der »Richtlinien« – nur generelle Anordnungen normativen Charakters, keine Einzelanweisungen –, durch enge Beschränkung der Adressaten der Richtlinienkompetenz – rein verfassungsrechtlich sind es selbstverständlich nur die Ministerkollegen – oder durch Aufwertung der anderen Prinzipien, die gegenüber dem Kanzlerprinzip der verfassungsmäßigen Ordnung der Bundesregierung zugrunde liegen, also dem Prinzip kollegialer Kabinettsentscheidung und dem Prinzip der Ressortverantwortung. In diesem System koordinierter und konkurrierender Prinzipien soll das Kanzlerprinzip, insbesondere die Richtlinienkompetenz, nur eines unter anderen sein, was es rein verfassungsrechtlich auch sicher ist.[3]

Aber mit dem Verfassungsrecht ist die moderne und eben nicht nur deutsche Entwicklung zur Kanzlerdemokratie nur bedingt zu fassen. Eine Verfassung ist keine Zivilprozeß- oder Konkursordnung, in der rechtstechnische Präzision der höchste Rechtswert ist. Der Sinn von Verfassungssätzen ist erst in zweiter oder dritter Linie der, für eventuelle Rechtsstreitigkeiten klare Entscheidungssätze zu liefern. Der primäre Sinn von verfassungsrechtlichen Regelungen ist vielmehr der, dem politischen Leben die institutionellen Voraussetzungen rechtlich zu sichern, die vorhanden sein müssen, damit dieses Leben einmal ein freiheitliches sei, zum anderen aber auch die Aufgaben eines modernen Staates angemessen erfüllt werden können. Es hat sich nun aber überall

---

[3] Die Bedeutung des Begriffs der *»Richtlinien«* ist durch keine legalbegriffliche Interpretation zu erschließen. Es handelt sich eher um eine »politische Formel« i.S. Moscas als um einen juristischen Begriff. Die Position des Kanzlers im Kabinett soll mehr umschrieben als definiert werden. Wie fruchtlos eine positivistische Auslegung bleibt, zeigt vor allem MAUNZ, Die Richtlinien der Politik im Verfassungsrecht, *Bayr. Verwaltungsblätter* 2 (1956) 260 ff. und dessen Kommentierung in MAUNZ/DÜRIG. Besonders abwegig der Vergleich mit dem »Rahmengesetz«. Freigiebig mit Hinweisen auf Klagemöglichkeiten für übergangene Bundesminister KARL HEINZ FRIAUF, Grenzen der politischen Entschließungsfreiheit des Bundeskanzlers und der Bundesminister, in: *Festgabe für Heinr. Herrfahrdt,* Marburg 1961, 45 ff. Das dürfte – da der betreffende Herr inzwischen vermutlich a.D. wäre – schon am Rechtsschutzbedürfnis scheitern. Der Hinweis sei erlaubt, daß nach dem Wort Smends die Verfassung »Anregung und Schranke« ist – jedoch kein Knebel. Welch entsetzliche Vorstellung, auch noch die Kabinettsquerelen Karlsruhe aufzubürden.

gezeigt, daß die darin inbegriffenen Führungsaufgaben nicht mehr von politischen Leitungsgremien erfüllt werden können, die nach dem Prinzip kollegialer Beratung organisiert sind, das für die älteren Kabinette das grundlegende war, in denen der Regierungschef in der Tat nur die Stellung eines primus inter pares hatte. Allerdings waren die Vorrechte etwa des englischen Premiers auch in der Ära des Kabinettsystems schon beträchtlich. Bereits zu Bagehots Zeiten hatte er das Recht, die Kabinettskollegen nach Gutdünken auszuwählen und zu entlassen, die Arbeit des Kabinetts zu bestimmen. Seine herausgehobene Stellung als Führer der Mehrheitspartei erleichterte aber nur den weiteren Zuwachs an Macht, der für die englischen Verhältnisse unseres Jahrhunderts so kennzeichnend ist.

Wenn man es paradox formulieren darf: es ist das immer größere Bedürfnis nach »Richtlinien der Politik«, das diese Entwicklung vorangetrieben hat. In den älteren Staatswesen mit ihren so sehr viel geringeren staatlichen Aufgaben und der zugrunde liegenden gesellschaftlichen Stabilität war die Tradition, das Hergebrachte schon »brauchbare« Richtlinie. Die jedem politischen Gemeinwesen obliegende Sorge um den guten Zustand konnte sich unter Umständen beschränken auf die Sorge um die Bewahrung des alten Zustandes. Da bedurfte es nicht ständig neuer Richtlinien, allenfalls im Bereich der auswärtigen Politik, die von der inneren streng getrennt war. Das Testament des durchlauchtigen Herrn Vaters mochte auch da als Richtschnur ausreichen. Nicht so im modernen Staat, in dem Sorge, die nicht weit vorausschauende und sich ständig neuen Lagen anpassende Vorsorge ist, in Kürze zu chaotischen Zuständen führen würde. Die gewaltig angewachsenen Staatsaufgaben können, je mehr sie wachsen, um so weniger eine neben der anderen, sauber nach Ressorts aufgeteilt bewältigt werden, sondern bedürfen mehr und mehr der Koordination, der obersten Zusammenfassung an einem Ort[4]. Bei den unendlich vielen Händen, die sich der moderne Staat zugelegt hat, muß jede wissen, was die andere tut, denn alles ist in einer vorher unbekannten

---

[4] Wie problematisch die herkömmliche *Ressorteinteilung* heute geworden ist, zeigt das kaum noch einzudämmende *Wachstum* der Interministeriellen Ausschüsse. Vgl. dazu den BERICHT DER SACHVERSTÄNDIGENKOMMISSION für die Vereinfachung der Verwaltung beim Bundesministerium d. Innern, Bonn 1960, und die Bemerkungen bei WILDENMANN, aaO., passim. Wie sehr es sich um ein internationales Problem handelt, zeigen die Berichte in *Public Administration* [Sidney] vols. 14 (1955) 193 ff. und 17 (1958) 322 ff. Vgl. auch Government Administration and Efficiency, in: *The Political Quarterly* 15 (1944).

Weise miteinander verzahnt und verkoppelt. Eine versäumte oder gar falsche Entscheidung auf dem Gebiet der Bildungspolitik kann die katastrophalsten Folgen für die Landwirtschafts-, aber auch für die Verteidigungspolitik eines Landes haben. Mit den wachsenden Ressorts und Aufgaben wächst die Bedeutung der Koordination und Lenkung. Kein Ressortminister kann mehr, ohne grob fahrlässig und verantwortungslos zu handeln, sein Ressort führen und in ihm die für richtig angesehenen Maßnahmen treffen, ohne sich zuvor des Plazets des Regierungschefs vergewissert zu haben, der allein überblickt, ob diese bestimmte Ressortpolitik mit dem Plan des Ganzen zu vereinbaren ist. Ob er es will oder nicht, er ist gezwungen zu führen, und um nichts anderes geht es in der Richtlinienkompetenz. Es ist weniger eine angebliche autoritär-plebiszitäre Anfälligkeit der modernen Demokratie als einfache Erfordernisse der Organisation, die eine zentralisierte Führung erzwangen.

Man könnte einwenden: aber muß diese Führung in einer einzigen Person konzentriert sein? Würde nicht auch ein Kollegium diese Aufgabe erfüllen können? Man kann darauf nach den verfassungspolitischen Erfahrungen des letzten Vierteljahrhunderts antworten: vielleicht, aber auf keinen Fall ein Kabinett von zwanzig in ihren Ressorts schwer angespannten Fachministern. Vielleicht eine kleine Führungsgruppe von drei bis fünf von Ressortpflichten weitgehend freigestellten Superministern, wie es Churchill in seinen Kabinetten versucht hat. Gegen diese Praxis erheben und erhoben sich aber sofort verfassungsrechtliche Einwände, denn wie soll in einem solchen System die verfassungspolitische Verantwortlichkeit gesichert werden. Die freiheitliche, verfassungsstaatliche Demokratie verlangt die

---

Koordinationsmängel an einem besonders eklatanten Beispiel analysiert die auf Ersuchen des Haushaltsausschusses des Deutschen Bundestags vom Bundesrechnungshof angefertigte »Übersicht über die mit Entwicklungshilfeaufgaben befaßten Organisationseinheiten der Bundesregierung« vom Dezember 1963.

Eine rein *kollegialische Führung* der Regierungspolitik stößt selbst in einem Kleinstaat wie der Schweiz an ihre Grenzen. Man vergleiche die gegenwärtige Debatte um die Schaffung eines koordinierenden Präsidialdepartements (*FAZ* v. 13. X. 64 »Kritik am schweizerischen Bundesrat«). – Zur »co-ordination« und »central-direction« im englischen Kabinett besonders anschaulich MACKENZIE/GROVE, *Central Administration in Britain,* London 1963[3], 342 ff. und CAMPION ET AL.: *British Government since 1918,* London 1957 (insbes. die Beiträge von D. N. CHESTER und W. J. M. MACKENZIE). Zur Kabinettsführung Churchills vgl. R. S. MILNE, The Experiment with Co-ordination Ministers in the British Cabinet 1951 to 1953, in: *Canadian Journal of Economics and Political Science* 21 (1955).

eindeutig fixierte politische Verantwortlichkeit. Mit dem Grundgesetz mögen die mannigfachsten Differenzierungen der einzelnen Prinzipien der Regierungsorganisation vereinbar sein, eine Regierung durch »Overlords« wäre es sicher nicht. Alles Genannte unterstreicht die Tendenz zur Koordination der politischen Macht in einer Hand, in England am eindrücklichsten abzulesen in der der Ernennung zum Premierminister automatisch folgenden Ernennung zum Führer der Regierungspartei.

Ziehen wir das Fazit. Eine ganze Reihe soziologisch-historischer Faktoren haben in allen demokratisch regierten modernen Staaten zur Machtstärkung des Regierungschefs über seine Ministerkollegen geführt. Die Bundesrepublik nimmt sich davon nicht aus. Aber die Machtsteigerung des Bundeskanzlers ist nicht nur eine Folge verschiedener Kausalfaktoren, sondern das Grundgesetz wünscht, daß es so sei. Der Bundeskanzler soll derjenige sein, der die Richtlinien der Politik bestimmt. Er soll der politische Führer der Regierung und – da das politische System der Bundesrepublik ein parlamentarisches ist – auch der diese Regierung tragenden Mehrheit im Parlament sein. Ob er sich in dieser Position durchsetzt, ob er sie halten kann, das ist eine andere Frage. Verfassungssätze sind eben keine Grundbuchvorschriften, wo Recht und Wirklichkeit sich nahtlos decken müssen[5]. Oboedientia facit imperantem. Gehorsam macht den Herrscher. Die Auffassung, ein Kanzler habe das Recht, die Richtlinien der Politik »ohne Wenn und Aber« zu bestimmen, ist kaum juristisch

---

[5] Überall, wo über die »Spannungen« und »Widersprüche« von *»Verfassungsrecht und Verfassungswirklichkeit«* meditiert und lamentiert wird, wird der Verfassung ein Anspruch untergeschoben, dem, wenn man ihn beim Wort nimmt, keine Verfassung standhalten kann. Aber eine Verfassung ist keine politische Machtstatistik, auch nicht das politische Grundbuch der Nation. Wäre sie es, so müßte in der Tat ständig »nachgetragen« und »bereinigt« werden. Ihr Gegenstand ist neben der grundrechtlichen Festlegung des Verhältnisses von einzelnem und öffentlicher Gewalt die Ämterordnung. Diese setzt sie ein und stattet sie mit den erforderlichen Kompetenzen aus. Sinn dieser Kompetenzzuweisungen ist die vorsorgende Ordnung und Sicherung des politischen Lebens, nicht aber seine Strangulierung. Es wäre sehr lohnend, den spezifisch deutschen Thesen der angeblich so problematischen Beziehung von »Verfassungsrecht und Verfassungswirklichkeit« einmal unter ideologiekritischem Aspekt nachzugehen. Wo würden wohl die Engländer und Amerikaner bleiben, wenn sie sich dieser Spielerei ergeben würden. Wer einmal die »Spannung« ertragen hat, die zwischen rechtlicher und tatsächlicher Position der englischen Königin besteht, den kann die Kluft zwischen Art. 38 GG und Fraktionszwang nicht mehr schrecken. Mit dieser Bemerkung soll nicht bestritten werden, daß es das reale Problem der Verfassungswandlung gibt.

haltbar, politisch kann sie nur zum Widerspruch herausfordern. Das Recht, die Richtlinien der Politik zu bestimmen, besteht überhaupt nur aus Wenn und Aber. Allerdings hat unsere Verfassungsordnung es einem Regierungschef, der sich aufs Regieren versteht, relativ leicht gemacht, sich auch zum Herrn der Bedingungen des Regierens zu machen.[6]

II. Die Organisation des Kabinetts

Wie muß das Verhältnis des Kanzlers zum Kabinett geregelt sein, damit seine Kompetenz, die Richtlinien der Politik zu bestimmen, nicht nur auf dem Papier steht? Man wird sagen müssen, daß die Amtsausstattung, die Grundgesetz und Geschäftsordnung der Bundesregierung (GOBReg.) jedem Bundeskanzler in den Schoß legt, kaum besser sein kann. Wer sich ein wenig aufs Handwerk versteht, sollte mit diesem Pfunde nicht nur auskommen, sondern bis an die Grenze des Erlaubten wuchern können. Das Grundgesetz verknüpft Kollegial-, Ressort- und Kanzlerprinzip. Innerhalb der Richtlinien des Bundeskanzlers leitet jeder Bundesminister seinen Geschäftsbereich selbständig und unter eigener Verantwortung (Ressortprinzip – Art. 65 S. 2 GG). Meinungsverschiedenheiten zwischen den Bundesministern, Gesetzesvorlagen und einiges mehr entscheidet die Bundesregierung als Kollegium, also mit dem Bundeskanzler als primus inter pares (§ 15 GOBReg.). Aber auch hier, genau wie bei der Ressortpolitik, steht die Richtlinienkompetenz als alles überschattende Lenkungsbefugnis im Hintergrund. Für sich allein, ohne die Hilfs- und Ergänzungsbefugnisse von Grundgesetz und Geschäftsordnung, bleibt sie allerdings – es sei denn in der Hand einer gewaltigen Persönlichkeit, der sich ohnehin alles fügt – ein stumpfes Schwert.

---

[6] Das *»konstruktive Mißtrauensvotum«* (Art. 67 GG), nach verbreiteter Meinung Hauptursache für die Stärkung der Kanzlerposition unter dem Grundgesetz, hat sich als vollkommen überflüssig erwiesen und wird auch in Zukunft, beim Fehlen koalitionsunfähiger Randparteien, ohne Bedeutung bleiben. Für den erwünschten Zweck hat es völlig ausgereicht, dem Bundestag die Wahl des Kanzlers aufzuerlegen (Art. 63 I GG). Regierung muß sein! Wer stürzt, muß wählen. Das bloße »Nein-Sagen« verzeiht der deutsche Wähler nicht. Man kann diese Wählereinstellung so weit honorieren, daß man selbst den Oppositionsstatus vergessen machen möchte.

Gehen wir die Hilfs- und Ergänzungsbefugnisse der Richtlinienkompetenz der Reihe nach durch:

1. An erster Stelle ist das Recht des Bundeskanzlers zu nennen, sich seine engsten Mitarbeiter, die Bundesminister, selbst auszuwählen. Die Ernennung der Bundesminister erfolgt auf seinen Vorschlag durch den Bundespräsidenten, der Einwände nur auf dem eng umgrenzten Gebiet der Verfassungspflege geltend machen darf (Art. 64 GG). Eine Einmischung in die Richtung der Politik ist dem Bundespräsidenten strikt verwehrt. Entlassungsforderungen des Bundeskanzlers hat er nachzukommen. Die Richtlinienkompetenz ist zu nichts nütze ohne das Recht, diejenigen Personen auszuwählen, die im Rahmen dieser Richtlinien die Ressorts führen sollen. Der Bundeskanzler hat dieses Recht, selbstverständlich beschränkt durch das Erfordernis der parlamentarischen Tolerierung. Wenn über die Person des zu wählenden Kanzlers keine Kontroverse entsteht – und das ist ja im Regelfall bei klaren Mehrheits- und Koalitionsverhältnissen nicht der Fall –, so ist der Kanzleraspirant immer in einer besseren Position als die Fraktionen, die natürlich gern zuvor den Kanzler an bestimmte Minister binden möchten. Denn ewig können die Fraktionen die Wahl des Kanzlers, ohne selbst schweren Prestigeschaden zu nehmen, nicht hinauszögern. Stellt sich der designierte Kanzler den personalpolitischen Wünschen der Koalitionspartner gegenüber taub, so sitzt er immer am längeren Hebel, denn seine Wahl erfolgt vor der Ernennung der Minister. Anders ist die Lage natürlich, wenn mehrere Kanzlerkandidaten zur Auswahl stehen und der kapitulationswilligste das Rennen macht. Dann mag es zu einer starken richtungs- und personalpolitischen Bindung des Kanzlers kommen. Verfassungspolitisch ist dagegen kein Kraut gewachsen. Die Verfassung wünscht, daß der Bundeskanzler, selbstverständlich auf der Basis tragfähigen parlamentarischen Vertrauens, mit möglichst ungebundenen Händen sein Amt übernimmt.[7]

---

[7] Zur verfassungsrechtlichen Problematik von *Koalitionsabkommen* vgl. jetzt die abgewogene Studie von ADOLF SCHÜLE, *Koalitionsvereinbarungen im Lichte des Verfassungsrechts,* Tübingen 1964. Für unseren Zusammenhang genügt es darauf hinzuweisen, daß die Forderung, daß es überhaupt eine Regierung gibt, vor dem Wunsch der Verfassung rangiert, der Kanzler möge um der Eindeutigkeit der Verantwortung willen in der Bestimmung der Richtlinien möglichst frei sein. Wenn nach der Entscheidung des Wählers nur auf der Basis von Absprachen eine Regierung gebildet werden kann, so ist es nicht Sinn der Verfassung, dieses noch zusätzlich zu erschweren. – Gerade angesichts des gegenwärtigen Koalitionszwangs ist der Verzicht von Bundeskanzler Erhard auf den CDU-Parteivorsitz so besonders

2. Ist der Kanzler einmal im Amt und sind die Minister ernannt, so gewinnt er in jedem Fall ein Stück seiner Freiheit zurück durch das im § 9 GOBReg. ihm eingeräumte Recht auf Festlegung der Geschäftsbereiche. Vor der ultima ratio der Entlassung hat der Bundeskanzler immer die Möglichkeit, einen – sei es unfähigen oder widerstrebenden – Minister gewissermaßen mit leichter Hand zur Räson zu bringen. Erweist sich, daß ein bestimmter Minister nicht imstande oder nicht willig ist, sein Ressort oder einen bestimmten Ausschnitt dieses Ressorts im Einklang mit den Wünschen des Kanzlers zu leiten, so kann der Kanzler ihm den strittigen Geschäftsbereich entziehen und einem kooperationsbereiteren Kabinettskollegen zuschlagen. Einem zu prononzierten »Atlantiker« an der Spitze des Auswärtigen Amtes kann man etwa den Ernst frankreichfreundlicher außenpolitischer Richtlinien durch die Androhung eines besonderen Europa-Ressorts vor Augen führen. Aber auch zur publizitätswirksamen Darstellung der Richtlinien ist die Geschäftsverteilungskompetenz nützlich. Sicher bestand weder für ein besonderes Gesamtdeutsches Ministerium noch für ein Flüchtlingsministerium je eine organisationspolitische Notwendigkeit; aber ihre Errichtung unterstrich den Ernst des Regierungsprogramms auf diesen Gebieten: Wiedervereinigung, Eingliederungspolitik. Das Entwicklungshilfeministerium verdankt ähnlichen Erwägungen seine Existenz. Natürlich kann man, wie von jeder politischen Kompetenz, vom Recht auf Festlegung der Geschäftsbereiche auch Gebrauch machen, um seine eigene Befugnis zur Richtlinienkompetenz zu untergraben, etwa durch zu weit getriebene Delegation von Kompetenzen.

---

schwer verständlich. Das ist während der letzten Monate so oft gesagt worden; daß es hier nicht nochmals ausgeführt werden muß. Wirkt die »Volkskanzler«-Attitüde in der Person des gegenwärtigen Kanzlers eher liebenswürdig-harmlos, so ist sie doch geeignet, Ressentiments zu fördern, die der Parteidemokratie nur schaden können.

Daß ein Kanzler um so ungebundener ist, je stärker er zu binden weiß, ist das *Geheimnis jeder repräsentativen Position.* Aus diesem Grund erfüllen Parteiführer, Gewerkschaftsfunktionäre, Verbandsvertreter etc. die repräsentative, d.h. verpflichtende Funktion politischer Mandate in der Regel soviel leichter als Professoren und Intellektuelle. Es genügt darüber nachzudenken, wem in der Weimarer Republik die Wähler davongelaufen sind – nicht den Funktionärsparteien SPD und Zentrum –, um Zweifel am liberalen Repräsentationsbegriff zu nähren. Dieser Begriff ist in seinen geistesgeschichtlichen Wurzeln bündig widerlegt worden von U. Scheuner, Das repräsentative Prinzip in der modernen Demokratie, in: *Festschrift für Hans Huber,* Bern 1961, 222 ff.

3. Um zu sichern, daß die Ressorts auch tatsächlich im Rahmen der Richtlinien geführt werden, steht dem Bundeskanzler ein umfassender Informationsanspruch zur Seite. Dies ist die dritte und in ihrer Tragweite kaum zu überschätzende Hilfsbefugnis. Der § 3 GOBReg. läßt den Zusammenhang von Richtlinienkompetenz und Informationsanspruch klar erkennen. Da heißt es: »Der Bundeskanzler ist aus dem Geschäftsbereich der einzelnen Bundesminister über Maßnahmen und Vorhaben zu unterrichten, die für die Bestimmung der Richtlinien der Politik und die Leitung der Geschäfte der Bundesregierung von Bedeutung sind.« In diesem Recht steckt praktisch ein umfassender Evokationsanspruch des Bundeskanzlers, d.h. das Recht, alle Dinge an sich zu ziehen. § 4 GOBReg. formuliert die Dinge vom anderen Ende her. Danach hat ein Bundesminister dem Bundeskanzler unter Angabe der Gründe davon Mitteilung zu machen, wenn er eine Erweiterung oder Änderung der Richtlinien der Politik für erforderlich hält und hat, so heißt es wörtlich, den Bundeskanzler »um seine Entscheidung zu bitten«. Ein umfassend informierter Bundeskanzler wird sich um diese Entscheidung nicht lange bitten lassen, sondern sie von sich aus schleunigst treffen, sobald er für seine Richtlinien eine Gefahr im Verzug sieht. Beim Informationsanspruch haben wir auch den Punkt, von dem aus das Entstehen politischer Richtlinien am leichtesten zu verfolgen ist. Richtlinien haben ihren Ursprung viel weniger in Phantasie, politischer Konzeption, Ideenreichtum des Regierungschefs als in der faktischen Information über konkrete Problemlagen. Immer sind »Richtlinien« die Reaktion auf eine Lage, die dann allerdings einen mehr passiven, sich treiben-lassenden oder aber aktiven, vorantreibenden Charakter haben kann. Ein Regierungschef, der schlecht oder gar nicht informiert ist, kann sich zwar viel Hübsches ausdenken, aber Richtlinien bestimmen kann er nicht. So wie jedes Gesetz auf die zu regelnde soziale Lage passen muß, werden Richtlinien der Politik nur wirksam, wenn sie genau in den politischen Prozeß eingreifen, und wie es um den steht, erfährt man eben nur durch Information.

Nicht nur, wie es im § 2 GOBReg. heißt, »neben« der Bestimmung der Richtlinien der Politik, sondern um der Richtlinien der Politik willen hat der Bundeskanzler schließlich auf die »Einheitlichkeit der Geschäftsführung in der Bundesregierung hinzuwirken«. Der Richtlinienkompetenz entspricht gewissermaßen ein Oberaufsichtsrecht über alle Ressorts, dem »Recht und Pflicht, auf die Durchführung der Richtlinien zu achten« (§ 1 II GOBReg.), korrespondiert. In bezug auf die Bildung des Regierungswillens kommt der Richtlinienkompetenz mithin die Aufgabe des Bündelns, Vereinheitlichens, Zusammenfassens zu. Um dieser Einheitlichkeit willen muß das Kabinett solidarisch auftreten, eine Forderung, die durch mehrere Sondervorschriften abgesichert wird. Äußerungen eines Bundesministers, die in der Öffentlichkeit erfolgen oder für die Öffentlichkeit bestimmt sind, müssen nach § 12 der Geschäftsordnung mit den vom Bundeskanzler gegebenen Richtlinien der Politik in Einklang stehen. Die Vertraulichkeit der Kabinettsberatungen (§ 22 III GOBReg.) hat nicht zuletzt den Sinn, eventuelle Spannungen innerhalb des Kabinetts so lange wie möglich der Öffentlichkeit vorzuenthalten. Aus diesem Grunde sind »insbesondere Mitteilungen über Ausführungen einzelner Bundesminister« und über das Stimmenverhältnis bei Abstimmungen ohne besondere Ermächtigung des Bundeskanzlers unzulässig. Kabinettsvertraulichkeit und Kabinettssolidarität stehen so in engstem Zusammenhang. Beide sollen nicht zuletzt den Vorsprung des Bundeskanzlers gegenüber den anderen Mitgliedern der Bundesregierung sichern helfen.

4. Nicht mehr zur Kabinettsorganisation im engeren Sinne gehört das Verhältnis von Regierungschef und Mehrheitsfraktion. Der Kanzler hat keine Rechtsmittel, um den ihn tragenden Fraktionen Richtlinien aufzuzwingen. Immerhin hat ein um seine Autorität kämpfender Kanzler eine Fülle von Möglichkeiten, sie zur Geltung zu bringen. Den Hinweis darauf, daß man ihn gegebenenfalls ja durch einen anderen ersetzen könne, sollte er allerdings bis zuletzt zurückhalten. Wenn man schon mit den schwersten Geschützen anfängt, was allen Regeln kluger Kriegführung widerspricht, so könnte ein so bedrängter Kanzler nach dem deutschen Verfassungsrecht zunächst einmal darauf hinweisen, daß er, wenn die Querelen nicht aufhören, im Bundestag die Vertrauensfrage einbringen wird (Art. 68 GG). Statt resigniert die Möglichkeit seiner Abwahl in Erinnerung zu bringen, wird er die Fraktion vor die Entscheidung stellen. Zur Durchsetzung der Führungsposition, auch gegenüber dem Parlament, gibt es aber zuvor einfachere Mittel. Abgesehen von der intensiven Mitwirkung an der Fraktionsarbeit und der Forderung, bei allen Fraktionspatronagefragen entscheidend mitzusprechen, wird man sich einen Einfluß auf die Geschäftsplanung des Parlaments auch dadurch sichern können, daß Vorkehrungen getroffen werden, um den Standpunkt der Bundesregierung im Ältestenrat des Bundestages entschieden zum Tragen zu bringen. Es paßte wenig zu seinen sonstigen Künsten, daß auch Bundeskanzler Adenauer, der allerdings die Fraktion immer am engen Zügel geführt hat, an diesem Punkt immer nur von Fall zu Fall, aber nicht

durch dauernde institutionelle Vorkehrungen versucht hat, stärkeren Einfluß auszuüben. Vergleicht man, welche Rolle der Leader of the House und die Whips im englischen Kabinettssystem haben, so erscheint es unbegreiflich, daß die Vertretung der Bundesregierung im Ältestenrat durch das allerletzte Rad am Kabinettswagen, den Bundesratsminister, erfolgt. Richtlinien bestimmen heißt nicht zuletzt, Prioritäten auch zeitlicher Art setzen. Der Bundeskanzler muß um seiner Richtlinienkompetenz willen die Möglichkeit haben, auf den Bundestag Einfluß zu nehmen im Hinblick auf die zeitliche Planung der Gesetzgebung: dies ist mir jetzt wichtiger als das. Das Geschäftsordnungsrecht des englischen Parlaments besteht wesentlich aus Vorkehrungen zur Sicherung dieses Anspruchs, und auch die Beziehungen des amerikanischen Präsidenten zum Kongreß haben wesentlich die Terminierung der Gesetzgebungsarbeit zum Inhalt. Wenn der Bundeskanzler für die Koordination von Regierung und Parlament schon nicht einen eigenen Sonderminister einsetzt, so wäre die Geltendmachung seiner Terminforderungen im Ältestenrat des Bundestages die natürliche Aufgabe des Chefs des Bundeskanzleramts. Damit wäre das Stichwort gegeben, das uns zum dritten Abschnitt unserer Betrachtungen überführen wird.

III. Das instrumentelle Instrumentarium der Richtlinienkompetenz[8]

1. Ungeachtet aller aufgeführten Hilfs- und Ergänzungskompetenzen des Bundeskanzlers würde seine Richtlinienbefugnis im Leeren schweben, würde er nicht über ein eigenes Instrument zur Konzipie-

---

[8] Das *Führungsinstrumentarium der Richtlinienkompetenz* gehört systematisch weniger in die Verfassungslehre als in die *Regierungslehre des modernen Staates.* Während »Der Bereich der Regierung« (so SCHEUNER, in: Rechtsprobleme in Staat und Kirche – *Festgabe für R. Smend* –, Göttigen 1952, 253 ff.) durch die Arbeiten von Smend und Scheuner für die Staatsrechtslehre wieder entdeckt wurde, hat die deutsche Politische Wissenschaft ihren eigentlichen Gegenstand, den modernen Staat in seinen Bedingungen und Orientierungen, besonders die Art, wie in ihm regiert wird, noch kaum aufgegriffen. Die Arbeitsrichtung Eschenburgs hat bisher keine systematische Gefolgschaft gefunden. Ausgehend von den Aufgaben der modernen Staatsführung, hätte eine entwickelte Regierungslehre zu zeigen, mit welchem Instrumentarium, Verfahren etc. diese Aufgaben bewältigt werden. Wenn es gestattet ist, eine solche »Regierungslehre« gewissermaßen als Betriebswirtschaftslehre des modernen Staates zu verstehen, so hat sich die deutsche Politische Wissenschaft bisher vornehmlich dem Problem der »Mitbestimmung« gewidmet (Par-

rung, Überwachung und Durchsetzung seiner Richtlinien verfügen. Hier haben wir erneut Gelegenheit, zu belegen, daß die Richtlinienkompetenz des Regierungschefs keine Besonderheit des deutschen Verfassungsrechts ist, sondern das Ergebnis von allgemein zu beobachtenden verfassungspolitischen Entwicklungen, die sich zumindest in allen Großstaaten aufzeigen lassen. Denn mag eine Kompetenz zur Bestimmung der politischen Richtlinien nun in der Verfassung stehen oder nicht, einen eigens für ihre Überwachung und Durchsetzung konzipierten Stab legen sich die Regierungschefs seit dem ersten Weltkrieg in den Vereinigten Staaten genauso zu wie in den großen parlamentarisch regierten Demokratien. In den Vereinigten Staaten ist es das Executive Office des Präsidenten mit seinen weit ausragenden Untergliederungen, in England das Cabinet Office mit den ihm eingegliederten Sekretariaten der verschiedenen Kabinettsausschüsse, in Frankreich das Büro des Präsidenten des Ministerrats und in Deutschland eben das Bundeskanzleramt mit seinem Vorläufer, der Reichskanzlei.

Hier mag ein Wort über die gegenwärtige Lage der deutschen Forschung auf dem Gebiet der Regierungstechnik und Organisation am Platze sein. Während uns nämlich die Organisationsgeschichte der entsprechenden amerikanischen und englischen Einrichtungen in allen Einzelheiten vor Augen steht, jedes Jahr aufs neue große Monographien über diesen Gegenstand vorgelegt werden, ist das Ergiebigste zur Geschichte der Reichskanzlei noch immer ein wesentlich architekturgeschichtlich belangvoller Erinnerungsband zur fünfzigjährigen Übernahme des ehemaligen Wilhelmstraßen-Palais Radziwill in den Besitz des Reiches. Eine eigene Monographie ist weder der Reichskanzlei noch dem Bundeskanzleramt bisher gewidmet worden, auch einen besonderen Aufsatz gibt es außer Erinnerungen Pünders bis zum heutigen Tage nicht. (Die erste große Monographie über das Amt des Kanzlers der Bundesrepublik überhaupt stammt von einem Franzosen.)[9]

---

teien, Verbände, »Willensbildung«). Um Regierung, Verwaltung und die sachlichen Aufgaben der Politik im Industriezeitalter hat sie einen großen Bogen geschlagen. Vorbildlich für die wissenschaftliche Behandlung dieser zentralen Fragen ist die englische Political Science mit ihren um die »Machinery of Government« (in der Terminologie des Haldane-Reports von 1919) kreisenden Arbeiten. Vgl. dazu die Jahrgänge der Zeitschrift *Public Administration,* vor allem die Arbeiten ihres Herausgebers D. N. Chester. Hier hat die deutsche Politische Wissenschaft so gut wie alles nachzuholen.

[9] Ein Überblick über die *Geschichte der Reichskanzlei* bis 1928 findet sich in: *Zur*

So kann es nicht verwundern, daß in der Regel die Erwähnungen dieser so zentral wichtigen obersten Lenkungs- und Koordinationsbehörde der deutschen Reichs- und Bundespolitik entweder allzu kursorisch, schief oder schlicht falsch sind. Daß in Deutschland Dissertationen über die Richtlinienkompetenz des Bundeskanzlers geschrie-

---

Geschichte des Reichskanzlerpalais und der Reichskanzlei. – Hrsg. vom Staatssekretär d. Reichskanzlei [HERM. PÜNDER], Berlin 1928. Allein über die Anfänge sind wir musterhaft informiert von R. MORSEY, *Die oberste Reichsverwaltung unter Bismarck 1867 bis 1890,* Münster 1957, 219 ff.; ferner EBERHARD VON VIETSCH, *Die politische Bedeutung des Reichskanzleramtes für den inneren Ausbau des Reiches,* 1867 bis 1880, Diss. phil. Leipzig 1936. Vgl. ferner HERM. PÜNDER, Das Schaltwerk von Politik und Verwaltung im Reich, in der Bizone und im Bund, *DÖV* 16 (1963) 1 ff. Zur *Funktion des Bundeskanzleramtes* WILDENMANN, aaO., 150 ff., 283 und öfters, ferner TH. ELLWEIN, *Das Regierungssystem der Bundesrepublik Deutschland,* Köln und Opladen 1963, 164 f. und AMPHOUX, aaO., 413 ff. (ed. 1960). Schier erdrückend demgegenüber die englischen Arbeiten zum *Cabinet Secretariat.* Ich verweise nur auf die Werke von MACKINTOSH, DAALDER, CAMPION, CHESTER/WILLSON, MACKENZIE/GROVE. Ferner H. R. G. GREAVES, British Central Government 1914 to 1956, *Political Quarterly* 28 (1957); R. J. P. HEWISON, The Organization of the Cabinet Secretariat, *Parliamentary Affairs* 30 (1952) 221 ff. und den Bericht des Royal Institute of Public Administration »The Prime Minister and the Organization of his Staff«, in: *Public Administration* 25 (1947) 165 ff. Die Entwicklung des *Executive Office des U.S.-Präsidenten* veranschaulicht am besten ein Vergleich der Jahrgänge des *U. S. Organization Manual.* In deutscher Sprache informiert am vollständigsten die leider ungedruckte ausgezeichnete Dissertation von CARL-OTTO LENZ, *Die Beratungsinstitutionen des amerikanischen Präsidenten in Fragen der allgemeinen Politik,* Diss. jur. Bonn 1961. Vgl. ferner K. LOEWENSTEIN, Staatspolitik und Verfassungsrecht in den Vereinigten Staaten 1933 bis 1941. *Jb. Öff. Recht* N. F. 4 (1955); FRITZ MORSTEIN-MARX, Sachverstand und Leitung in der amerikanischen Verwaltung und Wirtschaft, in: *Arch. d. Öff. Rechts* 57 (1962) 129 ff. Neben den großen Werken über das Amt des Präsidenten vgl. insbes. S. K. BAILY, The President and his Political Executives, in: *Annals. Am. Acad. Pol. Sc.* Sept. 1956, 24-36; RICH. F. FENNO, *The President's Cabinet,* Cambridge Mass. 1959, vor allem aber die großen *Reformgutachten Brownlow* (1937) und *Hoover I* (1949) und *II* (1955). Für *Frankreich* vgl. ANDRÉ BERTRAND, La Présidence du Conseil et le Secrétariat Général du Gouvernement, in: *Revue du Droit Public et de la Sc. Pol.* 1948, 435 ff.; JEAN-LOUIS SEURIN, Les cabinets ministériels, ebd. vol. 72 (1956) 1207 ff. Vgl. ferner LUCIEN PAOLI, Les techniques et les méthodes d'organisation du travail gouvernemental en France, in: *Rev. Int. des Sc. Admin.* 1952, 59 ff., 530 ff. und SERGE ARNÉ, *Le Président du Conseil des Ministres sous la IVe République,* Paris 1962, 130 ff.

Wie sehr die Einrichtung von Kabinettssekretariaten einem allgemeinem Bedürfnis entspricht, dafür als Beispiel: A. D. P. HEENEY, Cabinet Government in Canada – Some recent developments in the machinery of the central executive, in: *Canadian Journal of Economics and Pol. Sc.* XII (1946) 282 ff. und für Australien: KEITH PENNY, The Origins of the Prime Minister's Department 1901 bis 1911, in: *Publ. Admin.* [Sidney] 15 (1956) 249 ff. Allgemein zur Aufgabe zentraler Führungsgremien ROY C. MACRIDIS, Le rôle de l'exécutif dans l'Etat moderne, in: *Bull. Int. des Sc. Soc.* 1958, 233 ff.

ben werden können, in denen das Bundeskanzleramt mit zwei Zeilen abgespeist wird, verdient festgehalten zu werden.

Ohne das Kanzleramt wäre der Bundeskanzler ein bedauernswerter Vollinvalide: er könnte nicht sehen, hören noch schreiben, geschweige denn Richtlinien bestimmen. Das ist wörtlich zu nehmen: bis zur schließlichen Bewilligung eigener Etatstellen für seine Aufgaben als Kanzler im Jahre 1878 mußte Bismarck bei jedem Schriftverkehr auf Beamte des Auswärtigen Amtes zurückgreifen. Von den Hilfsorganen des Bundeskanzlers ist so das Bundeskanzleramt das allerwichtigste. Nur mit seiner Hilfe kann er seiner Aufsichtspflicht und der Sorge für die Einheitlichkeit der Regierungspolitik nachkommen, über alle Vorgänge in den Ressorts voll informiert bleiben und seine Impulse an diese zurückgeben. Auch wenn sich das Kanzleramt jedes eigenmächtigen Hineinregierens peinlich enthält, so kann doch kein Zweifel daran möglich sein, daß der mächtige Ausbau dieser, nur dem Kanzler unterstellten Zentralbehörde dem verfassungsrechtlichen Prinzip der individuellen Ressortverantwortlichkeit schweren Abbruch getan hat. Dies vor allem deshalb, weil der direkte Kontakt zwischen Kanzler und Ministern, abgesehen von der wöchentlichen Kabinettssitzung, den abschirmenden Filter des Kanzleramts durchlaufen muß. Die architektonische Mitte des Regierungssystems ist nicht mehr der Sitzungssaal der Bundesregierung, sondern er liegt irgendwo zwischen dem Amtszimmer des Bundeskanzlers und dem Dienstzimmer des Staatssekretärs im Bundeskanzleramt bzw. heute des Chefs dieser Behörde im Range eines Bundesministers. Dahin sind die Zeiten, sowohl in England wie bei uns, wo die großen Entscheidungen in mehr oder weniger formloser Beratung im versammelten Kabinett fielen. Im Kabinett treffen sich heute, von Ausnahmen abgesehen, vielbeschäftigte Ressortchefs, die dort besiegeln, was in langen, vom Kanzleramt federführend gesteuerten Verhandlungen zwischen den einzelnen Ressorts, dem Kanzler selbst und seinem Staatssekretär ausgehandelt worden ist. (Vgl. § 16 GOBReg.) Die Sitzungen der Bundesregierung werden nach näherer Anweisung durch den Bundeskanzler vom Staatssekretär des Bundeskanzleramtes festgesetzt. Er veranlaßt die Einladungen zu den Sitzungen unter Beifügung einer Tagesordnung. Er entscheidet, was dem Bundeskanzler vorgelegt wird, was nicht. Kein Weg führt an ihm vorbei, sofern es der Chef so will. Unter seiner Aufsicht wird der Terminkalender geführt, und jedermann weiß, was das bedeutet. Allerdings muß auch hier wieder betont werden, daß dieses Instrument nicht nur eine große Hilfe sein, sondern auch zu einer schweren Fessel werden kann. Für die Ausarbeitung von Richtlinien aber ist es in jedem Falle unentbehrlich. Ein Regierungschef mag sich Sonderberater zulegen, einen eigenen Stab zur Ideenproduktion unterhalten, für die Feinarbeit bleibt ein Organ unentbehrlich, das ihn mit solidesten, detailgesättigten Spezialkenntnissen auf schnellstem Wege über alle Ressortprobleme unter einem schon übergeordneten Gesichtspunkt der Gesamtpolitik informiert und berät. Wenn in einigen Arbeiten über die Richtlinienkompetenz für die Mitwirkung am Entstehen von Richtlinien zwar viel vom Bundespräsidenten, den Parteien und Verbänden die Rede ist, der Bürokratie dagegen attestiert wird, ihr Einfluß sei gering, so verkennt das die wahre Situation. Nimmt man alles zusammen, so kann man unbedenklich der Bürokratie – und das heißt hier vor allem jenem kleinen Stab im Bundeskanzleramt – die größten Einflußmöglichkeiten zuschreiben. An den Bundeskanzler mag alles mögliche herangetragen werden. Ist er gut beraten, so wird er nichts von all dem sich zu eigen machen, ohne es zuvor dem Test der Experten des Bundeskanzleramtes unterworfen zu haben. Das bringt die Gefahr einer gewissen bürokratischen Erstarrung und Übervorsichtigkeit mit sich. Aber ohne diesen Durchdenk- und Überprüfapparat geht es auch nicht. Klug benützt, ist die Personalpolitik des Bundeskanzleramtes, d.h., wen man aus den Ressorts in dieses hineinholt, wen man nach erfolgter Beförderung in eine wichtige Position in die Ressorts zurückschickt, ein überaus wichtiges besonderes Hilfsinstrument zur Bewahrung der Richtlinienkompetenz. Man braucht nur die Karriere einiger hoher Beamter in Bonn zu verfolgen, um Belege für diese Technik zu finden. Man erinnere sich der Namen Krautwig, Vialon, Gumbel, Wirmer, Kattenstroth. Natürlich läßt sich diese Technik von Seiten der Ressortminister konterkarieren, indem sie versuchen, ihre Vertrauensleute ins Bundeskanzleramt zu schleusen. In der Ära Adenauer/Globke war solchen Versuchen kaum Erfolg beschieden.

Organisation und Arbeitsweise des Bundeskanzleramtes näher zu schildern, wäre ein Thema für sich. Ist dieses Amt ganz auf die Bedürfnisse des richtlinienbestimmenden Bundeskanzlers zugeschnitten, so haben sich daneben, in Bonn nicht anders als in England, noch weitere Organe herausgebildet, deren Wert für die Durchsetzung der Richtlinienkompetenz des Bundeskanzlers bisher weder in Theorie noch Praxis voll erkannt worden ist. Ich meine die Kabinettsausschüsse.[10]

---

[10] Die einzige – politikwissenschaftlich unergiebige – Arbeit stammt aus dem Jahre 1935 und behandelt die durch VO v. 15. 12. 1932 berufenen Arbeitsbeschaf-

2. Ihre Existenz ist von der Wissenschaft bisher kaum zur Kenntnis genommen worden. Für die Staatspraxis hat zumindest einer dieser Ausschüsse, das Verteidigungskabinett, das unter dem Namen Bundesverteidigungsrat eine eigene Geschäftsordnung besitzt, eine kaum zu überschätzende Bedeutung gewonnen. Sozialkabinett und Wirtschaftskabinett haben daneben bisher vergleichsweise ein Schattendasein geführt, und dies aus Gründen, die leicht zu erkennen sind. Kabinettsausschüsse sind, wie jeder Ausschuß, Hilfsorgane, die das Gesamtgremium einsetzt zur Vorbereitung seiner Beschlüsse. In minder wichtigen Fragen kann man dem Ausschuß ein eigenes Beschlußrecht übertragen. Das Kabinett besteht nun aus dem Bundeskanzler und den übrigen Ressortministern. Für die Beurteilung von Kabinettsausschüssen als Hilfsorganen modernen Regierens ist entscheidend die Frage, wer ihrer Arbeit den Stempel aufprägt: die in ihnen vertretenen Fachminister oder der Kanzler. Im ersten Fall werden sie in der Regel nicht mehr sein als koordinierende interministerielle Ausschüsse auf höherer Ebene, in denen der Versuch gemacht wird, Ressortstreitigkeiten zu schlichten.

Bundeskanzler Erhard hatte als früherer ständiger stellvertretender Vorsitzender des Wirtschaftskabinetts nach Übernahme dieses Amtes sehr schnell erkannt, daß dieser Regierungsausschuß nur dann sinnvolle, über die bloße Koordination hinausgehende Arbeit leisten konnte, wenn in ihm nicht »von unten nach oben«, sondern »von oben nach unten« gearbeitet werde, d.h. der geschäftsführende Vorsitzende imstande war, den beteiligten Kollegen eine gemeinsame Marschroute schon vor der Ausarbeitung von Detailvorschlägen, an denen die einzelnen Ressorts zu beteiligen wären, akzeptabel zu machen. Selbstverständlich ist die Grundlage jeder Beratung immer irgendein vorliegender Entwurf, aber dieser Entwurf muß die Billigung des Ausschußvorsitzenden gefunden haben. Bundeskanzler Adenauer, an Wirtschafts- und Sozialpolitik desinteressiert, hat den Vorsitz in beiden Kabinettsausschüssen selbst nie wahrgenommen,

---

fungs- und Siedlungsausschüsse der Reichsregierung: HERBERT HÄRTEL, *Die Bildung von Ausschüssen aus Mitgliedern der Reichsregierung,* Diss. jur. Leipzig 1935. Nur um den Kontrast deutlich zu machen und um auf relevante Fragestellungen hinzuweisen, sei auch hier auf die englische Literatur verwiesen: außer den Standardwerken (JENNINGS, KEITH) vgl. vor allem D. N. CHESTER, Development of the Cabinet 1914 bis 1948, in: *Campion et al.,* aaO., 31 ff.; DERS., »The Central Machinery for Economic Policy«, in D. N. CHESTER (ed.): *Lessons of the British War Economy,* Cambridge 1951; H. MORRISON, *Regierung und Parlament in England,* München 1956, 21 ff.; MACKENZIE/GROVE, aaO., 341 ff.

sich allerdings immer, wie es die Verfassung auch fordert, den ständigen Vorsitz offengehalten. Zu Lebzeiten von Vizekanzler Blücher hat er den geschäftsführenden Vorsitz innegehabt, nach seinem Tode die Minister Erhard und Blank.

Anders in dem unvergleichlich viel wichtigeren Bundesverteidigungsrat.[11] In ihm hat Bundeskanzler Adenauer nach kurzer Anlaufzeit bis zum März 1963 ständig den Vorsitz selbst wahrgenommen mit gelegentlicher Vertretung durch den Innenminister. Mit seinem in das Bundeskanzleramt eingebauten Sekretariat war der Bundesverteidigungsrat das vielleicht wichtigste Hilfsinstrument zur Durchsetzung der Richtlinienkompetenz auf dem großen, weit über die Probleme der Streitkräfte hinausreichenden Verteidigungskomplex. Als Instrument der Richtlinienpolitik zeichnete er sich gegenüber den anderen Kabinettsausschüssen dadurch aus, daß der Teilnehmerkreis seiner Sitzungen beschränkt ist. Darüber sagt die Geschäftsordnung des Bundesverteidigungsrates im § 2, Abs. 2: »Mitglieder des Bundesverteidigungsrates sind die Bundesminister des Auswärtigen, des Innern, der Verteidigung, für Wirtschaft, der Finanzen und für besondere Aufgaben. Andere Bundesminister werden zu den Sitzungen hinzugezogen, wenn Angelegenheiten beraten werden, die ihren Geschäftsbereich berühren.« An den Sitzungen des Bundesverteidigungsrates nehmen außer den Mitgliedern, also den eben aufgeführten Bundesministern, ferner teil der Staatssekretär des Bundeskanzleramtes, der Chef des Bundespräsidialamtes, der Bundespressechef und die Staatssekretäre des Auswärtigen Amtes, der Bundesministerien für Verteidigung und

---

[11] Zur Aufgabe und Problematik des *Bundesverteidigungsrates* ist, soweit ich sehe, die vor seiner Konstituierung von ARNOLD BERGSTRAESSER und TH. ESCHENBURG erarbeitete Denkschrift »Die Eingliederung der Streitkräfte in das Staatswesen der Bundesrepublik« (*Europa-Archiv* 10 (1955) 7953–8) das erste und letzte Wort der deutschen Wissenschaft geblieben. Vgl. dazu *Deutsche Zeitung* und *Wi.-Ztg.* v. 6. 7. 1955 und das *Bulletin der BReg.* v. 8. 11. 1955 mit einem Aufsatz von F. J. STRAUSS, der die Einrichtung protegierte in der Hoffnung, sie als Sprungbrett ins Verteidigungsressort benützen zu können (vgl. *SZ* v. 25. 5. 1955). – Wiederum nur zum Vergleich die Standardwerke zur Geschichte des brit. Committee of Imperial Defence: LORD HANKEY, *Diplomacy by Conference,* London 1946; J. EHRMAN, *Cabinet Government and War 1890 to 1940,* Cambridge 1958, und F. A. JOHNSON, Defence by Committee – *The British Comm. of Imp. Def. 1885 to 1959,* London 1960.

Über Erhards gute Vorsätze bei Übernahme des Vorsitzes im *Wirtschaftskabinett* informiert ein von ihm inspirierter Artikel im *Handelsblatt* v. 15. 11. 1957 (»Ein guter Anfang«). Daß es bei den guten Vorsätzen blieb, ergibt sich aus einem Artikel von S. CHABROWSKI, Die Zentrale des Wirtschaftswunders, in: *Die Zeit* v. 31. 5. 1963.

des Innern sowie der Generalinspekteur der Bundeswehr. Daß der Vorsitz in einem Kabinettsausschuß dem Premierminister gebührt, ist in England eine Selbstverständlichkeit. Nur einem Minister, der sein vollstes Vertrauen genießt, wird ein englischer Premier den stellvertretenden Vorsitz eines solchen Ausschusses einräumen. Daß Bundeskanzler Erhard ohne Not – denn nichts zwang ihn dazu – den von seinem Vorgänger nur zum ständigen stellvertretenden Vorsitzenden des Bundesverteidigungsrats bestimmten Sonderminister Krone zum ständigen Vorsitzenden dieses Gremiums gemacht hat, ein gewiß höchst lauterer Mann, der aber doch zumindest, vorsichtig ausgedrückt, einem Loyalitätskonflikt ausgesetzt ist, gehört zu den schwer zu begreifenden Maßnahmen seines ersten Regierungsjahres.

Um das Gewicht dieses Ausschusses deutlich zu machen, sei noch der § 1 Abs. 2 seiner Geschäftsordnung zitiert: »Der Bundesverteidigungsrat berät sowohl die grundsätzlichen wie auch die konkreten und besonderen Fragen der Verteidigung auf militärischem, zivilem, außenpolitischem, wirtschaftlichem, finanziellem und sonstigem Gebiet und klärt etwaige Meinungsverschiedenheiten. Er trifft entweder Vorentscheidungen, soweit sie möglich sind, oder bereitet die einschlägigen politischen Entscheidungen des Bundeskanzlers oder der Bundesregierung vor. Der Bundesverteidigungsrat kann endgültig entscheiden, soweit nicht nach dem Grundgesetz oder einem Bundesgesetz ein Beschluß der Bundesregierung erforderlich ist.« Es ist wohl kaum übertrieben, wenn man den Vorsitzenden des Bundesverteidigungsrates als einen Nebenkanzler bezeichnet. Jedenfalls grenzt es an spiritualistische Magie zu glauben, die Richtlinien des Bundeskanzlers könnten, ohne daß die unseligsten Konflikte geschürt werden, im Bundesverteidigungsrat voll zum Tragen kommen, wenn der Kanzler nicht selbst an seinen Sitzungen teilnimmt. Jedenfalls halte ich es für eine unerlaubte Überforderung des Chefs des Bundeskanzleramtes, im Konfliktsfall ihm allein die Geltendmachung der Kanzler-Richtlinien aufzubürden. Selbstverständlich kann jede Vorentscheidung eines Kabinettsausschusses vom Plenum der Bundesregierung wieder korrigiert werden, aber die nähere Befassung überhaupt zu erübrigen, ist ja der Hauptzweck solcher Ausschüsse.

3. Nur ergänzend sei noch darauf verwiesen, daß dem Kanzler auch der Bundesnachrichtendienst direkt untersteht. Wenn man bedenkt, wie leicht es in diesem Bereich zu »Pannen« kommt und wie gewichtig ihre internationalen Auswirkungen sein können, kann man daran zweifeln, ob es zweckmäßig ist, daß der Kanzler selbst hierfür die parla-

mentarische Verantwortung trägt. In Staaten mit schärfer ausgeprägter Ministerverantwortlichkeit hat es sich jedenfalls schon oft als vorteilhaft erwiesen, wenn ein minder prominentes Mitglied des Kabinetts zumindest pro forma den Kopf hinhalten mußte. Die Taten und Untaten der Geheimdienste sollten die Unschuld eines Regierungschefs nicht leichthin gefährden können. In der Sache aber spricht natürlich alles dafür, sicherzustellen, daß der Kanzler ohne jede unnötige Zwischenschaltung auch aus diesen so notwendigen wie trüben Quellen unverzüglich unterrichtet wird.

4. Das führt zur dritten persönlichen Hausmacht, die einem Kanzler zur Geltendmachung seiner Richtlinien zur Verfügung steht, dem Presse- und Informationsamt der Bundesregierung.[12] Im modernen demokratischen Staat gibt es faktisch keinen noch so belanglosen Ausschnitt der Regierungstätigkeit, in dem noch nach den Praktiken der alten Kabinettspolitik administriert und regiert werden könnte. Ob es sich um den Frühsport der Rekruten, den Bau eines Behördenhauses, die »Erstellung« einer verzierenden Plastik an diesem oder um die Subventionierung von Schweröl für landwirtschaftliche Maschinen handelt, alles kann »eine Erörterung in der Öffentlichkeit erwarten lassen« (§ 81 V GGOBMin. I), und um für diese gerüstet zu sein, bedarf es amtlicher Vorkehrungen. Den Freund eines so fundamentalen freiheitlichen Prinzips wie dem der demokratischen Öffentlichkeit mag es verdrießen, die Dinge aus dieser Sicht zu sehen. Für den leitenden Staatsmann ist es unvermeidlich, ja zwingend geboten, diesen Aspekt nicht aus den Augen zu lassen. Ein Kabinettspolitiker alten Zuschnitts,

---

[12] Zur Geschichte der *staatlichen Pressestellen* sind wir über die deutschen Verhältnisse vergleichsweise gut informiert. Vgl. für die Entwicklung bis 1933 vor allem Walter Vogel, Die Organisation der amtlichen Presse- und Propagandapolitik des Deutschen Reiches von den Anfängen unter Bismarck bis zum Beginn des Jahres 1933, in: *Zeitungswissenschaft,* Sonderheft, Berlin 1941. Ferner Otto Groth, Die Zeitung, *Ein System der Zeitungskunde,* Bd. 2, Mannheim/Berlin/ Leipzig 1929, 192 ff. Speziell zur Weimarer Zeit Peter Bauer, Die Organisation der amtlichen Pressepolitik in der Weimarer Zeit (*Vereinigte Presseabteilung der Reichsregierung und des Auswärtigen Amtes*), Diss. phil. Berlin 1962; ferner Johannes Karl Richter, *Die Reichszentrale für Heimatdienst,* Geschichte der ersten politischen Bildungsstelle in Deutschland und Untersuchung ihrer Rolle in der Weimarer Republik, Berlin 1963 und F. R. Cowell, Some Aspects of State Influence on the Press in Germany before 1933, in: *Public Administration* (London) vol. 19 (1941) 94 ff.

Zur Entwicklung nach 1945 Franz Mannhart, *Entwicklung und Strukturwandel der Tagespresse in der Bundesrepublik Deutschland seit 1945 und ihre Position im öffentlichen Raum,* Stuttgart 1959.

etwa von der Art Heinrich Brünings, würde sich unter den Anforderungen moderner Öffentlichkeit kein Jahr im Amte halten können.

Auch bei der Errichtung staatlicher Pressestellen fällt die Parallelität der internationalen Entwicklung ins Auge.[13] Ähnliche Herausforderungen führen zu ähnlichen Antworten. Seit dem Ende des vergangenen Jahrhunderts, dann vor allem durch den ersten Weltkrieg vorangetrieben, beobachten wir überall das Entstehen von speziell mit der Beobachtung und Beeinflussung der in- und ausländischen nichtamtlichen Öffentlichkeit betrauten staatlichen Stellen. Dabei hat sich überall die Frage der zu- oder abträglichen De- oder Zentralisierung dieser Stellen als eines der schwierigsten Probleme der Regierungstechnik und Organisation erwiesen.[14] Ist es zweckmäßiger, den Schwerpunkt der amtlichen Presse- und Informationspolitik bei den sachverständigen Fachressorts zu belassen oder verlangt das Koordinierungs- und Richtlinienbedürfnis des modernen Staates nicht gerade hier die strikteste Zusammenfassung und Unterordnung unter die zentrale politische Führung? In der Bundesrepublik ist die Entscheidung entschieden für die zweite Möglichkeit gefallen, und man wird sagen müssen, daß das Pendel hier sogar zu weit zugunsten des Kanzlers ausgeschlagen ist. Die Bezeichnung »Presse- und Informationsamt der Bundesregierung« verdeckt, daß es sich um eine rein auf die Be-

---

[13] Über die englischen Verhältnisse hat sich als unmittelbar Beteiligter geäußert FRANCIS WILLIAMS, Press, *Parliament, and People,* London/Toronto 1946 (bes. kritische Auseinandersetzung 85 ff.) und DERS., The Office of Public Relations Adviser to the Prime Minister, in: *Parliamentary Affairs,* IX (1955/1956) 260 ff. Vgl. ferner CHESTER/WILLSON, *The Organization of British Central Government 1915 bis 1956,* London 1957, 275 ff. und T. FIFE CLARK, Do we need Government Information Services, in: *Public Administration* (London) vol. 35 (1957) 335 ff.

Für die Vereinigten Staaten wäre zu nennen: ZECHARIAH CHAFEE, jr., Government and Mass Communications, *A Report from the Commission on Freedom of the Press,* Bd. 2, Chicago 1947, 723 ff.; ferner LENZ, *Die Beratungsinstitutionen des amerikanischen Präsidenten,* aaO.

[14] Ob das *Presse- und Informationsamt der Bundesregierung* in seiner gegenwärtigen aufgeblähten Gestalt vernünftigen Organisationsprinzipien entspricht, wird man füglich bezweifeln müssen. Der Bundesrechnungshof hat schon in einem Gutachten vom Frühjahr 1953 Bedenken geäußert. Auch wenn man gerne zugibt, daß die Anforderungen heute viel größer sind, ist nicht recht einzusehen, wieso die Vereinigte Presseabteilung der Reichsregierung im Jahre 1932 mit 9 Beamten und 3 Angestellten ihre Aufgabe erfüllte, der Haushaltsplan 1963 dagegen für das BPA 62 Beamte, 485 Angestellte und 47 Arbeiter, insgesamt 594 Stellen ausweist. Dabei sind gerade die für Fachinformationen wesentlichen Referate der Inlandsabteilung außerordentlich schwach besetzt und gegliedert. Für die Bonner Presse spielt das BPA denn als Informationsquelle auch eine ganz untergeordnete Rolle.

dürfnisse des Kanzlers zugeschnittene Behörde handelt. Der Staatssekretär an der Spitze des Amtes ist nur ihm unterstellt, und eine nähere Analyse der einzelnen Regelungen ergibt, daß dieses Amt geradezu ein Instrument zur Verhinderung eigenständiger Pressepolitik durch die Ressorts geworden ist. Die Ressorts sind durch die Regelung der Gemeinsamen Geschäftsordnung der Bundesministerien auf »Verlautbarungen« über »fachliche Angelegenheiten« beschränkt. Angelegenheiten, die darüber »hinausgehen und allgemein-politische Bedeutung haben, sind über das Presse- und Informationsamt zu leiten«. Wie sehr die Besorgnis, eine zu weitherzige Informationspolitik der Ressorts könne unkontrollierbare Weiterungen nach sich ziehen, bei der deutschen Kompetenzverteilung mitschwingt, zeigt der § 81 Abs. V der GGO I: »Die Ministerien unterrichten das Presse- und Informationsamt so bald und so weit wie möglich über Absichten und Maßnahmen, die eine Erörterung in der Öffentlichkeit erwarten lassen.«[15] Nur zu oft war die Parole »Keine Experimente« die Devise des Presseamts. Es gibt eine ganze Reihe wichtiger Aufgaben, die in der Bundesrepublik auf Grund überängstlicher Informationspolitik in kaum zu verantwortender Weise verzögert wurden. Der zivile Bevölkerungsschutz ist das eklatanteste Beispiel. Die allzusehr an den wahlpolitischen Bedürfnissen des Kanzlers orientierte Arbeit des Presseamts hat denn auch immer wieder zu Protesten der Fachminister geführt. Sie lähmt die Initiative der Ressorts, fördert die Leisetreterei; ist es doch verständlich, daß ein Bundespressechef sich hüten wird, die Diskussion über einen brisanten Gesetzentwurf zu eröffnen, solange das Kabinett diesem Entwurf nicht die Zustimmung erteilt hat. Viele Fragen müssen aber schon im Stadium des Referentenentwurfs öffentlich diskutiert werden. Ein Minister muß die Chancen des Entwurfs testen können, bevor er sich voll hinter ihn stellt. Die Ressortverantwortlichkeit ist wenig wert, wenn sie nicht mit dem Recht zu einer eigenen Pressepolitik verbunden ist. Ellenbogenstarke Ressortminister haben sich über die Beschränkungen der Gemeinsamen Geschäftsordnung der Bun-

---

[15] Über die Rivalitäten zwischen Ressorts und BPA vgl. etwa *FAZ* v. 6. 2. 1957 und 14. 11. 1957 (»Oberaufsicht durch das Presseamt«) *Süddeutsche Zeitung* v. 7. 2. 1957 (»Die Pressepolitik Bonns«). Die Fassung der GGO I v. 8. 1. 1958 hat den Forderungen der Ressorts nicht Rechnung getragen. Als Ausweg bietet sich die gesetzliche Zuweisung der »Informationshoheit«. Ein Beispiel: § 2 Abs. 3 Satz 2 des Gesetzes zur Errichtung des Bundesamtes für zivilen Bevölkerungsschutz v. 5. 12. 1958 (*BGBl.* I, 893): »Dem Bundesamt obliegt auch die Aufklärung über Aufgaben, Möglichkeiten und Maßnahmen des zivilen Bevölkerungsschutzes.«

desministerien denn auch immer wieder hinweggesetzt. Es sei nur an die Rolle erinnert, die der Oberst Schmückle als Pressechef im Hause Strauß gespielt hat.[16]

Fassen wir das Bisherige zusammen: Unser Grundgesetz und die ergänzenden Verfassungs- und Geschäftsordnungsbestimmungen geben dem Bundeskanzler alle rechtlichen Chancen an die Hand, deren er bedarf, um von seiner Richtlinienkompetenz Gebrauch machen zu können. Er hat die Wahl der Mitarbeiter, er hat einen umfassenden Informationsanspruch, er hat das Recht, die Geschäftsbereiche festzulegen. Bei Bruch der Kabinettssolidarität und des Kabinettsgeheimnisses stehen ihm alle erstrebenswerten Sanktionen zur Verfügung. Im Bundeskanzleramt, im Presse- und Informationsamt der Bundesregierung und in den Kabinettsausschüssen verfügt er über vorzügliche institutionelle Instrumente. Seine Amtsausstattung läßt nichts zu wünschen übrig. Im Moment seiner Wahl ist das Roß gesattelt und gezäumt, er muß nur reiten können. Diese Kunst aber steht auf einem anderen Blatt. Der Zuschauer sind viele. Nicht alle wünschen dem Reiter, daß er sich im Sattel halten möge. Wenn man in dem hippologischen Beispiel bleiben darf: auch unter den Reitknechten und Stallgefährten sprich Ministerkollegen gibt es manche, die auf seinen baldigen Sturz hoffen in der Erwartung, sich selbst in den Sattel schwingen zu können. Sich auf den Paragraphen zu berufen, daß man doch nun an der Reihe sei, nützt wenig. Wir haben die Hilfsbefugnisse und die Hilfsor-

---

[16] Daß dem Grundgesetz die individuelle *Verantwortlichkeit der Ressortminister* gegenüber dem Parlament fremd sei, ist eine sich hartnäckig behauptende herrschende Lehrmeinung in Staatsrechtslehre und leider auch Polit. Wissenschaft. Auch der verehrte Jubilar hat sie mehrfach vertreten; der Verfasser muß sich zum gleichen einmaligen Fehltritt bekennen (*PVS* 1961, 35). Sie ist aber gänzlich unhaltbar und hat ihre einzige Ursache in der Gleichsetzung von parlamentarischer Verantwortlichkeit (praestare et respondere) und formellem Vertrauenserfordernis bzw. Entzugsmöglichkeit. Daß Minister durch formelles Votum nicht mehr gestürzt werden können, gilt für England seit Jahrzehnten und doch zweifelt kein Mensch an ihrer Verantwortlichkeit. Um einen Minister zu stürzen, müssen ganz andere Kräfte in Bewegung gesetzt werden als die parlamentarische Abstimmungsmaschinerie – genau wie in der Bundesrepublik. Die englischen Verhältnisse sind meisterhaft geschildert bei S. E. Finer, The Individual Responsibility of Ministers, *Public Administration* (London), vol. 34 (1956) 377 ff.

Wäre die herrschende Lehre zutreffend und würde sich die parlamentarische Praxis nach ihr richten – sie tut es nicht, allerdings nicht konsequent genug –, so würde der Verfasser sich hüten, für die »Kanzlerdemokratie« in die Schranken zu treten. Alle wesentlichen Argumente für die richtige Auffassung bei v. Wick, DÖV 1956, 113; Friesenhahn, *Veröff. StRL* 16 (1958) 69 und nun auch bei Mangoldt-Klein.

gane der Richtlinienbestimmung durchmustert, nun müssen wir uns ihren sehr viel komplizierteren Bedingungen zuwenden.

IV. Richtlinienkompetenz und Regierungstechnik

Die Kunst politischer Führung, ist das überhaupt ein möglicher Gegenstand wissenschaftlicher Betrachtung? Der Politischen Wissenschaft wird heute allgemein eingeräumt, daß Organisation und Funktionsweise politischer Institutionen und auch die Soziologie der politischen Willensbildung der wissenschaftlichen Analyse zugänglich ist. Aber auch das Handeln der leitenden Personen? Und wenn, wäre es dann nicht eher Aufgabe der Historiker? Wenn in Deutschland aus der Historikerzunft der Politischen Wissenschaft noch immer bedeutet wird, daß das, was sie betreibt, ja eigentlich vom Historiker seit eh und je geleistet würde, so muß man diesen Anspruch leider zurückweisen. Wäre er richtig, so müßten sich die Führungsprobleme der großen politischen Ämter ja auf der Grundlage von Darstellungen der Inhaber dieser Ämter entwickeln lassen. Aber in deutschen Biographien pflegt leider immer mehr von Ideen und Taten der Helden, weniger aber von ihrem Tun die Rede zu sein. Das politische Problem katexochen ist aber: »how to get things done«. Nicht der Inhalt der Richtlinien, also die Ziele der Politik, bereiten dem Staatsmann am meisten Kopfzerbrechen, sondern die Art ihrer Durchsetzung. Die aber ist Leistung und Ergebnis politischer Kunst, und von ihr handeln die englischen und amerikanischen Politikerbiographien mehr als von allem anderen. Grundstock jeder Bibliographie über das Amt des amerikanischen Präsidenten oder des englischen Premierministers geben daher immer die Biographien der Amtsinhaber ab. Es liegt nicht nur an der fehlenden Kontinuität der Ämter, daß das in Deutschland kaum möglich ist. Der Abstand des deutschen gelehrten Historikers zur praktischen Welt der Politik ist unvergleichlich größer als in Frankreich, England, Amerika, gibt es doch etwa unter den großen englischen Historikern nur wenige, die sich nicht in der Politik selbst umgesehen hätten. A. Schlesinger jr. hat kürzlich eindrucksvoll bezeugt, welch reiche Anregung er für den Fortgang seiner Roosevelt-Biographie durch die Mitarbeit im Kennedy-Team erfahren hat. Wie wirkliche Anschauung der Politik für biographische Arbeit fruchtbar gemacht werden kann, zeigt das eigentlich einzige Beispiel bedeutender politikwissenschaftlicher Historiographie in den letzten Jahren bei uns in Deutschland, Theodor Eschenburgs Essays über die führenden Politiker der Weimarer Zeit. Eschenburg hat dabei besonders schön herausgearbeitet, wie für einen Politiker nichts wünschenswerter sein kann als eine gute Mitgift reicher Naturbegabung. »A free government is essentially a government by persuasion« (Bagehot). Das eigentliche Geschäft des Politikers ist es, andere Menschen zu einem bestimmten Tun zu veranlassen. Den Wähler bestimmen, an der erwünschten Stelle sein Kreuz einzuzeichnen; in Partei, Parlament und Bürokratie Zustimmung und Mitarbeit zu erreichen. Von niemandem wird diese Kunst in höherem Grade erwartet als von dem, der auf der höchsten Sprosse angelangt ist und von dort aus für eine ganze Nation die Richtlinien der Politik bestimmen soll, dem Regierungschef.[17]

Was wir bisher betrachtet haben, die Hilfsbefugnisse der Verfassung und der Geschäftsordnung und die institutionelle Apparatur um das Amt des Bundeskanzlers herum, stellt gewissermaßen nur das tote Inventar dar; es nutzvoll einzusetzen, dem Ganzen Leben einzuhauchen, ist die höchstpersönliche Leistung politischer Kunst und Technik.

Wenn es hier in erster Linie um das Überzeugen und Beeinflussen geht, so kann der sich glücklich preisen, dem solches von Natur leicht gemacht wird. Der Mensch ist ein Wesen, das beeindruckt sein möchte. Eine imponierende Statur, einnehmendes Wesen, Leichtigkeit des Umgangs, auch heute noch höhere Abkunft, können auch sonst durchschnittlich begabten Menschen ihre Aufgabe wesentlich erleichtern. Theodor Roosevelt war kaum intelligenter als Wilson, Eden nicht dümmer als Macmillan; ihre so verschiedenen persönlichen Eigenschaften erklären zu einem guten Teil Glück und Unglück ihrer Politik. Über die Bedeutung rhetorischer Fähigkeiten für den Politiker braucht man kein Wort zu verlieren. In dem Bereich, mit dem wir uns hier beschäftigen, der Bestimmung der Richtlinien der Politik, deren eigentliche Adressaten ja ein ganz kleiner Kreis von Kabinettskollegen ist, werden andere, subtilere Fähigkeiten der mitmenschlichen Kommunikation erwartet: Witz, Humor, Schlagfertigkeit, die Fähigkeit zur

---

[17] *»Der Politiker«* – Aufgabe, geforderte Qualitäten, »Berufsbild« – ist ein gleichfalls brachliegendes Thema der deutschen politischen Wissenschaft. Die wesentlichen Ansätze kommen wieder von ESCHENBURG; neben den Porträtskizzen der Weimarer Politiker (*Die improvisierte Demokratie,* München 1963) vor allem *Der Sold des Politikers,* Stuttgart 1960. Vgl. auch *Staat und Gesellschaft,* 219 ff., 514 ff. Mit Eschenburgs Porträtskizzen vergleichbar J. M. KEYNES, *Essays in Biography,* London 1933; J. A. SALTER, *Personality in Politics,* London 1947 und R. H. S. CROSSMAN, *The Charm of Politics,* London 1958. Mit dem Auszählen soziologischer »Eigenschaftsmerkmale« nach Parlamentshandbüchern ist dem Problem jedenfalls nicht beizukommen.

auffangenden Anekdote, zum small talk, die Art des Sprechens, ein angenehm dialektgefärbter Tonfall – all das kann viel entscheidender sein. Wer beides kann, auf der Tribüne und im persönlichen Gespräch faszinieren (Churchill, Roosevelt), ist ein politischer Götterliebling. Jedenfalls können wir eins mit Sicherheit sagen: die Künste der Politik sind beobachtbar, folglich müssen sie auch darzustellen sein. Ganz im Umriß und nur auf das Thema bezogen, sei es zum Abschluß versucht.

Adressat der Richtlinien sind keine Untergebenen, die durch Anordnungen oder gar Befehle zu einem bestimmten Tun veranlaßt werden können. Mögen sich die Ministerkollegen auch faktisch mit der Rolle von Gehilfen begnügen, so stehen sie doch in einer eigenen Verantwortung, nur durch Überzeugen und durch »Beeindrucken« kann man sie zur Mitarbeit bewegen. Die Möglichkeiten sich dem Einfluß zu entziehen, ihn zu neutralisieren, gegebenenfalls dem Regierungschef selbst zuzusetzen, sind mannigfaltig. Dem Druckmittel der Entlassung durch den Regierungschef steht auf seiten der Minister die Drohung mit dem protestierenden Ausscheiden aus dem Kabinett und der eventuellen Fronde von Partei und Fraktion aus gegenüber. Nichts vermag ein Kabinettsmitglied stärker an den Regierungschef zu binden als das Gefühl, einem Mann mit Fortune zu dienen. Ein Regierungschef, mit dem niemand zusammenarbeiten will, hat das Spiel verloren. Die Bereitschaft zur Zusammenarbeit, sprich zur Akzeptierung der Richtlinien, wird um so stärker sein, je mehr der Regierungschef ihm bieten kann, sei es Unterstützung der für richtig angesehenen Ressortpolitik, Deckung gegen Angriffe der Opposition oder aus dem eigenen Lager, vor allem Hoffnung auf weiteres Avancement. Die Erwartungen, Hoffnungen, Ängste der Minister sind das stärkste Unterpfand der Vormachtstellung des Regierungschefs. Im gleichen Augenblick, wo der Kanzler es nicht mehr vermag, seine Mitarbeiter davon zu überzeugen, daß die von ihnen erwartete Handlung auch in ihrem eigenen Interesse liegt, wird er auf Schwierigkeiten stoßen. Kraft des Arguments, persönliche Autorität, menschlicher Charme sind von großem Nutzen, aber doch Bei- und Rankenwerk im Verhältnis zu jenem großen Beweger aller Politik, der Patronage.[18] Hat ein Regie-

---

[18] Zur *Patronage* vgl. Eschenburg, *Ämterpatronage,* Stuttgart 1961 und die materialreiche Besprechung von Fr. Lenz, in: *ZfP* 1963, 369 ff. Für Amerika Rich. E. Neustadt, On Patronage, Power and Politics, in: *Publ. Admin. Review* 15 (1955) 108 ff. Für England jetzt umfassend – auch historisch – Peter G. Richards, *Patronage in British Government,* London 1963.

rungsmitglied einmal die Überzeugung gewonnen, daß es nicht der Bundeskanzler ist, der sein politisches Geschick entscheidend in der Hand hat, sondern Parteivorsitzende, Fraktionschefs, die Vorsitzenden von Koalitionsausschüssen etc., so wird die Einflußchance schwinden. Das Verhältnis des Regierungschefs in einer Koalitionsregierung zu jenen Mitgliedern des Kabinetts, die einer anderen Partei angehören, ist deshalb so prekär, weil ihr entscheidender Patron nicht der Regierungschef, sondern die Fraktion ist. Wer das nicht erkennt, kann sich zwar für eine Weile an die Rockschöße des Kanzlers hängen – man erinnere sich der der FDP abtrünnig gewordenen FVP-Minister und der Überläufer von BHE und DP zur CDU –, aber nach der nächsten Wahl ist das Spiel vorbei. Man kann dann von Glück sagen, wenn man eine Fahrkarte nach Brüssel oder Luxemburg bekommt.

Noch einmal: Minister sind keine Untergebenen. Das Verhältnis zwischen Regierungschef und Mitarbeitern ist ein viel zu subtiles, als daß ein wohlberatener Regierungschef es je durch Befehle, Anordnungen oder das markige Verkünden von Richtlinien belasten würde. Unsere Vorschrift im Artikel 65 des Grundgesetzes umschreibt einen höchst komplizierten Sachverhalt. Wenn dort steht, der Bundeskanzler bestimmt die Richtlinien der Politik, so ist damit nicht gesagt, daß jemals ein Kanzler einen Wunsch bekanntgeben wird, um dann hinzuzufügen: »Gemäß Art. 65 GG erhebe ich dies zur Richtlinie der Politik.« Man darf sicher sein, die selbstsicheren Herren im Kabinettssaal würde das nicht sonderlich beeindrucken. Es wird verläßlich berichtet, Bundeskanzler Adenauer habe in seiner 14jährigen Amtszeit nur ein einziges Mal diesen Begriff in einem Rundschreiben an die Minister gebraucht, vermutlich in einer Situation, in der es ihm schwerfiel, sich durchzusetzen. Beim Richtlinienbestimmen geht es nie um ein Befehlen, nicht einmal ein Anordnen, sondern um ein »auffordern zu«, »bitten«, »einladen«. Man »weist auf etwas hin«, »bringt in Erinnerung«, »verweist auf frühere gemeinsame Beschlüsse«, »bittet um Berücksichtigung« etc. etc. Es anders zu halten, wäre schlechter Stil. Minister sind keine Schuljungen, sie möchten vor allem nicht vor versammelter Klasse gerügt werden. Macht ein einzelner oder eine Gruppe von Ministern Schwierigkeiten, häufen sich die »Mißverständnisse«, so wird man immer versuchen, diese in gesonderten Besprechungen auszuräumen. Die von der Geschäftsordnung der Bundesregierung anerkannten Ministerbesprechungen (§ 17 II GOBReg.) sind dafür der geeignete Ort, auch ein telefonischer Anruf mag genügen. Wenn nicht, so lädt man ins Palais Schaumburg zum »Herrenessen«.

Zweitens nun wird ein Regierungschef es um so leichter haben, sich durchzusetzen, je größer sein öffentliches Ansehen ist. Ich wähle diesen vagen Begriff und nicht den präzisen der Autorität, denn es handelt sich in der Tat um etwas höchst Vages: das öffentliche Zutrauen, daß er imstande sei, to get things done. Dabei sondert sich dieses öffentliche Prestige in zwei Ebenen, die fast kommunikationslos nebeneinander liegen.[19] Einmal das Volk, die breiten Massen der Wähler, und als Folge des hier genossenen Prestiges die Wahlchancen, die man einem Regierungschef einräumt. Die mögen ungeheuer sein, so groß, daß man dem Amtsinhaber das Epitheton Volkskanzler beilegt. Aber das kann in schneidendem Widerspruch stehen zum Ansehen, das der gleiche Mann bei den Professionellen der Politik besitzt, d.h. den Abgeordneten, den Verbandspolitikern, der hohen Bürokratie, den nüchtern beobachtenden Journalisten. Wie problematisch das Auseinandertreten des Ansehens in diesen zwei Schichten sein kann, hat der Fall Eisenhower klassisch belegt. Bei denjenigen, die imstande waren, ihn unter dem Aspekt seiner regierungstechnischen Tüchtigkeit zu beurteilen, war er schon lange als nicht sonderlich begabter Präsident erkannt, als die Demoskopen ihm noch phantastische Popularitätskurven bestätigten. So schön und gewiß auch wichtig es ist, wiedergewählt zu werden, für die tägliche Arbeit der Richtlinienbestimmung und Durchsetzung ist die Anerkennung der Professionellen ein soliderer Besitz. Dieses Prestige ist außerdem von größerer Dauer. Wer sich im schwierigen Geschäft der Politik auskennt, wird Verständnis dafür haben, daß auch einmal etwas schief gehen kann. Pannen sind unvermeidlich. Daß Bundeskanzler Adenauer in so virtuoser Weise, wie man es nennt, mit dem Pluralismus, mit den Kräften des status quo hat regieren können, verdankt er nicht zuletzt dem technischen Prestige, das er in diesen Kreisen besaß. Da man wußte, was man an ihm hatte, hat man ihm auch in schlechten Stunden die Treue gehalten. Das Volk ist ein viel launischerer Partner, das wenigstens kann man den Demoskopen mit Sicherheit abnehmen. Es kann seine Gunst um lächerlicher Äußerlichkeiten willen entziehen. Hunde zieht man nicht an den Ohren. Wer in der Demokratie des allgemeinen gleichen Wahlrechts Erfolg haben will, einer Demokratie, die zugleich Verwaltungs-, Verbän-

---

[19] Über die Bedeutung des *Prestiges* und die Problematik des »doppelten Bodens« ausgezeichnet am Beispiel Eisenhowers RICH. E. NEUSTADT, *Presidential Power.* – The Politics of Leadership, New York 1962 – ein auch sonst sehr anregendes Buch, dem unser Text manches verdankt.

de- und technischer Großstaat ist, wird sich sowohl mit dem einen wie mit dem anderen Publikum gut stellen müssen, und bei dem der Professionellen zählt Leistung und nichts als das. Die Professionellen mögen einem führungstechnisch unbegabten Kanzler Folge leisten, solange er als Wahlmaschine unentbehrlich ist. Hat man Anlaß, an seinem Wert auch in dieser Hinsicht zu zweifeln, wird die Schar der Getreuen dahinschmelzen. Bevor man das als Treu- und Charakterlosigkeit bezeichnet, wäre erst manches zu bedenken. Die moderne Industriegesellschaft ist ein viel zu anfälliger, sensibler Organismus, als daß sie Mängel der politischen Lenkung und Führung noch in dem Maße ertragen könnte, wie sie für die älteren politischen Ordnungen bis in unser Jahrhundert hinein gang und gäbe waren. Da war Treue kein leerer Wahn, der Unwürdigste konnte sie für sich in Anspruch nehmen; man wurstelte sich dann mit ihm durch, »mag sich das Blatt auch wenden«. Anders im modernen Staat mit seinen so intensivierten Lenkungs- und Koordinationsanforderungen. Er kann sich keinen Moment »gehen lassen«, sowenig wie ein moderner Industriebetrieb, in dem sich Mängel des Managements sofort aufdringlich und existenzgefährdend bemerkbar machen. Es gehört noch heute zu den nicht geringsten Vorzügen des parlamentarischen Regierungssystems, daß es im Gegensatz zur Regierung auf Zeit jederzeit die Auswechslung der obersten politischen Führung gestattet. Man stelle sich vor, Neville Chamberlain wäre zur gleichen Zeit wie Roosevelt im Herbst 1939 für eine feste Amtszeit von fünf Jahren zum Premierminister gewählt worden mit Lord Halifax als Vizepremier und präsumtiven Nachfolger im Falle seines Todes. Jedes moderne, demokratische System bedarf des einen, die Dinge ordnenden, zusammenfassenden Mannes. Vermag der eine es nicht, so sammeln sich die politischen Kräfte auf einen neuen Magneten hin. Jedenfalls sollte das so sein, jedenfalls ist es in funktionierenden demokratischen Parteien so. Mit Autoritätshörigkeit hat das alles nichts zu tun. Richtlinienbestimmung, politische Führung muß sein. *»Her Majesty's Government must be carried on.«*[20]

Das Ansehen, das ein Kanzler besitzt, ist also eine der wichtigsten Bedingungen effektiver Richtlinienbestimmung. Es ist schlecht für

---

[20] Der Prozeß der Auswechslung der obersten politischen Führung wird dramatisch geschildert von RANDOLPH CHURCHILL, *The Fight for the Tory Leadership,* London 1964, wobei es für die Sache gleichgültig ist, ob alle Fakten stimmen. Vgl. auch sein früheres Buch *The Rise and Fall of Sir Anthony Eden,* London 1959. Reich an Hinweisen zum Problem auch R. T. MCKENZIE, *British Political Parties,* London 1955, 21 ff., 335 ff.

eine Weltmacht, als Papiertiger eingeschätzt zu werden; als Gummilöwe verdächtigt zu werden, ist für einen Regierungschef nicht nur wenig schmeichelhaft, sondern vor allem arbeitserschwerend. Adenauers Bild war in dieser Hinsicht makellos. Ihm traute man alles zu.

Drittens das Problem der Delegation. Kein Regierungschef kann alles allein machen, er bedarf der Helfer. Die Frage ist nur, welche Position er den Gehilfen einräumt. Die von Helfern, oder die von Stellvertretern. Auch hier ist die Präsidentschaft Eisenhowers ein bedenkenswertes Beispiel. Eisenhower hat seinem Stabschef Sherman Adams eine solche Fülle eigener Macht übertragen, daß schließlich nicht mehr er, sondern Adams um die Entscheidung der wichtigsten Fragen gebeten wurde. Adams hat einmal bekannt, er habe seine Ehre darein gesetzt, jeden Tag dem Präsidenten eine neue Arbeit abzunehmen. Ein Tag sei zu nichts nütze gewesen, wenn ihm das nicht geglückt sei. Adams war ein vollkommen loyaler Mann ohne eigenen politischen Ehrgeiz. Trotzdem hat diese Praxis nicht verhindert, daß Eisenhower zum schwächsten der Nachkriegspräsidenten Amerikas wurde. Um nichts in der Welt darf der Mann an der Spitze die Delegation so weit treiben, daß dadurch seine Macht gemindert wird. In Abwandlung einer bekannten Formel kann man für die Binnenverhältnisse in der Exekutive formulieren: souverän ist, die Richtlinien bestimmt, wer den Streitfall entscheidet. Um sich diese Souveränität zu bewahren, gehörte es zu den regierungstechnischen Kunstkniffen F. D. Roosevelts, klare Kompetenzzuweisungen zu vermeiden, so daß ständig die Notwendigkeit entstand, ihn als obersten Schlichter anzurufen. Die entscheidenden Fragen müssen auf den Schreibtisch des Chefs selbst kommen. Es ist vollkommen weltfremd und zeugt von geringer Kenntnis bürokratischer Prozesse zu glauben, man könne die wirkliche Macht in den Händen behalten, wenn man sich auf die alleroberste Lenkung beschränkt. Wer die Mühe des Aktenstudiums scheut und verlangt, daß nur die wesentlichen Dinge an ihn herankommen, der überläßt die Entscheidung darüber, was wesentlich ist, eben anderen. Man kann mit Sicherheit sagen, daß dem Vorgänger von Minister Westrick im Bundeskanzleramt eine solche Position nie eingeräumt worden ist. Aber es ist bekannt, wie der gegenwärtige Bundeskanzler als Wirtschaftsminister verwaltet hat: mit einem kleinen Stab von Vertrauten, abgeschottet gegen das Riesenheer der übrigen Abteilungsleiter und Referenten. In einem Ressort, das nur wenig eigene Verwaltungsaufgaben hat, mag das hingehen. Für den Bundeskanzler ist es eine sich wenig empfehlende Praxis. Zu den elementaren Bedingungen des Bestimmens der Richtlinien würde ich also rechnen die Offenhaltung des Entscheidungszugriffs nach unten und zur Seite. Man kann sich mit einem Schwarm von Beratern, Gedankenproduzenten, braintrusts etc. umgeben, wie es Roosevelt und Kennedy getan haben, aber um Macht zu delegieren, ist das Amt zu verantwortungsvoll.[21]

Viertens: die wichtigste aller Bedingungen des Richtlinienbestimmens ist die Information. Aus Information und nur aus Information entstehen Richtlinien. Richtige Politiker, die von den Quellen ihrer Information durch Verlust des Amtes abgeschnitten sind, fühlen sich wie gelähmt. Sie können sich nicht mehr orientieren und wagen darum auch kaum noch entschiedene Stellungnahme. Adenauer und Macmillan haben in den letzten Monaten diesem Gefühl beredten Ausdruck gegeben. Ob man aber informiert ist, das hängt wesentlich mit der zuvor genannten Delegationspraxis zusammen. Ob eine Information wichtig oder unwichtig ist, das zu entscheiden darf man sich unter gar keinen Umständen abnehmen lassen. Um eine Richtung weisen zu können, muß man orientiert sein. Orientierung aber setzt Information voraus. Regierungstechnisch begabte Politiker entwikkeln ihre höchste Kunst gerade auf diesem Gebiet der Informationsbeschaffung. Churchill und Roosevelt haben beide auf diesem Gebiet geradezu geniale Fähigkeiten entwickelt. Auch Adenauer, unterstützt von Dr. Globke, scheint es zu hoher Meisterschaft gebracht zu haben. Das Informiertsein ist in hohem Grade von persönlichen Eigenschaften abhängig. Intellektuelle Neugier, Freude am menschlichen Umgang, Geselligkeit, ein großer Bekanntenkreis, ja auch eine große bedeutende Familie mit vielen Querverbindungen in andere gesellschaftliche Bereiche, die Fähigkeit zur Freundschaft, all das sind unschätzbare Quellen der Information. Eine gesellschaftlich begabte Frau wie Eleanor Roosevelt ersetzte ein ganzes Presseamt. Wer sich auf dem Gebiet der Information auf den Dienstweg verläßt, sollte den Beruf des Politikers quittieren. Mit Bedrückung hört man, daß ein Regie-

---

[21] Zur Problematik der *Machtdelegation* ist die Ära Eisenhower das interessanteste neuere Anschauungsobjekt. Vgl. NEUSTADT, aaO., passim; MARIAN D. IRISH, The Organization Man in the Presidency, in: *The Journal of Politics* 20 (1958) 259 ff.; L. G. SELIGMAN, Presidential Leadership, ebd. 18 (1956); R. H. PEAR, American Presidency under Eisenhower, *Polit. Quarterly* 20 (1957) und R. J. DONOVAN, *Eisenhower,* The Inside Story, New York 1956. Ferner die Memoiren von SHERMAN ADAMS, *Firsthand Report,* New York 1961. Zur Regierungstechnik Kennedys vgl. demgegenüber u. a. THEODORE C. SORENSEN, *Decision Making in the White House,* New York 1964[2], Zur Ernennung von StSekr. Westrick zum Bundesminister vgl. ESCHENBURG, Die Fehlkonstruktion im Kanzleramt, *Die Zeit* vom 26. 6. 1964.

rungschef im Umgang mit dem Telefon Hemmungen hat. Ich wage nicht zu sagen, wie die Kubakrise ausgegangen wäre, wenn Kennedy sich nicht aufs Telefonieren verstanden hätte. Die Meisterschaft Johnsons in der Bedienung dieses Instruments ist bekannt. Wie soll man die täglich notwendigen Kontakte aufrechterhalten, hier zusprechen, dort ermuntern, da warnen, hier ein persönliches Wort der Anteilnahme anbringen, wenn man Scheu vor dem Telefon hat. Gewiß können Politiker zu Sklaven ihrer Information werden. Vor allem das sogenannte nachrichtendienstliche Material wird gewiß oft überschätzt; aber unentbehrlich und gar nicht hoch genug einzuschätzen ist die Information des leitenden Politikers in Personalfragen. Man muß wissen, wer gut mit wem kann, wer was über wen gesagt hat. Eisenhower ist in seiner Amtszeit in die allerschwerste Krise hineingeraten, weil er nicht bemerkt hatte, daß wenige Schritte von seinem Amtszimmer entfernt eine bittere Fehde zwischen dem Finanzminister und dem Direktor des Budgetbüros ausgebrochen war.

Aus Information und allein aus Information schließlich resultiert die vielleicht wichtigste Bedingung des erfolgreichen Regierens, das Bewußtsein für den richtigen Zeitpunkt. Man hat immer wieder gesagt, für einen Politiker sei nichts wichtiger als Menschenkenntnis. Ich meine im Grunde das gleiche, nur in eine größere Dimension gehoben, wenn ich als das Wichtigste die Zeitkenntnis bezeichnen möchte oder einfacher: wissen wann – oder ganz anspruchsvoll: *kairos*. Sich gegen den Strom der Zeit stemmen ist in bestimmten weltgeschichtlichen Situationen sicher höchst verdienstlich, als tägliches Brot für einen Politiker jedoch kaum empfehlenswert. Politische Ziele haben es an sich, heute mehr, morgen weniger leicht erreichbar zu sein. Richtlinien setzen heißt im wesentlichen Gelegenheiten vorbereiten, um sie im richtigen Moment beim Schopf zu fassen. Ein klassisches Beispiel: Roosevelts Vorbereitung des Kriegseintritts oder sein blitzschnelles Ergreifen der Chance, umfassendste wirtschafts- und sozialpolitische Reformmaßnahmen schon während der ersten hundert Tage seines Amtsantritts einzuleiten. In der damaligen Situation hätte ihm die Nation und der Kongreß alles bewilligt, und er nahm, was er kriegen konnte. Adenauers Entrieren der deutschen Wiederbewaffnung war, wie immer man darüber denken mag, ein Beispiel großer politischer Kunst. Auch de Gaulles taktische Meisterschaft erweist sich im wesentlichen als die Fähigkeit, Situationen vorzubereiten, um sich dann zu ihrem Herrn zu machen. Ein Politiker muß imstande sein, die Phantasie zu beschäftigen, Hoffnungen zu wecken, um dann im richtigen

Moment das von allen Erwartete zu tun. Die Entspannungspolitik Kennedys war ein solcher Versuch im größten Stil. Ein früherer ähnlich gezielter Macmillans mißglückte.

* * *

Gegenstand der Politischen Wissenschaft ist die gute Ordnung des Gemeinwesens. Diese ist die Resultante von sinnreichen Institutionen, Verfahrens- und Verhaltensweisen, innerer und äußerer Lage, geistiger und sozialer Verfassung. Ist es der Wissenschaft erlaubt, mit ihrem Urteil zu Tag und Stunde hervorzutreten? Gewiß dann, wenn sie ihre Prämissen deutlich macht. Die Politische Wissenschaft will nicht nur wissen, um zu wissen, sondern sie will wissen, damit wir ein vernünftiges Leben führen können. Wir haben Amtsauftrag und Amtskompetenz des Bundeskanzlers geschildert, auf einige der Bedingungen erfolgreicher Richtlinienbestimmung verwiesen. Ein Schluß muß erlaubt sein.

Der Wechsel im obersten Führungsamt der Bundesrepublik hat jedermann deutlich gemacht, wie stark die lebende Verfassung eines Gemeinwesens von den leitenden Personen geprägt werden kann. Die politische Ordnung eines Gemeinwesens ist nicht nur das Epiphänomen kollektiver gesellschaftlicher Kräfte; eine Verfassungsordnung kein lebloses Marionettentheater, in dem nur an juristischen Fäden gezogen wird. Wie stark auch immer die Kraft objektiver Bedingungen sein mag, ein Amt und eine Kompetenz bleiben immer das, was ein lebender Mensch daraus macht. Wenn man das abgelaufene Jahr unter dem Gesichtspunkt der Richtlinienbestimmung betrachtet, so kann man kaum anders sagen, als daß es ein Jahr verpaßter Gelegenheiten war. Welche Möglichkeiten boten sich dem mit so viel gutem Willen aufgenommenen neuen Kanzler auf dem Gebiet der Innenpolitik. Welch einmalige Chance hat er gehabt, sich als der große Beweger der deutschen Bildungspolitik zu erweisen. Einmütig haben ihm SPD und FDP angeboten, ein eigenes Wissenschaftskabinett unter seiner Leitung einzurichten. Er hätte nur zugreifen müssen, um die Phantasie und die Hoffnung gerade der meinungsbildenden Schichten der Bundesrepublik auf seine Person zu konzentrieren.[22]

---

[22] Zu Bundeskanzler *Erhards Denk- und Regierungsweise* vgl. ESCHENBURG, *Institutionelle Sorgen,* 98 ff.; die Titelgeschichte im *Spiegel* Nr. 42 v. 16. 10. 1963; WALTER HENKELS, Im Laufe eines Tages, *FAZ* v. 3. 10. 1964; WERNER HÖFER, Ein Jahr

Um Ideen in Bewegung umzusetzen, bedarf es im Bereich der Staatsleitung der Institutionen. Den Vorrang der Gemeinschaftsaufgaben – Wasser, Luft, Raumordnung, Strukturplanung – zu proklamieren, ohne auch nur die vorhandenen oder mit Leichtigkeit zu schaffenden Instrumente, vor allem die Kabinettsausschüsse, dafür einzusetzen, muß Zweifel, wenn nicht am guten Willen, so doch am Ernst des Willens wecken. Richtlinien der Politik, die verbal bleiben, sind für jeden Kanzler billig zu haben. Ein phantasievoller Mann kann sie am laufenden Band produzieren. Wir würden es zu den nicht geringsten der Vorzüge einer freiheitlichen Demokratie zählen, daß in ihr von der Verkündung der Richtlinien der Politik durch den Mund des Kanzlers bis zu ihrer endlichen Ausführung ein gewisser Weg zu gehen ist. Wir möchten den vom Kanzler so genannten »Hick-Hack« nicht missen. In der freiheitlichen Demokratie ist der Consensus keine feste Größe, sondern etwas allzumal Herzustellendes. Das geht nicht ohne Streit, Kampf, unendliche Mühen. Was der Kanzler als »Interessentenklüngel«, »Lobbyisten« und »Funktionäre« bezeichnet, hat dabei eine unverzichtbare und vollkommen legitime Mittlerstellung. Wer sie beschimpft, beschimpft das Volk, das ohne sie nicht mehr zu denken ist, viel weniger zu regieren. Eine unmittelbare, kurzgeschaltete, verpflichtende Beziehung von Volk und Regierung ist unter den Bedingungen der modernen Gesellschaft nur noch in exzeptionellsten Situationen zu haben. Keiner sollte sie uns wünschen.

Die Forderung, die an den Regierungschef eines modernen Großstaates gestellt wird, verlangt schier übermenschliche Kraft. Nicht der geringste Teil der Aufmerksamkeit des führenden Politikers muß nicht allein seiner Politik, sondern ihren Bedingungen gelten, nicht zuletzt der Erhaltung der eigenen Macht. Diese Aufgabe ist so heikel, in einer freiheitlichen, parteienstaatlichen Demokratie mit ihren divergierenden pluralistischen Kräften so diffizil, daß sich schon wieder Stimmen melden, die glauben, ein leichteres Rezept anbieten zu können. In einer Analyse des ersten Jahres der Regierung Erhard hat Johannes Groß dem Kanzler empfohlen, mit dem Versuch aufzuhören, nach dem Vorbild Adenauers mit Hilfe der pluralistischen Kräfte zu regieren. Er hat ausgesprochen, was viele – vielleicht der Kanzler selber – denken. Viel-

Volkskanzler, in: *Die Zeit* Nr. 41 v. 9. 10.1964 und K. H. Flach, *Erhards schwerer Weg,* Stuttgart 1964 2, über Erhard als Chef des Wirtschaftsministeriums aufschlußreich die Analyse von Siegmund Chabrowski, Die Zentrale des Wirtschaftswunders, in: *Die Zeit* Nr. 22 v. 31. 5. 1963. Die Thesen von Joh. Gross, in: *Der Monat* Nr. 192 (Sept. 1964) S. 10, 14.

mehr solle er Parteien und Verbände, die sogenannten Mächte des Pluralismus in ihre Schranken weisen. Er müsse sich entscheiden, mit den pluralistischen Kräften zu taktieren und paktieren oder aber: sie sich vermittels eines persönlichen Dauerplebiszits zu unterwerfen. Das Plebiszit, mit dem er sich cäsaristisch die Innenpolitik unterwerfen könne, sei das Instrument, mit dem er allein regieren könnte. Welch verantwortungsloser, törichter Rat! Alles, aber auch alles fehlt dem Bundeskanzler, um das Beispiel de Gaulles nachahmen zu können. Er hat kein vergleichbares historisches Verdienst, unsere Parteienverhältnisse sind nicht so, daß sie es verdienten, zerstört zu werden, vor ihm liegt kein geschichtlicher Auftrag, den nur er erfüllen könnte. Für die deutsche Teilung gibt es keine Algerienlösung. Bundeskanzler Erhard und sicher auch sein Nachfolger werden so regieren müssen, wie die freiheitliche Demokratie und unser Grundgesetz es verlangen. Ihr so gut ausgestattetes Recht, die Richtlinien der Politik zu bestimmen, sollte es ihnen nicht allzu schwer machen. Allerdings, dieses Recht gilt nur mit Wenn und Aber.

(1964)

Aufgaben einer modernen Regierungslehre

Einer in ihrer neueren, wiedererstandenen Gestalt eben doch noch so jungen Wissenschaft wie der unsrigen, die – wie oft gesagt – noch auf der Suche nach ihrem Gegenstand ist, wird man es nachsehen, wenn sie auf ihren wissenschaftlichen Tagungen auch programmatischen Überlegungen Raum gibt, in diesem Fall wäre vielleicht besser zu sagen: der Suche nach dem verlorenen Gegenstand. Denn was immer die in den vergangenen fünfzehn Jahren von unserem Fach erbrachten Leistungen sein mögen, für den Gegenstand unserer heutigen Verhandlungen (doch gewiß das eigentliche Mittel- und Herzstück unserer Disziplin, wenn man will, auch ihr tägliches Brot, im Lehrbetrieb selbstverständlich voranstehend), die Institutionen, Verfahren, Methoden der politischen Herrschaft und Willensbildung eines Gemeinwesens, also all das, wofür in der Regel der Verlegenheitsbegriff »Innenpolitik« herhalten muß, dafür hat sich weder ein allgemein akzeptierter Oberbegriff noch eine – sei es nun zur Zustimmung oder zur produktiven Auseinandersetzung – anregende Fragestellung durchgesetzt. Nur als eine Anregung zu solcher Auseinandersetzung möge dieser Bericht verstanden werden. Dabei wird die Aufgabe nicht sein können, Grundprobleme des Regierens selbst vorzuführen, sondern es soll versucht werden, eine bestimmte Sichtweise, vor allem aber die wissenschaftliche Aufgabe einer Regierungslehre selbst zu rechtfertigen, einmal aus der Sicht der Lehrverpflichtung unseres Faches, zum andern der besonderen disziplinpolitischen Chancen, die sich hier eröffnen[1].

---

[1] In der Diskussion dieses Referats wurde geltend gemacht, statt programmatische Erklärungen abzugeben, solle man sich der Sache selbst zuwenden. Dem wäre entgegenzuhalten, daß gerade bei einem so breiten, stoffreichen Gebiet nichts wichtiger ist als Verständigung über das, was als besonders wichtig angesehen wird. Nichts anderes verstehe ich unter Programmatik. Zur besseren Veranschaulichung

I.

So einfach und unproblematisch im Vergleich zu den Streitfragen der politischen Theorie sich unser Gegenstand auf den ersten Blick ausnimmt, so ungeklärt ist er nach Fragestellung und Systematik. Niemand zweifelt, wovon im Rahmen der sogenannten Innenpolitik die Rede sein muß, aber was gibt den diffusen, unendlichen Gegenständen aus der *besonderen* Sicht des Faches – die sich doch von der des Soziologen, Historikers, Juristen unterscheiden sollte – Einheit und Konsistenz? Dabei liegt es auf der Hand, daß sich in unserem Fach die Systematik immer nach der grundlegenden Fragestellung, d.h. nach der als fundamental angesehenen Problematik, ausrichtet. Soll die Fragestellung fruchtbar sein, so darf sie nicht von außen – etwa auf Grund des Diktats irgendeiner Wissenschaftstheorie oder Methodenlehre – an die Sache herangetragen werden, sondern sie muß sich aus der Problematik der Sache, wie wir sie als politische Menschen erfahren, ergeben[2]. Es wird sich also zunächst empfehlen, einen möglichst breiten *consensus* über das als gegenwärtig problembestimmend Erfahrene herzustellen. Nicht eine Allgemeine Regierungslehre – etwa nach dem Vorbild einer Allgemeinen Staatslehre oder sonstigen *General Theory* – visieren wir an, sondern eine Regierungslehre der Staaten unserer Zeit. Gibt die als grundlegend erfahrene und im rationalen Diskurs begründbare politische Fundamentalproblematik – in der Sprache Max Webers die Wertbeziehung – Fragestellung und systematische Leitlinie her, so sind als der Sache unangemessen mithin alle Versuche abzulehnen, die ohne Rekurs auf diese Problematik, etwa im Wege einer politischen Systemforschung mit den Zentralbegriffen Struktur und Funktion, die Einheit des Gegenstandes konstituieren möchten. Genauso unbefriedigend wären alle bloßen Additionen der hier relevanten Sachverhalte, auch wenn man die Summe der Einzelposten

---

des hier Angestrebten füge ich anstelle längerer Anmerkungen den Grundriß einer Vorlesung bei, die ich seit einigen Semestern an der Universität Hamburg halte. Dieser Grundriß prätendiert nicht, den kanonischen Inhalt einer Regierungslehre zu fixieren, vielleicht kann er aber dazu einladen, sich über einen Kanon Gedanken zu machen.

[2] Den wissenschaftsgeschichtlichen Voraussetzungen und Infragestellungen einer solchen praxis- und problembezogenen Sicht der Aufgaben unseres Faches geht nach meine Studie *Politik und praktische Philosophie,* Neuwied 1963. Der hier vorgeschlagene Ansatz einer Regierungslehre schließt unmittelbar an dieses Buch an. Als gelegentliche Probe aufs Exempel vgl. auch *Richtlinienkompetenz und Regierungstechnik* in diesem Band S. 106 ff.

dann als Lehre vom Government oder Regimelehre deklariert. Im besten Fall liefe dies auf eine soziologisch-politologisch angereicherte Lehre der nationalen Verfassungs- und Regierungssysteme hinaus, eine Leistung, die die moderne Staats- und Verfassungsrechtslehre aber auch ohne die Hilfe unseres Fachs von sich aus zu vollbringen vermag. Der leitende Gesichtspunkt scheint mir überhaupt nicht gewonnen werden zu können bei Fixierung auf die Monaden der einzelnen politischen Gemeinwesen, sosehr es sich versteht, daß die Analyse und Interpretation der grossen politischen Gemeinwesen eine unserem Fach gestellte Aufgabe ist, eine Aufgabe, wie sie von Fraenkel für die Vereinigten Staaten, von Ellwein für die Bundesrepublik ergriffen wurde. Wo aber ohne Vermittlung durch eine allgemeinere Problematik von vornherein das nationale Verfassungssystem, politikwissenschaftlich angereichert, im Vordergrund einer Lehre der Innenpolitik steht, bleibt als Ergänzung für die über den nationalen Rahmen hinausreichende Problematik nur die vergleichende Lehre der Herrschaftssysteme, eine Lehre, die selbstverständlich aber doch nur dann möglich ist, wenn es sich um Vergleichbares, also durch eine gemeinsame Problematik Zusammengehaltenes handelt.

Ich darf die Voraussetzungen deutlich machen, von denen ich ausgehe. Ich gehe davon aus, daß die modernen Staatswesen, ich meine die unseres Jahrhunderts (und erlaube mir, von Saudi-Arabien, Abessinien, dem Kirchenstaat etc. abzusehen), sich an einem universalen Modell orientieren, das durch drei Kriterien bestimmt ist. Erstens wollen die modernen Staaten Verfassungsstaaten sein, sie wollen eine von der Einzelperson abgehobene sachliche Ordnung der öffentlichen Gewalt darstellen: Recht und Schutz des einzelnen sollen gewährleistet sein. Daneben wollen die modernen Staaten demokratisch sein, das Wohl des Volkes soll einzige Legitimitätsquelle, demokratische Mitbestimmung gewährleistet sein. Ob sie dem Begriff standhalten oder nicht, als Verfassungsstaat und Demokratie möchten die modernen Staaten alle verstanden werden. Für die entwickelten Staaten des Westens sind Verfassungsstaat und Demokratie bereits Elemente der Tradition mit reich entwickeltem Formenschatz, der noch variiert und ergänzt werden kann, aber in sich nicht eigentlich problematisch ist. Mit beiden, Demokratie und Verfassungsstaat verbunden, aber doch in gewisser Weise indifferent ihnen gegenüber, will der moderne Staat drittens ein Staat sozialer und wirtschaftlicher Leistungen sein. Im Gegensatz zu einem zeitlich kurzfristigen Modell des 19. Jahrhunderts will der moderne Staat nicht bloß sichernder und gewährleistender, sondern arbeitender

Staat, Leistungsstaat sein. Gleichgültig, ob er sich schon als Sozial- und Wohlfahrtsstaat versteht oder nicht, unter halbwegs entwickelten technischen Verhältnissen wird er es mit Notwendigkeit. Suchen wir die Fundamentalproblematik moderner Staatlichkeit auf, so brauchen wir nur die Chiffren zur Erfassung seiner heutigen Besonderheit aufzuzählen: Wohlfahrtsstaat, Sozialstaat, Verwaltungsstaat, Daseinsvorsorgestaat, Leistungsstaat, Verteilerstaat, polemisch Fürsorge- oder Versorgungsstaat, alles Formeln zur Bezeichnung seiner gesteigerten Tätigkeit; *»état actif«* (Bertrand de Jouvenel) ist die letzte einer langen Reihe solcher Formeln, und der Teil des staatlichen Organismus, der diese Leistung vorantreibt und bewirkt – *pouvoir actif* –, erscheint als der für seine moderne Gestalt und Problematik bestimmende.

Wenn es richtig ist, daß die Kraft und Fähigkeit des modernen Staates zur Bewältigung der ungeheuren Aufgaben, die die Herausforderungen der modernen Industriewelt, die sozialen Forderungen emanzipierter Menschen, der Wettbewerb der politischen Systeme ihm abfordern, in den eigentlichen Kern moderner Staatlichkeit verweisen, daß die Fähigkeit des Staats zur Erfüllung dieser Leistungen auch darüber entscheidet, ob seine traditionellen Elemente, Demokratie und Rechtsstaatlichkeit, gesichert sind, so sollte es auf der Hand liegen, daß die Politische Wissenschaft in dieser Problematik wenn nicht ihren eigentlichen, so doch einen ganz zentralen Gegenstand zu suchen hätte. Das klingt einfach und selbstverständlich, und doch ist es nicht so. Man wird kaum sagen können, daß die Art und Weise, wie unter der Herausforderung moderner Staatsaufgaben das Geschäft der Lenkung, Führung und Koordination eines Gemeinwesens besorgt, kurzum, wie regiert wird – wenn wir unter Regieren das Erbringen dieser Leistung verstehen –, eine leitende Fragestellung unseres Faches wäre, von der aus die einzelnen Materien, auch ihre traditionellen, etwa das institutionelle Instrumentarium, ihre systematische Ordnung erfahren würden. Wo davon die Rede ist, so ist es nicht das Regieren, also eine noch viel mehr als früher auf eine besondere Leistung abzielende Tätigkeit, sondern das Regierungssystem als ein Stück der jeweiligen Verfassungs- und Staatsform, von dem die Fragen ausgehen; also *Government* nicht als Inbegriff von Tätigkeiten, sondern als institutionalisierte Ordnung. Aber nicht das Regierungssystem, sondern das Regieren scheint mir unter den modernen Bedingungen zum zentralen Problem der Politischen Wissenschaft avanciert zu sein und die Analyse seiner Technik ihre vordringliche Aufgabe.

Daß das Regieren, dem nach aller vernünftigen Definition das Gesetzgeben zuzuordnen ist und das seine fließende Erweiterung im Bereich des Verwaltens findet, bisher nicht zum bevorzugten Gegenstand unserer Disziplin gehört, braucht, glaube ich, im einzelnen nicht belegt zu werden. Für das hier Gemeinte hat sich in der internationalen Diskussion ein fester Begriff noch nicht eingebürgert. *Public Administration* ist zu eng, *Government* im angelsächsischen Verständnis zu stark am Regierungssystem orientiert, und das nicht zu Unrecht, erfüllt die amerikanische Lehre vom *Government* doch auch die Aufgaben, die bei uns die Staats- und Verfassungsrechtslehre wahrnimmt. Den ganzen Bereich als den der politischen Willensbildung zu umschreiben, finde ich wenig glücklich. Abgesehen davon, daß zumeist ein problematischer Demokratiebegriff zugrunde liegt, ist »Wille« für politikwissenschaftliche Analyse eine genauso leere und nichtssagende Formel wie »Macht«[3]. Der »Wille«, der sich in einem Staat in den mannigfaltigsten Formen bilden mag, ist immer bezogen auf Aufgaben, die in diesem Staate gelöst werden sollen, sei es, daß er sich auf die Personen bezieht, die diese Aufgaben lösen sollen, sei es, daß er sich auf die Aufgaben selbst richtet. Alle im Staat politisch relevante Willensbildung bezieht sich auf das Regieren. Nur was darauf einen Bezug hat, gewiß den soziologischen, historischen, juristischen Befund voraussetzend, ihn dann aber unter eine neue Fragestellung bringend, wird zu einem Gegenstand der Politischen Wissenschaft im strengeren Sinn. Da mir diese Bezeichnung am unmißverständlichsten zu sein scheint, sie auch bereits einen gewissen Kurswert besitzt (vgl. Emil Guilleaume, »Regierungslehre«, in: *Der Staat,* 2, 1965) und immerhin auf eine so ehrwürdige Tradition wie die Lorenz von Steins verweist, empfehle ich, den ganzen Komplex als Regierungslehre zu bezeichnen. Die engli-

---

[3] Zur Kritik einer das Problem der »Willensbildung« verabsolutierenden Politikwissenschaft vgl. vor allem Siegfried Landshut, Zum Begriff und Gegenstand der politischen Soziologie, in: *Kölner Zeitschrift f. Soziologe,* N. F. 8, 1956, 410 ff. Aus etwas anderer Sicht würde ich ergänzen: Die Fixierung auf »Willensbildung« – Konsequenz eines unangemessenen »theoretischen« Begriffs der Politikwissenschaft verstellt den Blick auf die eigentlichen Fragen der realen Politik, die mit als »normativ« und moralistisch abqualifizierten Begriffen wie »Aufgabe«, »Amtsauftrag«, Gewinnung von »Zustimmung«, »Verantwortlichkeit« etc. in der Regel viel besser zu greifen sind. Diese Begriffe halten sich an das empirisch Erfahrbare, während am Leitseil von »Willensbildung« und »Entscheidungsprozeß« nur abstrakte Schattenbilder herauskommen. – Den einzig wegweisenden Ansatz einer »theoretischen« Erfassung der Politik in der zeitgenössischen Literatur sehe ich in Bertrand de Jouvenel, *Pure Theory of Politics,* Cambridge 1963.

schen Vorlesungstitel »*Central Government*« und »*Machinery of Government*« kommen nach Problemumfang und Problemerfassung dem hier Gemeinten am nächsten.

II.

Wie kommt es, daß das Regieren, die Politik im üblichen Verständnis als Tätigkeit zur Durchsetzung der staatlichen Zwecke, im Schatten der wissenschaftlichen Aufmerksamkeit steht? Wenn die Problematik unseres Fachs zum Teil aus seiner Herkunft aus der praktischen Philosophie resultiert, so gilt das für das Regieren als Gegenstand der Wissenschaft in besonderem Maße. So wie in der modernen Wirtschaftswissenschaft für das Wirtschaften kein Platz mehr ist, so in einer sich von ihrer praktischen Tradition emanzipierenden Staatswissenschaft für das Regieren, dem die Eigenschaften der Kunst *(techne)* und Praxis ja nicht wegdefiniert werden können. Nur auf dem Boden eines Wissenschaftsbegriffs, für den die Praxis wissenschaftswürdig und -fähig bleibt, ist Zugang für eine Wissenschaft vom Regieren zu finden, und es gehört zur Ironie der neueren Wissenschaftsgeschichte unseres Fachs, daß ihm das Regieren – in der Terminologie des 19. Jahrhunderts die »Staatskunst« oder die »Politik i.e.S.« – nie streitig gemacht worden ist, aber das Rüstzeug verweigert wurde, mit dem die verbliebene Aufgabe hätte bewältigt werden können. Ich darf darauf am Schluß noch einmal zurückkommen.

Neben dieser fachinternen Problematik scheinen mir im wesentlichen drei Ursachen für die geringe Entwicklung einer Regierungslehre verantwortlich zu sein.

Erstens hat sich die politische Reflexion der Neuzeit wesentlich an den Vorschriften der Verfassung orientiert. Die Verfassungen haben aber den Bereich der Regierung dem öffentlichen Auge eher entrückt als zugänglich gemacht. Als ämtereinsetzende, kompetenzzuweisende und kompetenzbegrenzende Ordnung ist es allerdings auch unbillig, von einer Verfassung zu erwarten, daß sie den Prozeß, das Was und Wie des Regierens, im einzelnen regelt und sichtbar macht. Die Verfassung weiß über die Regierung in der Regel nur zu sagen, daß es sie gibt und welches ihre Beziehungen zum Parlament sind; über die innere Arbeitsordnung, schon die Zahl und Aufgaben der Ressorts, schweigt sie sich in aller Regel aus. Die verfassungsergänzenden Vorschriften der Geschäftsordnungen haben das Interesse der zuständigen Wissenschaft, orientiert an der Rechtssatzhierarchie, in aller Regel nicht für sich beanspruchen können; sie sind noch heute weithin, wie es Hans Schneider ausgedrückt hat, eine *quantité* und *qualité négligeable*. Auch das traditionelle Gewaltenteilungsdogma mit seiner Ignoranz des Bereichs der Regierung, seinem Verständnis der »Exekutive« als Subalternbereich des Gesetzgebers hat dem Verständnis der wirklichen Zusammenhänge im Wege gestanden. Bekanntlich haben bei uns in Deutschland erst Rudolf Smend und Ulrich Scheuner den Bereich der Regierung gewissermaßen neu entdecken müssen[4]. Gegenüber Smend und Scheuner wird man heute sagen müssen, daß der Bereich der Regierung sich in den vergangenen zwanzig Jahren noch unvergleichlich vergrößert hat, sind doch die entscheidendsten Partien der modernen Verwaltung nicht mehr wie ehedem durch ihre Gesetzesabhängigkeit und damit in gewisser Hinsicht als das Festgelegte, bloß Ausführende zu verstehen, sondern weit über den Bereich der Ministerialverwaltung hinaus – man denke nur an den immensen Bereich der sog. nichtgesetzesakzessorischen Fondsverwaltung[5] – als Stück des Regierungsprozesses. Ich darf hier am Rande bemerken, daß ich auch auf Grund dieser ganz neuen Gewichtung des Verhältnisses von Regierung und Verwaltung, eben auch des quantitativen Verhältnisses, es vorziehen würde, den Bereich als Regierungslehre und nicht als Verwaltungslehre zu bezeichnen, sosehr er auch seine Fortsetzung im mehr technischen Bereich der Verwaltung findet. Zu den den Bereich der Regierung verhüllenden Elementen unserer Verfassungstradition gehört auch die Lehre von der Organisationsgewalt, die Regierung und Verwaltung, insbesondere die innere Ordnung des großen Staatsinstrumentariums, als eine Art exemten Bereich zu sichern suchte. Die Vorschriften über das Amtsgeheimnis tun das ihre, um den Bereich der wissenschaftlichen Kontrolle zu entziehen.

Zweitens hat aber auch der demokratische Gedanke, ausgehend vom Problem der Durchsetzung des Volkswillens, dem Bereich der Regierung nie viel Interesse gewidmet. Das Interesse wird unter seiner Herrschaft allzu leicht den im engeren Sinne »demokratischen« Faktoren der politischen Willensbildung zugewandt, den »autoritären« abge-

---

[4] Rudolf Smend, Die politische Gewalt im Verfassungsstaat und das Problem der Staatsform, in: *Festgabe für Kahl,* Tübingen 1923 (jetzt in: *Staatsrechtliche Abhandlungen,* Berlin 1955, 68 ff.); Ulrich Scheuner, Der Bereich der Regierung, in: Rechtsprobleme in Staat und Kirche – *Festgabe für R. Smend,* Göttingen 1952, 253 ff.

[5] Vgl. Arnold Köttgen, *Fondsverwaltung in der Bundesrepublik,* Stuttgart 1965.

zogen[6]. Wir haben keinen Mangel an Arbeiten über die Parteien, die Verbände und auch über das Parlament als Volksvertretung; dagegen ist unser Wissen über die Arbeitsweise der Regierung, der Ministerialbürokratie und der staatlichen Verwaltung denkbar dürftig. Eine Ausnahme macht einzig die Kommunalwissenschaft, wo die ideologische Förderung solcher Studien durch den Selbstverwaltungsgedanken auf der Hand liegt. Während die Literatur über das Parlament und die Parteien kaum noch zu bibliographieren ist, haben Reichs- und Bundesregierung, abgesehen von den Arbeiten von Rosenthal und Münch, jüngstens Wildenmann, noch nie den Gegenstand einer großen Monographie abgegeben. Das erste große Buch über das Amt des Bundeskanzlers ist bekanntlich von einem Franzosen geschrieben worden[7]. Ich habe den Vergleich schon einmal gebraucht, aber ich möchte ihn wieder anbringen: Wenn es erlaubt ist, in der Regierungslehre so etwas wie eine Betriebswirtschaftslehre des modernen Staates zu sehen, so erweckt unser Fach den Eindruck einer Betriebswirtschaftslehre, deren einziges Thema die Mitbestimmung ist. Der Staat als Leistungsträger kommt in ihr so gut wie gar nicht vor.

Drittens wird man neben dem demokratischen auch den liberalen Gedanken nicht davon freisprechen können, daß er mit seiner Tendenz zur Perhorreszierung der staatlichen Gewalt, seinem unangemessenen Vorverständnis des für die Sicherung modernen Lebens so unentbehrlichen staatlichen Instrumentariums als lästiger Bürokratie, mehr zur Verurteilung als zur Beurteilung unseres Gegenstandes beigetragen hat.

III.

Nach diesen knappen Hinweisen auf die im Wege stehenden Hemmnisse nun aber das Positive: Warum ist es über das Gesagte hinaus so wichtig, daß sich die Politische Wissenschaft den Fragen der Regierungslehre systematisch zuwendet? Eine pädagogische Erwägung voran. Der moderne Staat ist uns sehr nahe gerückt. In allem, was wir tun, dem Wasser, das wir trinken, der Wärme und dem Licht, die wir brau-

---

6 Das ist gut gesehen bei HANS PETER SCHWARZ, Probleme der Kooperation von Politikwissenschaft und Soziologie in Westdeutschland, in: *Wissenschaftliche Politik,* hrsg. von D. OBERNDÖRFER, Freiburg 1962, 312 f.

7 JEAN AMPHOUX, *Le Chancelier Fédéral dans le Regime Constitutionel de la République Fédérale d'Allemagne,* Aix-en-Provence 1960 (auch Paris 1962).

chen, den Lebensmitteln, die wir verzehren, der Bewegung von einem Ort zum anderen, sind wir auf seine Hilfe und Leistungen angewiesen. Bis in den privatesten Bereich reicht sein Einfluß. Bei Geburt und Tod brauchen wir seine Hilfe, selbst die Empfängnis des Lebens beeinflußt er durch Steuern und Beihilfen.

Und trotzdem ist er ferner gerückt denn je – jedenfalls ist das ein verbreiteter Eindruck. Entfremdung, tote Apparatur, undurchsichtiger Betrieb sind gewöhnliche Epitheta für seine heutige Erscheinung. »Die da oben« – als ob sie so weit entfernt wären wie Pharaonen, Kaiser und König. Sie waren viel weiter entfernt, und doch war ihr Tun einfacher begreifbar: auf dem Richtstuhl sitzen, dem Heer voranreiten, im Rate präsidieren. Unendlich viel schwieriger erscheint es demgegenüber, sich vorzustellen, was ein Regierungschef, schon der Oberbürgermeister einer großen Stadt, ein hoher Ministerialbeamter denn eigentlich zu tun hat. Sie sitzen im Büro und haben eine Besprechung oder diktieren einen Brief – was kann man sich dabei schon denken, wie soll das zu einem anschaulichen Bild gerinnen? Wenn Publizität das Lebenselement der freiheitlichen Demokratie ist, so ist nichts undurchsichtiger als die Realität des modernen Regierens.

In diese Undurchsichtigkeit mit ihren gefährlichen irrationalen Möglichkeiten ein wenig Licht zu bringen, muß der Sinn einer Wissenschaft des Regierens sein. Es ist ein Stück Daseinserhellung, das hier zu leisten ist. Dabei scheinen mir ihre Möglichkeiten und Grenzen glänzend abgesteckt zu sein durch das, was der englische Historiker Sir Lewis Namier als Ergebnis gründlicher historischer Schulung bezeichnet hat, und ich würde hinzusetzen, auch politischer Bildung: »Ein intuitives Wissen, wie Dinge nicht zu geschehen pflegen.« Ich finde es weder sehr wissenswürdig noch in der Regel möglich, eine genaue Aussage darüber zu machen, wie ein bestimmtes Gesetz unter dem Einfluß der Verbände zustande gekommen ist. Aber daß Gesetze auch unter massivstem Verbandseinfluß nicht so zustande kommen, wie die politischen Kannengießer sich das vorstellen, das kann der im Mechanismus modernen Regierens Bewanderte sagen. Kurzum: Wer in diesen Dingen zu Hause ist, kann dagegen immunisiert werden, den Staat zum Leviathan, zum Behemoth, zum Ungeheuer zu dämonisieren.

Sich der Mechanik und Technik des modernen Regierens zuzuwenden, scheint mir aber noch aus anderen Gründen wichtig zu sein. Die große politische Leistung der Neuzeit, eine Leistung, an der wir Deutschen mehr partizipierend als aktiv beteiligt waren, war die Herausbildung des modernen Rechts- und Verfassungsstaats. Auf seine Ergebnisse können wir nicht verzichten, aber er bietet nicht eigentlich die Antwort auf die heutige Lage. Diese wird, vom einzelnen aus gesehen, nicht sosehr bestimmt durch die Sorge um Freiheit und Recht, sondern durch die Sorge, daß die über Freiheit und Recht hinausgehenden, unter Umständen vitaleren Ansprüche des einzelnen vom Staate befriedigt werden. Ansprüche, die sich erstrecken nicht nur auf die Sorge um den Schutz des Lebens vor äußerer Gewalt (sei es des äußeren Feindes oder des bösen Nachbarn), sondern auf die Möglichkeit, das Leben überhaupt führen zu können: wohnen, heizen, essen, trinken zu können. Das Problem des modernen Staats liegt nicht mehr allein in der Sicherung von Rechten, sondern vor allem in der Erfüllung von Leistungen. Er hat Leistungen und Aufgaben von gewaltigen Dimensionen zu bewältigen. Die Fähigkeit dazu – das Ausmaß seiner Effizienz – bestimmt sich unter anderem nach dem Grad seiner organisatorisch-instrumentalen Adaptation an diese neue Lage. Gewaltenteilung, Gesetzmäßigkeit der Verwaltung, Unabhängigkeit der Richter, Verfassungs- und Verwaltungsgerichtsbarkeit waren die großartigen Antworten auf das alte Problem des Schutzes der Rechte; für die Sicherung der Ansprüche und die Gewährleistung seiner Leistungen haben wir Vergleichbares nur in ersten Ansätzen. Wenn diese Sicht richtig ist, so wird die Politische Wissenschaft der Zukunft, will sie so wie die alte die Probleme ihrer Zeit beantworten, Verfassungslehre zwar in sich aufnehmen, ihren Schwerpunkt aber in Regierungs- und Verwaltungslehre finden müssen.

Das gilt ganz besonders angesichts der weltpolitischen Konfrontation von Ost und West. Wenn man den Kennern glauben darf, so holt das östliche System die Errungenschaften des Verfassungs- und Rechtsstaats heute in je eigener Weise zurück – in einer bedingten Weise, die uns nicht befriedigen würde, die es aber nicht mehr erlaubt, den Gegensatz als den von Rechts- und Unrechtsstaaten zu bezeichnen. Vielmehr spielt sich die Auseinandersetzung ab einmal als Wettbewerb im ökonomischen und technischen Bereich, zum anderen aber, beides bedingend und tragend, auf dem Gebiet der Effizienz der Staatsapparatur. Wie wird diese enorme Maschinerie des modernen Produktions- und Verteilungsapparates am besten gesteuert? Wir haben viele Arbeiten und kluge Gedanken über die vergleichsweisen Vorzüge und Nachteile der beiden ökonomischen Systeme; wir dürfen es auch auf dem Gebiet der Regierung nicht für selbstverständlich ansehen, daß unser System das leistungsfähigere ist. Ich betone: unter der Voraussetzung, daß das östliche System imstande ist, sich rechts- und verfassungsstaatliche Elemente im traditionellen Sinn einzuverleiben. Dem mögen engere Grenzen gezogen sein, als wir es für wünschenswert ansehen, prinzipiell ist kaum daran zu zweifeln.

Schließlich haben wir in Deutschland vielleicht eine ganz besondere Veranlassung, uns mit den Fragen der Maschinerie des Regierens unter modernen Bedingungen intensiver zu beschäftigen. Wir sind in Deutschland besonders stolz auf die Qualität unserer Verwaltung – und im ganzen wohl zu Recht. Aber Regieren ist nicht identisch mit Verwalten. Und so bleibt festzuhalten, daß die deutsche Regierungsmaschinerie und -technik schon des Bismarck-Reiches – aber auch Weimars – der des Westens unterlegen war; in welchem Maße, zeigte sich in den Anforderungen der beiden Weltkriege. Die Unfähigkeit des Kaiserreiches, Militär, Politik und Wirtschaft zu koordinieren[8], sticht entschieden ab von der Leistung Lloyd Georges im Ersten, Churchills im Zweiten Weltkrieg. In der Herausbildung all jener spezifischen Institutionen, die die Antwort auf die unvergleichlichen, nie zuvor gekannten Anforderungen an die Regierungsmaschinerie waren, die die riesigen Kraftleistungen moderner Kriege darstellten, erwies sich, im Vergleich mit den freiheitlichen Demokratien des Westens, der autoritäre Militärstaat Preußen-Deutschland als hoffnungslos unterlegen, vom Zuständigkeitschaos innerhalb der totalitären Diktatur gar nicht zu sprechen. Wie gewinnt ein Staat Handlungsfähigkeit, wie organisiert er seine Arbeit, welches sind die optimalen Instrumente zur Erfüllung seiner Aufgaben – das sind Probleme, die zu bedenken Aufgabe jeder Politischen Wissenschaft sein muß, der deutschen vielleicht im besonderen Maße, und ich würde für die Epoche der Bundesrepublik hinzufügen: Ihre regierungstechnische Bewährungsprobe hat sie noch nicht ablegen müssen; daß die Einsicht in die Anforderungen moderner Staatskunst merklich zugenommen hat, wage ich zu bezweifeln.

IV.

Haben wir somit das Unternehmen zur Genüge gerechtfertigt, so erlauben Sie mir im Umriß vorzuführen, wo m. E. die Schwerpunkte einer modernen Regierungslehre zu liegen hätten, wie sie sich in das Ganze unseres Fachs einfügt.

---

[8] Noch immer lesenswert OTTO VON MOSER, *Die obersten Gewalten im Weltkrieg.* Das Werk der Staatsmänner, Heerführer, Parlaments-, Presse- und Volksführer bei der Entente und bei den Mittelmächten, Stuttgart 1931.

Richtpunkt und Rahmen für jede Analyse moderner Staatstätigkeit können nur die dem Staat gestellten Aufgaben sein. Diese Aufgaben kann man in den äußeren Umrissen durchaus noch mit den alten Formeln einfangen: Sorge für das gemeine Wohl, Wahrung des Friedens nach innen und außen, Mehrung und Schutz des Rechts. Aber in den Dimensionen und der Vielfalt der zu erfüllenden Aufgaben ist der moderne Staat als Leistungsträger seit dem letzten Drittel des 19. Jahrhunderts nun eben doch ein radikal anderer geworden. Die Zunahme der staatlichen Aufgaben – abzulesen etwa am Wachstum der staatlichen Haushalte und des öffentlichen Dienstes – in ihren Phasen und Motivierungen eingehend zu schildern und verständlich zu machen, halte ich für die erste Aufgabe, für den Ausgangspunkt jeder Regierungslehre. Soweit ich sehe, haben wir hier die einfachste Möglichkeit, in das System unseres Fachs einiges dessen wieder hereinzuholen, was im Zuge seiner Auflösung in unverbundene Einzelwissenschaften im Laufe des 19. Jahrhunderts an Nationalökonomie, Finanzwissenschaft und die sonstigen kameralistischen »Staatswissenschaften« abgegeben worden ist. Soweit der eigentliche Stoff der Politik – der doch transparent gemacht werden muß, um die Leerbegriffe Wohlfahrtsstaat, Verwaltungsstaat, Sozialstaat mit einer gewissen Anschauung zu erfüllen – überhaupt im heutigen Lehrbetrieb vorkommt, findet man ihn in den Vorlesungen über die politischen Ideenkreise der Neuzeit, mit aller Gefahr unzulässiger Spiritualisierung dieses Prozesses. Der für den modernen Staat so bestimmende Aufgabenzuwachs ist gewiß zum Teil Folge der demokratischen Bewegungen des vergangenen und dieses Jahrhunderts mit ihrer Konsequenz gesteigerter Ansprüche des Bürgers an den Staat, er ist aber vor allem die ganz unausweichliche Konsequenz der technischen Erfindungen des vergangenen Jahrhunderts. Wenn der heutige Staat Interventions-, Verteiler-, Fürsorgestaat geworden ist, so doch weithin als Reflex auf eine Lage, die sich seiner Bestimmung entzog, aus der er nur williger oder unwilliger Folgerungen ziehen konnte. Allerdings, von selbst, nach einem geschichtlichen Automatismus, ergab und ergibt sich nicht, was jeweils anerkannte Staatsaufgabe ist. Die Auseinandersetzung darum, was jeweils staatliche Aufgabe zu sein hat, ergibt, glaube ich, den wesentlichen Inhalt dessen, was wir als freie demokratische Willensbildung bezeichnen. Bei der Analyse dieses Willensbildungsprozesses die Auseinandersetzung um die als verbindlich akzeptierten Staatsaufgaben in den Mittelpunkt zu rücken, bewahrt davor, diesen Willensbildungsprozeß als abstrakten Selbstzweck oder als bloßen Kampf um Macht zu verstehen. Mit den

Staatsaufgaben als Leitpunkt bleibt bei der Analyse des politischen Willensbildungsprozesses immer der Bezug zur politischen Theorie, zur Staatszwecklehre, zur politischen Ideengeschichte, zum anderen aber auch zur Geschichte der Institutionen als Exekutoren des staatlichen Willens und der staatlichen Aufgabenerfüllung bewahrt. Nur wenn bei der Analyse des Regierungsprozesses immer wieder von den Staatsaufgaben ausgegangen und zu ihnen zurückgekehrt wird, kann jener Entleerung unseres Faches Einhalt geboten werden, die in der Theorie beschlossen ist, Politik habe es einzig mit der Macht und dem Kampf um sie zu tun. Politik, praktische Politik, das, was die Politiker tun, hat die Erfüllung öffentlicher Aufgaben zum Gegenstand, wofür gewiß Macht vorhanden sein muß, geordnete Macht, Kompetenz, Amtsgewalt, die in den verschiedensten, auch sehr unordentlichen Formen gewonnen sein mag, deren Begründung, Erhaltung und in der Regel doch wohl auch Bewahrung aber immer wieder auf die sie rechtfertigenden Aufgaben zurückverweist.

So wie der Inhalt der Politik von der Machtlehre verfehlt wird, so auch die Methoden und Mittel, mit denen Politik durchgesetzt wird. Eine realistische Regierungslehre hätte mit dem autoritären Wahn aufzuräumen – und sie könnte es (empirisch!) –, mit der Vorstellung nämlich, man könne den Staat vom Monopol der legitimen Gewaltsamkeit her verstehen. Als ob man einen Vater oder Lehrer von seinem Züchtigungsrecht her definieren könnte. Befehl und Anordnung sind für moderne Regierungstechnik nur einer neben vielen anderen Wegen, um zum Ziel zu gelangen. Viel kennzeichnender sind für modernes Regieren jene Wenn-Dann-Koppelungen, die wir historisch in Gestalt der altehrwürdigen Patronage- und Auszeichnungspolitik kennen, heute im Arsenal der Steuerpräferenzen, Subventionen, Zinszuschüsse, Darlehen etc., Methoden, die ja keineswegs auf die Wirtschaftspolitik beschränkt sind.

Wenn die politikwissenschaftliche Analyse im Bereich der Regierungslehre um die staatlichen Aufgaben kreist, so ergibt sich hier ein natürlicher Bezug zur Ideen-, Sozial- und Verfassungsgeschichte. Für die Rechtfertigung und Durchsetzung neuer staatlicher Aufgaben oder ihre Ausdehnung auf benachteiligte Schichten hat man sich immer auf das Arsenal der großen Gedanken und Prinzipien des politischen Denkens berufen; die Sozialgeschichte ist erfüllt vom Kampf um neue Regierungsprinzipien; in der Amalgamierung von Ideen- und Sozialgeschichte entsteht neues Verfassungsrecht – immer stehen die öffentlichen Aufgaben im Hintergrund. Nur wenn von ihnen die

Rede ist, kann der eigentliche Stoff der Politik in unserem Fach zur Sprache gebracht werden.

Am Rande möchte ich bemerken, daß nur dann, wenn wir die öffentlichen Aufgaben, die politischen Sachprobleme unserer Zeit: Gesundheitspolitik, Bildungspolitik, Bevölkerungspolitik, selbstverständlich die Wirtschaft, die alten Kameralien, wie sie unser Fach früher in der Polizeiwissenschaft zusammenfaßte, wieder in einen Bezug zu unserem Fach bringen, von uns mit Recht und Aussicht auf Erfolg der Anspruch angemeldet werden kann, an der Ausbildung der zukünftigen Beamten beteiligt zu werden. Wenn ich es im Stile Arnold Bergstraessers formulieren darf: Was wir brauchen, sind Mediziner, Ingenieure, Pädagogen, Land- und Forstwirte, die politikwissenschaftlich denken können, und tunlichst auch Politikwissenschaftler, die von einer politisch bedeutsamen Materie – Gesundheit, Verkehr, Verteidigung, Bildung, was immer – eine wissenschaftlich begründete Kenntnis besitzen und imstande sind, auf Grund ihrer politikwissenschaftlichen Ausbildung diese Materie als öffentliche Aufgabe, d.h. unter dem Aspekt der Regierungstechnik, der politischen Willensbildung, zu betrachten. Denn auch für die Analyse der Regierungstechnik, des Prozesses der politischen Willensbildung, bieten sich die Staatsaufgaben als Leitfaden an. Wie kommt eigentlich der moderne Staat zum Bewußtsein seiner Aufgaben? Was wir als den Bereich der vorparlamentarischen freien politischen Willensbildung bezeichnen, das ist doch wesentlich erfüllt von der Auseinandersetzung um das, was staatliche Aufgabe sein sollte, sein könnte, sein müßte. Kann sich der moderne Staat eigentlich noch für das Wahrnehmen der staatlichen Aufgaben auf diesen vorparlamentarischen Raum der politischen Willensbildung verlassen? Bedarf er nicht der institutionalisierten Augen und Ohren, die ihn von den Zufälligkeiten dieser Willensbildung freimachen? Was wir brauchen, ist eine an den Staatsaufgaben einerseits, am Instrumentarium ihres Erkennens, Beschließens, Ausführens, Nachkontrollierens andererseits orientierte Phänomenologie des gesamten Willensbildungs- und Regierungsprozesses.

Bleiben die konkreten Aufgaben der öffentlichen Gewalt der nie aus den Augen zu verlierende Bezugspunkt einer Regierungslehre, so sollte sie der Gefahr entrückt sein, sich auf eine bloße Wissenschaft der Institutionen und Techniken des Regierens zu beschränken. Eine bloße Technologie der Politik ist jedenfalls nicht das, was mir für eine zu entwickelnde Regierungslehre erstrebenswert zu sein scheint.

Immerhin – haben wir die Aufgaben, so ergibt sich das Problem der

Organisation ihrer Erledigung von selbst. Vom Gesichtspunkt einer politikwissenschaftlichen Regierungslehre aus gewinnen die Verwaltungs- und Verfassungsinstitutionen eines Gemeinwesens ihren ursprünglichen Aspekt zurück, nämlich *instruments of government* zu sein, wie sich die erste geschriebene Verfassung der Welt mit Recht verstand. Von dieser Warte her gewinnen die Verfassungsformen ihren pragmatischen, disponiblen, der freien Gestaltung zugänglichen, ursprünglichen Charakter zurück. Im Rahmen gegebener oder zu schaffender Voraussetzungen, bei aller Respektierung der zu berücksichtigenden *Ambiance,* stehen uns die politischen Institutionen zur Disposition, sie sind offen für Kritik und Verbesserung. Eine politikwissenschaftliche Verfassungslehre, die sich auf das Prokrustesbett des Gegensatzes von Verfassungsrecht und Verfassungswirklichkeit einläßt, verspielt ja die Freiheit der Kritik, die unser Fach im Gegensatz zum dogmatisch gebundenen Verfassungsrecht in soviel größerem Maße besitzt. Gewiß sind politische Ordnungen immer ein Produkt der gewesenen Geschichte, aber es kann Aufgabe gerade unseres Faches sein, sie offenzuhalten für neue Geschichte, und der leitende Gesichtspunkt der Kritik kann auch hier nur der sein, ob die vorgefundenen Ordnungen den kritisch zu bedenkenden Aufgaben und Forderungen der Zeit entsprechen. Dabei sind die Vor- und Nachteile von Regierungsformen (im Rahmen der freiheitlich-demokratischen Staatsform) nicht nur unter dem Kriterium Freiheit – Verantwortlichkeit zu analysieren. Die demokratischen Regierungsweisen (die parlamentarische, das Präsidialsystem etc.) sind auch Schemata der Arbeitsverteilung. Ein Vergleich der großen Verfassungsformen unter diesem Gesichtspunkt ist gerade auch unter pädagogischem Aspekt von besonderem Reiz, kann man hier doch das spezifisch politikwissenschaftliche Erwägen, das topische Erörtern, Ausmitteln der Vor- und Nachteile der verschiedenen leitenden Prinzipien vorführen: Konzentration, Dekonzentration, Häufung, Verzweigung, Kanzler- und Ressortprinzip, monokratische oder Kollegialverwaltung, das Problem der Größe der Kabinette usw. Verteilt der moderne Staat seine Aufgaben auf die richtigen Träger? Wer soll was tun? Das Problem der *allocation of functions* kann ein Leitfaden politikwissenschaftlicher Analyse sein, bei dem wiederum die realen sozialen Aufgaben in einen Bezug zur Organisationsproblematik des modernen Staats gebracht werden können. Hermann Heller hat, mehr an Grundproblemen der Staatstheorie interessiert, den Begriff der Organisation in den Mittelpunkt der Staatslehre gerückt, ganz sicher wäre er auch ein zentraler jeder Regierungslehre.

Regieren, *gubernare,* heißt lenken, steuern, Richtung geben, heute nicht zuletzt zusammenordnen, die Fäden bündeln, koordinieren. Die Lenkungs- und Koordinierungsaufgaben heutigen Regierens – ihr Erfolg hängt wesentlich davon ab – sind so bedeutungsvoll, daß diesem Problemkreis im Rahmen einer entwickelten Regierungslehre sicher der breiteste Raum zukommen muß. Ich nenne einige der Themen: Was bezwecken und wie entstehen die Richtlinien der Politik? Wer ist an ihrem Entwurf beteiligt? Wer beeinflußt sie? Welche Methoden der Prioritätenabwägung gibt es? Welche Rolle als Lenkungsfaktor kann die Haushaltsfeststellung spielen? Welche Sanktionen und Anregungen *(incentives)* stehen zur Richtungsbestimmung zur Verfügung? Über welche Hilfsinstitutionen verfügen die Zentralinstanzen? Was wissen wir bei uns in der Bundesrepublik schon über die Arbeit des Bundeskanzleramtes, dessen Geschichte seit dem Vortragenden Rat Tiedemann ja noch geschrieben werden muß, während uns die Geschichte des *Cabinet Office* und des *Executive Bureau* des amerikanischen Präsidenten in allen Details bekannt ist[9]. Ich könnte mir denken, daß die so darniederliegende deutsche Verwaltungsgeschichtsschreibung durch politikwissenschaftliche Fragestellungen neue Anregungen bekommen könnte. Wie beschämend ist es doch, neben die imponierende Reihe der *Whitehall*-Serien, die großen Monographien der englischen Ressorts, kaum ein vergleichbares deutsches Werk stellen zu können[10]. Von gleicher Bedeutung wie die Lenkungstechniken sind im modernen Staat bei den unendlich vielen Händen, die er sich zugelegt hat, die Koordinationstechniken: zwischen Regierung und Parlament, Regierung und Öffentlichkeit, Verbänden, vor allem innerhalb der Exekutive selbst. Was wissen wir über die Arbeit der interministeriellen Ausschüsse? Welches Licht werfen sie auf unsere Prinzipien der Aufgabenverteilung? Welche Aufgaben haben Kabinettsausschüsse? Wie steht es um die Koordination der in den Verteidigungsbereich hineinwirkenden Ressorts? Während es über den Bundesverteidigungsrat nicht einmal einen vernünftigen Aufsatz gibt, kann man mit der Literatur über den *National Security Council* oder das ehrwürdige *Committee of Imperial Defence* eine stattliche Bibliothek füllen.

---

[9] Vgl. die Literaturangaben in HENNIS, *Richtlinienkompetenz.* In diesem Band S. 118ff.

[10] Eine bemerkenswerte Ausnahme FRIEDRICH FACIUS, *Wirtschaft und Staat, die Entwicklung der staatlichen Wirtschaftsverwaltung in Deutschland vom 17. Jahrhundert bis 1945,* Berlin 1959.

Es kann nicht Aufgabe dieses Berichtes sein, alle denkbaren Gegenstände einer Regierungslehre katalogartig aufzuführen. Aber erlauben Sie mir noch einige Worte über die Forschungsproblematik und das methodische Selbstverständnis einer möglichen Regierungslehre.

V.

Ist es nicht problematisch, etwas zum Gegenstand der Wissenschaft zu machen, was in umfassender Form bereits gewußt wird? Denn es kann ja nicht bestritten werden, daß es in den Köpfen erfahrener Politiker, hoher Beamter, kluger Publizisten ein vorzügliches Wissen der sachlichen Aufgaben und der technischen Probleme modernen Regierens bereits gibt. Wenn es aber richtig ist, daß die Gegenstände der Regierungslehre nicht nur als Forschungsprobleme, sondern auch in der Lehre vornan stehen müssen, so bleibt das Wissen der Experten wissenschaftlich belanglos, solange es nicht gelingt, es für unsere Aufgabe der akademischen Lehre fruchtbar zu machen. Hier liegen die großen Schwierigkeiten, die sicher nur zu überwinden sind auf der Basis vertrauensvoller Zusammenarbeit[11]. Ein erster, für jedermann beschreitbarer Weg, das bereits vorhandene Wissen für uns fruchtbar zu machen, ist der, das in den Denkschriften zur Staatsvereinfachung, zur Verwaltungsreorganisation, in den Erhebungen von Enquête-Kommissionen usw. verstreut vorhandene Wissen systematisch zu durchforsten und allgemein zugänglich zu machen. Institutionen wie das Oxforder *Nuffield College,* das die Zusammenarbeit von Politikern, Beamten und Wissenschaftlern zur Grundlage seiner Arbeit gemacht hat, sind ein Beispiel für das hier mögliche und erfolgreiche Vorgehen. Aber auch im kleineren läßt sich ähnliches durchexerzieren. Um nur ein Beispiel zu nennen: Es ist heute wesentlich einfacher, über die Verwaltungsorganisation der Weimarer Zeit zu arbeiten als über die der Bundesrepublik – einfacher, weil uns in den großartigen Berichten Lassars und Poetzsch-Heffters im ›Jahrbuch des öffentlichen Rechts‹ vorzügliche Dokumentationen des damaligen Zustandes vorliegen. Für die vergangenen zwanzig Jahre leisten – für einen Teilbereich – Vergleichbares nur die Berichte Köttgens im gleichen Jahrbuch. Eine

[11] Zu diesem Problem anschaulich am englischen Beispiel D. N. CHESTER, Research as an Aid in Public Administration, in: *Public Administration,* Spring 1962, 53 ff.

Neubelebung der Poetzsch-Hefftерschen Berichte aus dem ›Staatsleben unter dem Bonner Grundgesetz‹, Berichte, die natürlich nur erstatten kann, wer selbst im Zentrum der Ereignisse steht, etwa ein hoher Beamter des Bundeskanzleramtes, halte ich für das dringendste Desiderat auf dem Gebiet der Regierungslehre. Wer weiß, auf welche Schwierigkeiten man stößt, wenn man nur ein so banales Thema wie die Entwicklung der Ressortrotation in den Ministerien des Bundes und der Länder verfolgen möchte, wird dieser Forderung sicher zustimmen.

Tieferes Eindringen in die Materien der Regierungslehre setzt die nicht nur passive Mitwirkung der Behörden, Parteien, Verbände etc. voraus. Auf Seiten der Behörden und Beamten muß das Vertrauen vorhanden sein, daß man diesen Fragen nicht nachgeht, um Fallen zu stellen, um der bloßen Dekuvrierung willen, sondern daß das gemeinsame Interesse am Wohl des Gemeinwesens Motiv solcher Untersuchungen ist.

Wenn eine moderne Regierungslehre von der Problematik der modernen Staaten ihren Ausgang nehmen muß, so ist die Identität der Interessen zwischen politischer Praxis einerseits und Politischer Wissenschaft andererseits sogar noch größer als die, die gute Bürger miteinander verbindet. Wenn man unter Methode nicht nur die Verfahren der Forschung versteht, sondern das Ziel, die Wegrichtung, den Blickpunkt, von dem her Forschen sinnvoll wird, so scheint mir im Verhältnis von Wissenschaftler und Politiker das methodische Grundproblem der Regierungslehre zu liegen. Lassen Sie mich das bitte noch etwas ausführlicher deutlich machen.

Wenn Sie die Geschichte des politischen Denkens seit seinen Anfängen in der griechischen Polis überblicken, so kann man drei sehr klar voneinander abzugrenzende Grundformen politischen Denkens gegeneinander abheben. Das unterscheidende Kriterium ist die Position, von der her gefragt wird, und der Adressat, an den sich die Erkenntnisse wenden. Ich darf die dritte vorwegnehmen: Sie fragt vom Kollegen her und hat den Kollegen als Adressaten. In dieses Schubfach gehören die meisten modernen Politikwissenschaftler und darum ihre geringe Wirksamkeit. Bedeutsamer sind die zwei anderen Möglichkeiten. Es gibt eine Tradition des politischen Denkens, die vom einzelnen, wenn ich so sagen darf, vom betroffenen Bürger her das Politische befragt. Die Stoa und das rationale Naturrecht sind die bedeutendsten Manifestationen dieses Denkens. Unser liberales Verfassungssystem mit seiner Orientierung am Schutz des einzelnen, an Grundrechten und Kontrollen ist die weltgeschichtlich bedeutsamste Konsequenz dieser Denkweise. Hier werden Staat und Regierung als ein *factum brutum* vorausgesetzt, allein auf die Bändigung oder Milderung, das Erträglichmachen dieses Faktums zielt das Denken. Kein vernünftiger Mensch wird die Leistungen dieser Denkweisen, den Raum an individueller Freiheit, den sie erkämpft haben, geringschätzen. Daneben hat aber immer ein anderes Prinzipium des politischen Denkens sein Recht gehabt, das nicht ausgeht von den Sorgen des einzelnen, sondern von den Sorgen des Staatsmannes, Regenten, leitenden Politikers oder wie immer man diese Figuren im Wandel der Geschichte bezeichnen mag. Cicero, Machiavelli, unsere deutsche Kameralwissenschaft, der ›Federalist‹ mögen als Zeugen für diese Denkweise stehen[12]. Ihr Prinzip hat Walter Bagehot am klarsten formuliert, Bagehot, dessen wissenschaftliches Ziel ja keineswegs in der Analyse eines konkreten Regierungssystems begrenzt war. Bagehot, der damit konkret gegen John Stuart Mill polemisierte, hielt jene politischen Theoretiker für naiv, ja geradezu verantwortungslos, die die Tatsache der Regierung als etwas Selbstverständliches ansahen, das immer gewährleistet sei, das man nur einzugrenzen hätte. Demgegenüber galt seine Sorge der Erhaltung der »Regierbarkeit« eines Volkes einerseits, der *machinery of government* zum anderen. Die *»problems and difficulties of government«* bestimmen den Umkreis seines Fragens, die Bewahrung der Regierbarkeit bestimmt seine Entscheidungen in den Auseinandersetzungen der Zeit[13]. *Sowenig eine Politische Wissenschaft sich darauf einlassen darf, ihren Fragehorizont auf diesen Aspekt zu begrenzen,* so notwendig erscheint es mir andererseits, ihn einzubeziehen. Für die Probleme der Regierungslehre scheint er sich mir von selbst aufzudrängen. Wie ganz anders nehmen sich etwa die Probleme der Verbände und der Parteien aus, wenn man sie nicht allein vom Problem der demokratischen Willensbildung oder ihrer Konformität zu den etablierten Verfassungsprinzipien, also ausgehend von der Partizipation des einzelnen her

---

[12] Daß die ältere deutsche Politikwissenschaft – beeinflußt vom niederländischen Neustoizismus – im Vergleich zur westeuropäischen Staats- und Naturrechtslehre in ganz besonderer Weise praxisorientiert war, wird hervorgehoben von GERHARD OESTREICH, Politischer Neustoizismus und niederländische Bewegung in Europa und besonders in Brandenburg-Preußen, in: *Budragen en Medelingen van het Historisch Genootschap, 79,* 1965, 11 ff.

[13] So in der Wahlrechtsfrage, aber auch die Stellung zu Napoleon III. Vgl. Letters on the French Coup d'Etat of 1851, in: BAGEHOT, *Historical Essays,* ed. N. ST. JOHN STEVAS, New York 1965, 381 ff.

sieht, sondern als Ergänzungen, Bedingungen, Hilfen, u.U. aber auch Komplikationen, ja schwerer Hemmnisse modernen Regierens. Auch wer sich den Pessimismus nicht zu eigen macht in den Fragen, die etwa Walter Lippmann in seiner ›Public Philosophy‹ aufgeworfen hat, wird, glaube ich, in der Bewahrung der Regierungsfähigkeit eines Volkes oder – andersherum formuliert – der Fähigkeit einer Regierung, die Billigung und Einsicht des Volkes je und je zu gewinnen, ein großes Thema der Politischen Wissenschaft sehen müssen. Ist über die großen Aufgaben, die der öffentlichen Gewalt unter modernen Bedingungen gestellt sind, ein Streit kaum möglich, so ist ihre Realisierung heute mehr denn je eine Leistung großer politischer Kunst; in der Demokratie mehr als in jeder geschichtlichen Staatsform.

Wenn eine Regierungslehre konzipiert werden kann, jedenfalls z.T. von der Position des Staatsmannes her, so verlangt kritische Wissenschaft, ihn selbst zum vorzüglichsten Thema der Regierungslehre zu machen. Wenn, in nicht geringerem Maße als früher, das Schicksal der politischen Gemeinwesen bestimmt wird durch die, die dieses Schicksal in einer aller Tradition unvorstellbaren Weise in der Hand halten, so muß der moderne Berufspolitiker in einer seinen heutigen Aufgaben und Anforderungen entsprechenden Weise zum Thema wissenschaftlicher Kritik und Reflexion gemacht werden können, und daß das möglich ist, zeigen die hervorragenden Arbeiten, die in den letzten Jahren über die Regierungspraxis der amerikanischen Präsidenten seit dem jüngeren Roosevelt geschrieben worden sind.

Wenn unser Fach auf der Höhe seiner Zeit stehen soll, so muß es wenigstens das leisten können – oder sich wenigstens vornehmen, es zu leisten –, was in sehr viel einfacheren Verhältnisse die alten Fürstenspiegel auf ihre Weise leisteten. Diese Erinnerung an eine traditionelle Thematik unseres Fachs führt mich zum letzten.

Hans Maier[14] hat vor kurzem mit Recht darauf hingewiesen, daß jede Wissenschaft ihr Anrecht aus dem Vorhandensein spezifischer Aufgaben, die ihr von keiner anderen Wissenschaft abgenommen werden können, empfängt. Gibt es eine solche spezifische, über die bloße Integration und Summierung des Wissens der anderen aus unserer Disziplin im vergangenen Jahrhundert entlassenen Fächer hinausgehende Aufgabe unseres Fachs? Wer sich den Zerfallsprozeß der Politischen Wissenschaft im 19. Jahrhundert vergegenwärtigt, der stößt immer wieder darauf, daß der große Okkupationsvorgang, dem unser

[14] *Frankfurter Allgemeine Zeitung* vom 26. 5. 1965, 13.

Fach erlag, doch vor einem Gebiet immer haltgemacht hat. Die enzyklopädischen Werke des 19. Jahrhunderts bezeichnen diesen unangegriffenen Rest, gegenüber der Politik im allgemeinen Sinne ein Begriff, für den dann die gesamten Staatswissenschaften stehen, als die »Politik im engeren Sinne« *sive* »Staatskunst« *sive* »Staatsklugkeit«. Diese Politik als Wissenschaft »im engeren Sinne« definierte Robert von Mohl[15] etwa so: »Politik bedeutet die Wissenschaft von den Mitteln, durch welche die Zwecke der Staaten so vollständig als möglich in der Wirklichkeit erreicht werden. Bluntschli und Holtzendorff[16] definieren ähnlich, für den letzteren hatte die Politik als Wissenschaft zum Objekt und Inhalt den richtigen Gebrauch und die Wirkungen der außerhalb der Rechtspflege zur Erfüllung der Staatszwecke tatsächlich verfügbaren Mittel oder, was dasselbe besagen würde, die auf Grundlage gegebener Verhältnisse außerhalb der Rechtspflege zu bewirkende Realisation der Staatszwecke. Neben den Subjekten des politischen Handelns habe die Politik als Wissenschaft notwendigerweise diejenigen Tatsachen des gegenwärtigen Gesellschaftszustandes zu bezeichnen, deren Vorhandensein als feststehend anzunehmen ist oder als streitig hingestellt werden darf, insofern als dadurch der Erfolg des staatlichen Handelns bedingt wird.

Die zahlreichen Gegenstände der politischen Soziologie, die im Rahmen der Innenpolitik zur Sprache gebracht werden, gewinnen von dieser Warte her gewissermaßen den Charakter von präjudiziellen Tatsachen der Politik, und das scheint mir, da der Ausgangspunkt dieses Teiles unserer Wissenschaft immer die dem Staate gestellten Aufgaben sind, auch die glücklichste Manier, die große Masse der Gegenstände in eine sinnvolle Ordnung zu bringen. Ich glaube, man darf mit Gewißheit sagen, daß es heute keine angrenzende und benachbarte Wissenschaft gibt, die uns die Stoffe der Politik, als Regierungslehre konzipiert und organisiert, streitig machen würde; denn wo gäbe es heute schon eine wissenschaftliche Rechtspolitik, Volkswirtschaftspolitik etc., die wirklich nach einem solch politischen Prinzip organisiert wäre?

In einer sehr verständlichen Tendenz hat sich unser Fach in den vergangenen Jahren darum bemüht, einen vollen Begriff der Politik – nicht zuletzt in Anknüpfung an ältere philosophische Traditionen – zurückzugewinnen. Ich habe selbst versucht, mein Scherflein dazu

---

[15] *Encyklopädie der Staatswissenschaften,* Tübingen 1859, 541.
[16] *Die Principien der Politik,* Berlin 1869, 10.

beizutragen. Demgegenüber wäre es kaum zu rechtfertigen, wenn wir den selbstverständlichsten, von jedermann vorausgesetzten Begriff heutiger Politik, also das, was die Politiker tun, nicht als einen uns angehenden verstehen würden. Eine Politische Wissenschaft, die von der Politik, der wirklichen Politik ihrer Zeit, keine Notiz nimmt, könnte sich auf die Tradition unseres Fachs jedenfalls nicht berufen.

Anhang

Grundzüge einer modernen Regierungslehre (vgl. Anmerkung 1)

Einleitung

§ 1 – Die Stellung der Regierungslehre im System der Politischen Wissenschaft
§ 2 – Hilfsmittel und Literatur

I. Wandlungen des Regierens seit 1900

§ 3 – Die neuen Fundamente

a) Das Verhältnis Staat – Gesellschaft
b) Liberaler Rechtsstaat – Sozial- und Wohlfahrtsstaat
c) Ideologien und ihr Einfluß auf die Regierungspraxis
d) Ansprüche des Bürgers – Staatliches Handeln
e) Technik und Staatspraxis
f) Regierungspraxis zwischen *Challenge and Response*

§ 4 – Zunahme der Staatsaufgaben

a) Ausweitung auf neue Gebiete, z.B. Arbeits- und Sozialgesetzgebung, Wohnungsbau- und Straßenbaugesetzgebung
b) Staatsinterventionismus auf dem Wirtschaftssektor, Steuer-, Budget-, Konjunkturpolitik
c) Permanente Reform als Staatsaufgabe
d) Vertikale Verflechtungen
e) Der Anteil des öffentlichen Dienstes an der Gesamtbevölkerung
f) Der Anteil des öffentlichen Haushalts am Sozialprodukt

§ 5 – Die Erfüllung öffentlicher Aufgaben durch nichtstaatliche Organisationen

a) Teilrechtsfähige Verbände des öffentlichen Rechts
b) Staatsaufsicht
c) Exkurs: Die Verwaltung der *Nationalized Industries* in England

§ 6 – Der Einfluß der Demokratie

a) Regierung durch Mandat
b) Wahlgeschenke und verantwortliches Regieren
c) Die Rolle der Meinungsforschung
d) Der Zwang zur Publizität
e) Regierungspraxis und Rhythmus der Wahlen
   aa) Der Einfluß der Länge der Wahlperioden
   bb) Der Zeitpunkt der Wahlen auf Bundes- und Landesebene

§ 7 – Die Internationalisierung der Staatspolitik

a) Struktur und Arbeitsgebiete der Regierungspraxis auf dem Gebiete der Außenpolitik im 19. Jahrhundert
b) Der Wandel im 20. Jahrhundert
   aa) Der neuartige Inhalt von Verträgen
   bb) Die Selbstbindung von Staaten auf längere Sicht und ihre Handlungsfreiheit
   cc) Die Interdependenz der inneren Politik von Staatengruppen durch außenpolitische Bindungen
   dd) Die Verlagerung der Staatstätigkeit auf supranationale Organisationen

§ 8 – Regieren und Planen

a) Planung als Antwort auf die neue Lage (Parteiprogramme, Wählerentscheidung, Aufgabenmassierung, Setzung von Prioritäten)
b) Die Bedeutung des Zeitmoments *(Kairos)*
c) Berechenbarkeit als Voraussetzung (Grenzen und Möglichkeiten)
d) Grenzen der Planungsmöglichkeiten in der rechtsstaatlichen Demokratie
   aa) Sozialethische Problematik der Generationsbindung (Rentenpolitik)

bb) Technische Probleme: Das jährliche Budget
cc) Auswege

II. *Die Aufgabe: Erkennen, Beschließen, Ausführen*

§ 9 – Das Wahrnehmen der Aufgabe

a) Deduktiv – induktiv: »Experimente« und »Folgelasten«
b) Anlässe
c) Äußere (Verbände) und innere Veranlassung
d) Die Formulierung der Aufgabe (Formen: Petition, Denkschrift, Eingabe)

§ 10 – Der Beschluß der Aufgabe

a) Die beteiligten Kreise
b) Stabsarbeit: Kalkulation von Ziel und erforderlichen Mitteln (persönliche, sachliche, finanzielle Kalkulation der Nebenfolgen)
c) Überprüfung: Verwerfung oder Beschluß
d) Schaffung des Instrumentariums (Ermächtigung durch Gesetzgebung, Mittelbewilligung etc.)

§ 11 – Der Vollzug der Aufgabe

a) Freiheit und Bindung des Vollzugs (Das »freie Ermessen«)
b) Die Festlegung der Verantwortlichkeit (Spezialisierung und Ressortprinzip)

§ 12 – Die Ausführungskontrolle

a) Zweck, Sinn der Kontrolle
b) Organisationsformen der Kontrolle
   1. Interne Behördenkontrolle
      aa) Spezielle Kontrollinstanzen und Mittel in einer Verwaltung
      bb) Kollegialität einer Instanz als Kontrollmittel
   2. Externe Behördenkontrolle
      aa) Parlament (Fragestunden, große und kleine Anfragen, Untersuchungsausschüsse)

bb) Öffentliche Meinung, Massenkommunikationsmittel
cc) Rechnungshof – Finanzkontrolle
dd) Gerichtliche Kontrolle, Verwaltungsgerichtsbarkeit

III. *Die Entwicklung der Fachministerien*

§ 13 – Die Entstehung der Fachministerien
§ 14 – Die Aufteilung der klassischen Ministerien
§ 15 – Deutschland: Die Ausgliederung von Ministerien aus dem Innenministerium
§ 16 – England: Die besondere Stellung des Schatzamtes
§ 17 – Rußland: Fachministerien in einer Zentralverwaltungswirtschaft

IV. *Lenkungs- und Koordinationsprobleme*

§ 18 – Die Bestimmung der »Richtlinien der Politik«

a) Der Begriff »Richtlinien« und seine Umgrenzung
b) Der beteiligte Personenkreis
c) Beteiligungsformen: Autokratisch nach Anhörung, kollegial
d) Die Herausstellung der Richtlinien (Regierungserklärung, *Message on the State of the Union, The King's Speech,* Pressekonferenz)

§ 19 – Das Kabinett als zentrale Lenkungsinstanz

a) Die Arbeitsweise der Kabinette
b) Die Größe der Kabinette und ihre Zusammensetzung
c) Die besondere Stellung einzelner Mitglieder (Kanzler, Finanzminister)

§ 20 – Hilfsorgane der Zentralinstanzen

a) Bundeskanzleramt
b) *Cabinet Secretariat*
c) *White House Office*
d) Büro des französischen Präsidenten

§ 21 – Formen organisierter Koordination

a) Die Notwendigkeit institutionalisierter Einigungsprozeduren
b) Beiräte, Referentenbesprechungen, interministerielle Ausschüsse etc.
c) Regierung und Verbände
d) Koordinationsprobleme des Bundesstaates (Art. 53 GG; Bundesratsministerium)

§ 22 – Koordinationsprobleme in Koalitionsregierungen

a) Die Bestimmungen der Gemeinsamen Geschäftsordnung der Bundesministerien und der GO BReg.
b) Absicherungen: Koalitionsausschüsse und Teilnahme an Kabinettssitzungen

§ 23 – Politische Lenkungsmittel (»incentives«)

a) Patronage, Personalpolitik, Auszeichnungen
b) Steuerpräferenzen
c) Subventionen, Zinszuschüsse, Darlehen
d) »Wenn – Dann«-Koppelung

V. *Information und Propaganda*

§ 24 – Die Erweiterung der Entscheidungsgrundlagen

a) Klassische Formen der Sammlung: Archiv, Register, Gesandte, Korrespondenten
b) Das Aufkommen der Statistik (Etatismus)
c) Die wissenschaftlichen Staatsanstalten (Meteorologie, Hydrographie, Materialprüfungsämter, landwirtschaftliche und forstliche Versuchsanstalten)
d) Abwehr und militärischer Nachrichtendienst

§ 25 – Außerstaatliche Hilfsorgane zur Informationsbeschaffung

a) Enquetekommissionen, *Hearings*
b) Beiräte
c) Berater und Sachverständige
d) Meinungsforschungsinstitute

§ 26 – Presse- und Informationsämter

a) Entstehung solcher Ämter
b) Aufbau (vergleichende Untersuchung unter besonderer Berücksichtigung der Bundesrepublik)
c) Funktionen
d) Abhängigkeitsverhältnisse, Regelung der Verantwortung
e) Arbeitsmethoden (Methoden der Öffentlichkeitsarbeit, Pressekonferenzen)
f) Zentrales Presse- und Informationsamt und Pressestellen der Ministerien

§ 27 – Zur Rechtsstellung der Massenmedien

a) Altes Muster: Pressefreiheit, Zensurverbot
b) Staatliche Patronage der neuen Medien (Beispiel: Frankreich, Deutsche Welle)
c) »Öffentliche« Mittelstellung: BBC, Deutsche Anstalten (Bundesverfassungsgerichtsurteil)

VI. *Die Rekrutierung der politischen Führungsschicht*

§ 28 – Zur Soziologie der Führungsschichten

a) Das Beispiel der deutschen Parlamente seit 1871
b) Das Problem der Abkömmlichkeit

§ 29 – Die Rekrutierung der Ministrablen

a) Ausleseprozeduren
b) Auswahl der Minister, Repräsentation der Gesellschaft im Kabinett (dazu: Einzeluntersuchungen von Kabinetten der Bundesrepublik und der sogenannten *Power Elite* in USA)
c) Dauer der Ministertätigkeit
d) Ressortwechsel und Ressortstabilität

§ 30 – Die Stellung des Berufsbeamtentums in der modernen Demokratie

(1965)

Planen und Vorsorgen als Regierungsaufgabe

Daß Planen, das heißt das Sicheinstellen auf und das Sichern von Zukünftigem eine Regierungsaufgabe ist, sollte eigentlich keiner besonderen Rechtfertigung bedürfen. Wenn die Verwaltung einer am Rande einer Großstadt gelegenen Gemeinde, die bei Kriegsende 2000 Einwohner hatte, durch Forcierung von Industrieansiedlung und die Förderung großer Wohnbauprojekte inzwischen auf 20.000 Einwohner angewachsen ist, ohne daß für die Kinder der neuen Bürger ausreichender neuer Schulraum geschaffen wurde, so daß Keller- und Bodenräume als Klassenzimmer herlangen müssen, so werden wir darin nicht nur einen Mangel an Voraussicht sehen, sondern die Verfehlung einer öffentlichen Aufgabe, eine Amtspflichtverletzung – vielleicht nicht rechtstechnisch, aber doch der Sache nach. Jeder Bürger wird in seinem eigenen Lebensbereich auf solche Mängel an öffentlicher Voraussicht stoßen, und die Auseinandersetzungen zwischen einer regierenden Mehrheit und der Opposition drehen sich fast immer genauso um das vorhersehbar zu Tuende wie um die Prinzipien, nach denen sich das Tun richten soll.

Wir erwarten Voraussicht und Sicherung des für die Zukunft Anzustrebenden nicht nur dort, wo es um Quantifizierbares geht: Wohnung, Straßen, Wasser, Lehrer etc. – sondern auch im immateriellen Bereich der Politik. Ein Beispiel aus der gegenwärtigen Universitätspolitik mag belegen, was gemeint ist. Die deutsche Universitätsverwaltung war bis in unsere Tage dadurch gekennzeichnet, daß die sogenannten akademischen Angelegenheiten Universitätsorganen zur eigenen Erledigung überlassen blieben, die Wirtschafts- und Personalangelegenheiten dagegen von der staatlichen Bürokratie wahrgenommen wurden. An der Verwaltung der akademischen Angelegenheiten waren im wesentlichen nur die Ordinarien beteiligt, d.h. jene Gruppe von Universitätslehrern, die nach Promotion und Habilitation durch eine Berufung als in ihrem Fach besonders qualifiziert ausgewiesen erschienen.

Die staatliche Hochschulverwaltung wurde im allgemeinen gleichfalls von besonders qualifizierten Beamten getragen. Führt man, wie in fast allen Ländern der Bundesrepublik gegenwärtig geplant, eine Einheitsverwaltung herbei, d.h. hebt man die bisherige Trennung von akademischen und nichtakademischen Angelegenheiten auf und gibt man die Gesamtkompetenz in die Hand von »demokratisierten« Gremien, die sich in Zukunft zusammensetzen sollen aus Hochschullehrern, Assistenten und Studenten, so muß man, will man nicht einen mit Sicherheit vorhersehbaren Qualitätsabfall oder gar eine völlige Politisierung vermeiden, eine Gegeninstanz aufbauen, die den Wegfall der alten Träger der Hochschulpolitik kompensiert. Tut man das nicht, so bedarf es keiner sonderlichen Phantasie, um sich die schnell eintretenden Folgen ausmalen zu können.

Ein weiteres Beispiel: Überträgt man einer Universität das Recht, die ihr zufließenden Mittel selbst zu verteilen, so muß man eine Sicherung einbauen, die gewährleistet, daß diese Mittel unparteiisch und möglichst interessenabgehoben verteilt werden. Da es innerhalb der Universität nur Interessen gibt – jeder Vertreter seines Faches, sei er Hochschullehrer, Assistent oder Student, wird, wenn er tüchtig ist, seinem Fache höchste Priorität zuerkennen – muß in die Universität eine Institution eingebaut werden, die über diesen wissenschaftlichen Fachinteressen steht. Unter keinen Umständen kann eine solche Instanz von Wahlen der Universitätsmitglieder abhängig gemacht werden. Was gegenwärtig im Rahmen der Hochschulpolitik unter dem Stichwort der Gewährung von Globalhaushalten betrieben wird, ist ungefähr so einsichtig wie eine Überlassung der Mittel für den Gewässerschutz an die deutsche chemische Industrie zur anfälligen Verteilung. Wer in der Universität Kollegialorgane einsetzt, die paritätisch mit Vertretern verschiedener Gruppen besetzt werden, der muß wissen, daß es jedenfalls bisher keine Kollegialorgane gegeben hat, in denen die Mitglieder nicht eine völlige rechtliche Gleichstellung hatten. Es ist vorhersehbar, daß Kollegialorgane mit rechtlich fundamental verschieden gestellten Mitgliedern in Kürze arbeitsunfähig sein werden. Solches nicht vorhergesehen zu haben, wird in Kürze als eklatante Fehlplanung betrachtet werden.

Daß Planung, Voraussicht und Sicherung des Weges zum angestrebten Ziel einer jeden Regierung, jedem Inhaber öffentlicher Rechte kategorisch aufgegeben ist, erscheint uns ganz selbstverständlich, jedenfalls immer dann, wenn wir von ihrem Mangel betroffen werden. Ist regieren überhaupt denkbar ohne Planung, ohne Zukunftsorientierung, ohne verantwortliche gedanklich bewältigte Sicht der zukünftigen Aufgaben? Woher stammt dann aber die Aversion gegen Planung, das verbreitete Unbehagen oder die reservierte Anerkennung, daß Planung vielleicht unter modernen Bedingungen unvermeidlich sei, aber doch keineswegs mit dem Begriff des Regierens als solchem gegeben ist, ja Planung wohl eher auf einen Bruch mit der herkömmlichen Begriffswelt des Politischen hinausläuft.

Lassen Sie mich den Ursachen dieser Zurückhaltung zunächst kurz nachgehen, damit ich dann zeigen kann, daß mit dem Begriff des Regierens allerdings das Planen mitgegeben ist.

Auf der Hand liegt die Belastung des Planens durch die Verbindung mit bestimmten, sei es nur partiell bejahten oder ganz diskreditierten Zielvorstellungen: demokratischem, freiheitlichem aber planungsfreundlichem Sozialismus einerseits; revolutionären, totalitär autoritären Bewegungen andererseits. Tiefer reicht etwas anderes. In keinem der großen europäischen Staaten ist der Bruch zwischen dem älteren politischen Denken, insbesondere die Vorstellung über die Aufgaben der Regierung, einschneidender gewesen als in Deutschland an der Wende vom 18. zum 19. Jahrhundert. So wenig liberal unsere politische Wirklichkeit im Vergleich mit England, Frankreich, USA im 19. Jahrhundert gewesen ist, so entschieden liberal waren immer die Grundbegriffe unseres politischen Denkens, die alle um den des Rechtsstaats kreisen. Dieser wurde gewonnen durch schärfste Antithese gegen alle frühere Begrifflichkeit. Der deutsche Begriff des Rechtsstaats, der sich im Ausgang des 18. Jahrhunderts bei Kant ausbildet, um dann bis zur Mitte des 19. Jahrhunderts seine Vollendung zu erreichen, war nichts als ein Gegenbegriff gegen den Wohlfahrtsbegriff, in dem die Wirklichkeit des Regierens im 17. und 18. Jahrhundert eingefangen war. Der Begriff des Rechtsstaates in seiner deutschen Prägung war mehr als eine Korrektur eines einseitig polemisch gesehenen Wohlfahrts- und Polizeistaates, sondern er war, in Verbindung mit der Entgegensetzung von staatlichem und gesellschaftlichem Bereich, vor dem Hintergrund der liberalen Wirtschaftstheorie, eine Bestreitung der herkömmlichen Regierungsaufgaben überhaupt, ihre Reduktion auf Friedensschutz nach außen und innen, Gesetzgebung und Verwaltung. Die in der gegenwärtigen staatstheoretischen Diskussion noch immer Anklang findende These, wonach der Rechts- und der Sozialstaat toto coelo verschiedene seien, der soziale Rechtsstaat, den das Grundgesetz fordert, ein Widerspruch in sich, Wohlfahrtsstaat und Daseinsvorsorge mit unseren herkömmlichen öffentlich-rechtlichen

Begriffen nicht zu fassen, diese Anschauungen sind nur auf diesem historisch-begrifflichem Hintergrund möglich und verständlich.

Planung ist im Koordinatensystem des sogenannten »klassischen« liberalen Rechtsstaats eine Angelegenheit der vielen einzelnen, in ihrer Summierung der unorganisierten »Gesellschaft« mit ihrem Gesetz des freien Spiels der Kräfte. Adam Smith hat die Begründung geliefert: der Staat könne es nie so gut, wie die vielen einzelnen zusammen; der Staat hat über die Spielregeln zu wachen – mehr nicht; jede Sorge für das positive Wohl der Bürger soll der Regierung verwehrt sein.

Nichts zwingt uns, einen solchen Begriff von Staat und Regierung als »klassisch« anzunehmen; er ist nicht nur zeitlich ephemer, in solcher Radikalisierung den angelsächsischen Ländern mit ihrem »Government«-Begriff ganz fremd, sondern wie ich glaube, auch durch seine Folgen diskreditiert. Viel zu spät und viel zu unentschlossen haben die Staaten des 19. Jahrhunderts ihre Sorge jenen Gebieten der staatlichen Tätigkeit wieder zugewandt, die für die ältere Herrschaftsordnung bis ins 18. Jahrhundert hinein im Vordergrund stand: Sorge für das positive Wohl, die materiellen Grundlagen von Leben und Kultur, Daseinsvorsorge im weitesten, nicht nur ökonomischen Sinn.

Denn gegenüber jenem angeblich klassischen Begriff staatlicher Aufgaben, an dem gemessen Planung extravagant und »links« erscheint, ist nun daran zu erinnern, daß für alles ältere politische Denken, das, was wir heute mit Planen umschreiben, in der Tat untrennbar mit dem Begriff von Regierung gesetzt war. Erlauben Sie mir im Folgenden den Versuch einer »konservativen« Rechtfertigung von Planung als einer wichtigen zu institutionalisierenden Regierungsaufgabe nicht deshalb, weil man sie einer »fortschrittlichen« vorziehen könnte, sondern weil jene überall zu haben ist, es aber auf den allgemeinsten Konsensus, die allgemeinste Anerkennung von Planung als Regierungsaufgabe ankommt.

Planen heißt ein Ziel ansteuern – nichts anderes gubernare. Der kybernetes ist der Lenker, insbesondere der Steuermann der Wind und Wellen, Kraft der Gezeiten, Untiefen, Fels und Strudel vorhersieht und das Schiff sicher in den Hafen bringt. Die Schiffsmetapher, der Rex, der König als Steuermann und Kapitän gehören zum Urbestandteil der politischen Metaphorik und Emblematik des Abendlandes. Das Staatsschiff soll nicht steuerlos sein, nicht planlos in der Gegend treiben, sondern auf Kurs gehalten werden auf das politische Ziel hin: der Hafen als Symbol des Friedens, guter Ordnung.

Und weiter: Politik ist für alles ältere Denken das, was in besonderer

Weise der Beratschlagung bedarf, der immer neuen Reflektion von Ziel und Weg. Die *eubulia,* die Wohlberatenheit ist von Aristoteles über alle Fürstenspiegel bis in die politische Theorie der Neuzeit hinein eine der zentralen geforderten politischen Tugenden des Herrschers; den guten Rat ihm zu sichern, ist die geistige Grundlage ausnahmslos aller unserer großen Verfassungsinstitutionen: Gericht, Parlament, Kabinett. Daß die Agenden für die Rat gesucht, erteilt oder aufgezwungen wurden, andere waren als heute, versteht sich, tut aber prinzipiell nichts zur Sache.

Aber noch konkreter: Planen heißt, sofern wir darunter etwas Politisches und nicht nur ein bloßes Gedankenspiel verstehen, für Zukünftiges Vorsorge treffen. In diesem Sinne ist für das ältere Denken von den Aufgaben der Obrigkeit, des guten Regiments, Planung geradezu das Kernstück aller Regentenaufgaben. Das ist nicht an den Haaren herbeigezogen, sondern die Sprache belegt es aufs eindeutigste. Schlagen Sie die Wörterbücher nach, so stellen Sie fest, daß unser heutiger Begriff vom Plan, Planung, planen jedenfalls bis in das erste Drittel des vergangenen Jahrhunderts noch keine Verbindung mit dem Wort eingegangen ist. Vielmehr steht Plan noch ganz für das Flache, Ebene wie heute noch in Zeltplane, eine plane Redeweise. »Auf einem grünen Plane« heißt es bei Opitz; aus dem Französischen übernommen wird es dann seit dem Anfang des Jahrhunderts auch im Sinne von Grundriß, geometrischem Plan – heute noch Stadtplan, gebraucht, aber der Bezug auf Zukünftiges ist dem Wort noch ganz fremd. Also wohl Stadtplan aber nicht Stadtplanung.

Sollte es für so etwas fundamental Menschliches wie das Vorsorgen für Zukünftiges in der politischen Sprache bis zum Beginn des vergangenen Jahrhunderts keinen Begriff gegeben haben? Ich habe das Wort schon mehrfach genannt, wo man bis in unsere Zeit hinein, bis zur Mitte des vergangenen Jahrhunderts aber ausschließlich, den modernen Bedeutungsgehalt von Planen findet: Sorge, Vorsorge, Fürsorge.

So heißt es etwa in Zedlers »Wörterbuch der philosophischen Begriffe«: »Sorge, lat. cura ist eine fleißige Aufmerckung und Bekümmernis um ein Ding, da man mit sich zu Rathe gehet und nachdencket, wie man eine Sache recht angreiffen müsse; daß man keine Ungelegenheit, Schaden oder Gefahr davon habe, sondern daß alles einen erwünschten Ausgang gewinnen möge: wie etwa Eltern für ihre Kinder, Obrigkeit für die Untertanen«. Im Gegensatz zum Wortgebrauch in einer dumpfen zeitgenössischen Philosophie, steht Sorge in der älteren Sprache für etwas Klares, Durchdachtes. Vorsorge, seit der Mitte des

19. Jahrhunderts Fürsorge einschränkend, steht für die »vorhergehende Sorge zur klugen Einrichtung einer künftigen Sache«, ist aber auch schon früher ein zentraler Begriff des politischen Wortschatzes wofür die Wörterbücher reiche Belege liefern: »des Landesfürsten väterliche Sorge und Schutz; sr. Majestät allergnädigste getreue Vorsorge; das der Gnade und beständigen Vorsorge ihres Königs überzeugte Preußen« usw. usw. –, daß die getreuen Untertanen dieser beständigen Vorsorge einmal überdrüssig wurden, vermögen wir gut nachzuvollziehen und insofern sind Kant und Wilhelm von Humboldts Kampf gegen diese betuliche, bevormundende Vorsorge so gut zu verstehen – und ich behaupte, die heutige Aversion gegen Planung hat hier ihre tiefste historische Wurzel.

Wörter haben ihre Schicksale: ist Plan heute noch weithin negativ belastet, so erscheinen Sorge und Vorsorge heute ganz frei von polizeistaatlichen Nebentönen. Trüge ich Verantwortung für den politischen Wortschatz der Partei des gegenwärtigen Bundeskanzlers und des hessischen Ministerpräsidenten, so würde ich das Planen radikal aus ihr verbannen und durch das auch bei der älteren weiblichen Wählerschaft so ganz unanstößige, heimelige Sorge und Vorsorge ersetzen – in der Sache bliebe es sich gleich; linke Zweifler könnten die Pressesprecher der genannten Herren auf die alten Wörterbücher von Zedler, Campe, Adelung oder auch auf Grimms Wörterbuch verweisen.

Was ich mit diesem Rekurs deutlich machen wollte ist dieses: Wir belasten unser Verständnis und die Bemühung um Anerkennung von Planung als einer zentralen Regierungsaufgabe ganz unnötig, wenn wir unter Planung stets und von vornherein den auf Umgestaltung, auf Veränderung angelegten Vorentwurf der Zukunft verstehen, wobei dieser Entwurf dann von dieser oder jener progressiven Idee diktiert sein soll. Planung, Vorsorge muß aber schon sein um der bloßen Sicherung der Zukunft willen: Sicherung zukünftigen Lebens und d.h. allerdings in einem Gemeinwesen, das sich dazu bekennt, Sicherung menschenwürdigen Lebens. Sie wäre überflüssig einzig in einer völlig unwandelbaren Welt, in der alle Daten konstant bleiben: Bevölkerungszahl, Bedürfnisse, Ressourcen – alle Bedingungen des Lebens gleichblieben – kein Ungemach uns bedrohen könnte. Das ist nun bekanntlich deshalb nicht die Lebenssituation des Menschen, weil er als einziges uns bekanntes Wesen die Fähigkeit zur Vervollkommnung besitzt – und diese nötig hat, womit Rousseaus Klage über diese Gabe hinfällig wird. Allerdings bagatellisieren wir das Problem, wenn wir nicht in gleichem Atemzug zugeben, daß die Fähigkeit zur Voraussicht auch die Gabe allen Unheils ist: das Prometheische im Wesen des Menschen ist ganz sicher kein Gnadengeschenk.

Pflanze, Tier und Götter sind vollkommen, der Mensch nicht, dies ist der Ursprung aller Veränderung. Jede Änderung aber verändert die Lebensdaten auf die wir eingestellt sind und zwingt damit zur Vorsorge, Planung. Je größer Zahl, Ausmaß und Tiefe der Veränderungen um so größer der Zwang zur Planung.

Damit ist nun bereits gesagt, warum Planung und Vorsorge als Regierungsaufgabe in unserer Epoche eine so überragende Bedeutung gewonnen haben, und warum man mit gewissem Recht von einem Planungsmangel und einer Planungsunfähigkeit der gegenwärtigen Institutionen sprechen kann. Alle Institutionen – genau so der Mensch – setzen halbwegs voraussehbare Situationen voraus. Die gesellschaftlichen Wandlungen, denen unsere Zeit unterworfen ist, jagen einander so sehr, sind in ihren Konsequenzen so schwer berechenbar, daß ein Planungsrückstand der verantwortlichen politischen Institutionen zumindest verständlich ist.

Besteht gemäß der Natur des Menschen in jeder halbwegs entwikkelten Gesellschaft ein Bedürfnis für Vorsorge und Planung, so wird sie schlechthin zur Existenzbedingung in einer sich so schnell wandelnden Gesellschaft wie der unsrigen. Man wird sagen dürfen, daß sich das Ausmaß der Veränderung seit dem 1. Weltkrieg von Jahr zu Jahr beschleunigt hat. Die Beschleunigung der Raumüberbrückung steht für alle anderen Veränderungen. Die ohne jedes politische Zutun als Folge der Technik so extrem schnelle Änderung aller für unsere Lebensweise wesentlichen Faktoren zwingt unter den modernen Bedingungen auch die erzkonservativste Regierung jedes politischen Verbandes, sei es einer Gemeinde oder eines Staates, zur Planung, allein, um den bloßen Zustand zu sichern. Planung ist heute erforderlich, ohne daß sie des geringsten Antriebes durch utopisches, revolutionäres, fortschrittliches oder auch bloß gemäßigt reformfreudiges Denken bedarf. Wer unter den heutigen Bedingungen in einem öffentlichen Amt nicht ans Morgen denkt oder annimmt, daß sich bei ein wenig gutem Willen die Dinge von selber arrangieren werden, handelt nicht nur politisch unklug und unverantwortlich, er verletzt die Pflichten seines Amtes. Auch wer politisch nichts anderes erstrebt als das Festhalten der heutigen Lebensweise, der gegenwärtigen Statusordnung, der Verteilung des Wohlstandes und die Zementierung der gegenwärtigen Bildungschancen, auch er wäre zur Planung gezwungen, denn die Daten, auf denen diese Verhältnisse aufruhen, sind in rapidem Wandel begriffen.

Die zunehmende Abhängigkeit aller Lebensbedingungen voneinander – des Verkehrs von der Energieerzeugung, der Wirtschaft von der Wissenschaft, der Wissenschaft von der Wirtschaft, der Wehrkraft von der Lehrkraft usw. – können Versäumnisse in einem Bereich zum Zusammenbruch des ganzen Systems führen. Die Massenhaftigkeit des modernen Daseins, seine schmerzlich spürbare Abhängigkeit von so viel technischen Vorkehrungen, die Künstlichkeit, Verletzlichkeit des ganzen Systems machen das bei Politikern immer noch beliebte Wort vom Staat als Organismus zu einer Farce. Er ist kein Tier und keine Pflanze, die ohne Zutun wächst, sondern die politische Ordnung ist ein kunstvoll empfindliches Produkt bewußten Tuns und mit jeder Vermehrung der beeinflussenden Faktoren vermehrt sich, was der verantwortliche Politiker in Rechnung stellen muß. Vor allem sind es die nur bedingt oder gar nicht vorhersehbaren Nebenfolgen eines Handelns, die Planung so schwierig, andererseits so dringend notwendig machen. Fast alles, was man als Misere des gegenwärtigen Universitätsbetriebs bezeichnen kann, ist Nebenfolge an sich richtiger Maßnahmen gewesen. Die Verlängerung der Studienzeit ist wesentlich eine Folge der Vermehrung der Ordinariate gewesen, die scheußliche Hirarchisierung der deutschen Universität eine Folge des von allen geforderten Ausbaus des sogenannten Mittelbaus.

Welche neuen Anforderungen stellt diese Lage an das Regieren? Im Grunde sehr wenig ganz Neues, allerdings ein sehr viel bewußteres und entschiedeneres Gebrauchmachen vom Vorhandenen. Da sie Vorsorge treffen müssen, haben sich die Regierenden immer in den Besitz des für notwendig angesehenen Wissens zu setzen gewußt, von den beamteten Auguren im alten Rom, den Goldmachern und Alchimisten der Renaissance, um die sich die Mächtigen der Zeit ähnlich balgten wie die Parteien heute um demoskopische Institute und professorale Berater, bis zu den wissenschaftlichen Beiräten und Sachverständigengremien in Bonn, alles Formen der Nutzbarmachung eines für wesentlich angesehenen Sachverstandes – mit gelegentlich durchaus vergleichbarem Resultat. Da es dort, wo es um Sachverstand und Politik geht, gar nicht nüchtern genug zugehen kann, kann ich nicht unterdrücken, daß die zelotische Gläubigkeit, mit der heute hier und da Kybernetik, Stochastik, Game Theory etc. den Politikern angeboten wird, ich behaupte nicht im Hinblick auf die Präzision der Voraussagen, aber doch das abergläubische Vertrauen in diese Hilfsmittel arg in die Nähe von Vogelflug verweist.

In der Sache haben sich seit dem Mittelalter alle politischen Ordnungen um die Sammlung, heute würden wir sagen Dokumentation, des für sie wesentlichen Wissens bemüht. In der Welt der Erbmonarchie war es die genealogische Dokumentation, im Feudalstaat die Archivierung der Grund- und Standesrechte, die im Vordergrund standen. Die Kameralwissenschaften mit ihrem Bemühen um schnelle enzyklopädische Präsenz und die ganze ältere Statistik stehen im gleichen Zusammenhang, bis dann mit der Errichtung der modernen statistischen Büros und der Entwicklung wissenschaftlicher Staatsanstalten eine neue Etappe begann. Nur war – abgekürzt – im älteren Staatswesen mit seiner vergleichsweisen Stabilität der Verhältnisse das Wissen des Vergangenen: Genealogie, Weistümer, Präzedenzien die entscheidende Grundlage auch für zukunftsgerichtete Entscheidungen. Immerhin ist noch der deutsch-französische Krieg von 1870/71 formal als Erbfolgekrieg gerechtfertigt worden. Gegenüber dieser älteren Orientierung an Vergangenem müssen wir heute unserer Politik Zukunftsdaten zugrunde legen, Daten, die wir ja auch nur gewinnen auf der Grundlage der gegenwärtigen und auf die Gegenwart zuführenden, durch Korrelation bekannten, wahrscheinlichen oder in unserer Macht liegenden Faktoren der Veränderung.

Führt Planung als moderne Staatsaufgabe zu einschneidenden Änderungen der staatlichen Ämter, der politischen Verantwortlichkeit, der Regierungstechnik oder gar der verfassungsrechtlichen Ordnung? Ich beschränke mich auf wenige allgemeine Bemerkungen.

Unter den Anforderungen, unter denen das Regieren in einer Zeit allgemeiner Veränderung steht, sind in nahezu allen entwickelten Staaten insbesondere auf dem Gebiet der Wirtschaftspolitik, aber keineswegs darauf beschränkt, zu den traditionellen staatlichen Ämtern besondere Planungsbehörden hinzugetreten bzw. in sie eingegliedert worden. Ihre Aufgabe besteht in Datensammlung, Voraussage, Erarbeitung von Empfehlungen – aber, soweit ich sehe, nirgendwo im Regieren selbst. Wenn wir unter Planung die »Aufstellung genauer und aufeinander abgestimmter Ziele, die innerhalb eines bestimmten Zeitraumes mit dafür bereitgestellten Mitteln verwirklicht werden sollen« verstehen, so ist die Entscheidung über das Was, Wann und Wie immer noch Sache der Regierenden und niemand kann ihnen die Verantwortung abnehmen.

Da jeder Plan die Faktoren des Situationsbefundes und die grundsätzlichen Richtungsauffassungen wiederspiegelt, kann der Beschluß eines Plans immer nur Sache der politisch verantwortlichen Instanzen sein, mag der Rat der Sachverständigen auch noch so sehr in die Planung eingegangen sein. Die Festlegung von Prioritäten ist eine vergleichsweise einfache Sache gegenüber der Herstellung des Konsensus über diese Prioritäten. Noch schwieriger, noch politischer ist die Aufgabe der Erwirkung der Zustimmung für die bereitzustellenden Mittel, ferner die Entscheidung über den besten Zeitpunkt, wie überhaupt das Planen ein Kinderspiel ist im Vergleich zum Durchsetzen eines Plans. Planung als Regierungsaufgabe heißt weniger, sich etwas ausdenken – das ist leicht zu haben – als »to get things done«. Pläne können – als publizitätswirksame Herausstellung des Regierungsprozesses – diese Aufgabe unter Umständen erleichtern, darum die Bedeutung, die zeitlich befristeten Plänen: 5-, 6-, 7-Jahresplänen dort eingeräumt wird, wo es auf die Mobilisierung aller Kräfte ankommt. Ich habe nicht den Eindruck, daß die Entscheidungsfreiheit und damit auch die Verantwortung der Politiker durch die Heranziehung von Experten zur politischen Planung (Schlagwort: Expertokratie) stärker gelitten hat, als sie seit jeher durch die Notwendigkeit der Heranziehung von fachkundigen Klerikern, Juristen, modernen Fachbeamten bedingt war. Der des Lesens und Schreibens unkundige mittelalterliche Fürst war seinen Klerikern genau so viel und wenig ausgeliefert wie der moderne Politiker, der sich ja auch nicht auf den Rat eines Planungsexperten allein verlassen muß. Die Klage über die Abhängigkeit der Regierenden von ihren Beratern ist so alt wie das Institut politischer Beratung; wie immer ist auch hier Publizität die wirksamste Garantie ausreichender Kontrolle. Da es bei aller Planung um die Mobilisierung und Disziplinierung von Kräften für bestimmte Ziele geht, diese Kräfte aber gar nicht ohne Zustimmung – sei es freiwillige oder hergestellte – mobil gemacht werden können, haben Pläne – seien es Global-, Regional- oder Bereichspläne – eher publizitätsfördernd als einschränkend gewirkt. Das Bedürfnis nach periodischer Berichterstattung – d.h. Rechenschaftslegung über das Erreichte (Planerfüllung – Planrückstand) verstärkt die Rationalität und Durchsichtigkeit des ganzen Regierungsgeschäfts.

Betrachten wir die Planung unter dem Aspekt der Regierungstechnik, so wird man wohl überhaupt sagen müssen, daß ihr wichtigstes Instrument – neben dem Plan selbst und der Bereitstellung der Mittel, seien es rechtliche oder finanzielle, die periodische Berichterstattung geworden ist. Das ist nichts Neues sondern knüpft an und verfeinert uralte Instrumente der Herrschaftstechnik: von der Thronrede, Message on the State of the Union, der jährlichen Budgetrede, der Regierungserklärung führt nur ein Schritt zum jährlichen Grünen Bericht,

Wissenschaftsbericht, Energiebericht, Wirtschaftsbericht und ähnlichen periodischen Zusammenfassungen, die ja immer Situationsbericht und Planbericht zugleich sind. Richard Neustadt hat glänzend entwickelt, wie sich die amerikanischen Präsidenten mit Hilfe der Message Power faktisch das Recht zur Gesetzgebungs- und Planungsinitiative errungen haben: Neben den drei Annual Messages: State of the Union Adress, Budget Message, Economic Report sind die Special Messages zum eigentlichen Vehikel der präsidentiellen Planungspolitik geworden. Für England und die Bundesrepublik gilt das gleiche; die Praxis der jährlichen Berichterstattung, die sich von Jahr zu Jahr auf neue Bereiche ausdehnt, ist zum nicht mehr wegzudenkenden Instrument administrativer Planungstechnik geworden.

Verlangt die Macht, die die Planung als Regierungsaufgabe gewinnt, einen Umbau unserer verfassungsrechtlichen Ordnung? Ich glaube das nicht, doch es ist nicht zu leugnen, daß sie die Tendenz zur weiteren Stärkung des Regierungschefs auf Kosten der Ressortminister fördert. Planen heißt, alle verändernden und als mögliche Nebenfolge betroffenen Faktoren im Sinn haben, was verfassungspolitisch heißt: Zwang zur Koordination. Wo immer man hinsieht, sind die wesentlichsten Instrumente der Planungspolitik Kabinettsausschüsse und das auf allen großen Gebieten der Politik: Verteidigung, Wirtschaft, Bildung. Sucht man nach dem Ort, wo Planungsstäbe am besten zu institutionalisieren sind, dann sicher in den Sekretariaten der Kabinettsausschüsse mit organisatorischer Zusammenfassung im Kabinettssekretariat selbst; bei uns also im Bundeskanzleramt. Da jede Planung im Bereich des Regierens ja auf Realisierung hindrängt, bedarf sie des Platzes derjenigen, die die Richtung der Politik bestimmen: der Ressortminister und in letzter Instanz des Regierungschefs. Ohne seine Ermunterung, seine Autorität, seine Bestimmung bleibt Planung als Regierungsaufgabe ein bloßes Wort. Im modernen Hilfsinstrumentarium der Regierungschefs, den Kabinettssekretariaten und Kabinettsausschüssen stehen ihnen auch die erforderlichen Planungsinstrumente zur Hand, ohne daß es eines Umbaus der verfassungsrechtlichen Ordnung bedarf – weder im Präsidialsystem noch im parlamentarischen System, das, wenn es den Anforderungen der Zeit gerecht werden will, notwendig Prime Ministerial Government, zu deutsch: Kanzlerdemokratie sein muß. Daß eine solche Regierungsweise unter Bedingungen von Koalitionsregierungen schwer zu erreichen ist, liegt auf der Hand. Wie die Große Koalition gezeigt hat, entwickeln sich aber auch unter ihren Bedingungen sofort Instrumente der Koordination, wofür der Kreßbronner Kreis als Beispiel genannt sein mag. Er war ein ganz natürliches, vollkommen legitimes Korrektiv zur eingeschränkten Richtlinienkompetenz eines Kanzlers unter den Bedingungen einer Großen Koalition.

Ich darf auf meinen etwas altertümlichen Ausgangspunkt zurückkommen. Ich hatte gesagt, daß Planung als Regierungsaufgabe in keiner Weise an bestimmte Ideologien gebunden ist und hatte gemeint, daß sie mehr eine sorgende als eine progressiv-revolutionäre Aufgabe sei. Ein guter Hausvater soll nicht nur ermahnen, sondern er soll vorsorgen, ein Wort, das im modernen Wortschatz eben unter Planung läuft. Allerdings müssen wir uns darüber im klaren sein, daß mit unserem heutigen Begriff von Planung dieses, wenn ich so sagen darf, konservative, fürsorgende Element kaum noch verbunden wird. Es ist nicht zu übersehen, daß wir Planung, zwar kaum als Betroffene aber doch die Planer selbst nur noch bedingt verstehen unter diesem Aspekt der Sorge um menschliche Lebensmöglichkeiten, sondern das Planen mehr und mehr verstanden wird als ein Verfügenkönnen, verfügen über etwas Technisches, etwas das ins Werk zu setzen ist, wobei die Relation zum Inhalt aller Politik, d.h. zur Möglichkeit vernünftigen Miteinanderlebens dann nicht immer in ausreichendem Maße beachtet wird. Es ist kaum zu übersehen, daß bei den Möglichkeiten, die die moderne Technik dem Menschen und damit auch dem Politiker an die Hand gibt, die Orientierung an der Aufgabe aller Politik, dem Menschen ein würdiges und freies Leben zu sichern, mehr und mehr aus dem Blickfeld gerät und wir uns statt dessen nicht mehr orientieren am Ziel, sondern einfach an den Mitteln, an den ungeheuren Möglichkeiten, die wir zur technischen Veränderung dank der modernen Naturwissenschaft gewonnen haben. Planen wird, und das empfinden wir als Betroffene oft mit tiefem Verdruß, zunehmend verstanden auch als ein Verfügen über Menschen, nicht nur wie es ursprünglich verstanden wurde als ein Verfügen über Faktoren, die für den Menschen von Bedeutung sind. Einen Schutzwall um eine mittelalterliche Stadt herumzuziehen, war eine ungeheure Planungsaufgabe, die, wenn man die Relationen richtig setzt, mit den gigantischsten Aufgaben unserer Zeit durchaus vergleichbar ist. Wenn immer wieder behauptet wird, daß die Planungsaufgaben des modernen Staates so unendlich viel größer und bedeutsamer seien auch in ihren finanziellen und sachlichen Dimensionen, so genügt es ja, sich nur einmal den Stadtplan einer alten Stadt anzusehen, um eine Anschauung davon zu bekommen, welche ungeheure Planungsvorsorge auch in älteren Gemeinwesen zum Schutze der Bürger geleistet wurde. Man vergegenwärtige sich, welch ungeheure Planungsleistung, nicht zuletzt auch Koordinationsleistung, der Bau eines mittelalterlichen Domes unter den damaligen Bedingungen der Technik war. Ich wage zu behaupten, daß wir kaum etwas Vergleichbares an Planungstechnik im Vergleich zu den Ressourcen und Möglichkeiten, die wir haben, heute aufweisen können. Der Bau eines Autobahnnetzes ist verglichen zu den Ressourcen eines modernen Staates ein Kinderspiel im Vergleich zum Bau des Straßburger Münsters im Blick auf die Leistungsfähigkeit des Erzbistum Straßburgs gewesen. Man erinnere sich, daß ein solches Bauwerk in seiner Bauzeit von vornherein auf Jahrzehnte, unter Umständen gar auf Jahrhunderte angelegt war und alle finanziellen Ressourcen und Transportmöglichkeiten eingeplant werden mußten. Aber all diese Planungsleistung früherer Zeiten war immer orientiert an den Lebensmöglichkeiten und Lebenswünschen der Menschen, sei es nun des Schutzes vor dem äußeren Feind, des Schutzes vor dem inneren Feind, Gesundheitsplanung, Hygiene, Wasserschutz, Horten von Nahrungsmitteln, oder auch der Bau einer Kirche als eine im Rahmen eines Gemeinwesens liegende Aufgabe.

Ich glaube kaum, daß es zu verkennen ist, daß unter den modernen Bedingungen des Planens der Mensch selbst zu einem Datum des Planes geworden ist. Er wird, wie das schreckliche Wort es will, eingeplant, er wird verplant. Es ist also nicht mehr das Handeln und Sorgen, das im Mittelpunkt der Politik steht, sondern ein Machen. Man kann den Menschen so und so verschieben, es wird über ihn planend verfügt. Vielleicht ist moderne Städteplanung und moderne Wohnungsbauwirtschaft gar nicht anders mehr möglich, wahrscheinlich ist es so. Und nehmen die »Modelle«, die die Planer entwerfen und in die sich die Menschen dann einfügen sollen wirklich Rücksicht auf seine Notwendigkeiten, seine Bedürfnisse? Alle Kritik an der Leistung der Planung hat hier ihren Ursprung. Sehe ich es zu schwarz, oder ist es nicht doch so, daß in vielen Planungen zukünftiger Lebensweise der traditionelle Inhalt allen Planens aus dem Auge verloren geht, nämlich die Sorgepflicht für die conditio humana, für die Lebensmöglichkeit des Menschen? Das in den letzten Jahren sich so euphorisch äußernde Verlangen nach mehr Planung läßt oft übersehen, daß dafür um so weniger vorgesorgt wird. Wie hätte es sonst zu jenen schweren Bedrohungen der ökologischen Grundlage menschlichen Lebens kommen können, von denen die Zeitungen täglich voll sind. Verschmutzung der Luft, des Wassers; die Leichtfertigkeit, mit der im großen Stil die

Gewinnung von Energie aus dem Atom beginnt, ohne daß das Problem der Sicherung der Menschen vor dem Abfall klar gelöst ist, sind Beispiele, die jedem von Ihnen geläufig sind. Die Reise zum Mond ist sicher eine großartige technische Leistung, aber der Mensch ist ein Lebewesen, das nicht anders als Walfische, Zebras, alle uns bekannten Pflanzen nur hier auf dieser Erde sein Leben führen kann. Das wird in alle Ewigkeit so bleiben. Nur wenn er die Bedingungen der Erde in einen extraterrestischen Raum mitnimmt, d.h. Wasser, Sauerstoff und pflanzliche und tierische Nahrung, die ihm die Erde gibt, kann er für einige Zeit außerhalb der Erde leben.

Wo bleiben die Planer, und damit meine ich diejenigen, die für die Zukunft Sorge tragen, bei der Konstruktion überdimensionierter Tanker? Nichts spricht dafür, daß ein Tanker mit einer Ladefähigkeit von 300.000 Tonnen sicherer navigierbar ist als ein Schiff mit 20.000 Tonnen Ladefähigkeit. Alles spricht dafür, daß er sehr viel schwerer zu handhaben ist, sehr viel leichter einer Havarie zum Opfer fallen wird. Wenige Tage nach ihrer Indienststellung sind gleich drei der neuesten Supertanker von schweren Explosionen betroffen worden. War es denn mehr als Zufall, daß sie unbeladen waren? Und sind diese Ereignisse so ernst genommen worden, wie sie es verdienten? Ich glaube nicht. Einen Tag nach der Nachricht waren sie schon vergessen. Wenn jedes politische Gemeinwesen immer eine Allianz der Toten, der Lebenden und der Ungeborenen ist, so sehe ich nicht, daß die Planung unserer Tage von hinreichender Verantwortung erfüllt ist. So viel auch von Perspektiven, langfristigen Planungen die Rede ist, ich glaube, es ist selten in der Geschichte der Menschheit so knappfristig gedacht worden wie gegenwärtig. Die Sorgeprobleme müßten die eigentlichen Planungsprobleme unserer Zeit sein und ich sehe nicht, daß das der Fall wäre. Wenn man heutzutage so gerne Marx zitiert, nach dem die Philosophen die Welt nur verschieden interpretiert hätten, daß es aber darauf ankomme, sie zu verändern, so ist demgegenüber zu sagen, daß es vor allem darauf ankommt, sie vor den Potentialitäten des modernen Menschen zu schützen.

Bei aller Notwendigkeit der Reform und der Veränderung, des Neubaus und des Ausbaus hier und da, sollte jene altertümliche Verpflichtung aller Politik, für das Wohl der Menschen zu sorgen, nicht aus den Augen verloren gehen.

(1969)

Verfassung und Verfassungswirklichkeit

Ein deutsches Problem

Unser Thema und die in dem Begriffspaar liegende Problematik – eine vermutete Dichotomie, »Spannung« von Norm und Wirklichkeit des politischen Lebens –, sie gehören zu den wenigen staatstheoretischen Fragen, die eines gewissen öffentlichen Interesses sicher sein können. Das Begriffspaar hat bis in die Schulbücher Eingang gefunden; kein Leitartikler, der nicht damit umzugehen wüßte; kaum ein Kritiker unserer öffentlichen Zustände, der die Unruhe und das politische Unbehagen in diesem Lande nicht in einen Zusammenhang mit einem »Auseinanderklaffen« von Norm und Wirklichkeit unserer politischen Verfassung bringen würde[1].

Solche Ubiquität macht mißtrauisch. Sollte es sich vielleicht um ein populäres Scheinproblem handeln? Daß Verfassungen altern – wer

---

[1] Einen Gemeinplatz kann man schwer belegen: die »Diskrepanz« von Verfassung und Verfassungswirklichkeit ist gewissermaßen der kleinste gemeinsame Nenner aller an der Bundesrepublik geübten Kritik. Stellvertretend für eine massenhaft vertretene Meinung stehe die Auffassung des FDP-Bundesvorsitzenden Walter Scheel in: Falsches Demokratieverständnis, *Hochland* April/Mai 1968, S. 365: »Die Unruhe, die wir in der Bundesrepublik gegenwärtig erleben, ... hat eine ganz andere Ursache als eine eventuelle Unzulänglichkeit des Grundgesetzes. Es ist die Diskrepanz zwischen geschriebener Verfassung und Verfassungswirklichkeit, die hier ursächlich ist.« Diese Diskrepanz in den verschiedensten Rechts- und Sozialbereichen aufzudecken, unternimmt der von Gert Schäfer und Carl Nedelmann herausgegebene Sammelband *Der CDU-Staat.* – Studien zur Verfassungswirklichkeit der Bundesrepublik, München 1963. Das Programm, repräsentativ auch in seinem moralischen Pathos, wird auf dem Umschlag so formuliert: »In diesem Buch wird unser Bekenntnis zur Demokratie beim Wort genommen: es vergleicht die politischen, sozialen und moralischen Grundsätze, auf die wir uns berufen, mit der Wirklichkeit unseres gesellschaftlichen und staatlichen Lebens« – Für den Stellenwert unseres Begriffspaars in der Sozialkundeliteratur vgl. z.B. Dieter Claessens u.a., *Sozialkunde der Bundesrepublik Deutschland,* Düsseldorf 1968[2], S. 31 ff.

wünschte es ihnen nicht? –, daß sie nie vollständig sein können – wen wundert es? –, daß sich in der Praxis manches anders entwickelt, als man es sich in der Theorie ausgedacht hat – was ist daran problematisch? Gehört nicht die Möglichkeit des Obsoletwerdens zum geschichtlichen Wesen allen positiven Rechts? Was wäre denn eine Norm als Ausdruck eines Sollens, wenn die Wirklichkeit ihr nur gehorchen, aber niemals widersprechen könnte? Für Jurisprudenz als Wissenschaft und Praxis gäbe es keine Veranlassung mehr; allen Richtern und Anwälten, auch den Professoren des Rechts – den Prozessualisten voran – müßte man anraten, sich nach ergiebigeren beruflichen Tätigkeiten umzusehen. Also ein Scheinproblem fürwahr!

Aber wie kann man etwas ein Scheinproblem nennen, was ja nicht nur in den Organen der öffentlichen Meinung, im Vokabular von Podiumsdiskussionen, sondern auch in ernsthafter Wissenschaft als Problem ersten Ranges gesehen wird[2]?

Helmut Ridder hat schon vor Jahren gemeint, in der Polarität von Verfassung und Verfassungswirklichkeit *das* zentrale Thema der Staatsrechtswissenschaft sehen zu müssen, »das ihr für die nächste Zeit den reichsten Lohn ihrer Bemühungen verheißt«[3]. Ist nicht das Pro-

---

[2] Ich nenne vor allem RICHARD BÄUMLIN, *Staat, Recht und Gestichte,* Zürich 1961; ERNST FORSTHOFF, Die Bundesrepublik Deutschland, – Umrisse einer Realanalyse, in: *Merkur* Nr. 151 (Sept. 1967), S. 807 ff.; DERS., Verfassung und Verfassungswirklichkeit in der Bundesrepublik, *Merkur* Nr. 241 (Mai 1968), S. 401 ff.; KONRAD HESSE, *Die normative Kraft der Verfassung,* Tübingen 1959; DERS., *Grundzüge der Verfassung der BRD,* Karlsruhe 1967, S. 17 ff.; J. H. KNOLL, Verfassung und Verfassungswirklichkeit in der BRD, in: *Universitas* Heft 6 (1965), S. 613 ff., HERBERT KRUEGER, Verfassungsnorm und Verfassungswirklichkeit, in: *HDSW* Bd. 11 (1961), S. 74 ff.; DERS., Sinn und Grenzen der Vereinbarungsbefugnis der Tarifvertragsparteien (= *Vhdlg. d. 46. Dt. Juristentags,* Bd. I Gutachten), München 1966, S. 24 ff.; GERH. LEIBHOLZ, Verfassungsrecht und Verfassungswirklichkeit, in: *Strukturprobleme der modernen Demokratie,* Karlsruhe 1958, S. 277 ff.; KARL LOEWENSTEIN, Verfassungsrecht und Verfassungsrealität, in: *AöR* 77 (1951/52), S. 418 ff.; W. SCHAUMANN, Verfassungsrecht und Verfassungswirklichkeit in der staatlichen Willensbildung, *Zeitschrift für schweizerisches Recht* N. F. 74 (1955) – E.-H. RITTER, Die Verfassungswirklichkeit. – Eine Rechtsquelle? in: *Der Staat* 7 (1968) 352 ff.; G. SCHNORR, Verfassungsrecht und Verfassungswirklichkeit, in: *Die neue Ordnung* 1966, S. 123 ff.; WERNER WEBER, *Spannungen und Kräfte im westdeutschen Verfassungssystem,* Stuttgart 1951 (1959[2]) passim.

[3] *Politische Literatur II* (1953), S. 353 f. Dieser Ansatz liefert die theoretische Basis seiner Gegnerschaft gegen die Notstandsverfassung. Besonders aufschlußreich die Kontroverse mit Staatssekretär Prof. Dr. Ehmke anläßlich der Bundestagsanhörung. Vgl. Protokoll der 1. öff. Informationssitzung des Rechtsausschusses und des Innenausschusses vom 9. 11. 1967, *Dt. Bundestag,* 5. *Wahlperiode, Prot.* Nr. 55 und 71, S. 70 ff.

blem der Normverwirklichung, konkret der »Aktualisierung« und »Konkretisierung« der normativen Verfassung das theoretische Zentralproblem der gegenwärtigen Verfassungsrechtslehre[4]? Und wie kommt ausgerechnet ein politischer Wissenschaftler dazu, dieses Begriffspaar zurückzuweisen? Wird denn nicht hier, und das vor allem im Rahmen einer Juristischen Fakultät, seiner so problematischen Wissenschaft ein probater Einstieg zu gewichtigen Problemen geboten? Sagt die Staatsrechtslehre nicht übereinstimmend, gerade hier, in der empirischen Analyse und Deskription der »Verfassungswirklichkeit« öffne sich ein Feld, auf dem die ansonsten noch mit so viel Skepsis bedachte »Politologie« mit Nutzen ackern könne[5]? Säge ich nicht am eigenen Ast? Und lohnt sich denn die Beschäftigung mit einem so verbreiteten und fast widerspruchslos akzeptierten Theorem[6]?

Ich glaube schon. *Das hinter dem Begriffspaar empfundene Problem reicht tief in die Besonderheit des deutschen Staats- und Verfassungsdenkens hinein. Es erklärt bzw. spiegelt die eigentümliche Schwäche und Verletzbarkeit des deutschen Verfassungsbegriffs. In der Tatsache, daß die unvermeidliche Spannung von Norm und Wirklichkeit des politischen Lebens als so bedrückend empfunden wird, verbergen sich traditionelle Gefährdungen des deutschen politischen Denkens.* Schließlich gibt das Thema Gelegenheit, auf die Gefahr der Einengung der politischen Wissenschaft auf eine zu begrenzte Fragestellung hinzuweisen.

I.

Zur Veranschaulichung des mit dem Begriffspaar Gemeinten ein paar Beispiele:

1. Nach Artikel 65 GG ist es Sache des Bundeskanzlers, die Richtlinien der Politik zu bestimmen. Als der Außenminister und Vizekanzler der gegenwärtigen Bundesregierung vor einigen Monaten auf ei-

---

[4] Statt vieler K. HESSE, *Grundzüge,* S. 17 ff.; FRIEDRICH MÜLLER, *Normstruktur und Normativität,* Berlin 1966.

[5] Ist es ein Zufall, daß eine beide Disziplinen übergreifende Festschrift das Begriffspaar des Themas als Titel erwählt (– »Verfassungsrecht und Verfassungswirklichkeit« – *Festschrift für Hans Huber,* Bern 1961), ein neues politikwissenschaftliches Jahrbuch – das des Kölner Instituts – unter der gleichen Flagge segelt (»Verfassung und Verfassungswirklichkeit«, Köln 1966 ff.)?

[6] Kritisch gegenüber der allgemeinen »Spannungs«-Lehre vor allem die angeführten Arbeiten von HERBERT KRÜGER und K. HESSE in den »Grundzügen« aaO. Vgl. auch H. KRÜGER, *Allg. Staatslehre,* Stuttgart 1966[2], 150 ff.

ner Pressekonferenz Meinungen zur Außenpolitik der Bundesregierung äußerte, aus denen ein Abgeordneter der Opposition glaubte, »neue Akzente« herauslesen zu können, kam prompt wenige Tage später in der Fragestunde des Bundestages seine Frage an die Bundesregierung, ob sie beabsichtige, den Artikel 65 GG dahingehend zu ändern, daß hinfort der Außenminister und Vizekanzler aus der Richtlinienkompetenz des Kanzlers ausgenommen werden solle[7]. Sicher war die Frage nur ironisch gemeint, aber für den, der die juristische Literatur zur Richtlinienkompetenz des Bundeskanzlers kennt, war sie gar nicht abwegig. Ist doch ein Zentralthema dieser Literatur die besorgte Frage, wie sichergestellt werden könne, daß, da das GG es so vorsehe, der Bundeskanzler diese Richtlinien auch ganz allein bestimme[8]. Daß ein solches Verständnis der Richtlinienkompetenz alle Wirklichkeit der Politik verfehlen muß, bedarf keiner näheren Erläuterung. Arme Kanzler, die unter solchem Anspruch stehen!

2. Ich nehme ein zweites, geradezu das Paradebeispiel für unser Problem.

Nach Artikel 38 des Grundgesetzes *sind* die Abgeordneten des Bundestages »Vertreter des ganzen Volkes, an Aufträge und Weisungen nicht gebunden und nur ihrem Gewissen unterworfen«. Völlig zu Recht und unverzichtbar hat der Verfassungsgeber dieses klassische Modell des freien Repräsentanten ins Grundgesetz aufgenommen. Aber nicht als Aufruf, als Ermöglichung solcher Stellung, in Grenzfällen als Garant zur Abwehr von Pressionen wird der Artikel verstanden[9], sondern als Vorschrift, nach der sich die Wirklichkeit strikt und ohne Ausnahme zu richten habe. Und dann sieht die Sache in der »Wirklichkeit« in der Tat höchst absonderlich aus. Da macht ein Abgeordneter öffentlich keinen Hehl daraus, »er werde doch kein Eigentor schießen«. Die Nation erblaßte, aber von Schamröte des Abgeordneten ist nichts überliefert. Unabhängig sollen sie sein, und jede soziologische Untersuchung der Parlamente zeigt, in welchen unendlichen Abhängigkeiten und Bindungen sie stehen. Frei sollen sie sein, und wie steht es mit der Fraktionsdisziplin, ja horribile dictu, dem Fraktions-

---

[7] Vgl. 5. *Dt. Bundestag,* 110. *Sitzung* v. 12. 5. 1967, *Prot.* S. 5195 Frage 33.

[8] So beispielsweise die Würzburger juristischen Dissertationen von Heribert Wöckel, *Wer bestimmt die Richtlinien der Politik?* (1957) und Christian Starck, *Einflußrechte auf die Richtlinienkompetenz des Regierungschefs* (1962).

[9] So schon die richtige Interpretation von Otto Kirchheimer, Parteienstruktur und Massendemokratie, *AöR* 79 (1954), 310 f., 314 ff.; vgl. auch Hesse, *Grundzüge* 221 f.

zwang? Ist der Artikel 38 nicht eine Farce, wenn es möglich ist, daß ein Abgeordneter, der, wie es so schön heißt, den Begriff »beim Wort nimmt« und danach handelt, Gefahr läuft, bei der nächsten Wahl die Unterstützung seiner Partei für die Kandidatur zu verlieren? Sollte man bei so skandalöser Diskrepanz von Norm und Wirklichkeit nicht endlich der Wahrheit die Ehre geben und dieses anstoßerregende Relikt des Liberalismus schleunigst aus dem Verfassungstext herausnehmen[10]?

3. Ein drittes Beispiel: einhellig feiern Staatsrecht und politische Wissenschaft den Fortschritt des Grundgesetzes, im Artikel 21 endlich die Wirklichkeit der Mitwirkung der Parteien an der politischen Willensbildung »anerkannt« zu haben. Aber bleiben hier nicht trotzdem betrübliche Diskrepanzen? Zunächst: ist es nicht ein arges *understatement* der Verfassung, von einer »Mitwirkung« zu sprechen? Monopolisieren sie nicht in Wahrheit den ganzen politischen Betrieb – bis hin zur Ämterpatronage in Justiz und Verwaltung? Verschleiert der Artikel nicht den wahren Tatbestand[11]? Und wenn es im Absatz 1 dieses Artikels heißt, die innere Ordnung der Parteien solle demokratischen Grundsätzen entsprechen, spricht die Wirklichkeit nicht auch dieser Forderung Hohn? Heißt Demokratie nicht Willensbildung von unten nach oben, Schutz von Minderheiten? Aber wie ergeht es den Rebellen? Spielt man nicht »rücksichtslos« die Mehrheit gegen sie aus? Hat der Artikel 21 irgend etwas an den oligarchischen Tendenzen des Parteiwesens ändern können, die Robert Michels von einem halben Jahrhundert am grünen Holz der Sozialdemokratie so entlarvend offenlegte[12]?

---

[10] Gerhard Leibholz, der seit seinem Buch über *»Das Wesen der Repräsentation«* von 1929 unermüdlich die These von der Unvereinbarkeit von freiem Mandat und »Parteienstaat« vertritt, hat sich zu einem Eingehen auf die Argumente seiner Kritiker leider noch nie veranlaßt gesehen. Seine Lehre, die in der von ihm vertretenen ungeschichtlichen Form (strukturelle Unvereinbarkeit zweier Demokratietypen) in der Wissenschaft kaum Anhänger gefunden hat, hat nichtsdestoweniger tiefe Wirkung auf das allgemeine politische Bewußtsein der Bundesrepublik. Das Geheimnis ihrer Wirkung liegt in ihrem Denkstil, der so genau der Aporie unseres Begriffspaars entspricht: dem Herausarbeiten reiner Typen folgt der Aufweis ihrer Unvereinbarkeit mit der Praxis. Selten fehlt in L.'s zentralen Thesen ein »eigentlich«, »in Wirklichkeit«, »im Grunde«. Man fühlt sich genau ins Bild gesetzt und steht doch darüber.

[11] Vgl. z.B. W. Weber, *Spannungen und Kräfte* (1951), S. 22.

[12] Der Gegensatz von Verfassungsrecht und Verfassungswirklichkeit gibt durchweg den Leitfaden aller Untersuchungen zur inneren Ordnung der Parteien. Vgl. z.B. W. Abendrot, Das Problem der innerparteilichen und innerverbandli-

4. Oder man nehme viertens den ganzen Abschnitt Gesetzgebung des Grundgesetzes. Wer kommt da vor? Der Bundestag, der Bundesrat, auch noch die Bundesregierung mit ihrem Initiativrecht. Aber sind das nicht Abstraktionen und Fiktionen[13]? Wo sagt das Grundgesetz etwas über den Einfluß der Verbände auf die Gesetzgebung? Wird hier nicht vom Grundgesetz der einflußreichste Motor der Gesetzgebung verheimlicht und verschwiegen[14]?

5. Und stehen nun nicht auf der anderen Seite im Grundgesetz Dinge, die in Wirklichkeit seit langem »leerlaufen«? Wo hätte denn die Bundesregierung von dem Artikel 113 schon einmal wirksam Gebrauch gemacht? Wie stand es um das konstruktive Mißtrauensvotum beim Sturz der Regierung Erhard? Lief da nicht alles ganz anders, als es die Verfassung für solche Fälle vorgesehen hat[15]? Eingehend wird zur Zeit geprüft, welche Vorschriften des Grundgesetzes in Wegfall kommen könnten für den Fall, daß der Bundestag sich zu einer Wahlrechtsänderung entschließen würde. Müßte dann nicht der Artikel 67 Abs. 2 über das konstruktive Mißtrauensvotum unverzüglich gestrichen werden? Aller Voraussicht nach würde er doch nie mehr aktuell werden. Ist dann nicht eine Verfassungsänderung dringend geboten[16]?

Lassen wir es mit diesen Beispielen bewenden. Sie belegen zur Genüge die lebhaft empfundene Forderung, Verfassungstext und Verfassungswirklichkeit möchten sich so weit wie möglich decken. Wenn ich es pointiert sagen darf: Die Verfassung als eine Art Eisenbahnfahr-

---

chen Demokratie in der Bundesrepublik, in: *Antagonistische Gesellschaft und politische Demokratie,* Neuwied 1967, S. 272 ff.; U. LOHMAR, *Innerparteiliche Demokratie – Eine Untersuchung der Verfassungswirklichkeit politischer Parteien in der BRD,* Stuttgart 1963 und UTE MÜLLER, *Die demokratische Willensbildung in den politischen Parteien,* Mainz 1967.

[13] W. WEBER, *Spannungen und Kräfte* (1951), S. 42 f.

[14] Das »Verschweigen« der Verbände ist einer der gängigsten Vorwürfe gegen das an der Wirklichkeit »vorbeiplanende« Grundgesetz. Geradezu eine Kodifikation aller populären Meinungen das Buch von HELMUT LINDEMANN, *Das antiquierte Grundgesetz.* – Plädoyer für eine zeitgemäße Verfassung, Hamburg 1966. *Zum Übersehen der Verbände,* aaO. S. 133ff.

[15] Vgl. die interessante Behandlung des Falls durch ERICH KÜCHENHOFF, Mißtrauensantrag und Vertrauensfrage-Ersuchen, in: *DÖV* 20 (1967), S. 116 ff.

[16] Daß kein Wort des Grundgesetzes geändert werden muß, um eine verfassungskonforme Änderung des Wahlsystems zu ermöglichen, dürfte unbestritten sein. Die Verquickung des Wahlrechtsproblems mit einer evtl. Verfassungsänderung ist sicher z.T. taktisch motiviert (Erschwerung der Minderung durch Heraufsetzung des Quorums). Es gibt aber auch nicht wenige Politiker und hohe Beamte, die aus »verfassungssystematischen« Gründen eine »Anpassung« des Grundgesetzes im Falle einer Wahlrechtsänderung verlangen.

plan, das scheint ein deutsches Ideal zu sein. So und nicht anders, pünktlich und vollständig soll alles fixiert sein, was da abläuft. Es dürfen auch keine Züge ausfallen. Eine Art horror vacui scheint die Streichung von Verfassungsartikeln zu verlangen, die leer in der Verfassungslandschaft herumstehen könnten.

Es liegt auf der Hand, daß eine solche Verfassungsdenkweise nicht unproblematisch ist. Schon jetzt muß deutlich sein: Wo immer so gedacht und argumentiert wird, muß die geschriebene Verfassung (die »Idee«, die »Theorie«) sich gegenüber der Wirklichkeit als macht- und kraftlos entpuppen, die Wirklichkeit der Politik, das factum brutum der politischen Faktizität, die sich um die Vorschriften der Verfassung nicht sonderlich zu kümmern scheint, als geist- und prinzipienlos. Sehen wir näher zu.

II.

Daß es mit diesem Begriffspaar etwas Besonderes auf sich hat, macht schon die Beobachtung deutlich, daß es außerhalb des deutschen Sprachraumes in keiner der großen europäischen Wissenschaftssprachen ein Äquivalent findet[17]. Sollte es auch das Problem nicht geben? Das wäre schon seltsam. Sollte etwa die amerikanische Verfassung von 1787, deren organisatorische Vorschriften über 180 Jahre lang unverändert blieben, wirklich nicht das Problem der Differenz von schriftlich fixierter Intention der Verfassungsväter und staatlicher Praxis der Nachgeborenen aufwerfen? Natürlich tut sie es Artikel für Artikel. Nur ein Beispiel: Im Herbst dieses Jahres wählen die Bürger der Vereinigten Staaten einen neuen Präsidenten. Der Wahlmodus, indirekte Wahl über Wahlmänner, ist noch genau der gleiche wie zur Zeit Washingtons. Aber trotz Beibehaltung der alten Formen ist die Wahl längst eine rein plebiszitäre, die Wahlmänner haben ein strikt gebundenes Mandat – und niemand nimmt daran Anstoß[18].

---

[17] Auch das französische Begriffspaar »pays réel« und »pays légal« hat mit unserem Problem nichts gemein.

[18] Eine Reform des »electoral college« gehört zu den meistdiskutierten Fragen der amerikanischen Verfassungspolitik. Aber nicht der »Anachronismus« dieser Institution, die Kluft zwischen repräsentativer Konzeption und imperativer Realität, bewegt die Geister, sondern die konkreten Folgen, die eine Änderung für das Zweiparteiensystem und den Parteienföderalismus haben würde. Um es pointiert zu sagen: »outdated« ergibt im Amerikanischen einen funktional-verfassungspoliti-

Die verfassungsmäßigen *Rechte* der englischen Königin sind fast bis aufs i-Tüpfelchen noch die gleichen wie zur Zeit der guten Königin Anna. Sie könnte nach Gutdünken – at pleasure – den vom Recht gar nicht vorgesehenen Premierminister, die Inhaber aller hohen Staatsämter, fast alle Richter, wenn es ihr so einfällt, entlassen, nach Gutdünken neue berufen, sie könnte Krieg erklären, Frankreich die Kanalinseln verkaufen usw. In der »Verfassungswirklichkeit« wird sie nicht einmal ihrem Sohn den Hosenbandorden verleihen, ohne den Premierminister zuvor zu fragen[19].

Selbstverständlich gibt es also außerhalb Deutschlands in den alten Verfassungsstaaten den *Sachverhalt* der Diskrepanz von Recht und Wirklichkeit, aber er wird nicht als *Problem* erfahren.

Demgegenüber beschäftigt die außerdeutsche Verfassungstheorie eine Frage, die der deutschen vergleichsweise fern liegt. Ich meine das Problem der sozialen Voraussetzungen der Staats- und Regierungsformen, also das, was man unter dem Begriff Verfassungssoziologie zusammenfassen könnte. Ich nenne nur einige ganz große Namen dieser (aristotelischen) Tradition: Montesquieus Lehre von den Prinzipien der Staatsformen als vielleicht schönstes Beispiel, Tocquevilles Amerikabuch steht von Anfang bis Ende unter dieser Thematik, und Walter Bagehots klassisches Werk über die englische Verfassung mit seinem scharfen Blick für die sozialen Voraussetzungen des englischen Kabinettsystems ist vielleicht das reizvollste Zeugnis für diese Fragestellung[20].

---

schen Sinn, während »überholt« im Deutschen geschichtsphilosophische Verdikte ankündigt.

[19] Der Versuch einer präzisen Relation der verfassungsmäßigen Rechte des Monarchen erscheint der englischen Wissenschaft offenbar so abwegig, daß man vergebens nach einer Darstellung sucht. Am besten informiert noch immer Jennings »Cabinet Government« im Verein mit den Biographien Georgs V. (Harold Nicolson) und Georgs VI. (Wheeler-Bennett). Den Versuch einer Zusammenfassung unternimmt die noch unveröffentlichte Kölner Habilitationsschrift von W. Kaltefleiter, *Die Aufgaben des Staatsoberhauptes in der parlamentarischen Demokratie.*

[20] Schon innerhalb des deutschen Sprachbereichs zeichnet sich die schweizerische Wissenschaft des öffentlichen Rechts durch eine viel stärkere Betonung soziologischer Fragestellungen aus. Max Hubers, *Soziologischen Grundlagen des Völkerrechts* (jetzt in *Vermischte Schriften* III, Zürich 1940, S. 49 ff.) und Dietrich Schindlers *Verfassungsrecht und soziale Struktur* (Zürich 1932) hat die »reichsdeutsche« Publizistik der Zwischenkriegszeit keine vergleichbaren Werke entgegenzustellen. Rechtspolitische Fragestellungen, die Analyse der Institutionen im Hinblick auf ihre gestellten Aufgaben, der Blick auf die »Ambiance« der politisch-sozialen Umwelt und ihre Bedingungen und Veränderungen kennzeichnet auch

Deutsch ist gegenüber dem Anstellen verfassungssoziologischer Erwägungen zweierlei: entweder das Absehen von den sozialen Voraussetzungen des Verfassungsrechts – die Norm »rein« zu halten, frei von materialer Beimengung (Kant), mit der Folge der unvermittelten Gegenüberstellung von Sein und Sollen – oder aber der Versuch der unvermittelten Identifikation. Das um die sozialen Voraussetzungen unbekümmerte Verfassungsdenken der Weimarer Nationalversammlung ist das bedeutsamste Beispiel für den ersten Fall, die Abstraktion vom Sozialen. War das ein mehr oder weniger einmaliger Lapsus, so zieht sich – wenn ich es recht sehe – durch die deutsche Verfassungsgeschichte der letzten eineinhalb Jahrhunderte eine unübersehbare Tendenz zur Identifizierung von Verfassungsrecht und sozialer Struktur, der Versuch der Inkorporation der sozialen Kräfte in die geschriebene Verfassung. Diese Tendenz, die am Anfang der deutschen Geschichte geschriebener Verfassungen steht, bestimmt bis heute unseren Verfassungsbegriff, und nur von dort her ist die deutsche Problematisierung der Disjunktion von Verfassung und Verfassungswirklichkeit zu verstehen. Unser Begriffspaar ist ein Erbe der konstitutionellen Monarchie, genauer, des ihr zugrunde liegenden Verfassungsbegriffs. Die Bemühung um Identifizierung gebar die Disjunktion. Damit bin ich beim Versuch der Erklärung des Ursprungs unseres Begriffspaars.

Wie mühselig der Prozeß der Befreiung des deutschen politischen und verfassungsrechtlichen Denkens von den Traditionen der konstitutionellen Monarchie vorangeht, ist bekannt. Unser Begriff der Gewaltenteilung, die Unterscheidung von formellem und materiellem Gesetz, das Verständnis des Parlaments als gesetzgebenden Repräsentationsorgans, das fortwirkende Ideal des Ministers als Fachministers, die Trennung von Verfassung und Verwaltung, dies und vieles andere erwächst aus den Traditionen des 19. Jahrhunderts. Das alles ist bekannt, z.T. überwunden. Kaum Aufmerksamkeit hat dagegen bisher der eigentümliche Verfassungsbegriff gefunden, der den »Konstitutionen« des 19. Jahrhunderts zugrunde lag[21]. Der Gegensatz zu den Verfassun-

---

die Literatur seit 1945. Ich erinnere nur an die Arbeiten von HANS HUBER, R. BÄUMLIN, K. EICHENBERGER, M. IMBODEN und D. SCHINDLER jr. Im Völkerrecht ist vor allem das großartige Werk von MAX HAGEMANN, *Der provisorische Friede,* Stuttgart 1964, zu nennen.

[21] Während die Besonderheit der deutschen »konstitutionellen Monarchie« gegenüber dem »Parlamentarismus« des Westens ein bis zum Überdruß behandeltes Thema ist, gibt es zur Besonderheit des deutschen Verfassungsbegriffs noch keine brauchbare Untersuchung. Weder Otto Hintze noch E. R. Huber, von denen am

gen Westeuropas und Amerikas liegt in folgendem: Während die westlichen Verfassungen, auch die für die deutsche Entwicklung so wichtige belgische[22], durchweg von der Souveränität des Volkes ausgehen, alle Ämter aus ihr »Emanieren« lassen, der Verfassungsgeber gewissermaßen auf einer tabula rasa das Gebäude der staatlichen Organisation errichtet, verläuft die deutsche Entwicklung genau umgekehrt. Nicht aus einer demokratischen *Revolution,* »sondern aus einer *monarchischen Reform*« gehen die konstitutionelle Monarchie[23] und ihre »Konstitution« hervor. Ich darf es mit einem Wortspiel deutlich machen: Bekanntlich trägt die erste geschriebene Verfassung des Abendlandes, die Cromwellsche Revolutionsverfassung, den Namen »Instrument of Government«[24]. Die Verfassung schafft gewissermaßen Werkzeuge des Regierens, eine beratende Versammlung, Gerichte usw., die zur Erfüllung der staatlichen Aufgaben notwendig sind. Demgegenüber kann man die Geschichte geschriebener Verfassungen in den deutschen Staaten des 19. Jahrhunderts so charakterisieren, daß ein vorhandenes, aus eigenem Recht fest etabliertes, machtvolles Regierungsinstrument, nämlich die Monarchen der deutschen Einzelstaaten, über die Verfassungen denjenigen Teil der Bevölkerung an der *Ausübung* der Regierung *beteiligen,* den sie für so bedeutend und beachtenswert halten, daß er in den staatlichen Regierungsapparat eingebunden werden sollte. Die deutschen Verfassungen beteiligten den anerkannten Teil der Gesellschaft an der Regierung, wobei dieser Anteil beschränkt wird auf die Mitwirkung an der Gesetzgebung. *Die Verfassung wird so zu einem Instrument der Konstitutionalisierung von zur Mitbestimmung zugelassenen gesellschaftlichen Kräften*[25]. Während der Verfassungsbegriff des

---

ehesten Aufschluß zu erwarten wäre, sind der Frage besonders nachgegangen. Wertvoll die Hinweise bei HARTWIG BRANDT, *Landständische Repräsentation im deutschen Vormärz,* Neuwied 1968, bes. S. 47 ff. und GILBERT ZIEBURA, Anfänge des deutschen Parlamentarismus, in: *Faktoren der politischen Entscheidung* (*Festgabe für E. Fraenkel*), Berlin 1963, S. 185 ff. Ohne jede Beziehung zu unserer Frage die Arbeit von EB. SCHMIDT-ASSMANN, *Der Verfassungsbegriff in der deutschen Staatslehre der Aufklärung und des Historismus,* Berlin 1967. Die beste Darstellung des bisherigen Diskussionsstandes gibt der Aufsatz von E.-W. BÖCKENFÖRDE, Der deutsche Typ der konstitutionellen Monarchie im 19. Jh., in: W. CONZE (Hrsg.), *Beiträge zur deutschen und belgischen Verfassungsgeschichte im 19. Jahrhundert,* Stuttgart 1967, S. 70 ff.

[22] Vgl. dazu den eben angeführten Sammelband von CONZE mit den Arbeiten von R. AUBERT und JOHN GILISSEN und noch immer RUD. SMEND, *Die preußische Verfassungsurkunde im Vergleich mit der belgischen,* Göttingen 1904.

[23] BÖCKENFÖRDE, aaO. S. 74.

[24] So wie man von »instrumentum pacis«, »instrumentum fidei« etc. sprach.

[25] Die sozialgeschichtliche Basis dieses Vorganges, der Versuch der monarchi-

Westens immer die Volkssouveränitätsdoktrin voraussetzt, die repräsentative Demokratie dadurch ausgezeichnet ist, daß bestimmte um ihrer sachlichen Aufgaben willen notwendige und von der Verfassung geschaffene Ämter an das Vertrauen der Repräsentativkörperschaft gebunden werden, beteiligt bei uns ein vorkonstitutionelles Amt, der Monarch, über die Verfassung diejenigen, von deren Vertrauen er abhängen sollte, huldreich vertrauensvoll an eng begrenzten Aufgaben des Staates[26].

Man kann sagen, daß den deutschen Verfassungen so eine Art Anerkennungs- bzw. Beurkundungsfunktion zufiel. Die Verfassung wird zu einer authentischen Festlegung der als politisch relevant anerkannten Kräfte. Dabei fand das wichtigste Kriterium der Anerkennung seine Verfestigung in den Wahlrechtsprinzipien der konstitutionellen Theorie des 19. Jahrhunderts. Rudolf Smend verdanken wir ihre noch immer großartigste Darstellung[27]. Er macht deutlich, daß zentraler Gesichtspunkt des Wahlrechts die Bemühung war, dem Staat die wichtigsten Kräfte der Gesellschaft *zuzuführen*. Dabei lag die Anknüpfung an die vorkonstitutionellen landständischen Repräsentationsprinzipien nahe. Das Fortwirken berufsständischen Denkens bis in unsere Tage gehört in diesen Zusammenhang[28].

Wenn die deutsche verfassungsgeschichtliche Forschung zur konstitutionellen Monarchie bislang wesentlich von der Frage geleitet wurde, ob die konstitutionelle Monarchie im Rahmen der westeuropäischen Verfassungsentwicklung einen eigenen Typus, ein eigenes, in sich ruhendes Formprinzip darstelle, so scheint mir diese Frage im Vergleich zum Problem der Besonderheit des deutschen Verfassungsbegriffs jedenfalls von geringerer Aktualität zu sein. Unser Verfas-

---

schen Verwaltung (des »Staates«), sich die von ihm selbst freigesetzte »Gesellschaft« wieder einzugliedern, ist ein Hauptthema des von W. Conze geleiteten Heidelberger Arbeitskreises für moderne Sozialgeschichte. Vgl. vor allem W. CONZE (Hrsg.): *Staat und Gesellschaft im deutschen Vormärz 1815–1848,* Stuttgart 1962 und R. KOSELLECK, *Preußen zwischen Reform und Revolution,* Stuttgart 1967. Die verfassungspolitische Aufgabe der Volksvertretungen im deutschen Konstitutionalismus hat E. R. HUBER auf die Formel gebracht: Integration der bürgerlichen Gesellschaft in den monarchisch geleiteten Staat (*Deutsche Verfassungsgeschichte* III, 19).

[26] Die Theorie vom vertraglichen Ursprung der Verfassungen war die juristisch-ideologische Verbrämung dieses Tatbestandes.

[27] RUDOLF SMEND, Maßstäbe des parlamentarischen Wahlrechts in der deutschen Staatstheorie des 19. Jahrh. in: *Staatsrechtliche Abhandlungen,* Berlin 1968[2], 19 ff. Ergänzend jetzt die oben Anm. 21 zit. Arbeit von HARTWIG BRANDT.

[28] Vgl. GERHARD LOEWENBERG, *Parliament in the German Political System,* Cornell Univ. Press 1966, S. 40 ff.

sungsbegriff, der sich gegenüber einer sich von ihm entfernenden Verfassungswirklichkeit so besonders sträubt, ist nur aus der Tradition der gesellschaftliche Positionen anerkennenden und beurkundenden Verfassungen des 19. Jahrhunderts verständlich[29]. Um es pointiert zu formulieren: die deutschen Verfassungen des 19. Jahrhunderts erfüllen gewissermaßen die Funktion eines politischen Grundbuchs. Alle beachtlichen politischen Liegenschaften finden in ihnen ihre notarielle Beurkundung. Die Verfassung ist das Blatt Papier, auf das aufgeschrieben wird, was so relevant, so unübersehbar geworden ist – oder, wie die Mediatisierten etwa, war –, daß es in dieser Aufstellung nicht fehlen durfte. Während in der ersten Kammer die alten Mächte: die Mediatisierten, die Kirchen, Universitäten, Ritterschaften, Kommunen inskribiert werden, dient die zweite Kammer gewissermaßen als Registrierbogen für die politisch relevant werdenden Teile der sich entfaltenden bürgerlichen Gesellschaft. Man kann diese Verfassungen auch als eine Art Machtstatistik verstehen. Nur was in die Verfassung Aufnahme gefunden hat, vor ihren Augen Anerkennung findet, diesen Status in ihr schriftlich beurkundet bekommt, hat die uneingeschränkte Vermutung des Rechts auf Mitwirkung an der politischen Willensbildung für sich. Bis heute erregt es darum bei uns Verwunderung und Unbehagen, daß die liberalen Verfassungen einen großen und politisch in der modernen Welt überaus wichtigen Teil gesellschaftlicher Macht von vornherein entkonstitutionalisieren, für einen freien Prozeß freigeben. Ich meine die Meinungsfreiheit und die Eigentumsfreiheit, die ja gewissermaßen die Aufforderung in sich enthalten, die Türen offenzuhalten zur stetigen freien Veränderung der gesellschaftlichen Machtverhältnisse[30]. Springer und der Bundesverband der deutschen Industrie haben in einer freiheitlichen Verfassung nichts zu suchen. Es ist zuzugeben, daß die von den liberalen Verfassungen nicht konstitutionalisierte Macht so bedeutsam werden kann, daß sie konstitutionali-

---

[29] Unzweifelhaft gehört auch die spezifisch deutsche Kategorie der »institutionellen Garantie«, also die verfassungsrechtliche Sicherung von kommunaler Selbstverwaltung, Berufsbeamtentum, Universitäten, Kirchen etc. in diesen Traditionszusammenhang. Die politische Intention liegt bei den Urhebern der Lehre, Martin Wolff und Carl Schmitt, deutlich zutage.

[30] Dazu vorzüglich Herbert Krüger, *Vereinbarungsbefugnis der Tarifvertragsparteien* (oben Anm. 2) S. 28: »Indem [alle freiheitlichen Verfassungen] die Vereinigungs- und die Eigentumsfreiheit instituierten, haben sie der extrakonstitutionellen Machtbildung Raum und Gewähr geschaffen.« Zur Bedeutung der Vereinigungsfreiheit in diesem Sinne Friedr. Müller, *Korporation und Assoziation,* Berlin 1965.

siert werden muß. Aber das ist in einem freien Staat ein äußerster Grenzfall.

Wenn die Verfassung in der Tradition der deutschen Konstitutionen ihrer Intention nach eine grundbuch-, statistikähnliche Kodifikation aller politisch relevanten Kräfte beabsichtigt, so liegt es auf der Hand, daß die freie politische Agitation solcher Kräfte, denen die Verfassung eine solche Position nicht eingeräumt hat, auf Erstaunen, unter Umständen Ablehnung, schärfsten Widerstand stoßen kann. Der traditionelle deutsche, heute nicht mehr so starke Affekt gegen die Parteien hat hier seinen Ursprung. Ich erinnere an die Schwierigkeit, die noch ein so liberaler Staatsrechtslehrer wie Heinrich Triepel gegenüber diesen »extrakonstitutionellen« Mächten hatte[31]. Der Artikel 21 des Grundgesetzes belegt es. Einhellig hat die deutsche Staatsrechtslehre diesen Artikel begrüßt, mit dem die Verfassung die Parteien, wie es in der Rechtsprechung des Bundesverfassungsgerichts und in der Literatur immer wieder so schön heißt, verfassungsrechtlich »*anerkannt*« habe, durch den sie in den Rang der Verfassung »*erhoben*« seien. So lange ihnen der Hermelin verfassungsrechtlicher »Anerkennung« noch nicht umgelegt war, empfand man ihr nacktes Wirken als etwas Anstößiges, doch eigentlich nicht Vorgesehenes, sich außerhalb guter Ordnung Bewegendes, eben »extrakonstitutionell«. Es liegt ganz in dieser Denkweise, daß es zu den gängigsten Vorwürfen gegen das Grundgesetz gehört, es habe versäumt, gleiche Anerkennung auch den Verbänden zu erweisen. Wenn gegenwärtig im Bundestag eine Reihe verfassungspolitischer Maßnahmen zur Regelung des Verbandseinflusses erwogen werden, so hatte jeder die Wette von vornherein gewonnen, der vorhersah, daß die erste Maßnahme, die der Bundestag empfehlen würde, ihre Registrierung, die Eintragung in eine Rolle sein würde. Wenn man sie schon nicht ins Grundgesetz eintragen kann, so doch wenigstens in eine beim Bundestagspräsidenten zu führende Liste. Nur ein Verband, der sich hat eintragen lassen, soll in Zukunft *mitreden* dürfen. Dies im wahrsten Sinne des Wortes[32].

---

[31] Heinrich Triepel, *Die Staatsverfassung und die politischen Parteien,* Berlin 1928.

[32] Insofern als die Anhörung im Rahmen der Gesetzesvorbereitung durch die Ministerialbürokratie (*GGO* II, § 23) wie durch die Organe des Bundestags an die vorherige Eintragung in eine Liste gebunden werden soll. Vgl. die Anträge der Fraktionen der CDU/CSU, SPD betr. *Ergänzung der Geschäftsordnung des Dt. Bundestages* und der Gem. Geschäftsordnung der Bundesministerien (Bes. Teil) 5. *Dt. Bundestag, Drucksachen* V/2945 und V/2955.

Nun liegt es auf der Hand, daß, wenn man beabsichtigt, alle bedeutenden politischen Kräfte in die Verfassungsurkunde aufzunehmen, sie »intrakonstitutionell« zu machen, der Verfassungsgesetzgeber so in Bewegung gehalten wird wie ein vielbeschäftigter Grundbuchrichter. Wir leben in einem Lande mit einem freien politischen Grundstücksmarkt; wir haben Versammlungs-, Vereins-, Parteigründungsfreiheit usw. Es müßte daher ständig nachgetragen, bereinigt, gelöscht werden. Wo sich Diskrepanzen von Text und Rechtswirklichkeit einstellen, entsteht Rechtsunsicherheit. Die »Übersicht« könnte verlorengehen. Die Klage über die verlorene Übersicht gehört zu den Standardtopoi der Literatur unseres Themas. »Wie ein politisches Gemeinwesen, ein Staat verfaßt ist, *wie sich in ihm die Kräfte verteilen und der politische Wille formt,* hoffen wir« – so schreibt Werner Weber[33] – »in seiner geschriebenen Verfassung authentisch festgelegt zu finden.« Aber nach Lektüre des Grundgesetzes muß er feststellen: »Vor der Aufgabe, die konkrete Lage eines Staates transparent zu machen, steht selbst der forschende Geist in großer Verlegenheit.« Die nächste Gegenfrage kann doch nur lauten: hatte er nicht vielleicht von der Lektüre zuviel erwartet? Muß nicht, wer mit solchen Erwartungen an die Verfassung herangeht, in der Tat durch die Diskrepanz von Verfassung und Verfassungswirklichkeit erschreckt werden?

Wenn unser Thema in der gegenwärtigen Publizistik aber eine so große Bedeutung gewonnen hat, so nicht zuletzt deshalb, weil Verfassungsgesetzgeber und neuere Staatsrechtslehre nicht geruht haben, die Erwartungen des Lesers einer Verfassung noch höher zu schrauben. Die Verfassung soll nämlich nach neuestem deutschen Verständnis nicht nur, wie im 19. Jahrhundert, eine Kodifikation von Kräften und Machtlagen sein, sondern im Gegenschlag gegen die Zerstörung aller Normativität durch das nationalsozialistische Regime ist es für unser gegenwärtiges Verfassungsverständnis kennzeichnend, daß die Verfassung zu allem bisherigen nun auch noch eine Kodifikation aller Grundnormen, aller moralisch-politischen Prinzipien und Aufgegebenheiten des Staates sein soll. Um nicht mißverstanden zu werden, möchte ich keinen Zweifel daran lassen, daß es gegenüber der Auflösung aller Verfassungsfragen in bloße Faktizitäten, die schon die Staatslehre der Weimarer Zeit gefährdete, gewiß richtig und notwendig war, den normativen Charakter der Verfassung wieder in die Erinnerung zu rufen. Werner Kägi und Konrad Hesse haben hierzu alles Notwen-

---

[33] W. WEBER, *Spannungen und Kräfte* 39, 41 (Hervorhebung von mir, W. H.).

dige gesagt[34]. Aber hat man im Bemühen um Korrektur vergangener Fehler nicht des Guten ein wenig zuviel getan? Gewiß ist die Verfassung die normative Grundordnung des Staates. Aber kann es wirklich Sinn der Verfassung sein, die politische Willens- und Meinungsbildung[35], ihre Konkretisierung in der sozialstaatlichen Gesetzgebung geistig so vorwegzunehmen, wie dieses, jedenfalls nach der Rechtsprechung des Bundesverfassungsgerichts und einflußreichen Richtungen der Lehre, den Anschein hat? Belastet man das Schifflein der Verfassung nicht zu schwer, wenn man aus ihr eine komplette Konzeption der Wirtschaftsverfassung, ja die materiale Wertordnung des ganzen politischen Lebens herauslesen will[36]? Sehe ich es falsch, wenn ich meine, daß die neueste deutsche Staatsrechtslehre allzusehr versucht ist, die Verfassung als eine Art Generalauftrag, als Ensemble von Befehlen an Regierung und Parlament zu verstehen, den sozialen Rechtsstaat, Freiheit, Menschenwürde usw. zu »konkretisieren« und zu »aktualisieren«? Erfolgt eine Anhebung der Renten, weil Geld in der Kasse ist und Regierung und Parlamentsmehrheit es für richtig halten, oder um den »*Verfassungsauftrag*«[37] des »sozialen Rechtsstaats« zu erfül-

---

[34] W. Kägi, *Die Verfassung als rechtliche Grundordnung des Staates,* Zürich 1945; K. Hesse, *Die normative Kraft der Verfassung,* Tübingen 1959.

[35] Man denke nur an das problematische Haussieren des Begriffs der »öffentlichen Aufgabe«.

[36] Der Kritik H. Ehmkes, *Wirtschaft und Verfassung,* Karlsruhe 1961 schließe ich mich in jedem Punkte an. Vgl. vor allem seine Kritik der »extensiven Grundrechtsinterpretation« S. 56 ff.

[37] Dieser, wenn ich recht sehe, auf seine Problematik noch längst nicht hinreichend untersuchte Begriff zieht gewissermaßen die Summe des hier angezweifelten neueren bundesrepublikanischen Verfassungsverständnisses. Wohltuend zurückhaltend der Bericht von Peter Lerche, Das Bundesverfassungsgericht und die Verfassungsdirektiven. – Zu den »nichterfüllten Gesetzgebungsaufträgen«, in *AöR* 90 (1965), S. 341 ff. Ganz von einem »materialen« Verfassungsverständnis her argumentierend Ekkehard Wienholtz, *Normative Verfassung und Gesetzgebung.* – Die Verwirklichung von Gesetzgebungsaufträgen des Bonner Grundgesetzes, Freiburger juristische Dissertation 1968. Vgl. auch E.-H. Ritter, *Verfassungsrechtliche Gesetzgebungspflichten,* Diss. Bonn 1967. – Als Beispiel für falsche Pathetik stehe die einschlägige Bemerkung bei Leibholz-Rinck, *Grundgesetz,* Köln 1966, Einf. Anm. 60 (S. 36): »Ist die Verheißung einer bestimmten Gesetzgebung zum Verfassungsrechtssatz erhoben, so ist er gebunden, die *Verheißung zu erfüllen.«* Difficile est...

– Besonders im Bereich sozialpolitischer Maßnahmen hat es sich auch in der Ministerialbürokratie eingebürgert, Regierungsentwürfe nicht nur auf ihre verfassungsrechtliche Unbedenklichkeit hin zu prüfen, sondern als »Erfüllung eines Verfassungsauftrags« zu empfehlen. Im Bundestag grassiert der gleiche Jargon. Selbst die Einführung einer Abgeordneten-Pension hat man sich nicht geniert, als »Erfüllung eines Verfassungsauftrags« zu deklarieren (vgl. Leserbrief in *FAZ* v. 4. 4. 1968).

len? Sollte eine Verfassung wirklich die ganze geistige und politische Entwicklung einer Nation vorwegnehmen können? Ist sie wirklich ein »unerschöpflicher Quell von sehr detaillierten Inhalten, die der Gesetzgeber nur ans Tageslicht zu heben« hat[38]? Ich glaube, die Tendenz ist unübersehbar, dem Grundgesetz über die gebotene Normativität hinaus einen geradezu sakralen Gebotsrang zuzuschreiben. Wenn der gegenwärtige Bundesjustizminister das Grundgesetz als ein »großes Angebot« bezeichnet, so sind die pastoralen Nebentöne unüberhörbar. Das Wort soll Fleisch werden. Es ist nicht gegeben, sondern aufgegeben. Da kann es doch nicht ausbleiben, daß man bei näherer Betrachtung, nicht anders als in bezug auf die göttlichen Gebote, feststellen muß, daß wir alle alle Sünder sind, Bundestag und Bundesregierung vorweg, doch auch wir schlichten Bürger in unserer Eigenschaft als »Grundrechtsträger«. Die Verfassung als Vergatterung der Nation zum Grundrechtsvollzug – das muß böse enden. Wäre außerhalb Deutschlands ein Titel wie der Adolf Arndts »Das nicht erfüllte Grundgesetz«[39] eigent-

---

Die Verfassung als politisches Über-Ich! Diese Redeweise ist unpolitisch und undemokratisch. Es ist nicht Sinn der Verfassung, ein Alibi für politische Willensbildung abzugeben. Auch das politische Grundziel der Wiedervereinigung gewinnt kein Tüttelchen an innerer Kraft dadurch, daß man die *Wiedervereinigung Deutschlands* als »Verfassungsauftrag« versteht. Sie ist ein politisches Ziel der Deutschen oder sie ist es nicht. Die politische Geschichte freier Völker ist weder Vollzug noch Verletzung von Paragraphen, sondern – im Rahmen ihrer sowohl materialen wie prozeduralen rechtlichen Ordnungen – das Ergebnis von Umständen, Kraft, Intelligenz, »Lagen« und der Reaktion auf sie, – kurzum von den Daten der Politik.

[38] So die kritische Frage bei LERCHE, aaO. S. 349.

[39] ADOLF ARNDT, *Das nichterfüllte Grundgesetz,* Tübingen 1960. Daß es Aufgabe von Gesetzgebung und Verwaltung ist, die »Grundwertentscheidungen« der Verfassung zu »verwirklichen«, ist die petitio principii dieser Schrift genau wie der »materialen« Verfassungstheorie. Dagegen ist festzuhalten, daß es Sache von Gesetzgebung und Verwaltung ist, im Einklang mit der Verfassung zu bleiben. (So selbstverständlich auch ARNDT S. 4, aber beides miteinander vermischend.) Das – im Strom der Geschichte – »festzuhalten«, ist – wo ein Kläger auftritt – 1. Sache der Verfassungsgerichtsbarkeit, 2. des allgemeinen politischen Prozesses. – Neben der Forderung auf »Erfüllung« und »Verwirklichung« des Grundgesetzes finde ich in A. ARNDTs Schrift auch noch die nach »Bewahrheitung« (S. 11). Ich kann nicht leugnen, daß ich diese Redeweise als illiberal-messianisch empfinde. Die Verfassung als Religionsersatz – gegen solch unfromme Versuchung ist man versucht, das freiheitliche Grundgesetz als Schutzpatron anzurufen. Aus der stattlichen Schar der Propheten grundgesetzlicher Verheißungen seien noch genannt WALTER SCHEEL im oben, Anm. 1 zit. Aufsatz (ebd.): »Was uns not tut, um die Dinge – vielleicht in allerletzter Minute – zu wenden, ist eine Politik, die die im Grundgesetz verheißenen Bürgerrechte und Bürgerfreiheiten in greifbare Wirklichkeit rückt.« Für WERNER MAIHOFER ist das Grundgesetz eine »konkrete Utopie der Freiheitlichkeit« (nach *SZ* v. 16. 2. 1968) und GÜNTER GRASS beklagt das Fehlen radikaler Demo-

lich denkbar? Fordert ein solches Verfassungsverständnis nicht geradezu zu sektiererischer Übersteigerung heraus? Wenn Hans Magnus Enzensberger schreibt, das Grundgesetz sei ein »Versprechen, einzulösen durch Revolution«[40], so ist das ein Apfel, der nicht weit vom Stamm gefallen ist.

Die Verfassung als sozialer und geistiger Eisenbahnfahrplan, das ist die Vorstellung, die hinter dem Verfassungsbegriff unseres Begriffs-

---

kraten, »die die Verfassung beim Wort nehmen und durchsetzen, was sie verspricht: die parlamentarische soziale Demokratie«. (*Über das Selbstverständliche,* Neuwied 1968). In den Chorus stimmt ein D. NARR mit seiner den Unfug schon in der Überschrift kanonisierenden Sammelbesprechung Verheißung und Verfassungswirklichkeit, in: *Neue Politische Literatur* 1968 Heft 2.

Im *Unbegriff der »Konkreten Utopie«* – leichtfüßige Phrase leichtfertiger Denker – formuliert sich so recht die Bodenlosigkeit der zeitgenössischen politischen Sophistik. Ihre semantische Attraktivität teilen Begriffshülsen dieser Art mit der verblasenen Sprache der Reklame: die abstrakt bleibende Annäherung an die »große, weite Welt« wird kompensiert durch ein »hartes«, »konkretes« Angebot: »King Size in der 21er Packung.«

[40] H. M. ENZENBERGER, Berliner Gemeinplätze, in: *Kursbuch* 11/1968, S. 165. Die verfassungsrechtliche Theorie, die diesen Anspruch deckt, ist die Wolfgang Abendroths. Nach Abendroth sind aus der gesellschaftlichen Wirklichkeit der jeweiligen *Gegenwart* keinerlei Auslegungsmaßstäbe zum Verfassungsverständnis zu entnehmen. Dagegen seien die politisch-sozialen Realitäten der *Entstehungszeit* einer Verfassung bindende Auslegungsmaxime auch bei ganz veränderten Verhältnissen, die dann eben »verfassungswidrige Wirklichkeit und als solche von der Verfassungsordnung disqualifiziert« seien. Ratio legis und ratio legislatoris sind für A. identisch – jedenfalls in bezug auf das Bonner Grundgesetz – (für die Verfassung der USA konzediert A. eine »Emanzipation« der ratio legis von der ratio legislatoris). Weimarer Verfassung und Bonner Grundgesetz stehen nach A. »links« von der weiteren gesellschaftlichen Entwicklung. Es sei Aufgabe der Staatsrechtslehre und der entsprechenden gesellschaftlichen Kräfte, die Verfassung gegen ihre »Unterwanderung« zu verteidigen.

A.'s Verfassungsverständnis mischt in seltsamer Weise Elemente der Normlogik Kelsens mit dem Dezisionismus Carl Schmitts und der Klassenkampflehre des Marxismus. Da unter liberal-bürgerlichen Vorzeichen moderne Verfassungen »gesellschaftlich« betrachtet Machtkompromisse seien, komme auch *rechtswissenschaftlich* alles darauf an, diesen Kompromißstatus nicht zu verändern. ABENDROTHS Lehre ist von ihm am prägnantesten zusammengefaßt in seiner Schrift *Das Grundgesetz,* – Eine Einführung in seine politischen Probleme, Pfullingen 1966, bes. S. 12ff. und in: *Antagonistische Gesellschaft und politische Demokratie,* Neuwied 1967, S. 52ff. Typisch für die Schule A.'s ist der Aufsatz von ARNHELM NEUSÜSS, Außerparlamentarische Opposition (in: SCHOEPS/DANNEMANN, *Die rebellischen Studenten,* München 1968, S. 47 ff.). Dort S. 60: »Das unbedingte Festhalten am Verfassungsrecht des GG, von dem sich die Verfassungswirklichkeit weit entfernt hat, ist heute bereits systemoppositionellen Charakters: Das Grundgesetz, dessen ›Modernisierung‹ vom System immer barscher gefordert wird, gewinnt die Züge eines systemoppositionellen Manifests.«

paars steht. Die Fahrtrichtung ist angegeben: Demokratie, sozialer Rechtsstaat, Menschenwürde, Freiheit. Schaut man nun genauer hin, so muß man feststellen, der Fahrplan wird schlecht eingehalten, Verspätungen, Versäumnisse, Schlampereien sind an der Tagesordnung. Da gibt es hübsche Sonderwaggons für besondere Gelegenheiten – das konstruktive Mißtrauensvotum, den Gesetzgebungsnotstand, die Bundesaufsicht, den Art. 113 –, von denen man annimmt, sie gehörten zum rollenden Material. In der »Verfassungswirklichkeit« stellt man fest, daß sie auf dem Abstellgleis stehen, zum Teil, wie das Abgeordnetenmodell des Art. 38, längst schrottreif sind. Das Fazit: Die Verfassung, das Buch der Bücher, wird nicht »ernst genommen«, sie wird hintergangen, das Gebot wird verfehlt, sie befindet sich, wie unsere Literaten und einige Staatsrechtslehrer es sehen, im Zustande des Verfalls, sie wird verraten, bestenfalls dient sie als ideologischer Schein zur Verdeckung einer sich im Zustand der Sündigkeit befindlichen Wirklichkeit. Die Verfassung als Ideologie, als schlechter, verhüllender Schein, das ist das unvermeidliche Resultat des »materialen«, erfüllten Verfassungsbegriffs unserer Tradition, der zur »Überführung« seiner Unwahrhaftigkeit alle zeitgenössischen Illuminaten zwanghaft auffordern muß.

III.

Verfassung und Verfassungswirklichkeit – *ein deutsches Problem.* In das Verfassungsdenken aller Nationen gehen die je besonderen geschichtlichen Erfahrungen ein, es hat aber auch Teil an den charakteristischen Eigentümlichkeiten der philosophischen Weltsichten, in denen sich die europäischen Nationen seit Renaissance und Reformation individualisieren. Daß an Descartes etwas spezifisch Französisches, an Hume Englisches und an Kant und Hegel eben »Deutsches« aufzuzeigen ist, wird kaum auf Widerspruch stoßen.

Mir scheint nun, daß sich der deutsche Verfassungsbegriff, der sich, wie wir gesehen haben, durch seine ganz besondere materiale Aufnahmefähigkeit auszeichnet, wenn man will, dann auch dadurch, daß ihm Ansprüche aufgebürdet werden, die dem so viel »instrumentaleren«, formaleren westlichen Verfassungsbegriff fremd sind, mit einer tief fragwürdigen Eigentümlichkeit des deutschen Denkens verbindet, die den Außenstehenden zwischen Bewunderung und Befremdung schwanken läßt.

Ich nenne es die hermeneutische Leidenschaft, die mir seit der Reformation, der einzigen deutschen Revolution, ein konstituierender Bestandteil unseres Denkens zu sein scheint. Ich meine jene bohrende Leidenschaft der Wahrheitserkenntnis, des Erkennens, was die Welt im Innersten zusammenhält, für die die Erfahrung der Differenz von Sein und Sollen, Aufgegebenem und Gegebenem, Gnade und Sünde, Heil und Verworfenheit, Licht und Finsternis, so zentral ist. Mag das Begriffspaar Verfassung und Verfassungswirklichkeit neu sein, die ihm zugrunde liegende Denkform ist uralt. Es gibt sie in zwei Varianten: als bloße Leidenschaft der Entlarvung des toten Begriffs, quietistisch, resignativ, konservativ, – oder als revolutionäre Dialektik des Ausspielens des »beim Wort genommenen« Begriffs gegen eine schlechte, vom Begriff abgefallene Wirklichkeit, manichäisch, revolutionär, zynisch oder, wenn man will, von rücksichtslosem, unbedingtem Idealismus.

Deutschland ist im Vergleich zum Westen nicht übermäßig reich an einer großen publizistischen Literatur. Aber wenn ich recht sehe, stehen nahezu alle unsere bedeutenden politikwissenschaftlichen Autoren im Bannkreis unseres Problems. Es sind Situationen der Desillusionierung und Hoffnungslosigkeit, in denen die deutsche Wissenschafts- und Staatsrechtslehre ihre größten Stunden hat. Während alle große westeuropäische politische Theorie – Rousseau nicht ausgenommen – im Kern konstruktiv, ja konservativ ist, das Neue will, um Altes zu bewahren – das gilt für Bodin, Hobbes, Locke, Montesquieu, den Federalist gleichermaßen –, eignet der deutschen politischen Theorie etwas eigentümlich unkonstruktiv Zerstörendes. »Denn zwischen die Begebenheiten und das freie Auffassen derselben stellen sie (die Deutschen) eine Menge von Begriffen und Zwecken hinein und verlangen, daß das, was geschieht, diesen gemäß sein soll.« Das ist *Hegel*[41], und er fährt fort, indem er unsere »Untugend« so bezeichnet: »In ewigem Widerspruch zwischen dem, was sie fordern, und dem, was nicht nach ihrer Forderung geschieht, erscheinen sie nicht bloß tadelsüchtig, sondern, wenn sie bloß von ihren Begriffen sprechen, unwahr und unredlich, weil sie in ihre Begriffe von dem Recht und den Pflichten die Notwendigkeit setzen, aber nichts nach dieser Notwendigkeit geschieht und sie selbst so sehr hieran gewöhnt sind, teils daß ihre Worte den Taten immer widersprechen, teils daß sie aus den Begebenheiten ganz etwas andres zu machen suchen, als sie wirklich sind, und die Er-

---

[41] Hegel, Die Verfassung Deutschlands (1802), in: Lasson (Hrsg.): *Hegels Schriften zur Politik und Rechtsphilosophie,* Leipzig 1913, S. 5.

klärung derselben nach gewissen Begriffen zu drehen.«[42] Das steht in der frühen Schrift Hegels über »Die Verfassung Deutschlands«, die selbst ein Beleg für unsere These ist.

Erik Wolf hat vor vielen Jahren einen Überblick über die Publizistik des 16. und 17. Jahrhunderts unter dem Titel veröffentlicht: »Idee und Wirklichkeit des Reiches im deutschen Rechtsdenken des 16. und 17. Jahrhunderts.«[43] Dieser Titel trifft genau die Intention der ersten großen Schrift, die in unserem Zusammenhang zu nennen ist, *Samuel von Pufendorfs* 1667 unter dem Pseudonym Severinus de Monzambano erschienene Schrift »De statu imperii germanici«. Sie nimmt, wie man gesagt hat, in »der deutschen Publizistik aller Zeiten einen hohen, in der des 17. Jahrhunderts unzweifelhaft den höchsten Rang ein«[44]. Wenn man Deutschland nach den Regeln des Staatsrechts und nach dem Vorbild anderer Staaten klassifizieren wolle, so bleibe nichts übrig, als Deutschland »einen unregelmäßigen und einem Monstrum ähnlichen Staatskörper« zu nennen, der seinesgleichen auf der ganzen Welt nicht habe[45]. Durch die energielose Nachgiebigkeit einiger Kaiser, den Ehrgeiz der Fürsten, die Agitation der Pfaffen, die Parteiungen der Stände und die dadurch hervorgerufenen inneren Krisen sei aus einer regelrechten Monarchie es »in eine so ungeschickte Gestalt verkehrt«, daß es nicht einmal mehr eine beschränkte Monarchie sei, »sondern ein zwischen beiden Liegendes und Schwankendes«. Dieser Zwitterzustand verursache eine »zehrende Krankheit und fortwährende innere Umwälzungen«. Pufendorf bezeichnet den Verfassungszustand des alten Reichs als eine »Degeneration«, und so, wie man einen einmal angestoßenen Felsblock sehr leicht zur Ebene, aber nur mit äußerster Anstrengung zum Gipfel zurückwälzen könne, »so wird Deutschland ohne gewaltige Umwälzungen und ungeheure Verwirrung sich in wahrhaft monarchischer Form nicht wieder bringen lassen«. Deutschland sei krank und das »Hauptsymptom der Krankheit« sei, »daß der deutsche Staat genaugenommen zu keiner der Staatsformen gehöre«. Deutschland ist auf keinen Begriff zu bringen, und dies macht die Krankheit aus. Ich kann hier keine nähere Analyse der Schrift geben[46]:

---

42 AaO. S. 6.

43 In Larenz (Hrsg.), *Reich und Recht,* 1941.

44 Harry Bresslau in der Einleitung seiner Ausgabe von 1922 (*Klassiker der Politik* Bd. 3), S. 7.

45 *Über die Verfassung des deutschen Reiches* 6. Kap. § 9 (Ausg. Bresslau S. 94).

46 Das vorzügliche Werk von Leonard Krieger, *The Politics of Discretion.* Pu-

aber ohne Pufendorf für *Treitschke* verantwortlich zu machen, möchte ich doch aus der bis heute einzig eingehenderen Würdigung der Monzambano-Schrift zitieren, weil sie deutlich macht, welche Saiten deutschen Verfassungsdenkens sie noch 200 Jahre später zum Schwingen bringen konnte. Da heißt es im großen Pufendorf-Aufsatz Treitschkes zu dieser Schrift: »Lügen, nichts als Lügen: – das bleibt doch der erste und der letzte Eindruck, den der Anblick der verfallenden Reichsverfassung jedem ehrlichen Betrachter hinterläßt... Überall ein schreiender, unausgleichbarer Widerspruch zwischen den Formen des Rechts und den lebendigen Mächten der Geschichte. Über diesem gespenstischen Mummenschanz hängt ein dickes Gewölk von Phrasen, so unwahr wie das Reichsrecht selber... Wie ein reinigendes Gewitter fuhr nun im Jahre 1667 in die Stickluft dieser wissenschaftlichen Fabelwelt das kleine Buch.«[47]

Das »reinigende Gewitter« – dieser Topos stellt sich im deutschen Verfassungsdenken seit Pufendorf zwanghaft ein, wo über Verfassungsfragen in der Entgegensetzung von Idee und Wirklichkeit meditiert wird. Pufendorf selbst allerdings, alles andere als ein Revolutionär, enttäuschte Treitschke insoweit noch, denn die Reformvorschläge Pufendorfs nach Schilderung des damaligen Verfassungselends waren maßvoll, für Treitschke »resignierend..., fast hoffnungslos«, »...ein dürftiges positives Ergebnis nach so grausamer Kritik.«[48]

Schon mehr nach Treitschkes Sinn war da Hegels Jugendschrift von 1802 »Über die Verfassung Deutschlands« – eine genaue Wiederaufnahme und Anknüpfung an Pufendorfs These und Behandlungsweise[49]. »Deutschland ist kein Staat mehr. Die älteren Staatsrechtslehrer,

---

fendorf and the acceptance of natural law, Chicago 1965, behandelt die Monzambano-Schrift leider nur ganz kursorisch. Zu Pufendorf allg. vgl. jetzt auch den Beitrag von Horst Denzer, in: Hans Maier (Hrsg.): *Klassiker des politischen Denkens* Bd. II, München 1968, S. 27 ff.

[47] Heinr. v. Treitschke, Samuel Pufendorf, in: *Historische u. politische Aufsätze,* Band 4, Leipzig 1871^4, S. 202 ff., 221, 225. Ähnlich H. Bresslau, aaO. S. 37: »Indem er [P.] stets zwischen dem, was rechtlich sein sollte, und dem, was in Wirklichkeit war, scharf unterscheidet, gelangt er zu einer einschneidenden und grausamen Kritik der politischen Zustände im Reich.«

[48] AaO. S. 233 f. – Für Treitschkes Sicht unseres Problems kennzeichnend auch diese Bemerkung: »Das englische Staatsrecht ist, was jedes gesunde Staatsrecht sein soll, der rechtliche Ausdruck der tatsächlich bestehenden Verhältnisse.« (»Das constitutionelle Köngthum Deutschlands«, in: *Historische und politische Aufsätze* Bd. 3, 1871^4, S. 529.)

[49] Hegels Verfassungsschrift wird – auch unter unserer Fragestellung – sorgfältig analysiert bei Hans Maier, Hegels Schrift über die Reichsverfassung, *Pol. Vier-*

welchen bei der Behandlung des deutschen Staatsrechts die Idee einer Wissenschaft vorschwebte, und welche also darauf ausgingen, von der deutschen Verfassung einen Begriff festzusetzen, konnten über diesen Begriff nicht einig werden, bis die neuern es aufgaben, ihn zu finden, und das Staatsrecht nicht mehr als eine Wissenschaft, sondern als eine Beschreibung von dem, was empirischer Weise, ohne einer vernünftigen Idee sich anzupassen, vorhanden ist, behandeln und dem deutschen Staate nichts mehr als den Namen eines Reichs oder eines Staatskörpers geben zu können glauben. Es ist kein Streit mehr darüber, unter welchen Begriff die deutsche Verfassung falle. Was nicht mehr begriffen werden kann, ist nicht mehr.«[50]

Nach Hans Maiers Arbeit über die Verfassungsschrift erübrigt sich hier eine nähere Interpretation, aber bei Hegel ist nun am deutlichsten zu fassen, wohin das Gegeneinanderausspielen von Verfassungsbegriff und Verfassungszustand führt. Hegels Schrift ist bekanntlich der erste Fall einer bedeutsamen Aneignung des Machiavelli in der deutschen Literatur des vergangenen Jahrhunderts[51]. Mit Deutschland habe »Italien denselben Gang des Schicksals gemeinschaftlich gehabt«. Während es Frankreich, England, Spanien und den anderen europäischen Ländern gelungen sei, »die in ihrem Innern gärenden und den Staat zu zertrümmern drohenden Elemente zur Ruhe und zur Verbindung zu bringen«, hätte das Italien des Machiavelli aufgehört, »ein Staat zu sein, und wurde ein Gewühl unabhängiger Staaten, Monarchien, Aristokratien, Demokratien, wie es der Zufall wollte«[52]. In diesem »Zeitraum des Unglücks«, als Italien seine »eigene Verteidigung dem Meuchelmorde, Gift und Verrat oder Schwärmen fremden Gesindels anvertraute«, in »dem tiefen Gefühle dieses Zustands allgemeinen Elendes, des Hasses, der Zerrüttung, der Blindheit *faßte ein italienischer Staatsmann mit kalter Besonnenheit die notwendige Idee der Rettung Italiens*«[53]. Und mit Begeisterung nimmt Hegel – wie fünf Jahre später Fichte[54] –

---

teljahresschrift 4 (1963) S. 334 ff. Vgl. auch Rolf K. Hočevar, *Stände und Repräsentation beim jungen Hegel,* München 1968, insbes. S. 147 ff.

[50] AaO. (s. oben Anm. 41) S. 3.

[51] Vgl. Albert Elkan, Die Entdeckung Machiavells in Deutschland zu Beginn des 19. Jahrh., in: *Historische Zeitschrift* 69 (1919) S. 427 ff.

[52] AaO. S. 109.

[53] AaO. S. 110 f.

[54] Zu Fichtes Machiavelli-Aufsatz von 1807 vgl. die zit. Arbeit von Elkan und – neben Fr. Meineckes »Staatsräson« – Hans Freyer, Über Fichtes Machiavelli-Aufsatz, Leipzig 1936 (= *Bericht der Sächsischen Akademie der Wissenschaften, Phil.-Hist. Klasse* 88. Band, Heft 1).

das letzte Kapitel des »Principe« auf. Schon der Zweck, den Machiavelli voransetzte, »Italien zu einem Staat zu erheben« würde »von der Blindheit verkannt, die nichts als eine Gründung von Tyrannei, einen goldnen Spiegel für einen ehrgeizigen Unterdrücker in Machiavellis Werk« erkannt habe. Gegen Machiavelli habe »die Moral weiten Spielraum, ihre Trivialitäten, daß der Zweck die Mittel nicht heilige usw., auszukramen«. Hier könne aber »von keiner Wahl der Mittel die Rede sein, brandige Glieder können nicht mit Lavendelwasser geheilt werden«. »Der Verwesung nahes Leben kann nur durch das gewaltsamste Verfahren reorganisiert werden.«[55]

»Machiavellis Stimme ist ohne Wirkung verhallt«, klagt Hegel[56], aber er folgt dennoch seinem Vorbild. In einem dem Schlußkapitel des »Fürsten« nachempfundenen abschließenden Kapitel »Die Einigung Deutschlands« sagt er aller Kraft des Begriffs ab. »Wenn alle Teile dadurch gewännen, daß Deutschland zu einem Staat würde, so ist eine solche Begebenheit nie die Frucht der Überlegung gewesen, sondern der Gewalt.« »Der Begriff und die Einsicht der Notwendigkeit« seien viel zu schwach, »um aufs Handeln selbst zu wirken; der Begriff und Einsicht führt etwas so Mißtrauisches gegen sich mit, daß er durch die Gewalt gerechtfertigt werden muß, dann unterwirft sich ihm der Mensch«[56a].

Heinrich Popitz[57] hat an anderen Stellen dieser Marx unbekannt gebliebenen Schrift gezeigt, wie genau der junge Marx der Pariser Manuskripte in der Nachfolge des jungen Hegel gedacht hat, den er gegen den alten Hegel kritisch ausspielt. Ich meine, auch an diesen Sätzen Hegels ließe sich die unheilvolle Verstrickung der Theorie-Praxis-Reflektion Marxscher Provenienz in die Versuchung der Gewalt demonstrieren. Die völlige Desillusionierung am Zustand der Welt, ihr angeblicher Abfall vom Begriff, kann nur durch die radikalste Form der »Verwirklichung«, durch Gewalt, die »Kritik der Waffen« aufgehoben werden. Praxis ist nicht mehr vernunftgelenktes Handeln, sondern Theorie als Gewalt[58].

---

[55] AaO. S. 112 f.

[56] AaO. S. 116.

[56a] AaO. S. 135 f.

[57] Heinrich Popitz, *Der entfremdete Mensch*. – Zeitkritik und Geschichtsphilosophie des jungen Marx, Basel 1953, S. 42 f.

[58] Ist es zufällig, daß die Marxsche Revolutionstheorie ihre erste vollständige Ausarbeitung im Umkreis des Problems »Verfassung und Verfassungswirklichkeit« fand? Die Einleitung »Zur Kritik der Hegelschen Rechtsphilosophie« aus den

Lassalles Verfassungsreden[59], im allgemeinen als erstes und einziges Zeugnis für das Erkennen der Differenz von »Geschriebener Verfassung« – »dem Blatt Papier« – und »wirklicher Verfassung« – »den realen tatsächlichen Machtverhältnissen« – zitiert, sind ein mehr rhetorisch als gedanklich bemerkenswertes Zeugnis für die behauptete Kontinuität der uns interessierenden Denkweise. Die Brillanz der Formulierungen allerdings sicherte seinen Verfassungsreden bleibendes Gedächtnis. Zugleich ist es das Pathos des »Aussprechens was ist« – seit Lassalle eine Lieblingsphrase deutscher Intellektueller –, das dem Denkstil der »hermeneutischen Leidenschaft« die eingängige Formel lieferte. Wenn Lassalle von einer Verfassung forderte – nur dann sei sie »von Wert und Dauer« –, »daß sie der genaue Ausdruck der wirklichen in der Gesellschaft bestehenden Machtverhältnisse« sein müsse[60], so machte er sich ohne sonderliche theoretische Reflexion den spezifisch deutschen »materialen« Verfassungsbegriff zu eigen, von dem oben die Rede war[61]. Zwar schreibe man nicht in die Verfassung »hinein: der Herr Borsig ist ein Stück der Verfassung, der Herr Mendelssohn ist ein Stück der Verfassung usw.« Man drücke dies »auf eine viel gebildetere Art und Weise aus«; die gewollte Differenz der Macht der Industriellen und Kapitalisten gegenüber der der Arbeiter und Bauern etwa durch das Dreiklassenwahlrecht. Trotzdem schreibe man die »*tatsächlichen* Machtverhältnisse auf ein Blatt Papier nieder«, gebe »ihnen schriftlichen Ausdruck und wenn sie nun niedergeschrieben worden« seien, so

---

Deutsch-Französischen Jahrbüchern von 1843/44 (ed. LANDSHUT S. 207 ff.) »schließt sich zunächst nicht an das Original [d.h. die wirklichen Verfassungszustände Deutschlands], sondern an eine Kopie, an die deutsche Staats- und Rechts*philosophie* an, aus keinem anderen Grunde, als weil sie sich an Deutschland anschließt« (209). In diesem Aufsatz hat Marx die ganze Technik entwickelt, wie die zugespitzte Entgegensetzung unserer Begriffe für revolutionäre Aktion genützt werden kann: »Ihr [der Kritik] wesentliches Pathos ist die Indignation, ihre wesentliche Arbeit die Denunziation« (210). Und: »Man muß jede Sphäre der deutschen Gesellschaft als die *Partie honteuse* der deutschen Gesellschaft schildern, man muß diese versteinerten Verhältnisse dadurch zum Tanzen zwingen daß man ihnen ihre eigene Melodie vorsingt!« (211). – Es gibt keine zwei Sätze, die die »Neue Linke« inniger »internalisiert« hätte.

[59] Ich zitiere nach der Ausgabe *Über Verfassungswesen.* – Drei Abhandlungen von Ferdinand Lassalle, hrsg. v. ED. BERNSTEIN, Berlin 1907.

[60] AaO. S. 36.

[61] Wie realistischer Blick für gesellschaftliche Machtverhältnisse sich trotzdem mit viel differenzierterem ironischem Verfassungsverständnis verbinden kann, zeigen W. Bagehots etwa gleichzeitige Analysen der englischen Verfassungszustände. Man denke nur an seine Unterscheidung der »dignified« und »efficient« »parts of the constitution«. Wo Bagehot geistreich ist, ist Lassalle platt.

seien sie »nicht nur tatsächliche Machtverhältnisse mehr, sondern jetzt sind sie auch zum Recht geworden, zu rechtlichen Einrichtungen, und wer dagegen angeht, wird bestraft!«[62]

Lassalles Verfassungsreden sind durchtränkt von jener Haltung »realpolitischer« Nüchternheit, die für den »Zeitgeist« des nachmärzlichen 19. Jahrhunderts und die deutschen sechziger Jahre speziell so typisch ist[63]. Aber eine wissenschaftlich viel gründlichere Formulierung des Verfassungsproblems des nachmärzlichen Deutschlands im Lichte unseres Begriffspaars finden wir in der zehn Jahre vor Lassalles Verfassungsreden erschienenen Schrift August Ludwig von Rochaus über die »Grundsätze der Realpolitik«, durch die der Begriff der »Realpolitik« in die deutsche Sprache Eingang fand[64]. Treitschke, der mit dem alten Rochau zusammen im ersten Reichstag saß, hat dem von ihm verehrten Autor der »Realpolitik« in einem Nekrolog bezeugt, daß seine Schrift »tief einschneidend wirkte, daß sie wie ein Blitzstrahl in die besseren Köpfe der Jugend einschlug«[65]. Ein »großer und nicht der schlechteste Theil der Jugend« habe aus diesem Buch gelernt, »die politische Phrase zu verachten«. Er rühmt die »schonungslose Wahrhaftigkeit« der Schrift, in der der desillusionierte Radikalliberale[66], wenige Jahre nach dem Scheitern der Paulskirchenversammlung, deren Mitglied Rochau war, jeder an Begriffen und Prinzipien orientierten Politik abschwor. »So gewiß die Tatsache nur der Tatsache weicht, so gewiß wird weder ein Princip noch eine Idee, noch ein Vertrag die zersplitterten deutschen Kräfte einigen, sondern nur eine überlegene Kraft, welche die übrigen verschlingt.«[67]

---

[62] AaO. S. 23.

[63] Dazu mit vielen Belegen K.-G. Faber, Realpolitik als Ideologie. – Die Bedeutung des Jahres 1866 für das politische Denken in Deutschland, in: *Hist. Zeitschrift* 203 (1966) S. 1 ff. Zur Geschichte des Begriffs »Realpolitik« vgl. auch Hans Rothfels, *Zeitgesch. Betrachtungen,* 1963[9], 179 ff.

[64] Ich zit. nach der anonymen Ausgabe: *Grundsätze der Realpolitik, angewendet auf die staatlichen Zustände Deutschlands,* Stuttgart 1859. – Zum Einfluß Rochaus auf Treitschke vgl. S. A. Kaehler, Realpolitik zur Zeit des Krimkrieges, in: *HZ* 174 (1952) S. 417 ff.

[65] H. v. Treitschke, Aug. L. v. Rochau, in: *Historische u. Politische Aufsätze,* 4. Bd., Leipzig 1897, S. 189 ff., 193 f.

[66] Rochaus radikalliberale Vergangenheit – er nahm am Frankfurter Wachensturm von 1833 teil, wurde zu lebenslangem Zuchthaus verurteilt und floh nach Frankreich – ist für Treitschke: »langer politischer Wahnsinn«. »... endlich brach sein nüchterner Verstand durch« (aaO. S. 192).

[67] So die Schlußsätze der Ausgabe »Grundsätze« von 1859, aaO. S. 224. Rochau ließ 1869 dem ersten Band seiner »Grundsätze der Realpolitik« einen

Aus einer an sich richtigen Einsicht, daß nämlich jede Verfassung auf gegebenen Verhältnissen aufruht und auch die Suche nach der besten Verfassung unter diesem »Princip der Relativität« steht[68], zieht Rochau Konsequenzen, die von jener Einsicht nicht mehr getragen werden. Das »Studium der Kräfte, welche den Staat gestalten, tragen, umwandeln«, sei der »Ausgangspunkt aller politischen Erkenntnis, deren erster Schritt zu der Einsicht führt: daß das Gesetz der Stärke über das Staatsleben eine ähnliche Herrschaft ausübt, wie das Gesetz der Schwere über die Körperwelt«[69].

In der Geschichte des Verfassungswesens Deutschlands im 19. Jahrhundert sieht er »ebenso viele Beweise von der inneren Unwahrheit der deutschen Verfassungszustände, von einem Mißverhältnis zwischen dem geschriebenen Rechte und der tatsächlichen Macht«[70]. Nur ein Gutes habe der Konstitutionalismus, und hier drückt Rochau mit größter Präzision aus, was mir für den deutschen Verfassungsbegriff des 19. Jahrhunderts eben so kennzeichnend zu sein scheint: »Die Verfassungen haben eine gewisse Bedeutung schon dadurch, daß sie das Entstehen einer neuen Macht im Staate *beurkunden,* welcher eine gewisse, wenn auch noch so beschränkte, *Anerkennung* nicht länger versagt werden kann.«[71] Die deutschen Landtage, »wie gering ihr Einfluß auf die staatlichen Zustände auch gewesen« sei, seien so doch »zur politischen Schule für Deutschland geworden«. Sonderliche Hochachtung empfand er allerdings nicht für die dort betriebene »politische Gymnastik«.

---

zweiten folgen, in dem er die Einigung Deutschlands durch Preußen als ein »Naturgesetz« postulierte, das sich der Beurteilung durch die Privatmoral entziehe. Vgl. FABER, aaO. 21. Zum sozialdarwinistischen Hintergrund H. G. ZMARZLIK, Der Sozialdarwinismus in Deutschland als geschichtliches Problem, in: *Vierteljahresschrift für Zeitgeschichte* 11 (1963) S. 246 ff.

[68] Ein in der deutschen Verfassungsliteratur des 19. Jahrhunderts durchweg Hegel verpflichteter »verfassungssoziologischer« Ansatz, der z.B. bei ROMEO MAURENBRECHER, *Grundsätze des heutigen deutschen Staatsrechts,* Frankfurt/M. 1837, S. 68 folgende Formulierung findet: »Für [den Staat in der Wirklichkeit] ist nur diejenige Verfassung gut, welche das Product all seiner gegebenen Verhältnisse ist, ist aber auch jede Verfassung gut, welche ein solches ist, sollte sie a priori noch so viele Mängel haben. Man nennt diesen Grundsatz das Princip der Relativität und dies ist das allein richtige Princip der Beurteilung für die hier gegebene Frage« [nach der besten Verfassung W. H.]. – Die Unrichtigkeit kommt durch das »hermeneutische« *allein* hinein.

[69] ROCHAU, aaO. S. 1.

[70] Ebd. S. 135 f.

[71] Ebd. S. 137.

Sieben Jahre nach der zweiten Auflage von Rochaus »Grundsätzen der Realpolitik« brach das Verfassungssystem des Deutschen Bundes endgültig in sich zusammen. Rochau hatte recht behalten. Erneut, nicht anders als am Ende des alten Reichs zu Beginn des Jahrhunderts, mußten die Deutschen den Unwert verfassungsrechtlicher Konstruktionen erfahren, die im Widerspruch zu den tatsächlichen Machtverhältnissen stehen. Und so schrieb *Hermann Schulze* 1867 in seiner »Einleitung in das deutsche Staatsrecht«, der ersten Analyse der Verfassung des Bismarckreiches: »Wollen wir diese neue Staatsform richtig taxieren, so müssen wir ihren Wert nicht an idealen Gebilden, sondern an den verknöcherten Zuständen des Deutschen Reiches und der Scheinexistenz des ehemaligen Deutschen Bundes messen. Beide Formen sind an ihrer inneren Unwahrheit, *an dem grellen Widerspruch zwischen realer Macht und theoretischem Rechte,* vor allem aber an ihrer eigenen Entwicklungsunfähigkeit zugrunde gegangen.«[72] Das Bismarckreich, gewiß ein Staat voller ungelöster Probleme und Widersprüche, am Widerspruch von Verfassung und Verfassungswirklichkeit ist es nicht zerbrochen. Bismarcks Verfassung in ihrer diplomatischen Nüchternheit versagte sich solcher Möglichkeit.

Aber erlag nicht der erste Versuch eines freien republikanisch-demokratischen Verfassungsstaates dem alten Übel? So jedenfalls hat es *Carl Schmitt* gelehrt, und die Faszination und Sprengkraft seiner Lehre erklärt sich nur aus der Anknüpfung an die seit Hegel vertraute Thematik. Der Parlamentarismus, abgefallen von den ihn tragenden Prinzipien Diskussion und Öffentlichkeit, mole sua, weil man auf die Frage »Parlamentarismus oder was sonst« keine Antwort weiß, fortvegetierend; der Verfassungszustand allgemein ausgezeichnet durch Pluralismus, Föderalismus, Polykratie – alles Gegenbegriffe zur verfassungsmäßig aufgegebenen »Einheit«[73], – und der Verfassungstext selbst, – enthält er nicht in Wahrheit zwei Verfassungen? Die eine, die parlamentarisch-rechtsstaatliche, widerlegt von den Verhältnissen; die

---

[72] HERMANN SCHULZE, *Einleitung in das deutsche Staatsrecht,* Neue Ausgabe, Leipzig 1867, S. VII (Hervorhebung von mir).

[73] CARL SCHMITTS Schrift über den *Hüter der Verfassung* (Tübingen 1931) mit ihrem 2. Hauptteil »Die konkrete Verfassungslage der Gegenwart« (S. 71 ff.) ist die ausführlichste und einflußreichste Explikation des Problems in der neueren deutschen Literatur. Fast alles nach 1945 knüpfte hier an. – Ein dringliches Desiderat zur deutschen Ideen- und Sozialgeschichte (der »freischwebenden« Intellektuellen) wäre eine Untersuchung der deutschen Ideologie des Konkreten von Hegel bis »Konkret«.

andere: die demokratisch-präsidentielle, eine Möglichkeit. Stelle man, »in der Erkenntnis, daß die Weimarer Verfassung zwei Verfassungen sind, eine dieser Verfassungen zur Wahl«, so müsse die Entscheidung für das Prinzip der zweiten »und ihren Versuch einer substanzhaften Ordnung fallen«. Gelinge das, so sei der Gedanke eines deutschen Verfassungswerkes »gerettet«. Im anderen Fall sei es »mit den Fiktionen eines gegen Wert und Wahrheit neutralen Mehrheitsfunktionalismus bald zu Ende. Dann rächt sich die Wahrheit.«[74]

An Rächern war ein halbes Jahr später, am 30.1.1933, kein Mangel. Wieder einmal feierten die Deutschen das »Rächen der Wahrheit«, hatten sie ihr »reinigendes Gewitter«, – offenbar die spezifisch deutsche Form der Revolution als »Vermittlung« des Gegensatzes von Verfassung und Verfassungswirklichkeit. Kündigt sich ähnliches erneut an?

---

[74] So der fatale Schluß von Legalität und Legitimität, München und Leipzig 1932, S. 98. – Ein Ausspielen »materieller Prinzipien« gegen die »formalen Organisationsnormen« einer Verfassung sollte man nach dem Vorgang Carl Schmitts in der deutschen Literatur nicht mehr für möglich halten. Es ist möglich! Vgl. Hans-Joachim Blank und Joachim Hirsch, Parlament und Verwaltung im Gesetzgebungsprozeß, in: Schäfer/Nedelmann, *Der CDU-Staat.* – Studien zur Verfassungswirklichkeit der Bundesrepublik, München 1967, S. 80 ff. mit dem um Präzedentien unbekümmerten Schluß: »Sollte diese Entwicklung [demokratischer Regression] noch aufgehalten werden, so wäre das Bewußtsein dessen zu mobilisieren, was das Grundgesetz jenseits formaler Organisationsnormen vor allem in den Grundrechten an materiellen Prinzipien enthält« (aaO. S. 99). Dies ist reiner Carl Schmitt frankfurterisch. Der Einfluß Carl Schmitts auf die jüngere Frankfurter Soziologenschule, zu fassen als falsche Konkretheit, aber auch als ästhetisierende Desinvolture (z.B. bei Karl Heinz Bohrer, Die mißverstandene Rebellion, *Merkur* Nr. 238 [Jan./Febr. 1968] S. 33 ff.), ist nicht mehr zu überlesen. Vgl. etwa Eike Hennig, Zur Dialektik von Pluralismus und Totalitarismus, in: *Der Staat* 7 (1968) 287 ff., wo C. Schmitt als »Vermittlung« von Hegel und Marcuse eingeführt wird. Die »Vermittlung« der rechten und linken Schmitt-Schule besorgt der »revolutionäre« Hegel, wie ihn Joachim Ritter (*Hegel und die frz. Revolution,* Ffm. 1965) sehen gelehrt hat. Auf die Affinität der »Neuen Linken« zu zentralen Theoremen C. Schmitts verweist auch Gerh. A. Ritter, Warum Räte-Systeme nicht funktionieren, in: *FAZ* v. 15. 10. 1968 S. 12. Auch Jürgen Habermas' *Strukturwandel der Öffentlichkeit.* – Untersuchungen zu einer Kategorie der bürgerlichen Gesellschaft, Neuwied 1968[3] krankt an dieser falschen Konkretheit. Bei jedem der von Habermas verwandten Verfassungsbegriffe (bürgerlicher Rechtsstaat, Pluralismus, Verwaltungsstaat) irritiert die fehlende Auseinandersetzung mit der Schmittschen Schule. So auch schon in Habermas u.a., *Student und Politik,* Neuwied 1967[3].

IV.

Es kann hier und überhaupt nicht meine Aufgabe sein, eine Theorie der Verfassung zu entwickeln, die uns aus der Dialektik von Verfassung und Verfassungswirklichkeit herausführt. Aber soviel sei doch erlaubt: Sie wird sicher auszugehen haben, wie es die neuere deutsche Verfassungstheorie (Hesse, Ehmke, Bäumlin und viele andere) ja auch tut, von der normativen Eigenart der Verfassung, die ja nicht Regeln, anzuwendende Normen, sondern Regelungen, Kompetenzzuweisungen, Begrenzungen von Kompetenzen, in der klassischen Formel Smends »Anregungen und Schranken« enthält.

Eine Verfassung antwortet immer auf bestimmte Bedürfnisse der politischen Praxis[75], und es ist ohne weiteres zuzugeben, daß Verfassungen oft auf bestimmte Bedürfnisse nicht antworten. Die Kompetenzaufteilung zwischen Bund und Ländern von 1949 entspricht unseren heutigen Bedürfnissen nur unvollkommen, und darum könnte es sein, daß sie, wenn Kompensationen durch die Staatspraxis des kooperativen Föderalismus[76] nicht ausreichen, in der Tat verändert werden müßte. In aller Regel aber ist durch Staatspraxis und durch vernünftige Interpretation Abhilfe möglich. Unmöglich wird sie nur dann, wenn man an die Verfassung die starre Elle eines Maßstabes anlegt, dem sich die Wirklichkeit zu fügen hat. Dann gibt es keine Entfaltung, dann gibt es nicht die freie Staatspraxis, sondern dann kann es im Grunde nur eine ständige Abfolge von Verfassungsbrüchen oder Verfassungsänderungen geben, bei denen immer »nachgetragen«, »bereinigt« und »gelöscht« wird.

Wie man im Rahmen einer politischen Kultur, die einer Verfassung nicht mehr abverlangt, als sie geben kann, die Verfassung doch als Mittelpunkt des politischen Lebens zu bewahren vermag, über die phantastischsten Änderungen der Sozialverfassung hinweg, zeigt die nun seit über 180 Jahren mit ganz unwesentlichen Änderungen in Kraft befindliche Verfassung der USA[77]. Kein Mensch in Amerika spekuliert über eine angeblich unaufhebbare Antinomie von Verfassungsrecht

---

[75] Dazu vor allem HERBERT KRÜGER, *Allgemeine Staatslehre,* Stuttg. 1964, S. 10 ff.

[76] Wie sie analysiert werden von RENATE KUNZE, *Kooperativer Föderalismus in der Bundesrepublik,* Stuttgart 1968.

[77] Wobei selbstverständlich einzuräumen ist, daß die Rechtskultur des *Common Law* und eine weniger »rigide« Verfassung als das Bonner Grundgesetz solche Praxis leichter machen.

und Verfassungswirklichkeit. Korrelatbegriff zur Verfassung ist die Verfassungswidrigkeit, und der andere Korrelatbegriff, auf den die ganze Verfassung ja hinzielt, ist die Staatspraxis: das freie politische Leben eines Gemeinwesens, das sich in seiner Rechtsverfassung seine notwendigsten Regelungen gegeben hat.

Und hier, in der Analyse dieser Praxis, scheint mir nun auch eine spezifische Aufgabe des Politikwissenschaftlers zu liegen. Bezugspunkt dieser Analyse ist ihm aber nicht, wie es das Wortpaar Verfassung-Verfassungswirklichkeit nahelegt, die *Rechtsverfassung,* sondern etwas, was über der Verfassung steht. Denn dem Politikwissenschaftler ist die rechtliche Verfassung das, was sie der ersten geschriebenen Verfassung der Neuzeit war, ein *Instrument of Government,* das gut oder schlecht sein kann. Bezugspunkt für die Kritik der Staatspraxis ist für die politische Wissenschaft nicht diese Verfassung, sondern das Gemeinwesen, die Aufgaben, die ihm in Zeit, Raum, unter den besonderen Bedingungen der Anforderungen einer freiheitlich verantwortlichen rechtsstaatlichen Demokratie gestellt sind. Damit knüpft die politische Wissenschaft an einen Verfassungsbegriff an, der der allgemeine vor den sogenannten konstitutionellen geschriebenen Verfassungen des 19. Jahrhunderts war. Indem die politische Wissenschaft auf das Regime reflektiert, die Politeia, den »Status«[78], den wohlgeordneten Zustand des Gemeinwesens, wozu die Ämterordnung, die Regierungsform, aber auch der Geist des Gemeinwesens, seine Wirtschaftskraft, seine Ressourcen usw. gehören, insoweit ist die politische Wissenschaft natürlich empirische Wirklichkeitswissenschaft. Aber sie befragt diese Wirklichkeit unter einem kritisch normativen Aspekt, den man als zusammenfassenden Begriff, wenn man will, Gemeinwohl nennen kann, den sie aber nicht dogmatisiert, den sie nicht kanonisiert, auch nicht theoretisch »ableitet« aus irgendeinem Menschenbild. Aber sie befragt dieses Gemeinwesen im Licht dieser unpräzisen und doch völlig unentbehrlichen Begriffe. Die Gefahren einer solchen Wissenschaft liegen auf der Hand. Sie sind Zynismus, das Kleben am bloßen Stoff, auch servile Schönfärberei. Ich bin gewiß, daß die politische Wissenschaft, wenn sie undoktrinär, nüchtern und doch entschieden kritisch – wie es Arnold Bergstraesser an dieser Stelle so eindrucksvoll vorgelebt hat – sich von diesen Gefahren freihält, eine bedeutende öffentliche und wis-

---

[78] Zu all diesen älteren Begriffen vgl. jetzt die sorgfältige Arbeit von PAUL L. WEINACHT, *Staat. – Studien zur Bedeutungsgeschichte des Wortes von den Anfängen bis ins 19. Jhdt.,* Berlin 1968.

senschaftliche Aufgabe zu erfüllen hat. Die politische Wissenschaft ist eine der ältesten Wissenschaften. Sie hat keine Verheißungen und Versprechungen anzubieten, geschweige denn durch Verdingung an politische Praxis »einzulösen«. Wenn sich unser Thema, die Entgegensetzung von Verfassung und Verfassungswirklichkeit, als spezifisch deutsches Problem erwies, hineingewoben in die deutsche philosophische Tradition, die Praxis als Anwendung von Theorie mißversteht oder sie überhaupt nicht verstehen kann, so könnte sie, die *episteme politike,* Inbegriff praktischer Wissenschaft, vielleicht zur Entkrampfung unseres politischen Denkens überhaupt beitragen – und damit auch zu einem nüchternen Verständnis von Verfassung und »Verfassungswirklichkeit«.

(1968)

»Machtwechsel« –
oder der Versuch einer zweiten Gründung?

ARNULF BARINGS Buch über die »Außenpolitik in ADENAUERS Kanzlerdemokratie« (1969) gehört neben HANS PETER SCHWARZ' »Vom Reich zur Bundesrepublik« zu den Klassikern der jüngsten deutschen Zeitgeschichtsschreibung. Seinen Rang als Stilist und einfühlsamer Beobachter festigte seine kommentierte Edition des Briefwechsels zwischen HEINRICH VON BRENTANO und ADENAUER aus dem Jahre 1974. Er ist ein Autor, der sein Metier mit Eleganz beherrscht: wenige kennen sich im großen und kleinen Gewusel Bonns so aus wie ARNULF BARING. Der Berliner Professor der Zeitgeschichte ist von Haus aus gelernter Jurist. Bei WILHELM GREWE lernte er außenpolitisch denken, als Journalist sah er die »große Welt« von nahem. Sich ihr zu nähern, fällt ihm leicht.

Sein neues Buch, das im März 1982 in die letzten Regungen der sozialliberalen Koalition hineinplatzte, hat für Monate die Spitze der Bestseller-Listen besetzt. Dabei handelt es sich um ein gar nicht so leicht zu lesendes Buch, zudem einen Wälzer von 832 Seiten, in dem die Geschichte von ganzen 4 1/2 Jahren erzählt wird. Es muß von BARINGS »Machtwechsel« – dieser minutiösen Schilderung der Ära BRANDT-SCHEEL, d.h. der Jahre von der Bildung der sozialliberalen Koalition im Herbst 1969 bis zu WILLY BRANDTS Rücktritt am 6. Mai 1974, ein ganz besonderer Reiz ausgehen, anders ist der Erfolg des Buches nicht zu erklären. Aber das Buch verkauft sich nicht nur gut. Seit Erscheinen von Vorabdrucken im »Spiegel«, einigem juristischen Wirbel um einstweilige Verfügungen mit dem Verlangen nach Streichung einiger Passagen, wird das Buch auch intensiv diskutiert unter Kollegen, Historikern, Politikwissenschaftlern, Journalisten. Kaum ist man mit einem zusammen, kommt das Gespräch auf BARINGS Buch. Ich bin sicher, daß es uns noch lange beschäftigen wird:

zu ungewöhnlich waren die Bedingungen, unter denen BARING und sein Mitarbeiter MANFRED GÖRTEMAKER das Buch schreiben konnten: Freistellung von der Professur an der Freien Universität Berlin für drei Jahre, komplette Akteneinsicht, großzügigste technische Hilfe, eine Wohnung in der Villa Hammerschmidt und dank der Hilfe des Initiators des ganzen Projektes, des damals Noch-Bundespräsidenten WALTER SCHEEL, offene Türen in ganz Bonn, Gesprächsbereitschaft und Zeit für ARNULF BARING bei fast allen, mit denen er sprechen und die er ausfragen wollte. Wohl noch nie hat jemand ein Buch über ein so gegenwartsnahes hochbrisantes Thema unter solch phantastischen Arbeitsbedingungen schreiben können, und es ist wahrscheinlich, daß es kaum noch einmal jemandem so leicht gemacht wird. Jedenfalls geben die äußeren Umstände, der phantastische Erfolg des Buches, Anlaß zu Gossip, Neid und Klatsch – nicht zuletzt der »Betroffenen«, bei BARINGS Gesprächspartnern, die einem so liebenswürdigen, weltläufigen Menschen – zudem Professor – keine Informationen glaubten verweigern zu können. Wenn es nicht so weh täte, würden sich viele von ihnen sicher gern die Zunge abbeißen, wahrscheinlicher ist, daß sie Vorsorge treffen werden, die das Schreiben vergleichbarer Bücher erschweren wird.

Aber von den professionellen Problemen, die das Buch aufwirft, soll hier nicht weiter die Rede sein. Was bietet BARING seinen Lesern? Nun, zunächst eine dicht und prall geschriebene Schilderung jener an Dramatik ja wirklich nicht armen Jahre: von der Wahl GUSTAV HEINEMANNS zum Bundespräsidenten, die die SPD mit Hilfe der damaligen Oppositionspartei FDP gegen ihren Koalitionspartner, die Union, die GERHARD SCHRÖDER als Kandidaten nominierte, im März 1969 durchsetzte; ein halbes Jahr später dann die Bildung der überaus knapp, nur gerade eben so möglichen SPD/FDP-Koalition; deren vehemente Konzentration auf die Ostpolitik bei gleichzeitiger, zumindest verbaler Inangriffnahme weitreichender innerer Reformen; dann das Bangen um die Mehrheit; RAINER BARZELS vergeblicher Anlauf zum Sturz BRANDTS über ein konstruktives Mißtrauensvotum am 27. April '72; das Patt; die vorgezogenen Neuwahlen mit dem eindrucksvollen Sieg der sozialliberalen Koalition; darauf WILLY BRANDTS rapider Autoritätsverlust; HERBERT WEHNERS massives Hinarbeiten auf seinen Sturz und schließlich der Spion im Kanzleramt; BRANDTS sang- und klangloser Abtritt als Regierungschef bei Beibehaltung des Vorsitzes der SPD. Dem vorzüglich gearbeiteten Buch ist – in deutschen Büchern alles andere als selbstverständlich – nicht nur ein Personenregister und eine zum Weiterlesen anregende kommentierte Bibliographie beigegeben. Der Autor hilft dem Verständnis auch durch einen chronologischen Abriß, auf den der Leser zu seinem Vorteil immer wieder zurückgreifen sollte .

Baring hält sich bei seinem Bericht im großen und ganzen – mit einer auffälligen Ausnahme – an den zeitlichen Ablauf. Es handelt sich – so könnte man das Buch modisch nennen, um einen »Report« oder neutraler, um eine glänzende Reportage über die Ära Brandt-Scheel, auch um eine Art von Kollektiv-Memoiren der entscheidenden Figuren jener Jahre, wobei der aktuelle Reiz des Buches wesentlich darin besteht oder zumindest bis zum »Machtwechsel«am 1. 10. 1982 darin bestand, daß die im Mittelpunkt stehenden Personen ja auch heute noch die entscheidenden sind: Die spannungsvollen Beziehungen zwischen dem Führungstrio der SPD: Brandt, Schmidt, Wehner, geben so etwas wie die Achse des Buches ab, Scheel, auch Bahr stehen im zweiten Glied, alle anderen: der Hofstaat um Brandt im Kanzleramt – Horst Ehmke, Klaus Harpprecht, Günther Gaus – sind Hofchargen; der große Reiz des Buches, seine dichte Anschaulichkeit wächst aus den vielen Gesprächen, die Baring mit ihnen und unendlich vielen anderen geführt hat, ohne daß er ein einziges dieser Interviews – wohl beraten – direkt zitieren würde. Baring versteht es meisterhaft, die Spannung jener Jahre lebendig zu machen, wie riskant innen- und außenpolitisch der stürmische Anlauf zur neuen Ostpolitik war. Baring ist am besten, wenn er außenpolitische Konstellationen schildert, aber auch dabei wird er nie akademisch, schnell gewinnt immer das Interesse oder die Perspektive der handelnden Personen das Übergewicht. Zweifellos ist das Buch ein solcher Renner, weil uns noch nie das führende Bonner Personal – jedenfalls des damaligen sozialliberalen Lagers – auf einem solchen Niveau so nahe gebracht wurde: Baring weiß Charaktere zu schildern – und Charaktere sind Brandt, Schmidt und Wehner ja nun wirklich. Nicht daß einem diese, nach Barings Urteil maßlosen Egozentriker, von sich besessenen Politiker sonderlich ans Herz wüchsen. Baring, der ihnen so nahe kam, bewahrt – vielleicht mit der Ausnahme Brandts – eine fast erschrekkende Distanz zu ihnen, die im Falle Scheels, in dessen Quasi-Auftrag Baring ja das Buch schrieb, hart an die Grenze kalter Distanzierung herankommt. (Wer sich genauer für Scheel interessiert, sollte die Kurzbiographie lesen, die Baring wohl nicht ohne Grund aus dem Buch herausgelassen und in der Festschrift für Wilhelm Grewe separat veröffentlicht hat[1]. Vom »fröhlichen Rheinländer« bleibt da nicht viel übrig. Man wird mit einem von Skrupeln nicht gerade beladenen, seine Chancen kühl wahrnehmenden Aufsteiger bekannt gemacht. Wenn es BRANDT wichtig war, als jemand taxiert zu werden, von dem man vertrauensvoll einen Gebrauchtwagen kaufen würde, so – den Eindruck gewinnt man – kommt es SCHEEL wohl vor allem auf die Höhe des Umsatzes an. Die Kasse, die eigene und die der Partei, muß stimmen.

Da BARING Professor für Zeitgeschichte und mehr als ein geschickter Publizist ist, nimmt man sein Buch in der Erwartung zur Hand, daß an die Ära BRANDT-SCHEEL, konkret also den Zeitraum vom März '69 – der Wahl HEINEMANNS – bis zum Mai '74 – BRANDTS Rücktritt – Fragen gestellt werden, die uns helfen, die Bedeutung dieser Ära – wenn man sie schon so nennt – für die Entwicklung der Bundesrepublik, ihre innere Festigung oder auch Nicht-Festigung, ihre Stellung in der Welt besser zu beurteilen. Der Leser erwartet, daß BARING Fragen stellt, seinen Gegenstand, wie man so sagt, »problematisiert« und auch Antworten gibt, mit denen sich der Leser auseinandersetzen kann.

Was bedeutet die Ära BRANDT-SCHEEL, d.h. die Anfangsphase der sozialliberalen Regierung, der große »Machtwechsel« von 1969 mit der Verweisung der Union, unter deren Regie die Weichen der Bundesrepublik gestellt worden waren, aufs Abstellgleis einer Opposition, die man nicht brauchte, von der man sich absetzen, der gegenüber man »Alternative« sein wollte, für das Geschick der Bundesrepublik? Und was hat die sich von ihrer engen Westbindung zu größerer Selbständigkeit emanzipierte westdeutsche Außenpolitik gebracht: für den Frieden der Welt, der ja nicht nur »Entspannung«, sondern auch wachsame Spannung braucht, für den Zusammenhalt des westlichen Bündnisses, das nächst den USA auf keinen anderen Staat so angewiesen ist wie auf die Bundesrepublik, und was hat die »deutsch-deutsche« Politik auf der Basis der bundesrepublikanischen Anerkennung, daß es zwei gleichberechtigte deutsche Staaten gibt, für Deutschland, für den Zusammenhalt der Nation gebracht? Hier nun beginnt die Verwunderung – und ich kann es nicht verhehlen, ein wenig auch die Enttäuschung über BARINGS Buch. Hängt das Nicht-Aufwerfen all dieser Fragen, das letztliehe Verbleiben in einer wie kenntnisreich und subtil

---

[1] A. BARING, Mr. Bundesrepublik: Walter Scheel, in: *Im Dienste Deutschlands und des Rechts:* Festschr. für Wilh. G. Grewe, Hrg. v. F. J. KRONECK und TH. OPPERMANN, Baden-Baden 1981, S. 17–37.

auch immer geschriebenen reinen Ereignisgeschichte, einem erstklassigen Bericht, nicht vielleicht doch mit den Umständen der Entstehung des Buches zusammen?

Die Idee, das Buch zu schreiben, war nicht von BARING ausgegangen. SCHEEL, wie BARING dezent andeutet, wohl etwas irritiert, daß BRANDT schon zwei Erinnerungsbücher über die gemeinsame »Ära« veröffentlicht hatte, selbst fürs Schreiben unbegabt, war 1976 mit der Anregung, das Buch zu schreiben, an BARING herangetreten. Natürlich war es vornehmlich die Autorität SCHEELS, des Mr. Bundesrepublik, die dem Autor die angenehmen Umstände des Schreibens arrangierte. Die Skrupel fast übertreibend, bemüht sich der Autor um peinlichste Distanz zu den Personen, inclusive bzw. vor allem gegenüber SCHEEL. Mit innerlicher Distanz gegenüber der Ära, der Notwendigkeit des Machtwechsels überhaupt, hätte er die Aufgabe, das Buch zu schreiben, aber nicht übernehmen können. BARING, ein durch und durch reflektierter Mensch, war sich des Dilemmas, in das er geraten konnte, voll bewußt. Er erwähnt den »kalten Blick«, den der Beruf des Geschichtsschreibers voraussetzt. Er trifft die Personen schonungslos – die Ereignisse seit Erscheinen des Buches haben durchweg sein Urteil bestätigt. (Nur H. SCHMIDT wird er meines Erachtens nicht gerecht, aber das liegt an SCHMIDTS querer Position zur »Ära«, wird auch von BARING (S. 22) eingeräumt). Wie immer auch BARING seinen »kalten Blick« gegenüber den Personen durchzuhalten vermochte, eine prinzipielle Sympathie mit der Ära selbst war Voraussetzung für die Übernahme der Aufgabe unter den gebotenen Umständen. Wie mir scheint, hat BARING mit dieser Bindung einen erheblichen, wie ich glaube, zu hohen Preis gezahlt, denn indem er die Frage nach Sinn und Unsinn, Rechtfertigung und Preis des großen »Machtwechsels« in der Geschichte der Bundesrepublik gar nicht direkt aufwirft, hat er zwar ein spannendes, informatives, Insider-Kenntnisse vermittelndes Buch geschrieben – zum politischen Nachdenken, zur politischen Bildung, zur Reflexion über Wert und Unwert, Stabilität und Zerbrechlichkeit der Bundesrepublik und ihrer stabilisierenden oder destabilisierenden Rolle in der Weltpolitik fordert das Buch aber nicht heraus. BARINGS eigene Meinung über Personen und Lauf der Dinge stecken in Nebenbemerkungen, oft boshaft-witzigen kleinen Sottisen, die das Buch reichlich würzen, aber keinen Ersatz für ernsthafte Analysen und Bewertungen abgeben können. Als Primärquelle über die Ära wird das Buch für lange Zeit konkurrenzlos bleiben. Da die wichtigsten Gesprächspartner bisher zu BARINGS Darstellungen geschwiegen haben, ist nicht anzunehmen, daß hier mit viel Korrekturen zu rechnen ist. Keine der Hauptpersonen ist so »egozentrisch«, daß sie die für deutsche Parteipolitiker der obersten Klasse zur zweiten Natur gewordene Disziplin des Maulhaltens verletzen würde: quod licet bovi (Bölling) tut ein Schmidt noch lange nicht. –

Natürlich berichtet Baring über den Widerstand, die Abneigung, die Wehner und Schmidt 1969 gegenüber der Kleinen Koalition hegten, wie unüberzeugt – um es gelinde auszudrücken – vor allem Wehner von Anfang an von den Fähigkeiten Brandts war, einen Kanzler abzugeben – Wehner mußte Brandt nicht, wie einst Adenauer den Erhard, erst mühsam auf Null bringen; für ihn war er nie viel mehr gewesen: brauchbar als Kandidat, aber als Kanzler? Gott bewahre!

Mehr als es dem Buch bekommen ist, hat Baring sich vom Wert der ihm so reichlich zugeflossenen mündlichen Information beeinflussen lassen. So wie Politiker leicht zu Hörigen der Informationen des Geheimdienstes werden können, scheint es eine Gefahr des Zeithistorikers zu sein, das ihm mündlich Zugetragene überzubewerten. Das kann dazu führen. daß Fragen ein Gewicht bekommen, das ihnen bei distanzierter Betrachtung kaum zukommen kann. Baring führt als Beispiel für Fragen, die sich nur durch Gespräche mit Beteiligten, nicht aus Akten klären ließen, einige auf, die im Mittelpunkt des Buches stehen, und die die Perspektive seines Interesses abstecken. Ich zitiere: »Wie kam man auf Gustav Heinemann als Bundespräsidenten 1969? Wann fiel die Entscheidung für die sozialliberale Koalition? Welche Motive lagen der Neuen Ostpolitik zugrunde? Warum trat Willy Brandt 1974 zurück, und in welchem Moment faßte er seinen Entschluß?« (S. 16).

Diese Beispiele geben Anlaß, noch einmal auf den literarischen Charakter des Buches einzugehen. Sicher verdankt sich der Reiz des Buches der Unmittelbarkeit, mit der die in Gesprächen gewonnenen Informationen in das Buch eingehen. Ich darf Baring selbst zitieren. Nach Aufführung der eben genannten Fragen schreibt er: »Über solche Themen soll man nichts aus Akten zu erfahren suchen, weil sie nur die Verwaltung, den Vollzug bereits beschlossener Politik widerspiegeln. Auch Sitzungsprotokolle werden hier die Neugier unbefriedigt lassen; Politiker gehen diskreter miteinander um, als mancher vermutet.

Nur persönliche Notizen, Briefe oder Tagebücher können weiterhelfen, Aufschlüsse bringen. Erstaunlich viel steht übrigens auch in

Zeitungen und Zeitschriften. Immer wieder ist man verblüfft, was alles in die Öffentlichkeit dringt und irgendwo publiziert wird. Wenn man Zeitungen nicht nur, wie das gewohnte Morgenblatt, noch halb verschlafen beim Kaffeetrinken überfliegt und dann wegwirft, sondern systematisch und vergleichend auswertet, dann liefert eine solche Analyse das Rückgrat jeder zeitgeschichtlichen Darstellung« (S. 16).

Um fortzufahren: »Fleisch und Geist, Atmosphäre und Farbe, das Anekdotische, biographisch Aufschlußreiche stammt hingegen ganz überwiegend aus Gesprächen. Die Auskünfte derer, die als politisch Handelnde – oder besser noch: als deren gut plazierte Beobachter – an den Ereignissen beteiligt waren, sind ganz unentbehrlich, durch nichts zu ersetzen. Ohne die Bereitwilligkeit, Einfühlungsgabe und Geduld, mit der sie – oft über mehrere Stunden hinweg – meine vielen Fragen beantwortet haben, wäre ein Buch wie dieses niemals möglich.« Hiernach folgt eine Liste von nicht weniger als 140 Namen – alles was Rang und Einfluß in Bonn und Einblick hinter die Kulissen hat. Nur einer fehlt – Hans-Dietrich Genscher, Scheels Nachfolger im Auswärtigen Amt.

Dazu heißt es bei Baring: »Monatelang feilschte ich mit dem Auswärtigen Amt um Möglichkeiten und Bedingungen eigener, umfassender Akteneinsicht. Hartnäckig blieb das Amt dabei, daß ihm dann auf jeden Fall vor einer Publikation das *Gesamtmanuskript* (also nicht nur, wie ich dachte, der mit Hilfe seiner Bestände geschriebene Teil) zur Prüfung vorgelegt werden müsse. Allerdings sollte in meinem Falle der Minister persönlich die Freigabe-Entscheidung treffen. Aber was hieß das? War dieser Vorschlag praktikabel? Wer würde dem vielbeschäftigten Parteivorsitzenden und Bundesminister des Auswärtigen die Lektüre abnehmen, wer nach Jahr und Tag über die Veröffentlichung meines Textes faktisch zu befinden haben? In solchen Dingen erfahrene Freunde rieten ab, das Risiko einzugehen. Die amtliche Durchsicht könne erhebliche Zeit kosten – und großen Verdruß bereiten. Schweren Herzens habe ich deshalb, um frei zu bleiben, von vornherein auf viele Unterlagen verzichtet.« (S. 15)

Umso wichtiger waren für das Buch die Interviews. Um nochmals Baring zu zitieren, »Man kann nicht einmal andeuten, welche Fülle von Einsichten diese Interviews zutage förderten. Ich habe später nichts anderes aufzuschreiben versucht als eine redliche Summe dessen, was mir meine Diskussionspartner anvertraut hatten. Schon insofern kann man sagen, daß dieser Band eine wirkliche Gemeinschaftsarbeit ist, das Ergebnis vielfältiger, einander ergänzender Auskünfte, oft ganz kleiner, zunächst unscheinbarer Informationssplitter. die nur zusammengenommen einen Sinn ergaben, eine Deutung der Abläufe ermöglichten – vielleicht (hoffentlich!) darin einer der im Meer versunkenen, in unseren Tagen gehobenen, sorgfältig rekonstruierten antiken Vasen Sir WILLIAM HAMILTONS vergleichbar, des englischen Gesandten in Neapel gegen Ende des 18. Jahrhunderts.«

Ich fürchte, hier wird das Anvertraute, doch sicher mit viel Indiskretionen – gezielten und ungezielten – vermischt, etwas zu preziös präsentiert, und man fragt sich, ob das Gewicht, das BARING Fragen gibt, die nicht aus den Akten, sondern nur aus Gesprächen zu beantworten sind, wirklich richtig gewichtet hat. Um auf seine Fragen zurückzukommen: Diese Fragen, wenn sie denn so wichtig sind, müssen doch nicht unbedingt von einem ordentlichen Professor der Zeitgeschichte eruiert werden. Kann das nicht jeder tüchtige Reporter? Zu fragen wäre doch eher: wieso blieb HEINEMANN, nachdem sein Name neben anderen genannt worden war, der Kandidat der SPD, wie konnte man ausgerechnet auf GUSTAV HEINEMANN kommen, was bezweckte die SPD mit dieser ungeheuren Provokation des Koalitionspartners? Und nicht wann: sondern warum fiel die Entscheidung für die sozialliberale Koalition? War sie denn so unproblematisch, so vorgezeichnet von der Logik der Entwicklung? Die Frage nach den Motiven der neuen Ostpolitik gewönne größeres Recht, wenn BARING die Betonung auf das »neue« legen würde, d.h. auf all die Erwägungen, aber doch auch ein wenig Träumereien, Hoffnungen etc., die über die allseits anerkannte Notwendigkeit einer ostpolitischen »Flurbereinigung« hinausgingen. Schließlich war damit doch auch eine Art von Neudefinition der Raison der Bundesrepublik fällig. Und bei der Frage nach BRANDTS Rücktritt möchte man fragen, wieso war sein Rücktritt als Kanzler so unbedingt geboten, um seiner Erpressung vorzubeugen, nicht aber der Rücktritt als SPD-Vorsitzender? War der nicht erpreßbar, und wer oder was schützte ihn davor? Wieso hielt WEHNER an WILLY BRANDT als SPD-Vorsitzendem fest?

Aber auch dies wären im Grunde doch immer noch ziemlich kleinkarierte Fragen. Stellt die Ära BRANDT-SCHEEL nicht viel grundsätzlichere Fragen, Fragen, die sich jedenfalls heute aus der Distanz eines Jahrzehnts formulieren lassen und die eigentlich doch auch BARING bewußt gewesen sein müssen? Denn auch wenn BARINGS persönliche Sympathien 1969 und in den folgenden Jahren dem »Neuen Kurs« gehörten, seine noch größeren Sympathien, sein noch größeres Interesse gilt der Bundesrepublik. Ich bin sicher, daß BARING zu jener Generation gehört, die die Bundesrepublik – wieviel immer an ihr verbesserungswürdig sein mag – im Prinzip, von ihren respekterheischenden Anfängen an bis heute, für einen Glücksfall ansieht, verbesserungsfähig, aber kein Wechselbalg der Geschichte, keine Mißgeburt. Ich weiß, daß BARING, bevor er von SCHEEL auf das Thema des Machtwechsels von 1969 gestoßen wurde, ein Buch über die Gruppe '47 zu schreiben vorhatte. Ich meine erraten zu können, aus welcher Position BARING dieses Buch geschrieben hätte und vielleicht ja auch noch schreiben wird: große Sympathie für diese rechtschaffenen Repräsentanten des »Geistes«, aber doch deutliche Distanz und Kritik an ihren politischen Konzeptionen: weltfremd, blauäugig, im Grunde doch sehr deutsch »provinziell«, ohne Kenntnis der Welt. Es fehlt in BARINGS Buch jeder Versuch, die fünf Jahre von 1969 bis 1974 vor dem Gesamthintergrund der gewachsenen Lage der nun 33jährigen Bundesrepublik zu sehen, jene Jahre einzuordnen, zu untersuchen, wie und ob sie sich einordnen.

Dabei liefert BARING all die Stichworte für die Fragen, die an BRANDT und SCHEEL und die von ihnen initiierte Ära zu stellen wären: wie hielten sie es mit der Bundesrepublik, dessen Regierungschefs 20 Jahre die CDU gestellt hatte, die längste Zeit mit dem Beistand der FDP, während der letzten drei Jahre, in der Großen Koalition, im Kondominium mit der SPD. Stellte sich die Ära BRANDT-SCHEEL in die Kontinuität der in zwei Jahrzehnten gewachsenen, wiederaufgebauten, in die westliche Allianz integrierten, am Ziel einer Wiedervereinigung, im Prinzip doch wenigstens, festhaltenden Bundesrepublik? Was meinte BRANDT mit dem vieldeutigen Satz seiner ersten Regierungserklärung: »Wir fangen erst richtig an«? Treibt BARING die Rücksichtnahme nicht ein bißchen weit, wenn in seinem sonst so detaillierten Bericht jede nähere Analyse der Regierungserklärung von 1969 ausbleibt, dieser so wichtige Satz nur nebenher erwähnt wird? Er zielte doch genau auf jene verbreiteten intellektuellen Ressentiments gegenüber der Bundesrepublik als »CDU-Staat«, dem Vorwurf, man habe 1945 die Stunde Null verpaßt, jedenfalls doch 1949 nicht richtig angefangen zu haben. »Wir wollen ein Volk der guten Nachbarn sein«, sagte BRANDT 1969. War diese Versicherung nötig? War die Bundesrepublik bis zum »Machtwechsel« denn kein guter Nachbar geworden, dort, wo auch ein bißchen guter Wille auf der anderen Seite des Zauns und keine Mauer der Abgrenzung vorhanden war? Dem Regierungswechsel von 1969 – mehr war es ja doch eigentlich der Sache nach nicht – gaben BRANDT und seine intellektuellen Büchsenspanner eine emphatische Bedeutung, eine Aufbruchshoffnungsdramatik, die der Grundbefindlichkeit der Bundesrepublik als ganzer nicht gut bekommen konnte: die Enttäuschung und zunehmende stimmungsmäßige Polarisierung der Bevölkerung war voraussehbar, vor allen, wenn der Ertrag der neuen Ostpolitik und der inneren Reformen mager bleiben sollte. Ohne jede Erwähnung bleibt auch die einzige intellektuelle Bemühung Brandts – oder wer immer es ihm aufgeschrieben hatte –, noch vor der Wahl von 1969 gegenüber der Union in einem damals berühmten und viel diskutierten Aufsatz, »Die Alternative« betitelt, eine Abgrenzung gegenüber der CDU in Sachen Demokratieverständnis vorzunehmen, um dann in der Regierungserklärung die Fülle der anzupackenden »inneren Reformen« unter dem Motto »Wir wollen mehr Demokratie wagen« zu offerieren.

Hier wurden ohne jeden tieferen Anlaß im delikatesten Bereich der Bundesrepublik, ihrer ja noch frischen Demokratieerfahrung, Gräben aufgerissen, die kluge Politik doch eher einzuebnen bemüht sein mußte. Überall mußten plötzlich »Alternativen« her – wobei man sich dann doch nicht wundern durfte, daß alsbald ein Freund-Feind-Politikverständnis fröhliche Urständ feierte. In HEINEMANN hatten BRANDT und SCHEEL doch auch *den* Politiker in das Amt des Bundespräsidenten gebracht, der wie kein anderer die Opposition, eine an Haß grenzende Ablehnung des ADENAUER-Staates repräsentierte, dessen engste Freunde den Restaurationsvorwurf mit besonderer Vehemenz vertraten und von dem man schließlich auch nicht annehmen konnte, er habe in der Ostpolitik nur die allseits als fällig angesehene »Flurbereinigung«, die Abkehr von Illusionen im Sinn.

Die Geschichte der ersten Regierung BRANDT, also bis zum Rücktritt BRANDTS, um die Neuwahlen vom Herbst 1972 zu ermöglichen, schildert BARING ganz unter dem Vorzeichen der Ostpolitik. Auch der Schwund der Mehrheit, das Zerbröseln der Koalition durch die sogenannten Überläufer, wird ganz unter den Aspekt der Außenpolitik gestellt. Erst ganz am Ende des Buches, als alles schon auf BRANDTS Scheitern zuläuft, werden die Rücktritte von ALEX MÖLLER und KARL SCHILLER, z.T. mit so bisher unbekannten Details geschildert, die aber doch schon in die Zeit lange vor BARZELS Anlauf zum konstruktiven Mißtrauensvotum fielen und als Ausdruck des Versagen BRANDTS in der Innenpolitik schon in den Anfangsjahren seiner Ära hätten eingeordnet werden müssen. Es war doch keineswegs nur die forsche Ostpolitik, die die Überläufer zum Abspringen bewegte. KARL SCHILLERS Wort von den Genossen, die doch bitte die Tassen im

Schrank lassen sollten und sein entsetzter Ausruf »Die wollen ja eine ganz andere Republik« gehörte ja in das Jahr 1971. Der Steuerparteitag, auf dem JOCHEN STEFFEN erklärte, man müsse den Mut haben, die Belastbarkeit der Wirtschaft zu erproben und auf dem ERHARD EPPLER zum Idol der Parteilinken aufstieg, fand im November/Dezember 1971 statt, wird aber erst gegen Ende des Buches behandelt. Die »Verluderung« (H. SCHMIDT) der Partei unter der laschen Führung BRANDTS war doch in aller Kraßheit und mit allen voraussehbaren Folgen schon im Februar 1971 in den Münchener Vorgängen deutlich geworden, wo BRANDT nicht den kleinen Finger rührte, um H.-J. VOGEL in seinen Bedrängnissen zu helfen. Damals – fast noch in den Flitterwochen der Ära BRANDT-SCHEEL, begann der Abstieg der SPD in den Kommunen, und eine Analyse dieser Vorgänge hätte eigentlich einen zentralen Platz in BARINGS Buch finden müssen. Damals begann, von der »Basis« der Mitglieder ausgehend, eine Polarisierung im deutschen Parteiensystem, dem eigentlich nichts Vergleichbares im allgemeinen Bewußtsein der Bürger entsprach: die Parteien orientierten ihre Sprache mehr und mehr an den Scharfmachern, überall wurde Abgrenzung zur Parole, obwohl ansonsten doch soviel von Solidarität, Mitmenschlichkeit und *»compassion«* die Rede war. Ein ungeistiges, technokratisches Machertum konnte sich als modern und zukunftsweisend vorstellen: EHMKES scheußliches neues Bundeskanzleramt, der bewußte Auszug aus ADENAUERS anspruchslosem kleinen Palais, sollte eine Ära auch optisch, in Beton gegossen, abgrenzen. BARING bemerkt das alles, aber er erkennt nicht oder will nicht wahrhaben, daß die von ihm beschriebene Ära der Bundesrepublik uns etwas beschert hat, worin sich Bonn doch gerade von Weimar abheben wollte: eine Trennung der Nation in zwei Lager, die sich an zwei verschiedenen Gründungen orientieren: der offiziellen von 1949 und der eigentlichen von 1969. Erst 1969 hatte man doch richtig angefangen, 1949 hatte man es auf dem falschen Bein getan.

Dies ist die mir wichtigste Frage, die BARINGS Buch im Grunde aufwirft und doch mit keinem Wort berührt: hat der Machtwechsel von 1969 zur inneren Einigung, zur sozialen Integration der Bundesrepublik beigetragen? Es war das Kainsmal des Bismarckreiches, daß es Sozialdemokratie und Zentrum von seiner Mitträgerschaft ausschloß. Der 18. Januar, der Reichsgründungstag, war ein Festtag nur für die herrschenden Schichten. Der Weimarer Republik ging es nicht besser, sie war von Anfang an umstritten: Schwarz-Rot-Gold und Schwarz-Weiß-Rot fanden nicht zusammen. Wenn die Bundesrepublik sich so lange gerühmt hat, daß Bonn nicht Weimar wird, so kann man dessen heute gar nicht mehr so sicher sein. Gewiß wird sich die Geschichte nicht in gleicher Form wiederholen. Unübersehbar ist aber, daß die Notgründung von 1949, die Bonner Republik, von der man Mitte der sechziger Jahre annehmen durfte, daß sie als allgemeinverbindliche Form unseres Staatswesens von allen diesen Staat tragenden Kräften akzeptiert sei, durch den Mythos der »Zweiten Stunde Null« von 1969, dem nach BRANDT erst »richtigen« Beginn der Demokratie, nicht gekräftigt, innerlich gewachsen, sondern doch eher zerfasert, polarisiert, in ihrem allgemeinverbindlichen Gründungsbewußtsein geschwächt worden ist.

Wie immer man darüber denken mag: jedenfalls regt ARNULF BARINGS Buch dazu an, es zu tun.

(1983)

Die Rolle des Parlaments und die Parteiendemokratie

Die Rolle, die der Bundestag im ersten Vierteljahrhundert der Geschichte der Bundesrepublik gespielt hat, kann nur dargestellt werden, wenn auch von dem Stück die Rede ist, in dem er auftritt. Auch von Rahmen, Bühnenbild, den übrigen Darstellern, Ensemble und Chor muß wenigstens im Umriß gehandelt werden[1]. Die Funktionen eines Parlaments erschöpfen sich fast gänzlich in Relationen: es soll Vertretung des Volkes sein, Schöpfer und Kontrolleur der Regierung, Anreger und Schranke der Verwaltung, Forum der Öffentlichkeit. Vom Tag seines ersten Zusammentritts an im September 1949 gab es nie den Bundestag »als solchen«, der unterteilt, als »Ganzes« im Sinne der kon-

---

[1] Die Aufgabe, die dieser Abhandlung gestellt ist, ist dem Schwergewicht nach eine historische: die Rolle des Bundestages im ersten Vierteljahrhundert der Bundesrepublik soll dargestellt werden. Nur am Rande interessiert daher die Reformbedürftigkeit des Bundestages als Dauerthema jeder politikwissenschaftlichen Beschäftigung mit einem freien Parlament. Mit den Problemen der Bundestagsreform hat sich der Verfasser mehrfach befaßt. Vgl. u.a. W.H.: Der Deutsche Bundestag 1949–1965. Leistung und Reformaufgaben. In: *Der Monat* 18 (1966), H. 215, S. 26 ff.; und: Zur Rechtfertigung und Kritik der Bundestagsarbeit. In: *Festschrift für Adolf Arndt*. Frankfurt a.M. 1969. S. 147 ff.; zuerst in: *Die neue Gesellschaft* 14 (1967), H. 2, S. 101 ff.

Seit dem Regierungswechsel von 1969 und insbesondere seit der Bundestagswahl vom 19. November 1972 bedarf die Parlamentsreform kaum noch akademisch-»strategischer« Anleitung. (Anders UWE THAYSEN: *Parlamentsreform in Theorie und Praxis*. Opladen 1972.) Wie alle tiefgehende Änderung der parlamentarischen Praxis und Struktur wird sie jetzt aus den neuen Verhältnissen mit einer gewissen, wenn auch trägen Eigendynamik erfolgen. Für die zählebigen deutschen konstitutionellen Vor- und Mißverständnisse des »Parlamentarismus« gibt die Realität der neuen Parteikonstellation (Zweigruppensystem) keine hinreichende Basis mehr ab. In der Beurteilung der neuen verfassungspolitischen Lage besteht weitgehende Übereinstimmung mit der Analyse von HANS SCHUSTER: Der akzeptierte Rollentausch. Eine Wahlbilanz. In: *Merkur* 27 (1973), H. 1, S. 1 ff.

stitutionellen Doktrin, den anderen Gewalten gegenübergestanden hätte. Von Anfang an war er nur in Mehrheit und Opposition vorhanden. Von einem Funktionsverlust »des Parlaments« zu sprechen, beschwört ein Geisterreich. Für die Ära der Bundesrepublik muß man sich konkreter fassen.

Nach dem Willen des Parlamentarischen Rats sollte der Bundestag im Rahmen eines *parlamentarischen* Regierungssystems agieren. Von allen freiheitlich-demokratischen Regierungssystemen ist dies sicher das anspruchsvollste und verletzbarste. Wie kein anderes ist es von äußeren Voraussetzungen und Bedingungen abhängig – mit jeder Parteien- und Koalitionskonstellation ändert es seinen Charakter. Bei gleichbleibender oder nur wenig veränderter rechtlicher Grundlage erlaubt es die größte Anpassung an wechselnde Lagen. Die normativen Erwartungen, die sich mit parlamentarischer Regierungsweise verbinden, gestatten ebenfalls ein breites Spektrum an Variationen. Parlamentarische Regierungsweise ist daher die am wenigsten festgelegte, immer kann man sehr Verschiedenes von ihr erwarten, stets läßt sie Fragen offen. Als Adenauer »kanzlerdemokratisch« zu regieren begann, erstmals in der deutschen Geschichte parlamentarisches Regieren und Führungsschwäche aufgehört hatten, deckungsgleich zu sein, witterte man einen Rückfall in Traditionen des Obrigkeitsstaates[2]. Als die Parteienkonstellation am Ende der Ära Erhard ein befristetes Zusammengehen der beiden großen Fraktionen nahelegte, sah die deutsche Publizistik und Politische Wissenschaft darin fast geschlossen einen sündhaften Verstoß gegen grundlegende Prinzipien des »Parlamentarismus«[3]. Als es der SPD 1969 gelang, mit der FDP zu koalieren, die stärkste Fraktion in die Opposition verwiesen wurde, beklagte man eine Verfälschung des Wählerwillens, den wenig später wiederum diejenigen Abgeordneten verraten haben sollten, die der ersten Regierung Brandt/Scheel ein vorzeitiges Ende bereiteten. Ob parlamentarisches Regieren unter den Bedingungen der modernen Parteiendemokratie

---

[2] Eine Auffassung, die sich auf die Autorität KARL LOEWENSTEINS berufen konnte, der es aus englischer und amerikanischer Erfahrung eigentlich hätte besser wissen müssen. Vgl. seine *Verfassungslehre*, Tübingen 1957, S. 93; und DERS. in JAMES T. SHOTWELL (Hrsg.): *Governments of Continental Europe*. New York 1952. S. 580. Seine Behauptung von 1957 (aaO., S. 94): »Das derzeit bestehende System ist wohl kaum geeignet, eine Schulung im Betrieb des Parlamentarismus oder der Demokratie überhaupt zu vermitteln« hat seine eindeutige Widerlegung gefunden.

[3] Vgl. CHRISTIAN GRAF VON KROCKOW: Bonns Sündenfall. Eine parlamentarische Elegie. In: *Die Zeit* v. 16. 12. 1966. Dagegen W. HENNIS. *Wer hat gesündigt?* Ein Stück parlamentarischer Prosa. Ebenda.

noch zu Recht als *government by discussion* bezeichnet werden kann, ist mehr als fraglich. Ständig in der Diskussion bleibt es auf jeden Fall.

Am Anfang des Bundestages stand die Skepsis. Würden sich die Deutschen im westlichen, freigesetzten Teil ihres Landes dieses Mal als »reif« für die Demokratie erweisen? Die Dynamik, aber auch bedeutende Spannungen der westdeutschen Demokratie erklären sich zum guten Teil aus dem unleugbaren Faktum, daß die »politische Elite« der Bundesrepublik in dieser Hinsicht nie von Zweifeln geplagt worden ist. Eine »Stunde Null«, eine Mußestunde der Besinnung, hat es für diejenigen, die den westdeutschen Staat auf allen seinen Ebenen aufgebaut haben, nie gegeben. Für Strategiediskussionen und institutionalisierte Dauerreflexion eröffneten in der Bundesrepublik die kirchlichen Akademien und eine Unzahl weiterer Bildungseinrichtungen ein weites Feld. Aber all das blieb im politischen Vorraum; der Normalbürger und die Politiker betraten ihn in der Regel nur gegen Erstattung der Kosten. Unfähig zu trauern, begruben sie ihre Toten und machten sich an die Arbeit, den zu Recht so genannten »Wiederaufbau«.

Es waren die Dichter und Denker, gedankenreich und tatenarm, die von Anfang an angesichts von so viel Selbstsicherheit und Pragmatismus Unbehagen überkam. In der Diskrepanz von rasanter Meisterung der Gegenwart und »unbewältigter Vergangenheit« entstanden geistige Spannungen, die in den sechziger Jahren auch das Kraftfeld der großen Parteien erreichten. Zwanzig Jahre nach der Gründung der »Gruppe 47«, zur Zeit der studentischen Revolte, hatte der Bundestag zum erstenmal gegebene Veranlassung, die Frage zu behandeln, ob im Drange der Geschäfte in dieser so erfolgreich florierenden Gesellschaft nicht doch einiges zu kurz gekommen war. Die Frage, ob man nach Auschwitz noch Gedichte schreiben könne, hat die Lobby des Bundestages nie erreicht[4]. Die Frage nach Schuld und Sühne, Tradition und Neuanfang hat der deutschen Nachkriegsliteratur ihren Rang verliehen. Heinrich Böll wurde dafür stellvertretend der Nobelpreis verliehen. Die deutsche Politik der Nachkriegsjahre und das, was in diesem Lande ja doch nun auch geleistet worden ist, ist ihm immer

---

[4] Eine der ganz wenigen in die Tiefe gehenden Debatten zum Problem der »unbewältigten Vergangenheit« löste die Verjährung von Naziverbrechen aus. Mit einer einzigen packenden Rede konnte sich Ernst Benda in die vorderste Reihe seiner Fraktion bringen. Die Debatte zeigte, wie wenige Abgeordnete diesem Gegenstand gerecht werden konnten. Vgl. DEUTSCHER BUNDESTAG 4. Wahlperiode, 170. Sitzung, Sten. Prot. S. 8159–8526.

noch ein Greuel. Dennoch wird man heute – 1973 – feststellen dürfen, daß auch die Mehrheit derjenigen, die die Reflexion als Profession betreiben, auf dem Wege ist, sich mit diesem Staat und seinem Parlament zu versöhnen.

Beweisen die fünfziger Jahre die konkurrenzlose Leistungsfähigkeit der freiheitlichen Marktwirtschaft, so scheint nun auch die parlamentarische Demokratie ihre Bewährungsprobe bestanden zu haben. »Bonn ist nicht Weimar«, diagnostizierte man schon Mitte der fünfziger Jahre[5]. Aber nicht immer konnte man sicher sein, ob es nicht doch Rückfälle in parlamentarische Handlungsunfähigkeit, Parteienzersplitterung, politischen Extremismus an den Rändern geben würde. Heute läßt sich im Überblick und Vorgriff festhalten: auch ohne Wahlrechtsänderung beruht das parlamentarische System der Bundesrepublik zwar nicht auf einem Zweiparteiensystem englischen Zuschnitts, aber doch auf einem Zweigruppensystem, in dem nicht der Ausgang von Koalitionsverhandlungen, sondern die Entscheidung des Wählers die Aufgabe des Regierens oder Opponierens zuweist. Das Bonner Parlament ist in Leistung und Struktur dem Londoner Unterhaus sehr viel ähnlicher als dem Reichstag der Weimarer Republik.

»Weimar« wurde zum Lehrbuchfall des Versagens einer Parteiendemokratie. In der Bonner Republik hat sich nicht nur ein inzwischen fast vergessenes Wirtschaftswunder ereignet. Die Wahlen vom 19. November 1972 sind der vorläufige Abschluß einer verfassungspolitischen Entwicklung, die angesichts der Weimarer Tradition und Vorbelastung etwas ähnlich Staunenswürdiges darstellt.

Die erste erstaunliche Leistung der bundesrepublikanischen Gesellschaft, ihr »Wirtschaftswunder«, kann zu einem erheblichen Teil der Phantasie, dem Mut und der Beharrlichkeit einiger weniger Politiker zugeschrieben werden – Ludwig Erhard vorweg; Heinrich Deist und Karl Schiller seien für die Verbreiterung der Zustimmung und für die Bewahrung des Systems gegenüber Anfechtungen dazugenannt. Für die verfassungspolitische Leistung gibt es keinen vergleichsweise benennbaren Urheber und Gewährsmann. Unter den bisherigen Bundeskanzlern gibt es niemanden, der seine Politik vorweg von verfassungspolitischen Erwägungen hätte leiten lassen. Hier und da spielten sie ins Kalkül hinein, dominant waren sie nie. Der einzige Kanzler, der laut in verfassungspolitischen Kategorien zu denken liebte – Kurt Georg Kiesinger –, nahm die rüde Blockierung der Wahlrechtsform,

---

5 Fritz René Alleman: *Bonn ist nicht Weimar.* Köln u. Berlin 1956.

Legitimitätsbasis seines Kabinetts, ohne Zeichen tieferer Bewegung hin. Nur ein einziges Mal in der Geschichte der Bundesrepublik hat ein Bundesminister wegen einer die Grundsätze des parlamentarischen Regierens betreffenden Frage sein Amt zur Verfügung gestellt: Paul Lücke nach dem Scheitern der Wahlrechtsreform. Sein Abgang erregte eher Verwunderung als Respekt. So sehr festzuhalten ist, daß den Deutschen nach 1945 vernünftige, fähige, auch prinzipienfeste Politiker in hinreichender Zahl beschert worden sind, die Herausbildung einer funktionsfähigen parlamentarischen Demokratie ist letztlich den Deutschen, der Wählerschaft der Bundesrepublik, zu danken. Oft war dabei mehr Glück als Verstand im Spiel, so 1969, als der NPD der Einzug in den Bundestag mißlang, der Zwang zur Fortsetzung der Großen Koalition entfiel[6]. Institutionelle Vorkehrungen, die Entnazifizierung, das Verbot von SRP und KPD, die Fünf-Prozent-Klausel, haben sich in bestimmten Situationen in eng begrenztem Rahmen als nützlich erwiesen; sie sicherten einen Startvorsprung und zogen einen lockeren Schutzzaun um den frischen Rasen der Demokratie[7]. Entscheidender Anteil an der Entwicklung des westdeutschen parlamentarischen Systems kommt ihnen nicht zu. Die Durchsetzung der parlamentarischen Parteiendemokratie ist ein Produkt der Verhältnisse. An ihrem Anfang steht Hitler.

Der Vorsprung der Parteien

Für das Scheitern der Weimarer Republik hat man zu Recht immer wieder angeführt, daß es den demokratischen Parteien Weimars nie gelungen ist, sich die alten vordemokratischen und industriellen Interessen zu assimilieren oder gefügig zu machen[8]. Nie ist es den Weimarer Parteien gelungen, das Volk zu mediatisieren; das Weimarer Staatsoberhaupt wollten die Verfassungsväter vom »ganzen deutschen Volke« (Art. 40 I WV) gewählt wissen, d.h. nicht notwendig durch die Vermittlung von Parteien. Es ist nicht nur die in das Weimarer Verfas-

---

[6] Vgl. die Berechnungen bei Heino Kaack: *Geschichte und Struktur des deutschen Parteiensystems*. Opladen 1971, S. 347 f.

[7] In diesem Sinne zur Entnazifizierung vor allem Justus Fürstenau: *Entnazifizierung. Ein Kapitel deutscher Nachkriegspolitik*, Neuwied u. Berlin 1969; und nun Lutz Niethammer: *Entnazifizierung in Bayern*. Frankfurt a.M. 1972.

[8] Grundlegend K. D. Bracher: *Die Auflösung der Weimarer Republik*. Villingen 1964, Kap. 7–9, S. 174 ff.

sungswerk eingebaute Konkurrenz von präsidialer und parlamentarischer Regierung, sondern von parteidemokratischer und volksdemokratischer Legitimität, die zum Mißlingen der Republik beitrug.

Zwar hat sich ein Teil der deutschen Staatsrechtslehre in den zwanziger Jahren mit der technischen Unentbehrlichkeit der Parteien als neuer »extrakonstitutioneller« Größen abgefunden[9]. Aber auch ein sich für die Wirklichkeit der demokratischen Republik öffnendes politisches Denken kreiste weiter um die Pole »Staat« und »Volk«, wobei es keineswegs als ausgemacht galt, daß die politische Willensbildung des Volkes in einer modernen Demokratie von Parteien vielleicht nicht monopolisiert, auf einem bestimmten Repräsentationsniveau dann aber doch mit einer gewissen Ausschließlichkeit formuliert werden muß. Mit den »natürlichen Gliederungen«, den »wahren Interessen« des Volkes hatten die Parteien nur bedingt etwas zu tun; ständische Formationen und reine Interessenverbände liefen den Weimarer Parteien in puncto »Volksnähe« zumindest ideologisch bis zum Ende den Rang ab. Auch die typische Integrationspartei Weimars, die Sozialdemokratie, stand dem nicht entgegen: war ihre Mitgliederschaft doch eher eine Art Spezialvolk als für das Volk repräsentativ.

Die Weimarer Republik wurde durch diejenige Kraft zerstört, die sich auf keinerlei Kompromiß mit ihrem »System« eingelassen hatte. Nicht Systemveränderung, sondern Systemzerschlagung war das Ziel Hitlers und seiner »Bewegung«. In den zwölf Jahren seiner Herrschaft bleibt keinem gesellschaftlichen Bereich eine gewisse Form der Gleichschaltung, Anpassung oder wenigstens Mimikry erspart[10]. Aus ostelbischen Agrariern konnte man Gaubauernführer machen, aus Kapitalisten wurden Wirtschaftsführer, die evangelischen Kirchen bekamen ihren Reichsbischof und auch das Militär mußte sich schließlich zum Nazigruß bequemen. Alles wurde in irgendeiner Form zum Mit-

---

[9] Repräsentativ HEINRICH TRIEPEL: *Die Staatsverfassung und die politischen Parteien*. Berlin 1928. – Zur Parteienfeindschaft und -aversion in der deutschen politischen Tradition vgl. E. FAUL: Verfemung, Duldung und Anerkennung des Parteiwesens in der Geschichte des politischen Denkens, In: *Politische Vjschr. 5* (1964), S. 60 ff.

[10] Zu Recht wird daher immer deutlicher erkannt, daß zu den modernisierend-egalisierenden sozialen Voraussetzungen der Bundesrepublik die traditionszerstörenden Effekte der Gleichschaltungspolitik des Nationalsozialismus dazugehören. Vgl. CH. E. FRYE: The Third Reich and the Second Republic: National Socialism's Impact upon German Democracy. In: *Western Pol. Quart. 21* (1968), S. 668 ff.; R. DAHRENDORF: *Gesellschaft und Demokratie in Deutschland*. München 1965, S. 43 ff.; D. SCHOENBAUM: *Die braune Revolution*. Frankfurt a.M. 1970.

machen gezwungen, besudelt, korrumpiert. Es ist für die Entwicklung des Bonner Staates und seines parlamentarischen Systems von gar nicht hoch genug einzuschätzender Bedeutung, daß einzig die politischen Parteien von diesem Korrumptionsprozeß ausgenommen blieben. Sie allein erschienen dem Regime zur Komplizenschaft ungeeignet; sie mußten weg, und zwar total.

Die Zerschlagung, zum Teil erzwungene Selbstauflösung, der Weimarer Parteien schon während der ersten Monate der Diktatur ist uns in allen Details vorzüglich geschildert worden[11]. Nachträglich kann man nicht umhin, Hitlers Vorgehen gegenüber den Parteien von seinem Standpunkt aus als übereilt und kurzsichtig zu bezeichnen. Das Naziregime wäre trotz definitiver militärischer Niederlage im Mai 1945 nicht so vollständig »zusammengebrochen«, von einem zum anderen Tag so total von gestern gewesen, hätte es nicht alle konkurrierenden Parteien zugunsten der einen Regimepartei samt und sonders ausgeschaltet. Es wäre dem Regime sicher nicht schwergefallen, von ihm geduldeten und ausgehaltenen Satellitenparteien aller Couleur – vergleichbar den bürgerlichen Blockparteien in der DDR – ein Weitervegetieren zu erlauben. Mitläufer hätten sich in allen Lagen unschwer gefunden. Mit der auch rechtlichen Auflösung aller Parteien bis zum Sommer 1933 waren die demokratischen Parteien »als solche« die einzigen wirklich »unbelasteten« Organisationen, die einen Neubeginn deutscher demokratischer Tradition nach 1945 erlaubten. Hatten sie mit dem ganzen Spuk überhaupt etwas zu tun gehabt? Hindenburg, längst tot, hatte Hitler ohne ihr Zutun zum Reichskanzler ernannt. Ob zu Recht oder nicht – die Parteien konnten nach 1945 den Eindruck erwecken, sie seien von Anfang an verfolgt gewesen. Im Nebel der »Kollektivschuld« verflüchtigten sich parteipolitische Zurechenbarkeiten. Es ist kennzeichnend, daß die einzige die Parteien Weimars als solche belastende Frage ihr Verhalten bei der Abstimmung über das Ermächtigungsgesetz vom 23. März 1933 betrifft. Der zweifellos nach 1945 vorhandene Leumundsvorsprung von SPD und KPD gegenüber den bürgerlichen Parteien datiert von diesem Tag: die Sozialdemokratie stimmte geschlossen dagegen, die Fraktion der Kommunisten war durch Inhaftierung oder Terror von der Mitwirkung ausgeschlossen worden. Die bürgerlichen Parteien haben nach 1945 bis in die fünfziger Jahre hinein daran zu tragen gehabt, daß einige ihrer füh-

---

[11] E. Matthias u. R. Morsey (Hrsg.): *Das Ende der Parteien* 1933. Düsseldorf 1960.

renden Persönlichkeiten dem Ermächtigungsgesetz zugestimmt hatten[12]. Sie und im Grunde die ganze deutsche Demokratie konnten von Glück sagen, daß sie vom 23. März 1933 an für alle Weitere keine Verantwortung trugen. Hitler hatte ihnen weitere Möglichkeiten dazu genommen. Die Parteien »als solche« waren unbelastet aus dem »Zusammenbruch« hervorgegangen.

Der Zusammenbruch des Deutschen Reiches war vollkommen. Es ist aller Ehren wert, daß die westdeutsche Nachkriegspolitik bis zum Ende der sechziger Jahre über alle Parteifronten hinweg mit Energie und großem Aufwand an juristischer Gelehrsamkeit am rechtlichen Fortbestand des Deutschen Reiches festgehalten hat[13]. Die unmittelbare Anschauung am Ende des Krieges sprach nicht dafür. Die Wirklichkeit jener Jahre entzieht sich allen Begriffen der modernen Handlungswissenschaften, die sich an der entwickelten Künstlichkeit der modernen Industriegesellschaft orientieren. Um die Wirklichkeit von 1945 zu schildern, genügt der Wortschatz eines Livius oder Caesar. Dem Deutschen Reich war eine *debellatio* widerfahren, es war »zerkriegt«. Die einzige Autorität, die galt, war die der Sieger. Jede, auch die bescheidenste öffentliche Amtsausübung, fast jede private Aktivität, ja das Ingangsetzen eines Kraftfahrzeugs, die Wiederaufnahme eines Betriebes, die Fortbewegung von einem Ort zum anderen setzte eine Erlaubnis (*permit*) der Sieger voraus.

Aber die Alliierten waren nicht nur gekommen, um die Deutschen zu besiegen, sie wollten Demokraten aus ihnen machen. Beim Wiederaufbau eines menschenwürdigen Gemeinwesens, und das hieß einer Demokratie, wollten sie ihnen behilflich sein. Was sie darunter verstanden, war unter ihnen umstritten, zumindest für unterschiedliche Auslegung offen. Die Formeln der »Potsdamer Erklärung« dienen den deutschen Kommunisten noch heute als Legitimationsbasis ihrer Demokratievariante. Als 1949 ein intelligenter SED-Jurist eine Apologie des ostzonalen Blocksystems, d.h. der Ausübung der Staatsmacht durch alle demokratischen Kräfte und Organisationen unter der Führung der Partei der Arbeiterklasse, publizierte und ihren genuin demo-

---

[12] So mußten sich Theodor Heuss und Reinhold Maier im Jahre 1947 vor einem Untersuchungsausschuß des Stuttgarter Landtags für ihr Abstimmungsverhalten verantworten. Vgl. MATTHIAS u. MORSEY, aaO. (s.o. Anm. 11), S. 69.

[13] Vgl. die zusammenfassende Darstellung von RUDOLF SCHUSTER: *Deutschlands staatliche Existenz im Widerstreit politischer und rechtlicher Gesichtspunkte.* München 1963. Aus späterer Perspektive HEINRICH END: *Zweimal deutsche Außenpolitik.* Köln 1973.

kratischen Charakter mit einem reichen Zitatenschatz von Rousseau bis Carl Schmitt und Gerhard Leibholz belegte, erzielte er in der deutschen Staatsrechtswissenschaft einen ausgesprochenen Verblüffungserfolg. War dies nicht eine Demokratievariante, in der volksdemokratische (»klassisch«-rousseauistische) und modern-parteidemokratische Elemente aufs glücklichste versöhnt waren[14]?

Zum geistigen Marschgepäck der amerikanischen und britischen Besatzungsoffiziere gehörten weder Rousseau noch Carl Schmitt. Unter einer Demokratie – gleichgültig, ob in präsidialer oder parlamentarischer Ausgestaltung – konnten sie sich nur eine Parteiendemokratie vorstellen. Um sich das geistig zu eigen zu machen, bedient sich die deutsche Demokratiediskussion der Nachkriegsjahre bis heute der Begriffskrücke des »Pluralismus«. Vor allem Ernst Fraenkel kommt ein großes und bleibendes Verdienst zu, westdeutsches und angelsächsisches Demokratieverständnis über diesen Begriff aufeinander zugeführt zu haben[15]. Aber auch für ihn ist »Pluralismus« ein Hilfsbegriff, um die im Hintergrund nicht kleinzukriegende Idee der »Einheit« des Volkswillens mit der Realität der von Parteien und Verbänden bestückten Konkurrenzdemokratie in Einklang zu bringen. Autochthone Angelsachsen benötigen das Wort nicht, um Demokratie und Parteiwesen zusammendenken zu können. Seit Burke und den Federalist Papers versteht sich für Briten und Amerikaner der Zusammenhang von Demokratie (historisch korrekter: *representation*) und Parteiwesen von selbst. *Representative government* (»Repräsentativregierung«) und Parteiendemokratie sind für angelsächsische Begriffe nicht einmal

---

[14] ALFONS STEINIGER: *Das Blocksystem. Beitrag zu einer demokratischen Verfassungslehre*. Berlin (Ost) 1949. – Vgl. die kritische Darstellung bei WOLFGANG ABENDROTH in: *Arch. d. öff. Rechts* 76 (1950/51), S. 1 ff.; insbes. S. 13 ff. – Die Grundlage für die Plausibilität von Steinigers Theorie lag in der Anknüpfung an Carl Schmitts und Gerhard Leibholz' Begriff der Demokratie als durch Identität (vs. Repräsentation) gekennzeichnet. Für die Leichtigkeit, mit der Leibholz' Lehre vom Parteienstaat von den linken Gegnern der Demokratie in Anspruch genommen werden kann, ist Steinigers Schrift das erste Nachkriegsbeispiel. So heißt es (aaO., S. 17): »Leibholz' verfassungstheoretisches Ergebnis, daß der heutige Parteienstaat ›bei Lichte besehen eine Entscheidungsform der unmittelbaren Demokratie‹ ist, wird sich im Laufe unserer Untersuchung als fruchtbar und zutreffend erweisen.«

[15] Vor allem durch sein Werk *Deutschland und die westlichen Demokratien* (Stuttgart 1964) ist Ernst Fraenkel zu einem der einflußreichsten Lehrer der Demokratie im Nachkriegsdeutschland geworden. Zum Pluralismus speziell DERS.: *Der Pluralismus als Strukturelement der freiheitlich-rechtsstaatlichen Demokratie*. München 1964; und DERS. u. KURT SONTHEIMER: Zur Theorie der pluralistischen Demokratie. In: *Aus Politik und Zeitgeschichte* 9/64 v. 26. 2. 1964.

zwei Seiten einer Sache, sondern eine untrennbare, auch gedanklich kaum auseinanderzudividierende Angelegenheit. Es bedurfte eines scharfsinnigen, in kontinentaleuropäischen Begriffen aufgewachsenen Beobachters – Joseph Schumpeters –, um das für angelsächsisches Verständnis ganz selbstverständlich mitgegebene Moment der Konkurrenz als für den modernen Demokratiebegriff konstituierend herauszupräparieren[16]. Man muß es als tiefes Unglück ansehen, daß der trotz erzwungener englischer Anschauung offenbar nicht zu belehrende – persönlich verehrungswürdige – Gerhard Leibholz vom Jahre 1950 an nicht davon abgehalten werden konnte, längst erledigte kontinentaleuropäische Idiosynkrasien über einen angeblich begriffswesentlichen Gegensatz von Demokratie und Repräsentation wieder aufzutischen[17]. Doch davon später.

Die Sieger brauchten Hilfe beim Ingangsetzen der notwendigsten Vorkehrungen für ein halbwegs geordnetes Weiterlebenkönnen der Deutschen. Alle Versorgungseinrichtungen, Verkehr und Handel waren zusammengebrochen. Millionen von Flüchtlingen ergossen sich über das Land. Auch einer intakten Verwaltung wären die Aufgaben, die zu bewältigen waren, schier übermenschlich erschienen. Vielleicht sind jene Jahre überhaupt nur durchgestanden worden, weil alle überkommenen Normen und Erwartungen zusammengebrochen waren, jeder einsah, daß improvisiert werden mußte, und jeder, der etwas leistete, der richtige Mann war.

Die Sowjets brachten in ihrem Gefolge eine Gruppe geschulter Kommunisten mit, denen von langer Hand die Aufgabe zugedacht war, die verläßliche Substruktur einer deutschen Verwaltung abzugeben. Auch die Amerikaner und Engländer brachten ihre Deutschlandspezialisten mit, zumeist Emigranten, oft schon die Kinder von Emigranten, die sich in deutschen Verhältnissen noch halbwegs auskannten. Aber sie fühlten sich nicht mehr als Deutsche; sie stellten ihre Kenntnisse zur Verfügung, hierzubleiben gedachte kaum einer von ihnen. Wer konnte es ihnen verdenken! Also mußten vertrauenswürdige Deutsche gefunden werden, geeignet, um als Bürgermeister, Landrat usw. eingesetzt zu werden. Was lag näher, als auf die zurückzugreifen,

---

16 Joseph A. Schumpeter: *Kapitalismus, Sozialismus und Demokratie*. 2. Aufl. München 1950.

17 Alle entscheidenden Gedanken zur »identitären« Interpretation des modernen Parteienstaats enthält bereits das Buch von 1929: *Das Wesen der Repräsentation unter besonderer Berücksichtigung des Repräsentativsystems*. Ein Beitrag zur allgemeinen Staats- und Verfassungslehre.

die wegen ihrer politischen Einstellung von den Nazis aus ihrem Amt vertrieben worden waren. Prominente Emigranten hatten den amerikanischen und englischen Militärs Listen von Leuten mit auf den Weg gegeben, denen man nach allem, was man von ihnen wußte, Vertrauen schenken dürfe. Zumeist waren es die alten politischen Weggefährten aus der Zeit vor 1933, die – aus welchen Gründen auch immer – nicht gezwungen oder veranlaßt worden waren, ihre Heimat zu verlassen. Der aus seinem Rhöndorfer Rosengarten nach Köln zurückkehrende Adenauer stehe als Beispiel für viele Hunderte. Zwischen 1933 oder gar 1938, dem Hauptfluchtjahr der jüdischen Emigration, und 1945 waren nur wenige Jahre vergangen; auch wenn Entsetzliches dazwischenlag, so waren die persönlichen Erinnerungen und Eindrücke doch noch nicht verblaßt. Man wußte, an wen man sich wenden konnte, um verläßliche Personalauskünfte zu bekommen. Diejenigen, denen es gelungen war, die Schrecken der Konzentrationslager und Zuchthäuser lebend zu überstehen, standen sofort für einen Neuanfang bereit. Da die »politischen« Häftlinge des Regimes fast ausnahmslos wegen ihrer parteipolitischen Überzeugungen der Verfolgung durch das Regime ausgesetzt worden waren, die aus im engeren Sinne politischen Gründen Emigrierten gleichfalls in den alten parteipolitischen Kategorien dachten, und für die Amerikaner und Engländer Demokratie nur als Parteiendemokratie, jedenfalls auf längere Sicht, denkbar war, war die Zurechenbarkeit zu einer vor 1933 als demokratisch verstandenen Partei des »Weimarer Systems« die beste aller Empfehlungen, um in das schnell wachsende und mit immer mehr Verantwortung betraute deutsche Verwaltungspersonal rekrutiert zu werden.

Die Loyalität dieser Männer und Frauen galt ihren Mitbürgern. Weder war die Situation danach, noch erlaubte es der Charakter dieser Personen, in ihnen »Quislinge« zu sehen. Die Niederwerfung des Regimes erfuhren sie als wirkliche Befreiung, wie im Grunde auch die überwältigende Mehrheit der Bevölkerung, befreite die Kapitulation doch wenigstens von der ständigen Furcht, am Ende eines aussichtslosen Krieges noch im Bombenhagel umzukommen. Der Krieg war für alle Deutschen »sinnlos« geworden; die Niederlage so total, die Gemeinheit der alten Machthaber so unschwer zu erkennen, daß auch dort, wo vom Ausmaß der Verbrechen noch keine Kenntnis war, vom alten Regime erleichtert Abschied genommen wurde, sofern es im Drang der äußeren Not überhaupt zu solcher Besinnung kam. Ganz selbstverständlich stellten sich die vertrauenswürdigen, zur Mitarbeit aufgeforderten Deutschen den »Besatzern« zur Verfügung, und mit erstaunlicher Geschwindigkeit vollzog sich, auf kommunaler Ebene beginnend, der Wiederaufbau mehr oder weniger selbständig schaltender und improvisierender deutscher Autoritäten. Ihre Legitimitätsbasis war »demokratische Zuverlässigkeit«, und das war in den westlichen Besatzungszonen von Anfang an weithin identisch mit parteipolitischer Zurechenbarkeit.

Wer Demokratie wollte, mußte Wahlen wollen. Wer freie Wahlen wollte, mußte Auswahlmöglichkeiten geben. Die Zulassung (»Lizenzierung«) einer hinreichenden Zahl von Parteien erwies sich schon 1946 als unausweichlich. Die Einzelheiten, der Rückgriff auf das alte Weimarer Grundmuster von KPD und SPD als angestammten sozialistischen, einer liberalen und einer mehr christlichen Partei als »bürgerlichen« Parteien, ergaben sich auch mit einer gewissen Automatik. Daß die CDU – bewußt konfessionsübergreifend und zumindest in ihren Anfängen das soziale, das Arbeitnehmerelement stärker als überkommen betonend – das einzig wirklich Neue im wiedererstehenden Parteiensystem darstellte, ist schon oft betont worden[18]. Mit geringen regionalen Abweichungen bestimmte das Grundmuster der vier »Lizenzparteien« bis zur Bundestagswahl von 1949 das politische Spektrum in den Westzonen, wobei im einzelnen die historischen Traditionen wie in geologischen Verwerfungen durchschimmerten.

Von allergrößter Bedeutung für die Durchsetzung der bundesrepublikanischen parlamentarischen Parteiendemokratie in den Jahren nach 1949 war jedenfalls, daß es – abgesehen von den Besatzungsmächten – in den vier Jahren zwischen Kriegsende und Verabschiedung des Grundgesetzes keine politische Kraft gab, die den neuerstandenen, schnell auf überzonale Organisation oder zumindest Zusammenarbeit drängenden politischen Parteien in irgendeinem Sinne

---

[18] Die verblüffende Regenerationsfähigkeit des 1933 untergegangenen Parteiensystems hat Michael Freund (Das Gesicht der Parteien. In: *Dt. Univ.-Ztg.* 7 [1952], H. 12, S. 7 ff., wiederabgedruckt in: Ossip K. Flechtheim: *Die deutschen Parteien seit 1945*. Berlin u. Köln 1955, S. 7 ff.) besonders anschaulich beschrieben: »Es war wie nach den großen Luftangriffen. Die Städte schienen eine Wüste aus Schutt und Asche zu sein ... Nahezu in jedem Fall ist aber aus der Asche die alte Stadt ... wiedererstanden. So war es im Grunde auch mit den deutschen Parteien ... Von Wahl zu Wahl kehren im großen dieselben Prozentsätze wieder. Das macht offenkundig, daß es sich dabei eben nicht um ›Parteien‹ allein handelt, sondern um soziologisch-historische, mitunter fast anthropologische Wirklichkeiten des deutschen politischen Lebens.« – Um so erstaunlicher ist die Veränderungsfähigkeit nach 1952!

nennenswerte Konkurrenz machen konnte[19]. Die Besatzungsmächte griffen für das politische Personal der neuen Länder fast ausschließlich auf *party-men* zurück; wo sie auf unpolitische Fachleute verfielen, hatten sie selten Freude daran. Es bildete sich schnell eine Kameraderie der Parteileute heraus: oben besetzten sie die Posten der Ministerpräsidenten, auf unterer Ebene waren es die im allgemeinen fest in den Händen von Parteileuten und ihnen nahestehenden Gewerkschaftlern befindlichen Spruchkammern, die die Böcke von den Schafen sonderten[20]. Diese Kameraderie hatte eine solide politisch-ethische Basis. Nach der Zeit der gemeinsam ertragenen Verfolgung, zumindest des Abseitsgestanden-Habens, stand man nun zusammen. Die Parteidifferenzen waren zumeist ohne Animosität. Die Leidenschaft Kurt Schumachers war auch den meisten seiner politischen Freunde eher unheimlich; für den Umgang der Politiker untereinander war die Art der Kaisen, Adenauer, Reuter, Heuss, Reinhold Maier und vieler anderer viel typischer. Jedenfalls haben politische Parteien in Deutschland nie eine so ungeheure Patronagemacht entfalten können wie in den Jahren zwischen 1945 und 1950. Nahezu alle Posten in der neu aufzubauenden Verwaltung aller Ebenen standen zur Disposition. Am Anfang der Karriere auch der jungen Leute, die 1945 ohne politische Erfahrung begannen, stand im Regelfall ein Patronageverhältnis zu einem erfahrenen Altdemokraten aus der Zeit vor »33«: für viele andere mögen Franz Josef Strauß' Anfänge im Umkreis von Josef Müller (des »Ochsensepp«) oder Hans-Jochen Vogels im Umkreis Wilhelm Högners stehen[21]. Die *founding fathers* der Bundesrepublik rekrutierten sich ausschließlich aus dem Kreis von parteipolitisch Position beziehenden Männern. Wer durch keine Tradition gebunden war (Ludwig Erhard, Carlo Schmid zum Beispiel), mußte sich einem Haufen zugesellen; eine glückliche Beimischung von pragmatischer Opportunität stand bei den Anfängen der Bundesrepublik mit Pate. Die Übergänge blieben fließend. Wo am Aufbau der Bundesrepublik und ihrer institutionellen Vorläufer (Zo-

---

[19] Zur Entwicklung der Parteien nach 1945 vgl. KAACK, aaO. (s.o. Anm. 6); und das Sammelwerk: *Parteien in der Bundesrepublik. Studien zur Entwicklung der deutschen Parteien bis zur Bundestagswahl 1953.* Stuttgart 1955 (= Schriften des [Berliner] Instituts für Politische Wissenschaft Bd. 6.). Die grundlegende Dokumentensammlung für diesen Zeitraum ist: OSSIP K. FLECHTHEIM (Hrsg.): *Dokumente zur parteipolitischen Entwicklung in Deutschland seit 1945.* Berlin 1962 ff. [bisher 8 Bände].

[20] Vgl. die Arbeiten von FÜRSTENAU und NIETHAMMER (s.o. Anm. 7).

[21] Zur Bedeutung der ersten Nachkriegsjahre für die großen politischen Karrieren nach 1945 vgl. W. ZAPF: *Wandlungen der deutschen Eliten.* München 1965. S. 145 ff.

nenbeirat der Britischen Zone, Stuttgarter Länderrat, Bizonen-Wirtschaftsrat) »Fachleute« mitwirkten, konnten sie es mit bleibendem Erfolg nur, wenn sie den Segen einer der großen Parteien bekamen.

Für den Charakter des deutschen Parteiensystems der Nachkriegsjahre und die unbestrittene Dominanz der Parteien gegenüber allen anderen an der politischen Willensbildung beteiligten Kräfte ist das neue Verhältnis zu den Kirchen und Gewerkschaften von allergrößter Bedeutung. Mit der Neubegründung der CDU als einer überkonfessionellen christlichen Partei war das Ende des »Klerikalismus« als eines traditionellen Elements deutscher Politik eingeläutet. Konrad Adenauer war sicher ein gläubiger Sohn seiner Kirche, aber er sah sich nie veranlaßt, dem politischen Urteil von Kardinälen und Prälaten mehr zu vertrauen als seinem eigenen. Im Hintergrund gab es bis in die fünfziger Jahre in der CDU einflußreiche katholische Geistliche, aber ihr Einfluß beschränkte sich immer auf einzelne Abgeordnete und Gruppierungen. Den Prälaten als Abgeordneten, in der Zentrumspartei Weimars (Kaas!) noch eine selbstverständliche Figur, hat es im Bundestag nicht mehr gegeben[22]. Der »Evangelische Arbeitskreis« innerhalb der CDU ist immer eine mehr norddeutsch-württembergische Personalvertretungsarbeitsgemeinschaft gewesen als ein Arm der evangelischen Kirchen. Heinemann belastete seine Prominenz als hoher evangelischer Kirchenführer innerhalb der CDU eher, als daß sie ihm nützlich gewesen wäre. Die viel stärkere Position von Ehlers beruhte auf der klaren Priorität der Partei vor der Kirche in seinem politischen Selbst- und Außenverständnis. Lutherrock und Prälatenbeffchen gehören seit 1945 in Deutschland eindeutig in den politischen Vorraum.

Bei komplizierterer Gemengelage im einzelnen gilt für das Verhältnis von SPD und Gewerkschaften im Prinzip das gleiche[23]. Die Neubegründung des DGB als parteipolitisch zwar nicht voll neutralem, so aber doch distanzhaltendem Arbeitnehmerverband unter der weitsichtigen Führung von Hans Boeckler hat sich als eine der stabilsten

---

[22] Auch die Abwesenheit der Kleriker im Parteiwesen der Nachkriegszeit ist eine Folge des Nationalsozialismus, verpflichtete Art. 32 des als weiterhin gültig angesehenen Reichskonkordats vom 12. 9. 1933 doch den Heiligen Stuhl zum Erlaß von Bestimmungen, »die für die Geistlichen und Ordensleute die Mitgliedschaft in den Parteien und die Tätigkeit für solche Parteien ausschließen«. Diesem Verbot parteipolitischer Betätigung war eine entsprechende Regelung in Art. 43^{II} des Lateranvertrags vom 11. 2. 1929 vorhergegangen, so daß der Schluß erlaubt ist, der Faschismus habe das Ende des deutschen Klerikalismus bewirkt.

[23] Zum großen Kummer linker Kritiker. Vgl. etwa THEO PIRKER: *Die SPD nach Hitler.* München 1965; und DERS.: *Die blinde Macht.* München 1960.

Fundierungen des politischen Systems der Bundesrepublik erwiesen. Im Kampf gegen die Demontagen standen Parteiführer und Gewerkschaftler zusammen. Im Ringen um Montanmitbestimmung und Betriebsverfassungsgesetz maßen Gewerkschaften und parlamentarischer (Parteien-)Gesetzgeber ihre Kräfte. Der Kampf wurde ohne Gesichtsverlust der einen oder anderen Seite beigelegt. Den Gewerkschaften ist seitdem deutlich geworden, daß ihre Bemühungen *aufs Ganze gesehen* immer nur dem sozialen Ausbau des Systems, nicht mehr seiner prinzipiellen Veränderung, geschweige denn revolutionären Abschaffung gelten können[24]. Die Arbeitnehmerbewegung hat den deutschen Parteien eine Reihe hochbegabter Politiker zugeführt. Georg Leber, Walter Arendt, Theodor Blank und Hans Katzer seien für viele andere genannt. Sie stiegen um so höher, je eindeutiger in ihrem Selbstverständnis die Partei- vor der Gewerkschaftsloyalität rangierte. Bei noch so weitgehender »pluralistischer«, gruppenprofilierter Zusammensetzung der deutschen Parteien an der Basis gibt es seit 1945 für bloße Gruppenrepräsentanten *in den höheren Etagen* keine Verwendung mehr. Hier rangiert die Partei- vor der Gruppenräson.

Man wird sogar sagen dürfen, daß die deutschen Parteiführungen bei der Parteidemokratisierung der Nachkriegsdemokratie für den Geschmack der westlichen Besatzungsmächte ein wenig zu weit gegangen sind. Der parteipolitisch ungebundene *Civil Service* ist für die Engländer ein hohes politisches Gut, und auch für die Amerikaner lagen 1945 die Zeiten des *spoils systems* schon lange zurück. Deutsche Emigranten (Arnold Brecht) hatten als Experten an der Konzeption des *Hatch Act* mitgewirkt, durch den der größte Teil der US-Bundesbeamtenschaft dem Zugriff der Parteipatronage entzogen wurde. Die formal bis heute in den ehemaligen Ländern der britischen Zone fortgeltenden Kommunalverfassungen mit ihrer Trennung von parteipolitischem Repräsentationsamt (Oberbürgermeister, Landrat) und fachmännischem Wahlbeamten (Oberstadt- bzw. Kreisdirektor) wurde der Sache nach schnell unterlaufen. Das gleiche gilt für die Konzeption der Landespersonalämter in der US-Zone[25]. Der vorgesehene Bundesper-

---

[24] Victor Argatz' Ausschluß aus der SPD im Jahre 1958, in den Jahren von 1946–48 einer ihrer führenden wirtschaftspolitischen Sprecher, markiert den radikalen Abschluß einer auf »Systemveränderung« tendierenden Möglichkeit der Zusammenarbeit von SPD und Gewerkschaftsbewegung. Unter dem Leitbegriff »Demokratisierung« gewinnt die Möglichkeit einer »systemverändernden« Politik seit dem Ende der sechziger Jahre neue Gestalt.

[25] Zum Mißerfolg der angelsächsischen Bemühungen um Reform des öffentli-

sonalausschuß starb eines frühen Todes. Nur in der staatsfreien, die gesellschaftlichen Kräfte in die Mitverantwortung rufenden »öffentlichen« Struktur der Rundfunkanstalten hat sich noch ein schwacher Abglanz, auch hier inzwischen weithin parteipolitisch unterlaufen, der angelsächsischen institutionellen Neutralisierungsbemühungen erhalten. Die Bemühung, ähnliches für die Universitäten zu inaugurieren (»Blaues Gutachten«), wurde von deutscher Seite nicht aufgegriffen[26]. Man muß zugeben, daß der Versuch, so etwas wie eine parteipolitisch nicht affizierte Neben- oder Gegenwelt aufzubauen, in Deutschland auf eine grundsätzlich andere politische Tradition und Kultur stieß, als sie in den angelsächsischen Ländern bis heute gegeben ist. Neutralität war in Deutschland der Tendenz nach die Neutralität *über* den Parteien (»des Staates«, »der Sache«, »der Beamten«)[27]. In den angelsächsischen Ländern stehen über den Parteien (in Gestalt der Parteiregierung und des Parteienparlaments) nur die Regeln der Verfassung und gewisse allgemein anerkannte Prinzipien und Konventionen. Eine solche Tradition gab es in Deutschland nicht. Es ist daher verständlich, daß die deutschen Parteien der Nachkriegszeit auch die Bemühungen um Entwicklung eines neben oder unter ihnen etablierten selbständigen öffentlichen Raums mit Desinteresse oder gar Argwohn verfolgten. Hieraus ergeben sich neue historische Vorbelastungen der deutschen Demokratie, die seit dem Ende der sechziger Jahre deutlich erkennbar sind und die die Fronten der demokratiepolitischen Auseinandersetzung in den vor uns liegenden siebziger und achtziger Jahren bestimmen werden[28].

Aber damit greifen wir der weiteren Entwicklung der Bundesrepublik voraus. Festzuhalten ist hier nur, daß die spätere Stellung des Bundestages im Ganzen des politischen Systems durch nichts so stark präjudiziert wurde, wie durch die absolut konkurrenzlose Position, die die neugebildeten politischen Parteien in den Jahren bis zur Arbeitsaufnahme des Bundestages für sich reservieren konnten[29].

---

chen Dienstes vgl. A. Brecht: Personnel Management. In: Litchfield (Hrsg.): *Governing Postwar Germany*. New York 1953; und J. H. Herz: German Officialdom Revisited. In: *World Politics* VII (1954).

[26] Vgl. Wilhelm Hennis. *Die deutsche Unruhe. Studien zur Hochschulpolitik.* Hamburg 1969. S. 31 ff. u. 35.

[27] Auf den Begriff gebracht von Carl Schmitt: *Der Begriff des Politischen.* Corollarium 1: Übersicht über die verschiedenen Bedeutungen und Funktionen des Begriffes der innerpolitischen Neutralität des Staates (1931). Ausg. v. 1963, S. 97 ff. u. 101.

[28] Zur prinzipiellen Markierung H. Schelsky: Mehr Demokratie oder mehr

Das belegen auch Zustandekommen und Inhalt des Grundgesetzes. Um das Recht der Vaterschaft an einzelnen Artikeln streiten sich verschiedene Gründungsväter. Gewiß standen im Hintergrund die Besatzungsmächte. Auch haben auf diesen und jenen Artikel einzelne Gruppierungen außerhalb des Parlamentarischen Rats eingewirkt[30]. Während Konrad Adenauer dem Parlamentarischen Rat präsidierte, suchte Kurt Schumacher aus Hannover gegenzusteuern. Die Ministerpräsidenten – sämtlich Parteimänner – hatten auch ohne unmittelbare Anwesenheit ein Wort mitzureden. Das alles zusammen erlaubt dennoch die Feststellung, daß nie zuvor in der deutschen Geschichte eine Verfassung so souverän von einer reinen Parteimännerversammlung aufgestellt worden ist. Einen vorkonstitutionellen Souverän, der zu beachten gewesen wäre, gab es außer den Besatzungsmächten nicht. Die im Herrenchiemseer Konvent hinzugezogenen Fachleute vertraten keine Eigeninteressen einer hohen Bürokratie, durchweg handelte es sich um bewährte alte Demokraten, die meisten waren von den Nazis verfolgt worden. Der Parlamentarische Rat, diese Versammlung ernsthafter und kenntnisreicher demokratischer Patrioten, ohne Ausnahme mit einem parteipolitischen Mandat ausgestattet, ohne direkten Volksauftrag handelnd[31], stattete das parlamentarische Regierungssystem der Bundesrepublik mit einer alles in allem so vorzüglichen und anpassungsfähigen Verfassungsgrundlage aus, eben weil er in den Parteien ohne falsche Hemmungen die natürlichen Repräsentanten des deutschen Volkes sah, auch insoweit ihm die Mitwirkung versagt blieb. Der

---

Freiheit? Der Grundsatzkonflikt der Polarisierung in der Bundesrepublik Deutschland. In: *FAZ* v. 20. 1. 1973; und W. HENNIS. *Demokratisierung. Zur Problematik eines Begriffs*. Opladen 1970.

[29] Neben den Parteien, repräsentiert durch die Parteiführer, waren die Länder, repräsentiert durch die Ministerpräsidenten, in den prägenden Jahren von 1946 bis 1949 die wichtigsten Träger deutscher politischer Willensbildung. In der für ein parlamentarisches Regierungssystem problematisch starken Betonung der föderativ-regionalen Differenzierung ihrer Parteistrukturen wird die Bundesrepublik bis heute von ihren Anfängen bestimmt. Die Vereinbarkeit eines parlamentarischen Regierungssystems mit Alternierungschance einerseits, einer starken Länderstruktur und föderativ orientierten Parteien andererseits ist ein Kernproblem der westdeutschen Verfassungsstruktur. – Zum älteren historischen Hintergrund vgl. die wichtige Studie von MANFRED RAUH: *Föderalismus und Parlamentarismus im Wilhelminischen Reich*. Düsseldorf 1973.

[30] Vor allem WERNER SÖRGEL: *Konsensus und Interesse. Eine Studie zur Entstehung des Grundgesetzes für die Bundesrepublik Deutschland*. Stuttgart 1969.

[31] Zur Entstehungsgeschichte des Grundgesetzes vgl. PETER MERKL: *Die Entstehung der Bundesrepublik Deutschland*. Stuttgart 1965; und J. F. GOLAY: *The Founding of the Federal Republic of Germany*. Chicago 1958.

Artikel 21 Abs. 2: »Die Parteien wirken an der politischen Willensbildung des Volkes mit« ist wie vieles im Grundgesetz sicher Antwort auf frische geschichtliche Erfahrung. Aber in ihn ging auch nicht der Schatten jener Problematik ein, die Gerhard Leibholz ein Jahr nach der Inkraftsetzung des Grundgesetzes in diesen Artikel hineininterpretierte. Auch nicht mit einem Nebensatz kam man auf die Idee seiner Unverträglichkeit mit der überkommenen Vorstellung des freien Mandats (Art. 38 GG), wie sie vom Parlamentarischen Rat mit Fug und Recht festgehalten wurde. Die enorme Resonanz, die Leibholz' Thesen fanden – in Wahrheit handelte es sich nur um die etwas seitenverkehrte Reprise von Lehren, die er schon in den zwanziger Jahren vorgetragen hatte –, waren das erste Beispiel für die Leichtigkeit, mit der in Deutschland gegenüber Fundamentaleinsichten der modernen parlamentarischen Regierungsweise, die unter modernen Bedingungen nichts anderes als Parteiregierung sein kann, Verblüffungseffekte erzielt werden können[32]. So ungerecht das gegenüber Leibholz als Person und Gelehrtem klingen mag, mit seinen geistesgeschichtlichen Ableitungen und Festschreibungen des Repräsentations- und Demokratiebegriffs und der daraus gefolgerten Unvereinbarkeit von repräsentativem Parlamentarismus und Demokratie setzte er nur die Reihe unheilvoller Verblüffungseffekte der deutschen Staatstheorie fort, die Carl Schmitt mit seiner »geistesgeschichtlichen« Verortung und Erledigung des »Parlamentarismus« inauguriert hatte. Mit sich akkumulierendem Effekt trat anfangs der sechziger Jahre Jürgen Habermas in seinem »Strukturwandel der Öffentlichkeit« – schon der Titel ist zur Hälfte von Leibholz entlehnt – in beider Fußstapfen. Einen »idealtypischen«, von solider historischer Anschauung schlicht ungedeckten, an-

---

[32] Wobei die innere Ordnung und Organisation der Parteien wieder ein Thema für sich abgibt.

Daß sich das Bundesverfassungsgericht Leibholz' schiefe Lehre vom »Strukturwandel« der »liberalen parlamentarisch-repräsentativen Demokratie zu der mehr radikal-egalitären parteienstaatlichen Demokratie, wie sie durch Art. 21 GG auch verfassungsrechtlich geprägt« sei, in mehreren Entscheidungen *BVerfGE 1,* 208 [223]; 4, 144 [149]; 11, 266 [273] zu eigen machte, zeigt leider, wie wenig »verblüffungsfest« (i.S. von Hermann Lübbe) auch hohe Richter sind. An Leibholz' Lehre stimmt so ziemlich nichts. Die von Leibholz einmal angekündigte Auseinandersetzung mit seinen Kritikern ist leider nie erfolgt. Selbst gegenüber dem ihm sicher fatalen, zutiefst illiberalen Gebrauch seiner Lehre in der »Neuen Linken« (imperatives Mandat, *recall*, Fall Littmann usw.) schweigt er beharrlich. Meiner Kritik aus den Jahren 1957 (Meinungsforschung und repräsentative Demokratie) und 1962 (Amtsgedanke und Demokratiebegriff) habe ich dem Grunde nach nichts hinzuzufügen.

geblich »klassischen« Begriff von Demokratie und Parlamentarismus gegen die Realität der parlamentarischen Parteiendemokratie ausspielend, wurden »Probleme« aufgeworfen – zunächst noch rein theoretisch –, die gegen Ende der sechziger Jahre in der Forderung nach imperativem Mandat und Mandatsentzug bei Fraktionswechsel einer praktischen Einlösung nähergeführt wurden[33].

Der Parlamentarische Rat war von all dem noch unberührt. Dies kann man als besonderen Glücksfall bezeichnen, kann sich doch an keinem Gegenstand eine von Ulrich Scheuner vor einiger Zeit als »das spezifische Übel der neueren deutschen staatstheoretischen Diskussion« bezeichnete Tendenz so fatal auswirken wie am parlamentarischen Regierungssystem[34]. »Man erhebt auf der einen Seite die liberale Deutung bestimmter Erscheinungen oder Einrichtungen zur Norm, zeichnet sie gern auch mit dem Prädikat klassisch aus, möchte aber andererseits, indem man das Schwinden der soziologischen und ideellen Gegebenheiten der liberalen Zeit feststellt, diese Institutionen überhaupt als damit vergangen betrachten.« Hier liege eine grundsätzliche Verkennung der geschichtlichen Natur und der Lebenskraft der großen staatstheoretischen Vorstellungen und der auf sie gegründeten Einrichtung vor. Gewiß hätten alle großen Institutionen und so auch das Parlament im Laufe der Geschichte immer wieder Wandlungen erfahren. Sie ergäben sich aus der Veränderung der Tatsachen ebenso wie aus dem Fortgang der allgemeinen Auffassungen. »Sie vermögen aber,« – so Scheuner – »unter Bewahrung ihrer Grundgedanken, in erneuerter Gestalt weiterzuwirken.« Die Bonner Republik belegt diese Meinung in exemplarischer Weise.

In einem sicher mehr intuitiven als tiefgründig gelehrten Verständnis parlamentarischer Demokratie gründete der Parlamentarische Rat die Willensbildung des neuen Staates ausschließlich auf den von den Parteien vorgeformten, in »Wahlen und Abstimmungen« (so Art. 20 II GG – faktisch aber ausschließlich in Wahlen) geltend zu machenden Volkswillen. Mit der *Parteien*demokratie als der unter heutigen Um-

---

[33] Aus der kaum noch übersehbaren »Rezeption« von Leibholz' Parteienstaatslehre in der systemablehnenden »radikaldemokratischen« Literatur der Neuen Linken nenne ich nur UDO BERMBACH: Probleme des Parteienstaates. Der Fall Littmann. In: *Z. f. Parlamentsfragen 1* (1969/70), S. 342 ff.; HELGA GREBING: Volksrepräsentation und identitäre Demokratie. In: *Politische Vjschr. 13* (1972), S. 162 ff.; und UWE D. ADAM: Abgeordnetenmandat und Parteienwechsel. Ebenda, S. 300 ff.

[34] U. SCHEUNER. »Pressefreiheit«. In: *Veröff. d. Verein d. Staatsrechtslehrer* 22 (1965) S. 21 f.; vgl. auch SCHEUNERS großen Aufsatz: Das repräsentative Prinzip in der modernen Demokratie. In: *Festschrift für Hans Huber.* Bern 1961. S. 222 ff.

ständen einzig Freiheit, Gleichheit, Verantwortung und Konkurrenz sichernden Form der Repräsentativdemokratie waren »plebiszitäre« Elemente genauso unvereinbar wie Beifügungen ständisch-korporativen oder »wirtschaftsdemokratischen« Charakters. Wie nahe im Jahre 1949 das Mißverständnis der modernen Form der Demokratie noch lag, zeigte ihre erste kritische Behandlung, Werner Webers »Weimarer Verfassung und Grundgesetz«, in der mit dem ganzen Arsenal vermeintlich »klassischer« demokratischer Begrifflichkeit (vom Propheten Rousseau bis zu seinem letzten Jünger, dem Carl Schmitt von 1928) in der »Mediatisierung« des Volkes durch die Parteien die Angst vor der Courage »echter« Demokratie den neuen Demokraten angelastet werden konnte[35]. Aber Werner Weber hatte schon richtig gesehen: das Volk war – faktisch von 1945 bis 1949 und nun auch von Verfassungs wegen – durch die Parteien mediatisiert worden! Der Weg für eine vernünftige Entwicklung parlamentarischer Demokratie im freien Teil Deutschlands war frei gemacht.

Der Rahmen des Grundgesetzes

Parlamentarische Regierungsweise gibt es in vielen Varianten. Daß an das von Weimar vertraute Schema wiederangeknüpft werden sollte, war unter den großen Parteien im Parlamentarischen Rat unstrittig; die Ventilierung der Präsidialdemokratie durch die FDP diente wohl eher der Profilierung – so ernst war es nicht gemeint. Die Vorschriften über den Bundestag im engeren Sinne wurden fast buchstabengetreu aus der Weimarer Verfassung übernommen. Und als sich der Bundestag 1951 seine Geschäftsordnung gab, war sie in ihrer Substanz die des Reichstags der Kaiserzeit, der wiederum die der Paulskirche – ein Werk Robert von Mohls, dieser darin Kopist Jeremy Benthams – zugrunde lag. Hier also lagen die Neuerungen nicht.

Man hat dem Parlamentarischen Rat oft vorgeworfen, er habe auf die Fehler der Weimarer Verfassung nur reaktiv geantwortet, die Anforderungen der Zukunft nicht hinreichend berücksichtigt. Welch seltsamer Vorwurf! Die Konstruktionsfehler des Weimarer Systems glaubten die Verfassungsväter zu kennen, sie konnte man korrigieren;

---

[35] Werner Weber. *Spannungen und Kräfte im westdeutschen Verfassungssystem.* Stuttgart 1951, S. 20: »Damit ist offenbar: Das Volk ist vollständig und ausnahmslos durch die politischen Parteien mediatisiert.«

von dem, was die Zukunft bringen würde, konnte man im besten Fall Vages erahnen. Die Entwicklung des deutschen Parteiensystems in den auf 1949 folgenden Jahrzehnten hat niemand vorhergesehen; auch der kühnste »Futurologe« hätte sie angesichts der deutschen Tradition und Sozialstruktur nicht prognostizieren können. So lagen die Korrekturen am Weimarer Modell im System der Zuordnung von Staatsoberhaupt, Regierung und Parlament; die nicht vorhersehbaren Relationen von Mehrheit und Opposition blieben außerhalb der Betrachtung, die Wahlrechtsfrage wurde ausgeklammert.

Stichworte zur Kennzeichnung des Systems müssen genügen: Das Grundgesetz hat den Präsidenten entscheidend geschwächt, unmittelbar-plebiszitäre Komponenten blieben draußen, der alte Dualismus von Parlament und Staatsoberhaupt wurde beseitigt[36]. Die Regierung wurde eindeutig an das Parlament herangerückt, aus seiner Wahl sollte der Kanzler hervorgehen. Der Bundestag sollte nicht nur Vertretung des Volkes und Kontrolleur der Regierung, sondern zum ersten Mal in der deutschen Verfassungsgeschichte ihr Besteller, Kreationsorgan der Regierung, sein. Für diese Aufgabe sollte er sich jederzeit bereithalten. Eine Regierung zu stürzen, sollte dem Bundestag nur noch erlaubt sein, sofern er zur Bestellung einer neuen imstande war. Dies war der einzige Sinn des konstruktiven Mißtrauensvotums (Art. 67 Abs. 1 GG: »Der Bundestag kann dem Bundeskanzler das Mißtrauen nur dadurch aussprechen, daß er mit der Mehrheit der Mitglieder einen Nachfolger wählt«).

Die Kühnheit dieser Konstruktion ist den Zeitgenossen kaum bewußt gewesen. Von Walter Bagehots klassischer Beschreibung der englischen Kabinettsregierung aus dem Jahre 1867 haben vermutlich nur wenige der Mitglieder des Parlamentarischen Rates Kenntnis gehabt[37]. Auch die staatstheoretisch Gebildeten unter ihnen – Carlo Schmid etwa – dachten noch ganz in den kontinentalen Kategorien des »Parlamentarismus«. »Parlamentarisierung« hieß in dieser Tradition Verantwortlichkeit des Kabinetts gegenüber dem Parlament. Der Gedanke, daß Regierungen aus dem Parlament hervorgehen müßten, war damit

---

[36] Zur Differenz von Weimarer Verfassung und Bonner Grundgesetz generell das grundlegende Werk von Friedrich K. Fromme: *Von der Weimarer Verfassung zum Bonner Grundgesetz*. Tübingen 1960; und Werner Kaltefleiter: *Die Funktion des Staatsoberhauptes in der parlamentarischen Demokratie*. Köln u. Opladen 1969.

[37] Zwischen Franz v. Holtzendorffs deutscher Ausgabe von *Bagehots Englische Verfassungszustände* (Berlin 1868) und Klaus Streifthaus neuer Ausgabe (W. Bagehot: *Die englische Verfassung*. Neuwied 1972) verging mehr als ein Jahrhundert.

noch nicht gegeben. Man wollte – Korrektur an der Entartung des Weimarer Systems zum Regime der Präsidialkabinette – ein Sich-drücken-Können des Parlaments vor der Verantwortung für das Vorhandensein einer arbeitsfähigen Mehrheit verhindern. Im Denken der Verfassungsväter war das konstruktive Mißtrauensvotum (Art. 67 GG) gewissermaßen *vor* der Grundnorm des Artikels 63 da (der Bundestag wählt den Kanzler). Die Hauptsorge galt der Verhinderung negativer Mehrheiten. Das ganze komplizierte System der Artikel 63 bis 68 GG mit seinen Fristen, Überlegungspausen, Anregungsrechten und Verschränkungen von Kanzler, Präsident und Bundestag – mit der Möglichkeit der vorzeitigen Auflösung des Parlaments als wirklich ultissima ratio – sollte einen Zwang zur positiven Mehrheitserhaltung *innerhalb* des Parlaments ausüben; an eine Anregung zur Mehrheitsbildung *in der Wählerschaft* war nicht gedacht worden. Zu einem darauf hinwirkenden Wahlrecht konnte man sich nicht durchringen; die Wahlrechtsfrage wurde auf später vertagt, das erste Bundeswahlgesetz galt nur für die Wahl von 1949[38].

Heute kann man feststellen, daß mit der Übertragung des Rechts der Wahl des Bundeskanzlers an den Bundestag die Grundzüge der zukünftigen Parteien- und Parlamentsentwicklung vorab entschieden wurden. Entgegen dem traditionellen deutschkontinentalen »Parlamentarismus«-Verständnis rangierten nun nicht mehr Gesetzgebung und Kontrolle, sondern die »elective function« (Bagehot) an der Spitze der Aufgaben des Bundestages.

Erwägungen zur Verfassungssoziologie, zum Zusammenhang von Regierungs- und Parteiensystem findet man in den Materialien des Parlamentarischen Rates nur am Rande. Die »Deutsche Wählergesellschaft«, deren einziger Satzungszweck die Förderung des Gedankens der Mehrheitswahl war, lag den Verfassungsvätern permanent in den Ohren. Mit ihren Wortführern Dolf Sternberger[39] und Alfred Weber focht sie wacker für ihre Sache. Ich erinnere mich eines Besuches Alfred Webers bei Kurt Schumacher im Jahre 1951. Man mußte den uralten Mann – Bruder des noch größeren Max – wohl oder übel anhören. Der Besucher erinnerte Schumacher an Friedrich Naumanns prophetische Voraussage in bezug auf die Unvereinbarkeit von parlamen-

---

[38] Zu seiner Entstehung vgl. Erhard Lange: Der Parlamentarische Rat und die Entstehung des ersten Bundestagswahlgesetzes. In: *Vjh. f. Zeitgesch.* (1972), S. 280 ff.

[39] Dolf Sternberger: *Die große Wahlreform.* Köln u. Opladen 1964.

tarischem System und Verhältniswahlrecht. Er wurde freundlich angehört. Unglückseligerweise hieß einer der lebenden Befürworter des anempfohlenen Wahlrechts aber Piefke. So gewichtig war die Sache wohl nicht. Damals zeigte sich erstmals eine recht unangenehme Eigenschaft deutscher Parlamentarier der hier abzuhandelnden Ära, ihre Ungeduld beim Hören von Argumenten von »draußen«, ihre Geringschätzung »bloßer Theorie«, überhaupt ihre Abkapselung gegenüber allen anderen »Potenzen« im Sinne Jacob Burckhardts, sofern man sie nicht gerade ad hoc für dieses oder jenes: Dekor, Spenden, Wählerinitiativen, Festreden, auch »handfesten Sachverstand« gebrauchen kann. Im übrigen genügen die deutschen Parlamentarier sich selbst. Die Atmosphäre Bonns, in der keine Elle außer der politischen im engsten Sinne Geltung hat, mag dazu beitragen.

Parlamentarisches Regierungssystem, Wahl des Kanzlers durch Parlament, Verhältniswahlrecht – darin steckten viele unbekannte Größen. Das Parteiensystem der Weimarer Zeit und der ersten Nachkriegsjahre vor Augen, rechnete der Parlamentarische Rat auch für die weitere Zukunft der Bundesrepublik mit einem Mehrparteiensystem. Unter diesen Umständen war der Artikel 63 Abs. 1 GG eine fast kühn zu nennende Neuerung. In Weimar berief der Reichspräsident den parlamentarisch verantwortlichen Regierungschef. Nun sollte dies das Parlament selber tun. Würde der Bundestag dazu imstande sein? Würde nicht doch wieder, wie in Weimar uneingeschränkt, dem Staatsoberhaupt die Auswahl zufallen? Es wird im allgemeinen nicht genug berücksichtigt, daß die Reichsverfassung von 1919 ja nur eine parlamentarisierte Regierung, aber noch keine parlamentarische Regierung kannte, wurde die entscheidende Beziehung von Regierung und Reichstag doch in der Abhängigkeit vom Vertrauen gesehen. Die Reichsregierung ging nicht notwendig aus der Mitte des Reichstags hervor, nicht einmal die Reichskanzler waren unbedingt Parlamentarier. Im Vergleich dazu war der Artikel 63 Abs. 1 GG ein enormer Schritt vorwärts, und der Bundestag rechtfertigte das in ihn gesetzte Vertrauen: wenn der gewählte Kanzler auch nur eine Stimme Mehrheit bekam, schon im ersten Wahlgang wählte der erste Deutsche Bundestag einen Kanzler. Gemessen an der deutschen Tradition und den parlamentarischen Verhältnissen in anderen europäischen Demokratien war das eine erstaunliche Leistung. Und weiter: Es gab nicht einen Tag seit dem September 1949 bis zum »Patt« am 27./28. April 1972, den Tagen des Mehrheitsverlustes Willy Brandts einerseits, des mißglückten konstruktiven Mißtrauensvotums Barzels andererseits, an dem der Deutsche Bundestag diese Leistung vom September 1949 nicht wieder hätte vollbringen können. Aber – und hier sind wir im Grunde schon in einer anderen Phase der deutschen Verfassungsgeschichte – diese Leistung ist dem Bundestag unter vergleichbaren Umständen nie mehr abverlangt worden. Nur zweimal in der bisherigen Geschichte der Bundesrepublik schien es für wenige Tage, als ob der Bundestag noch einmal selbständig einen Kanzler wählen müsse: in den Tagen nach der Spiegel-Affäre und in den Kabalen um die Regierungsbildung nach der Bundestagswahl von 1965, als genau wie nach der Spiegel-Affäre die Möglichkeit einer Großen Koalition zur Debatte stand. Nach der Kanzlerwahl von 1949 bis 1972 hat der Bundestag unter Ausschaltung der Wählerschaft nur ein einziges Mal einen Kanzler gewählt, Kurt Georg Kiesinger am 1. Dezember 1966 zu Beginn der Großen Koalition. Im übrigen sind die deutschen Bundeskanzler seit der zweiten Bundestagswahl von 1953 nicht mehr aufgrund eines von den Parteien in Koalitionsvereinbarungen ausgehandelten Vorschlags des Bundespräsidenten vom Bundestag, sondern mit dem Stimmzettel des Wählers gewählt worden. So kompliziert die Koalitionsverhandlungen im einzelnen auch noch gewesen sein mögen, Bundespräsident und Bundestag haben nur ratifiziert, was am Tag der Wahl bereits feststand.

Ist die deutsche Verfassungsentwicklung im allgemeinen durch ihr schleppendes Tempo im Vergleich zur westlichen Entwicklung bestimmt, so hat sich hier etwas ganz Erstaunliches vollzogen. Wofür England parallel zur Ausdehnung des Wahlrechts seit der ersten Reformgesetzgebung mehr als ein Jahrhundert brauchte: für den Weg vom *Parliamentary Government* über das *Cabinet Government* zum *Prime-Ministerial Government*, dafür brauchte die Bundesrepublik, allerdings gleich mit dem allgemeinen, gleichen Wahlrecht beginnend, nur vier Jahre: 1949 bis 1953.

Die Anfänge: Leistung und tradierte Mißverständnisse

Adenauer hatte sich 1949 für eine Koalition unter Ausschluß der SPD entschieden. Daß ihm dies gelang – alle Ministerpräsidenten, auch die seiner Partei, hatten davon abgeraten –, war die Überraschung des Ausgangs der Regierungsbildung von 1949. Schon im Frankfurter Wirtschaftsrat hatten sich die Sozialdemokraten ausmanövrieren lassen. Für Kurt Schumacher war es ein Gebot der moralischen Gerechtigkeit, des historischen Anstands, daß die Sozialdemokratie der bestimmende Faktor im Nachkriegsdeutschland sein würde. Seine Intransigenz, auch häufige schwere Erkrankung als Folge der erlittenen Peinigung während zwölfjähriger Haft isolierten ihn von der politischen Umwelt. Mit der Regierungsbildung von 1949 etablierten sich die Unionsparteien für 20 Jahre – genauer bis zum 5. März 1969, der Wahl Gustav Heinemanns zum Bundespräsidenten – als Drehpunkt, als Koalitionsachse aller weiteren Regierungspolitik[40]. Daß die Verweisung der SPD in die Opposition – sie war aus den Wahlen von 1949 als der CDU/CSU noch fast ebenbürtig hervorgegangen (31,0 Prozent CDU/CSU; 29,2 Prozent SPD) – nicht zu einer tieferen Entfremdung der Sozialdemokratie gegenüber der Bundesrepublik geführt hat, ist vor allem der föderativen Struktur der Bundesrepublik zu danken. Diese Struktur hat der SPD in den von ihr geführten Ländern und über den Bundesrat immer eine hinreichende Mitwirkungsmöglichkeit belassen. In der Kommunalpolitik, der dritten Ebene deutscher Politik, lief sie der CDU ohnehin bald den Rang ab.

Über die nähere Ausgestaltung der Praxis der Parlamentsregierung hatte sich der Parlamentarische Rat keine Gedanken gemacht. Es versteht sich, daß über das parlamentarische Regierungssystem der Bundesrepublik fast nichts ausgesagt war, wenn man allein die Vorschriften des Grundgesetzes im Auge hatte. Wie jedes Regierungssystem setzt das parlamentarische in ganz besonderer Weise einen komplementären, sich auf der Grundlage der Verfassung entwickelnden freien politischen Lebensprozeß voraus. Zur verfassungsrechtlichen Normierung treten darüber hinaus komplementäre verfassungspolitische Erwartungen, die Präferenz dieser oder jener Regierungsweise gegenüber anderen, die verfassungsrechtlich zwar möglich, aber politisch weniger erwünscht erscheinen. Das Grundgesetz sagt nichts darüber, ob die Regierung auf der Grundlage einer Mehrheitspartei, einer Großen Koalition, einer Kleinen Koalition usw. begründet werden soll. Es kennt keine Koalitionen und keine Opposition. Trotzdem entwickelte sich in der Bundesrepublik sehr schnell ein Erwartungskonsens dahingehend, wie im Regelfall – von Krieg, Notstand, Sonderlagen abgesehen – parlamentarisch regiert werden sollte.

---

[40] KAACK, aaO. (s.o. Anm. 6), S. 316 weist zu Recht darauf hin, daß schon bei Beginn der Großen Koalition die SPD als einzige Partei in der Lage gewesen sei, den Partner wählen zu können.

Im Bundestag war die SPD in die Opposition verwiesen, nun wollte sie auch etwas daraus machen. Was allerdings daraus zu machen sei, darüber hat es eine tiefergehende Reflexion nie gegeben. In den großen Linien der Politik – Westintegration, freie Marktwirtschaft – verbiß man sich für lange Jahre in heftige Ablehnung. Zugleich aber forderte man Mitwirkung. Die Verbitterung darüber, von wirklichem Einfluß auf den Gang der Ereignisse, vor allem in der Außenpolitik – und das hieß zunächst, dem Umgang mit den Hohen Kommissaren – ausgeschlossen zu sein, schlug sich zunächst in zahlreichen Versuchen nieder, über das Bundesverfassungsgericht – 1951 konstituiert – der Regierung und ihrer Mehrheit den Handlungsrahmen zu beschneiden, der Opposition das Mitspracherecht verfassungsgerichtlich zusprechen zu lassen. Die Anrufung des Bundesverfassungsgerichts wegen des sogenannten »Petersberger Abkommens« vom 22. November 1949 war der Paradefall für eine ganze Kette ähnlicher Versuche, die im monströsen Verfassungsstreit über die Zulässigkeit der Wiederbewaffnung ohne vorherige Änderung des Grundgesetzes ihren Höhepunkt und schließlichen Abschluß fand.

So viel überholter konstitutioneller Dualismus – die Versöhnung von Gewaltenteilung und parlamentarischer Mehrheitsregierung bereitet der deutschen Staatsrechtslehre bis heute Kopfzerbrechen[41] – auch in die Entscheidungen des Bundesverfassungsgerichts einging, alles in allem hat es dafür gesorgt, der Regierung auf dem Gebiet der Auswärtigen Gewalt im Rahmen des Grundgesetzes den notwendigen Handlungsraum zu belassen[42].

Der Übergang in eine parlamentarische Regierungsweise nun schon fast englischen Zuschnitts ging einfach zu schnell, als daß die Beteiligten sich gedanklich ohne Bruch darauf einstellen konnten. Die SPD hatte ein Interesse daran, ihre Position mit der des ganzen Parlaments zu identifizieren. Daß die neue Trennung mitten durchs Parlament lief, die Gegenspieler nicht mehr Parlament und Regierung, sondern Regierungslager und Opposition hießen, dafür mußten die alten Kategorien erst langsam der neuen Lage angepaßt werden. Da die Opposition als solche kein geeigneter Anknüpfungspunkt für Rechtsforderungen sein konnte, dafür nur die Fraktionen oder der

---

[41] Vgl. HANS-JOACHIM VEEN: Die parlamentarische Regierung zwischen Subordination und politischer Führung. In: *Aus Politik und Zeitgeschichte* v. 9. 9. 1972.

[42] Vgl. Ebd. MENZEL: Die Auswärtige Gewalt der Bundesrepublik in der Deutung des Bundesverfassungsgerichts. In: *Arch. d. öff. Rechts* 79, S. 326 ff.

einzelne Abgeordnete als vor dem Bundesverfassungsgericht antragsberechtigte Rechtssubjekte in Betracht kamen, kam es zu einer geradezu frühkonstitutionellen, extrem liberalistischen Aufwertung des einzelnen Abgeordneten, wofür der Prozeß um den § 96 der Geschäftsordnung des Bundestages als Beispiel stehen mag[43]. Grundlage der Führung des englischen Unterhauses durch die Regierung und damit verantwortlicher Kabinettsregierung überhaupt ist bekanntlich die seit 1713 unangefochtene Maxime (Standing Order Nr. 78), nach der präzisierte ausgabenwirksame Anträge nur zur Debatte gestellt werden können, wenn sie von der Regierung eingebracht werden[44]. Dies läuft zweifellos auf die rigideste Beschränkung der Parlamentsrechte hinaus; von einer »Suprematie« des Parlaments kann an der Themse keine Rede sein. In einer sehr abgeschwächten und modifizierten Form suchte § 96 der Geschäftsordnung des Bundestages den in die englische Richtung – mehr nicht – zielenden Artikel 113 GG zu unterstützen. Die Opposition sah darin eine Verletzung des Initiativrechts, und das Karlsruher Gericht stimmte weitgehend zu. Ludwig Erhard scheiterte 1966 u.a. an der Unfähigkeit der Bundesregierung – auch aller vorhergehenden –, sich als Führungsorgan der Mehrheit und damit des gesamten Parlaments in Haushalts- und Finanzfragen durchzusetzen[45].

Auf der anderen Seite suchte sich die Bundesregierung mit ihrer Mehrheit genauso konstitutionell-legalistisch gegen die Kontrollfunktion der Opposition abzuschotten. In einer funktionierenden parlamentarischen Demokratie ist es nicht Sache der Opposition, die Geschäfte der Regierung zu betreiben, so wenig ihr andererseits Obstruktion gestattet sein kann. Die Opposition hat die Politik der Regierung zu kritisieren, über alle Aspekte einer öffentlichen Debatte herbeizuführen, die Regierung unter dem Druck der Öffentlichkeit zum Reden zu bringen. Ausflüchte darf sie nicht durchgehen lassen. Die Opposition muß in der Lage sein, mit Intensität zu fragen. Artet das Fragen aber in Obstruktion aus, so muß es die Möglichkeit geben,

---

43 Vgl. die Entscheidung des Bundesverfassungsgerichts (2 BVE 1/51) v. 6. 3. 52. In: *BVerfGE* Bd. 1 S. 144–162. Dazu MICHAEL HERETH: *Die Reform des Deutschen Bundestages*. Opladen 1971, S. 38.

44 Vgl. Iv. W. JENNINGS u. GERH. A. RITTER: *Das britische Regierungssystem*. 2. Aufl. Köln u. Opladen 1970. S. 326.

45 HERETH, aaO. (s.o. Anm. 43), S. 36.

einen Schluß der Debatte herbeizuführen. Dann entscheidet die Mehrheit; das Geschäft des Regierens geht weiter[46].

Adressat aller parlamentarischen Verantwortlichkeitsprozeduren ist in der modernen Demokratie des allgemeinen und gleichen Wahl-

---

[46] Die Verzögerung der demokratischen Entwicklung in Deutschland wird gern mit dem Ausbleiben einer großen Revolution in Verbindung gebracht (vgl. dazu W. Stadelmann: *Deutschland und Westeuropa.* Laupheim 1948). Ob Luthers Reformation und die weltgeschichtlichen Folgen des deutschen Idealismus sich in ihren Konsequenzen nicht mit jeder westlichen Revolution messen können, sei dahingestellt (vgl. meine Schrift: *Die deutsche Unruhe.* Hamburg 1969. S. 124 ff.). Auf sicherem Boden steht man mit der Feststellung, daß die Entwicklung der parlamentarischen Regierungsweise in Deutschland nie durch den Zwang zur Überwindung massiver parlamentarischer Obstruktion gefördert wurde. Bismarcks Verfassungskonflikt wurde »beigelegt«, zu einer Änderung der Regierungspraxis führte er nicht. Im kaiserlichen Reichstag fand sich immer eine zur Kooperation mit der Regierung bereite Mehrheit. Der Seniorenkonvent (der heutige Ältestenrat) ist der institutionelle Niederschlag dieser Bereitschaft zur Zusammenarbeit (vgl. J. Hatschek: *Das Parlamentsrecht des Deutschen Reiches.* Berlin 1915, S. 188 ff.; Gerhard Loewenberg: *Parlamentarismus im politischen System der Bundesrepublik Deutschland.* Tübingen 1969, S. 31 u. 196). In Weimar begegnete die Regierung einem widespenstigen Parlament durch Auflösung; eine Reihe auf Verstärkung der Regierung abzielender Vorschläge zur Reform der Geschäftsordnung wirkte sich auf das Verständnis des Regierungssystems nicht mehr aus (vgl. Uwe Thaisen, *Theorie und Praxis der Parlamentsreform.* Opladen 1972, S. 149). Weimar scheiterte am Verlust demokratischer Mehrheiten, nicht an der Obstruktion von Minderheiten. – Im Bundestag hat es seit 1949 keinen einzigen Fall echter Obstruktion gegeben. Einzig in der exzessiven Einschaltung des Bundesverfassungsgerichts – von den SPD-Klagen in den fünfziger Jahren bis zu ähnlichen Versuchen, das Karlsruher Gericht gegen die Ostpolitik der Regierung Brandt/Scheel zu mobilisieren – könnte man Ansätze obstruktionistischer Politik sehen. Sie kleiden sich – sicher nicht zufällig – in besonders verfassungskonformes Habit. Für ein vor nichts zurückschreckendes »Nein« waren die »Widersprüche« im offiziellen westdeutschen politischen System nie groß genug. Radikaler Widerspruch hat sich nur in Gestalt einer APO, d.h. durch außerparlamentarische Opposition, artikuliert, in deren Ablehnung sich die Parlamentsparteien – bei Differenz im einzelnen – immer einig waren. Völlig anders in England. Die Entwicklung der britischen Kabinettsregierung ist untrennbar verbunden mit der Unterbindung der irischen Obstruktion anfangs der achtziger Jahre des vorigen Jahrhunderts. Was für einen Notfall gedacht war, erwies sich für normale Zeiten als brauchbares Instrument (vgl. die noch immer anschauliche Schilderung der Einführung der *closure* bei J. Redlich: *Recht und Technik des englischen Parlamentarismus.* Leipzig 1905, S. 84 ff. u. 195 ff.; zur Bedeutung der Beratungsordnung überhaupt siehe H. Wollmann: *Die Stellung der Parlamentsminderheiten in England, der Bundesrepublik und Italien.* Den Haag 1970, S. 167 ff.; und W. Hennis: Clôture im Bundestag. In: *Arch. d. Öff. Rechts* 91 [1966], S. 254 ff.). Genauso wichtig für die Durchsetzung des demokratischen Teils der Verfassungsordnung war die Eindämmung der Macht des Oberhauses durch den Parliament Act von 1911 (vgl. hierzu G. A. Ritter: *Deutscher und britischer Parlamentarismus.* Tübingen 1962, S. 4 ff.). Die noch immer nicht ganz gebrochene

rechts die Öffentlichkeit, genauer: die Wählerschaft bei demnächst anstehender Gelegenheit[47]. Das ganze Repertoire der parlamentarischen Kontrollrechte ist in der parlamentarischen Demokratie unserer Zeit, anders als in der konstitutionellen Monarchie, nur dazu da, Verantwortlichkeitsprozeduren, genauer: öffentliche Debatte und Verhandlung in Gang zu setzen[48]. So auch die sogenannte Ministerverantwortlichkeit. Seitdem Parlamentsregierung (d.h. die Parlamentsmehrheit mit der von ihr gestellten Regierung) und Opposition einander gegenüberstehen, dient sie nicht mehr dazu, dem Monarchen – der seine Minister in Eigenverantwortung berief, selbst aber für das Parlament nicht greifbar war – unakzeptable Minister aus der Hand zu nehmen. Die Ministerverantwortlichkeit ist, wie alle anderen parlamentarischen Kontrollrechte mit Einschluß des Rechts, Untersuchungsausschüsse einzusetzen, in unserer Zeit gewissermaßen nur ein »Aufhänger«, ein institutionalisierter Anknüpfungspunkt, um eine öffentliche Debatte förmlich in Gang zusetzen. Der Ausgang der Sache steht auf einem ganz anderen Blatt. Es gehört geradezu zur Konsequenz der *Demokratie*, gegenüber dem Honoratiorenparlamentarismus des 19. Jahrhunderts, daß »rein parlamentarisch«, – d.h. für den Lauf der Legislaturperiode – Untersuchungsausschüsse »zu nichts führen«, Köpfe in der Regel *nicht* rollen! Wenn der Regierungschef oder die Parteiführung meint, zu dem Schluß kommen zu sollen, es sei besser, d.h. opportuner, einen angegriffenen Minister zu entlassen, so entläßt er ihn. Glaubt er, auf ihn nicht verzichten zu können, etwa, weil der Angegriffene über einen gewichtigen Anhang im Regierungslager verfügt, so »stellt er sich vor ihn« und nimmt das Risiko, in der nächsten Wahl darüber gegebenenfalls zu stolpern, auf sich. In dieser Weise wird in Großbritannien seit den achtziger Jahren des vergangenen Jahrhunderts die *Individual Responsibility* der Minister gehandhabt[49], faktisch in der Bundesre-

---

Möglichkeit des *Filibuster* im amerikanischen Senat ist seit ihrer theoretischen Legitimierung durch John S. Calhoun (*A Disquisition on Government*, 1853) Integrationsvoraussetzung und Sand im Getriebe zugleich des amerikanischen Regierungssystems.

[47] Bernard Crick: *The Reform of Parliament*. London 1964, hat diesen Grundsatz des demokratischen Parlamentarismus für unsere Zeit besonders eindrücklich herausgearbeitet.

[48] W. Hennis: *Zur Rechtfertigung und Kritik der Bundestagsarbeit* [vgl. o. Anm. 1]; U. Scheuner: Verantwortung und Kontrolle in der demokratischen Verfassungsordnung. In: *Festschrift f. Gebhard Müller*, Tübingen 1970, S. 379 ff.

[49] Klassisch S. E. Finer: The Individual Responsibility of Ministers. In: *Public Administration* 34 (1956), S. 377 ff.

publik seit 1949 nicht anders. Die untragbar gewordenen Minister Krüger, Oberländer und Strauß wurden entlassen, aber Strauß war wieder dabei, als er 1966 für die Große Koalition unentbehrlich zu sein schien[50].

»Parlamentarische Verantwortlichkeit« eines Ministers und die Möglichkeit, ihn durch ein Votum des Parlaments aus dem Amt zu werfen, sind also zwei Dinge, die unmittelbar nichts miteinander zu tun haben. In konstitutionellen Kategorien befangen, sah es der Bundestag lange anders. Eine expressis verbis gegenüber dem Bundestag geltende Verantwortung mit der Rechtsfolge der Amtsenthebung kennt das Grundgesetz nur für den Bundeskanzler. Über die Prozedur des konstruktiven Mißtrauensvotums kann der Bundestag ihn des Amtes entsetzen. Um eine vermeintlich in der Weimarer Zeit eingerissene Unsitte abzustellen, dem amtierenden Kanzler einzelne Minister aus dem Kabinett »herauszuschießen«, war im Gegensatz zur Weimarer Verfassung eine direkte »Herausschießmöglichkeit« einzelner Minister im Grundgesetz nicht vorgesehen[51]. Messerscharf schloß die Mehrheit des Bundestages daraus, daß infolgedessen auch Mißbilligungsanträge gegen einzelne Minister unstatthaft seien – Adressat der parlamentarischen Verantwortlichkeit sei einzig der Kanzler. Da die Minister jedoch ihre Ressorts »in eigener Verantwortlichkeit führen« (Art. 65 GG), wenn auch im Rahmen der Richtlinien des Kanzlers, so waren sie für die ganze Fülle der zwischen Mehrheit und Opposition zu verhandelnden Agenden selbstverständlich die geborenen Adressaten der *parlamentarischen* Verantwortung[52]. Faktisch hat sich diese Indi-

---

[50] Weil in diesen Dingen Protokollfragen wichtig sind, sei zum Text hinzugefügt, daß Strauß nach der Spiegel-Affäre im Oktober 1962 nicht »entlassen« (i.S. von »gefeuert«) wurde. Nach gewonnener Landtagswahl in Bayern verzichtete er vielmehr am 30. November 1962 auf sein Ministeramt, nachdem schon zuvor, nach dem Rücktritt der FDP-Minister am 19. November, auch alle andren CDU/CSU-Minister ihre Ämter zur Verfügung gestellt hatten. Strauß blieb bis zum 15. Januar 1963 mit der Geschäftsführung beauftragter Minister; in das neugebildete Kabinett wurde er nicht wieder berufen.

[51] In Wahrheit gab es Weimar nur zwei Fälle des Rücktritts von Landesministern auf Grund von Mißtrauensvoten: den des sächsischen Ministers Lipinski am 25. Januar 1923 (*Vhdlg. des sächsischen Landtags* 1922/26, S. 379–386) und den des thüringschen Staatsministers Frick und des Staatssekretärs Marschler am 1. April 1931 (Deutscher Geschichtskalender 1931. Abteilung A, S. 224). Vgl. Heinrich Emmerich: *Der parlamentarische Vertrauensgrundsatz in der Staatspraxis von Reich und Ländern*. Leipzig, Jur. Diss. 1932.

[52] Vgl. U.M. [d.i. Ulrich Mallmann]: Mißbilligungsvoten gegen Bundesminister. In: *Arch. d. Öff. Rechts* 76 (1950/51), S. 338 ff. Abschließend zum Thema

vidualverantwortlichkeit der Ressortminister gegenüber dem Bundestag im Laufe der Jahre systemkonform eingespielt, aber die Verbissenheit, mit der während der ersten zwei Legislaturperioden um diese Dinge gestritten wurde, enthüllte die Anpassungsschwierigkeiten eines noch in konstitutionellen Kategorien befangenen Verfassungsverständnisses an die gebotene Praxis parlamentarischer Parteienregierung.

In der rückschauenden Betrachtung seit Mitte der sechziger Jahre, als sich der Mehltau der Wehnerschen Umarmungsstrategie lähmend auf das Parlament legte, in der *juste-milieu*-Episode Erhards und während der Großen Koalition, erschienen die ersten Jahre des Bundestages als eine Art goldenen Zeitalters des bundesrepublikanischen »Parlamentarismus«. Es schien, als habe es damals »echte Alternativen« gegeben[53], in Adenauer und Schumacher standen sich Rivalen großen Formats gegenüber, es war ein Parlament der Persönlichkeiten: die Leidenschaft Dehlers riß das Parlament mit, Carlo Schmid demonstrierte klassische Parlamentsrhetorik; auch für die mittlere Generation: F. J. Strauß, Gerhard Schröder, Fritz Erler, Kurt Georg Kiesinger, Adolf Arndt und viele andere bewährte sich das »Hohe Haus« als Auslesestätte politischer Talente. Für den Niedergang des Bundestages als »Forum der Nation« wird gerne die sinkende Zahl der Großen Anfragen von Legislaturperiode zu Legislaturperiode zitiert: In der 1. Wahlperiode von 1949/53 waren es 160, in der 2. (1953/57) 97, in der 3. (1957/61) nur noch 49, um in der 4. (1961/65) gar auf kümmerliche 35 abzusinken. Die Mundfaulheit, die Unlust, sich öffentlich darzustellen, gehört in der Tat zu den bedauerlichsten Eigenschaften des Bun-

---

Klaus Kröger: *Die Ministerverantwortlichkeit in der Verfassungsordnung der Bundesrepublik Deutschland*. Frankfurt a.M. 1972.

[53] Was wohl nur sehr bedingt der Fall war und darüber hinaus ja nicht unbedingt ein Vorzug sein muß. Das Dürsten nach der Möglichkeit von »Alternativen«, das seit den sechziger Jahren das geistige Klima der Bundesrepublik bestimmt, hat kaum ein »Mehr an Demokratie« zur Folge gehabt. Es handelt sich hier um eines der fragwürdigsten Sprachklischees, das den Erwartungshorizont des deutschen parlamentarischen Systems immer wieder zu verdüstern droht. Statt froh zu sein, daß *keine* »echten Alternativen« »im Raume stehen«, wohl aber sinnvolle Gegensätze von Interessen und Meinungen, beklagt man in existentialistischer Verkennung der Politik, daß sich die Differenzen nur in Nuancierungen präsentieren. Zum Verständnis der Politik tragen »Konfliktmodelle« sowenig bei wie »Harmoniemodelle«. Daß ausgerechnet im Lande der »Freund-Feind«-Theorie der Politik liberale Soziologen wie Ralf Dahrendorf ein »Konfliktmodell« der Politik meinen forcieren zu müssen, zeugt von einer seltsamen Sicht der Problemkanten deutscher Geschichte.

destages über eine lange Phase seiner Wirksamkeit; erst mit der Großen Koalition begann ein Tendenzumschwung.

In Wahrheit stand auch schon im ersten und zweiten Bundestag das Plenum im Schatten der Ausschüsse, das debattierende, informierende, belehrende und lernende *government by discussion* im Schatten der Gesetzgebungsarbeit. So wichtig es für die Ausbildung der parlamentarischen Parteienregierung mit ihrem Gegenüber von regierender Mehrheit und Opposition war, daß von Beginn der Bundesrepublik an eine der großen Parteien die Regierung anführte, die andere opponieren mußte, und so gewiß die politischen Gegensätze zwischen den Fronten groß waren, in der Gesetzgebungsarbeit war von diesen Gegensätzen nicht viel zu spüren: »gute Zusammenarbeit« wurde von Beginn an hier zur Regel.

Die Gründe dafür sind vielfältig. Die Außenpolitik, wo die Gegensätze lange ihren Schwerpunkt hatten, war ohnehin eine fast ganz gesetzesfreie Materie. Nur jene wenigen grundlegenden Verträge, die »die politischen Beziehungen des Bundes regeln oder sich auf Gegenstände der Bundesgesetzgebung beziehen« (Art. 59 II GG), bedürfen der Zustimmung des Parlaments. Der Bundestag konnte an ihnen nichts ändern, sie mußten mit Komma und Strich so akzeptiert oder verworfen werden, wie sie die Bundesregierung ausgehandelt hatte. Über Bundestagsresolutionen, »Gemeinsame Erklärungen«, seit den Montanverträgen bis zu den Ostverträgen die ohnmächtige Form des Auch-noch-ein-wenig-mitreden-Wollens des Bundestags in Fragen der Auswärtigen Politik, suchte das Parlament die Regierung, zumindest was ihr Verständnis der Verträge anging, nachträglich an die Leine zu nehmen. So wie der materielle Gesetzesbegriff der konstitutionellen Monarchie, mit seinem Verlangen, für Eingriffe in Eigentum und Freiheit eine förmliche Ermächtigung des Gesetzgebers einzuholen, einen Versuch weiterer Mitwirkung des Parlaments darstellte[54], so suchte man über Artikel 59 GG hinaus der Regierung wenigstens Interpretationsrichtlinien mit auf den Weg zu geben.

In der zunächst lange kontroversen Erhardschen Wirtschaftspolitik lag der Witz gerade darin, den Gesetzgeber möglichst wenig in Anspruch zu nehmen. Während der ersten Jahre wurde auf diesem Gebiet fast genausoviel über die Aufhebung alten Rechts (vor allem der vielen Bewirtschaftungsregelungen des Frankfurter Wirtschaftsparlaments) gestritten wie über neue gesetzliche Eingriffe. Ansonsten aber hatte

---

[54] Carl Schmitt: *Verfassungslehre*. 5. Aufl. Berlin 1970, S. 148 ff.

der Bundestag ein ungeheures Pensum an kaum kontroverser Gesetzgebungsarbeit zu bewältigen.

Man darf ohne Übertreibung sagen, daß hier ein Parlament einen Staat wiederaufbaute, ein moderner Leistungsstaat in seinen grundlegendsten Regelungen institutionalisiert, altes Unrecht beseitigt und viel gegenwärtiges gemildert wurde. Wer nur einmal einen Blick in das Bundesgesetzblatt geworfen hat, der wird kaum geneigt sein, sich mit der These ernsthaft auseinanderzusetzen, die Bundesrepublik sei nicht von der Politik, vom Staate her, sondern von der Gesellschaft aus aufgebaut worden[55]. Wie immer man zu den Einzelheiten stehen mag, im ganzen hat der Bundestag als Gesetzgeber in jenen Jahren eine bewunderungswürdige Leistung vollbracht, die Rekonstruktions-, Restitutions- und Integrations-Gesetzgebung gewesen ist. Das mit Füßen getretene Recht verlangte Restitution auf vielen Gebieten. Für die innere Festigung der Bundesrepublik war am wichtigsten wohl die große Integrationsgesetzgebung: Lastenausgleich, Mitbestimmung, Sozialpolitik. Wie hoch die Integrationsleistung des Bundestages einzuschätzen ist, kann man sich erst dann richtig vergegenwärtigen, wenn man sich die exorbitant hohen Steuerlasten vor Augen führt, die damals auch kleine und mittlere Einkommen trafen. Ein riesiger Umverteilungsprozeß wurde in Gang gesetzt. Der Lastenausgleich, eine in der Geschichte einmalig dastehende, umsichtig administrierte soziale Umwälzung, die den Besitzenden viel nahm und denen, die ohne Habe aus ihrer Heimat vertrieben waren, wenigstens Startmittel für einen neuen Anfang zuwies, war eine soziale und politische Leistung, die man nicht hoch genug einschätzen kann[56]. Bedenkt man, daß im ersten Bundestag die politischen Extreme, die Kommunisten an der Linken, eine bösartig unbelehrbare Rechte am anderen Rand des Bundestages, noch vertreten waren, so muß man den Parteien, die damals die Gesetzgebung des Bundestages trugen, und das waren sowohl die Parteien der Koalition wie die SPD, die darüber hinaus über den Bundesrat am Gesetzgebungsprozeß beteiligt war, einen gesetzgeberischen Mut zusprechen, der höchsten Respekt verlangt.

---

[55] Zur Kritik dieser bekannten These Forsthoffs vgl. H. EHMKE: *Wirtschaft und Verfassung*. Karlsruhe 1961, S. 53 f.

[56] Vgl. zum Wandel des Urteils OTTO KIRCHHEIMER: Notes on the Political Scene in Western Germany. In: *World Politics* 6 (1953/54), S. 311 f.; und HANS-HERMANN HARTWICH: *Sozialstaatspostulat und gesellschaftlicher Status quo*. Köln u. Opladen 1970, S. 190 ff.

Auch wichtigste Institutionen mußte sich der neue Staat völlig neu aufbauen. Ein Novum in der Geschichte deutscher Verfassungen war die starke Position, die dem Bundesverfassungsgericht eingeräumt wurde. Hier ist noch einmal Gelegenheit, an die parteidemokratische Komponente zu erinnern, die die parlamentarische Demokratie seit 1949 auszeichnet. Man wird sagen dürfen, daß die Parteien in ihrem ungenierten Zugriff auf die obersten Richterposten des Guten sogar zu viel getan haben. Mit Höpker-Aschoff (FDP) und Richard Katz (SPD) wurden die Präsidentenposten des Bundesverfassungsgerichts mit aktiven Politikern und Parlamentariern besetzt: auch die übrigen Richterstellen wurden ausnahmslos im Wege des politischen Proporzes auf die Parteien aufgeteilt.

Man wird zur Entschuldigung hinzufügen müssen, daß in der damaligen Situation die schlichte Orientierung an parteipolitischer Zurechen- und damit auch Kontrollierbarkeit als probateste Garantie für demokratische Zuverlässigkeit gelten konnte. Aber die politischen Parteien haben diesen Notstand seither nie als solchen erkannt, sondern haben einen Normalstand daraus gemacht. Eine funktionierende Beratungsverschwiegenheit gibt es seitdem in Karlsruhe nur bedingt. Die Bonner Patrone erwarten als Gegenleistung für gewährte frühere Unterstützung prompte Unterrichtung; es ist schwer, sich dem zu entziehen. Das hier Monierte gilt im übrigen nicht nur für das Karlsruher Gericht, die Parteipatronage ist ein allgemeines Übel der bundesrepublikanischen Verwaltung von den Kommunen bis hinauf ins Bundeskanzleramt. Die Permanenz der »Vertrauensbrüche«, die »undichten Stellen« als System, die Gewißheit, in der Woche darauf im »Spiegel« oder sonstigen »Publikumszeitschriften« das lesen zu können, worauf in Demokratien mit älterer Tradition der Historiker dreißig Jahre warten muß, ist die systemadäquate Kehrseite der parteidemokratischen Medaille. Wenn wir gesagt haben, daß die politischen Eliten Westdeutschlands nie daran gezweifelt haben, daß die Bundesrepublik diesmal »reif« für die Demokratie sei, so muß hier eine notwendige Einschränkung angebracht werden. Die Parteien dulden keine Götter neben sich. Wer nicht für sie ist, ist gegen sie. Bei »den anderen« zu sein, ist keine Schande, nur muß man irgendwo einer »der im Bundestag vertretenen Parteien«, wie die Formel heißt, zurechenbar sein. Unabhängigkeit irritiert.

Die Folge ist, daß es ein in sich ruhendes, nur dem öffentlichen Auftrag verpflichtetes Beamtenkorps mit eigenem *esprit de corps* in der Bundesrepublik nicht gibt. Hier liegt auch die allgemeine Schwächlichkeit der bundesrepublikanischen Generalität und hohen Diplomatie begraben, aus deren ordentlichem Mittelmaß nur herauszuragen *wagt*, wer einen starken politischen Protektor an seiner Seite weiß. Gewiß bestätigen Ausnahmen die Regel. Und sicher ist es, es sei wiederholt, ein glücklicher Umstand, daß in der Bundesrepublik die Parteien und das Parlament vor der Bürokratie und dem Militär da waren. In England ist der formelle Zurechnungspunkt dieser Bereichseliten jedoch »die Krone« – aktuell gewiß *the government of the day*, aber eben doch nicht nur. Es ist noch etwas mehr im Spiel. In der Bundesrepublik ist da ein Loch.

Es würde eine eigene Untersuchung verdienen, in diesem Zusammenhang die Rolle Globkes und seines Einflusses auf die Spitze der Bonner Bürokratie in ein richtiges Licht zu rücken. »Der Mann war einsame Klasse«, hat sein Quasi-Nachfolger Horst Ehmke später gemeint. Warum rieb man sich dann aber in den fünfziger Jahren so sehr an ihm? Das Stück fragwürdiger Vergangenheit als Kommentator eines perfiden Gesetzes liefert – wenn ich es richtig sehe – nur den Vordergrund. Mir scheint, daß sich in Globke für die Parteien, für alle, nicht nur die SPD, der – in der Tat mißglückte – Versuch personifizierte, eine von den Parteien nicht abgeleitete Bereichselite durchzuhalten. Der Versuch einer Anknüpfung an die Tradition eines Arnold Brecht vielleicht. Nach Meissner wohl undurchführbar, aber immerhin muß man zugestehen, daß das hohe Niveau der »Gewerkschaft der Staatssekretäre« nach ihm nicht mehr gehalten wurde. Seit dem Ende der Ära Adenauer/Globke hat das Interesse an unabhängiger Beratung von Kanzler und Ministern durch ihre obersten Beamten offensichtlich nachgelassen. Das gilt für Erhard und Kiesinger, für Brandt jedoch ganz besonders. Verfassungspolitisch ist das Gespann Brandt/Bahr ein bedauernswerter Rückfall in Formen des »Persönlichen Regiments« im Stile Wilhelms II. oder der »Küchenkabinette« amerikanischer Präsidenten. Die Öffentlichkeit hat sich inzwischen schon so daran gewöhnt, daß es kritiklos hingenommen wird. Es bleibt der Eifersucht von Ministern, denen der Zugang zum Machthaber erschwert wird, überlassen, über die Herrschaft der »Hofschranzen« zu sticheln. Daß es hier nicht um den privaten Führungsstil eines Kanzlers geht, sondern um Strukturprobleme demokratischer Gewaltenteilung, bleibt für das öffentliche Bewußtsein der Bundesrepublik ausgeblendet.

So spannend sich das äußere Bild des Bundestages während der ersten beiden Legislaturperioden darbot, so sehr spielte sich sein wirkliches Leben schon damals hinter den verschlossen Türen der Ausschüsse ab. Der Bundestag setzt seinen Stolz darein, ein fleißiges Parlament zu sein, und im Ernst kann ihm dies nicht bestritten werden. Die Frage blieb allerdings über alle Legislaturperioden hinweg, ob er seinen Fleiß auch an rechter Stelle anbringt. Sicher liegt ein Hauptarbeitsgebiet eines jeden Parlaments im modernen Daseinsvorsorgestaat auf dem Gebiet der Gesetzgebung. Aber muß das so überproportioniert der Fall sein, wie es in der Bundesrepublik die Regel ist?

Die Gründe liegen zum Teil im Verfassungssystem und im Gesetzesverständnis, wie es aus der konstitutionellen Monarchie überliefert wurde. Einzig die Mitwirkung an der Gesetzgebung gab dem bürgerlichen Parlament des 19. Jahrhunderts eine Möglichkeit, Einfluß auf Staat und Verwaltung zu nehmen. Sein natürliches Interesse ging dahin, soviel Materien wie möglich dem selbständigen Verordnungsrecht des Monarchen zu entziehen und unter den Vorbehalt des formellen Gesetzes zu stellen. In einer überflüssigen Form der Bewältigung der Vergangenheit hat die Staatsrechtswissenschaft und die Rechtsprechung nach 1945 gemeint, den Rechtsstaat am besten schützen und bewahren zu können, wenn sie für alles und jedes ein vom Parlament beschlossenes Gesetz verlangt[57]. Da der Bundestag zu einer Kontrolle im nachhinein bis heute kaum fähig ist, meint er, alles und jedes im voraus durch detaillierte Mitwirkung im Gesetz regeln zu sollen. Dieser im Grunde vordemokratischen, eben konstitutionellen Neigung des Bundestages kamen alle bisherigen Regierungen entgegen. Statt ihren parlamentarischen Führungsanspruch ganz selbstverständlich auch darin zu dokumentieren, daß sie Herr des Gesetzgebungsverfahrens im Parlament bleibt, wie dies für die Ausbildung des englischen Kabinettsystems grundlegend gewesen ist, ist mit dem Beschluß des Kabinetts, einer Ressortvorlage zuzustimmen und sie dem Bundesrat zuzuleiten, in aller Regel die Sache für die Bundesregierung erledigt. Von nun an sind Bundesrat und Bundestag Herr des Gesetzgebungsverfahrens. Die niedere Ministerialbürokratie ist bei den Verhandlun-

---

[57] Wobei doch schon die Anschauung Weimars bis 1932 lehren sollte, daß eine Gefahr für die demokratische Entwicklung einer Gesellschaft genausogut aus dem Parlament erwachsen kann wie aus der Exekutive. Wie sehr die bürgerlichen Urteile des 19. Jahrhunderts zu unbegründeten demokratischen Vorurteilen des 20. Jahrhunderts verbogen werden können, zeigt die bis heute vorwaltende ganz unkritische Einschätzung des »berüchtigten« Diktaturartikels 48 der Weimarer Verfassung. – Ein anderes Beispiel für die fatalen Konsequenzen schiefer Vergangenheitsbewältigung bietet die Überstrapazierung der Universitätsautonomie nach 1945 (vgl. meine Darstellung: *Die deutsche Unruhe*. Hamburg 1969, S. 31 ff.).

gen in den Ausschüssen zwar zugegen, Herr des Verfahrens ist unumschränkt der »Gesetzgeber«. Das beginnt schon bei der ganz mangelhaften Koordinierung der Zeit- und Arbeitsplanung des Bundestages durch die Bundesregierung. Diese wichtige Regierungsaufgabe bleibt dem Ältestenrat überlassen, nicht anders als zu Zeiten der konstitutionellen Monarchie[58]. Während der *Leader of the House*, d.h. der Führer der Parlamentsmehrheit im Unterhaus, ein ranghoher Kabinettsminister ist, verfügt die Bundesregierung über keinerlei institutionalisierte Form der Einflußnahme auf den Gang des Gesetzgebungsverfahrens, ist sie doch nicht einmal berechtigt, Änderungsvorschläge im Gesetzgebungsverfahren zu machen. Im Ältestenrat läßt sie sich durch einen Staatssekretär vertreten, Herr des Verfahrens sind hier die Fraktionsgeschäftsführer miteinander. Auch die Institution der Parlamentarischen Staatssekretäre, pro forma damit begründet, den Kontakt zwischen Minister und Parlament zu verbessern, ist dieser ursprünglichen Konzeption längst entfremdet. Die Parlamentarischen Staatssekretäre sind fast ausnahmslos Nebenminister oder Nebenstaatssekretäre in den jeweiligen »Häusern« geworden, die Funktion eines *Whip* hat keiner von ihnen jemals ausgeübt.

Wie wenig im Bundestag das Wesen der Gesetzgebung unter der Bedingung parlamentarisch-demokratischer Regierungsweise verstanden wird, zeigt die im Bundestag nie verstummende und immer des Beifalls aller Seiten gewisse Klage über den Verlust der Gesetzsinitiative an die »Exekutive«. Noch im fünften Bundestag meinte der Abgeordnete Wörner, die Infragestellung der »klassischen Gewaltenteilung« lebhaft beklagen zu müssen: »... auch etwas, was uns besonders quälen muß. Die Gesetzesinitiative hat sich entgegen den Möglichkeiten unserer Verfassung zum großen Teil auf die Regierung verlagert. Das bedeutet im Grunde genommen eine Durchbrechung der Gewaltenteilung[59] ...«. In Wahrheit handelt es sich hier nicht um eine fragwürdige »Verlagerung«, sondern die Initiative liegt dort, wo sie in der Parteiregierung hingehört. Gesetzesinitiative aus der Mitte des Hauses muß in einem funktionierenden parlamentarischen Regierungssystem zwar nicht ausgeschlossen sein, ist im Grunde aber doch wider die Regel parlamentarischen Regierens.

---

[58] Vgl. Wollmann, aaO. (s.o. Anm. 45), S. 87 f.; Loewenberg, aaO. (s.o. Anm. 46), S. 247 ff.; Rasner, in: Hübner u.a.: *Der Bundestag von innen gesehen*. München 1969. S. 99 ff. Zur Kritik vor allem Hereth, aaO. (s.o. Anm. 43), S. 34 ff.

[59] Vgl. Hereth, aaO. (s.o. Anm. 43), S. 48.

Durch alle Legislaturperioden hindurch haben Regierungsmehrheit und Opposition ihren Ehrgeiz darein gesetzt, möglichst zu jeder relevanten Materie eigene Entwürfe vorzulegen. Mit Stolz verkünden die Fraktionsvorsitzenden auf ihren jeweiligen Parteitagen, wie viele Initiativen sie eingebracht haben und welche davon gegenüber denen der anderen Seite zum Abschluß gebracht worden sind. Die SPD hat in den langen Jahren der Opposition einen erheblichen Teil ihrer Kraft an solche Initiativen verzettelt. Der Ertrag war gering[60]. Es scheint, als ob die Unionsparteien jedenfalls seit 1972 diesen Fehler zumindest nicht im gleichen Umfang wiederholen wollen[61].

Allerdings wird es wohl noch lange Zeit dauern, bis hier ein wirklicher Wandel eintritt. Das Übel liegt nicht in der Verfassung, sondern im Selbstverständnis der Abgeordneten. Sie verstehen sich durchweg als zur Gesetzgebung berufene Politiker und Fachleute[62]. Da der größte Teil der Bundestagsabgeordneten sich überhaupt nur auf dem Umweg über irgendeine Expertise profilieren kann, arbeiten sie sich mit einem Fleiß, der bessere Ziele lohnen würde, in ihre jeweiligen Materien ein, um ihre »Arbeitskraft« unter Beweis stellen zu können. Da es bei der überwältigenden Masse der Gesetzgebungsmaterien zum Schluß doch darauf hinausläuft, daß Regierungsmehrheit und Opposition sich auf Lösungen einigen, die für alle akzeptabel sind – sind die Dinge doch in der Tat zumeist politisch gar nicht so kontrovers –, geht bei der Zusammenarbeit, dem viel zu weitgehenden freundschaftlichen Einverständnis, das zumeist in den Ausschüssen herrscht, der politische Pfiff des auf Kontroverse angelegten Parlaments verloren[63].

Unter dem Aspekt der Funktion des Bundestags als Forum der Nation ist die in den Ausschüssen geleistete Arbeit für nichts und wieder nichts getan. Nur was im Plenum geschieht, zählt in dieser Hinsicht. Der allergrößte Teil der vom Bundestag beschlossenen Gesetze wird

---

[60] ANNE PAPPENHEIM: *Die Gesetzesinitiativen der Opposition im Deutschen Bundestag 1961–1965.* (Freiburg, Magisterarbeit 1971).

[61] Vgl. HANS-JOACHIM VEEN: *Die CDU/CSU-Opposition im parlamentarischen Entscheidungsprozeß.* Zur Strategie und zum Einfluß der CDU/CSU-Bundestagsfraktion in der Gesetzgebungsarbeit des 6. Deutschen Bundestages (1969–1972), München 1973.

[62] Dies ist es, was man dem Sammelband *Der Bundestag von innen gesehen* (aaO. [s.o. Anm. 58]) als kleinsten gemeinsamen Nenner entnehmen kann.

[63] So vor allem HERETH, aaO. (s.o. Anm. 43), S. 49 ff.

im Plenum jedoch keines Wortes gewürdigt[64]. In der ersten Lesung ruft der Präsident den Tagesordnungspunkt auf und verkündet, daß der Ältestenrat die Überweisung an diese oder jene Ausschüsse empfiehlt. In der zweiten und dritten Lesung wird auf den schriftlichen Bericht des Ausschusses hingewiesen und ohne nähere Befragung verkündet, daß das Wort nicht gewünscht wird. Dann wird zur Abstimmung aufgerufen, und in der Regel kann man feststellen, daß das Gesetz ohne Gegenstimmen angenommen worden ist. Dieses Verfahren macht einen demokratischen Gesetzgebungsprozeß zur Farce. Beruht das Wesen des Parlaments doch in der Tat darin, daß es im Gegensatz zur Bürokratie, die in verschlossenen Büros arbeitet, öffentlich arbeitet. Die Ausschüsse sind Hilfseinrichtungen des Plenums, mehr nicht. Im Bundestag hat sich diese Rangordnung ins Gegenteil verkehrt. Gearbeitet wird in den Ausschüssen; nur wenn es nicht anders geht – ich übertreibe –, muß die Sache eben auch noch im Plenum verhandelt werden. Den größten Teil der Gesetzgebungsagenden verhandelt der Bundestag daher wie ein geheim tagender Staatsrat. Die Schuld liegt dabei wohl erst in zweiter Linie beim Bundestag selbst, in erster Linie liegt sie in der falschen Zuweisung von viel zu vielen Materien an ihn. Längst ist eine verfassungsmäßig korrekte Erleichterung der Delegationsmöglichkeit der Gesetzgebung an Bundesregierung und Bundesrat fällig. Der Bundestag müßte sich dann allerdings einen Ausschuß zulegen, der ihn in den Stand setzt, diesen Bereich der delegierten Gesetzgebung in Hinsicht auf seine politische und verwaltungstechnische Problematik im Auge zu behalten[65].

---

[64] Vgl. die statistischen Angaben bei HENNIS: *Der Deutsche Bundestag* (s.o. Anm. 1), S. 31 u. 35. Die Beratungsunlust hat seitdem eher zu- als abgenommen. Vgl. die Statistik der Beratung von Gesetzen im Plenum und in den Ausschüssen des Deutschen Bundestags (Zeitraum 1970/71) in dem Vermerk des Allgemeinen Parlamentsdienstes, Fachbereich I v. 18. 4. 1972.

[65] Wenn eine steigende Zahl von Gesetzen weder im Plenum noch in den Ausschüssen beraten wird (in der 5. Wahlperiode 13,6 %, 1969/70 25,8 % und 1970/71 28,6 % aller Entwürfe), so muß mit der Zuweisung dieser Materien an den Bundestag etwas nicht in Ordnung sein. »In den Ausschüssen des Bundestages wurde im Parlamentsjahr 1970/71 über 24 Gesetze weniger als eine Stunde, über 17 Gesetz über 1–2 Stunden, über 31 Gesetze 2–5 Stunden, über 10 Gesetze 5–10 Stunden, über 9 Gesetze 10–20 Stunden, über 5 Gesetze 20–50 Stunden, über 3 Gesetze (Haushaltsplan und Haushaltsgesetz 1971, Zonenrandförderungsgesetz, Bundeszentralregistergesetz) 50–100 Stunden und in einem Fall (Städtebauförderungsgesetz) mehr als 100 Stunden beraten. Dabei sind die Beratungszeiten der federführenden und mitberatenden Ausschüsse zusammengerechnet« (nach der oben in Anm. 60 zitierten Quelle). Zur Problematik des Art. 80 GG und der damit zu-

Die Inhalte der Gesetzgebung können hier nicht interessieren; wir müssen den Blick zurücklenken zur Stellung, die der Bundestag im Ganzen des politischen Systems eingenommen hat. An seiner Rolle als Gesetzgeber hat sich vom ersten Bundestag bis heute nichts geändert. Sie steht weiterhin in der Mitte seiner täglichen Arbeit. Zutiefst gewandelt hat sich dagegen das Ganze unseres Regierungssystems. Erst spät wurde man sich dieser Wandlung bewußt.

Kanzlerdemokratie ohne Alternative

Adenauers Fähigkeit, im Jahre 1949 mit einer Stimme Mehrheit eine Regierung gegen die Sozialdemokratie zu bilden, konnte man, je nach Betroffenheit, noch als Glück oder Pech einschätzen. Eine verfassungspolitische Weichenstellung brauchte man darin noch nicht zu sehen. Der »Alte« war eben schneller gewesen.

Nach den Wahlen von 1953 sah die Sache schon anders aus. Die CDU/CSU war von 31,0 auf 45,2 Prozent hochgeschnellt, die SPD war von 29,2 auf 28,8 Prozent abgesackt; die Union auf dem besten Weg, nach der nahezu erreichten Mehrheit der Mandate (49,9 Prozent) auch noch die Mehrheit der Stimmen zu gewinnen, die SPD chancenlos in den 30-Prozent-Turm eingemauert. So sahen es damals viele, aber diese Sicht war immer falsch. Wenn die Bereitschaft zum Wechsel der Parteipräferenz so groß war, oder anders gewendet, wenn rechts von der SPD eine so geringe Konstanz der Parteipräferenz gegeben war, so lag es eben an der Politik, nicht an unverrückbaren sozialen Gegebenheiten, ob eine Partei mehrheitsfähig wurde oder nicht. Es war die überzeugendere Innen- und Außenpolitik Adenauers, die ihm die Wähler zuführte, nicht eine naturgegebene, quasi schicksalhafte Tendenz, die den deutschen Wähler nach »rechts« führen mußte.

In der Außenpolitik hatte Adenauer der Bundesrepublik verläßliche Bundesgenossen zugeführt. Daß auf sie Verlaß war, hatte sich schon vor 1949 während der Berlinblockade gezeigt. Nun boten sie

---

sammenhängenden Fragen vgl. jetzt WILHELM KEWENIG: Reform der Regierungsbevollmächtigung zum Erlaß von Rechtsverordnungen (Art. 80 GG). – Ein Mittel zum Vollzug oder zur Umgehung des parlamentarischen Willens? In: *Z. f. Parlamentsfragen*, Heft 3 (197), S. 424 ff.

dem in unmittelbarer Anschauung des östlichen Machtpotentials lebenden Westdeutschland auch militärisch jenes fragile Maß an Sicherheit, das unter den modernen Bedingungen überhaupt gewährt werden konnte. Der Erfolg der von Erhard mit Beharrlichkeit durchgehaltenen Wirtschaftspolitik sprach für sich selbst. Eine Gemeinsamkeit über die Parteifronten hinweg blieb in der Deutschlandpolitik erhalten, doch mußte realistischem Sinn spätestens seit 1955, seit Adenauers Besuch in Moskau und der Aufnahme diplomatischer Beziehungen zwischen Bonn und der Sowjetunion, aufgehen, daß eine Wiedervereinigung, so wie man sie sich in der Bundesrepublik vorstellte, d.h. auf dem Wege über freie Wahlen, außerhalb aller Möglichkeiten liegen würde. Mit der Aufnahme diplomatischer Beziehungen zur Sowjetunion hatte die Bundesrepublik trotz aller Vorbehalte die Tatsache hingenommen, daß die eine der beiden Weltmächte vom rechtlichen Untergang des alten Reiches und der Existenz zweier deutscher Staaten ausging. Da jedermann in der Bundesrepublik wußte und die Parteien dieses auch ständig wiederholten, daß der Schlüssel zur Wiedervereinigung in Moskau liege, hatte man mit der Aufnahme diplomatischer Beziehungen zur Sowjetunion anerkannt, daß dieser Schlüssel, wenn es ihn überhaupt gäbe, das verriegelte Tor zur Einheit wohl nicht freigeben würde.

Mit dem Tode Kurt Schumachers verlor die SPD im Sommer 1952 die überragende politische Gestalt, in der sie während der ersten Jahre der Bundesrepublik ihren politischen Willen verkörpert fand. Von ihren höchst fähigen Landespolitikern tat keiner den Sprung nach Bonn. Bonn war in jenen Jahren für ambitionierte sozialdemokratische Politiker im Vergleich zu den Ländern wenig attraktiv. An der Spitze der SPD-Fraktion stand der wackere, aber glanzlose Ollenhauer. Adenauer war es innerhalb weniger Jahre gelungen, in die vorderste Front der geachteten Staatsmänner der Welt zu treten. Die Bundesrepublik hatte ihr erstes Wunder erlebt. Während England schwer an den wirtschaftlichen Folgen des Krieges krankte, Frankreich durch die Liquidierung seines Kolonialreiches erschüttert wurde, erlebte der Verlierer des Krieges einen glanzvollen wirtschaftlichen Aufstieg. Wie sollte es der SPD gelingen, aus ihrer, wie es schien, hoffnungslosen Abseitsposition herauszukommen?

Damals begann in der Wissenschaft ein erstes Verwundern über die neue Situation des Regierens in der Bundesrepublik. Theodor Eschenburg verglich in seiner Tübinger Antrittsvorlesung die Kompetenz zur Richtlinienbestimmung des Weimarer Reichskanzlers mit der des Bundeskanzlers[66]. Die Paragraphen hatten sich nicht sonderlich verändert, aber die Konstellation war eine völlig andere: der Bundeskanzler Parteivorsitzender der stärkeren Partei; seine Koalitionspartner, wollten sie am Erfolg des Regierens teilhaben, auf Gedeih und Verderb auf ihn als Partner angewiesen. Machte die FDP »Sperenzchen«, so demonstrierte Adenauer, daß er auch ohne sie regieren könne. Wie sich in den Wahlen von 1957 zeigte, hatte der FDP das Opponieren keinen Vorteil gebracht: von 11,9 Prozent im Jahre 1949 war sie 1953 auf 9,5 und nach dem Bruch der Koalition mit der Union im Jahre 1957 gar auf 7,7 Prozent geschwunden. Der SPD glückte 1957 ein Anstieg von 3 Prozent, aber was waren die 31,8 schon gegenüber den 50,2 Prozent der Unionsparteien? Zum ersten Mal in der deutschen Geschichte war es einer Partei in freien demokratischen Wahlen gelungen, die absolute Mehrheit der Stimmen und eine komfortable Mehrheit der Mandate zu verbuchen. Steckten hinter diesen Widerwärtigkeiten nicht tiefere Gründe? Gab es überhaupt noch eine Chance für die parlamentarische Opposition?

Die Wissenschaft beantwortete die Frage mit Skepsis. In jenen Jahren entstand eine Reihe noch heute mit Nutzen zu lesender Arbeiten über den Zusammenhang des parlamentarischen Systems mit seinen sozialen Grundlagen. Offenbar erzeugte nicht jede Art von Gesellschaft den produktiven Gegensatz von alternierender Regierungsmehrheit und Opposition; zumindest schien es so, als ob unter den Bedingungen des modernen Leistungsstaates die Prämie aufs Regieren so ungeheuer hoch sei, daß es für die Opposition kaum Chancen gab, aus eigener Kraft ihre Lage zu ändern. Damals schrieb Otto Kirchheimer über das Verschwinden der Opposition[67], Helmut Schelskys faszinierende Arbeiten zur Soziologie der Nachkriegsfamilie arbeiteten den Rückgang der Ideologie und des Klasseninteresses als überkommener Elemente der politischen Struktur der Bundesrepublik heraus[68]. Der Glaube an das »Ende der Ideologien« und damit auch großer

---

[66] TH. ESCHENBURG: Die Richtlinien der Politik im Verfassungsrecht und in der Verfassungswirklichkeit. In: *Die Öffentliche Verwaltung* 7 (1954), S. 193 ff.; ergänzend DERS.: *Staat und Gesellschaft in Deutschland.* Stuttgart 1956, S. 732 ff.

[67] OTTO KIRCHHEIMER: Wandlungen der politischen Opposition. In: *Arch. f. Rechts- u. Sozialphilos.* XLIII/1 (1957), S. 59 ff.; wiederabgedruckt in: DERS. *Politik und Verfassung.* Frankfurt a.M. 1964, S. 123 ff. Die Beobachtungen der fünfziger Jahre faßte zusammen MANFRED FRIEDRICH: *Opposition ohne Alternative? Über die Lage der parlamentarischen Opposition im Wohlfahrtsstaat.* Köln o.J. (1961).

[68] H. SCHELSKY: *Wandlungen der deutschen Familie in der Gegenwart.* Dortmund 1953.

motivierender politischer Bewegungen war allgemein. War das parlamentarische Regierungssystem, so wie es sich in England im 19. Jahrhundert herausgebildet hatte, nicht nur ein Epiphänomen der gesellschaftlichen Konfliktsituation in der labilen Gleichgewichtslage im Streit um die politische Vorherrschaft zwischen grundbesitzendem Adel und liberalem Bürgertum und später zwischen Arbeiterschaft und Bourgeoisie gewesen[69]? Der Verfasser hat damals auch so gefragt und kam für die Bundesländer zu dem Schluß, daß für sie jedenfalls das parlamentarische Regierungssystem seine *raison d'être* verloren habe. Das dürfte heute noch richtig sein[70], aber genauso wie damals besteht kein Anlaß, daran zu zweifeln, daß für die Bundesrepublik das parlamentarische System alternierender Regierungen noch immer von hinreichenden gesellschaftlichen Spannungen und »Polarisierungen« gespeist und motiviert wird. Es zum alten Eisen zu werfen, besteht kein Anlaß.

Es schien nur so, als ob die Opposition im Wohlfahrtsstaat keine Chancen zur Alternative habe. Die SPD hatte es ja bis 1961, als sie erstmals mit einem »Kanzlerkandidaten« in den Wahlkampf zog, nie richtig versucht, auf einen Wechsel im Rahmen des Systems zuzusteuern. Ihr nahestehende Wissenschaftler redeten ihr ein, der Versuch sei aussichtslos. Ekkehart Krippendorff proklamierte 1962 gar das »Ende des Parteienstaats« europäischer Prägung[71]. Zunehmend verstünden es die

---

[69] So Siegfried Landshut: Formen und Funktionen der parlamentarischen Opposition. In: *Wirtschaft und Kultursystem*. Hrsg. v. Gottfried Eisermann. Zürich 1955, S. 225 ff.; und Wilhelm Hennis: Parlamentarische Opposition und Industriegesellschaft. Zur Lage des parlamentarischen Regierungssystems. In: *Gesellschaft – Staat – Erziehung* 1 (1956), S. 205 ff.; [in diesem Band S. 1 ff.].

[70] Anderer Ansicht Klaus P. Siegloch: Kritik und Alternativen zum parlamentarischen Regierungssystem in den Bundesländern. In: *Z. f. Parlamentsfragen* 3 (1972), S. 365 ff.

[71] E. Krippendorff: Das Ende des Parteienstaates. In: *Der Monat*, 1962, H. 160, S. 64 ff.; Ders.: Ende des Parteienstaates? In: *Die neue Gesellschaft*, 1966, H. 1, S. 3 ff. Krippendorffs These ist ein besonders eklatantes Beispiel für die Kombination geringer sachlicher Urteilskraft mit revolutionärem Dogmatismus. Zur Kritik vgl. die Diskussion in: *Der Monat*, H. 162 (1962), S. 84 ff.; Kaack, aaO. (s.o. Anm. 6), S. 690 f.; und H. Schuster, aaO. (s.o. Anm. 1), S. 4 f. (Ebenda: »An Krippendorffs Überlegungen 10 Jahre später zu erinnern, scheint uns nur deshalb interessant, weil sie zeigen, welche strukturelle Verwandtschaft es gibt zwischen manchen antiparlamentarischen Vorstellungen der ›neuen Linken‹ und manchen im wahren Wortsinn restaurativen Theorien eines ›integren‹ Fürsorge- und Wohlfahrtsstaates, der ›über den Parteien‹ steht und vom ›Pluralismus‹ nicht angefressen ist.«)

gerade an der Macht befindlichen Regierungen, »sich der von der Wissenschaft bereitgestellten Mittel ökonomischer und ideologischer Steuerung zu bedienen, krisenfest zu werden und somit den Oppositionsparteien systematisch die soziologische und damit die agitatorische Basis zu nehmen«. Die Oppositionspartei im parlamentarischen System habe langfristig nur dann Chancen und eine legitime Funktion, wenn sie die Interessen der vom »System« Benachteiligten *gegen das System selbst* zu führen vermöge.

Welch seltsame Verkehrung der Fronten gegenüber der Kritik am »System« von Weimar! Konnte man so schnell vergessen, woran Weimar gescheitert war? In Krippendorffs und vieler anderer Kritik an Adenauers »Kanzlerdemokratie« äußerte sich der Haß und das Unverständnis gegenüber »Herrschaft als solcher«, insbesondere wenn sie erfolgreich war. Welch maßloser Überschätzung der politischen Herrschaftstechniken einerseits, elitärer Unterschätzung der selbständigen Urteilskraft des Wähler andererseits diese Denkweise zum Opfer gefallen war, zeigte sich schon zwei Jahre später. Von einem souveränen Umgang mit den Techniken modernen Herrschaftswissens konnte unter Ludwig Erhard ganz sicher nicht mehr die Rede sein[72]. Seinen kraftlosen Versuch, die »formierte Gesellschaft« zu proklamieren, verdankte er dem Einfall eines *ghost-writers*. Die deutsche »Linke« – nicht die SPD! – und große Teile der Politischen Wissenschaft nahmen es für bare Münze.

Als der Stern der CDU längst zu sinken begonnen hatte, veröffentlichte eine Gruppe jüngerer Politikwissenschaftler und Soziologen der sich als »kritisch« verstehenden Frankfurter Schule eine Schrift zur – so der Untertitel – »Verfassungswirklichkeit der Bundesrepublik« mit dem Haupttitel »Der CDU-Staat«[73]. Die am englischen Beispiel erhärtete Lehre, daß keine Partei über einen unbegrenzten Zeitraum an der Macht bleiben kann, wenn ihr eine mehrheitsfähige Alternative gegenübersteht, wurde vom meinungsbildenden Teil der bundesrepublikanischen Intelligenz nicht akzeptiert. In ganz unkritischer Überschätzung der »formierenden« Fähigkeit der CDU und ihres »Systemanhangs«, auf Struktur und Mentalität der bundesrepu-

---

[72] Schon zwei Jahre vor seinem Abtreten war unschwer zu erkennen, woran er scheitern würde. Vgl. meine Schrift *Richtlinienkompetenz und Regierungstechnik*. Tübingen 1964; in diesem Band S. 106 ff.

[73] Gert Schäfer u. Carl Nedelmann (Hrsg.): *Der CDU-Staat*. München 1967.

blikanischen Gesellschaft einzuwirken, malte man das Gespenst eines hochgezüchteten Herrschaftsapparates an die Wand, dem nur durch revolutionäre Frontalattacke beizukommen sei. Die von Anfang an von seiten der Unionsparteien erklärte prinzipielle Option für ein den Wechsel beförderndes Mehrheitswahlrecht wurde als durchsichtiger Trick verstanden, sich ein für allemal an der Macht zu halten[74]. Es war klar, daß sich unter solchen Umständen in der Bundesrepublik eine wirklich freie, umsichtige verfassungspolitische Diskussion nie entfalten konnte. Abgesehen von der Episode der Großen Koalition, als die Wahlrechtsfrage für kurze Zeit im Mittelpunkt stand[75], ist sie denn auch nie geführt worden. Das klar konturierte Zweigruppensystem mit Chancen des Wechsels von Regierung und Opposition, wie es sich nach den Wahlen vom 19. November 1972 in der Bundesrepublik präsentiert, hat sich so ergeben; bewußt darauf hingearbeitet hat niemand.

Trotzdem ist hier der Ort, darauf hinzuweisen, daß sich seit der Mitte der fünfziger Jahre nun doch ein gewisser Konsens der drei die Bundesrepublik tragenden Parteien herausbildete, wie das parlamentarische System im Prinzip gehandhabt werden sollte. Einig war man sich darüber, daß die Parteienkonstellation so übersichtlich wie möglich sein sollte. Alle drei Parteien, auch die FDP, befürworteten die Fünf-Prozent-Klausel, die den Einzug von Splitterparteien in die Parlamente erschweren sollte. Das zweite Wahlgesetz für die Bundesrepublik, das von der Wahl von 1953 an Geltung hatte, verschärfte die 5-Prozent-Klausel insofern, als Berechnungsmaßstab nicht mehr die Ergebnisse in den einzelnen Bundesländern, sondern im ganzen Bundesgebiet sein sollten. Alle drei Parteien waren auch Gegner einer »Proporzdemokratie«, für die neben der Schweiz damals auch Österreich Modell stand[76]. Keine der drei Parteien mochte sich *im Prinzip* mit einer

---

[74] So in einer besonders tendenziös voreingenommenen Weise THOMAS V. D. VRING in seiner Hannoveraner Habilitationsschrift: *Reform oder Manipulation? Zur Diskussion eines neuen Wahlrechts.* Frankfurt a.M. 1968.

[75] Gerade im Hinblick auf die Berücksichtigung sozialer Tatbestände kann sich der Bericht des vom Bundesminister des Innern eingesetzten Beirats für Fragen der Wahlrechtsreform von 1968 »Zur Neugestaltung des Bundestagswahlrechts« heute noch sehen lassen. – In der Bundestagswahl von 1969 gewann die SPD bereits die Mehrheit (127 gegenüber 121 der CDU/CSU) der Wahlkreismandate. 1972 wäre es unter den Bedingungen des Mehrheitswahlrechts zu einem »Erdrutsch« zugunsten der SPD gekommen.

[76] GERHARD LEHMBRUCH hat mit seiner Schrift *Proporzdemokratie*, Tübingen 1967, zu Recht die historisch-soziologische Relativität des britischen Modells

großen oder gar Allparteienkoalition befreunden. Jede Partei wünschte, daß dem Bürger in den nächstfälligen Wahlen verschiedene Regierungsmöglichkeiten zur Auswahl stehen sollten, jede hielt es im Prinzip für richtig, daß der Bürger durch seine Stimmabgabe für ein Alternieren der Regierungsweise sorgen könne. Als allgemeinsten überparteilichen Verfassungskonsens, wie er sich in den fünfziger Jahren ausbildete, durfte man konstatieren, daß alle drei Parteien ein parlamentarisches Regierungssystem auf der Basis alternierender Parteikonstellationen befürworteten. Das Vorhandensein einer großen Opposition hielten sie alle für richtig und wünschenswert.

Über diesen auch von der FDP geteilten Erwartungskonsens gingen, jedenfalls in der Theorie, die CDU/CSU und die SPD in einem Punkt hinaus. Beide Großparteien befürworteten nämlich – wiederum im Prinzip – eine parlamentarische Regierungsweise ohne Koalitionszwang. Beide Parteien, die CDU/CSU aufgrund ihrer damaligen besseren Ausgangsposition ein wenig überzeugter als die SPD, hielten im Prinzip eine Einparteienregierung einer der beiden großen Parteien, bei Übernahme der Oppositionsaufgabe durch die unterlegene zweite, für die angemessenste Regierungsweise für die Bundesrepublik. Zwar erklärte die SPD im Gegensatz zur CDU, die es für eine Weile ja auch praktizierte[77], dies nie so präzis, aber angesichts des berechtigten Selbstbewußtseins, die älteste und größte Mitgliederpartei der Bundesrepublik zu sein, verstand sich dies im Grunde auch für die SPD von selbst. Man konnte so die von den beiden großen Parteien im Prinzip erstrebte parlamentarische Regierungsweise bezeichnen als *alternative Regierungsweise ohne Koalitionszwang*[78].

Diese prinzipielle Präzisierung der wünschbaren Ausgestaltung der parlamentarischen Regierungsweise in der Bundesrepublik fand in dieser Festlegung allerdings nie Eingang in die Programmatik der großen Parteien. Nachdem es der CDU/CSU aber nun einmal gelungen war, die absolute Mehrheit der Mandate auf sich zu vereinigen, war es im Grunde klar, daß Alleinregierung einer großen Partei bei Vorhan-

---

betont. Nur war das Modell »Proporzdemokratie« im Gegensatz zum britischen für alle relevanten politischen Kräfte der Bundesrepublik immer ohne Reiz.

[77] Die Deutsche Partei, die 1957 nur über ein Wahlabkommen mit der CDU in den Bundestag kam, war nach 1957 nur noch ein Anhängsel der CDU. Als selbständige politische Kraft kann man sie nicht ansehen.

[78] Vgl. zum ganzen Zusammenhang auch meine Schrift: *Große Koalition ohne Ende?* München 1968, aus der ich hier einige Passagen übernehme.

densein einer großen, alternativfähigen Opposition, im Kern also das britische System, auch für die Bundesrepublik die gegebene Form parlamentarischen Regierens sein müsse.

Eine abweichende Note in diese Einmütigkeit der verfassungspolitischen Erwartungen brachte einzig die FDP. Zwar war sie von allen Parteien der erbittertste Gegner großer (»schwarz/roter«) Koalitionen, aber mit gleicher Entschiedenheit wandte sie sich gegen jede Form der Einparteienregierung. Ständiges Wahlziel der FDP war über die ganze Periode der Bundesrepublik hinweg bis zum heutigen Tag die Verhinderung der absoluten Mehrheit einer der beiden großen Parteien. Bei gleichzeitiger Ablehnung einer großen Koalition hieß das: verfassungspolitische Präferenz für eine Konstellation und Regierungsweise, bei der sie – die FDP – die ständige, quasi geborene Regierungspartei sein sollte. Auch die FDP trat entschieden für alternative Regierungsweise ein, aber bis zu den Bundestagswahlen von 1972 wollte sie, nicht der Wähler, sondern sie, die kleinste Partei, bestimmen, ob es Zeit für einen Koalitions- und Richtungswechsel sei. Erstmals in den Bundestagswahlen von 1972 mußte die FDP ihre Koalitionspräferenz unmißverständlich schon *vor* der Wahl erklären. Man kann in dieser Positionsänderung die bedeutendste und, wie ich annehmen möchte, vorerst definitive Zuwendung der westdeutschen parlamentarischen Regierungsweise hin zu einem alternativen Zweigruppensystem englischen Musters sehen, in dem der Wähler und nicht die Parteien die Verantwortung fürs Regieren oder Opponieren begründet[79]. Nur wo diese Zuweisung der entscheidenden Verfassungsfunktion durch die *Wählerschaft* erfolgt, kann im Rahmen der Demokratie in einem präzisen Sinne von verantwortlicher Regierungsweise (*responsible government*) die Rede sein.

Es gehört zu den spezifischen gedanklichen Belastungen der Bundesrepublik, daß man sich in ihr zwar viel über Demokratie, Demokratisierung, sozialen Rechtsstaat usw. Gedanken gemacht hat, die konkrete verfassungs- und parteipolitische Ausgestaltung der Demokratie dagegen dem Zufall der parteipolitischen Konstellation überlassen blieb. Auch wenn die im Bundestag vertretenen politischen Parteien im Prinzip für eine alternative Regierungsweise eintraten, so kam die

---

[79] Die Selbstverständlichkeit, mit der die Wähler in der Wahl von 1972 von der Möglichkeit des »Splittens« von Erst- und Zweitstimme Gebrauch machten, zeigte, wie sehr das Zweigruppensystem akzeptiert war.

gedankliche Begründung dieser Regierungsweise doch stets zu kurz. Eine *public philosophy* der in der Bundesrepublik erwünschten parlamentarischen Regierungsweise gibt es nicht[80].

(1974)

---

[80] Dies stellt einen Mißstand und ein Versagen der Parteien ersten Ranges dar. Sie wichen dem Thema aus bloß taktischen Motivationen aus, konnte man doch nie wissen, auf welchen Koalitionspartner man noch einmal angewiesen sein würde. Teilhabe an der Macht rangiert im Prioritätenkatalog aller Parteien der Bundesrepublik aber allemal vor einem systemkonformen Wahrnehmen der zugefallenen Rolle. In Wehners »Umarmungsstrategie« schlug sich eine allgemeine Tendenz der deutschen Parteien nieder. Der hektische Versuch der CDU/CSU während der ersten Regierung Brandt/Scheel, über eine Veränderung der parlamentarischen Mehrheit wieder an die Macht zu kommen, oder die überflüssigen Avancen gegenüber der FDP seit der Wahl vom 19. November 1972, gehören ins gleiche Kapitel.

Das Ausblenden der konkreten Gestalt der parlamentarischen Alternativregierung aus der öffentlichen Diskussion gegenüber »der« Demokratie oder »dem« Sozialstaat als solchem, gibt den Hintergrund ab für die Unklarheit der herrschenden politischen Ideologie in der Bundesrepublik (»Demokratisierung aller gesellschaftlichen Bereiche«) und die damit immer noch oder erneut gegebene ideologische Instabilität der parteienstaatlich-parlamentarischen Ordnung.

Regierbarkeit
Zur Begründung der Fragestellung

An den hier versammelten Abhandlungen dürfte der sie zusammenhaltende Begriff am ehesten Anstoß erregen. »Regierbarkeit«, »Unregierbarkeit«, »Schwerregierbarkeit« – sind die Worte nicht längst verschlissen, zu plumpen Vokabeln herabgekommen, Reizworte, die sich die Politiker an den Kopf werfen, also wissenschaftlich unbrauchbar? Kaum dann, wenn sich hinter den Worten nicht so schnell vergängliche Probleme verbergen, die durch den Begriff anschaulich gemacht werden, Sachverhalte, die trotz möglichen Unernstes des Sprachgebrauchs ernst sind.

Kann daran gezweifelt werden? Gab es einen Grund zur Annahme, die beschwörenden Ermahnungen Henry Kissingers, die westliche Welt könne *out of control* geraten, die mit den Begriffen operierenden Klagen europäischer Regierungschefs und der verantwortlichen Oberhäupter großer Städte, sie betrieben ein »unmögliches Geschäft« – gibt es Grund zur Annahme, all dies sei bloßes Lamento gewesen, auf Mitleideffekte bedacht? Gewiß: Der Begriff reizt zu demagogischem Mißbrauch, aber welcher politische Begriff wäre dagegen gefeit? Der Ausweg, zur Vermeidung der unvermeidlich »unreinen« Umgangssprache – von der modernen Sozialwissenschaft gern beschritten – sich in eine Welt konstruierter Typen und Modelle und der ihr entsprechenden Begrifflichkeit zurückzuziehen, in eine Sprache, die nicht gesprochen, aber unter Kennern verwendet werden kann, ist unbedenklich, sofern gesichert bleibt, daß die Probleme, die das wissenschaftliche Fragen motivieren, in dieser Sprache auch noch zur Sprache kommen können. Im günstigsten Fall läuft diese Praxis allerdings in der Regel nur auf eine komplizierte Verfremdung des problemträchtigen Sachverhaltes hinaus, kaum je auf genauere Klärung. Insbesondere die Umformulierung historisch-praktischer Probleme und

Handlungslagen in systemtheoretische, kybernetische, kommunikationstheoretische Fachsprachen hat bisher kaum je zur Klärung, nur zu oft aber zur Trivialisierung der Problematik beigetragen. Leicht erwekken solche Umformulierungen den Eindruck, in der Regel die Illusion, man habe die Dinge »im Griff«, ohne daß an den Sachverhalten, ihrer praktisch-politischen Dilemmatik, sich irgend etwas geändert hätte. Angesichts des Gewichts der Lagen, der Schwerkraft der Dinge, klingt die sozialwissenschaftliche Terminologie mit ihrer angestrengten Bemühtheit um Praxisbezug, Operationalisierung etc. nur zu oft wie das wissende Raunen von Zauberkünstlern; sie bewegt nichts, klärt wenig.

Klärung allerdings ist die spezifisch wissenschaftliche Aufgabe, die auch Regierbarkeit bzw. Schwer- oder Unregierbarkeit jedem abfordern, der mit den Worten als Wissenschaftler umgeht.

Das heißt zunächst Eingrenzung. Die Begriffe werden hier verwandt einzig zur Kennzeichnung spezifischer Schwierigkeiten des Regierens in Gemeinwesen vom Muster der westlichen, demokratischen Verfassungsstaaten. Für die meisten »jüngeren« Staaten der »Dritten Welt« ergeben sie wenig Sinn. Ihre Schwierigkeiten sind eher solche der Staatswerdung, d.h. der noch zu leistenden Etablierung von Macht mit dem Charakter des Monopols legitimer Gewaltsamkeit. Wie in aller bisherigen Geschichte vollzieht sich auch vor unseren Augen dieser Vorgang in rauhen Formen. Sie als Regierbarkeits- oder Schwerregierbarkeitsphänomene zu bezeichnen, liefe nur zu oft auf zynische Euphemismen hinaus, *the white man's burden* abgepackt in semantisches Leichtgepäck. In den zwei bis drei Jahrzehnten seit der Entlassung aus kolonialer Herrschaft ist in den neuen Staaten Afrikas und Asiens vermutlich mehr Blut geflossen als in den Jahrhunderten seit ihrer kolonialen Unterwerfung – womit kein Wort für ihre koloniale Unterwerfung und gar nichts gegen ihre Entlassung in die Risiken, selbst Staat werden zu müssen, gesagt sein soll. Am Beginn der *Federalist Papers* rühmen die Verfasser die geschichtlich einzigartige Chance der Amerikaner, ihre staatliche Form entgegen allem Lauf der Welt nicht durch Zufall und Gewalt, sondern durch freie Wahl und Überlegung bestimmen zu können. Aber auch dem ging ein mehr als zehnjähriger Krieg voraus, und die 1787 endlich gefundene Form war 80 Jahre später erst gesichert nach Austragung eines der erbittertsten und verlustreichsten Kriege des 19. Jahrhunderts.

Auch die etablierten Staaten der sozialistisch-kommunistischen Varianz bleiben außerhalb der Betrachtung. Staaten mit freier demokratischer Willensbildung, Gewaltenteilung, offener Führungsstruktur, Grundrechten etc. unter dem Kriterium der »Regierbarkeit« mit totalitären Herrschaftssystemen zu vergleichen, erscheint wissenschaftlich so sinnvoll, wie die Durchflußgeschwindigkeit eines Dorfbaches durch freie Wildbahn mit der durch eine steil abfallende Betonröhre zu »vergleichen«. Der interessante Unterschied in beiden Fällen besteht für den Nichtwassertechniker nicht in der Schnelligkeit des Durchflusses, sondern darin, daß sich der eine Verlauf vor aller Augen, der andere in der Dunkelheit der Röhre abspielt.

Gewiß hängt die Sicherung der »Regierbarkeit« der freiheitlichen Demokratien im Rest dieses Jahrhunderts mit dem Konkurrenzdruck, der möglichen Aggressivität der totalitären Imperien zusammen. Zurückgewiesen werden soll hier nur die Erwartung, das Kriterium eigne sich zu sinnvollem Vergleich – er ist schon zwischen den westlichen Demokratien, mit ihren noch immer so ausgeprägten Individualitäten, den noch immer so kräftig fortwirkenden, unterschiedlichen historischen Schub- und Prägekräften problematisch genug, sofern durch Vergleich mehr anvisiert wird als ein möglichst präzises Erfassen der Problemlage der einzelnen Staaten, wozu vergleichende Betrachtung allerdings unerläßlich ist.

Für speziell deutsche Ohren dürfte der nicht abzuleugnende skeptische Unterton des Begriffs »Regierbarkeit« irritierend wirken. Noch immer steht die These, Hitler verdanke seinen Aufstieg unter anderem den kulturpessimistischen Strömungen der Weimarer Zeit. Selbst wenn die These richtig sein sollte – könnte dies denn ein Anlaß sein, den Optimisten herauszukehren? Haben die Pessimisten oder Optimisten der zwanziger Jahre denn nun »recht gehabt«? Henry Kissinger hält unverdrossen seinen Oswald Spengler in Ehren, und auch Helmut Schmidt hat wissen lassen, daß die Lektüre der »Jahre der Entscheidung« als junger Mensch seinen politischen Blick geschärft habe. Seltsam: Literatur und Bildende Kunst dürfen, ja müssen, um respektabel zu sein, damit ihnen »Sensitivität fürs Kommende« attestiert werden kann, in tiefstem Pessimismus versinken, der Sozialwissenschaftler steht weiter im Obligo, die schöneren Zukünfte zu entwerfen. »Finsterer Kulturpessimismus«, wie das Etikett lautet: hier hellsichtige Tugend, dort reaktionäres Dunkelmännerlaster. Nur in der szientistischen Geheimsprache darf vom Ernstfall die Rede sein: »Systemtod« oder Zusammenbruch des »Regelkreises« sind zugelassen, Unregierbarkeit ist tabu. Es versteht sich und sei zugegeben, daß, wer von Regierbarkeit glaubt reden zu sollen, die Möglichkeit der Unregierbarkeit einkalkuliert. Das Wort ist noch zu blaß, es schmeckt nach Sprachregelung. Darum sei unverblümt daran erinnert, daß sich hinter »Unregierbarkeit« der dramatische Tatbestand verbirgt, den man traditionell als Anarchie bezeichnete – in der Erinnerung der Geschichte in der Regel eine schreckliche Sache. Die Bewohner des Libanon – vor zehn Jahren noch ein Paradebeispiel für die Möglichkeit friedlichen Zusammenlebens einer ethnisch und religiös zerklüfteten Gesellschaft – würden es wohl als Hohn empfinden, wenn man ihre Lebensbedingungen als solche der »Unregierbarkeit« klassifizieren würde. Wieso wissenschaftliche Sprache so schwach und ausdrucksarm sein muß, aseptisch gegenüber Leid, Schmerz wie Glück und Hochgefühl, kaum fähig, bürgerliche Erfahrungen wiederzugeben, sei als Nebenprodukt dieser Untersuchungen festgehalten.

Dennoch empfiehlt es sich, den Begriff der Regierbarkeit mehrfach hin- und herzuwenden, bevor man sich auf ihn einläßt. Nur restlos befreit von jeder Assoziation mit »technischer Reibungslosigkeit«, glatter »Implementierung«, zügigem »Vollzug«, wagen wir ihn zu gebrauchen. Grundbedingung für seine Verwendung ist das sichere Wissen, daß es in der Politik immer nur »mit Ach und Krach« (R. Smend) geht. Politik, Regieren, ist das Bohren harter, dicker Bretter. Aber die Bretter können unterschiedlich dick und die Bohrer mehr oder weniger kräftig sein.

Gewiß ist, daß das Regieren in Gemeinwesen, in denen fast alles mit allem zusammenhängt und es kaum noch einen Bereich des Lebens gibt, für den die politischen Instanzen nicht zumindest mitverantwortlich gemacht werden, schwieriger und komplizierter geworden ist. Der demokratische Wohlfahrtsstaat konfrontiert die Regierungen der modernen Staaten mit ungeheuren, im Wettstreit der Parteien immer höhergetriebenen Erwartungen. Die Effizienz, die er sich in Kriegszeiten zulegt, legt er im Frieden nicht ab, nur daß jetzt um das Ziel des Einsatzes gestritten werden darf. Daß der Staat in den meisten Industriegesellschaften des Westens nahezu 40 Prozent des Sozialprodukts durch seine Kassen laufen läßt, hat ihn nicht unbedingt stärker, auf jeden Fall aber krisenanfälliger gemacht. Gewiß hat er sich für seine gewachsenen Aufgaben ein Instrumentarium zugelegt, das ihn nach seinen technischen Fähigkeiten weit über seine Vorgänger hinaushebt. Dennoch erweckt der moderne Staat oft den Eindruck eines tönernen Riesen; oft möchte man meinen, daß er vor Kraft nicht laufen kann. Wie schwer fällt es ihm immer wieder, das Notwendige, das von allen als notwendig Erkannte, möglich zu machen.

Aber alle bekannten Symptome der Schwäche des modernen Staates erlauben deshalb noch nicht, von möglicher Unregierbarkeit oder auch nur Schwerregierbarkeit zu sprechen. Die hier verwandten Begriffe bekommen einen halbwegs prägnanten Sinn erst dann, ihre Verwendung rechtfertigt sich erst, wenn man die veränderten Rahmenbedingungen miteinbezieht, in denen der moderne Staat agiert. Wendet man sich diesen Rahmenbedingungen zu, so muß man allerdings feststellen, daß es eine mit der heutigen vergleichbare Lage in der Geschichte des modernen Staates nie gegeben hat. Regierenkönnen, ein Gemeinwesen »regierbar« halten, heißt doch, in etwa Herr der Bedingungen zu sein, die das Regieren bestimmen. Hier muß jeder Versuch der Begriffsklärung und Begriffsrechtfertigung ansetzen.

Die erste, grundlegende Veränderung der Rahmenbedingungen des Regierens besteht darin, daß erstmals in der Geschichte der menschlichen Gattung die Gattung selbst bedroht ist. Mochten in der bisherigen Geschichte hunderttausende oder Millionen von Menschen durch Erdbeben, Überschwemmungen oder Krieg vernichtet werden, die Gattung selbst war bis Hiroshima nie bedroht. Seitdem der Mensch gelernt hat, die Kräfte des Atoms zu entfesseln, hat er mit der Möglichkeit des Todes seiner Gattung zu leben. Er hat seitdem in wenig mehr als zwei Jahrzehnten zu dieser Möglichkeit der atomaren Selbstvernichtung noch viele andere, viel schrecklichere, biologische dazu ersonnen. Es ist kein Zweifel mehr daran möglich, daß sich der Charakter der Politik dadurch grundlegend verändert hat. Für welche Zwecke immer die Menschen den Staat eingespannt haben mögen, an seinem Anfang steht die Schutzfunktion. Die Burg, die Stadtmauer, die befestigte Grenze sind Symbole des ursprünglichsten Zweckes allen Regierens, die Regierten vor dem äußeren Feind zu schützen. Heute gibt es keinen Staat auf dieser kleinen Erde mehr, der diese Aufgabe gegenüber seinen Bürgern wahrnehmen könnte. Auch die sogenannten Supermächte können ihr Territorium vor einem Atomschlag des Gegners nicht mehr schützen. Alles, was sie können, ist sich rächen. Sie können zurückschlagen, wenn der Gegner zugeschlagen hat. Auch wenn der Bürger in seinen täglichen Überlegungen mehr damit beschäftigt sein mag, ob sein Arbeitsplatz gesichert ist, seine Wohlstandserwartungen nicht enttäuscht werden, so kann doch kaum daran gezweifelt werden, daß die innere Einstellung der Menschen gegenüber dem Staat eine andere geworden ist, seitdem sie tief drinnen wissen müssen, daß er die Primärfunktion aller Politik, den äußeren Schutz, nicht mehr erfüllen kann.

Das führt zu einer zweiten grundlegenden Veränderung der Rahmenbedingungen modernen Regierens. Wenn der große Atomkrieg bis jetzt von der Menschheit ferngehalten wurde, da jeder, der ihn auslösen würde, vorerst das Risiko einginge, Selbstmord zu begehen, so macht das Problem der Friedenssicherung in erschreckender Deutlichkeit bewußt, eine wie zweischneidige Sache das Zusammenwachsen der Völker zur einen Welt in Wahrheit ist. Der Gedanke, daß bei allen Trennungen der Sprache und der Rasse die Völker dieser Erde in Wahrheit doch eine Menschheit darstellen, ist einer der ältesten Gedanken des Abendlandes. Aber erst gegen Ende des Zweiten Weltkrieges hatte man gemeint, nun sei die Zeit der *One World*, der einen Welt, endlich angebrochen. Man setzte große Hoffnungen auf die Überwindung nationalstaatlicher Partikularitäten. Heute aber muß man wohl sehen, daß es, aufs Ganze gesehen, d.h. aufs Ganze des Schicksals der Menschheit, gar keine so üble Sache war, wenn die Dinge, die fern in der Türkei passierten, dem Mitteleuropäer den leichten Schauer bei der Lektüre des Morgenblattes vermittelten, ihn aber im übrigen unberührt lassen konnten. Die Erfüllung aller staatlichen Aufgaben beruhte bis vor kurzem auf der Territorialität, d.h. der geographischen Abgrenzung des Bereichs, für den eine Regierung zuständig und damit auch verantwortlich war. Heute geschieht ein immer größerer Teil der Dinge, mit denen die Regierungen sich herumschlagen müssen, außerhalb ihrer territorialen Verantwortlichkeit. Die meisten Probleme, oder jedenfalls ein immer größer werdender Teil derjenigen, die dazu beitragen, die modernen Industriegesellschaften schwer regierbar zu machen, sind importierte Probleme. Am allerdeutlichsten wird dies im militärischen Bereich. Wenn jede Lokalauseinandersetzung an irgendeinem Punkte der Erde die Zündflamme für eine Weltkatastrophe sein kann, so ist das kein Ausdruck wachsender Solidarität der Menschheit, sondern ein bloßes Hineingerissensein in ein allgemeines Verhängnis des Mitgefangen-Mitgehangen.

Wenn von der Regierbarkeit von Industriegesellschaften die Rede sein soll, so gehören zur Veränderung der Rahmenbedingungen des Regierens – Veränderungen, die im Kern alle auf Aufhebung der Territorialität, d.h. der möglichen Begrenzung der Probleme auf das gegebene Gebiet hinauslaufen – weiter die ökologischen Gefährdungen, die ihrer ganzen Natur nach an Grenzen nicht haltmachen. Eine Verseuchung der Ostsee durch schwedische Silikoseabwässer trifft alle Anrainer; gegen den Schmutz, den die Schweizer, Deutschen und Franzosen in den Rhein entlassen, sind die Holländer machtlos.

Terror, Brutalität und Gewaltsamkeit für diesen oder jenen Zweck gibt es seit eh und je in der menschlichen Geschichte. Aber nie waren seine Chancen so groß, seine möglichen Auswirkungen so weltweit unbegrenzt. Die Palästinenser führen einen Kampf gegen Israel, aber sie führen ihn rundherum um den Globus. Kein Flughafen, keine Bahnhofshalle, kein Supermarkt zumindest der westlichen Welt, der nicht zum Schauplatz dieses Kampfes werden könnte.

Die Menschheit schickt sich an, einen erheblichen Teil ihres Energiebedarfs der Atomkraft zu entnehmen. Bei jedem Atomreaktor fällt Abfall an, der das Grundmaterial für den Bau von Atombomben bieten kann. Indien besitzt die Atomwaffe bereits, Israel möglicherweise, gewiß wird auch Ägypten sie in Kürze anwenden können. Militärisch kennt diese Welt also keine halbwegs garantierbare Sicherheit mehr, und die Ölkrise hat gezeigt, daß ökonomisch das Ende aller Kalkulierbarkeit gekommen ist. Am Beginn des abendländischen Staatsdenkens steht der Gedanke der Autarkie, der möglichen Selbstgenügsamkeit eines Gemeinwesens. Im Souveränitätsprinzip, der Grundlage der neuzeitlichen Staatenordnung, erhielt sich ein Rest dieser Denkweise. Heute gibt es weder Autarkie noch Souveränität. Was man vor 30 Jahren euphorisch als »weltweite Zusammenarbeit« deklarierte, vor 20 Jahren als Verlust der Autarkie, würde man heute wohl eher mit dem Schlagwort ›Import der Probleme‹ bezeichnen.

Aber der wichtigste Importfaktor ist dabei noch ausgeklammert. Nicht nur militärisch und ökonomisch sind die westlichen Gesellschaften außengesteuert, d.h. nur bedingt Herren der eigenen Lage, auch geistig haben sie ihr Zentrum weithin verloren. Bisheriges Regieren konnte voraussetzen, daß jedem Staat eine gewisse geistige Individualität, ein gewisser eigener Staatsgedanke zugrundeliegt. Die Eigentümlichkeit der jeweiligen politischen Ordnung, ihren spezifischen *way of life* zu sichern und zu pflegen, war bis in unsere Tage hinein ein Hauptanliegen der Politik. Das Instrument zur Sicherung dieser Eigentümlichkeit, zur Abwehr von – wie das Wort nun einmal lautet – »Zersetzung« dieser Eigentümlichkeit, war bis in unsere Tage hinein die Zensur. Das westliche, freiheitliche System unterscheidet sich von den totalitären Staaten des Ostens, sowohl der Sowjetunion und ihrer Satelliten wie vom chinesischen Imperium, wesentlich dadurch, daß die östlichen Systeme entschieden weiterhin auf dem Prinzip der Zensur beruhen. Diese Zensur ergreift nicht nur Rundfunk, Fernsehen und Presse, sondern viel wesentlicher die Lebensweise, die ganze sittlich-geistige Ordnung, die nach einem politischen Prinzip der herrschenden Weltanschauung ausgerichtet sein soll. Abweichler werden nicht geduldet; die kommunistischen Staaten verfolgen ihre Dissidenten wie die alte Kirche ihre Ketzer. Der freiheitliche Charakter des Westens gegenüber dem Osten ist historisch wesentlich darin begründet, daß mit dem Aufkommen des Christentums der gläubige Christ nur noch mit einem Teil seiner Existenz durch die politische Ordnung bestimmt wurde. Die Freiheit des Denkens, die seit dem 17./18. Jahrhundert die Gelehrten zum Zwecke der Wissenschaftsausübung für sich erstreiten, wird seit dem 19. Jahrhundert zur allgemeinen Freiheit der Meinung. Da alles Verhalten, die ganze Lebensweise in unseren Meinungen bestimmt ist, liegt es auf der Hand, wie schwer das Regieren in Gemeinwesen sein muß oder zumindest werden kann, die auf der absoluten Freiheit und Gleichberechtigung aller Meinungen begründet sind. Alle Theorien über die kritische Lage der Welt, die diesen Faktor nicht mit einkalkulieren, übersehen das krisenträchtigste Moment zukünftiger Entwicklung. Liegt es doch auf der Hand, daß die großen Herausforderungen, vor denen die Menschheit und die einzelnen politischen Gemeinwesen stehen oder in Kürze stehen könnten, nur durch ein ganz ungewöhnliches Maß von Disziplinierung, Energie und Zucht bewältigt werden können.

Was hat der moderne demokratische Staat dieser Herausforderung entgegenzusetzen? Samuel H. Beer, der renommierte Harvarder Gelehrte, geniert sich nicht, die Demokratie eine »*remarkably empty doctrin*« zu nennen. Die Doktrin legitimiere, was das Volk will, aber sie tue nichts, ihm Ziel und Inhalt zu setzen. Die Demokratie stand *gegen* Aristokratie und Monarchie, gegen Ungleichheit und kirchliche Bevormundung, sie befreite die Menschen von ihren vormodernen Bindungen. In sich selbst enthält sie keinen verbindenden Gedanken, sie lebt daher geistig von den Restbeständen vormoderner oder immer noch »emanzipierender« Kräfte. Diese sind so gut wie aufgebraucht. Das Gemeinwesen selbst, der demokratische Staat unserer Tage, von dem so Ungeheures erwartet wird, ist affektiv weithin bedeutungslos geworden. Er ist im Entscheidenden, in Herz und Seele der Bürger, auf Sand gebaut. Wenn der Staat noch immer das ist, was schon die klassische politische Philosophie unter ihm verstand: der Mensch groß geschrieben, so hängt seine Regierbarkeit von der Art und Weise ab, in der die Bürger sich auf ihn einlassen. Welche Rechte konzedieren sie ihm, quasi als Gegenleistung zu den großen Wohlfahrtsleistungen, die sie ihm doch abverlangen? Wo ziehen wir die Grenzen seiner Wirksamkeit? Werden sie so gezogen, daß Regierbarkeit möglich bleibt?

Ist es falsch gesehen oder ist es nicht doch so, daß dem Staat heute von jedem, der glaubt, auf der Seite des Fortschritts zu stehen, bestritten wird, was ihm in der Tradition nie bestritten wurde: Hüter, Pfleger, Förderer der Sittlichkeit zu sein, sobald diese Kategorien über individuelle Beliebigkeiten hinausgehen. Kann im Ernst bestritten werden, daß ein starkes, kaum mehr unterschwelliges, sondern ganz evidentes Verlangen unserer Zeit dahingeht, den Staat als Garanten der sittlichen Normen ad acta zu legen? Er soll technischer Dienstleistungsbetrieb sein, wie die Eisenbahn, die Post – nichts anderes. Überall dort, wo Kontroversen über etwas diese Dienste Transzendierendes entstehen – auf dem Gebiet der Ehe, Moral, Sitte, überhaupt dort, wo es nicht um Rechte, sondern Gewohnheiten und Schuldigkeiten geht –, sucht man den Staat zurückzudrängen. Nur dort, wo unproblematischer Konsens besteht, vor allem im Hinblick auf die Steigerung des Wohlstandes, der Entlastung von Pflichten, der Förderung der Bequemlichkeit, der daseinserleichternden technischen Entwicklungen, wird der Staat einmütig zu stärkeren Diensten, das heißt Ausbau seines leistungsstaatlichen Elements, verpflichtet.

Es braucht nicht näher ausgeführt zu werden, daß dies die Regierbarkeit nicht sichert, sondern zutiefst gefährden wird. Nur unter der Voraussetzung der Ausklammerung jedes »Ernstfalls«, jeder Lage, in der der Staat nicht leistend, sondern fordernd an seine Bürger herantritt, kann die Sache gutgehen, selbst kleineres Versagen, enttäuschte Erwartungen, können eine »Krisenlage« produzieren. Wenn alles Versagen im Leistungs- und Lebensqualitätsbereich dem Staat zugerechnet werden kann, wenn aus jeder wirtschaftlichen Rezession eine Staats- und Verfassungskrise werden kann, so ist etwas faul im Staate, dann steht der Koloß der modernen Staatlichkeit auf tönernen Füßen.

Der Kreis der veränderten Rahmenbeziehungen muß aber noch weiter gezogen werden[1].

Wenn der Staat nichts anderes ist als der Mensch großgeschrieben, so liegt die tiefste Veränderung der Bedingungen des Regierens *in der Veränderung der Menschen selbst*. Der Mensch ist denkendes Wesen, er hat Bewußtsein, ein Verständnis von sich selbst, seinen Platz im Kosmos. Die tiefgreifendste Veränderung der Bedingungen des Regierens liegt in einem Tatbestand, vor dem der moderne, weltlich aufgeklärte

[1] In den folgenden Seiten greife ich auf Passagen meines Aufsatzes »Ende der Politik? – Zur Krisis der Politik in der Neuzeit« (*Merkur* 25 (1971), S. 523 ff.) zurück.

Mensch gerne den Kopf einzieht: der Zerstörung aller Transzendenz und damit verbunden der Kategorie des unverfügbaren Schicksals. Tocqueville kannte gewiß nicht unseren Begriff der Regierbarkeit. Aber er meinte die Sache, wenn er glaubte, das Schicksal der Demokratie mit dem Glauben an ein jenseitiges Leben verknüpfen zu sollen.

Steckt man das Handlungsfeld ab, in dem moderne Politik agiert, so ist neben der alle Kraft in Anspruch nehmenden Sorge ums Leben überhaupt (Friedenssicherung, Umweltschutz) die Zerstörung oder Ausblendung der Transzendenz als Rahmenkategorie des Politischen sicher die einschneidendste aller Veränderungen der traditionellen Voraussetzungen des Regierens. Die große politische Philosophie der Neuzeit, von Machiavelli, Hobbes, Spinoza bis hin zu Kant und Rousseau, hat sie auch nicht übersehen. Alle ihre großen Schriften, anthropologisch im Ansatz, sind im Kern politisch-theologische Traktate. Erst die Endprodukte der Aufklärung, Marxismus und Positivismus, haben geglaubt, das Thema abhaken zu können. Seitdem tun wir uns groß darin, die religiösen Vorstellungen über die Schöpfungsnatur des Menschen, über die besondere Stellung, die ihm im Universum nach diesen Vorstellungen zukommt, als »Tabus«, »Ideologien« etc. abzuklassifizieren. Vom Gesichtspunkt eines bestimmten Wissenschaftsbegriffs, der gewiß der moderne ist, mag das auch so sein. Aber man sollte doch nicht übersehen, welche *Funktion* diese Vorstellungen in der Reproduktion und Sicherung menschlich-politischen Zusammenlebens jedenfalls in der neueren Staatengeschichte gehabt haben. Ohne die nur religiös begründbaren Vorstellungen über die besondere Natur des Menschen, seine Heiligkeit weil Gottesebenbildlichkeit, seine gottgestiftete Vernunftnatur etc. bleibt der Mensch dem Menschen, wenn es gut geht, ein Mensch – man nennt das Humanismus –, wenn es weniger gut geht, ein Lebewesen der gleichen Gattung – an denen dann aber die Differenzen nach Rasse oder Klasse in den Vordergrund des Interesses treten–, wenn es schlecht geht, ein beliebiges Bioprodukt wie Pflanze oder Tier, an dem man sich ungestraft auch zerstörerisch betätigen kann. Wenn die Primärfunktion aller traditionellen Politik der Schutz des Menschen als Gattungswesen war, so waren die religiösen Vorstellungen und insbesondere die Vorstellungen über das Wesen des Menschen selbst die eigentliche Basis, von der aus der Staat das seine wahrzunehmen versuchen konnte. Die Einhaltung der sittlichen und religiösen Normen aus eigener Kraft oder Sanktion erlaubt allein Zurückhaltung (»Toleranz«) des Staates. Ist das Leben eines Menschen nach menschlicher Vorstellung aber nicht mehr wert als das Leben eines Frosches, so hat Politik ausgespielt, Regieren droht in Gewalt umzuschlagen.

Den selbstverständlichen, unlösbaren Zusammenhang von politischer Ordnung und sittlicher Ordnung – und der harte Kern aller sittlichen Ordnungen sind nun einmal die religiösen Vorstellungen – nimmt das Grundgesetz der Bundesrepublik Deutschland – wie in ähnlicher Form die meisten Verfassungen der Neuzeit – für sich in Anspruch, wenn es im ersten Absatz des Art. 2 jedermann das Recht auf freie Entfaltung seiner Persönlichkeit zubilligt unter der Voraussetzung, daß er »nicht die Rechte anderer verletzt und nicht gegen die verfassungsmäßige Ordnung oder das Sittengesetz verstößt«. Die Gleich- und Nebeneinanderstellung von »verfassungsmäßiger Ordnung« und »Sittengesetz« weist darauf hin, daß das eine für freies menschliches Zusammenleben so wichtig ist wie das andere. In einer Sozialordnung, die verbindliche sittliche Grundlagen nicht mehr anerkennen würde, ist Regieren traditioneller Art jedenfalls kein taugliches Instrument mehr, um gegen die dann total entfesselten, nicht mehr tabuisierten Aggressionstendenzen des Menschen gegen seinesgleichen Dämme aufzurichten. All die Qualitäten, die wir traditionell mit abendländischen Herrschertugenden verbanden, Milde, Sanftmut Großzügigkeit etc., könnten unter solchen Bedingungen aus dem Arsenal politischer Wünsche gestrichen werden. Es sei nur daran erinnert, daß selbst ein so radikaler Aufklärer wie John Locke in seinem »Brief über Toleranz« den Atheisten die Toleranz noch glaubte versagen zu sollen. Jemandem, dem nichts heilig sei, der nicht an einen göttlichen Richter glaube, der nicht an den Grundsatz auch des rationalen Naturrechts, daß Verträge einzuhalten seien, glaube, den könne man in einem Gemeinwesen nicht dulden, da er ein zu furchterregendes, zu unberechenbares Wesen sei. Ist es Zufall oder nicht eher das Ergebnis disziplinierten Denkens, wenn die großen modernen Denker der Politik, im Grunde bereits alle aufgeklärte Heiden, von Machiavelli bis Rousseau, sich eine staatliche Ordnung nicht vorstellen konnten ohne eine religion civile, eine bürgerliche Religion, die die Minimalbedingungen der Glaubensrequisiten statuierte, die beim Bürger garantiert sein sollten, wenn ein Gemeinwesen aufrechterhaltbar, sagen wir also: regierbar sein sollte.

Im Grunde ist der Gedanke einfach. Je weniger die Maximen mitmenschlichen Handelns in den traditionellen Meinungen und Verhaltensweisen internalisiert sind, je mehr die Psyche der Menschen zur tabula rasa wird, auf die jede Ideologie, jeder sektiererische Einfall seine verhaltensbestimmenden Maximen aufschreiben kann, um so stärker müssen die außenbestimmten, heteronomen Faktoren menschlicher Lebensführung werden. Das Schwert, das natürlich durch alle Traditionen hindurch im Hintergrund der Politik, mal milder, mal drohender gestanden hat, drängt sich im modernen Staat mit Macht nach vorne. Nichts steht der Menschheit ferner als ein Absterben des Staates. Dagegen scheint die Möglichkeit des Absterbens der spezifisch abendländischen Weise des Regierens, die auf das Wort, Gespräch, Rat und Überzeugung freier Menschen abgestellt war, durchaus eine Möglichkeit zu sein.

Politische Theorie, die Anspruch auf diesen Namen erheben kann, war immer ein Produkt der Sorge: der Sorge um den Bestand der freiheitlichen Polis in der antiken Philosophie, um das sichere Zusammenleben in der Philosophie des Thomas Hobbes, um Freiheit und Menschenwürde bei Tocqueville und so bis hin zu Max Weber. Um bessere Zukünfte ist es da kaum gegangen, man war froh, wenn man das Ererbte bewahren konnte. In der Neuzeit, seit Hobbes, mischt sich ein utopistisches »à tout prix besser machen wollen« in die Reflexion. À tout prix – dies ist das entscheidende! Das moderne politische Denken denkt in den Kategorien der Utopie, das heißt den Kategorien der Konstruktion. Es möchte den Bereich der Politik freisetzen von Scheitern und Versagen. Allenfalls als technisches Problem wäre das der Regierbarkeit zugelassen. Aus diesem Geist heraus wachsen viele Definitionen der gegenwärtigen Lage. Die mögliche Unregierbarkeit der Staaten und der Welt wird definiert nicht als ein Ergebnis menschlichen Handelns, sondern als sozialtechnischer Defekt: der Kommunikations- oder Informationsstruktur, des »Interaktionssystems«, der sozialtechnischen Fehlsteuerung und wie die Begriffe lauten. Das in Wahrheit praktisch-geschichtliche Dilemma wird interpretiert als sozialtechnisches. Die Verwechslung menschlich-sozialer Tatbestände mit technischen Produkten – das ist der banalste Irrtum unserer Zeit.

Für die Lage, in der sich die Menschheit befindet, gibt es aber keine Kur aus einem Punkt. Die Komplexität des Dilemmas entzieht sich auch jeder modellartigen Erfassung, wie sie seit den Studien des *Club of Rome* in Massen auf den Markt kommen. Die heutige Weltlage gar auf einzelne »Mächte« zurückzuführen, auf das Kapital, den Imperialismus etc., das läuft nur auf Rückfall in animistische Denkweisen hinaus. Das Kapital wird beschworen wie von Medizinmännern böse Geister. Menschliche Situationen sind das Ergebnis menschlichen Handelns in Situationen. Und die Situationen selbst sind zu einem guten Teil durch menschliches Handeln bewirkt. Der Ansatzpunkt zur Änderung der Welt ist daher immer nur menschliches Handeln. Wenn die Lage der Menschheit dilemmatisch oder gar apokalyptisch sein sollte, so kann sie nur aus menschlichem Handeln verändert werden. Solche Veränderungen können erfolgen durch Einsicht oder durch Zwang. Freiheitliche Politik gewährt in den Formen des Rechts die Kompetenz zur Erzwingung des Gehorsams.

Aber sie setzt Einsicht voraus auf seiten der Regierenden und der Regierten. Gibt es evidente Zwänge, sich einsichtig, vernünftig zu verhalten? Offenbar muß man darauf bauen, wenn man es ablehnt zu resignieren. Die Frage ist nur, ob diese Zwänge nicht erst dann evident werden, wenn es zu spät ist.

Die hier versammelten Arbeiten würden nicht vorgelegt, wenn man dessen gewiß sein müßte.

(1977)

Parteienstruktur und Regierbarkeit

Dieses Problem, von der Wiege bis zum Grabe Ordnung in das Chaos, Richtung in den Raum, Disziplin in die Freiheit, Einheit in die Vielfalt zu bringen, war stets (und muß immer sein) der Zweck aller Erziehung, wie es das letzte Ziel der Religion, Philosophie, Wissenschaft, Kunst, Politik und Wirtschaft ist.

Die Erziehung des Henry Adams, Zürich 1953, S. 23

I. Regierung und Parteiwesen – Zur Exposition des Problems

Im Nachwort zur 2. Auflage seines klassischen Essays zur englischen Verfassung[1], geschrieben im Juni 1872, konnte Walter Bagehot auf eine bemerkenswerte Neuigkeit der vergleichenden Regierungslehre hinweisen: Zum ersten Mal hatte ein bedeutendes nichtmonarchisches Land, das Frankreich der III. Republik, das Experiment gewagt, den Chef der Regierung, »the real chief of the practical Executive«, d.h. den Ministerpräsidenten, durch Nominierung des Parlaments ins Amt gelangen zu lassen. Seit 1789 habe Frankreich ständig verfassungspolitisch experimentiert. Es möge sein, daß andere davon Profit gehabt hätten, »though as yet she herself has profited little«. Mit Skepsis verfolgt Bagehot die Anfänge Thiers, war es für ihn und seine Zeitgenossen doch eine ausgemachte Sache, daß jene Verkoppelung von Exekutive und Legislative, wie sie für die »Kabinettsregierung« Großbritanniens kennzeichnend sei, ein »unübertragbares Attribut der konstitutionellen Monarchie« war. So sehr der Monarch zu Bagehots Zeiten schon ins Schattenreich der bloß »ehrwürdigen Ämter« abgesunken

---

[1] Walter Bagehot, *The English Constitution* (ed. The Worlds Classics), S. 295.

sei, für die eigentümliche Verbindung von parlamentarischer Mehrheit und formell vom Monarchen abhängiger Exekutive schien er immer noch ein unentbehrliches Bindeglied zu sein. Die verfassungspolitischen Alternativen freier Regierungsweisen – seit Bagehot hat sich nichts daran geändert – erschienen ihm eng begrenzt: Nur das Präsidialsystem, mit einem vom Volk gewählten, vom Parlament unabhängigen Chef der Exekutive oder das parlamentarische stünden zur Wahl; in Bagehots Worten: »The practical choice of first-rate nations is between the Presidential Government and the Parliamentary; no state can be first-rate which has not a Government by discussion, and those are the only two existing species of that Government« (Bagehot, S. 311).

Zum französischen Experiment, zunächst ein Experiment Thiers, konnte Bagehot 1872 zunächst nur sagen »that such a constitution is possible; we cannot as yet say whether it will be bad or good«. Bei Bagehot überwog die Skepsis. Ein Parlament wie das französische, in sich zerstritten, »unregierbar«, in Grüppchen zersplittert könne »neither choose men nor measures«. Bagehot beobachtete scharf, daß zumindest der Start des Regimes der III. Republik von einer günstigen Bedingung gefördert wurde, der Unentbehrlichkeit Thiers'. »At every Crisis the Assembly feels that after M. Thiers ›the deluge‹, and he lives upon that feeling« (ebd. 298). Heute wissen wir genau, wie schwer es die III. Republik hatte, sich zu etablieren[2], wie »wehrhaft« sie sich gegen ihre Gegner behaupten mußte[3], und wie die Drohung mit einem Regime der »Ordnung« bis zu ihrem Zusammenbruch 1940 gewissermaßen der ständige Begleiter des »gouvernement d'assemblée« geblieben ist. Die französische Variante des Regimes der »Ordnung« ist der »Napoleonismus« oder – geläufiger – »Bonapartismus«[4], jedenfalls eine Form der möglichst weitgehenden Abkopplung der pragmatischen, der »Regierbarkeits«-Aufgaben, vor denen jedes Regime steht, von der parlamentarischen Versammlung, die Betrauung eines einzelnen (Kaisers oder Präsidenten) mit ihnen. Da die Herstellung eines Gleichgewichts von Ordnung und Freiheit die »raison d'être« des westlichen

---

[2] Centenaire de la Troisième Republique. *Actes du Colloque de Rennes,* Paris 1975; dazu der Bericht von R. SCHNUR, Vive la république? – Notizen aus Anlaß eines Verfassungsjubiläums, in: *Der Staat* 16 (1977), S. 110 ff.

[3] Vgl. J. P. MACHELON, *Les restrictions aux libertés publiques sous la Troisième Republique,* Paris 1976.

[4] Vgl. den Artikel »Cäsarismus, Napoleonismus, Bonapartismus etc.« von DIETER GROH, in: BRUNNER/CONZE/KOSELLECK, *Geschichtliche Grundbegriffe* 2 (Stuttgart 1972), S. 726 ff.

Verfassungsstaates ist[5], das »régime d'assemblée« versagt, wo die »Einherrschaft« zuviel des Guten tut, gilt noch heute für Frankreich, daß es wohl auch weiterhin »à la recherche d'un régime politique« bleiben wird. Wir kommen noch darauf zurück.

Aber verweilen wir noch einen Moment in der Welt Bagehots. Als er sein klassisches Buch schrieb, waren die Parteien, zumindest im Sinne funktionierender Parlamentsfraktionen, schon die Grundlage der von ihm beschriebenen Regierungsweise. Da das Unterhaus in einem Zustand des ständigen Wählens und Entscheidens lebe, sich jederzeit in der Lage sehen könne, sich einen Führer wählen oder ihn entlassen zu müssen, sei ihm die »Parteiung« inhärent: »Party is inherent in it, is bone of its bone, and breath of its breath.« Der ganze Mechanismus der Kabinettsregierung beruhe auf der Disziplin der Mehrheit, auf der »Stimmvieh«-Qualität der Hinterbänkler, der Akzeptierung einer Führung bis zu ihrer Ablösung, nur um sich einer neuen zu fügen. Die Peitsche in der Hand des Premiers ist die Drohung mit der Auflösung: »This is the secret which keeps parties together.« Aber Bagehot macht noch eine weitere Bedingung: Obwohl zusammenstehende Parlamentsfraktionen ein Lebensprinzip der repräsentativen Regierungsweise seien, sei Parteiregierung nur wirksam, »because it is not composed of warm partisans«. So wie die Ehrerbietigkeit der Mittelklasse als ganzer gegenüber der politischen Führungsschicht, ist ein unterkühlter Parteigeist der Parlamentarier Voraussetzung für das Funktionieren des Systems. »The body (die Fraktion) is eager, but the atoms (der einzelne M. P.) are cool.« Wäre es anders, so sei die parlamentarische Regierungsweise die schlechteste aller – »a sectarian government«. Aber die »Partisanen« des englischen Parlaments seien nicht von solcher Art, im Gegenteil, wie Kardinal Newman klage, »›hard to be worked up to the dogmatic level‹. They are not eager to press the tenets of their party to impossible conclusions« (126).

Bagehot starb 1877, die Bewährungsprobe, den Test der »Regierbarkeit« mußte Bagehots Cabinet Government erst einige Jahre später bestehen, in der großen Auseinandersetzung mit der von Parnell geführten irischen Obstruktion, die erst zur wirklichen Durchsetzung der Herrschaft der Regierung über das Parlament führte[6]. Hier hatte man

---

[5] MAURICE HAURIOU, *Précis de Droit Constitutionel,* 2. Aufl. 1929 (Nachdruck Paris 1965), S. 2 ff., dazu SCHNUR, aaO. S. 111, Anm. 2.

[6] Die beste ältere Darstellung dieser wahrhaft epochalen, das moderne britische Regierungssystem mit seiner bis vor kurzem klaren Vorherrschaft der Regierung erst absichernden Änderung der Geschäftsordnung des Unterhauses bei J. RED-

es nicht mit lauwarmen englischen Gentlemen zu tun, sondern mit Iren, wilden Menschen, »Fanatikern« (in der Sprache der Zeit), die, wenn es denn sein mußte, sich nicht scheuten, die Geschäftsordnungsregeln einer ehrenwerten beratenden Versammlung auch bis` zum Stillstand der Regierungsgeschäfte für ihre Ziele zu mißbrauchen. Der von den Klassikern des Repräsentativsystems so gefürchtete, bis dahin nur beim »Volk« vermutete »spirit of faction« machte sich im House of Commons gemein[7].

Bagehot schrieb vor der Entwicklung durchorganisierter Massenparteien, er ist ein vordemokratischer Autor. Immerhin lohnt es sich, noch einmal an die Skepsis eines so welterfahrenen Mannes zu erinnern, für den die Verbindung von Exekutive und Legislative in Gestalt eines parlamentarischen Regierungssystems noch ein »unübertragbares Attribut der konstitutionellen Monarchie« zu sein schien. Waren die Verfassungspolitiker, die an der Wiege der Weimarer Republik standen, wirklich so falsch beraten, so Sklaven einer fehlgeleiteten Theorie des »echten« und »unechten« Parlamentarismus, wie wir es vor allem von Ernst Fraenkel gelernt haben, wenn sie dem Reichspräsidenten als quasi-Sukzessor des Monarchen das Recht auf Berufung

---

LICH, *Recht und Technik des englischen Parlamentarismus,* Leipzig 1905, S. 84 ff., 1975 ff. Eine von der modernsten verfassungsgeschichtlichen Forschung noch nicht überholte Einsicht in die Bedeutung jener Vorgänge (Einführung der Closure, also der Möglichkeit des Schlusses der Beratung) bieten auch die ressentimentgeschärften zeitgenössischen Kommentare LOTHAR BUCHERS (vgl. seine *Kleine Schriften politischen Inhalts,* Stuttgart 1893, S. 220 ff.). Aus der neueren Lit. vgl. EDWARD HUGHES, The Changes in Parliamentary Procedure, 1880–1882, in: *Essays presented to Sir Lewis Namier,* London 1956, S. 289 ff. und W. HENNIS, Clôture im Bundestag, in: *Archiv des öffentl. Rechts* 91 (1966), S. 254 ff. sowie die Parnell-Biographie von R. F. FOSTER, *Charles Stewart Parnell,* London 1976.

Die üblichen Clichés zum angeblich so »repräsentativen«, am liberalen Abgeordneten-Modell des Art. 38 GG orientierten »klassischen Parlamentarismus« korrigiert WOLFGANG JÄGER, *Öffentlichkeit und Parlamentarismus,* Stuttgart 1973 und die – eine prachtvolle Quelle erschließende – Freiburger Phil. Diss. von HERBERT UPPENDAHL, *Parlamentarismus im politischen Roman.* – ANTHONY TROLLOPES, *Analyse des britischen Regierungssystems seiner Zeit* (Dülmen, A. Laumannsche Verlagsbuchhandlung, 1976).

[7] Der Widerstand, das Zögern aller »Klassiker« des Repräsentativsystems gegenüber der Ausdehnung des Wahlrechts im 19. Jahrhundert hat immer die Angst vor der Maßlosigkeit der Begierden des »Volkes« als rationale Begründung. Klassisch J. ST. MILL, *On Representativ Government,* ch. VIII »Of the Extension of the Suffrage«. Zur »deference« als soziologischer Ambiance des britischen politischen Systems des 19. Jahrhunderts vgl. jetzt D. C. MOORE, *Politics of Deference.* – Study of the Mid-19th Century English Political System, London 1976 und die unten, Anm. 37 zit. Literatur.

des Regierungschefs übertrugen?[8] Es ist hier nicht der Ort, eine Revision der seit 1945 üblichen Kritik am Weimarer System, der Doppelverantwortlichkeit des Kanzlers gegenüber Reichspräsident und Parlament zu eröffnen[9], aber daß der *parlamentarische,* d.h. der von Parteien getragene Teil der politischen Konstruktion Weimars die ihm in der Konstruktion zugeschriebenen Funktionen nicht erfüllt hat, das steht wohl über jedem Zweifel. Schon Erich Kaufmann hatte 1921[10] auf die ganz andere Tradition des deutschen Parteiwesens verwiesen. »Wo in Jahrhunderte langer Arbeit Kalvinismus und Utilitarismus, Kapitalismus, Industrialismus und Kommerzialismus die Individuen rationalisiert und geschliffen haben, kann ein alle vorhandenen sozialen Gegensätze herausarbeitendes allgemeines Wahlrecht nur die beiden Gegensätze zweier programmloser Parteien, das Ja und Nein zu konkreten politischen Fragen aus den politischen Kämpfen herausholen und kann eine formale Demokratie der abstrakten Zahlen Verfassungstypus werden. In einem durch soziale und wirtschaftliche, durch konfessionelle und weltanschauliche Gegensätze zerklüfteten Volk andererseits muß das allgemeine Wahlrecht, der Proporz und der formale Apparat einer demokratischen Verfassung die nationale Solidarität sprengen und zersetzen.«[11] Eine bloße Änderung der Verfassungsform hätte in den zwanziger Jahren ganz sicher nicht ausgereicht, um das Parlament zu einem effizienten Träger der »elective function« zu machen.

Denn dies hängt nicht von Paragraphen, sondern der Wirklichkeit der Parteien, ihres Systems und ihres Typus ab. Zitieren wir noch einmal Erich Kaufmann aus dem Jahre 1921: »Das vertiefte Studium des

---

[8] Ernst Fraenkel, *Deutschland und die westlichen Demokratien*, Stuttgart 1964, S. 102 ff., wobei allerdings angemerkt werden muß, daß Fraenkels Kritik – völlig zu Recht – den an längst überholten Voraussetzungen Redslobs hängenden »plebiszitären« Befugnissen des Reichspräsidenten (insbes. seinem Auflösungsrecht) galt. In Fraenkels klassischer Formulierung: »Robert Redslob ist dafür verantwortlich, daß im Jahre 1919 nicht die englische Verfassung, sondern die Glosse rezipiert worden ist, die französische Monarchisten zu ihr geschrieben haben« – Für die Einführung der »echten« englischen Verfassung fehlten im Jahre 1919 aber auch die Voraussetzungen!

[9] Die noch immer unüberholte Darstellung: Friedrich Karl Fromme, *Von der Weimarer Verfassung zum Bonner Grundgesetz.* – Die verfassungspolitischen Folgerungen des Parlamentarischen Rates aus Weimarer Republik und nationalsozialistischer Diktatur, Tübingen 1960.

[10] Erich Kaufmann, Die Regierungsbildung in Preußen und im Reich und die Rolle der Parteien (1919 in *Die Westmark*), jetzt in: E. K., *Gesammelte Schriften I* (Göttingen 1960), S. 374 ff.

[11] Ebd., S. 386.

›lebenden‹ Verfassungsrechts in demokratischen Staaten ... lehrt uns, daß es nicht die Verfassungsartikel formulierenden und beschließenden staatlichen Instanzen sind, die das Verfassungsrecht schaffen und wandeln, sondern zunächst die geschäftsordnungsmäßigen Praktiken und Traditionen einer machtbewußten parlamentarischen Körperschaft, und dann – auch diese immer mehr zurückdrängend und allmählich beherrschend – die großen, rein gesellschaftlichen Organisationen der politischen Parteien: jene unheimlichen gesellschaftlichen Gewalten, die sich selbst die Norm ihres Verhaltens geben, ihr Gesetz dem Verfassungsleben aufzwingen und in ihrer durchaus irrationalen Kraft durch staatlich formulierte abstrakte Normen nicht reguliert werden können. Je demokratischer ein Staat ist, um so mehr werden diese Organisationen nicht nur die eigentlichen Subjekte und Träger des politischen Wollen und Handelns, sondern auch die eigentlichen Schöpfer und Wandeler des lebendigen Verfassungsrechts«.[12]

Die Parteien als die eigentlichen Schöpfer und Wandeler des lebendigen Verfassungsrechts der modernen Demokratie – und nicht nur dieser. Die Frage, die wir uns vorlegen, geht dahin, ob die Parteien jene grundlegende, primäre, vor allem anderen schöpferisch zu meisternde Aufgabe des Verfassungslebens erfüllen, um die sie sich bis zur Mitte des vergangenen Jahrhunderts den Kopf nicht zu zerbrechen brauchten: ob sie fähig sind, ein politisches Gemeinwesen zu regieren, oder, um es im Kontext dieses Bandes auszudrücken: es »regierbar« zu halten. Wenn die Parteien wirklich die alle Verfassungstraditionen überlagernden, das Wohl und Wehe des politischen Geschehens einer Nation bestimmenden Gewalten geworden sind, so mag es zweckmäßig sein, ihre »efficiency«

[12] Ebd., S. 376 f. Mit wenigen Strichen gibt E. Kaufmann im folgenden eine glänzende Schilderung der Schwäche des Weimarer Reichspräsidenten bei der »Ernennung« des Reichskanzlers – seiner Unfähigkeit, »mit starker Hand über die Grenzen der Parteien in deren Inneres hineinzugreifen« und eine »Persönlichkeit« zum leitenden Staatsmann zu bestellen. Am Ende bestehe die »Ernennung« »durch den Reichspräsidenten... dann nur in der formellen Unterzeichnung der Bestallungen für die ihm benannten Parteimänner oder von den Parteien zugelassenen Nichtparteimännern«. Ganz anders in England: »Da die englischen Parteien keine Weltanschauungs- und Bekenntnisparteien sind, sondern die Gefolgschaften ihres durch die ›Parteimaschine‹ selbst zum leitenden Staatsmanne designierten *leaders*, bedarf es dort keiner Fraktionssitzungen. Der ›Premier‹ ist da, bevor das Haus zusammentritt ... dort haben die ›Parteien‹ bereits den eigentlichen Parlamentarismus aus den Angeln gehoben und die repräsentative Demokratie durch eine Art unmittelbarer Demokratie tatsächlich ersetzt...« – Daß sich in diesem Punkte mit dem Niedergang des »Prime Ministerial Government« viel verändert hat, davon später.

im Hinblick auf diese Aufgabe an jenen Formen und Institutionen zu messen, die der Verfassungsstaat vor der Heraufkunft des modernen Parteiwesens zur ständig paraten Lösung der Aufgabe der »regierenden Gewalt« entwickelt hat. Es versteht sich, daß wir hier nur die Umrisse eines Problems skizzieren können. Da die Fragestellung nicht die übliche der Parteienforschung ist, kann auf Vorarbeiten kaum zurückgegriffen werden. Immerhin, die Einsicht in das Problem ist so neu auch nicht.

Das erste große Werk zur Heraufkunft des modernen Parteiwesens ist Moisei Ostrogorskis »Democracy and the Organization of Political Parties«[13]. Im Erfassen der verfassungspolitischen Problematik ist es bis heute unüberholt. Das Buch beginnt mit lapidaren Feststellungen: »The advent of democracy shattered the old framework of political society. The hierarchy of classes and their internal cohesion were destroyed, and the time-honored social ties which bound the individual to the community were severed.« Da die alte Herrschaftsgewährleistung durch eine neue ersetzt werden mußte, entstand das Problem, wie der einzelne auf neue Weise mit dem politischen Körper verbunden werden konnte: »in what new organization both could be incorporatcd, so as to assure form and permanency to their existence«. Da mit Durchsetzung der Demokratie der Zahl die höchste Gewalt zukommen sollte, stellte sich die Frage, »how the promiscuous crowd of old and young, of learned and unlearned, of rich and poor« – allesamt zu Herren ihres politischen Schicksals erklärt – hinfort fähig sein würden, ihrer neuen Aufgabe, der »Souverän« zu sein, nachzukommen. Die Lösung des Problems, zumindest für Großbritannien und die Vereinigten Staaten, von denen Ostrogorskis Werk allein handelt, sah er in der methodischen Organisation der Wählermassen in der Form »of disciplined and permanent parties«[14].

Ostrogorski schreibt, die alte Ordnung Englands vor der demokratischen Transformation habe man in einem Satze zusammenfassen können: sie beruhte auf der unumschränkten Herrschaft einer aristokratischen Klasse[15], Wie ein Arzt schildert Ostrogorski das Zerbrechen der alten Ordnung, ihre geistige Auflösung in die individualistischen Theorien Paines, Godwins und Benthams, die Ohnmacht der Reaktion, der Romantik, der Oxford-Bewegung und Carlyles, den schließ-

[13] M. Ostrogorski, *Democracy and the Organization of Political Parties,* vol. I, London 1902.

[14] AaO. I, S. 3.

[15] I, S. 6.

lichen definitiven geistigen Triumph des »new régime« in der politischen Theorie John Stuart Mills. Die politischen Parteien nehmen die Massen unter ihre Fittiche. Mit Hilfe der Maschinerie des Caucus spannt man das Stimmvolk vor den Karren der neuen Herren, die nun in seinem Namen das Regiment übernehmen[16].

Politische Parteien als Instrumente der »Willensbildung« und politischen Herrschaft sind keine Besonderheit westlicher Demokratien geblieben. Nicht die »Demokratie«, sondern die Parteienherrschaft ist universalgeschichtlich betrachtet der eigentliche Erbe der bis zum Beginn dieses Jahrhunderts vorwiegend monarchischen Ordnung. Auch dort, wo eine freiheitlich-individualistische Philosophie nie hat Fuß fassen können, wo es einen freien Wettbewerb der Parteien um den Wähler nie gegeben hat, auch in den sogenannten »Einparteienstaaten« sind die Parteien zum allbestimmenden Vehikel der politischen Willensbildung und Herrschaft geworden. So bunt und komplex ihre Erscheinungsformen und das Bild der Parteikonstellationen in den Staaten und Gesellschaften der klein gewordenen Welt auch sein mögen, auf der Grundlage von Parteien bildet sich der politische Wille in allen modernen Staaten von China bis Kuba, von Australien bis Alaska.

Hier soll uns aber nur der Zusammenhang von Regierbarkeit und Parteienstruktur in den »westlichen«, freiheitlich-demokratischen Verfassungsstaaten interessieren. In der freiheitlichen Demokratie soll Herrschaft nicht nur mehr oder weniger metaphorisch »im Namen« des Volkes ausgeübt werden. Gleichgültig, ob man sich Gerhard Leibholz' Formel von den Parteien als »Sprachrohr des mündig geworde-

---

[16] Ostrogorskis Buch – Max Webers Aussagen zur Parteisoziologie leben von ihm – hat bis heute keine angemessene Würdigung erfahren. Es ist ein Meisterwerk historisch-positivistischer politischer Beschreibung. Von besonderem Reiz sind die genauen Schilderungen der für die modernen Massenparteien so wichtigen Hilfstruppen, der »Parallelaktionen« in der Sprache Musils. Vgl. den 3. Teil von vol. I über die »Auxiliary and Rival Organizations«, wobei Ostrogorski besonderes Augenmerk den »Frauenvereinigungen« schenkt (der »Primrose League« der Konservativen und der »Liberal Association of Women« der Liberalen). Zur enormen Rolle der Frauen für die Förderung politischer Ziele und persönlicher Karrieren treffliche Beobachtungen bei Uppendahl (vgl. oben Anm. 6). – Das Buch von ROLF EBBIGHAUSEN, *Die Krise der Parteiendemokratie.* – Eine Studie über M. Ostrogorski, R. Michels und die neuere Entwicklung der Parteienforschung, Berlin 1969, ist allzusehr auf »ideologiekritische« Überprüfung fixiert, als daß es einem Autor vom Range Ostrogorskis gerecht werden könnte. Wenig ergiebig, aber die angelsächsische und französische Literatur zusammenfassend der Aufsatz von RODNEY BARKER and XENIA HOWARD JOHNSTON, The Politics and Political Ideas of Moisei Ostrogorski, in: *Political Studies* vol. 23 (1975), S. 415 ff.

nen Volkes« zu eigen macht oder nicht, in den westlichen Demokratien sind die Parteien in der Tat zum wichtigsten Vehikel der Beteiligung der Bürger am Prozeß der »politischen Willensbildung« geworden. Aber eben nicht nur das: Auch die Erfüllung der Lenkungsaufgaben eines Gemeinwesens, und das heißt zuvor, es regieren zu können, liegt wesentlich in ihrer Hand.

Das liberal-bürgerliche Verfassungsrecht, das institutionalisierte Ergebnis der Auseinandersetzung des Bürgertums mit der absoluten Monarchie, wurde zu Zeiten entwickelt, als von »disziplinierten und permanenten« Parteien noch keine Rede sein konnte. Es tut sich daher bis heute schwer, die Parteien seiner Begriffswelt einzuordnen. Verlegen heißt es im Artikel 21 des Grundgesetzes: »Die Parteien wirken an der politischen Willensbildung des Volkes mit.« Die diesem Satze zugrundeliegende Denkweise ist nicht, wie Gerhard Leibholz nicht müde wird zu behaupten, eine »parteienstaatliche«, sie ist durch und durch »vorparteienstaatlich«. Die Formel des Art. 21 trägt eine konstitutionell-demokratische Theorie- und wie hätte das im Parlamentarischen Rat anders sein sollen? Der Satz des Art. 21 ergänzt den vorhergehenden mit der kanonischen Formel zur Legitimitätsbegründung demokratischer Herrschaftsweise: »Alle Staatsgewalt geht vom Volke aus.« Es kann für unser Problem dahingestellt bleiben, wie diese beiden Sätze in ihrem Verhältnis zum »freien« Mandat der aus Volkswahlen hervorgehenden Repräsentation (Art. 38 GG) zu lesen sind. Faktisch sind die Parteien, wer wollte das leugnen, zum wichtigsten Vehikel der Beteiligung eines aller früheren Geschichte unbekannt großen Anteils der Bevölkerung am Prozeß der Bildung des politischen Willens geworden. Dabei ist es kaum zu bestreiten, daß die »Legitimität« der Parteien, als immer nur partikularem Ausdruck des »Volkswillens«, ihre Anerkennungswürdigkeit als Vermittler zwischen dem Willen des Ganzen und dem Willen der Einzelnen – in den einzelnen Nationen des Westens in je verschiedener Weise – in einem, wie man es auszudrücken pflegt, »Spannungsverhältnis« zu den älteren legitimitätsspendenden Kategorien »Nation«, »Volk«, »verfassungsmäßige Ämterordnung« etc. steht. Uns interessiert hier auch die »Legitimität« der Parteien, primär aber ihre Leistung, die Aufgabe, die den Parteien im 20. Jahrhundert zugefallen ist: Präsentation des für die Regierung eines Gemeinwesens erforderlichen politischen Personals, die Ausfüllung des »Bereichs der Regierung« – kurzum jener Funktionen (personeller und inhaltlicher Art), die für die Regierbarkeit eines Gemeinwesens unerläßlich sind. In der Annahme, daß dies näherer Begründung nicht bedarf, gehen wir davon aus, daß mit der De-facto-Republikanisierung im weitesten Sinne als Demokratisierung und Parlamentarisierung in allen westlichen Demokratien die »Regierbarkeit« entscheidend vom Charakter (System und innerer Struktur) des Parteiwesens abhängt. Leisten Ostrogorskis »disciplined and permanent parties« jene Integrations- und Leitungsfunktion, jene Verzahnung von »Staat und Gesellschaft«, die ihnen zugefallen ist? Prüfen wir zunächst, welchen Niederschlag das Problem in der Wissenschaft gefunden hat.

II. Das Problem der Regierbarkeit in der bisherigen Parteienforschung

Kaum einem anderen Gebiet hat sich die politikwissenschaftliche Forschung seit dem 2. Weltkrieg im Verein mit Soziologie, Geschichts- und Staatsrechtswissenschaft in solcher Breite zugewandt wie den politischen Parteien. Zusammen mit Verbands- und Wahlforschung macht die Parteiforschung die Trias der in besonderer Weise demokratiebezogenen Arbeitsgebiete aus, denen das Hauptinteresse des Faches seit Jahrzehnten gilt. Auch wo das Interesse der Entwicklung allgemeiner Theorien galt, stand im Hintergrund doch stets die Frage, wie denn der als irgendwie vorhanden gedachte »Volkswille« eigentlich gebildet werde, wie sich »Idee« und »Wirklichkeit« der Demokratie zueinander verhielten. Ein, nenne man es aufklärerisches, ideologiekritisches oder desillusionierendes Pathos bestimmt den richtungsbestimmenden Trend der Partei- und Demokratieforschung seit Robert Michels[17] über Schumpeter[18] und Carl Schmitt[19] bis zu den Analysen Robert Dahls (»Who governs?«) und der in der Auseinandersetzung mit ihm entwickelten Community-Power-Forschung[20]. Über der Fra-

---

[17] Robert Michels, *Zur Soziologie des Parteiwesens in der modernen Demokratie. – Untersuchungen über die oligarchischen Tendenzen des Gruppenlebens* (1. Aufl. 1911); Neudruck der 2. Aufl. von 1925 mit einem Nachwort von Werner Conze, Stuttgart o. J. (Kröners TA Bd. 250). Zu R. Michels vgl. Wilfried Röhrich, *Robert Michels. – Vom sozialistisch-syndikalistischen zum faschistischen Credo,* Berlin 1972.

[18] Joseph A. Schumpeter, *Kapitalismus, Sozialismus und Demokratie,* München 1950.

[19] Insbes. in »Die geistesgeschichtliche Lage des heutigen Parlamentarismus« und im Abschnitt »Die konkrete Verfassungslage der Gegenwart« in »Der Hüter der Verfassung«, Tübingen 1931, S. 71 ff.

[20] Robert A. Dahl, *Who Governs? Democracy and Power in an American City,*

ge »Wer regiert?« – wobei der Effekt der Antworten in der vermuteten Verblüffung darüber bestand, daß es *nicht* das Volk selber sei, hat man jedoch im allgemeinen zu fragen verabsäumt, ob denn überhaupt von einem wirksamen Regieren die Rede sein könne, ob es nicht in Wahrheit oft auf nichts anderes als eine mehr rechte als schlechte »Machtverwaltung« hinausläuft[21].

1. Die auffällige Beschränkung des Fragehorizonts der Parteiforschung geht im wesentlichen auf Robert Michels zurück, dem neben Ostrogorski zweiten großen Klassiker der Parteiforschung. Worum es Michels ging, war einzig und allein die Aufdeckung der »oligarchischen« Tendenzen im modernen Parteiwesen. Michels untersuchte die sozialdemokratischen Parteien seiner Zeit – nur sie sind Gegenstand seines berühmten Buches –, so wie man einen autarken, für sich seine Existenz rechtfertigenden Verein untersuchen kann, sofern dieses interessant sein mag: die interne, sei es »matriarchalische«, »patriarchalische«, »solidarische« oder eben auch »oligarchische« Binnenordnung einer Familie, die Prestigeskala eines Kegelklubs oder die »Machtbeziehungen« unter den spontan zusammengewürfelten Menschen einer Reisegesellschaft[22]. Nirgendwo tritt die Frage in das Blickfeld Michels', ob denn nicht gerade für eine Partei, deren Ratio doch in Durchsetzungsansprüchen außerhalb ihrer selbst liegt, nicht jedenfalls eine gewisse, wenn es erlaubt ist, auch als »oligarchisch« zu qualifizierende, jedenfalls verbindliche Führung ermöglichende Binnenstruktur

---

New Haven/London 1961. Zu den sich daran anschließenden endlosen Auseinandersetzungen vgl. H. KÖSER/H. C. ZIPFEL/H. KLIEWER, *Die Analyse kommunaler Machtstrukturen.* – Grundprobleme der Community-Power-Forschung, Freiburg 1976 und den angekündigten Literaturbericht von KÖSER/ZIPFEL in der *PVS* 1977.

[21] In der in Anm. 20 genannten Literatur als »Non-Decision-Problematik« theoretisch aufgeplustert. Daß »normale« Politik in der Regel ein Weiterwursteln, Verhindern-von-Üblerem, das »Inganghalten« von notwendigen Abläufen ist, kann dort nicht erkannt werden, wo der Begriff der »Entscheidung« (»Prioritätensetzung«, Auswahl zwischen »Alternativkonzepten« u.ä.) in einem nicht mehr »praktischen«, sondern »handlungstechnischen« Sinne zum Angelpunkt allen Politikverständnisses geworden ist. Auf dieses Mißverständnis der Politik kann hier nicht näher eingegangen werden. Vgl. dazu aber HANS BUCHHEIM, Was heißt politisch denken? in: *Neue Rundschau* (1968) Heft 2. Von H. Buchheim wird eine ausführlichere Theorie der Politik erwartet. Zum rationalistischen Verfehlen der Politik als ewiger Abfolge rationaler »Entscheidungen« grundlegend M. OAKESHOTT, *Rationalismus in der Politik,* Neuwied 1966.

[22] In dieser Tradition etwa H. POPITZ, *Prozesse der Machtbildung,* Tübingen 1968.

kategorisch aufgegeben ist. Mit Michels' Werk beginnt die Ausblendung der Außenbeziehungen, der Rolle, die die Parteien im politischen System zu spielen haben, der Anforderungen des Verfassungssystems etc., die insbesondere für die deutsche Parteiforschung mit ihrer fast ausschließlichen Fixierung auf die Binnenordnung der Parteien (innerparteiliche Willensbildung, innerparteiliche Demokratie) so charakteristisch ist[23].

Daß diese Thematik sich mit solcher Entschiedenheit und Dauer aufdrängen konnte, muß tiefer in der Struktur der deutschen Parteien begründet sein, in dem, was sie für die Lebensführung ihrer Mitglieder bedeuteten. Nur für Parteien, die in dem Maße Exponenten eines »sozialkulturellen Milieus« waren wie die alte deutsche SPD oder auch die Zentrumspartei, macht diese Fragestellung Sinn[24]; – weniger allerdings unter politikwissenschaftlichem als einem individual- und sozialpsychologischen Gesichtspunkt – also der Frage: was bietet mir (»gibt mir«) die Zugehörigkeit zu einer Partei, welche Partizipationschancen, Entfaltungsmöglichkeiten eröffnen sie den einzelnen[25] – alles sicher wichtige und interessante Fragen; für den, der dem Zusammenhang von Parteienstruktur und Regierbarkeit eines Gemeinwesens nachgehen möchte, aber doch Randprobleme oder jedenfalls Fragen, die erst bei Unterordnung unter das Problem der »Regierbarkeit« eigentlich relevant werden. Man wird kaum sagen können, daß solche Relevanz in der riesigen Literatur zur »innerparteilichen Willensbildung« sonderlich in die Augen fallen würde[26].

---

[23] Dazu schon vom Verf., *Meinungsforschung und repräsentative Demokratie,* Tübingen 1957, S. 52 [in diesem Band S. 72 ff.]. – Vgl. jetzt auch Wolfgang Jäger, Innerparteiliche Demokratie und Repräsentation, in: Ders. (Hrsg.), *Partei und System,* Stuttgart 1973, S. 108 ff.

[24] Zum Verhältnis der alten deutschen »Integrationsparteien« zu dem ihnen korrespondierenden »sozialkulturellen Milieu« unüberholt und kaum weitergeführt M. Rainer Lepsius, Parteiensystem und Sozialstruktur: Zum Problem der Demokratisierung der deutschen Gesellschaft, in: *Wirtschaft, Geschichte und Wirtschaftsgeschichte* (Festschrift für Friedrich Lütge), Stuttgart 1966, S. 371 ff., 380 ff.

[25] Ohne daß dies das eigentliche Thema des Buches wäre, finden sich die schönsten Belege für diese »Funktion« der alten sozialistischen Parteien bei Joseph Buttinger, *Am Beispiel Österreichs,* Köln 1953.

[26] Diese Literatur hier nachzuweisen, wäre Pedanterie; vgl. etwa die Bibliographien bei Ute Müller, *Die demokratische Willensbildung in den politischen Parteien,* Mainz 1967 oder bei Gisela Zimpel, *Selbstbestimmung oder Akklamation,* Stuttgart 1972.

2. Kaum besser steht es um jene parteisoziologische Literatur, die um das Problem der Typenbildung kreist. Sie ist – genau wie unsere eigene Fragestellung vermutlich eine historisch vergängliche ist – so stark von im allgemeinen vergangenen Problemlagen bestimmt – im wesentlichen dem Übergang von einer aristokratisch-bürgerlichen Honoratiorengesellschaft zur egalitären Demokratie –, daß von diesem Zweig der Parteiforschung auch gar nicht erwartet werden kann, daß er den Einstieg in unsere Problematik sonderlich erleichtern könnte. Einzig jene »Entwicklungstypologien« (M. Hättich)[27], die bis in unsere Gegenwart hineinreichen, insbesondere Sigmund Neumanns Typus der »demokratischen Integrationspartei«[28] und Otto Kircheimers »Allerweltspartei«[29], die schon bewußt unter dem Eindruck der problematischen Leistungsfähigkeit dieser Typen entwickelt wurden, den modernen Menschen in die politische Ordnung *at large* zu integrieren und ihn damit »regierbar« (in einem keineswegs nur, aber auch passivischem Sinn) zu machen, sind für uns in der Tat von unmittelbarer Bedeutung. Diese Typologien knüpfen an die geschichtlichen Herausforderungen an vor denen die Parteien oder jeweiligen Parteiensysteme standen; nur wo solche historischen Herausforderungen den Ausgangspunkt der politikwissenschaftlichen Fragestellung abgeben, können fruchtbare Ergebnisse erwartet werden.

3. Diesen praktisch-politischen Ausgangspunkt – Sorge um die politische Stabilität parteiendemokratischer Herrschaft – kann man der insbesondere mit dem Namen von Ferdinand Hermens verbundenen Wahlrechtsforschung jedenfalls nicht absprechen. Unter dem Eindruck der Parteienzersplitterung Weimars, dem schnellen Niedergang der Demokratie in nahezu allen Neudemokratien der Jahre nach 1919 einerseits[30], der vergleichsweisen Stabilität Großbritanniens andererseits, war es nicht abwegig, dem Faktor des Wahlrechts für die Regie-

---

[27] Manfred Hättich, Zur Typologie politischer Parteien, in: Gilbert Ziebura (Hrsg.), *Beiträge zur allgemeinen Parteienlehre,* Darmstadt 1969, S. 375 ff., 407 ff.

[28] Sigmund Neumann, *Die deutschen Parteien.* – Wesen und Wandel nach dem Kriege, Berlin 1932 (Neuauflage unter dem Titel *Die Parteien der Weimarer Republik,* Stuttgart 1965); Ders., Zum vergleichenden Studium politischer Parteien (in: Ziebura aaO., 215 ff.).

[29] Otto Kirchheimers Aufsätze *Parteienstruktur und Massendemokratie in Europa* (1953/54) und »Der Wandel des westeuropäischen Parreiensystems« (1965) ebenfalls in: Ziebura aaO., S. 288 ff., 341 ff.

[30] Vgl Theodor Eschenburg, Der Zerfall der demokratischen Ordnungen zwischen dem 1. und 2. Weltkrieg, in: *Der Weg in die Diktatur* (1918 bis 1933), München 1963, S. 7 ff.

rungsfähigkeit von Parteienregimes einen so hohen Rang zuzumessen. Heute sehen wir die Zusammenhänge differenzierter: Ein Zweiparteiensystem hätte sich in Weimar bei der regionalen Schwerpunktstruktur der deutschen Parteien sicher nicht ausgebildet. Es läßt sich auch fragen, ob die demokratische Mitte durch Polarisierung von Sozialdemokratie einerseits, bürgerlicher Demokratie andererseits insgesamt nicht eher geschwächt als gestärkt worden wäre[31]. Darüberhinaus zeigt das Beispiel der USA und Großbritanniens gegenwärtig allzu deutlich, daß gerade ein Zweiparteiensystem auch zur Schwächung der Regierung beitragen kann, wenn diese Polarisierung einen wesentlichen Faktor für die Unverantwortlichkeit der »Gefälligkeitsdemokratie« und der Erpreßbarkeit durch relativ kleine Gruppen darstellt[32]. Vor allem aber war die Wahlrechtsforschung im wesentlichen immer nur auf das Parteien*system* fixiert, die Prognosen für die Parteienstruktur (Tendenz zur gemäßigten Mitte) waren vage, oder sie haben sich als nur sehr bedingt haltbar erwiesen. Gerhard Lehmbruch hat darüberhinaus schon immer mit Recht darauf verwiesen, daß sich historisch noch ganz andere Konfliktentscheidungsmuster als die der Entscheidung durch die Mehrheit bewährt haben[33].

4. Unserer Fragestellung am nächsten steht die Tradition der angelsächsischen, speziell britischen Parteiforschung. Immer sah sie die Probleme der politischen Ordnung vorwiegend aus der Perspektive der Regierung – der Regierungsweise (»repräsentativ, verantwortlich, answerable«) –, aber auch der schieren Leistung[34]: to get things done. Auch wenn es ein französisch schreibender Pole war, dem wir die erste

---

[31] Eine umsichtig abwägende Würdigung der von Ferdinand A. Hermens inspirierten Schule bei Gerhard Lehmbruch, Die Wahlreform als sozialtechnologisches Programm, in: *Demokratisches System und politische Praxis in der Bundesrepublik* (Festschrift für Th. Eschenburg), München 1971, S. 174 ff.; sehr viel eindimensionaler und ohne Verständnis für die Motivation des Hermensschen Ansatzes Hans Fenske, *Wahlrecht und Parteiensystem,* Frankfurt a. Main 1972 (dazu kritisch E. Hübner, in: *Zeitschrift f. Pol.* 22 (1975), 392 ff.). Ein neuer Ansatz der ganzen Frage bei Eberhard Schütt, Wahlsystemfrage zwischen Recht und Politik. – Zur Kritik der Wahlsystem- und Parlamentarismusdiskussion, in: *Zeitschrift f. Pol.* 23 (1976), 253 ff.

[32] Zum Beispiel Großbritanniens vgl. Nevil Johnson, *Die englische Krankheit,* Stuttgart 1977.

[33] Gerhard Lehmbruch, *Proporzdemokratie. – Politisches System und politische Kultur in der Schweiz und Österreich,* Tübingen 1967.

[34] Zu dieser, der traditionell deutschen so konträren Sicht politischer Probleme vgl. Gerhard A. Ritter, *Deutscher und britischer Parlamentarismus. Ein verfassungsgeschichtlicher Vergleich,* Tübingen 1962.

große Monographie über das englische Parteiwesen im Zeitalter der Demokratisierung verdanken, so ist die Fragestellung Ostrogorskis doch eine eminent britische: empirisch und prinzipiell zugleich. Wie vertragen sich die neuen Parteimaschinen, die die alte Honoratiorenherrschaft verdrängt haben, mit den Grundprinzipien einer verantwortlichen Herrschaftsweise? Liegt die Verantwortung weiterhin bei denen, die sie von Verfassungs wegen zu tragen haben – Ihrer Majestät Regierung und den Repräsentanten in beiden Häusern des Parlaments? – oder bei den im Dunkel bleibenden Hintermännern des Caucus und der »smoke filled rooms«? Neben den Prinzipienfragen galt das Interesse der britischen Forschung seit Bryce und Bagehot immer auch der faktischen Machtlage, und Robert McKenzies großes Buch[35] handelt ja von nichts anderem als dem Versuch, unter der Fragestellung Ostrogorskis die wirkliche Machtverteilung zwischen politischer Führung, Parlamentsfraktion und Parteiorganisation zu erforschen. In den zwei Jahrzehnten seit dem Erscheinen seines Buches hat sich die Szene gewandelt, niemand würde heute noch eine so harmonisch-wohlgefällige Bilanz der britischen Lage ziehen wollen, aber die Fragestellung nach der verantwortlichen Regierung und damit auch dem Zusammenhang von Parteienstruktur und Regierbarkeit bestimmt bis heute den britischen Fragehorizont[36]. In keinem anderen Land hat man auch den sozialkulturellen Determinanten der »Führbarkeit« einer Nation soviel Aufmerksamkeit zugewandt wie in England, wo das Wahlverhalten großer Teile der Arbeiterschaft einerseits, die noch immer ungewöhnlich »unrepräsentative« Rekrutierung der politischen Führungsschicht andererseits bis heute so unübersehbare Faktoren der politischen Kultur darstellen[37]. Die in Großbritannien seit Ende der sechziger Jahre so harsch zu erfahrenden Probleme der Regierbarkeit[38] leiten auch die meisten der neueren Forschungen zum Parteiwesen. Neu ist unsere Fragestellung also nicht.

---

[35] R. T. McKenzie, *British Political Parties. – The Distribution of Power within the Conservative and Labour Parties,* London 1955 (dt.: *Politische Parteien in England,* Köln 1961).

[36] Repräsentativ R. Rose, *The Problem of Party Government,* London 1974.

[37] Zum »Deference«-Topos vgl. Bob Jessop, *Traditionalism, Conservatism and British Political Culture,* London 1974; R. McKenzie and Alan Silver, *Angels in Marble, Working Class Conservatives in Urban England,* London 1968; Alan Watkins, The Death of Deference, in: *The New Statesman* v. 9. 1. 1970, S. 35. – Die Lit.-Auswahl ist willkürlich.

[38] Speziell zum Problem der Überforderung (»overload«) des Regierungssystems vgl. die Rezensionsabhandlung von James Douglas, The Overloaded

Wenn nicht die Heraufkunft neuer Formen autoritärer Herrschaft innerhalb der westlichen Demokratien, sondern eher zähe Phasen der »Schwer«- bis »Unregierbarkeit« den überschaubaren Zukunftshorizont überschatten[39], so sollte es naheliegen, nicht nur auf die Probleme der innerparteilichen Demokratie zu starren, sondern den Fragen der Regierungsfähigkeit der Parteien zumindest die gleiche Aufmerksamkeit zuzuwenden.

III. Die Antwort der Praxis auf parteibedingte Unregierbarkeitserfahrungen

Siegfried Landshut hat schon vor Jahren scharfsinnig ins Bewußtsein gehoben, daß die »Denkmodelle« des rationalen Naturrechts – der Staat ein gewillkürtes Produkt von Vertragspartnern, sein Handeln Vollzug der Summe ihrer volontés – in der modernen Demokratie zum Realproblem geworden ist[40]. »Willensbildung« ist das A und O moderner Politik. Das beginnt mit dem permanenten Kampf um die Besetzung der entscheidenden Ämter im »Prozeß der Willensbildung« – einem modernen Synonym für »Politik« –, sind sie doch prinzipiell, im Gegensatz zur Monarchie, permanent vakant, stehen für den im »Prozeß der Willensbildung« Erfolgreicheren zur Disposition[41] – und endet in der nie ans Ende kommenden Diskussion um Richtung und Ziel der Politik, die gleichfalls in einer »offenen Gesellschaft« stets offenbleiben muß. Das Inganghalten des »Willensbildungsprozesses« wird so zum Kardinalproblem moderner Politik[42]. Erst in einem Staat,

---

Crown, in: *British Journal of Political Science 6* (1976), S. 483 ff. Wichtig in diesem Zusammenhang Samuel Brittan, *The Economic Contradictions of Democracy,* ebd. 5 (1975), S. 129 ff.; Anthony King, Overload: Problems of Governing in the 1970 s', *Political Studies* 22 (1975), S. 162 ff. und Richard Rose, Overloaded Governments: The Problem Outlined, in: *European Studies Newsletter* V (1975), 13 ff.

[39] Dies die m.E. realistische Ansicht von Sam H. Beer, Government and Politics: An Imbalance, in: *The Center Magazine* (March/April 1974), S. 10 ff.

[40] Siegfried Landshut, Über einige Grundbegriffe der Politik (*Arch. f. Sozialpol.* Bd. 54/I, 36 ff.) und Empirische Forschung und Grundlagenforschung in der Politischen Wissenschaft (1956), beides in: S. Landshut, *Kritik der Soziologie und andere Schriften zur Politik,* Neuwied 1969, S. 261 ff. und 307 ff. Zur Reduktion aller Politik auf »Willensbildung« vor allem S. 282, 304 und 313.

[41] Dazu Landshut, aaO. S. 316.

[42] Ein eigenartigerweise bisher nur in den gröbsten Umrissen behandeltes Problem: Aus der älteren Literatur sind nur zu nennen Dietrich Schindler, *Über die Bildung des Staatswillens in der Demokratie* (Zürcher Habil.Schrift) 1921 und Erich

in dem die Parteien nicht nur an der Willensbildung »mitwirken« (Art. 21 GG), sondern von ihrer internen Fähigkeit zur Willensbildung die Regierbarkeit entscheidend und nicht nur nebenbei bestimmt wird, eben im modernen Parteienstaat, wird das Augenmerk mehr und mehr auf ihre Probleme gerichtet; das 18. und 19. Jahrhundert kannte das Problem mehr als solches der Exekutivmacht und der parlamentarischen Willensbildung. Ich erinnere an die klassisch-traditionellen Lokalisierungen des Problems.

1. Seine erste große theoretische und verfassungsrechtliche Behandlung findet es in den Auseinandersetzungen um die Handlungsfähigkeit der Union und ihrer Ämter in den Beratungen um die US-Verfassung. Die »Federalist Papers«, vor allem die Beiträge Alexander Hamiltons, enthalten die klassischen Plädoyers für die Sicherung der Handlungsfähigkeit eines Gemeinwesens gegenüber »disunion«, »factions« und »obstruction«[43]. In der Hand eines fähigen Mannes bewahrt das amerikanische Präsidialsystem ein Maß von Handlungsfähigkeit, das im parlamentarischen System nur bei kohärenten Parteisystemen aufgebracht werden kann[44]. In der konstitutionellen Monarchie waren das Notrecht, der Kampf um Reste monarchischen Eigenrechts (Royal Privilege, Federative Power, Vermutung für die Exekutive etc.) die Orte der Auseinandersetzung[45]. Das »konstruktive Mißtrauensvotum«

Kaufmann, Zur Problematik des Volkswillens (1931), jetzt in: *Ges. Schriften* III (Göttingen 1960), S. 272 ff. In gewisser Weise liegt diese moderne, in Weimar akut gewordene Problematik aber auch der Integrationslehre Rudolf Smends zugrunde, genauso der politischen Theorie Carl Schmitts, kann man seinen »Dezisionismus« doch durchaus als Versuch verstehen, die im »Parlamentarismus«, wie er ihn sah, zerbröselnde »Willensbildung« »schlagartig« zur Räson zu bringen.

[43] Gerald Stourzh, *Alexander Hamilton and the Idea of Republican Government,* Stanford 1970.

[44] Am Beispiel eines »schwachen« Präsidenten (Eisenhowers) Richard E. Neustadt, *Presidential Power. – The Politics of Leadership,* New York 1962. Zur nur relativen Bedeutung der Mehrheitsverhältnisse im Kongreß für die Amtsausübung des US-Präsidenten vgl. Jürgen Hartmann, *Der amerikanische Präsident im Bezugsfeld der Kongreßfraktionen. – Strukturen, Strategien und Führungsprobleme in der Beziehung der Präsidenten Kennedy, Johnson und Nixon zu den Mehrheitsfraktionen* (1961–1973), Berlin 1977.

[45] Zum Notrecht nenne ich nur Hans Boldt, *Rechtsstaat und Ausnahmezustand,* Berlin 1967; Ernst Fraenkel (Hrsg.), *Der Staatsnotstand,* Berlin 1965, ferner die beiden Abhandlungen zur Geschichte und Theorie des Verfassungsnotrechts in Ernst Rudolf Huber, *Bewahrung und Wandlung. – Studien zur deutschen Staatstheorie und Verfassungsgeschichte,* Berlin 1975, S. 171 ff. sowie die entsprechenden Arbeiten Carl Schmitts in: *Verfassungsrechtliche Aufsätze aus den Jahren 1924–1954,* Berlin 1958, S. 233 ff.

des Artikels 67 GG gehört in diesen Zusammenhang der möglichst schnellen und sicheren Vorsorge für das Vorhandensein handlungsfähiger Ämter bei Gefahr der Vakanz aus Gründen »dysfunktionaler« Willensbildung oder Ausfall des Amtsinhabers[46]. Aus Einsicht in die Notwendigkeit des Fortgangs des Regierungsgeschäfts, ist eine sogenannte »Regierungskrise« doch immer und ausschließlich nichts anderes als die Gefährdung dieses Fortgangs, suchen die Verfassungen Ersatzlösungen (Ausweichen in Gesetzgebungsnotstandsverfahren, Präsidialregimes, in der Monarchie »Regentschaften«) zur Verfügung zu stellen.

Die Geschichte der Ausbildung des Systems der Premierministerregierung (Prime Ministerial Government) wie der »kanzlerdemokratischen« Regierungsweise in der Bundesrepublik ist zwar nicht nur, aber auch eine Antwort auf Schwer- und Unregierbarkeitserfahrungen bei dysfunktionaler Zusammensetzung der Parlamente. Die Abkopplung des Zentrums der staatlichen Willensbestimmung, des Amts des Präsidenten, von einem Regierbarkeit nicht hinreichend gewährleistenden Parteiensystem und Parlament im Präsidialregime der V. Republik, ist das prominenteste neueste Beispiel der französischen Verfassungsgeschichte- dieser unerschöpflichen Beispielsammlung verfassungspolitischer Lösungsversuche – für ein Frankreich immer wieder heimsuchendes Problem[47].

2. Freiheitliche Regierungsweise gewährt nicht nur Gedankenfreiheit, auch auf dem Feld der »Willensbildung« toleriert sie Opposition. Im Modell der »Konkurrenzdemokratie« wird die parlamentarische Opposition nicht nur hingenommen, sondern als fast notwendiger Verfassungsbestandteil im »Willensbildungs«-System vorausgesetzt. Gibt es sie nicht, drohen wichtige Funktionen: Kritik, Kontrolle, Repräsentation einer »Alternative« auszufallen. So wenig es Aufgabe der Opposition ist, die Geschäfte der Regierung zu betreiben, so wenig kann ihr Obstruktion gestattet sein. Zur Geschichte praktizierter Obstruktion kann Deutschland nur wenige Beispiele beitragen, die Geschichte beider Häuser des britischen Parlaments wie auch des amerikanischen Kongresses kann dagegen sehr wohl als eine perennierende Geschichte fortdauernder Obstruktionsversuche und des Kampfes um ihre Überwindung geschrieben werden. Die Herbeiführung des Schlusses der Debatte (clôture, closure, Blockierung des »Filibustern«),

---

[46] Vgl. dazu die vorzügliche, materialreiche Arbeit von RAINER WAHL, *Stellvertretung im Verfassungsrecht,* Berlin 1971.

[47] Vgl. oben S. 288 f.

die »Guillotine«, Modalitäten des »Pairing« zur Verhinderung ungewollter Obstruktionsmöglichkeiten, all dies und vieles mehr gehört in diesen Zusammenhang. Die Geschichte des Geschäftsordnungsrechts seit Benthams epochemachendem Traktat[48], aber auch die theorieunbelastete Geschichte der britischen und amerikanischen Praxis ist eine Geschichte des Versuchs, zwischen dem Recht auf Äußerung (ungehemmten »Fortgang der Beratung«) und dem Anspruch auf Herbeiführung einer Entscheidung zwecks Fortgangs der Staatsgeschäfte einen Ausgleich zu finden. Je nachdem, ob sich die Parlamente mehr am Typ des Beratungs- oder Beschlußmodells orientieren, überwiegt die eine oder andere Komponente[49]. Unter den Bedingungen gestiegener Staatstätigkeit beginnt auch in den traditionell zum Beratungsmodell tendierenden Parlamenten der Wunsch nach möglichst reibungsloser Erledigung über die mehr als lästige Pflicht hingenommenen Umständlichkeiten des Deliberationsverfahrens zu obsiegen. Die zunehmende Beschneidung der Rechte des britischen Oberhauses ist der prominenteste Fall für die Irritation, die ein allein aus seinen Beratungsfunktionen sich prozedural rechtfertigendes Gesetzgebungsorgan heute bereitet. Sollte es sich erdreisten, auch nur den Rest seiner legalen Kompetenzen voll auszuschöpfen, droht dem Oberhaus sofort die »Abschaffung«, ein schönes Beispiel, wie ernst es der sozialen Demokratie mit der »Partizipation« ist[50]. Die Demokratie ist voluntaristisch orientiert, sie hat es nicht gern, wenn man sich mit Bedenken in den Weg stellt. Auch die Justiz wird nur noch mit Zähneknirschen ertragen, wenn sie den dem Anspruch nach ja immer noch im Gesetz zum Ausdruck kommenden »Willen des Volkes« allzu eigenwillig zu interpretieren wagt.

3. Willensbildung aus der Mitte der Parteien wird vom demokratischen Verfassungsmodell, wie es sich in Deutschland erst seit den fünfziger Jahren durchgesetzt hat, als unproblematisch vorausgesetzt[51]. Unter dem Aspekt der Regierbarkeit sorgt sich der demokratische Verfas-

---

[48] Der über den Vermittler Dumont sofort in alle europäischen Sprachen übersetzt wurde. Vor mir liegt die deutsche Übersetzung »Tactik oder Theorie des Geschäftsganges in deliberierenden Volksständeversammlungen von Jeremias Bentham. Nach dessen hinterlassenen Papieren bearbeitet von St. Dumont, Mitglied des repräsentativen Rathes des Cantons Genf«, Erlangen (bei J. J. Palm und Ernst Enke) 1817.

[49] Dazu treffliche Bemerkungen in der oben Anm. 31 zit. Arbeit von Eb. Schütt.

[50] Vgl. Nevil Johnson, *Die englische Krankheit,* aaO.

[51] Während in Weimar – nachträglich müssen wir sagen zu Recht! – darin

sungsstaat nur um die Bestellung der Ämter, das Ingangsetzen von Verfahren (Nomination, Initiativrecht), schließlich für den Streitfall um Schlichtungs- und Entscheidungsmechanismen. Um die nach der demokratischen Doktrin für die meisten Entscheidungen erforderlichen Mehrheiten sicherzustellen, kann das Verfassungsrecht durch Vorschreiben mehrerer Wahlgänge, sei es mit dem Ziel der Akkumulierung von Mehrheiten (Ausscheiden von Kandidaten) oder durch sukzessive, von Wahlgang zu Wahlgang fallende Herabsetzung des für die Entscheidung erforderlichen Stimmenanteils sorgen (vgl. etwa die Regelung für die Wahl des Bundeskanzlers nach dem Grundgesetz). Am Schluß jedenfalls soll die Sache »stehen« – egal, wie und wieweit man mit der schließlich gefundenen Entscheidung auch kommt. Le roi est mort, vive le roi, auch wenn's zunächst ein Regent sein mag, dieses Prinzip gilt auch im demokratischen Verfassungsstaat. Die Dinge dulden keinen Stillstand, Her Majesty's Government must be carried on, der Strom der »Willensbildung« darf nicht blockiert werden. Weiterwurstelnkönnen rangiert verfassungsrechtlich immer höher als Stillstand. Nur der Stillstand wäre die echte »Krise«; mit geschäftsführenden Regierungen kann man lange auskommen, der Pflicht zur Weiterführung der »Geschäfte« kann man sich in der Regel nicht entziehen. Die wenigen hier aufgeführten Beispiele zeigen hoffentlich, daß hier unter dem Stichwort »Regierbarkeit« kein Gespenst beschworen wird, sondern nur an ein Grundphänomen der Politik erinnert wird: Staaten können keinen Konkurs anmelden, sie müssen weitermachen. Ihnen das zu erleichtern, es auch im Rahmen freiheitlicher Ordnung sicherzustellen (»anzuregen« i.S. von R. Smend), ist eine Grundabsicht aller verfassungsrechtlichen Regelungen.

In diesen Zusammenhang gehört auch die Suche nach einem »mehrheitsbildenden« oder, wie man wohl wirklich angemessener sagen sollte, »einigungsfördernden«[52] Wahlrecht. Angemessener deshalb, weil es ja in der Tat gesellschaftlich-fragmentierte politische Einheiten gibt – man denke nur an die Schweiz –, in denen die Majoritätsbildung

---

durchaus noch ein Problem gesehen wurde. Es ist kein Zufall, sondern entsprach einem feinen Gespür für die »neue Lage« des Verfassungsrechts, wenn Rudolf Smend in seiner ersten großen Arbeit nach 1919 das Gewicht auf die Herausarbeitung der »politischen Gewalt«, des »Bereichs der Regierung« legte (Die politische Gewalt im Verfassungsstaat und das Problem der Staatsform, in: *Staatsrechtl. Abhandlungen,* Berlin 1968², S. 68 ff.). Smends sensible Reaktion auf die Verschiebungen der »Lagen« würdigt feinsinnig E. R. Huber in seinem »Nachruf auf Rudolf Smend« in den *Veröff. der Ak. d. Wiss. zu Göttingen* 1977.

[52] Schütt, oben Anm. 31.

als solche keinen politischen Wert hat, wenn sie zur Desintegration der Draußengebliebenen führen würde. Calhouns berühmte Theorie von der für den Zusammenhalt der Südstaaten mit der Majorität der Nordstaaten erforderlichen Praktizierung des Prinzips der concurrent majorities gehört in den gleichen Zusammenhang[53]. Da die Wahlrechtsdiskussion bisher aber ausschließlich an den Folgen der Wahlsysteme für das Parteien*system* orientiert war und diese Diskussion zwar sicher nicht abgeschlossen, aber für ihren Fortgang auch keiner sonderlichen Anregung bedarf (– sie läuft und läuft und läuft –), sei diese Seite der Sache hier nicht weiter verfolgt.

4. Erst in der voll durchgesetzten Parteiendemokratie entpuppen sich die Modalitäten der innerparteilichen Willensbildung bzw. Einflußhierarchie unter dem Aspekt der Regierbarkeit zu Problemen erster Ordnung. Wenig gibt das amerikanische Beispiel zur Demonstration der Sache her. Noch heute sind die Parteien im Kern Instrumente zur Produktion von Kandidaten und zur Organisation von Wahlkämpfen. Der siegreiche Präsident bleibt der mehr oder weniger nominelle Führer seiner Partei, die im Kampf um die Präsidentschaft unterlegene Partei bleibt bis zur Produktion des nächsten Prätendenten praktisch ohne Führung, sie wird von caretakern, im wesentlichen mit der Aufgabe des Hütens der Kriegskasse bis zum nächsten Wahlkampf verwaltet. Allerdings zeigt sich auch in Amerika mehr und mehr, daß zumindest in Krisenzeiten der Präsident mehr als nur nomineller Führer seiner Partei sein muß. Wilson scheiterte mit seiner Politik an seiner Unfähigkeit, auch nur der Zustimmung der eigenen Partei sicher zu bleiben. F. D. Roosevelt ist in diesem Jahrhundert das große Beispiel präsidentieller Führung über die unbestrittene Führung seiner eigenen Partei, die latente Krise Amerikas seit zwei Jahrzehnten die Folge des Zerfalls der von ihm geschmiedeten Parteienkoalition im Schoße der Demokraten[54].

Das klassische Beispiel für die Stabilisierung der Lenkungsfunktion des parteidemokratisch legitimierten Regierungschefs bietet Großbritannien. Es braucht hier nicht weiter ausgeführt zu werden, daß seit Gladstone und Disraeli das Fundament der Macht des britischen Premier seine Herrschaft über Fraktion und Partei gewesen ist. Die »eng-

---

[53] JOHN C. CALHOUN, *A Disquisition on Government,* ed. by C. GORDON Post, New York 1953.

[54] Vgl. dazu nur den oben Anm. 39 zit. Aufsatz von S. BEER. Die früheste Anatomie des beginnenden Zerfalls der Roosevelt-Majorität bei SAMUEL LUBELL, *The Future of American Politics,* New York 1952.

lische Krankheit« hat viele Gründe, das Zerbröseln der Macht des Premier mag nur Symptom für tieferliegende *diseases* sein. Seitdem die Premiers aus Wahlen der Fraktion hervorgehen[55], hat Ernst Fraenkels Diktum von der Überlegenheit des britischen Premiers über den amerikanischen Präsidenten sicher an Stringenz verloren. Ein britischer Premier ist nur noch ein Schatten von dem, was er zwischen Bagehot und McKenzie der Möglichkeit nach sein konnte. Entscheidend für seinen Machtschwund ist die Veränderung der Beziehungen zur »Basis«, innerhalb Labours vor allem zu den Gewerkschaften. Auch ein konservativer Premier dürfte kaum je wieder an die Machtfülle auch nur eines Macmillan heranreichen.

Die de Gaulle-Verfassung macht den Regierungschef zu einem Instrument des Willens des Staatschefs. Aber auch diese Konstruktion hielt nur, solange der Wille des Staatschefs sich auf eine »präsidentielle Mehrheit« in der Nationalversammlung stützen konnte. Die Premiers Giscards müssen sich um die Mehrheit im Parlament selbst bemühen; es ist abzusehen, daß sich in Frankreich in Kürze aus der Heterogenität des Parteiensystems heraus neue Imbalancen entwickeln werden, so daß die Ära de Gaulle/Pompidou nur eine Phase im klassischen Hin und Her Frankreichs zwischen Parlaments- und Präsidialregime sein wird[56].

In der Bundesrepublik hat sich der Punkt, an dem das Problem der Regierbarkeit mit der innerparteilichen Willensbildung zusammenstößt, längst scharf akzentuiert. Das Stichwort heißt »imperatives Mandat«. Weniger zugespitzt geht es um das Verhältnis der staatlich-öffentlichen Ämter und des parteipolitischen Mandats, um Eigenverantwortung und Aktionsspielraum der im »Volksauftrag« Regierenden und ihre »Anbindung« an einen partikularen Parteiwillen[57].

Die Unfähigkeit, die Bedeutung dieses Problems im parlamentarischen System zu erkennen, ist Deutschland schon einmal zum Verhängnis geworden. Was immer alles am Scheitern Weimars mitgewirkt haben mag, unter den institutionellen Faktoren gebührt der Unfähig-

---

[55] Zu diesen, den letzten Faden zur Monarchie als immer noch dann und wann »efficient part of the constitution« zerschneidenden Änderungen vgl. John P. Mackintosh, *The Government and Politics of Britain,* London 1974³, S. 43 ff.

[56] Vgl. den oben Anm. 2 zit. Aufsatz von R. Schnur und Alain Peyrefitte, *Le mal français,* Paris 1976.

[57] Die wichtigsten liter. Äußerungen zum Problem im Sammelband von Guggenberger/Veen/Zunker, *Parteienstaat und Abgeordnetenfreiheit.* – Zur Diskussion um das imperative Mandat, München 1976.

keit der demokratischen Parteien, sich auf ihre neue Aufgabe im Regierungs- und nicht nur »Willensbildungs«-Prozeß einzustellen, höchster Rang. Keine Weimarer Koalition wurde von Parteien getragen, die sich primär auf die Ausübung der Regierungsmacht einstellten[58]. Erst die NSDAP wollte die Macht, und zwar »entschlossen« und »ganz«. Auf dem Weg dahin war sie bereit, Kompromisse zu schließen, nicht jedoch mit den »Systemparteien«, sondern nur mit Kräften, die sich einzuverleiben sie sich zutraute. Die das Weimarer System tragenden Parteien ließen sich durchweg nur lau auf die Zwänge und Kompromißnotwendigkeiten parlamentarischer Koalitionsregierungen ein – die Opfer dieser Lauheit wurden durchweg ihre in die Regierung delegierten Minister. Sieht man von Ebert im Amt des Reichspräsidenten ab, so ist es keinem Kanzler oder prominenten Kabinettsmitglied in der Weimarer Epoche je gelungen, seine Fraktion und Partei hinter sich auf seinen Kurs zu verpflichten. Stresemann, die bedeutendste Figur Weimars, verzehrte sich in den Auseinandersetzungen mit der eigenen Partei, und allen anderen, den Erzberger, Müller, Brüning, Luther etc., ging es nicht viel besser. Die »historischen Vorbelastungen« der deutschen Parteien aus der Epoche des Konstitutionalismus, ihre fehlende Einübung in die Aufgabe, regieren zu müssen, ist oft geschildert worden[59]. Wenn es ein bis in die Bonner Republik nachwirkendes Erbe gibt, so liegt es in diesem fortwirkenden Unverständnis für die im Grunde bescheidene und dienende Funktion, die der »Parteibasis« in einem regierungsfähigen, repräsentativ-demokratischen parlamentarischen System zukommen muß. Die gängige Interpretation des aus so wohlmeinenden Absichten in das Grundgesetz eingerückten Artikels 21, die von den Regierungsfunktionen der Parteien so völlig absehende Auslegung der Forderung nach »innerparteilicher Willensbildung« gemäß demokratischen Grundsätzen, hat diesen Mißverständnissen zum Teil noch verfassungsrechtlich Vorschub geleistet.

Die Bundesrepublik hat sich in den ersten zwei Jahrzehnten ihrer Existenz in so erstaunlicher Weise vom Schatten Weimars lösen können, wurde zu einer der »regierbarsten« Parteiendemokratien des Westens, weil in ihren Anfängen durch die Praxis Adenauers und Schu-

---

[58] Zum Verhältnis Parteifraktion im Kaiserreich vgl. jetzt URSULA MITTMANN, *Fraktion und Partei. – Ein Vergleich von Zentrum und Sozialdemokratie im Kaiserreich*, Düsseldorf 1976. Die »historischse Vorbelastung« Weimars liegt im Tradieren überholter Zuordnungsmuster.

[59] Am eindringlichsten von Ernst Fraenkel. Aus den biographischen Beispielen sei nur erwähnt THEODOR ESCHENBURG, Matthias Erzberger, München 1973.

machers neue Exempel für die Relation von Amt und Mandat gesetzt wurden. Die Verbindung von Kanzleramt und Parteivorsitz in der Person Adenauers, von Parteivorsitz und Fraktionsvorsitz in der Person Schumachers und Ollenhauers, von Kanzlerkandidatur und Parteivorsitz in der Person Brandts (seit dem Hannoveraner Parteitag von 1960) etablierte ein neues, sich von der Tradition klar absetzendes Muster. Wie wenig dieses Muster aber schon zu einer Art ungeschriebener Verfassungspraxis geworden war, zeigte Ludwig Erhards lustloses Sich-einlassen auf die Übernahme des Parteivorsitzes. Sein mangelndes Verständnis für die Notwendigkeit der Sicherung seiner Führungsmacht als Kanzler durch gleichzeitige Übernahme des Parteiregiments war ein Hauptgrund seines Scheiterns, wobei es dahingestellt sein mag, ob es irgendeinem Nachfolger Adenauers auch hätte glücken können, eine Adenauer auch nur vergleichbare Führungsautorität innerhalb der Unionsparteien zu erwerben. Bundeskanzler Kiesinger gelang es jedenfalls nicht, die CDU in den Griff zu bekommen – sofern er es überhaupt versucht hat; Barzel war ein Zwischenspiel, und ob es Helmut Kohl gelingen wird, Partei- und Fraktionsvorsitz – ganz abgesehen von den Komplikationselementen in Gestalt der CSU – gemeinsam überzeugend auszufüllen, steht dahin.

Auf der Seite der SPD liegen seit dem Rücktritt Willy Brandts vom Kanzleramt im Mai 1974 oberstes Parteiamt und das Amt des verantwortlichen Regierungschefs wieder in getrennten Händen. Die Brisanz dieser Trennung, mit einer Fülle »parteistaatlicher« Theoreme, fortschrittlichem »Demokratieverständnis« und pragmatischen Hilfsargumenten (»Überlastung«) wort- und artikelreich gerechtfertigt, ist in der SPD vorerst weniger am Kopf als in den Extremitäten deutlich geworden. Die tragikomische Züge tragende Entwicklung der kommunalpolitischen Szene Münchens seit dem 18. 2. 1970, dem Tag der Kampfansage des damaligen Oberbürgermeisters Dr. Vogel gegen die Parteilinke, endend Ende 1976 mit der totalen Resignation aller SPD-Repräsentanten auf allen Ebenen (Vogel als Landesvorsitzendem, Kronawitter als OB, Preißiger als Vorsitzendem der Münchner Stadtratsfraktion), die an einem repräsentativ-demokratischen und dezidiert nicht »parteistaatlichen« Amtsverständnis festhielten, bietet weit über die Bundesrepublik hinaus ein klassisches Lehrstück, welch Sprengsatz in Richtung auf »Unregierbarkeit« in der Forderung nach einem Amtsverständnis i. S. des »imperativen Mandats« steckt. Man wird schon heute sagen können, daß es die besondere geschichtliche Verantwortung des SPD-Parteivorsitzenden Willy Brandt gewesen sein wird, wenn die Bonner parlamentarische Demokratie an einer aufgrund schiefer Theorien im strikten Sinne des Wortes »volksfremd« werdenden Repräsentationspraxis ihre verfassungsrechtliche Anerkennungswürdigkeit, d.h. Legitimität, einmal verlieren sollte. Wie groß immer die Mitschuld Franz Josef Straußens zu veranschlagen sein wird, in *diesem Punkte,* dem Verständnis des Amts aus dem Zusammenwirken von Partei- und Wählerauftrag, ist seine Weste – sofern das ansonsten der Fall wäre – blütenweiß.

Da es eine Dokumentation über die zunehmende Tendenz zur »Anbindung« der ein öffentliches Amt innehabenden »Mandatsträger« an den Willen der Partei schon gibt[60] – sie wäre inzwischen mit reichlich Material »fortzuschreiben«, soll hier nicht näher auf die spezifisch bundesrepublikanische Kasuistik des Problems eingegangen werden. Was auch von herausgehobensten Politikern zu diesem Komplex geäußert wird, ist in der Regel nur ein Produkt von Tagesopportunitäten. (So konnte man an ein und demselben Tag notieren, daß der damalige niedersächsische Ministerpräsident Kubel die Auffassung vertrat, »nach neuesten wissenschaftlichen Erkenntnissen« sei ein Gesetz verfassungskonform, welches einen Mandatsverlust bei freiwilligem Parteiaustritt bewirke, während der nordrhein-westfälische Ministerpräsident Kühn verkündete: »Jede Form von imperativem Mandat wird meine unmittelbare Amtsniederlegung bewirken«.) Kaum ist jedoch ein Zweifel daran erlaubt, daß die dogmatische Verwirklichung der Forderung nach Trennung von Amt und Mandat, also der Inkompatibilität von Kanzleramt und Parteivorsitz, Ministerpräsidentenamt und Landesvorsitz, Stadtrat und Kreisvorstandsmitglied etc. alle öffentlichen Amtsträger im Parteienstaat ihrer politischen Machtbasis berauben müßte. Wie es Rolf Zundel prägnant formuliert: »Konsequent durchgeführt würde eine solche Trennung bedeuten, daß sich die Partei aus der Regierungsverantwortung entfernt oder die Regierenden die Unterstützung ihrer Partei verlieren. Die Regierenden wären nur noch arme Würstchen[61].«

Zu Recht hat man daran erinnert, daß schon vor über hundert Jahren Walter Bagehot in der Fusion von exekutiver und parlamentarischer Führung das Geheimnis der Stärke des parlamentarischen Regierungssystems sah, und dieses »efficient secret« heute die Parteifüh-

---

[60] Kaltefleiter/Veen, Zwischen freiem und imperativem Mandat, in: Guggenberger (Anm. 57), S. 237 ff.

[61] Der Aufstand der Theoretiker, in: *Die Zeit* v. 2. 3.1973.

rung miteinbeziehen müsse[62]. Wer dieses System verändert, setzt am »Geheimnis seiner Stärke« an. Vorerst ist für die Bundesrepublik nicht mit einer über Tag kommenden Zerstörung des »efficient secret« parteidemokratischer Regierungsweise zu rechnen. Zu stark ist das öffentliche Bewußtsein durch Vorgänge wie die Münchner für die Problematik des »imperativen Mandats« in jeder seiner Formen sensibilisiert. Der Widerstand in den Parteien ist beachtlich, dennoch gibt es keinerlei rechtliche, institutionelle Sicherung jenes »Geheimnisses«; Art. 21 GG pflegt im Gegenteil eher zu seiner Aushöhlung herangezogen zu werden.

Aber das Feld unserer Untersuchung, der Zusammenhang von Regierbarkeit und Parteienstruktur, muß über diese eher konventionellen Fragen noch ein Stück hinausgehen. In der Wandlung der Parteienstruktur liegen die größten Herausforderungen für die Sicherung der Regierungsfähigkeit auf parteidemokratischer Grundlage.

IV. Gesellschaftlicher Wandel und moderner Parteientypus – Das deutsche Beispiel

Diese Betrachtungen über die Abhängigkeit der Regierbarkeit moderner freiheitlicher Gesellschaften von ihrem Parteiwesen sollen nicht mit universalgeschichtlichen Reflexionen überfrachtet werden. Immerhin soll daran erinnert werden, daß es in der amerikanischen politischen Soziologie schon fast zum guten Ton gehört, in der Herrschaft der Parteien die spezifische Herrschaftsform der »Industriegesellschaft« zu sehen, die sich in der »post-industriellen« Gesellschaft erledigt habe oder erledigen werde[63]. In der Tat ist nicht zu übersehen, daß die Vitalität des Parteiwesens als des wichtigsten »Transmissionsriemens« zwischen »Staat« und »Gesellschaft« überall nachzulassen beginnt. Für die Vereinigten Staaten datiert man die Anfänge des rückläufigen Prozesses der Rolle der Parteien schon bis ans Ende des vergangenen Jahrhunderts. Auch wenn die Verhältnisse in jedem Lande

---

[62] Kaltefleiter/Veen aaO., S. 260.

[63] Samuel P. Huntington, The Democratic Distemper, in: *The Public Interest* Nr. 4 (Fall 1975), S. 9 ff. Ebd. S. 23: »... It could be argued that political parties are a political form peculiarly suited to the needs of industrial society and the movement of the U.S. into a ›post-industrial‹ phase means the end of the political party systems as we have known it. If this be the case, a question will have to be faced: Is democratic government possible without political parties? And if so, how?«

anders liegen, so lassen sich für Großbritannien, Frankreich, Italien und die meisten kleineren westlichen Demokratien (Holland, Belgien, die skandinavischen Staaten) entsprechende Diagnosen der Schwäche des jeweiligen Parteienregiments leicht anführen. Was für die USA gilt, gilt mehr und mehr auch für die westlichen europäischen Demokratien: das, was man »issue politics« nennt, die politische Identifikation und »Mobilisierung« über einzelne Probleme und die sich mit ihnen identifizierenden »personalities«, überlagert die Parteien und ihre persönlichen Repräsentanten als zentrale Orientierungspunkte des politischen Massenverhaltens. Die modernen Medien unterstützen diesen Richtungswechsel: sie spielen dieses oder jenes hoch. Eine allgemeine Grundorientierung, wie die alten Parteien sie anboten, können sie nach ihrer ganzen Anlage nicht vermitteln[64]. Regionale Fraktionierungen und »issue«-bezogene »Bürgerinitiativen« haben in fast allen westlichen Demokratien ein Gewicht bekommen, das den parteienstaatlichen Charakter dieser Demokratien keinesfalls nur am Rande berührt. Die Hektik, mit der sich die Regierenden auf dieses oder jenes »Ziel« werfen, es »teleokratisch« in den »Griff zu kriegen« suchen[65], ist zum Teil Folge des permanenten Erschreckens über immer neue Krisenphänomene unserer hochkomplexen Gesellschaft, zum Teil aber auch eine Folge des Verlustes an jener eine gewisse träge Gleichmütigkeit einflößenden Gewißheit, im rechten Glauben (an ein »flächendeckendes« Generalprogramm) der Partei zu stehen[66].

Diese Gedanken sollen hier aber nicht weitergeführt werden. Vielmehr wollen wir uns zum Abschluß wieder ganz den spezifischen Fra-

---

[64] Zu dieser Ablösung der Parteipolitik durch »issue politics« in den Vereinigten Staaten vgl. etwa GERALD M. POMPER, »From Confusion to Clarity: Issues and American Voters, 1956–1968«, in: *Am. Pol. Sc. Rev. 66* (1972), S. 415 ff.; ARTHUR H. MILLER, Political Issues and Trust in Government: 1964–1970, in: *Am. Pol. Sc. Rev.* 68 (1974), S. 951 ff.; NORMAN H. NIE and KRISTI ANDERSON, Mass Belief Systems Revisited, *Journ. of Politics* 36 (1974), S. 540 ff.; WILLIAM SCHNEIDER, Public Opinion: The Beginning of Ideology? in: *Foreign Policy* no. 17 (Winter 1974/75), S. 98 ff.

[65] Zu diesem Wandel des politischen Stils vgl. vom Verf., Vom gewaltenteilenden Rechtsstaat zum teleokratischen Programmstaat, in: *Festschrift für Dolf Sternberger*, 1977; am Beispiel der deutschen Sozialdemokratie DERS., *Organisierter Sozialismus.* – Zum »strategischen« Staats- und Politikverständnis der Sozialdemokratie, Stuttgart 1977.

[66] Man kann diesen »Programmglauben« »funktional« durchaus als ein Stück Ersatz für die vor Übereilung schützende Selbstgefälligkeit der herrschenden Klasse des 19. Jahrhunderts verstehen, wie sie sich so überwältigend in den politischen Romanen etwa Trollopes spiegelt (klassisch die Figur des »Duke of St. Bungay« in

gen der Bundesrepublik zuwenden. Die Bundesrepublik hat in den Jahren seit dem Ende des Zweiten Weltkrieges nicht nur einen Wandel seines Parteiensystems, sondern zugleich einen Austausch des für Deutschland historisch kennzeichnenden Parteientypus erlebt, wie ihn auch der kühnste Prophet nicht hätte vorhersehen können. Die auf die Bundesrepublik zukommenden »Schwerregierbarkeits«-Probleme sind sicher nur zu einem Teil Folge eines neuen Parteityps – wir dürfen auf unsere Einleitung zu diesem Band verweisen. Dennoch sind diese Folgen ein gewichtiger Aspekt des Gesamtbildes und für den handelnden Politiker unter Umständen der am »hautnahesten« spürbare[67].

Zunächst zum Parteiensystem. 1933 war das alte deutsche Parteiensystem untergegangen, 1945 war es wieder da – und es schien das alte zu sein. Der erste deutsche Bundestag mit seinem Dutzend Fraktionierungen ähnelte den Reichstagen der Wilhelminischen und Weimarer Zeit mehr als dem Bundestag seit der Mitte der sechziger Jahre. 1952, nach der zweiten Runde der Landtagswahlen, aber noch vor der zweiten Bundestagswahl, konnte Michael Freund die damalige Parteienlandschaft im Blick auf die Vergangenheit so beschreiben:

The Prime Minister, Oxford U. P., vol. II; dazu UPPENDAHL, oben Anm. 6, 156 ff. und der Rekurs auf diesen klassischen Typus einer vergangenen Welt bei BERTRAND DE JOUVENEL, *Reine Theorie der Politik,* Neuwied 1967, S. 227 f.). Es würde sich lohnen, auch einmal Bismarcks politisches Selbstbewußtsein aus den sozialgeschichtlichen Umständen heraus zu interpretieren, wobei die Tagebücher und Briefe Theodor Fontanes einen Einstieg in die Rolle des Beobachters erlauben würden. Gleichgültig ob Aristokrat, Großbürger (z.B. Roosevelt) oder Arbeiterführer (Bebel, Ebert) – entscheidend ist die Freiheit von sozialem Ressentiment für die Gelassenheit des Anpackens der politischen Aufgabe. Die in die moderne Politik hineingekommene Unruhe scheint mir zu einem guten Teil damit zusammenzuhängen, daß der dominierende politische Typus, wie der der modernen Massengesellschaft überhaupt, der des »Aufsteigers« ist.

[67] Teile des folgenden Abschnitts habe ich in einem Vortrag vor dem Institut der deutschen Wirtschaft am 19. Okt. 1976 in Köln vorgetragen. Abgedruckt in: *Freiheitsräume in der »Industriegesellschaft«* (Dr. Instituts-Verlag, Köln) 1976, S. 103 ff., auch unter der im dortigen Zusammenhang irreführenden und nicht von mir stammenden Überschrift »Probleme der Regierbarkeit. – Systemüberwindung, Wandel oder Verfall der Parteiendemokratie« in: *Die Politische Meinung* 21 (1976), Nr. 169, S. 85 ff. Das Thema klingt auch schon an im Beitrag des VERF. zu SCHWARZ/LOEWENTHAL, *Die zweite Republik,* Stuttgart 1974 (W. H., *Die Rolle des Parlaments und die Parteiendemokratie,* in diesem Band S. 225 ff.). Die Grundthesen dieses Abschnitts hat der Verfasser erstmals vor der Kath. Akad. in Schwerte am 7. 9. 1973 und im Rahmen einer Tagung der Polit. Akademie in Eichholz am 28. 4. 1974 vorgetragen. Die spezifisch neuen Probleme der »Volksparteien« wurden von Anfang an als solche der »Regierbarkeit« vorgeführt.

»Es war wie nach den großen Luftangriffen. Die Städte schienen eine Wüste aus Schutt und Asche zu sein... Nahezu in jedem Fall ist aber aus der Asche die alte Stadt wiedererstanden ... So war es im Grunde auch mit den deutschen Parteien ... Von Wahl zu Wahl kehren im großen dieselben Prozentsätze wieder. Das macht offenkundig, daß es sich dabei eben nicht um ›Parteien‹ allein handelt, sondern um soziologisch-historische, mitunter fast anthropologische Wirklichkeiten des deutschen politischen Lebens.«[68]

Wie richtig gesehen, aber wie erstaunlich demgegenüber die rapide Veränderung nach 1952. Denn schon in der Bundestagswahl von 1953 wurde dieses System zu Grabe getragen. Vereinigten die seit 1965 allein noch im Bundestag vertretenen Parteien 1949 nur 70 % der Stimmen auf sich, so seit 1957 nie weniger als 90 %, in den Wahlen von 1972 und 1976 waren es jeweils 99,1 %. Wie ein von seiner ganzen Tradition her zur Zersplitterung neigendes Parteiensystem sich so erstaunlich hat konzentrieren lassen, wird noch deutlicher, wenn man nur auf die beiden großen Parteigruppierungen, die SPD einerseits und die Unionsparteien andererseits, blickt. 1949 vereinigten diese Parteien auf sich 60 %, 1972 und 1976 waren es 90 %. Nimmt man die im Vergleich zu anderen westlichen Demokratien in Bundestagswahlen erstaunlich hohe Wahlbeteiligung hinzu, so ergibt sich das Bild einer ungewöhnlich hohen parlamentarischen Repräsentation der Meinungen und Interessen der deutschen Wählerschaft. Und das trotz Fünf-Prozent-Klausel!

Aber »repräsentieren« die deutschen Parteien eigentlich wirklich noch, und was repräsentieren sie? Ohne hier in die Abgründe des Repräsentationsbegriffs einsteigen zu wollen[69], wird man doch sagen müssen, daß sich der Gedanke der parlamentarischen Repräsentation seit der Mitte des 19. Jahrhunderts unvermeidlich auch auf die zu »repräsentierenden« – oder wenn man will eben auch nur zu »vertretenden« – Interessen, Meinungen, Ansprüche, regionale und konfessionelle Besonderheiten etc. bezieht, die die eigentlichen Wirkkräfte in einer freien und voller Differenzen steckenden Gesellschaft – (eine fast synonyme Bezeichnung) – darstellen. Alle »Maßstäbe des

---

[68] Michael Freund, Das Gesicht der Parteien, in: *Dt. Univ.-Zeitung* 7 (1952), H. 12, S. 7 ff.; abgedruckt in: Ossip K. Flechtheim, *Die deutschen Parteien seit 1945,* Berlin und Köln 1955, S. 7 ff.

[69] Die nun so meisterhaft ausgeleuchtet werden in der großen Monographie von Hasso Hofmann, *Repräsentation. – Studien zur Wort- und Begriffsgeschichte von der Antike bis ins 19. Jahrhundert,* Berlin 1974.

parlamentarischen Wahlrechts« suchen, jedenfalls in Deutschland, diesen Besonderheiten und nicht der Herausdestillierung einer abstrakten Nationalrepräsentation französischen Musters Rechnung zu tragen[70]. Die deutsche Demokratie- und Parlamentarismuskonzeption war nie so rousseauistisch-monistisch, wie es sich im Lichte der Begriffe Carl Schmitts oder der neuen Vertreter eines »klassischen« Demokratiebegriffs ausnehmen mochte. Nie waren die Grunddaten der deutschen Politik von der Art, daß sie der Idee einer freischwebenden Nation- oder Gemeinwohlrepräsentation viel Stoff hätten bieten können.

Vergegenwärtigt man sich die Grundstruktur der deutschen Parteienlandschaft des letzten Jahrhunderts, so war sie immer durch vier große Gruppierungen charakterisiert: Die politische Vertretung der Arbeiterschaft in der Sozialdemokratie (nach der Spaltung am Ende des Ersten Weltkrieges durch KPD und SPD); weiter die Vertretung des katholischen Bevölkerungsteils im Zentrum (mit der – schon lange vor der CSU – regionalen Besonderheit der Bayerischen Volkspartei); schließlich eine oder mehrere ständig von Spaltungen bedrohte liberale Partei und am rechten Rande eine immer große konservative Gruppierung.

In dieses grobe Raster waren eine Fülle regionaler und historisch verfestigter Besonderheiten eingesprengt. Nach 1945 sah es so aus, als ob eine parteipolitische Repräsentanz der Heimatvertriebenen sich für Dauer im Parteiensystem halten würde, der BHE (Bund der Heimatvertriebenen und Entrechteten) war immerhin anderthalb Jahrzehnte lang auf Länder- und Bundesebene für Koalitionsbildungen ein wichtiger Partner. Daß die deutsche Parteienlandschaft angesichts der sozialen, konfessionellen und regionalen Besonderheiten ähnlich bunt aussehen würde, wie man das aus der Vergangenheit kannte, und wie es die ersten Landtagswahlen und die erste Bundestagswahl von 1949 neu markierten, war für den Parlamentarischen Rat eine hinzunehmende Gegebenheit der politischen Struktur unseres Landes. Nicht ganz unverständlich daher die Furcht, ein für Deutschland so ungewohntes Wahlrecht wie das englische Mehrheitswahlrecht zu übernehmen.

An unsere Eingangsbemerkungen Bagehots über Thiers und die Verfassung der III. Republik erinnernd, muß man es als kühnen Entschluß ansehen, einem voraussichtlich auf Dauer durch ein Vielpar-

---

[70] Klassisch Rudolf Smend, Maßstäbe des parlamentarischen Wahlrechts in der deutschen Staatstheorie des 19. Jahrhunderts, in: *Staatsr. Abhandlg.* aaO., S. 19 ff.

teiensystem gekennzeichneten Parlament die Pflicht anzulasten, eine zur Regierungsbildung fähige Mehrheit aus sich heraus zu bilden. Daß der Bundeskanzler vom Bundestag gewählt (Art. 63 I GG), nicht mehr vom Reichspräsidenten ernannt wird, ist ja die bedeutendste verfassungspolitische Korrektur am Weimarer Vorbild. Und es ging ohne Schwierigkeiten. Auch wenn es Adenauer bei der ersten Bundestagswahl im ersten Anlauf nur mit seiner eigenen Stimme schaffte, es hat seitdem nie die geringsten Schwierigkeiten gegeben. Wenn man die Leichtigkeit der Regierungsbildung zum einzigen Kriterium der »Regierbarkeit« eines Landes nimmt, so gehört die Bundesrepublik gewiß zu den leichtest regierbaren.

Bereits 1953 war das überkommene Parteiensystem so gut wie liquidiert. Seit 1961 sind nur noch die beiden Unionsparteien, die Sozialdemokratie und die FDP im Bundestag vertreten. Und die Unionsparteien, die im wesentlichen den Liquidations- und Einschmelzprozeß betrieben hatten, liquidierten nicht nur das alte Parteiensystem, sie initiierten auch einen neuen Parteientyp – den der Volkspartei oder weniger euphemistisch: der Allerweltspartei. Und dieser Parteityp schafft Regierbarkeitsprobleme, die für die Bundesrepublik spezifisch werden dürften, so sehr sie ihre Parallelitäten in anderen Industriegesellschaften haben.

Daß ein so allgemein begrüßter Typus wie der der »Volkspartei« Probleme der Regierbarkeit aufwirft, ist eine relativ neue Erfahrung. Daß die Zerklüftung des Parteiensystems, nicht zuletzt das Nebeneinander von demokratischen und totalitären Parteien, das Regieren erschweren kann, und es außerhalb der Bundesrepublik heute in fast allen europäischen Staaten bis an den Rand der Unregierbarkeit hin erschwert, das war eine altbekannte Tatsache, und wo man konnte, hat man versucht, dem verfassungspolitisch entgegenzuarbeiten. Oben wurde schon darauf eingegangen: Die de Gaulle'sche Präsidialverfassung als Korrektur des Parlamentarismus, die Möglichkeit des Verbots verfassungsfeindlicher Parteien nach dem Grundgesetz, auch das »konstruktive Mißtrauensvotum« als Versuch einer Antwort auf typische Probleme eines Vielparteiensystems. Worin sollen die Probleme liegen, die der heute dominant gewordene Parteientyp der Volkspartei aufwirft?

Man kommt diesen Problemen nur nahe, wenn man sich den Parteityp vergegenwärtigt, den der Typ der Volkspartei abgelöst hat. Sigmund Neumann hat gegen Ende der Weimarer Zeit die damaligen Parteien in Repräsentations- und Integrationsparteien unterschieden[71]. Unterscheidungsmerkmal war ihm das Maß des Anspruchs, mit dem die Partei an den Menschen herantritt, mit dem sie ihn politisch in Pflicht nahm. Neumanns kleines Buch, wohl noch immer das erhellendste dieses Jahrhunderts zur deutschen Parteitheorie, muß man vor dem Hintergrund der Zerfallserscheinungen der bürgerlichen Gesellschaft der zwanziger Jahre lesen: dem »Aufstand der Massen« (Ortega y Gasset), der »Krise des individualistischen Staatsgedankens« (Alfred Weber, Moritz J. Bonn), der z.T. neurotische Formen annehmenden Suche nach neuer »Gemeinschaft« und »Sammlung« (Hendrik de Man[72] u. v.a. kritisch Helmuth Plessner[73]). In dem Titel des Buches von Heinz Marr »Die Massenwelt im Kampf um ihre Form«[74], in dem sich auch die erste Analyse des neuen Typs der »Integrationspartei« findet, kam das Bemühen der Zeit auf den Begriff. Rudolf Smends »Integrationstheorie« ist der verfassungstheoretische Ausdruck der Suche nach Antwort auf Fragen der Zeit.

Die alten liberalen Repräsentationsparteien, auch mit dem caesaristisch-aktivistischen Einschlag, den Max Weber ihnen zuschrieb (beruhend auf »Kampf, Werbung von Bundesgenossen und von freiwilliger Gefolgschaft«), im Prinzip jedenfalls auf »freier Werbung« und »freier Repräsentation« basierend, waren für die Zeit nicht mehr kennzeichnend. Die Anhänger dieses Parteityps waren fast nur bei der Wahl in Aktion getreten, die Gewählten waren »Repräsentanten« mit großer Freiheit der Entscheidung – »nur ihrem Gewissen unterworfen und an Aufträge und Weisungen nicht gebunden«. Also geringe Inpflichtnahme sowohl der Wähler wie der Gewählten.

---

[71] Vgl. oben Anm. 28.

[72] Zu diesem in Deutschland ganz zu Unrecht vergessenen Mann vgl. das Sonderheft »Hendrik de Man« der *Revue européenne des sciences sociales – Cahier Vilfredo Pareto* t. XII (1974), Nr. 31.

[73] Helmuth Plessner, *Grenzen der Gemeinschaft. – Eine Kritik des sozialen Radikalismus,* Bonn 1924, ferner Richard F. Behrendt, *Politischer Aktivismus. – Ein Versuch zur Soziologie und Psychologie der Politik,* Leipzig 1932 (z.T. wieder abgedruckt in R. F. Behrendt, *Zwischen Anarchie und neuen Ordnungen,* Freiburg 1967, S. 115 ff.). An diese wichtigsten Arbeiten zur Kritik des politischen Aktivismus knüpft teilweise an Bernd Guggenberger, *Die Neubestimmung des subjektiven Faktors im Neomarxismus. – Eine Analyse des voluntaristischen Geschichtsverständnisses der Neuen Linken,* Freiburg 1973.

[74] Gleichfalls ein wiederzuentdeckender Autor! Einen Auszug aus Marrs Arbeiten zu dem von ihm vor Sigmund Neumann geprägten Begriff der »Integrationspartei« in: Lenk/Neumann, *Theorie und Soziologie der politischen Parteien,* Neuwied 1968, S. 330 ff.

Diesem liberalen Parteientyp gegenüber habe sich – so Neumann 1932, vor ihm schon Heinz Marr – ein Typus herausgebildet, der mit viel stärkerem Anspruch an die Menschen herantrete, der, wie Neumann schrieb, »im Grunde die Einbeziehung der ganzen Person in die politische Organisation (fordert), nicht nur durch eine konstante Mitgliedschaft, sondern durch ihr Eingreifen in alle Lebensbezirke«[75]. Das Zentrum und die alte Sozialdemokratie waren die Muster für diesen Typus.

Während für die liberalen Parteien wirklich galt, daß sie auf Wettbewerb beruhten, man frei um die Stimme kämpfte, galt dies für das Zentrum und die SPD nur bedingt. Sie waren nicht viel anderes als die parteipolitische Fortsetzung von im Gesellschaftskörper bereits fixierten Gruppierungen, die durch eine Fülle von Organisationen unterhalb der Parteiebene ihre Form bereits gefunden hatten[76]. Die deutschen Parteien waren immer ausgesprochene Programmparteien gewesen, den Schulstreit der Philosophen mit ihren »Links«- und »Rechts«-Abweichungen fortspinnend. Aber das Zentrum und die SPD waren mehr. Sie suchten programmatische Antworten nicht nur für die politischen, sondern für alle wesentlichen Fragen der Lebensführung. Dieser Typ der Integrationspartei ergriff den Menschen, wie man gesagt hat, »von der Wiege bis zur Bahre« bzw. Urne, denn natürlich ließ sich ein anständiger Sozialdemokrat nicht begraben, sondern übergab sich der Feuerbestattung. Soziale Schichtung und Konfession waren die zentralen Bestimmungsfaktoren des Parteiensystems und des Wählerverhaltens.

In seinem 1932 geschriebenen Buch skizzierte Neumann auch bereits jenen Parteityp, an dem die demokratische Integrationspartei auflaufen sollte, die absolutistische Integrationspartei vom Typ der KPD und NSDAP, wobei heute der Unterschied von KPD und NSDAP viel bedeutsamer in die Augen springt als die totalitären Gemeinsamkeiten, die Neumann vexierten. Die KPD war genau wie die SPD eine soziologisch fixierte Partei. Sie war Klassenpartei, genau dies aber wollte die NSDAP nicht sein. Parteisoziologisch war sie die erste Allerweltspartei, wenn man will: Volkspartei in der deutschen Geschichte, die aus-

---

[75] Vgl. S. NEUMANN, Parteiensysteme und Integrationsstufen, in: LENK/NEUMANN, aaO., S. 335 ff.

[76] Dazu der oben Anm. 24 zit. Aufsatz von M. R. Lepsius. Außer einer Vielzahl von Einzelarbeiten insbes. zum katholischen Vereinswesen ist die Forschung hier noch nicht viel weitergekommen. Vor allem das Umfeld der SPD (die Arbeitersportvereine, die Mandolinenspieler etc.) harren noch ihrer Bearbeiter.

drücklich für jedermann – »Volksfeinde« ausgenommen – offenstand; sie war die erste Massenpartei mit Bewegungscharakter. Schon das Zentrum war im Vergleich zu allen anderen deutschen Parteien Volkspartei, es stand dem schlesischen und westfälischen Magnaten genauso offen wie dem Ruhrarbeiter polnischer Herkunft, mit Einschränkung auf den katholischen Bevölkerungsteil. Die NSDAP ging darüber hinaus. Für sie wurde auch die Konfession zu einem zu vernachlässigenden bzw. integrierbaren Faktor. Der Vorsprung, den die beiden Unionsparteien seit 1953 für nahezu zwei Jahrzehnte so dramatisch im deutschen Parteiensystem gewinnen konnten, ist wesentlich darin begründet, daß sie dezidiert eine für jedermann wählbare Partei sein wollten, zwar mit christlicher »Grundhaltung«, eine Aussage, die aber unter den deutschen Verhältnissen, beim Fehlen eines militanten Laizismus von der Art des französischen oder italienischen, kaum jemanden abschrecken mußte[77]. Eine »christliche Grundhaltung« ohne kirchlich-konfessionelle Fixierung und Bindung war nicht präziser oder einengender als die Verpflichtung zu »sozialer« oder »liberaler« Gesinnung. Mit dem Entschluß, sich als überkonfessionelle Partei zu etablieren, war es wesentlich die CDU, die die deutschen Parteien vom alten Druck befreite, Weltanschauungsparteien in jenem engen Sinne zu sein, wie ihn die Tradition ausgebildet hatte.

Nach ihrem großen Erfolg von 1953 war es für die CDU bald nicht mehr die Frage, wer sie wähle, sondern für wen sie unwählbar blieb. Während in Frankreich und in Italien für einen erheblichen Teil der Bevölkerung eine sich christlich nennende Partei definitiv unwählbar ist, weil nicht verborgen bleibt, daß sich hinter dem Christlichen ein massiver kirchlich-institutioneller Anspruch verbirgt, galt dies für Deutschland nun nicht mehr[78]. Am Rande darf daran erinnert werden, daß es die CDU war, die das Verschwinden des Klerikalismus in seinem technischen Sinne, also die Betätigung von Klerikern in der Parteipoli-

---

[77] Das Buch von Heiner Grote, *Sozialdemokratie und Religion. – Eine Dokumentation für die Jahre 1863 bis 1875,* Tübingen 1968 – voll interessanter Details insbes. zum Lassalle-Kult, zum kämpferischen Pathos der alten SPD- behandelt ein Phänomen, das sich im weiteren Verlauf der Geschichte dann doch in relativ bedeutungslosen Nebenlinien der Sozialdemokratie verlief. – Immerhin war hier in den fünfziger Jahren noch einiges zu bereinigen.

[78] Zu den Wandlungen des Verhältnisses von katholischer Kirche und Staat vgl. das Sonderheft der Zeitschrift »Communio« (Köln 1976) »Bundesrepublik Deutschland auf dem Prüfstand. – Drei Jahrzehnte gesellschaftlicher Entwicklung und christlichen Anspruchs«, insbes. die Beiträge von Karl Forster und Hans Maier.

tik, herbeigeführt hat. War es doch die CDU, die an der Fortgeltung des Reichskonkordats von 1933 festhielt, das genau wie der Lateranvertrag von 1929, den Mussolini mit dem Heiligen Stuhl abgeschlossen hatte, eine parteipolitische Betätigung der Kleriker untersagte.

Bedenkt man, daß das Reichskonkordat von Hitler abgeschlossen wurde, so könnte es reizvoll sein, über die Frage zu spekulieren, ob erst die Wahlen von 1953/57 den eigentlichen Epocheneinschnitt in der Entwicklung des deutschen Parteiwesens darstellen oder nicht eher schon die Wahlen von 1930 und 1932 mit den tiefen Einbrüchen der Nationalsozialisten in die Wählerschaft insbesondere der bürgerlichen Parteien. Jedenfalls kann nicht daran gezweifelt werden, daß Hitler ein nicht wegdenkbarer Faktor der Ermöglichung sowohl des Parteiensystems wie des Parteientyps gewesen ist, die sich seit 1953 in der Bundesrepublik entwickelt haben. Schon der Erste Weltkrieg, die Inflation, die Weltwirtschaftskrise hatten das deutsche Sozialgefüge, dem die alte Parteienlandschaft entsprach, zutiefst umgepflügt. Die 12 Jahre gaben ihm den Rest. Es ist heute ein Gemeinplatz unter den Historikern, daß der Nazismus sozialgeschichtlich kein Faktor konservativer Retardierung, sondern ein forcierter Nivellierungs- und Modernisierungsfaktor gewesen ist. Auch daß es nach 1945 keine wirklich bedeutsame, sich rechts von Union und FDP etablierende konservative Parteiformierung hat geben können, hängt wesentlich damit zusammen, daß Hitler dem Adel und dem Großgrundbesitz genauso wie der hohen Bürokratie und dem Militär, also den soziologischen Grundpfeilern des deutschen Konservatismus, das politische Genick gebrochen hatte. In der Tat des 20. Juli hatte der deutsche Konservatismus seine letzte Leistung erbracht, seit jenem Tage ist er gewaltsamer aus dem Felde geschlagen, als das jemals der Französischen Revolution in Frankreich gelungen ist.

Welche Folgen haben nun die tiefgreifenden gesellschaftlichen Umwandlungen, jene revolutionär zu nennende »Fundamentaldemokratisierung« (Karl Mannheim) und Egalisierung der Lebensbedingungen, die die deutsche Geschichte der letzten 60 Jahre kennzeichnen, für den in Westdeutschland dominanten Parteityp gehabt?

Hans Buchheim hat vor einigen Jahren eindrucksvoll zu zeigen gesucht, daß die SPD auf dem Wege sei, sich vom »historischen Kontext«, dem, was man mit dem Begriff der Sozialdemokratie assoziiere, zu lösen[79]. Die Formel des demokratischen Sozialismus führe zu einer »dritten Art, links zu sein«, die weder kommunistisch noch sozialde-

[79] Hans Buchheim, Die dritte Art »links« zu sein, in: *FAZ* v. 18. 7. 1973.

mokratisch im überkommenen Sinn zu verstehen sei. Diese »Ablösung vom Kontext« – ein heuristisch sehr glücklicher Begriff – gilt aber für alle anderen deutschen Parteien genauso. Und es war die CDU, die mit der Ablösung vom Kontext durch ihre Überkonfessionalität begonnen hatte. Das alte Zentrum war durch ein genau fixiertes soziales und weltanschauliches Milieu eingegrenzt. Es saß im Turm und hatte sich dort wohnlich eingerichtet. Zu seinem Milieu gehörten die Kolpingsvereine, das ganze katholische Vereinswesen, den geistigen Zusammenhalt bot die christliche Soziallehre. Diese mußte vom Zentrum nicht eigens programmatisch fixiert werden, sie wurde jeden Sonntag von der Kanzel gepredigt. Was sie zu bieten hatte, war relevant für alle Fragen des Soziallebens, für Ehe, Kindererziehung, Schule, Wirtschaftsleben, politische Ordnung. Die CDU und nicht minder die CSU haben sich davon gelöst.

Seit der Mitte der fünfziger Jahre gibt es eine eindeutig definierbare Sozialschicht, aus der sich die Wählerschaft der Unionsparteien rekrutierte, nicht mehr. Natürlich konnte man ihre Wähler immer noch, und das hat sich bis heute nicht geändert, statistisch von denen der SPD und FDP abgrenzen, aber es sind eben nur noch statistische Differenzen, keine wirklich grundlegenden. Übertreibend könnte man sagen, daß, von Bundestagswahl zu Bundestagswahl zunehmend, die deutsche Wählerschaft dahin tendierte, nur noch aus Wechselwählern zu bestehen[80]. Die alten soziologischen Zuordnungen: Arbeiterschaft, Mittelstand, Landbevölkerung etc. waren brüchig und durchlässig geworden. Die CDU stellte sich darauf ein. Ihr kompliziertes Innenleben, die Spannungen zwischen den Vereinigungen – Sozialausschüssen, Wirtschaftsrat etc. – waren für ihr Außenleben: Kanzlerpartei, Allerweltspartei, Jedermannspartei, ohne sonderlichen Belang. Ihre Politik wurde pragmatisch, sie orientierte sich an den Forderungen des Tages, ohne deshalb prinzipienlos zu sein.

Die SPD trat nach 1945 mit einem anderen Konzept an, nämlich dem alten. Schumacher und die aus der Emigration zurückgekehrte Führungsschicht konnte sich von den Vorstellungen der Integrationspartei als parteipolitischer Organisation der Arbeiterschaft oder zumindest der Arbeitnehmerschaft nicht lösen. Die Folge: Einmauerung im Turm der 30 Prozent. Erst nach dem Tode Schumachers, in den

---

[80] So schon – im Zusammenhang der soziologischen Kontroversen um die Folgen einer Hinderung des Wahlrechts – W. HENNIS, *Große Koalition ohne Ende?* München 1968, S. 30 f., 58 ff.

Jahren von 1952 bis Godesberg 1959, konnten sich die Reformer um Max Brauer, Deist, Erler, Brandt und Carlo Schmid durchsetzen. Als Schmid auf dem Hamburger Parteitag verkündete, auch die SPD könne ihren Mitgliedern nun nicht mehr die »geistige Heimat« bieten, traf dieses viele schmerzlich. Dennoch gelang es der SPD, wie man es damals nannte, einen großen Teil des geistigen Ballastes abzuwerfen. Der Hannoveraner Parteitag von 1960, auf dem Willy Brandt zum Kanzlerkandidaten proklamiert wurde, bezeichnet den Kulminationspunkt der Bemühung der SPD, dem so erfolgreichen Vorbild der CDU als Volkspartei nachzueifern. Auch die SPD wurde »pragmatisch«, eine große Leistung ihrer damaligen Führungsschicht, wenn auch diktiert durch den Zwang des Machtkampfes. Wenn sich die Sozialdemokratie immer noch gerne darauf beruft, sie sei die Partei mit der ältesten ungebrochenen Tradition, so ist das sicher im Sinne der Vereinsgeschichte richtig, dennoch gilt auch für sie, daß sie sich vom alten Kontext gelöst hat. Soziologisch ist die SPD der siebziger eine völlig andere Partei als die der fünfziger Jahre. Keine deutsche Partei, die FDP vielleicht ausgenommen, ist in den letzten zehn Jahren soziologisch so durcheinandergeworfen worden[81]. Wer SPD wählt, kann dieses, mit regionalen Differenzen (in München mag's schwerfallen), weitgehend ideologisch genauso indifferent tun, wie man es in der Regel gewiß tut oder bislang getan hat, wenn man die Unionsparteien wählte. Alle Parteien können sich ihre wahlentscheidenden Wähler nur in der »Mitte« holen, nur um »Differenzen« kann es gehen, Differenzen, die aber immer noch groß genug sind, dem Wähler eine sinnvolle Alternative zu bieten.

Bei der FDP ist überhaupt nicht mehr zu erkennen, worin ihre spezifische geistige oder auch soziale Verortung bestehen sollte. Das war anfangs der Bundesrepublik noch anders, da gab es noch gewisse Restbestände antikirchlichen, aufgeklärt-bürgerlichen oder auch selbstbewußt-autonomen und nationalen Bürgertums, das sich weder zur CDU noch zur SPD hingezogen fühlte. Aber inzwischen ist die FDP mehr und mehr zu einer Partei der Resteverwertung geworden, sie muß mit dem mageren Zehnten vorlieb nehmen, den ihr die großen Parteien übrig lassen. Liberalität, ein Begriff, der historisch immer durch bestimmte Konstellationen fixiert war, ein Antibegriff – gegen

[81] Vgl. den vorzüglichen Aufsatz von Hermann Rudolph, Der stahlglänzende Kanzler und das Gewoge dahinter (*FAZ* v. 24. 7. 76). Zur inneren Wandlung der SPD auch Wolfgang Clement, *Im Prinzip sozial,* Frankfurt a.M. (Fackelträger-Verlag) 1976.

den Obrigkeitsstaat oder gegen Anmaßungen der Kirche-, läuft in der heutigen Gesellschaft, in der eigentlich alles geistig kahlgeschoren ist, leer. Es ist schon schwer zu sehen, wo in der Bundesrepublik noch viele Zöpfe abzuschneiden wären.

So sind die deutschen Parteien soziologisch und weltanschaulich kontextlos geworden, unangebunden, kaum noch geistig und sozial zu verorten. Darin liegt kein Versagen, sondern sie haben sich so entwikkelt, weil der Kontext, in dem sie agieren, sich in den letzten drei Jahrzehnten so immens gewandelt hat. Wir leben – Gemeinplätze – in einer Industriegesellschaft. Die Welt des Bauern und des Handwerks bestimmen Denken und Lebensgewohnheiten nur noch am Rande. Unsere Lebensweise ist städtisch, auch auf dem Lande genießt man die Vorteile einer Lebensweise, die traditionell einzig die Stadt vermitteln konnte. Das Fernsehen, der große Gleichmacher, liefert Abend für Abend allen Menschen die gleichen Bilder ins Haus. Wie anders, als ein Teil der Bevölkerung sich an den Symbolen der Kirche oder an denen der politischen Bewegungen ihre geistige Zurüstung holten.

Schaut man auf die geistige Ambiance, das ideelle Umfeld der Parteien, so muß man feststellen, daß keine der vier Parteien der Bundesrepublik noch eine »Weltanschauung« hat, auf die sie sich unproblematisch beziehen könnte. Mühselig müssen die Grundwerte und Grundaussagen, die in den Wahlkämpfen so angestrengt bemüht werden, in Kommissionen erarbeitet werden. Nichts ist an ihnen spontan, selbstverständlicher Ausdruck einer bestimmten Lage.

Wenn man von einer geistig-sozialen Entortung der Parteien sprechen kann, so besteht ein wesentlicher Teil des Innenlebens der deutschen Parteien darin, durch forcierte »Programmarbeit« das als »Theoriedefizit« empfundene Manko wettzumachen. Dabei ist es ganz unsinnig, ein solches »Theoriedefizit« den Parteien vorzuwerfen oder seinetwegen an Komplexen (»bloßer Pragmatismus reicht nicht«) zu leiden.

Jene »Theorien«, wenn man sie so nennen will, über die die älteren deutschen Parteien gewiß verfügten, waren kein freies Produkt des Geistes. Sie waren den Parteien, waren sie nun christlich, liberal oder sozialistisch, aus geschichtlichen Lagen heraus aufgezwungen worden. Die Christliche Soziallehre war im Kern nicht mehr als eine Defensivtheorie des katholischen Bevölkerungsteils gegen die Hegemonie Berlins und die Säkularisierungstendenzen des positivistischen Zeitalters. Daß der Sozialismus eine Emanzipations- und Schutzphilosophie der Arbeiterschaft war, braucht nicht weiter ausgeführt zu werden, genauso wie der bürgerliche Liberalismus seine ganze Stoß- und Überzeugungskraft aus seinem Kampf gegen eine von vorbürgerlichen Werten getragene Gesellschaftsordnung bezog. Die großen politischen Ideenkreise waren durchweg das Produkt harter historischer Auseinandersetzungen, sie bezeugen die Druckstellen der Geschichte ins Geistige transponiert. Wo hätte es in der Zeit seit dem Zweiten Weltkrieg in der Bundesrepublik Auseinandersetzungen gegeben, die von ähnlicher Schärfe, ähnlich traditionsbildend gewesen wären, Sieger und Besiegte zurückgelassen hätten wie die 48er Bewegung oder der Kulturkampf. Wo sich dergleichen aber nicht abspielt, entwickeln sich politisch auch keine Ideen, in deren Namen man zusammensteht, miteinander und gegeneinander. Da die deutschen Parteien aus ihrer Tradition heraus aber glauben, sie müßten über eine solche Idee verfügen, ein über den Tag hinausreichendes Programm, bemühen sie Kommissionen mit der Erarbeitung solchen Geistesgutes, und die Ergebnisse sind entsprechend: künstlich, ausgeklügelt, ausgedacht.

Sie sind das Produkt einer Flucht nach vorne. Visionen und Strategien werden entwickelt, um zu kompensieren, daß man in Wahrheit ja doch ständig vor nichts als die Forderung des Tages gestellt ist, dabei sicher besser fährt, wenn man einige Prinzipien im Hinterkopf hat, aber im großen und ganzen doch wissen muß, daß diese Gesellschaft der Politik nicht wie eine Tabula rasa als blankes Feld zur Disposition steht, in die im Namen vorgefertigter Konzepte die Furchen nur hineinzuziehen wären. Wo so gedacht wird, als könne man das, als stünde einem die Gesellschaft zur Disposition – im Konzept der »Gesellschaftspolitik« kommt diese problematische Attitüde auf den Begriff, und man findet sie in allen deutschen Parteien in nur der Konzentration nach unterschiedlicher Mischung![82] –, da bewegt man sich am Rande einer für ein freiheitliches Gemeinwesen zulässigen politischen Denkweise.

Genau hier scheinen nun aber die größten Gefahren zu liegen, auf die die deutschen Parteien – alle miteinander – zutreiben, ein Vorgang, über den sie sich kaum Rechenschaft geben, der mit einem Schwall großer Worte: Strategiekonzept, Zielvorgabe, Vision, Perspektive etc.

---

[82] Insofern ist meine oben Anm. 65 erwähnte Schrift zum »Organisierten Sozialismus« der SPD nur als Exempel zu verstehen. Die sog. »Mannheimer Erklärung« der CDU von 1975 oder die »Freiburger Thesen« der FDP unterscheiden sich im »strategischen« Denkstil nur in Nuancen. Die Programmtexte der deutschen Parteien finden sich praktisch zusammengestellt bei S. Hergt (Hrsg.), Parteiprogramme (*Heggen-Dokumentation* Bd. 1), Leverkusen 1976.

zugedeckt wird, aber an den Kern ihrer »Regierbarkeits«-Probleme reicht. Ist diese Denkweise doch kaum noch politisch, läßt die Politik aus Rat und Beratung, dem Mit- und Gegeneinander der Kräfte und Interessen herauswachsen, sondern, um es in der Sprache Friedrich von Hayeks auszudrücken, sie ist konstruktivistisch, teleokratisch, glaubt, der Gesellschaft durch Zielvorgaben das Korsett anpassen zu können. Man möchte hierin die größte Versuchung, die unseren Typ von ortlosen Parteien heimsucht, sehen. Eine Versuchung aus Schwäche, Flucht in Kraftakte, denen keine Substanz entspricht.

Wie wirkt sich diese hier knapp skizzierte Lage, die Ablösung vom sozialen Kontext, die Beliebigkeit der »Zielvorgaben« für die Parteiführungen aus? Überaus verunsichernd. Die Parteiführungen sind sich heute der Wähler nicht mehr sicher – hier springen die Sozialtechniken der Befragung und Marktwerbung ein –, aber auch der Mitglieder können sie über das bloße aktivistische Mitziehen in Wahlzeiten hinaus kaum mehr sicher sein. So wird die Führung von Parteien beim Wegfall nahezu aller vorweggegebenen, aller historischen Integrationsfaktoren durch soziale Lage, gemeinsame Interessen, gemeinsame historische Erfahrungen immer schwieriger, zugleich voller Versuchungen zu Ausbrüchen in hektische Aktivitäten. Ohne zu wissen, was sie dem Bürger eigentlich zumuten können, wo ihn der Schuh drückt, sind sie ratlos in allen grundsätzlichen Fragen der Zukunftsorientierung und lassen sich so allzu leicht von Moden, Zeitströmungen, dem letzten Schrei hin- und herreißen. Jeder Teilbereich der Politik – Bildung, Verkehr, Energiepolitik – spiegelt diese Schwäche. Was als eigener »Beitrag«, als zukunftsweisendes »Konzept« präsentiert wird, ist nur zu oft der Gelegenheitseinfall eines Ghostwriters oder eines gerade in der Gunst stehenden professoralen »Senkrechtstarters«.

Was hält die Parteien eigentlich noch zusammen außer dem Willen zur Macht? Nicht viel jedenfalls, wird man sagen dürfen. Gewiß sind die deutschen Parteien noch nicht in dem Maß diffus, entortet, labil, mobil und konturenlos geworden wie die Gaullistenpartei in Frankreich oder die Konservativen in England. Sie sind auch nicht in dem Maße von einzelnen Strömungen, correnti, zerrissen wie die Democrazia Cristiana in Italien[83]. Dennoch geht die Tendenz dahin. Die

---

[83] Zu den – auch hier nur zum Teil – aus der Parteienstruktur resultierenden Regierbarkeitsproblemen Frankreichs nenne ich nur ALAIN PEYREFITTE, *Le mal français,* Paris 1976; zur Parteienstruktur speziell UDO KEMPF, Strukturelle Veränderungen des französischen Parteiensystems, in: *Jahrbuch des öffentlichen Rechts der Gegenwart* 23 (1974), S. 81 ff.; zu Italien LUIGI D'AMATO, *Correnti di Partito e Partito di*

deutschen Parteien entsprechen immer mehr den amerikanischen, vagen, nur schwer auf Dauer zu stellenden Koalitionen. Während in Amerika aber doch die einzelnen wirtschaftlichen, ethnischen, regionalen »Planken« relativ klare Konturen haben, aus denen die Parteien ihre Plattformen dann zimmern, so kann man das für die deutschen Parteien weniger und weniger sagen. Immer wieder wird in der deutschen Wissenschaft und Publizistik die These vertreten, die deutschen Parteien seien ein zu enges Amalgam mit den pluralistischen Kräften eingegangen, die CDU mit Wirtschaft und Kirche, die SPD mit den Gewerkschaften. Zweifel an der Richtigkeit dieser These sind geboten. Adenauer verstand gewiß, mit den Kräften des Pluralismus zu regieren, einen wirklich bestimmenden Einfluß haben diese Kräfte auf die Parteien aber nicht ausüben können, wobei man die Gewerkschaften von dieser Aussage allerdings wohl ausnehmen muß. Die Erpreßbarkeit der Regierungen durch einzelne Gruppierungen steht auf einem anderen Blatt. Man wird darin eher ein Indiz für die Schwäche der Verbindung zwischen Parteien und pluralistischen Kräften sehen müssen. Die deutschen Parteien, die traditionell so fest in sektoralen und regionalen Kräften des Volkes verwurzelt waren, haben sich von diesem Wurzelwerk gelöst – sie schweben in einer wabernden Schicht von Sentiments und Emotionen, Stimmungen und Vorurteilen, in die die Demoskopen versuchen, ein wenig Ordnung zu bringen. Und so bilden die Parteien heute eine Art Superstruktur, die gesellschaftlich nicht sehr tief reicht, wobei man beim Charakter der industriellen Massengesellschaft natürlich die Gegenfrage stellen muß, wo hinein sie denn da auch reichen sollten. Wenn ein Verfall des Parteiwesens, der für Großbritannien, Frankreich und Italien evident ist, auch in der Bundesrepublik sichtbar werden sollte, so wächst er aus der Abstraktion des Parteiwesens vom gesellschaftlichen Wurzelgrund. An der beinahe Unmöglichkeit, das Wesen einer parteipolitisch konzipierten von einer bürokratisch konzipierten Politik zu unterscheiden – als Beispiel genüge der Hinweis auf bildungspolitische »Rahmenrichtlinien« oder auf nahezu alle sogenannten Einzelpolitiken: Straßenbau-, Gesundheits-, Baupolitik –, zeigt sich diese Entfremdung gegenüber dem gesellschaftlichen Grundstoff. Welche Interessen, Notwendigkeiten stehen eigentlich noch hinter der Politik der Parteien? Was ist bloß Ausgedachtes, windige »Zielvorgabe« phantasiereicher Planer, die glauben,

---

Correnti, Milano 1965. Ferner die Bücher von Magri und Galati über die Democrazia Cristiana.

die Gesellschaft stünde ihnen am Reißbrett zur Verfügung? Die deutschen Parteien stehen mehr und mehr der Gesellschaft gegenüber, sie sind nicht mehr, worin ihre Legitimität und spezifische Rolle einmal gründete, ihre »repräsentativen« Transmissionsriemen, sondern ihre Gestalter, Formierer, Schmeichler oder Züchtiger, die dabei »strategisch« ans Werk gehen möchten.

In der Terminologie Sigmund Neumanns zeichneten sich die demokratischen Integrationsparteien gegenüber den liberalen Repräsentationsparteien durch eine feste, auch für die Finanzierung unentbehrliche Mitgliedschaft aus. Wie immer das Verhältnis von »Führern« und »Geführten« auch gewesen sein mag, jedenfalls war es bestimmt durch eine Beziehung enger Zusammengehörigkeit. Man identifizierte sich mit den »großen Führern«, immer gab es eine Identifikationsbrücke, sei es sozialer oder geistiger Art, die den deutschen Parteien einen starken Charakter von »Gemeinschaft«, von solidarischer Verbundenheit gab – sowenig man dies in irgendeiner Weise verklären sollte. Drückte sich darin doch auch viel Enge, gesellschaftliche Unfreiheit, Beschränkung des »Milieus« etc. aus. Dennoch boten die Parteien einer großen Zahl von Menschen Identifikationsmöglichkeiten, eine Ausbruchsmöglichkeit aus der bloß privaten Beengtheit, eine Chance zu sinnvoller öffentlicher Aktivität, der man den tieferen Sinn nicht absprechen kann. Unter den Bedingungen einer antagonistischen, klassen- und milieuzerfurchten Gesellschaft konnte sich Bürgertugend, öffentlicher Sinn gar nicht anders entfalten als durch die Kanalisierung in partikulare Besonderheiten, eben auch in den Parteien[84]. Wo sie, wie die alten Integrationsparteien SPD und Zentrum, darüber hinaus noch in einer engen Symbiose mit einem weiten Umfeld der unterschiedlichsten Entfaltungsmöglichkeiten in einem dazugehörigen Vereins- und Vereinigungswesen lebten, boten die alten Parteien in der Tat Chancen der Lebensentfaltung, in dem die besten Werte und Tugenden der »bürgerlichen« Welt – Gemeinsinn, Opferbereitschaft, das Ernstnehmen der kleinen Pflichten bis hinab zur Welt des »Kassiers« – auch in ihrer sozialistischen Varianz, die im Kern ja nichts als der kleinbürgerliche Ableger des besseren Teils des Bürgertums war, zu einer Entfaltung kommen konnten, die für das geistige Leben des alten Deutschlands in seinem Rang gar nicht hoch genug eingeschätzt werden kann.

---

[84] Neben dem oben Anm. 25 zitierten Buch BUTTINGERS vgl. dazu vom VERF., Motive des Bürgersinns, in: DERS., *Politik als praktische Wissenschaft,* München 1968, 213 ff.

Was ist davon heute geblieben? Die Rolle, die den Mitgliedern zufällt, ist im Orientierungsrahmen '85 der Sozialdemokratie – für alle anderen Parteien stellvertretend – enthüllend charakterisiert. Sie leisten »Vertrauensarbeit« in der Bevölkerung, werden also gewissermaßen als großer Public-Relations-Trupp für die Parteiführer an den Schaltstellen weiter »oben« verstanden. Und so ähnlich gerieren sich die Aktivisten der Parteien dann ja in der Tat im sogenannten »Willensbildungsprozeß«. Sie leisten Zubringerarbeit, Unterstützung für die an der Macht Befindlichen oder gerade um sie »Ringenden«. Als Stück Bevölkerung, als sozial oder geistig definierbarer Ausschnitt ihrer Meinungen und Interessen, als, um es modern zu sagen, »soziokulturelles Subsystem« mit all dem, was daraus an Positivem, gewiß auch Verwunderlichem hervorgehen kann, sind sie nicht mehr zu erkennen. Die Mitgliedschaft unserer Parteien definiert sich aus ihrer Rolle im Prozeß der Willensbildung, das Wort »Willensbildung« in seinem nacktesten, jeden kulturellen, sozialen Beigeschmack abweisenden Sinn. Die Mitgliedschaft bzw. ihre Delegierten geben oder verweigern die Zustimmung zur Strategie der Führer, die diese sich mit wissenschaftlicher Unterstützung ausdenken wie die Verkaufschefs der Unternehmen ihre Marktstrategie. Keine unserer Parteien lebt noch aus einer alten Substanz, alle leben von Anleihen an die »Zukunft«. Da das »Angebot« der Parteien – ihre Schul-, Verkehrs-, Gesundheits-, Wirtschafts- etc. -politik mit schließlicher Abrundung im »Grundsatzangebot« nicht hinreicht, wirklich substantiellen Grund unter den Füßen zu finden, drängt sich in allen modernen Parteien die charismatische Führergestalt oder der, von dem man hofft, er sei eine, mit Macht als Integrationsfigur in den Vordergrund. Von ihm wird jene Verklammerung erwartet, die die geschichtlichen Ordnungen nicht mehr hergeben.

Nach einigen Umwegen stehen wir wieder da, wo uns schon Max Weber hingeführt hat: vor der Einsicht in einige Unbequemlichkeiten der »Massendemokratie«. Alle Anschauung bestätigten sie: »Wer … politisch führen will, muß auf den modernen Instrumenten der Macht zu spielen wissen« (Max Weber, Politische Schriften, München 1921, 158). Und weiter: »Die Bedeutung der aktiven Massendemokratisierung ist: daß der politische Führer nicht mehr auf Grund der Anerkennung seiner Bewährung im Kreis einer Honoratiorenschicht zum Kandidaten proklamiert wird, sondern daß er das Vertrauen und den Glauben der Massen an sich und also seine Macht mit massendemagogischen Mitteln gewinnt. Dem Wesen nach bedeutet dies eine *cäsaristi-*

sche Wendung der Führerauslese. Und in der Tat neigt jede Demokratie dazu« (ebd. 211 f.). Die »staatspolitische *Gefahr* der Massendemokratie« liege »in erster Linie in der Möglichkeit starken Vorwiegens *emotionaler* Elemente in der Politik«. Um *ihnen* zu begegnen, plädierte Weber für die »staatspolitische Zweckmäßigkeit des Parteibetriebs durch festorganisierte politische Interessengruppen. Staatspolitisch völlig irrational« sei »andererseits die *un*organisierte Masse: die Demokratie der Straße. Sie ist am mächtigsten ... beim Fehlen rational organisierter Parteien« (ebd. 221 f.).

»Cäsarismus« oder »Demokratie der Straße«? – das eine erscheint so unakzeptabel wie das andere, und die »populistische« Kombination von beidem, chancenreicher als Max Webers Alternativen, noch weniger. John Adams war noch skeptischer: »Democracy never lasts long. It soon wastes, exhausts, and murders itself. There never was a democracy yet that did not commit suicide«[85].

*

Wir brechen das Thema hier ab. Es fortzuführen, würde verlangen, in alle Grundfragen der politischen Soziologie egalitärer demokratischer Industriegesellschaften einzusteigen: nicht zuletzt ihrer Fähigkeit, legitimierbare Führung zu präsentieren. Sie müssen das leisten ohne Bezug auf einen festen Punkt im Gewaber der »Willensbildung«. In sich, im »Pluralismus« der Willensbildung müssen sie zu jener Dichte und Konstanz finden, die eine freie, sich der Diskussion stellende »politische« bzw. »regierende« Gewalt möglich macht. Wir erinnern an Bagehots Zweifel an der Praktizierbarkeit einer Legislative und Exekutive verbindenden Regierungsform außerhalb der konstitutionellen Monarchie oder – wie man heute sagen müßte – außerhalb von demokratisch legitimierten Präsidialsystemen. Sicher ist, daß – wie immer man die »Regierbarkeits«-Probleme freier Gesellschaften einschätzen mag – die westliche Welt vor einer – in ihrer im Grunde erst mit dem Ende des Ersten Weltkriegs beginnenden Geschichte – einzigartigen Bewährungsprobe steht. Schon einmal hat der Großteil der neuen, am Ende des Ersten Weltkriegs zur parteiendemokratisch-parlamentarischen Regierungsweise übergegangenen Staaten die Probe nicht bestanden. Nach dem Zweiten Weltkrieg begann in den meisten Staaten auch Westeuropas ein neuer Versuch. Daß nicht anders, wie dem Men-

---

85 Zit. nach HUNTINGTON (oben Anm. 63), S. 37.

schen der Tod Gewißheit ist, auch politische Ordnungen vom Zusammenbruch, vom »Systemtod« bedroht sind, gehört zu den Grunderfahrungen der Geschichte und politischen Theorie. Grob vereinfacht hat man seit Thukydides und Aristoteles bis zu Montesquieu, Gibbon und Tocqueville stets drei Faktoren als die wichtigsten Elemente der Stabilität angesehen: die Weisheit der Gesetze oder, wie wir uns ausdrücken würden, die Kraft der Institutionen, die Qualität der Herrscher und die Tugend der Bürger. Die Worte klingen verstaubt, die Sache ist die gleiche geblieben. Es gibt kein Problem der »Industriegesellschaft«, bei dessen Analyse und praktisch-geschichtlicher Meisterung, seiner Ausweglosigkeit oder Lösbarkeit, man nicht in letzter Instanz auf diese Trias stoßen würde[86].

(1977)

---

[86] Zur Problematik des Verständnisses für Institutionen in unserer Zeit vgl. NEVIL JOHNSON, Die Institutionen im Studium der Politik, in: *Der Staat* 16 (1977), S. 1 ff. Zum Problem der Führungsschicht verweise ich auf das neuerwachte Verständnis für diesen Tatbestand in der amerikanischen Politikwissenschaft (vgl. die Nachweise des VERF. in »Legitimität«, *PVS-Sonderheft* 7/1976, S. 27, 36, 38.) Für das Problem der »Tugend« der Bürger wäre entweder Fehlanzeige zu erstatten oder auf »Teilhabe« und »Partizipation« zu verweisen. Dann lieber Fehlanzeige! Eine rare Ausnahme: PETER GRAF KIELMANSEGG, Demokratie und Tugend, *Merkur* 26. Jg. (1972), Heft 2.

Politik ohne Beruf

Anmerkungen zur Arbeit der Gemeinsamen Verfassungskommission[1]

Mit dem Bericht, den die von Bundestag und Bundesrat im November 1991 eingesetzte Gemeinsame Verfassungskommission (GVK) am 28. Oktober 1993 verabschiedet hat,[2] ist der zweite Anlauf zu einer Gesamtüberprüfung des Grundgesetzes in den 44 Jahren zwischen 1949[3] und 1993 zu einem vorläufigen Abschluß gekommen. Aber wie verschieden sind schon die Veranlassungen! Damals – in den ersten Jahren der sozialliberalen Koalition – war die Einsetzung einer »Enquetekommission Verfassungsreform«[4] mehr eine Konzession an den reformbewegten Zeitgeist, diesmal jedoch Folge einer »unerhörten Begebenheit«, wie Wolf Lepenies die Wiedervereinigung zu Recht genannt hat.[5] Ist es der Kommission gelungen, ihren Auftrag im Bewußtsein der Herausforderung dieses Anlasses wahrzunehmen, hat sie ihren »Beruf« zur Grundgesetzrevision gefunden?

Aus der großen Zahl der Vorschläge erreichten nur wenige die für eine Zweidrittel-Mehrheit notwendigen 43 Stimmen der insgesamt 64 Mitglieder der Kommission. Die zwei in die Zweidrittel-Empfehlungen aufgenommenen Staatsziele[6] – Schutz der natürlichen Lebens-

---

[1] Der Text gibt einen Vortrag wieder, der am 9. 11. 1993 vor der Juristischen Gesellschaft zu Köln sowie in geringfügig veränderter Fassung, anknüpfend an Rudolf Smends Reichsgründungsrede vom 18. 1. 1933 (»Bürger und Bourgeois im deutschen Staatsrecht«), am 18. Januar 1994 in der Humboldt-Universität zu Berlin gehalten wurde.

[2] GVK-Bericht vom 5. 11. 1993 (BT-Drs. 12/6000 = BR-Drs. 800/93).

[3] Zur Verfassungsgeschichte vgl. Hasso Hofmann: Die Entwicklung des Grundgesetzes nach 1949, in: *HdbStR* Bd. I, Heidelberg 1987, § 7, S. 259–319.

[4] Hofmann ebd. S. 296 (Rn. 48).

[5] Lepenies: *Folgen einer unerhörten Begebenheit: Die Deutschen nach der Vereinigung,* Berlin 1992.

[6] Ausgreifende analytische Skizze zur Staatszieldiskussion nach 1989 bei Karl-

grundlagen und Schutz ethnischer Minderheiten – erreichten mit 43 bzw. 45 Stimmen gerade die erforderliche Mehrheit. Was aus dem Gesamtpaket der vorgeschlagenen Änderungen die erforderlichen Mehrheiten im Bundestag und Bundesrat erreichen wird, ist bei Abschluß des Manuskripts nicht abzusehen. Wenn im folgenden die Einzelheiten beiseite bleiben, nur die grundsätzlichen Fragen erörtert werden, die Einsetzung, Zusammensetzung, Arbeitsweise und, wenn ich so sagen darf, der verfassungspolitische Denkhorizont der Kommission aufwerfen, so deshalb, weil sich darin der gegenwärtige Zustand der Bundesrepublik spiegelt, die Fähigkeit und Bereitschaft ihrer Führungsschicht, sich auf die neuen Herausforderungen einzulassen.

Wie die beiden Vorsitzenden der Kommission die Leistung der Kommission beurteilen, haben sie verlauten lassen. Bürgermeister Voscherau hat sie scharf getadelt. Man werde mit einem »Verfassungsrat« ganz von vorne anfangen müssen, einem Rat, der nicht durch Parteienproporz und Fraktionsdisziplin beherrscht sein dürfe. In Zusammensetzung, Auftrag, Arbeitsweise sei die Kommission von Anfang an umstritten und im Ergebnis falsch gewesen. Die Rede, die Rupert Scholz im Dezember 1992 vor der Juristischen Gesellschaft Berlin gehalten hat – inzwischen als Broschüre publiziert[7] –, enthält, wie von ihm zu erwarten, einen nüchternen, kaum wertenden Bericht. Ich habe der Schrift eigentlich nur entnommen, daß sich das Grundgesetz nicht nur »bewährt« – das haben wir oft gehört –, sondern »außerordentlich« und »wahrhaftig« bewährt habe. Das mag so sein, man kann dem nicht widersprechen, nur macht ein solches Urteil doch nur Sinn, wenn die Bewährungskriterien mitgenannt werden. Aus dem Grundgesetz selbst können sie kaum entnommen werden. Welche verfassungstheoretischen und verfassungspolitischen Vorstellungen, die Maßgaben der Bewährung sind, stehen hinter der gängigen Rhetorik? Scholz verrät es nicht; ich vermute, er kennt sie nicht.

Die Arbeit der Kommission litt von Anfang bis Ende unter einem nicht reparierbaren Geburtsfehler: die Union, führende Kraft des Einigungsprozesses, hielt sie nach dem Beitritt gemäß Art. 23 für überflüssig, die Opposition verband mit ihr unrealisierbare Erwartungen. Die

---

PETER SOMMERMANN: Die Diskussion über die Normierung von Staatszielen, in: *Der Staat* 32 (1993), S. 430–447; vgl. auch RUPERT SCHOLZ: Die Gemeinsame Verfassungskommission von Bundestag und Bundesrat, in: *ZG* 9 (1994), S. 1–34, bes. 17 ff.

[7] *Grundgesetz zwischen Reform und Bewahrung:* Vortrag gehalten vor der Juristischen Gesellschaft zu Berlin am 2. Dezember 1992, Berlin u.a. 1993.

Länder, die die Hälfte der Mitglieder bestimmten, orientierten sich – woran sonst? – an Länderinteressen. Die Bundesinteressen, die unitarische Perspektive – das Grundgesetz ist ja die Verfassung des Bundes und nicht einer Akkumulation der Länder –, waren in der Kommission institutionell nicht vertreten. Ob sich der Bundeskanzler für das ganze Unternehmen je interessiert hat, entzieht sich öffentlicher Kenntnis. Nur am neuen Europa-Artikel 23 war er massiv interessiert. Wie in Wolfgang Schäubles Buch über den Einigungsvertrag dargestellt,[8] stand die Bundesregierung beim Abschluß des Vertrages vor der Frage, ob sie ihn als normalen, einer qualifizierten Mehrheit nicht bedürftigen völkerrechtlichen Vertrag ratifizieren lassen sollte, die erforderlichen Grundgesetzänderungen mithin vom Vertrag gesondert zu halten sich empfehle, oder ob man die notwendigen Grundgesetzänderungen in den Vertrag hineinnehmen sollte, womit er für die Ratifikation verfassungsändernder Mehrheiten bedurfte. Man entschied sich, mit vielen guten Gründen, für das zweite. Dies hatte zur Folge, daß es den Ländern gelang, ihre alten, für den Fall der Fälle immer parat gehaltenen verfassungspolitischen Forderungen mit großer Massivität im Vertrag selbst abzusichern. Die Bundesländer, genauer: ihre Staatskanzleien, hatten ja nie aufgehört darüber nachzusinnen, wie durch Grundgesetzänderungen ihre Position sich verbessern ließe. Das ist ihnen mit Hilfe des Einigungsvertrages in spektakulärer Weise gelungen.

Ein Dokument, das sich in keiner amtlichen Sammlung findet – auch nicht finden kann, das im Bericht nach der *Zeitschrift für Parlamentsfragen* zitiert wird – die sogenannten »Eckpunkte« der Ministerpräsidenten vom 5. 7. 90,[9] fand Eingang im Art. 5 des Vertrages,[10] der Geburtsurkunde der Kommission, in dem die Regierungen der beiden Vertragspartner, also der DDR und der Bundesrepublik, den gesetzgebenden Körperschaften des vereinten Deutschlands empfahlen, sich innerhalb von zwei Jahren »mit den im Zusammenhang mit der deutschen Einigung aufgeworfenen Fragen zur Änderung oder Ergän-

---

[8] *Der Vertrag.* – Wie ich über die deutsche Einheit verhandelte, hrsg. und mit einem Vorwort von Dirk Koch und Klaus Wirtgen, Stuttgart 1992.

[9] »Eckpunkte« der Länder für die bundesstaatliche Ordnung im vereinten Deutschland, Beschluß vom 5. Juli 1990, in: *ZParl 21* (1990), S. 461–463.

[10] Klaus Stern u. Bruno Schmidt-Bleibtreu (Hrsg.): *Verträge und Rechtsakte zur Deutschen Einheit.* Bd. II: Einigungsvertrag und Wahlvertrag, München 1990; *Deutsche Wiedervereinigung.* Bd. VI: Zur Reform des Grundgesetzes, München 1993.

zung des Grundgesetzes zu befassen«. Das war der Generalauftrag der Kommission, »insbesondere« aber, und das ist für den weiteren Verlauf ihrer Arbeit entscheidend geworden – ich zitiere aus Art. 5 –, der Auftrag »in bezug auf das Verhältnis zwischen Bund und Ländern entsprechend dem Gemeinsamen Beschluß der Ministerpräsidenten vom 5. Juli 1990«. Es folgen drei weitere »insbesondere«-Fragen: Neugliederung Berlin/Brandenburg, Aufnahme von Staatszielbestimmungen, Anwendung von Art. 146. Aber nur der Auftrag zur Regelung der Bund-Länder-Fragen, spezifiziert durch ein – wie man heute sagt – »Papier« der Ministerpräsidenten, schlug in der Arbeit der Kommission voll und mit erreichter Zweidrittel-Mehrheit durch. Man muß schon sehr weit in die deutsche Verfassungsgeschichte zurückgreifen, um auf einen ähnlichen Vorgang zu stoßen. Mir fällt eigentlich nur das Abkommen – heute wurde man sagen: der Deal – ein, durch den Bismarck, mit Bedienung aus dem Welfenfonds, die Zustimmung Ludwigs II. von Bayern für die Reichsgründung gewann.[11] Ein »Papier« der Ministerpräsidenten, kein Beschluß des Bundesrates, sondern eine Wunschliste der Ministerpräsidenten, die im Grundgesetz der Bundesrepublik nirgendwo auftauchen, gelangt, wie man in Amerika sagen würde, als »rider«, als draufgesetzte Auflage in das wichtigste Dokument der neueren deutschen Verfassungsgeschichte seit Verabschiedung des Grundgesetzes.

Die Befassungs-Empfehlung der beiden vertragsschließenden Regierungen erging an einen Adressaten, den das Grundgesetz nicht kennt: Das Grundgesetz kennt keine »gesetzgebenden Körperschaften« im Plural. Die gesetzgebende Vertretung des Deutschen Volkes ist einzig der Deutsche Bundestag. Nur seine Abgeordneten sind Vertreter des ganzen Volkes, an Weisungen und Aufträge nicht gebunden, und so kann das Grundgesetz auch nur eine gesetzgebende Körperschaft kennen. Art. 77 Abs. 1 enthält eine Selbstverständlichkeit: »Die Bundesgesetze werden vom Bundestag beschlossen«. Nach Art. 50 GG ist es sicher Aufgabe des Bundesrates an der Gesetzgebung des Bundes »*mitzuwirken*«, eine »gesetzgebende Körperschaft« neben dem Bundestag gibt es nicht.

Hier muß man sich erinnern: Die große, gar nicht hoch genug einzuschätzende Leistung der westdeutschen Parteien in den Jah-

---

[11] Dazu vgl. ERNST RUDOLF HUBER: *Deutsche Verfassungsgeschichte seit 1789.* Bd. IV, Stuttgart 1963, S. 724 ff.

ren 1948/49,[12] sich gegenüber den Besatzungsmächten als die einzig legitimen Sprecher der Interessen der deutschen Nation durchgesetzt zu haben, so daß das Grundgesetz als eine Verfassung »des Deutschen Volkes« und nicht als Bundesvertrag der Länder beschlossen wurde, ist durch den Einigungsvertrag, die Art der Zusammensetzung der Kommission und die Auflagen, die die Arbeit der Kommission bestimmten, an einer möglicherweise entscheidenden Einbruchstelle zur Disposition gestellt worden. Der SPD-Abgeordnete Hartmut Söll, Professor der Geschichte, Biograph von Fritz Erler und Herbert Wehner,[13] hat allen Ernstes in der 3. Sitzung der Kommission behauptet, die Republik sei von den Ländern her gegründet worden. Ich meine, es müsse zum kleinen ABC der neueren Zeitgeschichte[14] gehören, daß genau das durch die in dieser Frage völlig einigen feindlichen Brüder Konrad Adenauer und Kurt Schumacher, assistiert von Theodor Heuß und Thomas Dehler, verhindert wurde. Vom Tag des Zusammentritts des Parlamentarischen Rates an hatten die im Parlamentarischen Rat vertretenen Parteien das Heft der Gründung der Republik in die Hand genommen, und nie hätten Adenauer und Schumacher zugestimmt, daß die Ministerpräsidenten, diese »Zaunkönige«, ihnen dabei hätten in die Quere kommen können. Man trägt dem Grundgesetz immer noch nach, daß es 1949 nicht nach Lehrbuch-Drehbuch[15] von einer Nationalversammlung beschlossen oder durch Volksabstimmung ratifiziert wurde. Daß die Legitimität einer Verfassung sich auch durch ein *plébiscite des tous les jours*[16] entfalten kann, daß dies zu einer stärkeren Legitimationsbasis anwachsen kann als das Plebiszit an einem Tag, ist einer der Punkte, an dem man die Seltsamkeiten der gegenwärtig herrschenden Staatsrechtslehre exemplifizieren könnte.[17]

---

[12] Dazu vgl. WILHELM HENNIS: Die Rolle des Parlaments und die Parteiendemokratie, in diesem Band S. 226 ff. und den Sammelband des Verf., *Auf dem Weg in den Parteienstaat. – Aufsätze aus vier Jahrzehnten,* Reclam UB, Stuttgart, 1998.

[13] HARTMUT SÖLL: *Fritz Erler.* Eine politische Biographie, Berlin 1976; DERS.: *Der junge Wehner,* Stuttgart 1991.

[14] Vgl. etwa HANS-PETER SCHWARZ: *Die Ära Adenauer.* Gründerjahre der Republik 1949–1957, Stuttgart 1981, S. 50 ff.

[15] Wie in CARL SCHMITT: *Verfassungslehre* kanonisiert.

[16] Dazu RUDOLF SMEND: Verfassung und Verfassungsrecht, in: DERS.: *Staatsrechtliche Abhandlungen,* Berlin 1955, S. 136, 181 f. u.ö.

[17] Zur Kritik des juristischen Legitimitätsdenkens und einem politischen Begriff finaler »Legitimität kraft Aufgabe« vgl. WILHELM HENNIS: Legitimität. Zu einer Kategorie der bürgerlichen Gesellschaft, in: DERS.: *Politik und praktische Philosophie. Schriften zur politischen Theorie,* Stuttgart 1977, S. 198–242, bes. 229 ff.

Die Zusammensetzung der Verfassungskommission, zur einen Hälfte Bundesratsmitglieder, für jedes Land zwei, zur anderen Bundestagsabgeordnete nach Fraktionsproporz, hat jedenfalls bewirkt, daß im wesentlichen nur jene Anliegen sich haben durchsetzen können, die den Länderinteressen entsprachen oder jedenfalls nicht widersprachen.

Wenn von Länderinteressen die Rede ist, so bedarf das der Qualifikation. Nicht die Länder haben mitgewirkt, sondern A- und B-Länder, so die offizielle Redeweise im Bericht. Im Ergebnis hat es der SPD wenig genützt, daß sie im Bundesrat eine Mehrheit besaß. Da nur solche Anträge in die Empfehlungen der Kommission Aufnahme fanden, die eine Zweidrittel-Mehrheit fanden, keine der beiden großen Parteien aber auch nur entfernt gegen die andere große Partei eine Zweidrittel-Mehrheit zusammenbringen konnte, kamen die allermeisten Forderungen der SPD über den Antragstatus nicht hinaus. Da die Arbeit der Verfassungskommission nicht unter Einigungszwang stand und keine der beiden Seiten fähig war, einen Zwang zur Einigung im Sinne eines sinnvollen Berufs einer Verfassungsgesetzgebung *über die Fronten hinweg* überzeugend zu machen, blieb es in den allermeisten Fällen bei einem für die zukünftige verfassungstheoretische Reflexion nicht sonderlich fruchtbaren Diskurs. Während man den Zwischenbericht der ersten Enquete-Kommission der Jahre von 1970–72 und den Bericht der zweiten Enquete-Kommission der Jahre 1972–76 noch immer mit Gewinn für vertieftes Verständnis der Probleme unserer Verfassungsordnung studiert, kann man dieses Kompliment dem Bericht der Kommission, einer schlichten »Auflistung« der behandelten Fragen nach einem Schema, leider nicht machen. In der damaligen Enquete-Kommission saßen zu einem Drittel Bundestagsabgeordnete, durchweg exzellente Kenner des Verfassungsrechts, die Vertreter der Länder – das nächste Drittel – waren zum überwiegenden Teil ältere Staatsmänner mit großer praktischer Erfahrung. Und auch wenn die zumeist professoralen »Sachverständigen«, die das letzte Drittel der Mitglieder stellten, kaum ohne Blick auf ihre parteipolitische Nähe ausgewählt wurden – das gibt es in Deutschland nicht mehr –, so herrschte doch ein Geist verantwortungsvoller Sachlichkeit. Der GVK dagegen gehörten ausschließlich aktive Politiker der Bundestags- oder der Bundesratsseite an, niemand war gewissermaßen ex professione berufen, im Parteienstreit zu vermitteln. Die Benennung der zu den Anhörungen einzuladenden Sachverständigen blieb, nach Vereinbarung eines Schlüssels, ganz den Fraktionen überlassen, wobei vorausgesetzt wurde, daß sich A- und B-Länder mit ihren jeweiligen Freunden der Bundestags- bzw. Bundesratsseite über sie einigen würden. Einige dieser Sachverständigen – ich nenne hier nur den hannoveraner Professor Hans-Peter Schneider – haben auf die Anträge ihrer Fraktion ohne Zweifel starken Einfluß ausgeübt; dennoch erscheinen sie den bestimmenden politischen Kräften nachträglich als so belanglos einzuschätzende Größen, daß ihre Namen im Bericht keinerlei Erwähnung finden.

Um die Arbeit der Kommission gerecht würdigen zu können, wäre es reizvoll, eine Typologie von Verfassungsrevisionen zu entwickeln. Neue Verfassungen sind ja in der Regel das Produkt eines Verfassungsumbruchs, also von erfolgreichen Revolutionen[18] oder zumindest von Regimewechseln: so die italienische Verfassung von 1946, die spanische nach dem Ende der Franco-Zeit, die de Gaulle-Verfassung von 1958. Es gibt Verfassungsrevisionen durch die unerträglich gewordene Spannungen im politischen System aufgefangen wurden, wie die belgische von 1980. Das einzige mir im Moment einfallende Beispiel für einen Versuch, durch Verfassungsrevision aus einem politischen Zustand herauszukommen, der als bedrückend angesehen wurde, war der imponierende Versuch, von Max Imboden angestoßen, die sogenannte Schweizer Malaise auf dem Weg über eine große Verfassungsdiskussion zu reparieren.[19] Wie bekannt ist daraus im Ergebnis nichts geworden, dennoch war der Versuch und auch die Art der Durchführung aller Ehren wert. Am Tag der Wiedervereinigung, am 3. Oktober 1990, konnte von einer Malaise keine Rede sein; es war ein Tag der Freude, aber jeder mußte wissen, daß man vor ungeheuren, ganz neuen Herausforderungen stand und Deutschland dafür in die richtige Verfassung gebracht werden mußte. Richtig aufgefaßt, hätte nach dem Beitritt nach Art. 23 dafür auch eine Diskussion des Grundgesetzes gegebenenfalls von Nutzen sein können.

Ich lasse die viel diskutierte Frage beiseite, ob es nicht besser gewesen wäre, die Zusammenführung über eine Nationalversammlung zu versuchen. Über diese doch sehr akademisch-professorale Frage ist die Geschichte hinweggegangen. Aber es war schon sehr verwunderlich, daß in den letzten Jahren solch problematische akademische Konstruktionen wie die Verfassungsgebende Gewalt des Volkes *(pouvoir constituant)* noch einmal aus dem Herbarium der Ideengeschichte

---

[18] Dazu klassisch HANNAH ARENDT: *Über die Revolution,* München 1974.

[19] Dazu vgl. ERNST-WOLFGANG BÖCKENFÖRDE: Zur Diskussion um die Totalrevision der Schweizerischen Bundesverfassung, in: *AÖR* 106 (1981), S. 580–603.

so gläubig würden reaktiviert werden können.[20] Die beiden großen, stabilen demokratischen Verfassungsstaaten, Großbritannien und die USA, kennen eine solche Kategorie nicht.[21] Die britische und amerikanische Verfassung haben einen solch unzerstörbaren Bestand, weil sie unter der Prämisse der täglich neu eingeforderten Frage to make the union more perfect stehen.[22] An die Magna Charta und die Glorious Revolution, an die rollenden Passagen der Unabhängigkeitserklärung – *We the people* … – anknüpfend findet seitdem tagtäglich ein *plébiscite de tous le jours* statt, das diese Verfassungen ständiger Wandlung und Festigung oder, um den Grundbegriff Rudolf Smends zu gebrauchen: ständiger neuer Integration und Konstitution aussetzt. Das macht diese Verfassungen stabil, nicht ein einmaliger Akt.

Wie erwähnt, konnte aus den Verhandlungen der GVK schon deshalb nichts Fruchtbares herauskommen, weil sich die stärkste politische Kraft von der Kommission nichts Ersprießliches versprach. Für sie war das ganze verfassungsrechtliche Problem durch Art. 1, Abs. 1 mit Art. 4 EV gelöst; die näheren Einzelheiten schienen ihr in der Kraftleistung des Einigungsvertrages geregelt; es komme nur noch darauf an, daß die sogenannten »neuen Länder« sich etablierten und die »soziale Marktwirtschaft« greife. So unfruchtbar angesichts dieser Stimmungs- und Stimmenlage die meisten der Anträge der Sozialdemokratie waren, so bedauerlich bleibt es, daß die Union nicht imstande gewesen ist, aus dem ungeliebten Kind der GVK etwas Vernünftiges zu machen, ihr einen wirklichen »Beruf« zu geben und zu

---

[20] So etwa ULRICH STOROST: Das Ende der Übergangszeit. Erinnerung an die verfassunggebende Gewalt, in: *Der Staat* 29 (1990), S. 321–331; DERS.: Legitimität durch Erfolg? Gedanken zur Dauerhaftigkeit einer Verfassung, in: *Der Staat* 29 (1990), S. 537–547; differenziert HANS-PETER SCHNEIDER: Die verfassunggebende Gewalt, in: *HdbStR* Bd. VII, Heidelberg 1992, § 158, S. 3–31, bes. 27 ff.: skeptisch WILHELM HENKE: Das Ende der Revolution und die verfassunggebende Gewalt des Volkes, in: *Der Staat* 31 (1992), S. 265–280; vgl. auch JOSEF ISENSEE: Schlußbestimmung des Grundgesetzes: Artikel 146, in: *HdbStR* Bd. VII, Heidelberg 1992, § 166, S. 271–306.

[21] Zur Absage von 1989 an die geschichtsphilosophisch überspannte Kategorie der Volkssouveränität und zur Rückkehr zum anfänglichen, moralisch-praktischen Verständnis von Verfassung vgl. ULRICH K. PREUSS: *Revolution, Fortschritt und Verfassung. Zu einem neuen Verfassungsverständnis,* Frankfurt ^{2}1994.

[22] Dazu vgl. WILLI PAUL ADAM: *Republikanische Verfassung und bürgerliche Freiheit,* Darmstadt 1973, S. 121 ff.; HANS VORLÄNDER: Forum Amerikanum. Dauerhaftigkeit und Legitimität der Verfassung der Vereinigten Staaten von Amerika 1787–1987, in: *JöR* N.F. 36 (1987), S. 451–488.

fragen, was die Kommission dazu beitragen könne, das auf so wundersame Weise vereinigte Vater- und Mutterland in Stand zu setzen, in die Verfassung zu kommen, die den zukünftigen Herausforderungen entsprach.

Die schlichte Kernfrage, wie dieses Land in die richtige Verfassung zu bringen sei, wurde nicht nur nie aufgeworfen, sondern auch die Veranlassung zu solcher Frage wurde von der Kommission stillschweigend fallengelassen. Hieß es im Art. 5 des Einigungsvertrages unmißverständlich, die gesetzgebenden Körperschaften sollten sich »mit den im Zusammenhang der deutschen Einigung aufgeworfenen Fragen« befassen, so heißt es in den Einsetzungsbeschlüssen vorweg: »Die Kommission berät über Verfassungsänderungen und -ergänzungen, die den gesetzgebenden Körperschaften vorgeschlagen werden sollen. Sie soll sich insbesondere ...« – und dann folgt ein Verweis auf Art. 5 EV, ohne daß der Anlaß, die Einigung, erwähnt würde. Für das »Selbstverständnis« der Kommission, ein im Bericht viel strapazierter Begriff, war der *Anlaß* ihrer Einsetzung nicht mehr konstitutiv. Alles weitere folgt aus dieser Gedankenverlorenheit.

Um nun alles und jedes zum Verhandlungsgegenstand machen zu können, bediente sich die Kommission einer juristischen Krücke, von der man eigentlich hätte annehmen müssen, daß sich honorige Juristen ihrer genieren würden. Es wird im Bericht ausdrücklich festgehalten, daß die Kommission alles und jedes zum Gegenstand ihrer Verhandlungen machen könne, heiße es doch im Art. 5, daß sich die Kommission zwar mit den im Zusammenhang der deutschen Einheit aufgeworfenen Fragen befassen solle, es dann aber weitergehe: »insbesondere ...«. Das Wort »insbesondere« gebe der Kommission Generalvollmacht, alles und jedes auf die Tagesordnung zu bringen. Schon das politische Dissimulieren, das Verdrängen des *Anlasses* der Kommissionsentstehung, muß einen an der Kraft der gegenwärtigen politischen Führungsschicht[23] zweifeln lassen, die Probleme der Einheit zu ergreifen. Daß diese Verdrängung der eigentlichen politischen Aufgabe aber durch eine hausbackene Interpretation des Wörtchens »insbesondere« eine juristische Legitimierung finden konnte, ohne daß dies überhaupt bemerkt wurde, läßt einen an der Urteils- und Willenskraft des verein-

---

[23] Jede Kritik der »politischen Klasse« muß bei der Frage nach ihrem Beruf zum Ergreifen der verfassungspolitischen Herausforderungen ansetzen. Nach Max Weber sei erinnert an Ernst Wilhelm Eschmann: *Die Führungsschichten Frankreichs,* Hamburg 1943.

ten Deutschlands zweifeln, die Einheit als große Herausforderung zu verstehen.

Sowenig es in der Kommission eine Bemühung um Bündelung der Perspektiven gab, sowenig gab es auch nur den Versuch einer Generalaussprache. Kaum je kam man über den üblichen Schlagabtausch hinaus. Wirkliche Beratung[24] hat in den 25 Kommissionssitzungen nie stattgefunden, wohl aber in den nichtöffentlichen Berichterstattergesprächen. Für die einzelnen Materien hatten die Fraktionen Berichterstatter benannt, deren wesentliche Aufgabe darin bestand, die Rückkoppelung zu den sie entsprechenden Fraktionen bzw. Ländergruppierungen herzustellen. Die Kommissionsprotokolle lassen vermuten, daß es in diesen Berichterstattergesprächen wirkliche Beratung, und das heißt doch vor allem auch: die Bemühung um Annäherung der Standpunkte gegeben hat. Aber in aller Regel wurden die Berichterstatter erbarmungslos zurückgepfiffen, wenn sie von der vorgegebenen Marschroute glaubten abweichen zu sollen. Bekannt wurde nur der Fall Scholz. Rupert Scholz hatte eine eigene, kompromißfähige Formulierung für das Staatsziel Umwelt gefunden. Es kam zu einem harten Konflikt mit seiner Fraktion, für eine Weile legte er den Vorsitz nieder. Ähnliche Düpierungen haben sich auch andere Berichterstatter, die sich zu weit von der Fraktionsleine freischwommen, immer wieder einhandeln müssen. Es gab aber auch andere Widrigkeiten: Die Kommission mußte sich ihre Termine innerhalb der Terminfahrpläne des Bundestages und Bundesrates jeweils mühsam freikämpfen. Immer wieder liest man von Raumproblemen, nach 22 Uhr stand kein Stenograph mehr zur Verfügung. Nur ein einziges Mal hat die GVK außerhalb von Bonn getagt. Die Kommissionsberatungen konnten schon deshalb nicht im alten Reichstagsgebäude stattfinden, weil die Kommission ohne freies Mandat arbeitete. Doch selbst wenn sie sich nach Herrenchiemsee zurückgezogen hätte, wäre das Wichtigste die Telefonverbindung nach Bonn gewesen. Man kann kaum ein besseres Beispiel dafür finden, wie wichtig die Freiheit des Mandats ist, wenn man ernsthaft Beratung will, Beratung und nicht nur Exekution zuvor gefaßter Beschlüsse. Einige Kommissionsmitglieder, erwähnt sei vor allem der alterfahrene FDP-Abgeordnete Burkhardt Hirsch, der schon

---

[24] Dazu Wilhelm Hennis: Rat und Beratung im modernen Staat, in: Ders.: *Politik als praktische Wissenschaft. Aufsätze zur politischen Theorie und Regierungslehre,* München 1968, S. 65–80.

in der Enquete-Kommission der 70er Jahre mitarbeitete, haben das Verfahren und das oft teilweise entsetzliche Klima in der Kommission immer wieder gerügt. Ohne jede Chance der Besserung.

Die verfassungsrechtlich wichtigste Grundfrage, ob denn das Grundgesetz nach dem 3. Oktober 1990 normativ noch das gleiche sein könne wie am Tag zuvor und genauso weiter ausgelegt werden könne, wurde nie gestellt, konnte sich nach der in der alten Bundesrepublik herrschend gewordenen Verfassungstheorie wohl auch gar nicht stellen. Aber kann es denn wirklich gleichgültig sein, ob sechzig oder achtzig Millionen Menschen zur Bundesrepublik gehören, der »Geltungsbereich des Grundgesetzes« sich um ein Territorium von der Größe eines europäischen Mittelstaates erweitert, die vereinigte Bundesrepublik über Nacht zum stärksten und größten Staat Europas wird, ihre internationale Stellung sich durch den Wegfall der Ost-West-Konfliktlinie radikal verändert und ihre wirtschaftlichen Aufgaben sich ebenfalls von Grund auf wandeln. Gelten – im normativen Sinn – Verfassungen[25] eigentlich ohne jede Rücksicht auf, wie man es früher nannte, »Land und Leute«?[26] Verfassungen sind keine Konfektionsanzüge, sie müssen doch nach Maß gearbeitet sein.[27] Ist das Gebiet, auf dem ein Staat seinen sachlichen Aufgaben nachkommt, kein Faktor, von dem aus das Verständnis einer Verfassung mitbestimmt wird? Sind Land und Leute nicht normativ mitbestimmende Faktoren, oder entstehen Normen nur aus Normen? Heckt das Grundgesetz gewissermaßen aus sich, durch Auslegung und Konkretisierung, durch juristische Zellteilung, achtundachtzig und mehr Bände Karlsruher Entscheidungen aus? Geschieht das durch »Entfaltung« einiger Obernormen, sei es des Sozialstaats oder des Demokratieprinzips oder des Artikels 1, der Würde des Menschen, der nach herrschender Lehre ja ein Obergrundrecht ist, aus dem alle weiteren abgeleitet werden können? In Wahrheit ist es aber, nach Wortlaut und Entstehungsgeschichte, ein Gründungsprinzip, ein Prinzip, in dem sich die neubegründete west-

---

[25] Zur Differenzierung vgl. ROBERT ALEXY: *Begriff und Geltung des Rechts,* Freiburg 1992, S. 139 ff.; vgl. auch HASSO HOFMANN: *Legitimität und Rechtsgeltung. Verfassungstheoretische Bemerkungen zu einem Problem der Staatslehre und der Rechtsphilosophie,* Berlin 1977.

[26] Für eine Bestandsaufnahme ERWIN FAUL: Das vereinigte Deutschland – europäisch integrierte Nation oder diffuse »multikulturelle Gesellschaft«?, in: *ZfP* 32 (1992), S. 394–420.

[27] Vgl. dazu RUDOLF SMEND: *Verfassung und Verfassungsrecht,* aaO., S. 220.

deutsche Staatlichkeit einig sein wollte:[28] Wir wollen ein Staat sein, in dem die Würde des Menschen wechselseitig geachtet wird.

Schaut man sich die Agenden an, die in der Kommission debattiert wurden, der Bericht aggregiert sie auf vierundvierzig Einzelthemen – in Wahrheit waren es viel mehr –, so ist dabei nicht ein einziges, das nicht aus einer höheren Norm, einem teleokratischen Prinzip, wenn man so sagen darf, herausgemendelt wurde. Das Grundgesetz als Born für alle zukünftigen politischen Weisheiten und Wohltaten. Man muß den Fels der 146 Artikel nur anzuschlagen wissen, schon fließen die Brünnlein weiterer Normen. Dabei trat völlig in den Hintergrund, daß eine moderne Verfassung zunächst ein Regierungs- und Willensbildungssystem »in Verfassung bringt«.[29] Daher gab es auch nicht den mindesten Versuch, die doch evidenten Schwachstellen unseres Regierungssystems zu überprüfen: im Repräsentativsystem den Leerlauf des Bundestagsbetriebes, die Verdorrung des lokalen politischen Lebens; im Regierungssystem die Überwucherung des Kanzler- und Kabinettsystems durch die alle Verantwortlichkeit verwischenden Praktiken der Koalitionspolitik; die Schwachstellen im Exekutivbereich: Was einmal als spezifisch preußisch-deutsche Erfindung gelten konnte, die Auslagerung großer Bereiche der Ressortzuständigkeiten in locker an der Leine geführte Obere Bundesbehörden – Bundesgesundheitsamt, Bundeskriminalamt, Bundesamt für Wirtschaft –, ist zum Einfallstor für unverantwortbare Nebenregierung, Schlamperei und Korruption geworden.

Wie blind die Kommission gegenüber den wirklichen verfassungspolitischen Grundfragen war, soll an zwei Beispielen etwas ausführlicher verdeutlicht werden.

Die Bund-Länder-Fragen, an denen die Grundfragen der Handlungsfähigkeit, »Regierbarkeit«, Garantie der unitarischen Einheit, Lebendigkeit des politischen Lebens in Bund und Ländern hängen, wurden in der Kommission nur im Zusammenhang mit dem Europa-

---

[28] Für diese Formulierung vgl. SMEND, ebd., S. 262: »Sie richten das Zeichen auf, in dem das deutsche Volk einig sein soll«. Vgl. auch HASSO HOFMANN: Die versprochene Menschenwürde, in: *AÖR* 118 (1993), S. 353–377; DERS.: Zur Idee des Staatsgrundgesetzes, in: DERS.: *Recht – Politik – Verfassung. Studien zur Geschichte der politischen Philosophie,* Frankfurt 1986, S. 261–295; zum Gründungsakt des »Versprechens« vgl. HANNAH ARENDT: *Vita activa oder Vom tätigen Dasein,* München ^{2}1981, S. 239 ff.; DIES.: *Über die Revolution,* München ^{2}1974, S. 217, 220 ff., 235 ff. u.ö.

[29] Vgl. WILHELM HENNIS: Aufgaben einer modernen Regierungslehre, in diesem Band S. 142 ff.

Artikel 23 und mit den Bestrebungen auf Rückverlagerung von *Kompetenzen* auf die Länder verhandelt. Dabei erfolgten die für die Zukunft der föderativen Ordnung der Bundesrepublik unter Umständen weichenstellenden Entscheidungen schon im Artikel 4 des Einigungsvertrages unter den dort geregelten »beitrittsbedingten Änderungen des Grundgesetzes«. Wie in einer Nacht- und Nebelaktion erfolgte ohne jede öffentliche Diskussion als »beitrittsbedingte Änderung« die »Spreizung« der Bundesratsstimmen zugunsten der großen Länder und zu Lasten der beitretenden kleinen Länder. Das zentrale Problem jeder Föderation ist nun aber weniger die Sorge um ein Übermaß an bürokratischem Unitarismus als die politische Sorge um die Möglichkeit von Zerfall, Sezession, innerer Spaltung und Entfremdung. Die gegenwärtige Staatsrechtslehre steht diesem zentralen Problem einer föderativen Ordnung völlig theoriearm gegenüber. Wir beobachten die Erosion alter Zentralstaaten. Ein Zerbrechen Italiens ist vielleicht gerade abgewendet, an den Rändern von Frankreich und Spanien kriselt es, die CSSR und Jugoslawien sind zerbrochen, das Sowjetreich zerfallen, die Einheit von England und Schottland gefährdet, Kanada nur mit Mühe zusammenzuhalten, und da scheint den Deutschen die Einheit mit dem Einigungsvertrag auf Dauer fest gefügt. Alle staatsrechtliche Überlegung muß doch primär Sorge tragen, daß die weiter aufgegebene Herstellung der Einheit nicht auch noch durch dysfunktionale Verfassungsregelungen gefährdet wird. Eine Stimmenspreizung, die die großen und reichen Westländer gegen die kleinen und armen neuen Länder weiter stärkt, muß dysfunktionale Folgen haben; aufgefangen werden diese vorerst noch durch die Dominanz von Westpersonal in der politischen Führung der neuen Länder, eine Phase, die nach der Götterdämmerung in Sachsen-Anhalt schon 1994 auslaufen könnte. Die Norm aller Normen jedes in sich stabilen Bundesstaats ist die Sicherung des Lebensrechts der Kleinen! Niemand nimmt in Amerika daran Anstoß, daß die winzigsten Staaten im Senat genauso durch zwei Senatoren vertreten sind wie die Riesenstaaten New York und Kalifornien. Die Schweizer wissen, die EWR-Abstimmung hat es ihnen wieder bewußt gemacht, daß der Zusammenhalt der Eidgenossenschaft daran hängt, daß die kleineren Kantone ohne Sorge vor der zahlenmäßigen Übermacht der Großen existieren können.

Daß es in Deutschland seit der Reichsgründung 1871 nie einen erfolgreichen Versuch zur Abspaltung oder gar Auflösung des Reiches gegeben hat, ist wesentlich der kunstvoll-bündischen Konstruktion der bismarckschen Verfassung zu verdanken.[30] Nie hatte Bismarck versucht, die hegemoniale Überlegenheit Preußens zu mißbrauchen. Die Stimmverteilung im Bundesrat verwies Preußen darauf, sich immer um die Zustimmung einiger der süddeutschen Staaten zu bemühen. Und der allerletzte Absatz der Reichsverfassung, Art. 78 II, bestimmte, daß diejenigen Vorschriften der RV, »durch welche bestimmte Rechte einzelner Bundesstaaten in deren Verhältnis zur Gesamtheit festgestellt sind, nur mit Zustimmung des berechtigten Bundesstaates abgeändert werden« können. Die bismarcksche Verfassung hat dem wilhelminischen Reich 47 Jahre des Zusammenwachsens geboten, ein Staat, der dann eine Revolution, zwei massiv verlorene Kriege und 45 Jahre Teilung – juristisch[31] – überstand, so daß er »juristisch« durch einfache Drehung am Art. 23 wieder beisammen war. Das vereinigte Deutschland kann also offenbar immer noch mit massiven Pfunden unitarischer Substanz rechnen. Dennoch bleibt die *Stimmenspreizung* als Beitrittsvorgabe für die neuen Länder eine ungeheure politische Instinktlosigkeit. Wenn es im Laufe der nächsten Jahre oder Jahrzehnte zu einer tieferen inneren Spaltung der noch längst nicht vollendeten Einheit entlang der alten Zonengrenze kommen sollte – die 1994iger Wahlen könnten einen Vorgeschmack davon geben –, dann liegt dies auch an der Blindheit der Politiker wie der Staatsrechtslehre gegenüber den sachlichen Organisationsgesetzen eines republikanisch-demokratischen Bundesstaates.

Das Maastricht-Urteil des Bundesverfassungsgerichts,[32] das den neuen Artikel 23 zur Voraussetzung hatte, wird politisch wohl ziemlich folgenlos bleiben. Wenn sich Europa entwickelt, dann dank der Arbeit der Kommission und des Europäischen Gerichts. Die Integrationsgeschichte Europas hat Ähnlichkeit mit den Strukturproblemen des Wilhelminischen Reiches. Solange die im Reich verbundenen deutschen Einzelstaaten konstitutionelle Monarchien waren, und in Preußen stand das ja wirklich nicht nur auf dem Papier, konnte das de-

---

[30] Dazu Rudolf Smend: *Verfassung und Verfassungsrecht* aaO. S. 141, 179, 223 ff.; vgl. Ernst Rudolf Huber: Die Bismarcksche Reichsverfassung im Zusammenhang der deutschen Verfassungsgeschichte, in: Ders.: *Bewahrung und Wandlung. Studien zur deutschen Staatstheorie und Verfassungsgeschichte,* Berlin 1975, S. 62–105; für den Blick auf die historische Parallele vgl. Rainer Wahl: Die deutsche Einigung im Spiegel historischer Parallelen, in: *Der Staat* 30 (1991), S. 181–208.

[31] Übersicht bei Rudolf Bernhardt: Die deutsche Teilung und der Status Gesamtdeutschlands, in: *HdbStR* Bd. I, Heidelberg 1987, § 8, S. 321–350.

[32] BVerfG, Urteil v. 12. 10. 1993 – 2 BvR 2134/92 u. 2159/92, in: *JZ* 22 (1993), S. 1100–1112.

mokratische Element, repräsentiert im Reichstag, nur *ein* Faktor beim Zusammenwachsen der Nation sein. So wie 1918 nicht nur der Kaiser, sondern alle Bundesfürsten von der Bühne verschwinden mußten, um der Demokratie Platz zu machen, müßte man erst die europäischen Nationen eliminieren oder gleichschalten, um Europa demokratiefähig zu machen.[33] Das will keiner. Und die Größen dieser Nationen sind nun einmal sehr unterschiedlich. Die deutsche Einheit belastet Europa, aus der Perspektive der Demokratie, mit einem arg großen Brocken. Fast möchte man Bismarck zitieren: »Nicht durch Majoritätsbeschlüsse« – aber ich wandle ihn gleich ab: Nur durch Umsicht, Rücksichtnahme und Zurückhaltung vor allem von deutscher Seite aus kann Europa vorankommen. Ein deutsches Ausspielen eines grundgesetzlich geforderten Struktursicherungsanspruchs, sei er demokratisch, rechtsstaatlich, föderativ oder sozialstaatlich – wie im Urteil geschehen, kann von allen anderen europäischen Nationen nur als scheinheilig verhüllter Machtanspruch verstanden werden. Die alte Bundesrepublik ist mit Europa ganz gut gefahren. Wir verdanken der europäischen Einigung unseren Wohlstand und einen guten Teil unserer Sicherheit. Allerdings haben wir dabei den deutschen Bauern auf dem Altar Europas, oder wohl besser: dem Sanktuarium Frankreichs zum Opfer gebracht. Unzufriedene Bauern und Fischer, von Natur Individualisten, die ihre Zuckerrüben auf die Straßen oder ihre Fische auf den Marktplatz kippen, sind politisch leichter zu verdauen als ein massenhaft arbeitsloses Industrieproletariat. What's left? Alles ist weiter möglich: auch Faschismus, oder sagen wir doch ruhig anschaulicher: nationaler Sozialismus, Nationalsozialismus! Auch die Debatte solcher Fragen hätte man mit Blick auf die Land- und Industriebrache der alten DDR in der Verfassungskommission erwarten können. Kein Wort dazu. Da die Stabilisierung der Einheit in der Bund/Länder-Diskussion der Kommission kein Thema war, ist auch von den empfohlenen Änderungen der Gesetzgebungskompetenzen und -prozeduren – Verbesserung der Beratungsfrist für den Bundesrat – nichts Förderliches für die zentralen Herausforderungen der deutschen Politik zu erwarten.

Die gleiche Ausblendung aller zu bedenkenden verfassungssoziologischen Fragen, die die Behandlung der Bund/Länder-Fragen und des neuen Artikels 23 kennzeichnet, bestimmte – um ein zweites Beispiel

---

[33] Dazu auch HERMANN LÜBBE: *Abschied vom Superstaat. Vereinigte Staaten von Europa wird es nicht geben,* Berlin 1994.

für die Blindheit der GVK den anstehenden Grundfragen gegenüber zu erwähnen – auch den wohl wichtigsten Versuch einer Änderung des Grundgesetzes im innersten Bereich seiner Ordnung: den schließlich fehlgeschlagenen Versuch, eine Selbstauflösung des Bundestages zu ermöglichen. Es war der wohl spektakulärste Versuch einer Grundgesetzänderung, hätte er doch die vom Parlamentarischen Rat mit Sorgfalt und Umsicht geregelte Beziehung von Bundespräsident, Bundesregierung und Bundestag, also des parlamentarischen Systems insgesamt, völlig umgekrempelt. In den Kommissionssitzungen vom 9. Juli und 26. November 1992 war – ohne daß schon abgestimmt worden wäre – Einigkeit dahingehend erzielt worden, daß der Bundestag mit Zweidrittelmehrheit, ohne Einschaltung des Bundespräsidenten, über seine Auflösung solle beschließen können. Erst als Hans-Jochen Vogel diese Vereinbarung öffentlich machte, begann ein allgemeineres öffentliches Interesse an der Arbeit der Kommission.[34] Bis dahin hatte sie ruhig vor sich hin gewerkelt, jetzt aber schrillten die Glocken. Sollte wirklich die Grundentscheidung des Grundgesetzes,[35] einen gewählten Bundestag, wenn es irgend geht, für vier Jahre im Amt zu halten und einem Koalitionswechsel innerhalb der Legislaturperiode den Vorzug vor den Weimar ja wesentlich mit ruinierenden Parlamentsauflösungen zu geben, aufgegeben werden? Warum eigentlich? Wieder sucht man in den Protokollen vergeblich nach irgendeiner tieferen Begründung für dieses Vorhaben. Der Hinweis auf die – nur durch Geschichtsklitterung vergleichbar gemachten – Peinlichkeiten von 1972 und 1982[36] genügte. Aber hier mußten doch Grundfragen diskutiert werden.

Zumindest diese: jede Verfassung hat zu regeln: wie kommt es zur Bildung einer handlungsfähigen Regierung, welche Verfassungsorgane sind daran zu beteiligen? Braucht man dafür einen Staatspräsidenten? Kann das ohne seine Einschaltung funktionieren? Regierungsbildung ohne Einschaltung eines Monarchen bzw. Staatspräsidenten hat

---

[34] Dazu WILHELM HENNIS: Auflösung. Trittbrett für Demagogen, in: *FAZ* Nr. 279 v. 1. 12. 1992, S. 33; DERS.: Was plant der Kanzler? Gedankenspiel über einen Befreiungsschlag, in: *Die Zeit* Nr. 50 v. 10. 12. 1993, S. 12.

[35] Dazu FRIEDRICH KARL FROMME: *Von der Weimarer Verfassung zum Bonner Grundgesetz. Die verfassungspolitischen Folgerungen des Parlamentarischen Rates aus Weimarer Republik und nationalsozialistischer Diktatur,* Tübingen 1960; vgl. auch WILHELM HENNIS: *Richtlinienkompetenz und Regierungstechnik,* in diesem Band S. 106 ff.

[36] Dazu WILHELM HENNIS: Staatsstreich als Versprechen? Verfassungsfragen um die Neuwahl am 6. März, in: *Rheinischer Merkur/Christ und Welt* v. 3. 12. 1982.

eine kaum länger als einhundert Jahre alte Tradition. Erich Kaufmann stellte 1921 in seinem meisterhaften Aufsatz »Die Regierungsbildung im Reich und in Preußen und die Rolle der Parteien« die vollkommen neue Lage nach dem Ende der Monarchie dar.[37] Der Parlamentarische Rat hat nach den Erfahrungen Weimars den 6. Abschnitt (»Die Bundesregierung«, Art. 62–69) besonders sorgfältig bedacht und hier wirklich Neues gewagt.

Die wirklich revolutionäre Neuerung des Grundgesetzes bestand darin, daß nach Artikel 63 der *Bundestag* auf Vorschlag des Bundespräsidenten den Bundeskanzler *wählt*. Würde das gutgehen können? Es ist gutgegangen. Es ging sogar so gut, wie es sich wohl niemand davor hat vorstellen können, nämlich so, daß mit der kurzen Unterbrechung der großen Koalition 1966–69[38] immer die eine große Partei unter Zuzug eines Mehrheitsbeschaffers, in der Regel der FDP, die Regierung hat bilden können, und die andere große Partei in die Opposition verwiesen wurde. Die Bundesrepublik hat unter diesem Regierungsmodus – dem Kardinalproblem jeder Verfassung – ihren Standort in der Welt und ihre Eigentümlichkeit, ihre besondere politische Stabilität und die besondere Art ihrer Wirtschaftsverfassung ausbilden können. Die Position Deutschlands in der Welt hat von diesem Regierungsmodus sicher profitiert. Doch daß diese Art der Regierungsbildung auch auf die Bundesländer durchschlagen mußte, war nicht notwendig und ist vor allem für den Einigungszwang, der doch Element jeder demokratischen Verfassung sein sollte, nur schädlich gewesen. Dem Polarisieren und Profilieren bietet unser System, bei dem es darum geht, eine Nebenpartei koalitionswillig zu machen, viel zuviel Spielraum. Ein ungeheurer Leerlauf und eine Pseudo-Streitkultur ständiger Profilmacherei ist die Folge. Das Grundgesetz setzte auf Einigungszwänge und Disziplinierung der Parteien jedenfalls für jeweils vier Jahre: daher erschwerte Auflösung, konstruktives Mißtrauensvotum. Den beiden großen Parteien passen diese vom Grundgesetz gewollten Zwänge seit langem nicht. Wenn man sich in der Kommission auf die Ermöglichung einer vorzeitigen Auflösung des Bundestages mit Zweidrittelvotum geeinigt hatte, so sprach dafür keine verfassungstheoretische Neuerwägung grundsätzlicher Art, sondern nur der Machtwille beider

---

[37] In: DERS.: *Gesammelte Schriften*. Göttingen 1960, Bd. I: Autorität und Freiheit. S. 374–387.

[38] Dazu WILHELM HENNIS: *Große Koalition ohne Ende? Die Zukunft des parlamentarischen Regierungssystems und die Herauszögerung der Wahlrechtsreform*, München 1968.

Großparteien, auf der Basis der bisherigen wechselseitig konzedierten Praxis weitermachen zu können, unbekümmert darum, wie diese Art von Politikbetrieb den Wähler verdrießt. Alle empirischen Daten, Schwund der Wahlbeteiligung, Wahl von Randparteien aus Protest gegen den Betrieb der Großen, zeigen doch, daß in Deutschland auf Dauer so nicht weiter regiert werden kann.

Der Versuch, das Grundgesetz in seinem eigentlichen Scharnier zu verändern, ist verhindert worden. Die Unionsparteien haben sich schließlich besonnen. Der Bericht gibt die Gründe treffend wieder: Stabilitätsverlust für das vom Grundgesetz gewollte System, die Parteien sollen sich nicht aus der Verantwortung stehlen dürfen. Die vor allem von Hans-Jochen Vogel hartnäckig vertretene Idee, man solle ähnlich dem zum Dukatenesel verkommenen Satz über die »Mitwirkung der politischen Parteien an der Willensbildung des Volkes« einen Passus über die Rechte der Opposition und der Fraktionen ins Grundgesetz hineinschreiben, kann vor diesem Hintergrund nur verstanden werden als ein Versuch, die gemeinsame Kartellkasse der großen Parteien durch verfassungsrechtliche Absicherung der Alimentierung der jeweiligen Opposition und der Fraktionen noch weiter aufzufüllen. Statt sich mit fragwürdiger zusätzlicher Möblierung des Parteienstaates zu befassen, hätte die Verfassungskommission allen Anlaß gehabt, sich mit der Frage der Staatswillensbildung des Volkes, also dem Modus der Regierungsbildung, etwas genauer zu beschäftigen. Der Einbau plebiszitärer Möglichkeiten ist keine Lösung der Grundprobleme demokratischer Repräsentation und Willensbildung in einem *Großstaat* – es ging in der Kommission ja ums Grundgesetz und nicht um Landes- oder Kommunalverfassungen. Über plebiszitäre Institutionen kann das Volk nur als fiktive homogene Einheit für ein Votum aufgerufen werden.[39] Dieses Volk trägt aber viele verschiedene Schuhe, die an ganz verschiedenen Stellen drücken. Diese Verschiedenheit der Bedrückungen und Anliegen können nur durch *Wahlen* zum Ausdruck kommen, bei denen lokale und regionale Kräfte im Wahlergebnis einen Niederschlag finden können. Wenn man das um die beiden bisherigen Großparteien – im Prinzip für jedermann wählbare »Volksparteien« sind sie doch schon lange nicht mehr – gravitierende Parteiensystem à tous prix

---

[39] Dazu ERICH KAUFMANN: *Zur Problematik des Volkswillens,* Berlin 1931; vgl. auch ERNST-WOLFGANG BÖCKENFÖRDE: Demokratie und Repräsentation. Zur Kritik der heutigen Demokratiediskussion, in: DERS.: *Staat, Verfassung, Demokratie. Studien zur Verfassungstheorie und zum Verfassungsrecht,* Frankfurt 1991, S. 379–405.

zu erhalten sucht, zwingt man die Bevölkerung in die Systemopposition nach ganz rechts oder ganz links. Was wir gegenwärtig beobachten, ist keine Krise der »Volksparteien«. Daß Parteien mal größer, man kleiner werden, daß einige irgendwann ganz von der Bildfläche verschwinden, andere, neue auftauchen, ist bei Verhältniswahl das normalste von der Welt. Die beiden großen Parteien sind keine Verfassungsinstitutionen, die ein Anrecht auf Dauer und institutionelle Garantie haben. In der Mitte zwischen den beiden großen Parteien muß aber eine Öffnung bzw. eine neue Scharnierverbindung herbeigeführt werden. Die FDP, die diese Aufgabe lange erfüllte, hat sich in dieser Funktion verbraucht. Wenn in der Gemeinsamen Verfassungskommission ungeniert die tiefsten Interessen der beiden Großparteien zum Gegenstand verfassungspolitischer Initiativen werden konnten, ist es auch eine verfassungsrechtlich zu erörternde Frage, wie man der Willensbildung in der Mitte zwischen den beiden großen Parteien, diese Parteien überlappend und miteinander verbindend, gerade für die Aufgabe der Herstellung der Einigung Raum verschaffen könnte.

Damit bin ich bei einer letzten Frage. Rupert Scholz nennt seine kleine Schrift über die Arbeit der Kommission »Grundgesetz zwischen Reform und Bewahrung«. Das Grundgesetz hat dies Kommission überlebt, es bleibt bewahrt. Doch kann und sollte es normativ genauso weiter *interpretiert* werden,[40] wie dies bis zum 3. Oktober 1990 der Fall gewesen ist? Wenn zwei Verfassungen das gleiche sagen, ist dies nicht dasselbe. Wenn das Grundgesetz in Art. 140 die staatskirchenrechtlichen Vorschriften der Weimarer Verfassung wörtlich rezipierte, so fand dennoch ein Sinn- und Bedeutungswandel statt. Das Grundgesetz, das, wie die Formel hieß, bis zum 3. Oktober 1990 nur »im Geltungsbereich des Grundgesetzes« galt, ist im neuen Geltungsbereich nicht mehr dasselbe. Dies sind Grundeinsichten der Integrationstheorie Rudolf Smends.[41] Ein durch ein bißchen Wertdogmatik und viel Rekurrieren auf Artikel 1 angereicherter Karlsruher Positivismus steht solchen Fragen verständnislos gegenüber.[42] Zur Bewährung des Grundgesetzes hat

---

[40] Zum Stand vgl. CHRISTIAN STARCK: Die Verfassungsauslegung, in: *HdbStR* Bd. VII, Heidelberg 1992, § 164, S. 189–229.

[41] Dazu RUDOLF SMEND: Die Verschiebung der konstitutionellen Ordnung durch die Verhältniswahl; Staat und Kirche nach dem Bonner Grundgesetz, in: DERS.: *Staatsrechtliche Abhandlungen* aaO. S. 60 ff., 411 ff.

[42] Vgl. dazu auch ERNST-WOLFGANG BÖCKENFÖRDE: Die Methoden der Verfassungsinterpretation. Bestandsaufnahme und Kritik, in: DERS.: *Staat, Verfassung, Demokratie* aaO. S. 53–89, bes. 70 ff.; zur Attraktion des Rückgangs hinter den »Bun-

Rupert Scholz zwei neue Adjektive gefunden: »außerordentlich« und »wahrhaftig« habe es sich bewährt. Diese Formeln, der deutsche »Erfolgsmensch« liebt sie, sind dem Nachdenken nicht förderlich. Da kommt doch alles auf die Perspektive an, die man anlegt, um eine Bewährung zu überprüfen. Als Konrad Adenauer – er war Präsident des Parlamentarischen Rates gewesen – in der Blüte seiner Kanzlerschaft Versuche der SPD zur Änderung des Grundgesetzes weit von sich wies, war seine Standardformel, »das Grundgesetz sei doch eine vorzügliche Verfassung«. Genau gelesen hat Adenauer das Grundgesetz wohl erst 1959, als er Bundespräsident werden wollte, um dann betroffen festzustellen, daß sich die Grundanlage des Grundgesetzes von der de Gaulle-Verfassung sehr unterscheidet. Als man ihn 1962 – das Regieren wurde ihm schwer gemacht – wieder fragte, was er vom Grundgesetz halte – ich entnehme das dem letzten Band der Tee-Gespräche – meinte er: »Dat is janz schlecht.«[43] Es kommt eben alles auf den Gesichtspunkt an. Was gegenwärtig unabweisbar auf der Tagesordnung der deutschen Politik steht: die Ungewißheiten des »Standorts« Deutschland, die Misere unseres Bildungs- und Wissenschaftswesens, das Wegbleiben der Wähler, die verbreitete Kümmerlichkeit des politischen Personals, der Leerlauf der Landtage, die Krise der Finanzen – hat dies alles mit dem Grundgesetz nichts zu tun? Was ist das Kriterium seiner Bewährung? Das kann doch nur sein, dafür tauglich zu sein, dieses Land in eine Verfassung zu bringen, die es befähigt, seine Einheit zu wahren, den sozialen Frieden und seine Wohlfahrt zu fördern und eine anerkannte Position in der Familie der Völker einzunehmen.

Zu den Unbegreiflichkeiten der verfassungsrechtlichen Umsetzung des Eingungsprozesses gehörte – auch das erfolgte im Artikel 4 (»Einigungsbedingte Änderung«) – die Streichung der klassischen Formel in der alten Präambel, das deutsche Volk gebe sich dieses Grundgesetz »von dem Willen beseelt, seine nationale und staatliche Einheit zu wahren«. Offenbar schien den Architekten des Einigungsvertrages diese – wenn man so sagen darf – ewige Aufgabe eines staatlich verfaßten Gemeinwesens abgehakt zu sein. Daß die Wahrung der Einheit eines Gemeinwesens auf demokratischer Basis *nie* vorausgesetzt und durch

---

desverfassungsgerichtspositivismus« auf die Staatslehre in Weimar vgl. BERNHARD SCHLINK: Die Entthronung der Staatsrechtswissenschaft durch die Verfassungsgerichtsbarkeit, in: *Der Staat* 28 (1989), S. 161–172.

43 Wörtlich: »Die ist sehr schlecht. Die haben die Amerikaner und die Franzosen uns aufgezwungen« (Teegespräche 1961–1963, hrsg. v. RUDOLF MORSEY u. HANS-PETER SCHWARZ, Berlin 1992, S. 438).

nichts als durch ständiges politisches Mühen gewährleistet werden kann, habe ich als junger Mann bei meinem Lehrer Rudolf Smend gelernt. Es ist der einfache Grundgedanke der »Integrationslehre«. In täglicher Anschauung finde ich es immer wieder bestätigt. Die heutige Verfassungstheorie jedoch weiß von dem, was Smend die integrierenden Faktoren zur Sicherung des politischen Lebens, der Einheit der politisch verfaßten Existenz eines Staates nannte, nichts mehr. Etwas Lebendes wie die verfassungsrechtliche Einheit eines Volkes ruht auf Grundlagen, die ständig gepflegt, gehegt, gefördert werden müssen und als Integrationsfaktoren die eigentlichen Bestimmungsgründe einer lebendigen Verfassung sind.

In einer der öffentlichen Anhörungen hat Josef Isensee als Sachverständiger sich erlaubt darauf hinzuweisen, daß es bei jeder verfassungspolitischen Diskussion doch einen Leitgedanken geben müsse.[44] Der GVK war der Leitgedanke klar und unmißverständlich vorgegeben: das Grundgesetz mit Blick auf die »im Zusammenhang mit der deutschen Einheit aufgeworfenen Fragen« zu überprüfen. Schon in den Einsetzungsbeschlüssen von Bundestag und Bundesrat wurde dieser, das ganze Unternehmen mit seinem enormen Aufwand einzig rechtfertigende Leitgedanke, weggedrückt. Man sollte Leistung und Versagen der Kommission nicht überschätzen. Aber war es denn irgendeine »Kommission«, die diesen Bericht verantworten muß? Die politische Klasse der Bundesrepublik war in dieser »Kommission« ganz unter sich. Hat sie mehr nicht zu bieten?

(1994)

---

[44] Josef Isensee: Verfassungsrechtliche Wege zur deutschen Einheit. Rede vom 28. 3. 1990 gehalten vor der Deutschen Vereinigung für Parlamentsfragen in Bonn, in: *ZParl* 21 (1990), S. 309–332, sowie daran anschließend die Diskussionsveranstaltung der Deutschen Vereinigung für Parlamentsfragen, in: ebenda, S. 333–354.

Integration durch Verfassung?

Rudolf Smend und die Zugänge zum Verfassungsproblem nach 50 Jahren unter dem Grundgesetz*

In seiner Ansprache zum vierzigsten Geburtstag des Grundgesetzes am 23. Mai 1989 sagte der damalige Bundespräsident *Richard von Weizsäkker*: »Wir haben eine gute Verfassung, *sind wir aber auch in guter Verfassung*?« Das war im Geiste *Rudolf Smends* gefragt, den *Weizsäcker* während der ersten Nachkriegssemester in Göttingen erlebt hatte[1]. Die Frage zielte nicht auf das schon lange zurückliegende Gesetzgebungswerk von 1949, sondern auf das, was wir alle – mit dem Grundgesetz als »Anregung und Schranke« – aus der lebendigen Wirklichkeit des Staates seit 1949 gemacht hatten. Die Frage galt nicht der Qualität des »Blatts Papier« *(Lassalle)*, sondern den Institutionen, die das Grundgesetz eingesetzt hatte: der Arbeit des Bundespräsidenten, der Regierung, des Bundestages, des Karlsruher Gerichts, den für die föderative Zusammenarbeit zuständigen Organen, der politischen Klasse, den so mächtig privilegierten Parteien, letztlich aber auch uns Bürgern und allen, die für das »Öffentliche«[2] Mitverantwortung tragen.

---

* Nach einem am 24.10.1998 im Rahmen einer Arbeitstagung zum Thema »Integration durch Verfassung« an der TU Dresden gehaltenen Vortrag.

[1] In seinem Erinnerungsbuch *Vier Zeiten*, 1997, S. 103, erwähnt WEIZSÄCKER Smend und Franz Wieacker als »gewichtige Ausnahmen« aus dem Kreis der sonst eher enttäuschenden Juraprofessoren. Das Zitat nach HILDEGARD HAMM-BRÜCHER, Freiheit ist mehr als ein Wort, 1997, S. 397: »[Weizsäcker] blieb seitens der angesprochenen Parteien und Parlamente ohne hör- oder spürbare Resonanz.«

[2] Der Rechtsbegriff des Öffentlichen und die tatsächliche »Publizität« waren für Smend »Herzstücke der modernen politischen Begriffswelt«. Vgl. »Zum Problem des Öffentlichen und der Öffentlichkeit«, in: RUDOLF SMEND, *Staatsrechtliche Abhandlungen und andere Aufsätze*, 1994[3], 462 ff. In Zukunft zitiert als *StRAb*. Alle Zitate im Text beziehen sich auf diese Auflage.

Der Weizsäckerschen Frage selbst kann hier nicht nachgegangen werden. Das liefe auf eine große historisch-politische Soziologie des neueren Deutschland hinaus. Dagegen möchte ich die für die Frage zuständigen Wissenschaften daraufhin befragen, auf welche Weise sie die Frage nach der Verfassung, in der sich unser Land befindet, in den fünfzig Jahren unter dem Grundgesetz wachgehalten haben. Erstzuständig für diese Frage ist – jedenfalls unter den deutschen Gegebenheiten – selbstverständlich die Verfassungsrechtswissenschaft, wobei ich allerdings davon ausgehe, daß auch der zweite Teil der Frage *Weizsäckers* in die disziplinäre Mitverantwortung des Verfassungsrechts gehört. So jedenfalls hatte es *Rudolf Smend* (1882–1975), dem wir den Begriff der »Integration« als verfassungs*rechtlicher* Kategorie verdanken, gelehrt und in seinem Geist versuche ich einen Durchgang durch die neuere Wissenschaftsgeschichte des »Öffentlichen« und seines Rechts.

I. Nachwirkungen des Weimarer Richtungsstreits in den Bonner Anfängen

Nach ihrer ganzen Natur ist die Jurisprudenz eine konservative, auf Bewahrung, langsame Fortbildung angelegte Disziplin. Das Recht als solches kennt keine es dynamisierenden technischen Innovationen. Alle Veränderung muß in den Köpfen erfolgen, das geht nicht von heute auf morgen. So sieht auch jeder Professor des Rechts die »Schule«, in deren Tradition er zu stehen meint, bewußter vor sich, als das in anderen Fächern der Fall ist. Auf jeden Fall weiß man doch noch etwas vom Doktorvater des eigenen Habilitationsvaters, und den Namen des akademischen Großvaters kennt man auch noch. Im Zivilrecht stammt bis heute – jetzt verschleift sich das alles – jeder irgendwie von einem »germanistischen« oder »romanistischen« Großvater ab. Auch jeder etwas hellere Student gewinnt noch heute eine Vorstellung davon, aus welcher Schule der gerade dozierende Professor kommt. Genaueres weiß der Professor. Aber auch für ihn ist alles, sofern er Öffentlichrechtler ist, was vor 1867/1871 lag (der Verfassung des Norddeutschen Bundes und des Bismarckreiches), Sache der Wissenschaftshistoriker. Was *Franz Wieacker* für die Privatrechtsgeschichte geleistet hat, holen nun *Michael Stolleis, Manfred Friedrich* und viele andere für das öffentliche Recht nach[3]. *Laband, Haenel, Georg Jellinek* – sie sind noch

---

[3] Mit Spannung erwartet der Verfasser MICHAEL STOLLEIS' »Dritten Band«.

nicht *ganz* tot – und *Anschütz'* Kommentar zur Weimarer Verfassung, das *Meyer-Anschützsche* Handbuch, das sind bis heute Eckpunkte, Vorbilder der wissenschaftlichen Arbeit, und der Weimarer »Richtungsstreit« im öffentlichen Recht zwischen den – ich gebrauche die üblichen Abkürzungen – an der »positiven« Norm orientierten strikt »juristischen« »Positivisten« und den »Neuerern« wirkt fort bis in unsere Tage. Die »Neuerer«, alles Einzelkämpfer, keine »Schule«: also dem Alter nach: *Erich Kaufmann* (Jg. 1880), *Rudolf Smend* (1882), *Carl Schmitt* (1888), *Hermann Heller* (1891), waren sich in einem Punkt einig: Die Weimarer Reichsverfassung, die Verfassung einer demokratischen Republik konnte nicht genauso weiterinterpretiert werden wie die Verfassung des konstitutionell-monarchischen Bundesstaates. Auch war man sich einig, daß eine Verfassung, die sicher eine Norm ist und Normen enthält, anders als ein gewöhnliches Gesetz verstanden und interpretiert werden mußte. Aber dann trennten sich die Wege und jedenfalls seit 1930, dem Beginn der Präsidialherrschaft und seit 1932, dem »Preußenschlag« vom 20. 7. 1932 und dem Prozeß »Preußen contra Reich« vor dem *Staatsgerichtshof*, fiel die Gruppe der »Neuerer« auseinander. Was dann in den Jahren zwischen 1933 und 1945 geschah, eigentlich dreht sich alles Interesse nur noch um *Carl Schmitt*, gehört nicht in die Wissenschaftsgeschichte, sondern zu einzelnen Biographien und in die allgemeine Zeitgeschichte.

1945 nahm das Fach die Arbeit wieder auf, jedenfalls die Überlebenden. Zwölf Jahre waren nicht viel – aber sie hatten das Bewußtsein für Versagen auch in der wissenschaftlichen Arbeit geschärft. Die Rechnung wurde neu aufgemacht. Wie immer die Juristischen Fakultäten mit den in die Räder der Zeit geratenen Kollegen umgingen, wer wieder »rein« kam, wer draußen blieb, wen die juristischen Verlage mit der Kommentierung der neuen Verfassung beauftragten: »Maunz-Dürig« – ein Thema für einen Campus-Roman –, eines war klar: in das *Bundesverfassungsgericht* kam niemand, der, *Erich Kaufmanns* Kommentar zur ersten *Schmitt*-Festschrift zitierend, zu »Carl Schmitt und seiner Schule« gerechnet wurde[4].

Manches wäre danach sicher zu korrigieren. Auf MANFRED FRIEDRICH, *Geschichte der deutschen Staatsrechtswissenschaft,* 1997 (zit. FRIEDRICH), wird überall verwiesen, wo ihm besonders zu danken ist. Eigens erwähnen möchte ich WALTER PAULY, *Der Methodenwandel im deutschen Spätkonstitutionalismus,* 1993, berührt er doch viele der Fragen, die in Smends Staatstheoretischem Seminar der Nachkriegsjahre so eindringlich traktiert wurden.

[4] ERICH KAUFMANN, Carl Schmitt und seine Schule – Offener Brief an Ernst

Um einen dicken Pinsel zu gebrauchen: Was immer sich im *Fach* tat – die Geschichte der Vereinigung der Deutschen Staatsrechtslehrer seit ihrer ersten Nachkriegstagung 1949 bietet jedem Interessierten reiches Material[5] – im *BVerfG* schien sich, bei der allgemeinen Verruferklärung des »Positivismus« von links bis rechts, *Rudolf Smend* als Hausgott durchgesetzt zu haben – zur Erbitterung von *Carl Schmitt* und seinen Schülern; und die anfangs der sechziger Jahre nicht ohne Ressentiment geführte Debatte über – ein Titel von *Ernst Forsthoff* – »Die Umbildung des Verfassungsgesetzes« durch die Smendsche Lehre ist die letzte große innerwissenschaftliche Kontroverse in der deutschen Verfassungsrechtswissenschaft geblieben, auf Seiten der »Smend-Schule« bestritten von *Konrad Hesse, Alexander Hollerbach* und *Peter Häberle* – alles wunderschön dokumentiert in *Manfred Friedrichs* Band »Verfassung« in der Reihe »Wege der Forschung«[6]. Innerhalb eines Jahrzehnts, zwischen 1952 und 1962, war die Interpretationshoheit über das Grundgesetz von der Wissenschaft auf das *BVerfG* übergegangen, wo sie seitdem, nie oder jedenfalls nie grundsätzlich in Frage gestellt, residiert[7]. Zum zehnjährigen Bestehen des *BVerfG* – 1962 – durfte der achtzigjährige *Smend* den Festvortrag halten[8]. Der alte weise *Smend* hielt einen wunderbaren Vortrag, verteilte viel Lob für die Arbeit des Gerichts – nur gelegentlich blitzte etwas vom Voltaireschen Geist des alten *Goethe*, seinem Hausgott, hervor; *Smend* war Protestant, aber nicht vom Schlage staatsfrommer Lutheraner, er war ein reformierter Altliberaler, ein Freisinniger, fast ein Radikaler, der das zu zeigen aber nicht schicklich fand. Unter seiner sprichwörtlichen Höflichkeit verbarg sich ein radikal moderner Denker, nur deshalb zog er uns Junge im Göttingen nach 1945 ja so an. Der Karlsruher Vortrag erschien wie die Krönung einer langen wissenschaftlichen Lebensleistung. Scheinbar zufrieden mit dem Lauf der Welt konnte er sagen: »Das GG gilt

---

Forsthoff, in: *Deutsche Rundschau* 84 (1958), 1013–1015. Wiederabgedruckt in E. Kaufmann, Rechtsidee und Recht (*Gesammelte Schriften* III), 1960, S. 375–377. Jedenfalls war Ernst-Wolfgang Böckenförde, 1983 in das Gericht berufen, der erste Kandidat, für den der »Schulbann« aufgehoben wurde.

[5] Vgl. Friedrich (Fn. 3), S. 322 ff.

[6] Darmstadt, Wissenschaftl. Buchgemeinschaft, 1978.

[7] Schon klassisch B. Schlink, Die Entthronung der Staatsrechtswissenschaft durch die Verfassungsgerichtsbarkeit, *Der Staat* 28 (1989), 161 ff. Zum Verhältnis von Verfassungsgerichtsbarkeit und Staatsrechtslehre auch Ch. Starck, *Das Bundesverfassungsgericht im politischen Prozeß der Bundesrepublik,* 1976, S. 12 f.

[8] Smend, Das Bundesverfassungsgericht, in *StRAb* (Fn. 2), S. 12 f.

nunmehr praktisch so, wie das BVerfG es auslegt, und die Literatur kommentiert es in diesem Sinn« (582).

Smend fand tief eindrückliche Worte über »Gericht und Richtertum«, die »ältesten und unabdingbaren Grundlagen menschlicher Gesittung« (584). Nur der Kenner bemerkte, daß er trotz der veränderten Stellung der »Rechtswerte« im neuen System des Grundgesetzes keinen Anlaß sah, seine alte Differenzierung zwischen »Rechts-« und »politischen« Werten zu revidieren. Zwischen der »Verfassungslage« (585) der Bonner und der Weimarer Republik sah er mehr Verwandtschaft als den Zuhörern wohl lieb war – das politische Leben offenbar wieder »ein Routinebetrieb und das Grundgesetz als die Regel dieser Routine« (585). Das zielte auf das »Zusammenspiel von Parlament, Regierung und Parteien« – also auf Defizite im Bereich der »politischen« Integrationsfaktoren, – im Festakt zu Ehren des Gerichts ging das aber eher unter.

Wir jüngeren, der zu früh verstorbene *Henning Zwirner*[9], auch der Referent, der seinen Verdruß nicht so sehr über *Smend*, aber über die »normativistische« *Smend*-Rezeption nach 1945 – *Konrad Hesse, Peter Häberle, Horst Ehmkes* Schüler *Ekkehardt Wienholtz*, für den es im GG an »Gesetzgebungsaufträgen« nur so wimmelte[10], auch dem zu *Smend* aufgerückten *Leibholz* – in seine Freiburger Antrittsvorlesung über »Verfassung und Verfassungswirklichkeit«[11] verpackte, lasen die Rede mit Skepsis. War das »unser« *Smend*?

Das »reflektierte« Grundgesetz

Alles Erinnerte möchte ich hier herauslassen. Ich erwähne meine Reaktion auf die Karlsruher Rede von 1962 nur deshalb, weil schon Ende der sechziger Jahre, ganz massiv dann in den Auseinandersetzungen um »68«, die im Streit um die Notstandsverfassung ja auch eine Auseinandersetzung um das Grundgesetz waren, um das angebliche »Aus-

---

9 An dessen Werk hier erinnert sei: H. Zwirner, *Politische Treupflicht des Beamten,* 1987.

10 Ekkehardt Wienholtz, *Normative Verfassung und Gesetzgebung.* – Die Verwirklichung von Gesetzgebungsaufträgen des Bonner Grundgesetzes, Freiburger Diss. 1968. – Unter den Schülern Smends blieb Horst Ehmke der Sichtweise Smends wohl am meisten verbunden. Vgl. seine »Prinzipien der Verfassungsinterpretation«, in: *VVdStRL* 20 (1963), S. 53 ff. und seine Auseinandersetzung mit dem Begriff einer »Wirtschaftsverfassung« in *Wirtschaft und Verfassung,* 1961.

11 Wilhelm Hennis, *Verfassung und Verfassungswirklichkeit,* 1968; in diesem Band S. 183 ff.

einanderklaffen« von Verfassung und Verfassungswirklichkeit und die vom GG angeblich gebotene »Demokratisierung« aller gesellschaftlichen Bereiche, Tendenzen des spezifisch deutschen Verfassungsdenkens manifest wurden, in denen ich deutsche Schwächen glaube sehen zu müssen, die auch nach 50 Jahren Grundgesetz nicht gebannt sind. »Integration durch Verfassung« – das weckt Erwartungen an eine Verfassung, die von keiner modernen Verfassung unter den Bedingungen der Demokratie erfüllt werden können. Alles Politische, auch jede Verfassung, auch und gerade ihre »normative Kraft« ist in der Moderne durch Umstände bedingt, die stets mitbedacht werden müssen. Sie nicht mitzubedenken, sie im Gegenteil so klar wie möglich vom »rein« »Juristischen« zu scheiden, auf die normierende Statik des »Normativen« zu setzen, bezeichnet einen Strang des modernen deutschen Verfassungsdenkens, gegen den *Smend* sich querstellte und an den zu erinnern es an der Zeit ist. Wenn *Kelsen* im neuesten Verfassungsdenken soviel neue Sympathien findet[12] so muß auch an seinen schärfsten Kritiker erinnert werden. Ich versuche etwas zu dieser »Erinnerungsarbeit« beizutragen, indem ich einfach nach den Zugängen frage, den wissenschaftlichen Perspektiven, die die deutsche Wissenschaft parat hält, um die »Verfassungsdinge« eines Landes – *Christian Starck* hat das schöne alte Wort wieder in Umlauf gebracht[13] – zu erfassen.

II. Die Zugänge zum Verfassungsproblem

Da rangiert an erster Stelle natürlich das Verfassungsverständnis der Staatsrechtslehre und, wie bei uns gegeben, des obersten Gerichts (unten 1). Die Wissenschaft, dem Gericht in nahezu jedem Verfahren durch Gutachtertätigkeit oder gar Mitgliedschaft zu einem Senat als krönendem Lebensabschnitt verbunden, läuft in den vom Gericht gebahnten Spuren.

---

[12] Vgl. FRIEDRICH (Fn. 3), S. 325 ff., 341 ff. – Smend kam nicht umhin, einzuräumen, daß »seit Kelsens großer Kritik jene Naivität, jenes Arbeiten ohne völlige Klarheit der methodischen Voraussetzungen nicht mehr möglich ist«. Hier ist wiederum »einzuräumen«, daß es Smend – und seinem Mitstreiter Erich Kaufmann – nicht gelungen ist, ihre Position vergleichbar klarzumachen. Die Gründe gehen über das »Methodische« weit hinaus.

[13] CHRISTIAN STARCK, Über niedersächsische Verfassungsdinge, *Schriftenreihe des niedersächsischen Landtags,* Heft 26, 1996.

Zweitens: Neben der Verfassung, den 146 Artikeln und 100 Entscheidungsbänden, gibt es aber auch noch die Verfassung in einem weiteren Sinn, als Zustand, Status, »Verfassungswirklichkeit«, wie man mit einem unglücklichen Wort sagt, besser: politischer Lebenswirklichkeit, die durch Einfügung einer »Konstitution« im Sinne einer geschriebenen Verfassung sich ja gewiß verändert, auch die Lebenswirklichkeit der Völker modifiziert, aber doch nur *partiell* (unten 2).

Der junge *Smend* hatte in seiner Dissertation[14] über den Vergleich der preußischen und der belgischen Verfassung auf eine Unterscheidung *Friedrich Julius Stahls* Bezug genommen: von »historischen« Verfassungen (die, wie klassisch die englische, »nicht auf einem einzelnen Staatsgesetz beruhen«) gegenüber jenen, die zwar in einem solchen zusammengefaßt seien, bei denen man aber »revolutionäre« und »reflektierte« voneinander unterscheiden müsse. Unter »revolutionären« verstand *Stahl* solche, die »den ganzen bisherigen Verfassungszustand, ja selbst seine oberste Autorität annullieren, um die Verfassung, sohin den Staat, von jetzt an erst neu zu errichten«: »aus Elementen, die mit denen der früheren Verfassung keinen Zusammenhang haben«. Als »reflektierte« bezeichnete er Verfassungen, »die zwar auf dem gegebenen Verfassungszustand basieren, aber einmal (materiell) in den vorhandenen Elementen tiefe neugestaltende Reformen vornehmen, sodann (formell) in einer zusammenhängenden (systematischen) Auffassung den ganzen öffentlichen Rechtszustand umfassen, daher in Einer Haupturkunde niedergelegt« sind[15]. An diese Unterscheidung zu erinnern, mag für das Verständnis des Stellenwerts des Grundgesetzes im Rahmen der politischen Gesamtordnung der Bundesrepublik nützlich sein. Der eigenartige Verfassungsglaube der Bundesrepublik, ihr »Verfassungspatriotismus«, das Bemühen, im 23. Mai 1949 eine verfassungsgeschichtliche »Stunde Null« und die Ingangsetzung der bundesrepublikanischen Institutionen als völligen »Neuanfang« zu verstehen, tendiert dahin, auch im Grundgesetz eine »revolutionäre« Verfassung zu sehen – daher auch die geringe Neigung der Staatsrechtslehre und der übrigen Konstitutions-Wissenschaften, die Bundesrepublik in die Kontinuität der deutschen Geschichte zu stellen[16]. Die Verfassungsvä-

---

[14] Die Preußische Verfassungsurkunde im Vergleich mit der Belgischen, 1904.

[15] AaO., S. 78 f.

[16] »*So war Deutschland nie.* – Anmerkungen zur politischen Kultur der Bundesrepublik«, der Titel von KURT SONTHEIMERS neuestem Buch (1999) steht für diesen Modernitäts-Triumphalismus. Fast auf jeder Seite wird dem neuen Deutsch-

ter von 1948/49 dachten da jedenfalls anders. Die Bemühung, sich in die (zumindest »juristische«) Kontinuität des am 18.1.1871 begründeten Deutschen Reiches zu stellen, hatte allerhöchste Priorität, und auch die »reflektierte« Anknüpfung an die Verfassungssubstanz sowohl der *Bismarck*- (Föderalismus) wie der Weimarer Verfassung (parlamentarische Regierungsform) verstand sich von selbst. »Die Verfassung jedes Staates enthält für den kundigen Leser ein Sündenverzeichnis des vorhergehenden Regimes.« *Erich Kaufmanns* Formel[17] trifft für das Bonner Grundgesetz in besonderem Maße zu. Im historischen Bewußtsein der Bundesrepublik, der alten Westrepublik und dem seit 1990 wieder vereinten Land, setzt sich immer mehr die Vorstellung fest, das Gegenmodell zum freiheitlichen Rechtsstaat unter dem Grundgesetz seien die »totalitären« Unrechtsregime des Nationalsozialismus und der SED-Vergangenheit gewesen. Sicher haben die Bemühungen, durch verfassungsrechtliche Vorkehrungen einem erneuten »Weg in den Abgrund« Barrieren zu errichten, in den Überlegungen des Parlamentarischen Rates eine bedeutende Rolle gespielt. Dennoch – das Denken der Verfassungsväter kreiste einzig um den Gedanken, »Bonn« möge nicht das Schicksal »Weimars« teilen. Für das Schicksal »Weimars« fühlten sie sich – bis tief in persönliche Biographien hinein – mitschuldig, aus dieser Schuld mußten »Lehren« gezogen werden[18]. Daß gegen einen einmal etablierten totalitären Unrechtsstaat kein juridisches Kraut gefunden werden kann, hatten sie alle erfahren. Nie hätte etwas so Unsinniges, aber billig zu Habendes wie das allgemeine »Widerstandsrecht« des Art. 20 Abs. 4 – eingefügt 1969 – im Grundgesetz von 1949 Aufnahme finden können. Den Älteren erinnert es noch immer an die bissige Bemerkung *Lenins* von der Bahnsteigkarte, die in Deutschland Revolutionäre lösen müssen, bevor sie den Perron stürmen.

Nicht »revolutionär«, nach bestem Wissen und Gewissen »reflektiert« war das Verfassungswerk, das wir dem Parlamentarischen Rat verdanken. Niemand kann heute guten Gewissens sagen, daß die Regelungen des Grundgesetzes alle gelungen sind: aus der harmlosen

land bescheinigt, wie »westlich«, wie »normal« es endlich geworden ist. Müßte da nicht auch eine Gewinn- und Verlustrechnung aufgemacht werden?

[17] Erich Kaufmann, Grundfragen der künftigen Reichsverfassung (1919), zitiert nach E. Kaufmann, Autorität und Freiheit (*Gesammelte Schriften* I), 1960, S. 268.

[18] Es ist schon verwunderlich, daß Friedrich Karl Frommes Buch von 1962 *Von der Weimarer Verfassung zum Bonner Grundgesetz* noch immer das Standardwerk zum Thema ist.

Vorschrift des Art. 21 GG ist der alles lebendige Leben überwuchernde »Parteienstaat« geworden und die Anknüpfung des »Exekutivföderalismus« an die Stellung des Bundesrats in der *Bismarck*-Verfassung hat sich als massiver Fehler erwiesen – ein Produkt parteitaktischen Finassierens[19]. Jeder Versuchung, sich erneut außenpolitisch zu isolieren, sollte durch Art. 24 GG (Übertragung von Hoheitsrechten) vorgebeugt werden. Aber ansonsten wußte man, daß die europäischen Nationen – unter denen die deutsche gewiß die »verspätete« ist, – ihre historische Prägung, ihre »Identität«, schon lange vor der Französischen Revolution gewonnen hatten und man diese auch nicht wie ein lästiges Kleidungsstück einfach ablegen konnte. Man wollte das auch gar nicht! Wir haben zu fragen: Was wissen unsere heutigen mit Staat und Politik befaßten Disziplinen über die »Verfassung« als den tief in der Geschichte wurzelnden »Zustand« der Nation – was haben Staatsrechtslehre, Geschichte, Politische Wissenschaft, Soziologie und noch viele andere Wissenschaften *dazu*, zur »Ambiance« *(Dietrich Schindler)* des Verfassungsrechts im engeren Sinn zu sagen?

Schließlich gibt es drittens – ich lasse die »Allgemeine Staatslehre« wegen ihrer »Allgemeinheit« beiseite – ja auch noch eine *»Verfassungslehre«*, jedenfalls einige Bücher dieses Titels (unten 3), und schließlich gibt es viertens doch auch noch so etwas wie eine »Verfassungs*theorie*« (unten 4), jedenfalls den Anspruch darauf, daß es sie gebe: will heißen ein System von Begriffen, hilfreich, um das Gemenge der Fragen zu ordnen, die das Wort »Verfassung« bei jedem – auch dem wissenschaftlich Ungebildeten evoziert, der an das politische Leben, die *Wirklichkeit* des politischen Lebens denkt, und dem diese Theorie vielleicht ein wenig die Augen öffnet für diesen Teil seiner menschlichen Existenz, von dem er – ob er es will oder nicht – handgreiflich, weniger durch

---

[19] Zur Hypertrophie des *Parteienstaates* vgl. meine Aufsatzsammlung: *Auf dem Weg in den Parteienstaat,* Reclam UB, Stuttgart 1998. – Die Fehlkonstruktion des Bundesrats ist das große Tabu der deutschen politischen Festredner. Die vom Bundesrat im August 1998 ausgerichtete Tagung aus Anlaß des Zusammentritts des Herrenchiemseer Verfassungskonvents ließ eine Arbeitsgruppe über die Frage brüten: »Der deutsche Föderalismus: ein Modell?« Es blieb dem Oxford-Professor Nevil Johnson überlassen, den Rattenschwanz an Anomalien zu entwirren, den dieses Modell gezeitigt hat. Der Festvortrag des gegenwärtigen Vizepräsidenten des BVerfG Papier hatte als Remedur nur die obligate Länderneugliederung zu bieten. Für Heinrich Oberreuter, Politikprofessor in Passau und Direktor der Bayerischen Akademie für Politische Bildung in Tutzing, führten die Herrenchiemseer »Weichenstellungen von 1948« zu einer »in der deutschen Verfassungsgeschichte geradezu genialen Systemkonstruktion« (*Das Parlament,* 48. Jg., 1998, Nr. 32–33, S. 1). Na, na.

die seltenen Möglichkeiten der »Mitwirkung« an der politischen »Willensbildung« im Sinne von Artikel 20 GG ergriffen wird, sondern durch sein schlichtes Hineingestelltsein in diese Ordnung: durch Steuerpflicht, Wehrdienst, Gesetzesunterworfenheit, das Auf und Ab der politischen Konjunktur, die Erbärmlichkeit oder Erträglichkeit der politischen Verhältnisse. Gibt es eine Verfassungstheorie, in der Sprache *Joseph Schumpeters* einen »Handwerkskasten«[20], der es erlaubt, einen Verfassungszustand mit Einschluß des Verfassungsrechts auf seine pathologischen oder auch orthologischen, kurzum seine integrierenden oder desintegrierenden Faktoren hin abzuklopfen?

1. *Die normativistische Wende der Staatsrechtslehre*

Zur Staatsrechtslehre und zur Rechtsprechung des Karlsruher Gerichts: Der Gleichklang, bei Juristen ja wirklich selten, scheint perfekt zu sein: das GG die »normative Ordnung des Staates«, sein Schwerpunkt liegt in den vorangestellten Grundrechten, diese bilden ein »Wertsystem«. Sogar ein normatives »Menschenbild« liegt dem GG zugrunde, es beschützt die staatliche und gesellschaftliche Ordnung gegen ihre »Feinde« – es konstituiert eine »wehrhafte Demokratie«. Eine »ganz andere Republik«, das ist mit diesem GG (Art. 1, 20, 79 Abs. 3) nicht zu machen. Obwohl die Justiz doch seit der weisen Einsicht *Montesquieus* »en quelque façon nulle«, ist das mit dieser normativen Ordnung, ihrem Rechtsstaat (Art. 19 Abs. 4) und seinen Rechtsweggarantien, seiner Judikative nicht zu machen. Bonn *kann* nicht Weimar werden! Der Hüter der Verfassung residiert in Karlsruhe und nur in Karlsruhe, ein mächtiger Gulliver mit zehntausenden nachgeordneten Juristenlilliputanern an seinen Leinen. Alle Politik – auf welchem Gebiet auch immer! – definiert sich unter dem so verstandenen Grundgesetz als »Grundrechtspolitik«: »Die klassischen Freiheitsrechte schlagen um in staatliche Ermächtigungsnormen«[21]. Wer immer dieses Bild

---

[20] Nur von der Geschichte dieses »Handwerkskastens« – der »Geschichte der Versuche des Menschen, auf intellektueller Ebene ökonomische Phänomene zu verstehen«, handelt J. A. SCHUMPETERS Meisterwerk (*Geschichte der ökonomischen Analyse,* 1965).

[21] Eine Formel von INGEBORG MAUS, *Zur Aufklärung der Demokratietheorie,* 1992, 324 f. Auch auf ihr Buch Rechtstheorie und Politische Theorie im Industriekapitalismus, 1986, verweise ich gerne. Ohne in den Einzelheiten mitreden zu können, vertraue ich für die Beurteilung der skizzierten Tendenz auf die politische und höchstrichterliche Urteilskraft von ERNST GOTTFRIED MAHRENHOLZ, zusam-

des GG in den fast 100 Bänden Karlsruher Entscheidungen und den immer gewaltiger werdenden Kommentaren errichtet hat, auch *Smend*-Schüler und -Enkel und Enkelschüler haben an diesem Monument juristischer Gelehrsamkeit mitgebaut, *Rudolf Smend* (geb. 1882, gest. 1975) hat dazu meines Erachtens keinen Stein beigetragen. Auf seinen Beitrag zur GG-»Entfaltung« – gab es einen? – komme ich unter 4. (»Verfassungstheorie«) zurück. Auch auf das *Lüth*-Urteil komme ich dort zu sprechen.

Dennoch – eine Frage muß schon hier gestellt werden. *Rudolf Smend* hat sich literarisch kaum noch zu Besonderheiten des Grundgesetzes äußern können. Aber nichts an seinen in »Verfassung und Verfassungsrecht« (1928) kanonisierten Meinungen erschien nach 1949 so anstößig wie seine klare, fast schroffe Differenzierung zwischen »Rechtswert« und »politischem Wert«, zwischen dem »Rechtsleben« und dem *»eigentlichen* [meine Hervorhebung] politischen System« der Verfassung (253–6). Daß das »Rechtsleben« aus sich heraus zu verstehen sei, sein »Sinnzusammenhang« mit dem des »eigentlichen Staatslebens keineswegs konzentrisch gelagert ist« (253), ist (oder war) beinahe so etwas wie das »proprium« der *Smend*schen Theorie. Um es altertümlich auszudrücken: der Bereich der *»jurisdictio«* und der Bereich der *»gubernatio«* fallen in der »Integrationslehre« nicht zusammen, geschweige denn, daß das »Rechtsfunktionssystem« dem »politischen System« vor- oder gar übergeordnet wäre. Ich kann darin nicht, wie gelegentlich behauptet, ein Relikt des Konstitutionalismus sehen. Im Gegenteil: *Smend* nahm mit dieser Differenzierung für sich unzweifelhaft in Anspruch, dezidiert modern zu denken. Modern im Sinne radikaler Immanenz. Im Buch von 1928 heißt es, daß es dem »modernen Staatsbegriff« »unerträglich« sei, seine Legitimität »aus irgendwelcher (natur- oder positivrechtlich) transzendenten Rechtsordnung« herzuleiten (201 f.). Diese Position hätte er sicher auch nach den »Positivierungen« von Abs. 1 und 2 des Art. 1 GG nicht korrigieren müssen. Das waren für ihn tief empfundene Selbstverständlichkeiten, »theoretisch« in den Bereich der »sachlichen« Integrationsfaktoren gehörend. *Günter Dürigs* »Aufladung« des Abs. 1 (Menschenwürde) zum Obergrundrecht hätte er sicher nicht mittragen können, *Hasso Hofmanns* Interpretation als eines »Gründungsprinzips«, oder, in *Smends* Sprache, als eines »Zeichens«, »in dem das deutsche Volk einig sein soll«, hätte er sicher

---

mengefaßt in seinem Beitrag zur *Festschrift für Peter Lerche* (1998) zum Thema »Verfassungsgerichtsbarkeit und Gesetzgebung« aaO., 23 ff.

zugestimmt[22]. Der »Positivierung« der »nachfolgenden Grundrechte« im Art. 1 Abs. 3 GG hatte er wie kein anderer Staatsrechtslehrer seiner Epoche durch seinen Mitbericht auf der Staatsrechtslehrertagung von 1927 und den Grundrechtsabschnitt in »Verfassung und Verfassungsrecht« (260 ff.), auch, im letzten Moment, durch die Abwehr »liberalistischer« Mißverständnisse der Grundrechte in der Rede zum 18. 1. 1933 (309 ff.) vorgearbeitet. In der Auseinanderhaltung von Rechts- und politischen »Werten« drückte sich für *Smend* keine Geringschätzung des »Rechtswerts in der politischen Ordnung des menschlichen Zusammenlebens« aus – eher ist das Gegenteil zutreffend. Aber die Situation Weimars, der Übergang von der doch noch weithin »historischen«, aus ihrem »sachlichen« und »persönlichen« »Wertsystem« lebenden Monarchie in die »offene«, unweigerlich »pluralistische« Demokratie forderte ein radikal neues Denken. Vielleicht war *Smend* einfach zu »modern«, zu welterfahren in den Zeitläuften seit der Französischen Revolution, um – Konservativer, der er war – annehmen zu können, daß in der modernen, auf der Dynamik der Demokratie beruhenden Staatswillensbildung der Jurisdictio-Bereich den Halt, den festen Notanker für eine politische Ordnung abgeben könne. Buchstäblich auf den letzten Seiten des von *Smend* uns überkommenen Werkes nennt er das von ihm vertretene grundsätzliche Immanenzdenken »vom Staat als Leben«, ein dem Leben unter dem Grundgesetz vermachtes »Erbe« (634) – im Gegensatz zur »Statik« – und man wird hinzufügen dürfen: zum festgefügten Normativismus – des »früheren Staatsbildes«. Aber, kein Zweifel ist möglich: für das neue Denken unter dem Grundgesetz litt die *Smend*sche Lehre unter einem kaum zu heilenden »normativen Manko«.

Seine »Schule«, wenn man sie denn so nennen kann, hat alles getan, um dieses »normative Manko« auszubügeln. *Konrad Hesses* Freiburger Antrittsvorlesung von 1959 über »Die normative Kraft der Verfassung« – der Verfassung, nicht der eventuell normativierenden und legitimierenden »Integrationsfaktoren« – gab das Signal zum Einschwenken der »Schule« auf die Signale des Grundgesetzes (Art. 1, 79 Abs. 3 GG) und einige undeutliche Korrekturen *Smends* am Buch von 1928[23] schienen dem ja auch Recht zu geben.

---

[22] H. Hofmann, Die versprochene Menschenwürde, *AöR* 118 (1993), 353 ff.; Smend, *Verfassung und Verfassungsrecht* aaO. S. 262.

[23] Vgl. Hesses Bezugnahmen auf den späten Smend in Friedrich (Fn. 3), S. 83, 86.

Die Weimarer Erfahrungen müssen die deutschen, und nicht nur die deutschen, Konstitutionswissenschaften zu immer neuem Nachdenken anregen[24]. Daß vom »normativen« oder Jurisdictio-Teil der Weimarer Verfassung – oder irgendeiner Verfassung – eine Krise wie die Weimars in seiner Spätphase hätte abgewendet werden können, müßte erst noch bewiesen werden – alle geschichtliche Erfahrung spricht dagegen, und daher war *Smend* meines Erachtens völlig im Recht, wenn die doch zur Stütze der Weimarer Verfassung entwickelte Integrationstheorie von der »*politischen* Gewalt im Verfassungsstaat«, also von Regierung und Gesetzgebung ihren Ausgang nahm[25]. Wenn Juristen, Historiker, Politikwissenschaftler sich gegenwärtig in vielen Publikationen und Tagungen um die Würdigung des Grundgesetzes bemühen, so scheint mir, daß das Charakteristikum des Grundgesetzes: seine Verankerung in Rechtswerten und die Behütung der Verfassung durch jurisdiktionelle Verfahren, nicht unbedingt im Sinne eines Fortschritts gegenüber Weimar verstanden werden muß. Jedenfalls hätte die *Smend*-Schule – aller positiven Regelungen des Grundgesetzes ungeachtet – nicht unbedingt in diesen Chor einstimmen müssen. Ihre Aufgabe – wenn sie sich dem Meister verpflichtet fühlte – hätte im

---

[24] Das ist ja auch der Fall – jedenfalls im Kreis der Rechtshistoriker. Vgl. die Literaturübersicht von MICHAEL STOLLEIS, Weimar – eine HAPPY CONSTITUTION? – Bemerkungen zur neueren verfassungsgeschichtlichen Literatur, in: *Ius Commune* XXV (1998), S. 443 ff. – Nicht eingehen kann ich in diesem Zusammenhang auf SMENDS Habilitationsschrift *Das Reichskammergericht. Erster Teil. Geschichte und Verfassung.* Weimar 1911. Daß das Buch in der Reichskammergerichtsforschung zum klassischen Bestand gehört, entnehme ich der Miszelle von MILOŠ VEC, Die Sanduhr, in: *Rechtshistorisches Journal* 15 (1996), 300 ff. Treffend bemerkt *Vec* die Auffälligkeit, daß *Smend* die beiden Bereiche, die bis heute seinen Nachruhm begründen, »in keiner Weise miteinander verbunden hat«. Als »blinden Fleck« der Integrationslehre bezeichnet *Vec* eine unbestreitbare Tatsache: »verglichen mit den anderen beiden Gewalten spielt die Justiz bei Smend systematisch eine marginale Rolle«. Allein die Erwähnungen ließen sich an einer Hand abzählen. Richtig! Aber gibt es denn nicht auch heute noch triftige Gründe für diese nicht bloß systematische, sondern sachlich gut begründbare »Marginalisierung« des Bereichs der Jurisdictio in einer um den Bestand einer Verfassungsordnung ringenden Theorie? Das ist die Frage, die *Smend* heute stellt, die aber durch seine »Schule« völlig verdunkelt wurde.

[25] Vgl. die erste Skizze der »Integrationstheorie«: »Die politische Gewalt im Verfassungsstaat und das Problem der Staatsform« von 1923 (*StRAb* [Fn. 2], S. 68 ff.). In der ersten Smend-Festschrift von 1952 (*Rechtsprobleme in Staat und Kirche,* 1952) findet sich ULRICH SCHEUNERS Fortentwicklung von Smends Ansatz im großen Beitrag »Der Bereich der Regierung«. – Die Bemühungen des Verfassers um die Entwicklung einer politikwissenschaftlichen »Regierungslehre« und die Problematisierung der Probleme der »Regierbarkeit« moderner Demokratien stellten sich ausdrücklich in diese Traditionslinie.

Gegenteil darin liegen müssen, in der Diskussion des Fachs die *politische* Integrationsaufgabe als staats*rechtliches* Thema immer besonders hochzuhalten. *Weizsäckers* Frage von 1989, ob sich die Republik denn in einer »guten Verfassung« befinde, ist auch von der *Smend*-Schule nie aufgenommen worden[26].

2. *Politische Lebenswirklichkeit*

Damit zur Verfassung als Zustand, Status, »konkreter Ordnung«, um es mit *Carl Schmitts* Formel zu sagen. Über *Ernst Forsthoffs* »Der Staat der Industriegesellschaft« (1971^{2}), anknüpfend an *Schmitts* »Hüter der Verfassung« (1931) mit den Beelzebuben Pluralismus, Polykratie, Föderalismus ist die Staatsrechtslehre kaum hinausgekommen. Das hatte Biß, und *dieser Schmitt* hat lange Jahre auch »Linke« mit Recht fasziniert – obwohl nur unter den nicht gegebenen Voraussetzungen der »Unhaltbarkeit der Klassenstruktur des heutigen Staates und der Gültigkeit der gegen sie gerichteten Entwicklungstendenzen«. Das war der Angelpunkt von *Hermann Hellers* Staatslehre von 1934[27], und die angeblich unlösbaren »Legitimationsprobleme« spätkapitalistischer Gesellschaften wurden in den sechziger und siebziger Jahren zum Zentrum verfassungssoziologischer Analysen, mit wenig bleibendem Niederschlag.

Denn: Was für ein großes Thema lag und liegt da brach! Und hier darf ich erneut *Smend* ins Spiel bringen: Sein Kummer, sein Unbehagen an der deutschen Staatsrechtswissenschaft seit *Gerber* und *Laband* hatte zum Hintergrund ja seinen Blick zurück auf die Fülle, den Reichtum empirischer Anschauung des wirklichen Staats*lebens*, den die ältere Staatsrechtswissenschaft vor 1848, vor der Reduktion des politischen Lebens mit seinem »Land« und seinen »Leuten«, Regierenden und Regierten, auf die Dürre der Definition des Staates als »juristischer Person« mit dem Attribut der Souveränität. Immer wieder hat *Smend* diese Vor-Gerbersche Welt in Erinnerung gebracht; wer in seinem Seminar gesessen hat, erinnert sich an die offenbar verhängnisvolle Rezension *Albrechts* einer Schrift von *Maurenbrecher*, oder war es um-

---

[26] Auch in Peter Häberles vielen Arbeiten zu einer Verfassungslehre als »Kulturwissenschaft« kann ich keinen Niederschlag dieser Frage finden.

[27] H. Heller, *Staatslehre,* 1934, S. 59. Ein von »links« gelesener Schmitt und der unverdächtige Sozialdemokrat Hermann Heller wurden so für viele Jahre zu wichtigen Hintergrundautoritäten der Reform- und »Systemveränderungs«-Literatur der sechziger und siebziger Jahre.

gekehrt[28]? Seitdem ging es mit der Wissenschaft des öffentlichen Rechts bergab. Damals war für *Smend* eine Welt – die *wirkliche* Welt des staatlichen *Lebens* – aus der Welt seiner Wissenschaft, der Staatsrechtslehre, wie er sich gerne ausdrückte, »herauseskamotiert« worden. Verehrung empfand er für alle, die von der alten Fülle etwas bewahrt hatten: *Otto von Gierke* vor allem, *Albert Haenel*, bei dem er sich in Kiel habilitiert hatte. Will man *Smend* verstehen, muß man sich vor Augen halten, daß die Dissertation zwei Verfassungen der *alten* Welt gilt, dem Vergleich der Belgischen Charte von 1830 und der Preußischen von 1850, in denen noch etwas von den wirklichen Verhältnissen, insoweit sie für den Staatsrechtler von Interesse sind, also den realen Kräften und Mächten einer konkreten Gesellschaft, vorkam – bzw. zu den weithin identischen Texten hinzugedacht werden mußte, damit man auch ihren rechtlichen Gehalt erkannte. Eine Verfassung mag in ihrer Textgestalt ein Produkt von der Stange sein: nur im Zusammenhang der wirklichen, empirischen Welt, die sie normativ regeln will, läßt sie sich angemessen »verstehen« – völlig im Sinn von *Max Webers* »verstehender Soziologie« – und auch angemessen *rechtswissenschaftlich* interpretieren! Dies ist der einfache Grundgedanke von *Smends* Beitrag zum Verfassungs*recht* – noch gar nicht zur Verfassungs*theorie*.

Aber diese juristische (!) Position bot und bietet offenbar große Verständnisprobleme für eine Verfassungsrechtswissenschaft, die, ähnlich wie die moderne Wirtschaftswissenschaft, mit den konkreten Verhältnissen, auf die sie sich einläßt, nur wenig im Sinn hat. Das gibt Anlaß, am Rande auf eine wissenschaftsgeschichtliche Parallele hinzuweisen. Die moderne Ökonomie, mit ihrem Ausmaß an Theoretisierung und an *Modellen* praktizierter Mathematisierung gilt allgemein als die fortgeschrittenste aller Wissenschaften vom menschlichen Handeln. Man kann das aber auch anders sehen, und als Zeugen darf ich aus einer Anmerkung in *Schumpeters* »Konjunkturzyklen« zitieren – ein Buch mit dem Untertitel »Eine theoretische, historische und statistische Analyse des kapitalistischen Prozesses«. Das Buch stammt von 1939 – *Schumpeter*, Jahrgang 1883, steht *Smend* also generationsmäßig ganz nahe[29]. Den Kern der Wirtschaftswissenschaft nannte *Schumpeter* Se-

---

[28] Vgl. dazu Friedrich (Fn. 3), S. 189, 213 f.

[29] Mit großer Faszination las das Smend-Seminar in den ersten Nachkriegssemestern die 1946 erschienene deutsche Ausgabe von *Capitalism, Socialism and Democracy* (dt. Bern 1946, engl. New York 1942). Für den Verfasser enthält dieses Buch noch immer die am meisten Sinn machende, Max Weber voraussetzende *Demokratietheorie,* außerdem eine der besten Interpretationen des Scheiterns Weimars

meiologie und als ihre »Hauptaufgabe« bezeichnete er die »Diagnose der Wirtschaftslage eines Landes«[30]. (In Klammern setze ich die *Smend*sche Parallele: die Diagnose der *Verfassungslage* eines Landes). Hier das vollständige *Schumpeter*-Zitat:

»Im 17. Jahrhundert war die Analyse gegebener Wirtschaftslagen in den einzelnen Ländern die erste Aufgabe, der sich nicht nur die »Politische Arithmetik«, sondern die Wirtschaftswissenschaft im allgemeinen widmete. Diese gesunde und zukunftsreiche Tradition ging praktisch im 18. Jahrhundert verloren, besonders nach A. Smith und vorwiegend *durch seine Schuld*« (meine Hervorhebung).

Die konkreten Verhältnisse mit Hilfe der »Integrationsfaktoren« wieder in die Staatsrechtslehre hereinzuholen – sie waren *ihr* erst in der Mitte des 19. Jahrhunderts abhanden gekommen –, war das wissenschaftliche Ziel der Integrationstheorie. Aber wie schwer war es geworden, diese Absicht verständlich zu machen. *Richard Thoma*, für die Ideen der »Neuerer« unvoreingenommen aufgeschlossen, *Kelsen* ganz fernstehend, klagte auf der Staatsrechtslehrertagung von 1927, also noch vor *Smends* ja wirklich unnötig schwierigem Buch von 1928, zu Ausführungen *Erich Kaufmanns*, sie seien in ihrer Begrifflichkeit für ihn »sozusagen chinesisch«. Da sich bis heute nichts wesentliches daran geändert hat, darf ich *Thomas* Klage über den gedanklichen Ansatz der Neuerer vollständig zitieren:

»Ich verstehe es einfach nicht und bin durchaus nicht der einzige in diesem Saale, der es nicht versteht. Ich spreche das aus, weil es doch ein sehr beunruhigendes Symptom der gegenwärtigen wissenschaftlichen Situation ist, daß selbst in einem so engen Kreise spezialisierter Fachgelehrter sich eine solche Kluft des Nichtverstehens der Problematik und der Terminologie der einen Gruppe durch die andere Gruppe auftut.«[31]

Kurz vor dem Beitritt der DDR zur alten Bundesrepublik hatte *Ernst-Wolfgang Böckenförde* die Freundlichkeit, mich zu einem Colloquium anläßlich seines 60. Geburtstages einzuladen. In Anknüpfung an *Smends* Dissertation und den berühmten Aufsatz zum Staatskir-

---

– vor allem an seinem Fehlen einer überzeugenden politischen Führungsschicht. SCHUMPETERS kleine Studie aus seiner Bonner Zeit »Das soziale Antlitz des Deutschen Reiches« (*Bonner Mitteilungen,* Nr. 1 (1929), S. 3–14, wiederabgedruckt in J. A. SCHUMPETER, *Aufsätze zur Soziologie,* 1953, S. 214–225) müßte Pflichtlektüre in jedem politischen Proseminar sein.

[30] Zitiert nach der deutschen Ausgabe, 1961, S. 21, Anm. 12.

[31] Zitiert nach SMEND, *StRAb* (Fn. 2), S. 62 f.

chenrecht[32] erlaubte ich mir die naseweise Frage, ob bei so radikal veränderten Gebiets- und Bevölkerungsverhältnissen das alte, für den »Geltungsbereich des Grundgesetzes« geltende GG von 1949 eigentlich noch genauso wie bis dato interpretiert und angewandt werden könne. Der *Smend*-Schüler erinnerte sich natürlich an das Gewicht, das *Smend* unter dem Gesichtspunkt des »integrierenden Sachgehalts« dem Staatsgebiet einräumte. Im Gebiet schlage sich »die Erfüllung der staatlichen Aufgaben, die mit ihm gestellt sind«, nieder (169). Ein doch immerhin zu bedenkender Gedanke! Aber meine bescheidene Frage wurde schlicht nicht verstanden und ich unterließ es, auf meinem Einwurf herumzureiten, als ein von mir besonders geschätzter Kollege meinte, die ganze Differenz zwischen der Rechtsgeltung der belgischen und der preußischen Verfassung bestünde doch wohl darin, daß die Belgier Belgier und die Preußen Preußen gewesen seien. Beim Beitritt handele es sich doch um den Beitritt Deutscher zu Deutschen.

3. Verfassungslehre

Damit bin ich – ganz kurz – bei der »Verfassungslehre« als *drittem* Zugang zum Verständnis einer modernen Verfassung.

Roman Schnur, an den ich mit großer Sympathie zurückdenke, ging Ende der 50er Jahre – wir waren beide noch nicht habilitierte Assistenten – auf mich zu: Ob wir nicht versuchen sollten, die Animositäten der Älteren, konkret den Gegensatz *Schmitt/Smend*, hinter uns zu lassen, um etwas Neues zu versuchen. Das Ergebnis war die Luchterhand-Reihe »Politica«, in der *Jürgen Habermas* mit »Strukturwandel der Öffentlichkeit« debütierte. Das war ein interessantes Buch und selbstverständlich gehörte *Marx*, auch der »Marxismus« als »Betrachtungsweise« zu den großen wissenschaftlichen Potenzen der Welt, nicht zuletzt der deutschsprachigen. Als *Habermas* sein zweites Buch, »Theorie und Praxis«, der Reihe anbot, zog *Schnur* nicht mit; die Zusammenarbeit funktionierte doch nicht. In einer Rezension *Schnurs* von *Konrad Hesses* Freiburger Antrittsvorlesung – also einem Produkt der »Smend-Schule« – steht der knappe, provokante Satz: »Das einzige deutsche Werk der Verfassungslehre ist das gleichnamige Buch von Carl

[32] »Staat und Kirche nach dem Bonner Grundgesetz« (1951) mit dem berühmten Satz: »Aber wenn zwei Grundgesetze dasselbe sagen, so ist es nicht dasselbe«, aaO., S. 411.

Schmitt.«[33] *Ernst Forsthoff* hat das so ähnlich ausgedrückt, und beide haben, ohne Zweifel, auch heute noch, 38 Jahre nach *Schnurs* Rezension, recht[34]. Nur, – abgesehen von seiner didaktischen Meisterschaft, dem Glanz der Formulierungen, der Fähigkeit zur komprimierten Zusammenfassung großer Stoffmassen aus der Geschichte des bürgerlichen Konstitutionalismus, – dies Buch hat uns *nichts* mehr zu sagen. *Werner von Simson* hat das schlagend dargetan, *Reinhard Mehring* hat treffend von einer »ekklesiologischen Verfassungslehre« gesprochen[35]. Man kann sich aus diesem Buch, wenn man es ernst nimmt, auch nicht das herausnehmen, was einem gerade paßt: die Darstellung der diversen Formen des rechtsstaatlichen Konstitutionalismus in seiner bürgerlichen Epoche, und den Kerngedanken, die Unterscheidung der Legitimität begründenden »Verfassung« vom bloß legalen liberal-bürgerlichen »Verfassungsgesetz«, dahingestellt sein lassen. Mit dieser Unterscheidung war der Sprengsatz in das bloß legale, aus allen möglichen Kompromissen und Widersprüchen zusammengesetzte Verfassungsgesetz eingebaut – und das funktionierte dann ja auch, die »bürgerlich« liberalen Formelkompromisse und der ganze Rechtsstaat wurden weggesprengt. Die Diktaturgewalt diente *Schmitt* nicht zur Überbrükkung einer Unnormalität, sondern zur Rettung der »eigentlichen Substanz«. Der Staat wird in Parallele gesehen zur Gestalt der alten Kirche, ein institutioneller Schutzwall um eine innerste Substanz gezogen, ei-

---

[33] Ebenfalls in: FRIEDRICH (Fn. 3), S. 100 ff., 108 Anm. 19. Dort (S. 268 ff.) auch Forsthoffs Explikation: »Zur heutigen Situation einer Verfassungslehre« mit der These, daß eine Verfassungslehre auf der Grundlage des Grundgesetzes »vom Gegenstand her nicht mehr möglich« sei (270).

[34] Sicher gibt es eine ganze Reihe von Anknüpfungen an SCHMITTS Buch mit dem prägnanten Titel: *Karl Loewensteins »Verfassungslehre«* (engl. *Political Power and the Governmental Process*), dt. 1975[3], kann an Dichte des verarbeiteten Materials mit Schmitt allemal mithalten. Zur »These« Schmitts klassisch SMEND (320): »Es ist aber nicht der Sinn einer Verfassung, ›Entscheidung‹ im Sinne irgendeines sachlich folgerichtigen politischen Denksystems zu sein, sondern lebende Menschen zu einem politischen Gemeinwesens zusammenzuordnen.« So am 18. 1. 1933 in der Reichsgründungsrede »Bürger und Bourgeois im deutschen Staatsrecht«. Schmitt, der zur gleichen Stunde in der Handelshochschule Fingerübungen für die »Gleichschaltung« durch das »Reichsstatthaltergesetz« vortrug, zu SMENDS Vortrag wenige Tage darauf im Tagebuch vom 23. 1. 1933: »Frau Ehrick erzählte von Smends elendem Vortrag« (nach PAUL NOACK, CARL SCHMITT, 1993, S. 156.).

[35] WERNER VON SIMSON, Carl Schmitt und der Staat unserer Tage, *AöR* 114 (1989), 185–220. – REINHARD MEHRING, Carl Schmitts Lehre von der Auflösung des Liberalismus: das Sinngefüge der »Verfassungslehre« als historisches Urteil, *Zeitschrift für Politik* 38 (1991), 200–216.

nem »Hüter«, einem defensor fidei, überantwortet, erst dem Feldmarschall, dann dem Führer, der das Recht schützt – es war *Schmitt*, der das Recht in höheres Recht und bloße Rechtsgesetze auseinandergelegt hatte, und die Interpretation des Grundgesetzes, dessen Art. 79 Abs. 3 ja unzweifelhaft wesentlich von *Schmitt* inspiriert wurde, sollte auf der Hut sein, ihm auf diesem Wege nicht zu weit zu folgen.

Schon lange vor *Werner von Simson* und *Reinhard Mehring* hatten *Smend* und *Erich Kaufmann* den Pferdefuß in *Schmitts* »Verfassungslehre« ausgemacht. Im »Offenen Brief an Ernst Forsthoff« über »Carl Schmitt und seine Schule« stellte *Kaufmann Forsthoff* die Frage, ob er in der »Verfassungslehre« wirklich eine »in Klassizität erwachsene Darstellung der rechtsstaatlichen Verfassung« sehen könne. »Gewiß«, sie gebe sich »wie eine leidenschaftslose und tendenzlose Darstellung des ›bürgerlichen Rechtsstaates‹«. Aber *Forsthoff* wisse doch sicher selbst, daß *Carl Schmitt* den »bürgerlichen Rechtsstaat« »wegen seiner unlösbaren Verwachsenheit mit einer bestimmten Zeitlage und Ideologie entschieden ab[lehnt], er schreibt also gewissermaßen die Dogmatik für eine von ihm verworfene Theologie«, – die vielgerühmte »präzise Begrifflichkeit« ein Mittel, um den »bürgerlichen Rechtsstaat« »ad absurdum« zu führen[36].

Noch treffender, pointierter erscheint mir *Smends* Kritik der *Schmitt*schen Position. *Smend*, der zu *Schmitt* immer einen höflichen, kollegialen Kontakt gepflegt hat, hat den Charakter von *Schmitts* »Verfassungslehre« in ihrer ressentimentgeladenen »bewegten« Aversion gegen die bürgerlich-moderne Welt ganz früh erkannt, und seine Charakterisierung der »antikisierenden« Betrachtungsweise, die von *Carl Schmitt* »in glänzender Form« »repristiniert« werde, trifft m.E. das Wesentliche, verdeutlicht andererseits *Smends* radikal-»*moderne*« Position. Kann man sich unter Kollegen eine bissigere Kritik denken: *»repristiniert«*! – man muß das zweimal sagen. *Schmitts* Betrachtungen paßten für die »römische Kirche«, auch für die »Monarchie *vor* ihrer konstitutionell-nationalstaatlichen Periode« (213), aber – ergänze ich – doch bitte nicht für den modernen Staat, die moderne pluralistische Massendemokratie, die doch nur im Licht ihrer glasklaren Immanenz, bar jeder transzendenten Absicherung, Gewährleistung, »Unterfangung«

---

[36] Erich Kaufmann, Carl Schmitt und seine Schule, in: Ders., Rechtsidee und Recht (*Gesammelte Schriften* III), 1960, S. 375 ff. Vorzügliche Würdigungen von Kaufmanns zu Unrecht vernachlässigtem Werk verdanken wir Manfred Friedrich in: H. Heinrichs u.a., *Deutsche Juristen jüdischer Herkunft,* 1993, S. 693 ff. und in Friedrich (Fn. 2), S. 348–353.

betrachtet werden kann – ganz auf den Willen freier Menschen und sonst *nichts* gestellt, nicht auf Rasse, Volk, Sprache, Religion, Geographie, nur auf den Willen zum gemeinsamen Staat und seiner Verfassung, eine *Kulturleistung*, die dem menschlichen Willen aufgegeben sei, dem der Meisterung seines politischen Berufs, für den die Verfassung gewissermaßen die Werkzeuge zur Verfügung stellt[37].

Es lohnt sich, darüber nachzudenken, warum es auch nach 50 Jahren unter dem Grundgesetz noch kein Werk gibt, das vergleichend, historisch, sozialwissenschaftlich »reflektierend« und selbstverständlich auch über Kraft und Kraftlosigkeit des »Normativen« belehrend, in die Nachfolge von *Schmitts* »Verfassungslehre« eingetreten ist. Könnte es nicht an der Übermächtigkeit des »Normativen« und der immer noch so eigenartig timiden deutschen Trennungslinie zwischen »Sein« und »Sollen« liegen? Verfassungen sind ein Werk der Deliberation, der praktischen Reflektion, wie sie uns unübertroffen die »Federalist Papers« nahebringen. Wie reizvoll müßte es sein, das Grundgesetz als ein Werk nicht allein der Normen, sondern der in ihnen enthaltenen politikwissenschaftlichen Überlegungen (»Reflections«) darzustellen. Für angelsächsisches Verfassungsdenken ist das doch ganz selbstverständlich.

4. Verfassungstheorie

So bleibt uns die Verfassungstheorie. Wie steht es um das Angebot einer »Verfassungstheorie«, die uns die deutschen »Verfassungsdinge« geistig zugängig macht, auch Kriterien für ihre Beurteilung zu liefern imstande ist?

Ich weiß, daß in Deutschland gegenwärtig viel über Probleme der Verfassungstheorie nachgedacht wird: systemtheoretisch, diskurstheoretisch, vor allem im Rahmen der Rechtstheorie. Ein »Paradigma« scheint sich bisher nicht durchgesetzt zu haben, und der Theoriebegriff ist ein ganz anderer als der bescheidene *Smends*. Vielleicht kommen vom Feld der Verfassungsvergleichung die aussichtsreichsten An-

---

[37] SMENDS angeführte Kritik hat die Schriften SCHMITTS aus der Zeit *vor* der »Verfassungslehre« von 1928 zur Grundlage! Zum Vergleich der Schmittschen Staatslehre, »die keine Staats-, sondern eine Rechtstheorie« sei, mit der römischen Kirche *StRAb* (Fn. 2), S. 174, 180. Die bahnbrechende philologisch-skrupulöse Herausarbeitung von Schmitts »Politischer Theologie«, die wir HEINRICH MEIER verdanken (*Carl Schmitt, Leo Strauß, und der ›Begriff des Politischen‹* 1988) stellt die Verwendbarkeit von SCHMITTS *Verfassungslehre* noch mehr in Frage.

stöße für die Fortentwicklung der Verfassungstheorie[38]. Vorerst aber scheint es doch so zu sein, daß ebenso, wie es im deutschen Sprachraum nur eine »Verfassungslehre« gibt, die *Carl Schmitts*, es bislang auch nur einen Ansatz für eine »Verfassungstheorie« gibt, der wirklich anknüpfungswert erscheint, der *Smends*, zusammengefaßt in »Verfassung und Verfassungsrecht«. Wie der Titel sagt, handelt das Buch vom Verfassungs*recht*, dem notleidenden Weimars und von der Problematik modern-demokratischer Verfassungen allgemein, mit der Trias der Integrationsfaktoren als nicht juristisch-normativer, sondern soziologischer, oder, wie *Smend* 1928 unglücklich sagt: »geisteswissenschaftlicher« Werkzeuge zur Theorie einer Verfassung. Am Ende des Aufsatzes über die »Verschiebung der konstitutionellen Ordnung durch die Verhältniswahl« von 1919 forderte *Smend* noch eine »*soziologisch* (meine Hervorhebung) begründete Verfassungstheorie« als »notwendige Grundlage einer neuen Staatsrechtslehre im neuen Deutschland« (56).

– Aber ist hier nicht doch noch etwas nachzutragen? Liegt *Smends* große Bedeutung für die Interpretation des GG nicht in seinem Neuverständnis der Grundrechte, das über seinen Eingang in das *Lüth*-Urteil (*BVerfGE* 7,198 = JZ 1958,119) – *das* Urteil des Karlsruher Gerichts, über das das Gericht erst geworden ist, was es ist: Herr über alle Rechtsmaterien, Obergericht über alle Fachobergerichte, Eingangstor der Drittwirkung etc. etc. – nach Meinung vieler und nicht der schlechtesten deutschen Juristen *der* Sündenfall des Karlsruher Gerichts: Man könnte seitenlang zitieren, welche Übel dieses Urteil nach sich zog, am bündigsten wieder *Carl Schmitt*: »Die Tyrannei der Werte«, – und *Rudolf Smend* als der Tyrann, der das Recht durch Werte relativiert hat[39].

---

[38] Einen Überblick bietet Christian Starck, Rechtsvergleichung im öffentlichen Recht, *JZ* 1997, 1021 ff. – Eine knappe, souveräne Einführung in das gegenwärtige, Rechts- und Verfassungstheorie ineinander verflechtende Denken bei Hasso Hofmann, *Das Recht des Rechts, das Recht der Herrschaft und die Einheit der Verfassung,* 1998.

[39] So muß man Forsthoffs schneidende Kritik an Smend mit dem ausdrücklichen Bezug auf Schmitts Ebracher Vortrag über »Die Tyrannei der Werte« ja wohl lesen. Grundlegend zur Debatte aus der Sicht der »Schmitt-Schule« Ernst-Wolfgang Böckenförde, Zur Lage der Grundrechtsdogmatik nach 40 Jahren Grundgesetz (Reihe *»Themen« der Siemens-Stiftung*), 1990 und Ders.: Zur Kritik der Wertbegründung des Rechts, in: *Festschrift für Robert Spaemann,* 1987, S. 1 ff. – In Schmitts Ebracher Vortrag wird der »Feind« (R. Smend) übrigens mit keinem Wort erwähnt. Vgl. Säkularisation und Utopie (*Ebracher Studien*), 1967, S. 37 ff.

Dem Verfasser fehlt es an Kompetenz, in diese sicher zentral wichtige Debatte einzugreifen. Nur glaube ich aus persönlicher Erinnerung bezeugen zu können, daß es, außer der bekannten Neubewertung der Grundrechte, keine direkten Beziehungen des *Lüth*-Urteils zur Integrationstheorie gibt[40]. In der Begründung des Urteils kommt *Smends* Name nicht vor: Es handelte sich bei *Lüths* Beschwerde gegen ein Urteil des Hamburger Landgerichts ja auch um einen ganz normalen Grundrechtskonflikt klassischer Art, gegen dessen Verhandlung vor einem Gericht auch *Carl Schmitt* und seine Schüler nichts hätten vorbringen können, ein geradezu klassischer Fall des Konflikts zwischen Bürger und Obrigkeit. Das Hamburger Gericht, ein staatliches Organ, wollte dem Privatmann *Erich Lüth* bei Strafandrohung untersagen, öffentlich zu verbreiten, man möge das deutsche Publikum doch für eine Weile mit Filmen des »Jud Süß«-Regisseurs *Veit Harlan* verschonen. Das Gericht hatte darin eine »sittenwidrige Aufforderung zum Boykott« gesehen. Allerdings, und das war das neue am *Lüth*-Urteil, um eine »Güterabwägung« – so steht es im Urteil – kam das Gericht nicht herum: zwischen den Eigentümerrechten der Kinobesitzer und dem, wie das Gericht zutreffend erkannte, »hohen Gut« der freien Meinungsäußerung, »unmittelbarster Ausdruck der menschlichen Persönlichkeit in der Gesellschaft«, einem »der vornehmsten Menschenrechte überhaupt«. Alle Folgewirkungen, »Konkretisierungen«, »Entfaltungen« und wie die neuen Begriffe alle heißen, die das *Lüth*-Urteil nach sich zog, haben mit der *Lüth*-Klage und dem Urteil von 1958 nicht *notwendig* etwas zu tun, das ist Karlsruher Eigengewächs.

Die neue positivrechtliche Stellung der Grundrechte ergab sich ja unmittelbar aus dem Grundgesetz – das folgte nicht aus den Lehren einer wissenschaftlichen »Schule«, war es doch Antwort auf bedeutendere als bloße Schulerfahrungen.

[40] Zur Mitwirkung des Autors an der Verfassungsbeschwerde Erich Lüths vgl. aus den Akten Dieter Gosewinkel, Adolf Arndt, 1991, S. 493 ff., 531. – Der Verfasser, damals Mitarbeiter A. Arndts, konzipierte im Auftrag Erich Lüths den ersten Entwurf der Verfassungsbeschwerde. Adolf Arndt gab der Sache dann die richtige forensische Form.

III. Die Integrationstheorie

Es bleibt also: *Smends* Verfassungstheorie, die Integrationstheorie. Das »System« der Integrationsfaktoren – persönliche, sachliche, funktionelle – setze ich als bekannt voraus. Aber: Aus welcher Situation entstand sie, wie ist sie – danach muß man ja scheinbar immer fragen – »philosophisch«, »erkenntnistheoretisch«, »methodisch« eigentlich fundiert, worauf zielt sie? Warum 1928 eine »geisteswissenschaftliche« Begründung, wo 1919 von »Soziologie« die Rede ist?

Smend war 1928, als das schmale Buch »Verfassung und Verfassungsrecht« erschien, sechsundvierzig. Obwohl er wenig publiziert hatte, war er schon ein Großer des Faches, in dem es an Größen nicht fehlte. Die Dissertation war bereits ein kleines Meisterwerk der Verfassungsanalyse. Das diplomatische Kunstwerk der *Bismarck*-Verfassung hatte er in einer meisterhaften Studie mit Langzeitwirkung bis in unsere Tage verfolgt (»bundesfreundliches Verhalten«); die Eigenart moderner demokratischer Willensbildung hatte er an den »Maßstäben« der Wahlrechtsdiskussionen zwischen 1815 und 1900 studiert. Der Erste Weltkrieg und sein Ausgang bewegte ihn wie jeden seiner Zeitgenossen, die Revolution, jedenfalls ihre Umstände, die Fahnenflucht der alten Dynastien, die Durchschnittlichkeit der neuen Führungsschicht zogen ihn wohl kaum an, aber er war, im Herzen ein konservativer Legitimist, sofort zu »positiver Mitarbeit« – eine für *Smend* typische Redewendung – am neuen Staat bereit; jedenfalls stellte sich *Smend* ohne Reserven auf den Boden der neuen Tatsachen – aber die waren eher unerfreulich. *Smend* hatte ein seismographisches Gefühl für Krisen, für ungesunde, unsaubere Verhältnisse, sein Unbehagen am Wilhelminismus, der politischen Unerzogenheit des Bürgertums, am »Abgelebten« der alten Ordnung mit einem Versager als Kaiser – das ist bei *Smend* zwar milder in der Form, sachlich der Kritik *Max Webers* aber ganz nahe. – *Smends* Verhältnis zu *Max Weber* – das wäre ein Thema für sich[41].

---

[41] Das Thema müßte ausgeweitet werden auf eine Neubefragung des Verhältnisses von Kulturwerten und Demokratie im neueren deutschen politischen Denken zwischen 1917 (THOMAS MANNS *Betrachtungen* und Webers *Wahlrecht und Demokratie in Deutschland*) und 1932 (KARL JASPERS *Geistige Situation* und ERNST ROBERT CURTIUS' *Deutscher Geist in Gefahr*). Was Thomas Mann nur dem Tagebuch anvertraut, könnte als »Fragestellung« für eine Neubewertung der spezifisch deutschen liberal-konservativen – allen »Revolutionismus« ablehnenden »bürgerlichen« Demokratiekonzeption dienlich sein: »Dies Buch (die »Betrachtungen«) war eine Revolte gegen die »Versklavung des Geistes« durch die Politik – nichts weiter« (zit.

Dennoch: Die These kann gewagt werden: Zu niemandem besteht bei allen Differenzen des Temperaments und der politischen Position im Links-Rechts-Schema, eine so große Verwandtschaft wie zwischen *Weber* und *Smend*[42]. Beide interessieren nicht die im Verfassungsrecht normierten Verfassungsfragen als solche, »nicht Paragraphenauslegung und rechtsbegriffliche Systembauten«, wie *Smend* 1919 schneidend formulierte (67), sondern das *Leben*, die *Wirklichkeit* des politischen Lebens, zu der Verfassungen anregen oder eben nicht anregen. Immer ist vom konstitutionellen *Leben*, vom Verfassungs*leben*, den *Lebens*prozessen des politischen Körpers, der *Lebenswirklichkeit*, die gelingt oder mißlingt, die Rede[43]. Die Weimarer Verfassungswirklichkeit hatte, die Grunderfahrung *Smends* und so vieler anderer, zu einer Einbuße an politischem »Erlebnis« geführt[44]. Am Beispiel der Folgen des Übergangs vom Mehrheitswahlrecht, mit seiner Aktivierung des lokalen politischen Betriebs, zum Verhältniswahlrecht mit gebundenen Listen und seiner Verödung des lokalen Politikbetriebs hat *Smend* selbst an einer technischen Einzelheit (60 ff.) gezeigt, welche Folgen kleine Änderungen des Verfassungsrechts haben können, vergleichbar den Erwartungen *Webers* vom Wegfall der Inkompatibilität zwischen Bundesrats- und Reichtagsmandat. Immer wenn *Smend* auf *Weber* zu sprechen kommt, preist er ihn zunächst in den höchsten Tönen, um dann gleich einige, m.E. oft ganz deplazierte, Bemerkungen dranzuhängen. Selbst

---

nach Dirk Hoeges, *Kontroverse am Abgrund:* Ernst Robert Curtius und Karl Mannheim, 1994, S. 187). Eine solche Position *muß* mit einer freiheitlichen Demokratiekonzeption kompatibel sein.

[42] Wobei man als Dritten im Bunde Erich Kaufmann hinzunehmen muß. In der »Kritik der neukantischen Rechtsphilosophie« fällt nicht ein einziges kritisches Wort zu Weber! In der Kritik an Webers »technizistischem« Verfassungsverständnis sind sich Smend und Kaufmann einig (vgl. Kaufmann, *Gesammelte Schriften* III, XXXIX) – m.E. einig in einem Mißverständnis.

[43] Es erscheint mir ganz abwegig, beim Begriff des Lebens immer gleich an irgendwelche Zusammenhänge mit der zeitgenössischen Universitätsphilosophie zu denken. Natürlich war Dilthey für Weber wie für Smend von großer Bedeutung. Dennoch steht »Leben« hier für die »Wirklichkeit des Lebens« (Max Weber, *Wissenschaftslehre,* S. 170) – d.h. Praxis.

[44] Der Begriff des »Erlebnisses« ist zentral für Smend (wie auch für Weber, auch wenn er das Wort nicht mochte), aber er ist nicht so sehr »psychologisch« zu verstehen, sondern als Gegenbegriff zur individualistischen Partizipationsvorstellung der üblichen Demokratietheorie. – Smends *Politisches Erlebnis und Staatsdenken seit dem 18. Jahrhundert* (346 ff.) ist als klassischer Text der sog. »Demokratietheorie« erst noch zu entdecken. In knapper Form ist Smend nach 1945 noch einmal auf das Thema zurückgekommen: »Politisches Erlebnis und Staatsdenken«, in: *Gesellschaft – Staat – Erziehung* 2 (1957), S. 316–319.

guten *Smend*-Kennern wird die fünfseitige Rezension von *Webers* »Parlament und Regierung im neugeordneten Deutschland« in Schmollers Jahrbuch von 1918[45] unbekannt sein, sie findet sich nicht in den Bibliographien der 1. und 2. Auflage der »Staatsrechtlichen Abhandlungen«. Ich zitiere aus dieser Rezension einige Passagen, nicht um *Smend* zum *Weber*-Epigonen zu machen, sondern um deutlich zu machen – die Rezension stammt noch aus dem Kriegsjahr 1918 –, worum es *Smend* ging und worum es vielleicht *auch heute* den »Verfassungswissenschaften« gehen sollte. So sehr man über die Ziele und Ergebnisse von *Webers* Schrift streiten könne, so »sei sie (dennoch) von erheblicher wissenschaftlicher Bedeutung wegen der in ihr niedergelegten Betrachtungsweise politischer Dinge«. Der Wert des »Weberschen Buches [liege] in seiner Anleitung zu politischem Wirklichkeitssinn«. Hier, »in der Fähigkeit zur Beobachtung des wirklichen politischen Lebens, ist allerdings unsere politische Literatur und unser politisches Denken im Vergleich mit dem Ausland in beschämendem Rückstande«. Bei allen Einwänden, hier liege eins der »selten wertvollen Stücke unserer politischen Literatur«. Jedes Volk hätte die politische Literatur, die es verdiene. »Der Tiefstand unserer politischen Literatur« (– das ist *Smend* in einer *Weber*-Rezension! –) beruhe auf zwei Ursachen: »einmal auf der Trennung des Politischen vom Strom unseres geistigen Lebens überhaupt, die daran Schuld ist, daß wir keine lebendige Ethik haben – und sodann auf der mangelnden Fühlung des einzelnen Deutschen mit dem eigentlichen politischen Leben. Die Folge ist die Leere und Konventionalität unserer politischen Gedankenwelt«. »Die Leere und Konventionalität unserer politischen Gedankenwelt« – man möchte sich den Passus auf Wiedervorlage für eine eventuelle Sammelrezension zu den wichtigsten Äußerungen zum GG-Jubiläum legen.

Aber – so könnte man einwenden – wie steht es um die »geisteswissenschaftliche«, »methodologische« Fundierung der Integrationslehre durch die Schriften *Theodor Litts*? Ist die Integrationstheorie nicht eine in besonderen Maße »philosophisch« fundierte, methodisch »abgesicherte« Theorie und daher nur über diese »Grundlegung«, im Zusammenhang mit der Dilthey-Schule zu verstehen? Hat uns denn das und damit auch *Smends* Werk noch etwas zu sagen? In der Tat hat sich das so festgesetzt – in jeder Dissertation zu *Smend*, jeder *Smend*-Erwähnung in der Literatur kann man das so lesen. Nur über *Litt* führt der Weg zu *Smend*! Ich glaube, man kann das ruhig vergessen, für eine neue

---

45 AaO., S. 369–373.

Einschätzung *Smends* ist es ohne Belang. Man mache die Probe: Jeder kann sich davon überzeugen, daß auf den ersten 118 Seiten der »Staatsrechtlichen Abhandlungen« in ihrer dritten Auflage – dichten verfassungsrechtlichen, verfassungspolitischen, verfassungshistorischen kleinen Arbeiten, mit Einschluß der ersten Verwendung des Integrationsbegriffs im zentralen Aufsatz über »Die politische Gewalt im Verfassungsstaat« von 1923 – sich nicht ein einziges im e. S. »philosophisches« oder unabdingbar dazugehöriges »methodologisches« Zitat findet[46]. Nicht anders als das Werk *Max Webers* ist das *Smends* aus den abgehandelten *Sachzusammenhängen* heraus verstehbar. Es bedarf keines philosophischen »Vorspiels im Himmel«.

Dennoch, wieso ist *Litt* so ganz ohne Belang? Steht nicht auf der ersten Seite der Vorbemerkung zu »Verfassung und Verfassungsrecht«, er habe bei der Suche nach den »erkenntnistheoretischen Grundlagen« »sich bewußt darauf beschränkt, an den für mich grundlegenden Arbeiten von Theodor Litt zu zeigen, wie eine solche allgemeine Theorie der Geisteswissenschaften als Grundlage für die Staatsrechtslehre fruchtbar gemacht werden kann und habe zu diesem Zwecke die Pedanterie nicht gescheut, die eigenen Auffassungen so weit wie irgendmöglich auf die entsprechenden Belegstellen der Littschen Arbeiten zu stützen.« »Auf andere, dem vorliegenden parallele Versuche methodischer Begründung der Staats- und Rechtslehre – ich erinnere nur an die Arbeiten wesentlich soziologischen Charakters einer- (das können nur die *Webers* sein = verstehende Soziologie dort, verstehende Verfassungstheorie hier), »teleologischen andererseits (da ist *Erich Kaufmann* gemeint) – ist dabei nur wenig eingegangen« (119 f.). Da kann man nur sagen: Welch Mißgriff! Hätte *Smend* die Integrationslehre mit *Weber*, natürlich für seine Zwecke weitergedacht und modifiziert, entwickelt, wäre er heute vermutlich ein weltweit diskutierter Autor der Staats- und Verfassungstheorie, anknüpfungsfähig für eine soziologische

---

[46] Das einzige, das man so verstehen könnte, im Aufsatz über »Die Maßstäbe des politischen Wahlrechts«, der *Tübinger Antrittsvorlesung* von 1911: »Zur prinzipiellen Charakteristik dieser Auffassung vgl. noch MAX WEBER in: *Schmollers Jahrbuch für Gesetzgebung*, Bd. 27 (1903), S. 1189« – das ist der »Seufzeraufsatz« über »Roscher und Knies«.

[47] Hier ist daran zu erinnern, daß Helmuth Schelskys frühe Analysen zur Stabilität von Verfassungen an Smend anknüpfen. Das Thema ist in der deutschen Sozialwissenschaft dann nicht fortgeführt worden. Auch an HERBERT KRÜGERS »Allgemeine Staatslehre« mit dem zentralen Begriff der »Lage« sei erinnert, auch an KRÜGERS Aufsatz über »Verfassungsvoraussetzungen und Verfassungserwartungen« in der *Festschrift für Scheuner*, 1973, S 72 ff.

Theorie der »Verfassungslagen«[47]. Statt dessen *Litt* – und das auch noch mit »nicht gescheuter Pedanterie«. Die zitierte Stelle hat eine fatale Ähnlichkeit mit der *Rickert*-Anrufung am Beginn von *Webers* Aufsätzen zur »Wissenschaftslehre«[48]. Trotz *Rickert* ist *Weber* ein Weltautor geworden. Von *Rudolf Smend* jr., dem Göttinger Alttestamentler, dem ältesten Sohn (Jg. 1932) »meines« *Smend*, autorisiert, darf ich aus seinem Brief vom 23. 8. 1998 zitieren:

»Meine Eltern besuchten mich in Bonn, wohl 1960. Ich habe die Szene so in Erinnerung. Wir wandelten alte Wege, wobei mein Vater im Traum nicht auf den Gedanken kam, Litt aufzusuchen, den er wohl bei »Bonn« überhaupt nicht assoziierte. Als wir durch den sonnigen Hofgarten schlenderten, sah ich plötzlich Litt auf einer Bank sitzen. Ich sagte es meinem Vater, der ihn möglicherweise gar nicht erkannt hätte, und der vorsichtig kehrt machte und ungefähr sagte: »Das ist ja nicht nett von mir, aber er ist für mich doch sehr lange her, und wirklich interessiert hat er mich wohl nie.« Am Abend dann noch eine Anmerkung der Art: wie schön doch der Tag gewesen sei und wie gut, daß er nicht durch eine mühsame Unterhaltung mit Litt verdorben worden wäre. Auch das ja nicht nett!«

Soweit die Mitteilung von Herrn *Smend*. Ich finde es auch nicht nett von meinem, unserem *Smend*, daß er die um das Verständnis seines Werks Bemühten solche Umwege hat gehen lassen. Ich kann mich übrigens nicht erinnern, daß im Staatstheoretischen Seminar der Nachkriegsjahre jemals *Litt* »repristiniert« worden wäre. Im Artikel »Integrationslehre« von 1956 dann das klare Eingeständnis des Irrtums, sich an *Litt* angelehnt zu haben (480 f.).

Es ist hier nicht der Ort, die Grundlagen von *Smends* Denken noch einmal zu entwickeln[49]. Denn natürlich gibt es solche Grundlagen – jedenfalls Grunderfahrungen, Absetzungen, polemische Grenzziehungen. *Smend* hatte seine politischen Grunderfahrungen schon vor 1918 und vor 1914, dem Jahr der »Deutschen Ideen«, gemacht – er blickte nicht, wie *Weber*, nach Osten, sondern nach Westen, hinüber nach Frankreich als erster radikal moderner europäischen Nation. Um zu begreifen, wogegen sich das geradezu – fast möchte man sagen, »un-

---

[48] MAX WEBER, *Ges. Aufsätze zur Wissenschaftslehre,* 1987, S. 7.

[49] Eine vorzügliche Zusammenfassung mit Anführung der einschlägigen Literatur bei FRIEDRICH (Fn. 3), S. 353 ff. Ich erwähne noch REINHARD MEHRING, Integration und Verfassung. – Zum politischen Verfassungssinn Rudolf Smends, in: *Politisches Denken. Jahrbuch* 1994, 1995, S. 19 ff.

deutsche« Denken dieses wahrhaft deutschen Patrioten, der sein Vaterland liebte, aber doch zugleich an ihm litt, sich wehrte, weil bestimmte Traditionselemente unseres politischen Denkens nicht Stärken, sondern Quellen der Schwäche, jedenfalls stärkster Gefährdung waren, genügt es – jedenfalls zum Einstieg – einen kurzen Text zu lesen, den im Geburtsjahr *Smends*, 1882, von *Ernest Renan* an der Sorbonne gehaltenen Vortrag über das Thema »Was ist eine Nation«, aus dem man immer nur den einen, von *Smend* wieder und wieder zitierten Satz kennt: die Nation als plébiscite des tous les jours. Aber man muß die Rede ganz lesen[50] und schon hat man die Grundlage für ein Verständnis *Smends*, den glasklaren Gegensatz zu *Carl Schmitts* »repristinierendem« Verfassungsdenken. Radikal modern, radikal immanent. Die Überlegenheit des gebietsgebundenen, nicht traditional-völkisch-historisch gebundenen Denkens zeigte sich jedem der Zeitgenossen *Smends* an der vergleichsweisen Leichtigkeit, mit der sich Frankreich die Elsässer integriert hatte, gegenüber der Sperrigkeit des »deutschen« Denkens gegenüber der Assimilation der »Reichsfeinde«. Als Beispiel für *Smends* Offenheit erinnere ich nur daran, daß das Problem der Staatsangehörigkeit, doch so etwas wie ein Scheidewasser für das kritische Verständnis einer Verfassungskultur, für ihn »nicht eine das Wesen des Staats berührende, sondern wesentlich technische Spezialgesetzgebungsfrage« war (198, 509). Der Staat, eine Kulturleistung, eine Kulturaufgabe. Schön, wenn »Integrationsfaktoren«, um die sich auch die Staatsrechtswissenschaft kümmern muß, dazukommen. *Sachliche:* gemeinsam empfundene Werte und Symbole, *persönliche*: eine Führungsschicht, die zur Repräsentation und politischen Führung befähigt ist; *funktionale*: eine halbwegs befriedigende Art des politischen Betriebs, die nicht gleichgültig läßt oder gar abstößt, sondern in hinreichendem Maß zum Mitmachen und Miterleben, zu jener *lebendigen Teilnahme* einlädt, für die der alte *Goethe* seiner Heimatstadt so dankbar war. Durch sie allein sei er zu seiner Entwicklung gekommen (an *Bettina v. Arnim,* Oktober 1824). Das ist es wohl, was mit »guter Verfassung«, »Öffentlichkeit« und auch »Integration« gemeint ist.

(1999)

---

[50] In der schönen Übersetzung von HENNING RITTER enthalten im Band: *Grenzfälle.* – Über neuen und alten Nationalismus, hg. v. M. JEISMANN und H. RITTER, 1993, S. 290 ff.

Politikwissenschaft als Beruf*

»Erzählte Erfahrung« eines Fünfundsiebzigjährigen

Von sich zu sprechen, gehört sich eigentlich nicht. Hier und da im Gespräch eine Erinnerung anbringen, zur Anekdote zugespitzt – schon gut. Aber eine »Akademische Autobiographie« vortragen, und das zu Lebzeiten? Erinnerungen schreibt man für die Enkelkinder auf, und die lesen sie dann doch nicht. Interesse findet man mit seinen Geschichten allenfalls bei einer Schwiegertochter, die sich für die Familie, in die sie eingeheiratet hat, interessieren mag. Leider habe ich noch keine.

Dazu kommt die Problematik meines Jahrgangs: 1923. Ich habe ihn mir nicht ausgesucht. Viel Säure, wenig Restsüße – von meiner Dresdner Schulklasse ist die Hälfte nicht aus dem Krieg zurückgekehrt, aus der Parallelklasse des Staatsgymnasiums keiner. Wie stand es um den geistigen Zustand der noch einmal Davongekommenen? Am 8. Mai 1945 war ich 22, hatte ein reguläres Abitur machen können, also ein Zeugnis der »Reife« erhalten und war nach damaligem Recht volljährig. Nach Historiker-, Goldhagen- und sonstigen Debatten beschäftigt die Feuilletons zur Zeit die Romandebatte. Warum gibt es den großen Roman über die Kriegserfahrungen des deutschen Volkes nicht, auch der Leiden, die Deutsche ertrugen: der Soldaten, der Frauen und Kinder im Bombenkrieg, Flucht und Vertreibung. Nur der große Roman, weder die wissenschaftliche Geschichte noch fleißige Dokumentationen, nur der große Roman wie ihn Stendhal und Balzac, Ippolito Nievo, Giovanni Verga, Fontane, Dickens, Raabe für ihre Zeit, Thomas Mann in den »Buddenbrooks« und im »Doktor Faustus« für das neuere Deutschland geschrieben haben, deutet im Bewußtsein der Menschen die Rätsel der Zeit, hebt sie auf, gibt sie als Erinnerung weiter. Ich

---

* Vortrag, gehalten am 5. Februar 1998 im Rahmen der vom „Studium Generale" der Universität Freiburg i.Br. veranstalteten Reihe „Erzählte Erfahrung".

stimme Klaus Harpprecht zu: diesen Roman kann und sollte es nicht geben, ich kann auf ihn gut verzichten. Hinter den deutschen Leiden steht ein anderes Leid, das uns, jedenfalls dachten und denken so alle Menschen, denen ich mich freundschaftlich verbunden fühlen kann, doch besser schweigen läßt.

Aber kann man einem Politikwissenschaftler, der doch zum politischen Urteilen quasi von Beruf und Amts wegen verpflichtet ist, über den Weg trauen, haben seine Meinungen vielleicht sogar sein Urteil zum Transrapid, zum Euro, zum neuen Hochschulrahmengesetz, zum Amtsverständnis des gegenwärtigen Kanzlers irgendeinen Wert, wenn er über die Zeit, in der sich seine Urteilsfähigkeit doch ausgebildet haben sollte, schweigend hinweggeht, und seine »Akademische Biographie« mit der erfreulich frühen Entlassung aus der Kriegsgefangenschaft und der Immatrikulation im Wintersemester 45/46 in Göttingen einsetzen läßt? Sofern ich überhaupt eine »akademische« Biographie präsentieren kann, Politikwissenschaft als Beruf betrieben habe und nicht als Shareholder-Rentner den Winter in Florida verbringe, hängt das nun einmal damit zusammen, wie ich die Zeit bis zum 8. Mai 1945 erlebt habe. Und nicht nur erlebt, sondern so unvollkommen oder naseweis, wie das ein junger Mensch kann, doch auch ein wenig dabei darüber nachgedacht habe. Um Politikwissenschaftler zu werden, muß man die Politik nicht lieben. Es genügt, sie ernst und wichtig zu nehmen, das drängte sich jedem auf. Aber das genügt nicht, um Politik*wissenschaftler* zu werden: man muß auch die intellektuellen Werkzeuge, das Organon, in sich entwickeln, die zur wissenschaftlichen Erfassung und Betrachtung der politischen Dinge befähigen.

Aber wie soll ich, Angehöriger eines dieser vertrackten Jahrgänge, davon sprechen, wie ich mich bemüht habe, in wirrer Zeit, ein wenig politische Urteilskraft zu erwerben? Ein kluger Kollege brachte die Peinlichkeit der gestellten Aufgabe auf die Formel: »Wenn einer erzählt, wie blöde er war, wirkt das irgendwie blöde. Aber wenn einer erzählt, daß er nicht so blöde war, wirkt das auch blöde.« Nun gut. Ich glaube nicht wie mein Kollege Bracher, daß dieses zu Ende gehende Jahrhundert das »Jahrhundert der Ideologien« ist, das war das neunzehnte, sondern das zwanzigste war ein besonders törichtes, wenn man will, blödes Jahrhundert, ein Jahrhundert des zunehmenden Versagens der politischen Urteilskraft, des Niedergangs der Staatskunst und parallel zu ihr der Kriegskunst, die man ja schwer von ihr trennen kann. Das allgemeine Hineingeschlittere in den ersten Weltkrieg, die Nichtverhinderung des zweiten, die technische Brutalisierung der Kriegführung: Hiroshima, Dresden, der Vietnam- und der Golfkrieg geben mir wenig Hoffnung für den Anbruch besserer Zeiten.

Ich werde also ein wenig von meinem Leben erzählen und folge dabei, um falsche Erwartungen gleich abzuwehren, der allgemeinen deutschen biographischen Tradition, nämlich da aufzuhören, wo es spannend wird. Ich erinnere an die vielen Biographien, die in der Schule Friedrich Meineckes geschrieben wurden: über Boyen, Friedrich Julius Stahl, Siegfried Kaehlers »Wilhelm von Humboldt« – alles Bildungsromane. Die Geschichte ist zu Ende, als die Nachwehen der Pubertät – alles Spätentwickler – ausgestanden sind und der Ernst des Lebens, der Eintritt in den Beruf beginnt. Auch »Dichtung und Wahrheit« bricht ja ab, als der junge Goethe sich nach einigen Mißverständnissen dann doch nach Weimar auf den Weg macht.

I.

Großen Dank bin ich den Umständen meiner Geburt schuldig. Die alte Stadt Hildesheim war ein Gebilde, in dem man von früh auf lernte, Unterschiede zu bemerken. Mit der Schulpflicht teilte sich der Kreis der Spielkameraden: Die einen kamen in die evangelische, die anderen in die weit entfernte katholische Volksschule. Mit dem Übergang auf die höhere Schule setzte sich die Zweiteilung fort: die Evangelischen gingen aufs Andreanum oder auf die Scharnhorstschule, die Katholiken ins Josephinum auf dem Domhof. Überhaupt dieser Domhof: Gegenüber vom Domportal mit der Bernwardstür eine Repräsentanz schneidiger weltlicher Macht: das Landgericht. Während die Domherren, die von ihren Kanonikerhäusern hinüber zum Dom zum Messelesen gingen, nach meiner Erinnerung eher klein und rundlich waren, waren die Herren Gerichtsassessoren, Landgerichtsräte und -direktoren nach meiner Erinnerung eher großwüchsig, sicher flaggten sie schwarz-weiß-rot. Schon als achtjähriger wußte ich, in welchen Straßen schwarz-rot-gold und wo schwarz-weiß-rot geflaggt wurde. Den Domhof betrat ich immer mit einer gewissen Bangigkeit: Das war katholisches Territorium. Aber wenn ich etwas zur Post bringen sollte, war der Weg draußenherum, über den Pfaffenstieg, ein Umweg, also nur Mut – und dann war ja gleich links hinter dem Tor das bischöfliche Palais, still, bescheiden, für mich der Inbegriff eines schönen Hauses, nobel. Das Regierungspräsidium dagegen ein gründerzeitlicher Protzbau, immerhin mit einer Inschrift, die das Datum des Dreikaiserjahres, 1888, unvergessen gemacht hat.

> Wilhelm der Vater des Reiches,
> erweckte dies Haus aus den Steinen,
> Friedrich der duldende Fürst
> richtete Pfeiler und Wand.
> Wilhelm vollbrachte das Werk
> der Trost und die Hoffnung der Seinen,
> Schütze uns Kaiser und Haus
> Gottes allwaltende Hand.

Das war so gut wie »Drei, drei, drei – zu Issum Keilerei«.

Jedenfalls: In Hildesheim erfuhr man Geschichte. Und das sind ja vor allem die Niederschläge von Unterschieden: denen von Stand und Klasse, groß und klein, maiores et minores, Bischof und Stadt, Stadt und Land. An Markttagen duftete die Stadt ausgesprochen ländlich, die Bauern kamen mit ihren Pferdewagen, mit der Nahrung für die Stadt. Die Frauen zogen mit Kiepen durch die Straßen und boten an der Wohnungstür frische Butter und Eier an; in den Jahren nach dem letzten Krieg hatte so fast jede Hildesheimer Hausfrau irgendwo im Umland, in Schellerten, Sottrum, Algermissen, Wartjenstädt eine Quelle, wo sich etwas »extra« ergattern ließ.

An den Unterschied von Inflation und Deflation kann ich mich gut erinnern. Zum Teil aus Erzählungen, zum Teil sehe ich ihn vor Augen: bei der Inflation war das Geld weg, aber danach, 1923, und wieder 1948, ging es aufwärts; bei der Deflation, Knappheit von Geld, werden alle arm: Elend und Verzweiflung sind die Folge, am Ende stand Hitler. Ich bin mir nicht so sicher, ob die Verfechter des »stabilen« Euro eigentlich die richtigen Lehren aus der Geschichte ziehen: Mit der Armut kam die politische Radikalisierung. Es gab jetzt Straßen, die man meiden sollte, Schlägereien wurden alltäglich.

Mit dem 30. Januar 1933 beginnt für mich bewußtes politisches Erleben. Mein späteres politikwissenschaftliches Denken kreist wie das jener Fachkollegen, die der Generation meines Vaters angehören, eher um die Frage, wie man eine halbwegs erträgliche Ordnung erhalten, den Absturz in ein Gewaltsystem verhindern kann, als um die Lehrbuchentgegensetzung von pluralistischer Demokratie und Totalitarismus, die sich in den Prüfungen für Lehramtskandidaten so gut abfragen ließ. Sicher sollen die höchsten Repräsentanten nach den Formeln der Amtseide das Wohl des Volkes mehren, vor allem aber sollen sie doch Schaden von ihm wenden.

Der Streit darüber, wie man sich zur »Nationalen Erhebung« – so wurde die Machtergreifung vor allem nach dem »Tag von Potsdam«, dem 21. März, dem Handschlag zwischen dem »greisen Feldmarschall« und dem Gefreiten verstanden – stellen sollte, entzweite auch die Familien. Der Entschluß meines Vaters, Deutschland jedenfalls vorerst einmal für einige Zeit zu verlassen – es ging nicht um Emigration oder endgültige Auswanderung – fiel am Tag des Reichstagsbrandes, als der ältere Bruder meines Vaters, stramm national, zu uns hereinplatzte, um meinem Vater vorzuhalten, »seine Freunde« – mein Vater, ein eher musischer als politischer Mensch, wählte demokratisch, vielleicht auch einmal sozialdemokratisch, er deutsch-national – hätten den Reichstag angezündet. Mein Vater ertrug die Luft nicht mehr. Drei Monate später landeten wir in La Guayra, der Hafenstadt der venezuelanischen Hauptstadt Caracas, wo meinem Vater eine interessante, wenn auch kaum lösbare Aufgabe zugedacht war. Mein Großvater hatte die erste ganz auf Orchideen spezialisierte Gärtnerei in Deutschland gegründet, er war überall in der Welt zuhause, wo Orchideen wachsen konnten. Mein Vater hatte für ihn mehrere Sammelreisen nach Venezuela und Kolumbien durchgeführt. (Mein Neffe Thilo führt »Wilhelm Hennis, Hildesheim« erfolgreich in die vierte Generation.) Nun sollte mein Vater Venezuela auf dem Gebiet des Seidenanbaus autark machen. Dies war der persönliche Wunsch des Präsidenten des Landes, Juan Vicente Gomez, einer der letzten großen Diktatorengestalten, an denen die südamerikanische Geschichte so überaus reich ist.

Aber ich muß noch etwas von der Familie erzählen. Da im polyglotten Hause meines Großvaters immer viele Gäste aus aller Welt verkehrten – er führte seine Korrespondenz in fünf Sprachen, die ältere Schwester meines Vaters war in Spanien verheiratet, die Frau des Bruders, eine Rußlanddeutsche, die Tochter eines in der Revolution enteigneten Großgärtners aus Kiew, – die meyersche Gärtnerei spielt in Lew Kopelews Erinnerungen eine Rolle –, wußte ich als Kind, daß hinter den Bergen auch noch Menschen wohnten. Eine Weltkarte im Büro meines Großvaters zeigte mehr als ein Drittel der Welt in Rosa an. Wie gleichmütig meine Schwester den Umzug nach Venezuela aufnahm, entnehme ich einer Erzählung von Frau Tellenbach, in jenen Jahren Spielgefährtin meiner jüngeren Schwester, wonach meine Schwester ihr eines Tages so nebenher erzählt hätte: »Morgen ziehen wir nach Südamerika um«.

Für mich waren die Knabenjahre zwischen zehn und fünfzehn dann doch eine Zäsur und eine ganz unaufdringliche Zeit auch erster politischer Erfahrung, die mich sicher sehr früh bestimmt hat. Von zuhause, das blieb Deutschland, kamen Berichte, daß es doch wieder aufwärts ging, wirtschaftlich und politisch. Sebastian Haffner hat die verbreitete Stimmung unter den Bürgern vorzüglich geschildert. Mir blieb die frühe Sozialisierung als Jungvolk-Pimpf erspart, der ich mich sicher nicht entzogen hätte, alle Freunde und Cousins waren doch beim »Pfingstlager«, bei der großen »Fahrt« und beim »Geländespiel« dabei, dennoch hatte ich das spannendere Los gezogen. Während der ersten zwei Jahre in Venezuela ging ich überhaupt nicht zur Schule. Tief im Innern Venezuelas, in dem kleinen Ort, am Beginn der Llanos, der großen Ebene, wo wir lebten, gab es keine, die meine Eltern mir hätten zumuten mögen. Die von den besorgten Verwandten geschickten Schulbücher fanden wenig Beachtung – war ich doch von morgens früh bis zum Abend auf dem riesigen Areal, das mein Vater auf wundersame Weise in eine prachtvolle Maulbeerplantage verwandelte, beschäftigt. Das Gelände gehörte zum Umkreis des kleinen Badeortes, in den Gomez zur Linderung seiner Altersbeschwerden in jedem Jahr für einige Wochen seine Residenz verlegte. Mein Vater gehörte so gewissermaßen zum erweiterten Hofstaat des Tyrannen, als »Tyrann der Anden« ist Gomez in die venezolanische Geschichte eingegangen.

Zu Damen war der alte General liebenswürdig, seine Gegner legte er in Ketten, zu mir war er sehr nett. Für seine riesige Familie sorgte er unermüdlich, »Benemerito«, der »Hochverdiente« war sein amtlicher Beititel. In den Memoiren eines alten Venezolaners jener Zeit, der im Exil – die Hälfte der Intelligenz war ja immer im Exil, die andere an den Fleischtöpfen und Futterkrippen der Machtbeteiligung – Weihnachten 1935 in Paris die Zeitung aufschlug, um zu lesen: »Vater von hundertfünfzig Kindern gestorben«, da habe er sofort gewußt: Gomez ist tot. An seiner Kinderliebe nahm auch ich, rothaarig und sommersprossig, teil, manchmal durfte ich auf einem seiner herrlichen Pferde erste Reitübungen machen.

Mit dem ersten Geld aus den dann so sprudelnden Erdölschätzen hatte Gomez nicht gleich Autobahnen, aber doch einige ordentliche Straßen gebaut. Das Land war schuldenfrei, das Ausland nahm keinen Anstoß an Gomez' Regierungsweise. Ich habe damals gelernt, daß es ein Schwarz-Weiß in Verfassungsfragen nicht gibt; die korrekten Bemühungen unserer Entwicklungsexperten, aller Welt demokratische Mores zu lehren, haben mich immer eher verwundert. Der demokratische Rechts- und Verfassungsstaat ist ein großartiges, aber doch sehr rares Kulturprodukt, er hängt von Umständen ab, die nur in einem kleinen Teil der Welt gegeben und auch dort in schneller Erosion befindlich sind. Die Ökonomie, die private Gier nach Reichtum und Glanz, ist viel älter als eine dem Gemeinwohl verpflichtete Politik, und die Ökonomie holt sich gegenwärtig unter dem Beifall der Experten zurück, was die Politik ihr in zwei Jahrhunderten mühsam abgerungen hat.

Die Mitarbeiter meines Vaters waren Venezolaner, will heißen, alle mehr oder weniger weiß-braun-schwarz. Auch Simon Bolivar, der Befreier, war ein Mestize; der Treckerfahrer auf der Maulbeerplantage war schwarz, er stammte aus Trinidad, sprach nur das gutturale Englisch seiner Heimat: er brachte mir Treckerfahren und mein erstes Englisch bei. Nach dem Ende des venezolanischen Autarkieprogramms für Seide – die Maulbeerpflanzen gediehen prächtig, aber den Raupen, notwendige Zwischenstation zwischen Maulbeerblatt und Seidenfaden, gefiel das feuchte Tropenklima nicht –, und unter wahrhaft teuflischem Gestank nahm das wohl doch nicht richtig durchdachte Projekt ein schnelles Ende. Man hätte die Tropentauglichkeit der Seidenraupen zuvor prüfen müssen. Gegenüber allen Projekten, auch dem Projekt der Moderne, überkommt mich seitdem instinktive Skepsis. Projektieren heißt nach vorne Denken, etwas in die Zukunft hinein entwerfen. Wie weit reicht unser Blick nach vorne? Vierzig Jahre nach dem Ende des Projekts besuchte ich mit meiner jüngsten Tochter die Stätten der Kindheit ihres Vaters. Aus dem verschlafenen Ort am Rande der Llanos war eine Provinzhauptstadt geworden, es gab einen öffentlichen Busverkehr. Die Endstation für alle Linien hieß »La Morera«, die Maulbeerplantage, inzwischen ein dicht bebautes Stadtviertel. Wir fragten, wo es denn zur Morera ginge. Höflich beschied man uns, wir müßten immer weiter geradeaus fahren – siempre derecho. Niemand wußte, warum die Morera Morera hieß. Vielleicht hätten dort einmal Moros, Mauren gewohnt. Auch bei dem ältesten Menschen in San Juan de los Morros fand sich nicht die leichteste Spur der Erinnerung an das Wirken meines Vaters. Dieses Erlebnis hat meine Einstellung zur Verantwortbarkeit der Atomenergie entscheidend geprägt. – Wir zogen um nach Caracas, dort konnte ich endlich wieder zur Schule gehen. Ich ging in die deutsche Schule, das Colegio Aleman, heute Colegio Humboldt, auf das auch viele Venezolaner ihre Kinder schickten. Die Fächer wurden teils auf deutsch, von vorzüglichen, aus Deutschland entsandten Lehrern, teils auf spanisch von sogenannten Ortskräften, nach der romanischen Drill- und Paukmethode gelehrt. Ich weiß noch immer nicht, welches die bessere Lehrmethode ist, die liberal-idealistische, die den Bildungswillen des Zöglings voraussetzt, oder die romanische, bei der der Wille gebrochen und schlicht gepaukt werden muß. Jedenfalls könnte ich die Namen der venezolanischen Bundesstaaten von Aragua bis Zulia samt Hauptstädten und natürlich die der Präsidenten von Paez, Guzman Blanco bis zu Gomez noch ziemlich einwandfrei herunterrasseln. Von dem, was in den deutschen Fächern damals dran war, weiß ich nichts mehr; aber ich begann mich zum leidenschaftlichen Leser auszubilden. Es waren die Jahre des spanischen Bürgerkrieges und des italienischen Eroberungskrieges gegen Abessinien – der kleine Kaiser Haile Selassie war der Held der Tage. So wurde ich früh zum intensiven Zeitungsleser. Unter den Mitschülern, viele Kinder jüdischer Emigranten, und natürlich den Venezolanern – alle irgendwie café con leche – Kaffee mit Milch – gab es keinerlei Rassendiskriminierung. Was immer sonst in dem Land nicht in Ordnung sein mochte, höflich miteinander auszukommen – wohl das Maximum dessen, was Politik multikulturell befördern kann, das konnte dieses Land – damals, man war stolz darauf, daß es von der kolumbianischen Seuche der Gewaltsamkeit so gut wie frei war. Aber die deutsche Kolonie fiel auseinander. Daß die venezolanische Regierung ein »Braunes Haus«, will heißen, eine Residenz der lokalen NS-Parteigröße, duldete, brachte mich in die erste Berührung mit dem Völkerrecht. Der vortreffliche Direktor der deutschen Schule wurde auf Druck der Partei abgesägt, er sattelte um auf Zahnarzt, und in dieser Eigenschaft hielten wir ihm die Treue. Der deutsche Gesandte, ein Graf Tattenbach, er war bis 1933 Chef des Protokolls gewesen und nach Caracas strafversetzt worden, würde wohl nicht mehr lange im Amt bleiben. Die Politik war für mich, inzwischen vierzehn, allgegenwärtig. Ich hatte gelernt, erfahren, daß sie etwas ganz anderes ist, als das häusliche, private; daß in ihr andere, rauhere Regeln gelten.

Über die acht Klassen der deutschen Schule führte in Venezuela »schulisch« kein Weg in die Zukunft, ich mußte nach Deutschland zurück. Ich machte einige Ehrenrunden durch verschiedene Internate, aber irgendetwas fehlte in meinem Bildungsfundus immer, Latein oder Griechisch, Französisch oder Mathe – ich paßte in keine Schule. Mein guter Vater hatte es nicht eilig – im Sommer 1938 machten wir eine lange Reise durch Italien. Ich eignete mir Grundkenntnisse des Italienischen an: »Strada interrotta, pericolo in corso, crédere-combàttere-vìncere« – glauben, kämpfen, siegen! Das Phrasendreschen war auch hier gemein geworden. Die Politik verfolgte uns auch nach Arkadien: Unvergeßlich ein Abend in St. Leonhard im Passeiertal, wo der Andreas-Hofer-Wirt, der zu meinem Vater wohl Vertrauen hatte, tränenerstickt von der Hitler-Mussolini-Absprache erzählte, die die Südtiroler zwingen sollte, zwischen ihrer Heimat und der Italianisierung zu optieren. In Rapallo wohnten wir einige Tage in einer kleinen Pension jüdischer Emigranten, die sich dort in der Hoffnung auf Bleiben-können eingerichtet hatten. Deutschland hatte sich in den knapp fünf Jahren völlig verändert. Das Regime saß fest im Sattel – es schien niemanden zu geben, der es in Frage stellte. Schließlich fand sich die richtige Schule für mich, eine Oberschule mit einem Aufbauschulzweig in Dresden, mit dazugehörigem Internat. Ein ehrwürdiger Schulkasten, die Freiherr-von-Fletcher-Schule in Dresden-Neustadt, Erich Kästner hatte sie auch besucht, das »Fliegende Klassenzimmer« spielt in ihren Mauern. Ich bin dem Zufall ewig dankbar, daß er mich in diese Schule und diese Stadt geführt hat. Dresden glänzte – als Musikstadt –, Karl Böhm hatte als Opernchef seine große Zeit; ich entdeckte die Landesbibliothek im Japanischen Palais, in der Erhart Kästner, der spätere Wolfenbütteler und im Alter Staufener, die Bibliothek als Kunstschatzhaus entdeckte. Aus dem Karl May-Alter war ich heraus, und mit ein bißchen Vigilanz, dieser spezifisch sächsischen Eigenschaft, war es nicht schwer, sich den Zudringlichkeiten der Zeit durch In-sich-verkriechen wohlig zu entziehen.

Es ist schwer, jungen Menschen von heute zu erklären, wie man den Zudringlichkeiten der damaligen Zeit entgehen konnte, ohne Schaden an seiner Seele zu nehmen. Im Prinzip gab es zwei Wege: frühreif zu werden oder früh reif zu werden. Das hieß entweder, sich den Ausschweifungen der späteren Pubertät hinzugeben: dafür steht der Typ des »Stenzes« oder »tollen Hechtes« frei nach dem UFA-Film »Allotria«: »Komm spiel mit mir Blindekuh/ und mach deine Augen zu,/ und wenn du ganz nah mir bist,/ dann wirst du geküßt ...«. Ich entschied mich für den anderen Weg, l'altro cammino, – ergriffen hatte ich die »Göttliche Komödie« in der Übersetzung des Königs Johann gelesen. Weltweisheit zog ich in mich hinein, die französischen Moralisten las ich in der Ausgabe von Fritz Schalk, Schopenhauers »Aphorismen der Lebensweisheit«, Graciáns »Handorakel«, ich tankte lesender Weise Weltklugheit, dünkte mich unendlich weise und überlegen.

Tiefen Eindruck machten Jacob Burckhardts »Weltgeschichtliche Betrachtungen«, ich bekam sie 1938 beim Weggang ins Internat geschenkt. Die Lehre von den drei Potenzen: Staat – Religion – Cultur in ihrer wechselseitigen Bedingtheit, eine frühe Anleitung zur politologischen Differentialdiagnostik, öffneten mir die Augen wie kaum ein anderes Buch. Ich lebte auf einer Abstraktionshöhe, in der mich die Niedrigkeiten des »Dienstes«, des »Antretens«, des Jungvolk-»Fähnleins« gar nicht tangierten. Während des Wintersemesters 1991/92 in Jena, eine der schönsten Erfahrungen meines Berufslebens, erlebte ich, daß die jungen Menschen in der verflossenen DDR sich ähnlich verhalten haben: entweder Westmusik hören und wilde »Feste« feiern – oder statt Marx gleich Hegel lesen. Es waren eher die jungen Lebenshungrigen, die sich im August 1989 über Ungarn in den Westen aufmachten. Die Politik ruht wie eh und je eher auf den Leidenschaften als auf der Vernunft.

Die Schule machte mir keine große Mühe; in den Fächern, die mich nicht interessierten, tat ich das Notwendigste; was mich interessierte, Lesen und jede Art von Kunst, das tat ich von mir aus. Ich lernte auch sonst in Dresden dazu: die Zwischentöne der Lehrer, überhaupt das Zwischen-den-Zeilen-Lesen, und daß es in politischen Fragen nicht nur auf Werte, sondern vor allem doch auch ziemlich lange auf die Intelligenz ankommt. Sich nicht so schnell verblüffen lassen, eigenständig denken und vor allem zu versuchen, sich zu unterrichten, das war für mich inzwischen selbstverständlich. Nichts hat mich so oft in Gefahr gebracht wie die fast unwiderstehliche Versuchung, im Radio sogenannte »Feindsender« abzuhören. Unser Mathelehrer, Professor Vogel, »Piep«, gab sich rührende Mühe mit mir, und oft mußte ich mir sagen lassen: »He bitte Hennis, so blöd können Sie doch gar nicht sein, um das nicht zu kapieren«. Ich hörte bei ihm immer mit heraus: »So blöd kann dieses Volk doch gar nicht sein, um all diesen Unsinn mitzumachen und mir solche Schwierigkeiten, um mit dem Pensum durchzukommen«. Ich lernte an diesem wunderbaren Mann, daß es offenbar schwer ist, in bestimmten politischen Situationen seinem Amtsauftrag zu folgen. Vogel nahm das ihm übertragene Amt, uns etwas beizubringen, ernster, als die politischen Umstände, unter denen er dieses Amt erfüllen sollte. Meinen öffentlichen Probevortrag im frankfurter Habilitationsverfahren hielt ich über das Thema »Amtsgedanke und Demokratiebegriff« – also den Spannungen zwischen dem übertragenen Amt, der ihm geschuldeten Loyalität und den Launen der Willensbildung drumherum, sei es des demokratischen Parteienstaates oder der Gremienuniversität.

Das Lehrerkollegium der Fletcher-Schule hatte einen alten, vor-1933er Stamm, in den einige stramme, junge Parteileute hineingesetzt waren. Im Prinzip, unter der Tünche der Zeit, herrschte ein Geist nüchtern-ernster sächsischer Rationalität; jeder meiner Klassenkameraden, die überlebt haben, denkt mit Dankbarkeit an diese Schule.

Selten hat mich ein Buch in den letzten Jahren so aufgewühlt wie die Tagebücher Victor Klemperers – fast vier Jahre, von 1938–1942, hatte ich in der gleichen Stadt gelebt – was hatte ich von dem erfahren, was wirklich in der Stadt geschah. Nicht die Uraufführung einer neuen Oper von Richard Strauss oder die Zwinger-Serenaden waren ja das, worauf man eigentlich hätte achtgeben müssen. Ich glaube, ich darf von mir sagen – es war kein Verdienst von mir, sondern inzwischen so etwas wie eine erworbene Eigenschaft, daß ich zwar den Mund hielt, aber die Augen aufmachte und nichts vergessen wollte. Auch die Ohren: das gräßliche Geschepper der »Kristallnacht« höre ich noch immer. Wir hatten Schwimmen im Güntzschen Bad. Als wir uns wieder auf den Weg ins Internat machten, es wurde schon dunkel, hörten wir den unheimlichen Krach von der Prager Straße herüber, kein Feuerwehr-, kein Polizeisignal dazu. Das Schrecklichste war zu wissen, daß Schreckliches geschah, ohne die Möglichkeit, fragen zu können, was denn geschah. Denjenigen unter den Mitschülern, die aus unklaren Gründen plötzlich die Schule verlassen mußten, habe ich nachgeforscht, so gut es ging. Ein besonders witziger Klassenkamerad vom Typ »früher Weltmann« war plötzlich weg. Ich sah ihn wenig später in der Kaufmann'schen Buchhandlung in der Seestraße und an einem der nächsten Wochenenden trafen wir uns im Café Hülfert auf der Prager Straße. »Much« erzählte mir nach mehrfacher Versicherung durch den »deutschen Blick«, es sei besser für ihn gewesen, die Schule zu verlassen. Zum Abitur hätte man ihn doch nicht zugelassen. Als ich ihm die Geschichte vor einigen Jahren in Erinnerung rief, konnte er nicht glauben, daß er irgendjemandem von seiner Situation erzählt hätte. Er hatte aber. Ich habe das als eine größere Ehrung empfunden als das dickste Bundesverdienstkreuz. Unvergessen auch die tiefe Verstörung, die mich packte, als wenige Tage vor dem Abitur, im März 1942, eine von mir angebetete blonde Schönheit nicht am Abitur teilnehmen durfte. Erika Pick war die Enkelin der alten aristokratischen Dame, über deren Selbsttötung im Judenhaus Klemperer berichtet. Aus einem Interview mit Hildegard Hamm-Brücher schloß ich, daß Erika eine Cousine von ihr sein müsse. Wie war ich froh, von ihr zu hören, daß Erika, die mich sicher nie wahrgenommen hatte, glücklich und wohl behütet im Kreis von vielen Kindern und Kindeskindern in den USA lebt.

II.

Männern meines Jahrgangs die Lizenz zu geben, über ihre Kriegserlebnisse zu erzählen, ist gefährlich – ich habe das auch kaum je getan. Unter meinen Studienfreunden nach 1945 war es eiserne Regel, daß keiner den anderen mit seinen Kriegsgeschichten anödet. Ich reduziere also auf die politische Lehrzeit, die meine dreieinhalb Jahre bei der Kriegsmarine natürlich auch enthielten und die ich mit Sicherheit absolvieren mußte, um schließlich Politikwissenschaft als Beruf zu ergreifen. Ich kann dieses Kapitel nicht ausklammern. Wenn schon Erzählen – dann gehört es dazu.

Die Marine zog ihre zum ROA (Reserveoffiziersanwärter) tauglichen Rekruten des Jahrganges 1923 im Frühjahr 1942 ein. Am Ende der Stralsunder Rekrutenzeit, ich wurde wegen einer Unvorsichtigkeit auf wirklich sadistische Weise geschliffen, was mich gegen körperliche Strapazen relativ gleichmütig gemacht hat, stand das ganze Lehrbatallion der frisch gebackenen Seekadetten auf dem Exerzierplatz, und die Kommandos wurden von A bis Z im Uhrzeigersinn der deutschen Herrschaft über Europens Küste vergeben: also angefangen in Kiel über Dänemark und Norwegen bis hoch zum Nordkap, dann runter die Wolga, Odessa, Krim – F wie Fritz, G wie Gustav, jetzt also H wie Hans in die Ägäis, Küstenschutz-Flottille Saloniki endlich H wie Hennis: Küstenschutz-Flottille Kreta. Oh mein Hyperion! Geographie war immer eines meiner Lieblingsfächer gewesen. Wir hatten einen vorzüglichen Erdkundelehrer, und für jeden machte ein Blick auf die Europakarte deutlich, daß das Großdeutsche Reich wohl dabei war, sich ein wenig zu übernehmen. Ich hatte Mahan, Kjellén, Haushofer gelesen. Natürlich kann man die Geographie als Faktor der Politik überschätzen, kein Faktor ist vor Überschätzung seiner Bedeutung gefeit. Aber die Geographie in Form der Geopolitik aus dem korrekt zugelassenen Kanon der Gesichtspunkte der politischen Wissenschaft völlig zu eliminieren, wie in der deutschen Politikwissenschaft des letzten halben Jahrhunderts geschehen, hat das Salz noch dümmer gemacht, als es in den kurzen zwölf Jahren verdummen konnte.

Wer Kreta kennt, war sicher auch in Chania, der alten Hauptstadt, und erinnert sich an die große Christusfigur auf der Akrotiri-Halbinsel mit dem Venizelos-Ehrenmal. Ein paar Schritt davon entfernt, mit dem Blick auf Chania, den Golf, die Weißen Berge im Süden und über das Ägaische Meer nach Norden hatte die weise strategische Planung eine Batterie installieren lassen. Die Geschütze stammten vom ehemaligen Linienschiff »Schleswig-Holstein«, das ich von seinem Besuch im bedeutenden venezolanischen Kriegshafen Puerto Cabello in guter Erinnerung hatte (dort lag immer eines der zwei oder drei Schiffe der venezolanischen Flotte unter Dampf, um im Falle eines Falles die Gomez-Sippe in Sicherheit zu bringen); der Kommandant hatte alle Knaben der deutschen Schule zu einem mehrtägigen Aufenthalt auf das Schiff eingeladen. Der alte Kasten war nach seinem Einsatz vor der Danziger Westerplatte – den ersten Kanonenschüssen des zweiten Weltkriegs – abgewrackt worden, und die Kanonen hatte man durch ganz Europa über die Agäis auf die Halbinsel Akrotiri neben den Chania segnenden Christus expediert, um den Feind von eventuellen Landungsversuchen abzuhalten. »Die Hälfte seines Lebens wartet der Soldat vergebens.« Außer einigen scharfen Schüssen auf eine von einem Schlepper gezogene Scheibe, bei der beinahe der Schlepper getroffen worden wäre, kamen wir nie zum Schuß. Was politische Hybris, aber auch Mangel an militärischem Urteil anrichten kann, das habe ich da unten in der betörenden Schönheit der Ägäis ganz still für mich erarbeitet.

Nach Weihnachten ging es über Athen ab zu einem Lehrgang – ich bringe es nicht mehr zusammen, an wie vielen Lehrgängen ich bis zur Perfektionierung zum voll ausgebildeten U-Boot-Offizier habe teilnehmen müssen – in Glückstadt an der Elbe. Unsere kleine Truppe – unsere Namen fingen alle mit He-... an: Heuser, Hengesbach, Herget und so fort – traf mit dreiwöchiger Verspätung in Glückstadt ein; so lange hatte die Fahrt durch den frostklirrenden, weithin von Partisanen beherrschten Balkan gedauert. Brücken waren gesprengt, die Lokomotiven froren ein, wir hielten uns durch Tausch von Kommißbrot erst gegen Ouzo, dann beim langsamen Vorrücken nach Norden gegen Sliwowitz am Leben. Ich darf hier einfügen, daß ich zwar im Mai 1940, nach der Einnahme von Paris, doch einmal an die Möglichkeit eines deutschen Sieges geglaubt hatte. Aber im Grunde habe ich – das viele Rosa auf der Weltkarte im Sinn – nie wirklich an einen deutschen Sieg geglaubt: Seit der Besetzung Norwegens nicht – was hatten wir da zu suchen? Nicht wir, der Gegner bestimmte, wie es Seemächten eben möglich ist, den Gang der Landmachtoperationen – und nach dem sinnlosen Balkanfeldzug im Frühjahr 1941, dem Zuhilfekommenmüssen in Nordafrika, erst recht nicht. Während der Rekrutenzeit in Stralsund kam es zur Einnahme Tobruks – aber dann verlief sich die Sache auch dort im Wüstensand. Alexandria blieb in weiter Ferne, auch vor Leningrad, vor

Moskau, ging es nicht weiter. Der Verlust an Kriegskunst, dem ja schon die Hekatomben junger Menschen vor Verdun und an der Somme geopfert wurden, fand seine Fortsetzung in Stalingrad. Die Glückstädter Fähnriche, soweit hatten wir es schon gebracht, überkam eine dunkle Ahnung; seit Glückstadt fand sich eigentlich immer ein Freund, mit dem man offen sprechen konnte.

Das nächste Kommando brachte den Abschluß der militärpolitischen Lehrzeit: 22. UJ-(U-Bootjäger) Flottille, zunächst stationiert in Marseille. Auf der Werft während der Werftausrüstung, die Arbeiter waren durchweg vor Franco geflohene Spanier, konnte ich mein Spanisch ausprobieren. Unser schließlich einsatzbereites Boot, ein mit Ortungsgeräten und Wasserbomben gespickter Fischdampfer, hatte den Auftrag, zusammen mit richtigen italienischen Kriegsschiffen, schnittigen Korvetten und Fregatten, Geleitzüge nach Sizilien und Libyen, dann nur noch bis Sardinien und Korsika gegen feindliche U-Boote und anfliegende Flugzeuge zu sichern. Die erste Erfahrung: die inzwischen absolute Luftherrschaft der Alliierten. Es war einfach nicht zu begreifen: Da wollte man – die Italiener und dann wir, ihre deutschen Helfershelfer – das »Mare Nostro« beherrschen, in drei Jahren war man bis vor Alexandria gelaufen, aber Malta war nicht ausgeschaltet. Zwei Tage vor dem Einmarsch der Alliierten in Palermo wurde der UJ 2212 von einem von Malta kommenden Flugzeug torpediert. Ich wurde gerettet, wurde von Palermo nach Neapel ausgeflogen, bekam den obligaten Heimaturlaub und mußte – es gab damals in Rom keinen Zentralbahnhof – von Neapel kommend vom Südbahnhof zum Nordbahnhof mit meinem schweren Seesack durch Rom laufen, einer aufgewühlten Stadt. Der faschistische Großrat und ihm folgend der König hatten Mussolini einen Tag zuvor abgesetzt. Daß ein verzweifeltes und temperamentvolles Volk Blut sehen will, hatte ich Weihnachten 1935 nach dem Tod von Gomez schon in Caracas erlebt. Ich gelte als entschiedener Befürworter der repräsentativen Demokratie, das heißt, einer Herrschaftsform, in der sich das Volk, die Wählerschaft, für eine, sofern vorhanden, möglichst vernünftige, durch Recht und Verfassung gebundene Führung entscheidet. Vor dem Volk von Caracas und den ansonsten so liebenswerten Römern Ende Juli 1943 grauste mir. Jedenfalls war ich froh, daß ich dem Popolo Romano ungeschoren entkam. Dabei beneidete ich es doch um eine Führung, die versuchte, einen sinnlosen Krieg zu einem erträglichen Ende zu bringen. (Einige Jahre später, bei einem der Salzburg-Seminare, entflammte ich für Paola, die Tochter des Obristen Cordero di Montezemolo, der den zögerlichen König zum Handeln getrieben hatte. Paola war so kühn und klug wie ihr großer Vater.)

Sechs Wochen später zogen sich die Italiener definitiv aus dem Krieg heraus. Mit den Ereignissen, in die ich am 8./9. September 1943 verwickelt wurde, schloß auch meine politische Lehrzeit ab. Damals wurde mir klar, daß ich im Falle des Überlebens kein »Austerleben«, wie es Hyperion von den Deutschen sagt, führen wollte, sondern eines, das auch öffentlich verantwortet werden konnte. Ich kann mein korsisches Abenteuer hier nicht erzählen, es endet damit, daß nach einem sinnlosen Massaker in der Nacht von 8. zum 9. September im Hafen von Bastia eine italienische Fregatte – ihr Kommandant ein langobardischer Hüne, Graf Feccio di Cossato, er war zuvor U-Boot-Kommandant gewesen und ein Träger des deutschen Ritterkreuzes, uns, zehn kleine deutsche Einheiten, völlig korrekt, denn wir hatten gegen eine von mir als Dolmetscher mit ausgehandelte Vereinbarung verstoßen, einen nach dem andern zusammenschoß, und ich mich am Abend des 9. September, nach einem langen Tag in einem Schlauchboot weit vor der korsischen Küste treibend, von jener Fregatte, die uns versenkt hatte, mit einigen anderen Glücklichen aus dem Wasser gefischt, nach einigen Tagen Herumkreuzens im Thyrennischen Meer im Hafen von Portoferraio auf Elba wiederfand, wo sich unter dem Kommando des Prinzen Aimone von Savoyen, des späteren Herzogs von Aosta und designiertem Königs von Kroatien – die Italiener wollten beim Beute-Machen auch dabei sein –, eine Reihe versprengter italienischer Kriegsschiffe versammelt hatte. Ich mußte dem Admiral-Prinzen unseren ärmlichen Haufen Geretteter melden, um dann in der Festung, hoch oben über Portoferraio mit herrlicher Aussicht über die Insel Elba in der Nachfolge eines Größeren in Haft genommen zu werden. Vierzehn Tage später mußte ich, die Schiffe unter dem Kommando des Prinzen waren Richtung Sizilien ausgelaufen, die Übergabeverhandlungen zwischen dem italienischen Inselkommandanten und einer deutschen Besatzungsflotte – es gab keine deutschen Soldaten auf Elba – einfädeln und dolmetschen. Ich denke mit tiefem Unbehagen an jene Tage zurück. Das Problem des Ratgebens, des verantwortlichen Zuredens für dies oder das als zentralem Problem der Politik hat mich seitdem bis zum § 218-Urteil mit seiner Beratungsregelung immer wieder verfolgt. Wer Erich Kubys Buch über die Behandlung der nach der italienischen Kapitulation in deutsche Gefangenschaft geratenen italienischen Soldaten kennt, weiß warum. Ich bin gar nicht ungern Soldat gewesen. Das Handwerk der Schiffsführung zu lernen, hat mir

Spaß gemacht. In meiner Uniform fand ich mich ganz schick. Ohne Zweifel hat die Wehrmacht einem verbrecherischen Regime als Werkzeug gedient. Daß die Wehrmacht selbst eine verbrecherische Organisation war, könnte ich nicht bejahen, aber daß in ihrem Führungscorps Anmaßung, Dünkel gegenüber anderen Völkern, arrogantes Herrenmenschentum die raren Ausnahmen gewesen wären, auch nicht. Ganz sicher waren es aber keine spezifisch militärischen Untugenden. Ich habe vorzügliche, aber soweit erkennbar völlig unpolitische, will heißen wenig nachdenkende Vorgesetzte erlebt.

Das eigene Nachdenken stand überhaupt nicht hoch im Kurs. Die Witzelsucht in totalitären Regimen ist systembedingt – irgendwie bahnt sich die Nachdenklichkeit einen Weg. Zur Ausbildung zum Seeoffizier gehörten natürlich auch Kenntnisse der Meteorologie, wann die Nächte am kürzesten und dunkelsten sind, wann Ebbe und Flut eintreten usw. Beim Abendessen am 5. Juni 1944 foppte ich meine Tischgenossen mit der Behauptung, in der kommenden Nacht würde die Invasion erfolgen. Ich hatte das am Tage gelernte ein wenig »kombiniert«, weitergedacht, eigentlich wollte ich aber nur »unterhaltsam« sein. Am nächsten Morgen wurde ich zum Rapport beim Kommandeur befohlen. Wie ich denn darauf gekommen wäre? Bei der Stärke des »Westwalls« sei eine Invasion doch undenkbar gewesen. Daß das Denkbare nicht gedacht werden durfte, war für mich das eigentlich Widerwärtige an der damaligen Lebenssituation. Grundsätzlich hat sich daran auch heute nicht viel geändert: wenn die Politik mit den Wünschen des Verwertung suchenden Kapitals einmal Hand in Hand geht und die Wissenschaft ihren Segen zu den von ihr ausgedachten Innovationen gegeben hat, so vergeht einem ja selbst die Lust zum Witzemachen. Wer macht schon Witze über die Raumfahrt oder die Atomenergie? Aber ich schweife ab. Gerne denke ich daran zurück, daß es mir in meiner Hamburger Zeit gelang, den General de Maizière, einen der Väter der Inneren Führung und nach ihm den damaligen Innensenator Helmut Schmidt und hier in Freiburg Herrn General Bennecke für Lehraufträge über verteidigungspolitische Aspekte der Politikwissenschaft zu gewinnen, die Fakultäten dafür herumkriegte. Die Wasserscheu der deutschen politischen Wissenschaft und der Universität generell gegenüber diesen Fragen ist töricht, provinziell und unreif. Unter den großen Völkern Europas sind wir sicher das politisch unbegabteste. Wir haben nie gelernt, sei es als Eroberer, sei es als Kolonialherren, mit anderen Völkern umzugehen. Ich bedaure ja nicht unseren Mangel an einschlägigen Erfahrungen, aber die Folgen sind für jeden, der die sogenannte »Vergleichende Regierungslehre« betreibt, unübersehbar.

Nach Elba ging es nur noch ums Überleben – von Lehrgang zu Lehrgang, um zum U-Boots-Offizier ausgebildet zu werden. Am eisigen Ostersonnabend 1944 ging ich, wie man es ausdrückte, zum dritten Mal baden. Bei der Ausfahrt zur Übung vor Pillau wurde das kleine Schul-Boot U-2 von einem Fischdampfer gerammt. Das Boot sank wie ein Stein, nur wir fünf, die wir auf der Brücke standen, wurden im letzten Moment aus dem eiskalten Wasser gezogen. Halbwegs aufgetaut, bekam ich einen Wutanfall, gute Kameraden hielten mir den Mund zu und hatten später nichts gehört. Ich war zum dritten Mal »abgesoffen«, nicht »abgetrunken«, wie eine reizende Kollegenfrau mich einmal meinte verbessern zu müssen. Zwischen der Sprache des Krieges und der Zivilisation liegen Welten.

Im August 1944 war die Ausbildung schließlich zu Ende; der Befehlshaber der U-Boote, Admiral von Friedeburg, gratulierte jedem Einzelnen, wozu? Wir waren so schlecht ausgebildet, daß es für jeden alten U-Boots-Kommandanten eine Horrorvorstellung war, so unerfahrene Knaben als Wachoffiziere zugeteilt zu bekommen. Zum Glück gab es keine Boote, auf denen man uns hätte einsetzen können. Mit mir hatte man Höheres vor: ich wurde zum Adjutanten eines veritablen Admirals, also mit drei Kolbenringen, dem Befehlshaber der Norwegischen Westküste mit Sitz in Bergen, bestimmt. Der Personalchef in Oslo hatte mich gewarnt, wenn ich mit dem Admiral nicht zurechtkäme, müsse es nicht nur an mir liegen. Etwas unwillig akzeptierte der Admiral mich. Noch nie hatte man ihm einen Bürgerlichen und nicht einmal Offizierssohn zugeteilt. Mein Admiral war wegen seiner schnurrigen Allüren in der Marine unter dem Spitznamen »Icke«, von berlinernd »Icke, Icke« bekannt. Als ich mich bei ihm zum Dienstantritt meldete, suchte er Näheres über meinen familiären Hintergrund in Kenntnis zu bringen. Orchideenkenner war er wohl nicht, »Wilhelm Hennis, Hildesheim« war ihm unbekannt. So fragte er, auf was für eine Schule ich gegangen sei. Als ich ihm erklärte, was eine Aufbauschule ist – eine Schulform, die Volksschülern nach Abschluß der Volksschule die Möglichkeit gab, noch das Abitur zu machen, spürte ich Verwunderung. Von so etwas hatte er noch nie gehört. In ihm, aber auch in mir stieg Unmut hoch. Auf seine doch sehr direkte Frage: »Sagen Sie mal, aus was für einem Hause kommen Sie eigentlich?«, antwortete ich knapp: »Herr Admiral, unten wohnt mein Onkel und oben wohnen wir.« Das gefiel ihm offenbar; denn beim Herausgehen hörte ich, wie er meinem Vorgänger, Herrn von Martens, sagte: »Wissen sie Martens, dieser neue Leutnant gefällt mir. Das ist doch mal was anderes. Das ist mal einer aus dem Volke.«

Das Kriegsende konnte nicht mehr weit sein, ich wurde unvorsichtig, tappte in eine Falle; von der Aufforderung, neben der Stelle des Adjutanten auch noch das vakante, mit keinen besonderen Pflichten verbundene Amt des NSFO, des Nationalsozialistischen Führungsoffiziers zu übernehmen, bat ich gehorsamst, Abstand zu nehmen. Ich wurde sofort vom Dienst suspendiert, Kammerarrest verfügt, aber nichts weiter geschah, als daß ich zu einer U-Jagd-Flottille nach Stavanger, also quasi an die Front, abkommandiert wurde, wo ich als Sündenbock für militärische Nachlässigkeiten anderer nach wenigen Wochen ein Verfahren wegen Wehrkraftzersetzung am Hals hatte. Vor einigen Jahren packte mich doch die Neugier, und im Militärarchiv in St. Georgen habe ich die Hintergründe recherchiert. Ich hatte wieder Glück gehabt, ein älterer Offizier, alter Berliner Rechtsanwalt, der mir als Pflichtverteidiger zugeordnet war, hielt die Anklage für unbegründet und plädierte auf Freispruch. Das Gericht folgte ihm, aber mein Admiral als Gerichtsherr erhob Einspruch, und so schmorte meine Akte bei Kriegsschluß auf einem Aktenbock der nächsthöheren Marine-Gerichtsinstanz in Oslo. – Es war Herrn Ministerpräsidenten Filbinger und mir eine wirkliche Freude, daß wir uns erst im Herbst 1967 – er hatte mich zu einem Antrittsbesuch nach Stuttgart eingeladen – persönlich kennenlernen konnten.

Der Krieg war vorbei. Schon Anfang August war ich aus der Gefangenschaft entlassen, die Fahrt vom letzten Durchgangslager in Schleswig-Holstein durch Hamburg und Hannover führte jedem vor Augen, wohin uns Hybris und politische Dummheit des eigenen Volkes geführt hatten. Auch Hildesheim war noch im März in Flammen aufgegangen, das Elternhaus in Schutt und Asche. Wenige Tage später konnte ich mich im heil gebliebenen Göttingen immatrikulieren – es war eine Lust zu leben, ich habe dann nur nach vorn geblickt, für Vergangenheitsbewältigung hatte mein Jahrgang weder Lust noch Zeit. 20 Jahre später unterschied uns das sehr von den fünf Jahre jüngeren: Habermas, Sontheimer, Dahrendorf – selten genügten wenige Jahre Altersunterschied für so unterschiedliche Generationserfahrungen.

III.

Aus der Zeit vor dem Kriegsende hatten mich zwei Erlebnisse bestimmt: ich wollte Jura studieren – als politiknächste Studienmöglichkeit, ein Drittel des Stoffs, das ganze Straf- und Strafprozeßrecht hatte mir in Stavanger schon ein abgebrochener Referendar eingepaukt. Der Rest mußte schnell zu packen sein. Vor allem aber wollte ich alles von und über Max Weber lesen. In den ja wirklich »existentiell« angespannten letzten Monaten hatte ich ein Leseerlebnis, das vielleicht wirklich so etwas wie ein Erweckungserlebnis war. Jedenfalls bin ich der Fügung dankbar, daß ich beim letzten Heimaturlaub die kleine Schrift von Karl Jaspers aus dem Jahre 1932 mitnahm, mit dem heute ein wenig pathetisch anmutenden Titel »Max Weber. – Deutsches Wesen im politischen Denken, im Forschen und Philosophieren.« Im Marbacher Literaturarchiv befindet sich ein Brief von Hannah Arendt, in dem sie Jaspers auf die Zusendung des Büchleins – dem Sinn nach – patzig schreibt: »Was soll mir das? Deutsches Wesen?« Sie hätte bei ihm Philosophie gelernt. Recht hatte sie.

Aber mich packte das kleine Buch über einen Menschen, von dem ich allenfalls den Namen kannte. Max Weber hat mich seitdem immer begleitet: ich glaube ihn in meinen Arbeiten der letzten Jahre wieder vom Kopf auf die Füße gestellt zu haben: aus dem »Gründervater« der Soziologie und dem »Methodologen« der Sozialwissenschaft ist, jedenfalls für mich, wieder der große, sachlich anregende Analytiker historischer und politischer Konstellationen geworden, der »Verkettungen von Umständen«, mit höchster Treffsicherheit des Urteils. Die Frage nach den »Kulturproblemen«, die die moderne kapitalistische Wirtschaftsweise aufwirft auch für Politik und Staat ist meines Erachtens die große uns während des nächsten Jahrhunderts wohl erst recht bewußt werdende Thematik, die er uns hinterlassen hat. Ich denke an Göttingen mit großer Dankbarkeit zurück. Ich studierte das Fach, in dem ich möglichst schnell Examen machen mußte so, wie ich es in der Schule praktiziert hatte: das heißt selektiv, da wo es mich nicht hinzog, tat ich das Nötigste; was mich interessierte, tat ich auf eigene Faust. Ich hörte überall hinein, wo ich es interessant fand – Geschichte, Literatur, Musik –, ich hatte mich auch in der Philosophischen Fakultät einschreiben lassen. Nebenher lernte ich beinahe einen Beruf: noch vor Weihnachten 1945 war ich an einem wirklich erfolgreichen drittelparitätischen Versuch beteiligt: der Gründung der Göttinger, später Deutschen Universitätszeitung – bis 1950 war ich einer der Herausgeber oder gehörte der Redaktion an. Ich lernte mit dem Setzkasten umzugehen, wie man eine Seite »aufmacht«, vor allem wie man fremde, aber auch die eigenen Arbeiten auf die zulässige Länge einkürzt. Die Zwänge eines Zeitungsmachers – mit dem Platz auszukommen – habe ich immer als die einsichtigsten respektiert. Für andere muß auch noch Platz bleiben. Da ich über Kürzungen nie gemault habe, habe ich mit Zeitungsredakteuren immer gut kooperieren können. Dankbar denke ich an die Anstöße zum Schreiben zurück, die ich Ludolf Hermann, Rolf Zundel, Henning Ritter und vielen anderen verdanke. Die Gespräche mit ihnen haben viel von der so unanregenden Sterilität des nach-68er-Fakultätsbetriebes kompensiert. Die Göttinger Universitätszeitung hatte das Tabu gebrochen, ein auf seine Respektabilität bedachter Professor schreibe nicht für Gazetten. Alle Großen der ersten Nachkriegsjahre schrieben gerne für die GUZ; aus dem Kreis der Studenten haben Hartmut von Hentig, Joachim Kaiser und viele andere dort das Schreiben gelernt.

Mit Freunden, vor allem aus Rudolf Smends Staatstheoretischem Seminar, Peter von Oertzen, Horst Ehmke, war ich gemeinsam im SDS, damals nicht gerade ein Revoluzzerverein. Natürlich war ich im ASTA, »Vortragsreferent«; Axel von dem Bussche, der bereit war, sein Leben in einem Attentat auf Hitler hinzugeben, war unter den Kommilitonen die überragende Gestalt, ein verehrter Held, die schöne und kluge Maria von Wedemeyer, die Braut des hingerichteten Dietrich Bonhoeffers, die umschwärmte Heroine. Fast noch mehr als die Vorlesungen faszinierte mich die Göttinger Universitätsbibliothek. Ihr Systematischer Katalog, große Lederfolianten aus den zwanziger Jahren des vorigen Jahrhunderts, gaben mir eine Idee von der Ordnung der Wissenschaft, die alten Bibliothekssysteme korrespondierten ja weithin der aristotelischen Wissenschaftseinteilung. Zehn Jahre lang hat mich die Frage begleitet, warum die ältere staatsrechtliche Literatur in Göttingen, noch Savigny zählte das Staatsrecht nicht zu den juristischen Fächern, nicht unter JUR oder JUS zu finden war, sondern unter POL, Politica – und diese Bestände neben der Literatur über Veterinärmedizin und über die Silberbergwerke im Harz eingeordnet war – diese unter OEC – Oeconomica. Meine Habilitationschrift über »Politik und praktische Philosophie« verdankt sich meiner Verwunderung über diese Abstellpraxis der Göttinger Bibliothekare.

Erste Berufsvorstellungen formierten sich: im dritten Semester machte ich dem Bibliotheksdirektor einen Besuch und fragte nach den Chancen des Bibliotheksdienstes. Er riet, doch erst einmal das Jurastudium abzuschließen. Einmal die Nachfolge des großen Göttinger Universitätskurators Valentiner anzutreten, hätte mich auch reizen können – die Einheitsverwaltung der Universität – also die Aufhebung der Trennung von Wirtschafts- und Personalverwaltung von den im engeren Sinn »akademischen« Angelegenheiten, nur sie fielen in die Kompetenz der sogenannten Ordinarien-Universität – halte ich für einen der irrwitzigsten Fehler der deutschen Hochschulpolitik – nur ein Kurator alten Stils hätte ich werden mögen. So ganz nebenher lernte man bei Rudolf Smend, meinem Doktorvater und einem der einflußreichsten Hochschulpolitiker der ersten Nachkriegsjahre, die Universität auch als politische und juristische Korporation einzuschätzen. Ganz vorsichtig und verschwiegen beschäftigte mich langsam aber auch die Lebensform eines wirklich gelehrten Professors: morgens auf die Bibliothek gehen, von zehn bis zwölf Vorlesung, im übrigen eine häuslich, behaglich bürgerliche Existenz, am besten im Goldgraben 13, Smends Adresse: die Sprechstunde natürlich in der häuslichen Wohnung, aber bitte zwischen 13 und 15.30 Uhr nicht klingeln. »Ordentlicher und öffentlicher Professor« – der alte Titel – konnte man ein freieres und erfüllteres Leben führen? Niemanden untertan? – was wußte ich damals schon vom Kollegen – aber was hat es mit dem »öffentlich« auf sich? Ich habe fast zwei Jahre an diese Frage gewandt. Smend forderte mich auf, darüber zu promovieren. In Smends Aufsatz »Zum Problem des Öffentlichen und der Öffentlichkeit« aus dem Jahre 1954 – 1951 wurde ich dann doch schnell mit der verlängerten Sechswochenarbeit promoviert – heißt es einleitend, der Aufsatz verstünde sich als »vorbereitender Beitrag zur weiteren Klärung der Frage, in der Hoffnung auf abschließende Arbeiten anderer auf breiterer Grundlage« – typisches Smend-Chinesisch – und dazu in der Anmerkung (Vgl. Staatsrechtliche Abhandlungen, S. 462) »Eine solche wird von W. Hennis erwartet ...« Ich habe dieser Erwartung, wie auch mancher anderen, nur unvollkommen entsprochen, aber der alte Herr wußte, wie man Erwartungen weckt und ums Öffentliche ging es dann ja sicher auch im weiteren Berufsweg.

Max Webers »Parlament und Regierung im neugeordneten Deutschland« vom Mai 1918 ist für mich immer das Muster einer politikwissenschaftlichen Situationsanalyse gewesen: welche historischen Faktoren hatten die Situation geprägt, welche Problematik warfen sie auf, wohin ging die Tendenz der weiteren Entwicklung, wohin sollte sie gehen. Daß ich für solche Analysen vielleicht wirklich eine gewisse Begabung hatte, daß ich mir ein sachlich distanziertes Urteil nach Berücksichtigung aller Umstände – die Politikwissenschaft hat mehr Verwandtschaft mit der Medizin als mit der Physik, sie ist eine alle Umstände bedenkende, eine »peristatische« Wissenschaft, – daß ich mir ein solches Urteil zutrauen konnte, begann ich selbst für möglich zu halten, nachdem ich im WS 1948/49 im Völkerrechtlichen Seminar von Herbert Kraus ein Referat über »Probleme eines zukünftigen Friedensvertrags mit Deutschland« gehalten hatte. Kraus hatte Kontakt zum Widerstand gehabt, er war der völkerrechtliche Ausbilder der jungen Attachés im Auswärtigen Amt gewesen, Adam von Trott war einer seiner Schüler und im Nürnberger Wilhelmstraßenprozeß war er einer der prominenten Verteidiger. Ganz selbstverständlich ging er davon aus, daß der ja noch bestehende Kriegszustand nur durch einen formellen Friedensvertrag beendet werden könne. Mein Referat zog dem ganzen Seminar gewissermaßen den Teppich unter den Füßen weg, indem ich knapp, aber historisch und soziologisch gut belegt, mit der neuesten völkerrechtlichen Literatur in den Fußnoten – ich hatte an einem Ferienkurs in Oxford teilgenommen und bei Blackwell's, wo man zum Schmökern ja ausdrücklich aufgefordert wird, stundenlang aus den unerschwinglichen neuen Büchern exzerpiert – ausführte, daß es einen Friedensvertrag alter Art nicht geben würde und er für Deutschland, wenn wir die staatliche Einheit nicht drangeben wollten, auch ganz und gar nicht erwünscht sein könnte. Kraus sah das ein, gab mir eine »Eins« und die Geschichte ist bis zum »2+4«-Abkommen ja auch ungefähr so verlaufen.

Nach dem Referendarexamen im Herbst 1949 am Oberlandesgericht in Celle wollte ich, wie unter Juristen üblich, schnell promovieren und die nie gedruckte Dissertation »Das Problem der Souveränität« verstand sich dann im Untertitel auch schon als »Beitrag zur gegenwärtigen Lage und Literatur der politischen Wissenschaft«. Den juristischen Assessor zu machen, reizte mich nicht. Smend und Franz Wieacker, meine verehrtesten Lehrer, kokettierten gerne damit, sie seien ja gar keine »richtigen« Juristen, beide hatten keinen Assessor gemacht. Wollte ich ein »richtiger« Jurist werden? Ein in der Prüfungsordnung vorgeschriebenes Praktikum, absolviert am Hildesheimer Amtsgericht, gleich neben dem Gefängnis, fand ich abstoßend und öde, ich meinte, daß ich meine Zeit, der Krieg hatte einem ja vier Jahre gestohlen, sinnvoller verwenden könnte. Ich habe zur praktischen Politik, also zu dem, was Politiker so tun, immer ein Verhältnis der Distanz eingehalten. Ich bin eigentlich ganz stolz darauf, daß ich von meinen zahlreichen Rufen nicht einen von einem Minister meiner jeweiligen Couleur bekommen habe. Ein Politikwissenschaftler muß sich von der Politik nicht angezogen fühlen. Die Politik – nach ihrem ursprünglichen Wortsinn ja eine Wissenschaft wie Ethik, Mathematik, Physik – hatte man seit der Antike bis zur Mitte des vorigen Jahrhunderts immer als die Fürstin aller Wissenschaften angesehen, umfaßt sie doch das Wissen um die für das Wohl des Bürgers wichtigste Angelegenheit, die gute Ordnung des Gemeinwesens. Zu dieser Wissenschaft zog es mich hin, aber es gab sie noch nicht. Die großen Texte von Platon, Aristoteles über Hobbes, Kant, Rousseau hatte ich zu einem Großteil schon als Schüler gelesen – die Reclambände und die Kröner- und Dieterich-Bände waren erschwinglich. Als zum späteren Fach hinführende Vorlesungen denke ich natürlich an die Smends, aber auch an die fabelhafte »Geschichte des Völkerrechts«, vorgetragen von Wilhelm Grewe, unserem emeritierten Kollegen, dem späteren Botschafter. Bei aller engagierten Distanz zur Politik als Beruf wollte ich von ihr eine Anschauung bekommen. In Bonn hatte der politische Betrieb gerade begonnen, gerne wollte ich das aus der Nähe erleben und ich hatte auch eine Vorstellung, von welchem Beobachtungsposten aus.

IV.

Damit beginnt gewissermaßen das zweite Buch – seien sie unbesorgt, es gibt nur zwei – meiner »Erzählten Erfahrung«. Statt den Referendardienst anzutreten, bewarb ich mich bei den 131 Abgeordneten der SPD im ersten Bundestag mit einer kurzen Bewerbung und Aufzählung meiner Fähigkeiten: Ein gutes Referendarexamen, Dr. jur., Führerschein Klasse 4 – den hatte ich schnell noch gemacht, Schreibmaschine, Sprachkenntnisse. Damals gab es weder bei den einzelnen Abgeordneten noch bei den Bundestagsfraktionen Stellen für wissenschaftliche Mitarbeiter, ich war der erste seiner Art, heute gibt es davon mehrere tausend. Arbeitgeber war die Fraktion, zugeteilt war ich ihrem Justitiar Dr. Adolf Arndt und zu ihm zog es mich hin. Denn es war klar, daß Adolf Arndt, der später sogenannte »Kronjurist« der SPD, Hilfe brauchen würde und daß ich bei ihm eine zweite juristische Lehrzeit würde absolvieren können, die in ihrer Art einzigartig war. Das Bundesverfassungsgericht stand vor dem Beginn seiner Arbeitsaufnahme und die Opposition im Bundestag hatte vor, die Verträge Adenauers zur Westpolitik und Wiederaufrüstung vor das Gericht zu bringen. Außerdem war Arndt einer der engsten Vertrauten Kurt Schumachers, Schumachers und Arndts Arbeitszimmer waren durch das gemeinsame Vorzimmer von Annemarie Renger, Schumachers Sekretärin, miteinander verbunden. In Kürze kannte ich ganz Bonn, jedenfalls aus der Perspektive des Bundestages, spezieller der Opposition. Neben der Mitarbeit an den Schriftsätzen für Karlsruhe nahm ich Arndt den größten Teil der Wahlkreiskorrespondenz ab, fuhr mit ihm alle vier Wochen in seinen soziologisch hochinteressanten Wahlkreis »Rotenburg/Fulda, Hersfeld, Hünfeld«, sorgte dafür, daß Arndt alle paar Tage mit einer Meldung in die örtlichen Zeitungen kam. So schulte ich mein Urteil in politicis. Auch von den Versuchungen der Teilnahme an der Macht bekam ich Anschauung. Mein Arbeitsplatz in Arndts kleinem Raum bestand aus einem Schreibtisch, für dessen linke Schubfächer ich keinen Schlüssel besaß. Eines Tages mußte ich den Raum verlassen, zwei Herren, offenbar Justizbeamte verließen ihn mit einem Packen beschlagnahmter Akten. Der im Bundeskanzleramt für die Vervielfältigung der geheimen Kabinettsprotokolle zuständige Amtsbote hatte immer zwei überzählige Exemplare abgezogen: eines verkaufte er für gutes Geld an das französische Deuxième Bureau, das andere bekam zur Entlastung seines Gewissens der verehrte Genosse Schumacher. Es kam zu einem großen Skandal, die Sache war für Schumacher schrecklich peinlich, das Verfahren wurde niedergeschlagen, mir blieb ein schaler Geschmack. Die Erfahrung, daß alle Zuträgereien, auch die der Meinungsforscher – denn was sind die Ergebnisse demoskopischer Umfragen anderes als Zuträgereien – gering einzuschätzen sind, gehört zu meiner Bonner Lehrzeit.

Von der Richtigkeit der Adenauerschen Außenpolitik war ich bald überzeugt, Schumacher hielt ich, bei allem Respekt für den durch zwölf Jahre KZ geschundenen Mann für ein Verhängnis für die SPD – ihr Godesberg kam 10 Jahre zu spät. Die Klagen der SPD zur Auswärtigen Gewalt – Schumann-Plan, EVG-Vertrag, Kehler-Hafen-Abkommen – blieben alle ohne direkten Erfolg, dennoch waren sie von großer verfassungspolitischer Bedeutung. Das Karlsruher Gericht bekam die Chance, an hochpolitischen Materien seine Position im Gefüge der Verfassungsordnung zu fixieren, die Position von Parlament und Regierung auf diesem Schnittfeld zwischen Staats- und Völkerrecht wurden geklärt – bis zur verantwortungslosen Neuordnung dieser Dinge im neuen Artikel 23 GG.

Die Prozesse, an deren Vorbereitung ich mitarbeitete, gingen nicht alle verloren, sonst könnte man ja sagen, daß ich zu Recht kein Jurist geworden bin. Das vielleicht – jedenfalls nach Meinung vieler, auch des verehrten Kollegen Böckenförde, der das Urteil für ein Unglück hält – wichtigste und folgenreichste Urteil, welches das Karlsruher Gericht in fast fünfzig Jahren fällte, das sog. Lüth-Urteil, gewann der Beschwerdeführer, und diese Beschwerdeschrift habe ich, bis auf forensische Zutaten Arndts, ganz allein, von Erich Lüth fürstlich honoriert, ausgearbeitet. Dabei war ich eigentlich nur ein Zwischenträger: die Begründung für Lüths Beschwerde, es ging um die Frage, ob man gegen die Aufführung von Filmen des »Jud-Süß«-Regisseurs Veit Harlan protestieren dürfe, entnahm ich der Theorie über »Das Recht der freien Meinungsäußerung«, die Smend in seinem Referat vor der Staatsrechtslehrertagung 1927 entwickelt hatte. Immerhin: Lüth, der in allen Hamburger Instanzen verloren hatte, mußte zu Arndt kommen, ihn um Anwaltshilfe bitten, Arndt mir den Fall überlassen und ich mußte meinen Smend kennen. In der Kausalkette bis zum schließlich erfolgten, für die Grundrechtsdogmatik so grundlegenden Urteil, mit dem der deutsche Obrigkeitsstaat, denn das alte Boykottrecht war ein Teil davon, durch Gerichtsurteil abgeschafft wurde, bin ich ein nicht wegzudenkendes Glied. Das alte deutsche Grundgebot: »Das Betreten des Rasens ist verboten« galt nicht mehr absolut, seitdem darf man sogar Transparente mit mehr oder weniger sinnvollen Parolen mit sich führen.

Nur einmal noch lockte es mich, den gelernten Juristen herauszukehren: den Paragraphen 9a des Atomgesetzes, der die »Entsorgung« des Atommülls regelt, halte ich für grundgesetzwidrig, da eine vor den späteren Generationen verantwortbare Entsorgung nicht möglich ist. Sie ist weder physikalisch möglich, noch – wenn das der Gegensatz zu historisch ist – futurologisch möglich, denn soweit in die Zukunft hinein können wir die nach uns Kommenden nicht zwingen, sich daran zu erinnern, was in der Tiefe der Endlager »entsorgt« wurde. Die sogenannte friedliche Nutzung des Atoms ist nach meiner Auffassung einer freiheitlichen Gesellschaft unwürdig. Gemeinsam mit Max Himmelheber und dem verstorbenen Bundesverfassungsrichter Fabian von Schlabrendorff, die ich für meine Argumentation gewinnen konnte, haben wir Mitte der 70er Jahre den wunderbaren Verleger Ernst Klett veranlaßt, ein großes Gutachten in Auftrag zu geben, aus dem dann die Monographie »Rechtsfragen der atomaren Entsorgung« meines Berliner Kollegen Hasso Hofmann herauswuchs. Gerne wäre ich ein Glied in der Kette jener, die die Nutzung der Atomenergie auf friedliche, rechtsstaatliche Weise, jedenfalls im Geltungsbereich des Grundgesetzes, verhindern werden. Die Möglichkeit besteht noch immer.

Die Versuchung, von der Stelle bei Arndt aus mit Hilfe der SPD eine schnelle Berufskarriere zu machen, war groß, aber das wollte ich unter keinen Umständen, ich mußte eine eigene berufliche Basis haben, so frei und unabhängig wie möglich. Da bekam ich im Sommer 1952 eine Einladung zur Teilnahme am Harvard International Seminar, das der junge Henry Kissinger, auch er Jahrgang 1923, in Harvard organisierte. Kissinger saß damals an seiner Dissertation über Metternich und Bismarck. Wir, mit Klaus Epstein als drittem im Bunde, waren uns einig, daß mehr als alle Ideologien und Totalitarismen dieses Jahrhunderts wohl doch der Niedergang der Staatskunst für das Unheil unserer Zeit verantwortlich zu machen ist. Das Harvard Seminar, zu dem Kissinger junge Wissenschaftler, Politiker und Künstler, immer zwanzig Europäer und zwanzig Asiaten, einlud, war eine Art Oberstufe zum Salzburger Seminar in American Studies, an dem ich 1950 zweimal teilgenommen hatte. In Salzburg und während der Wochen in Harvard absolvierte ich eine Art Schnellkurs in der modernen, im wesentlichen ja amerikanischen Political Science. In der »Widener Library« wühlte ich wieder wie in der Göttinger UB, nun hatte mich die politische Wissenschaft wirklich gepackt. Ich studierte die Federalist Papers, Walter Bagehot, Tocqueville; die Alten zogen mich mehr an als die Modernen. Die Zeit war viel zu kurz, um alles aufzunehmen. Das fand auch Otto Kirchheimer, ein Schüler Carl Schmitts, der Deutschland 1933 verlassen mußte und den ich in Göttingen, als er Smend besuchte, kennengelernt hatte. Ich nenne seinen Namen, weil ich ihn in vielem als meinen eigentlichen politikwissenschaftlichen Lehrer verstehe, meine Freunde und ich, auch der damalige Freiburger Dekan Horst Ehmke, hatten alles getan, damit Kirchheimer die Nachfolge Arnold Bergstraessers nach dessen Tod im Jahre 1964 antreten konnte. Ich wünschte, er würde hier stehen. Kirchheimer starb, bevor er den Ruf annehmen konnte. Er arbeitete damals im State Department und so lancierte er mich in ein Gästeprogramm – ich konnte vier Monate länger in den USA bleiben, ich bekam die Chance, alle bedeutenden politikwissenschaftlichen Departments des Landes kennenzulernen. Das war nicht »Umerziehung«, reeducation, sondern amerikanische Großzügigkeit. Von der amerikanischen Political Science, sie begann damals in einflußreichen Richtungen sich schrecklich »wissenschaftlich« zu gerieren, lernte ich dies und das, ich lernte aber vor allem eine funktionierende Demokratie kennen. Wissenschaftlich interessanter erschienen mir die zu Politikwissenschaftlern mutierten, aber ihre deutschen geistigen Grundlagen nicht verleugnenden, großen Exilierten: Leo Strauss, dessen »Naturrecht und Geschichte« damals erschien und Eric Voegelin. Zu beiden, zu Strauss und Voegelin, habe ich engen Kontakt gehalten, Voegelin wollte mich 1962 gerne auf den zweiten Lehrstuhl nach München holen, aber ich ging lieber zunächst einmal als Juniorkollege von Siegfried Landshut nach Hamburg, wo ich für Leo Strauss, der bei Cassirer promoviert hatte, gemeinsam mit Wolfgang Wieland die Möglichkeit der Rückkehr nach Hamburg einfädelte. Als ihn das – wer wollte es ihm verargen – nicht lockte, bekam er wenigstens den Hamburger Ehrendoktor. Leo Strauss hat mich davor bewahrt, mich auf eine bloß »empirische« Politikwissenschaft einzulassen oder die Politische Wissenschaft als Magd der politischen Bildung, der Demokratie oder was immer zu begreifen. Am Anfang der politischen Philosophie, die mit dem platonischen Sokrates fragt, wie wir unser Leben nicht nur im Sinne der gegebenen Gesetze, der umlaufenden Meinungen und Konventionen zu führen haben, sondern unsere Art, das Leben zu führen, sich vor der Vernunft, der Wahrheit, der Philosophie rechtfertigen muß, steht Sokrates, der den Schierlingsbecher auf sich nahm. Eine politische Wissenschaft, in der nicht immer wenigstens ein Funken philosophischer Reflexion steckt, d.h. das Risiko des Widerspruchs zu den Ordnungen, wie sie sind, ist meines Erachtens keinen Pfifferling wert.

Die letzten Wochen verbrachte ich in New York, besuchte Franz Neumanns Montesquieu-Seminar, erlebte an der Columbia University den ersten großen Boom der Meinungsforschung, der Wahlkampf zwischen Stevenson und Eisenhower gab der Demoskopie, dieser als Wissenschaft auftretenden Dienstleistungsbranche, großen Auftrieb. Meine erste selbständige kleine Monographie veröffentlichte ich 1957 über »Meinungsforschung und repräsentative Demokratie«, unter Verwertung meines alten Zettelkastens zur »öffentlichen Meinung«.

In Washington bekam ich Einblick in wirklich große Politik, ich war plötzlich als Experte gefragt und wurde von Büro zu Büro gereicht. Die Europäische Verteidigungsgemeinschaft – die EVG, die ja dann an Frankreich scheiterte, drohte im Herbst 1952 am Bundesverfassungsgericht, an der Klage zu scheitern, die ich mit ausgeheckt hatte. In Deutschland gab es so etwas wie eine veritable Verfassungskrise: Die SPD hatte ihre Klage beim ersten Senat des Gerichts – dem angeblich roten – anhängig gemacht, darauf klagte die Bundesregierung – ich vereinfache – beim »schwarzen« zweiten Senat, die SPD dürfe nicht klagen. Heuß, der als Bundespräsident das Ratifizierungsgesetz ja hätte unterzeichnen müssen, erbat ein Gutachten vom Plenum des Gerichts.

Kaum jemand in Deutschland durchschaute das intrigante Juristenspiel, in Washington bestimmt niemand – aber da gab es doch diesen jungen Mann, der das vielleicht erklären konnte. Kirchheimer schob mich von einem Department zum anderen, unvergeßlich ein Besuch bei Felix Frankfurter, dem grand old man im Supreme Court, unerschütterliche Stütze für Roosevelts New Deal-Gesetzgebungswerk. In seinem Arbeitszimmer von Renaissance-Ausmaßen empfing mich der zierliche alte Herr, ein Bild wie von Tizian gemalt: »Come in young man, have a seat und nun erklären Sie mir doch, was ihr verrückten Deutschen da schon wieder ausheckt.« Bei Dorothy Fosdick, der »Nr. 2« in George Kennans Planungsstab, bekam ich als Gegenleistung für meine Erklärungen eine Lektion darüber, wie es in der ganz großen Politik zugeht: die Stalin-Note vom März '52 hatte die deutsche Politik durcheinander gebracht: die SPD und die FDP verlangten Aufklärung, ob es Stalin mit dem Angebot, über die Wiedervereinigung zu verhandeln, ernst meine. Für Adenauer – er hatte wohl recht – war es ein perfides Verwirrungsmanöver der »Zoffjets«, um die Wiederbewaffnung zu durchkreuzen. Dorothy Fosdick – ihren alten Chef George Kennan, den Mr. X der Eindämmungspolitik, lernte ich zwei Jahre später in Frankfurt kennen, – er ist die eindrucksvollste Persönlichkeit, der verehrenswürdigste Mensch, der größte Lehrer der Politik, dem ich in meinem Leben begegnet bin – Dorothy Fosdick überzeugte mich, daß Adenauer recht hatte – ich berichtete Arndt regelmäßig von meinen Eindrücken und vielleicht motivierten diese Briefe Carlo Schmid, mir anzubieten, zum 15. März 1953 die Assistentenstelle am Frankfurter Seminar für Politische Wissenschaft zu übernehmen. Schmid wollte seinen Tübinger Lehrstuhl für Völkerrecht mit dem Frankfurter für Politische Wissenschaft eintauschen. Heureka: Für ein Fach, für das es einen Lehrstuhl gab, mußte man sich auch habilitieren können. »Politikwissenschaft als Beruf« gewann Konturen. Nach einem Umweg über Venezuela, wo ich meine Eltern besuchte, Spanien und Paris – ich verpraßte die letzten Dollars, trat ich im März 1953 meinen Dienst bei Carlo Schmid an und im Herbst 1959 reichte ich meine Habilitationsschrift mit dem Titel »Politik und praktische Philosophie« ein.

Inzwischen war bei mir nämlich der Groschen gefallen, jetzt wußte ich, warum die »Politica«-Bände in Göttingen neben den Büchern über Roßstaupe und die Behandlung des ländlichen Gesindes standen. Die Politik war, wie die Ökonomik, die Lehre vom »ganzen Haus« (Otto Brunners »Adliges Landleben und europäischer Geist« hatten mir geholfen, den Zusammenhang zu begreifen), seit Aristoteles eine der Disziplinen der praktischen Philosophie, also eine praktische Wissenschaft, will heißen, sie handelt vom Handeln, der Praxis des Menschen im politischen Bereich. Nun wurde mir klar, was mir an der neuen Political Science – mit ihrer ewigen Wechselreiterei »theoretischer« Moden – so mißfiel und ich begriff den größeren historischen Zusammenhang dieser Entwicklung seit Hobbes' Versuch, die Politik more geometrico zu konstruieren. David Hume's Essay »That Politics may be reduced to a Science« konnte ich nun nicht mehr widersprechen, es war aber eine besondere Art von Wissenschaft, eben eine praktische Wissenschaft, um die es in der Wissenschaft von der Politik ging und geht. Die Geschichte der politischen Wissenschaft, ihre aristotelische Grundkonzeption, ihre besondere topische Argumentationslogik und ihre Fortführung bis in die anthropologisch-charakterologischen Fragestellungen Max Webers hinein, erschloß sich mir, und hat seitdem meine Position im Fach bestimmt. Carlo Schmid ließ mir völlige Freiheit, ich war ihm ein loyaler Assistent, er war trotz seiner Bonner Belastung ein gewissenhaft seine Amtspflichten erfüllender Chef. Ich bewunderte seine immense Bildung, ein ihm hingeschobenes Stichwort genügte, um das Seminar in Spannung zu halten. Sein Stefan George-Hintergrund war mir fremd, heute wünschte ich mir, daß doch etwas mehr von dieser inspirierenden und begeisternden Kraft in unseren Geistes- und Sozialwissenschaften lebendig geblieben wäre. Ihre heutigen Vertreter haben keinen Anlaß, sich über den Geist der alten »Geisteswissenschaft« erhaben zu dünken. Im Vergleich zu ihr sind wir doch rechte Kümmerlinge.

Aber nun wird es konventionell, wie in jeder Professorenbiographie. Ich begann meine Interessenfelder abzustecken: als selbstverständliche Aufgabe die immer neue Taxierung der Stärken und Schwächen unserer eigenen politischen Ordnung mit besonders wachem Auge für die Entwicklung des Parteiwesens. Meine Grunderfahrung blieb das Versagen Weimars, das durfte sich nicht wiederholen. Zu den Hardlinern der wehrhaften Demokratie habe ich nie gehört, den Zusatz im Artikel 5 GG, daß »die Freiheit der Lehre nicht von der Treue zur Verfassung entbinde« verstehe ich natürlich aus seinem zeitgeschichtlichen Zusammenhang, habe ihn aber doch immer für eine Unverschämtheit gehalten. Das und ähnliches hätte man doch auch noch vielen anderen Berufen hinter die Ohren schreiben können.

Zu den umlaufenden, für mein Empfinden durchweg allzu eklektischen und zufälligen Orientierungen des Faches – die Politikwissenschaft als »Demokratiewissenschaft«, als »politische Soziologie«, als »Integrations«- oder »synoptische« Wissenschaft – habe ich immer Distanz gehalten und bin meinen eigenen Weg gegangen. Von den umlaufenden Etikettierungen, irgendeinem »approach« oder »Ansatz« muß man sich doch einordnen lassen, stört mich »common sense-approach« am wenigsten, wenigsten approximativ. Die sachlichen Aufgaben der modernen Politik habe ich erst mehr didaktisch-systematisch in Vorlesungen und Seminaren unter dem Gesichtspunkt einer Regierungslehre, später der »Regierbarkeit«, also der Schwierigkeit, die modernen demokratischen Ordnungen regierbar zu halten, in – wie man sagt – Forschung und Lehre problematisiert. Immer wieder haben mich die großen Texte angezogen: Machiavelli, Hobbes, die Federalist Papers, Rousseau, Tocqueville – und immer wieder der uns am nächsten stehende, letzte wahre Klassiker der Politik: Max Weber. Die Erziehung zum sorgfältigen Lesen der soviel größeren als wir es sind, kritisch respektvoll, habe ich immer als wichtige Aufgabe verstanden, an mich selbst gerichtet, aber auch als Lehrer. Die auch in meinem Fach grassierenden »Theorien«, die meinen, es so herrlich weit gebracht zu haben, ob sie sich nun kritisch, systemtheoretisch, kommunikationstheoretisch nennen, haben mir nie imponiert. In Frankfurt überkamen mich erste Ahnungen von neuen deutschen Irrungen und Wirrungen, zum Institut für Sozialforschung hielt ich Distanz.

So wie im Politischen die Hybris ist mir in der Wissenschaft jede Art von Verstiegenheit, Jargon und Eigenreklame – Kritische Theorie, was denn sonst? – fremd und zuwider. Nicht immer war ich als akademischer Lehrer in gleich guter Form, aber wenn eine Sache mich gepackt hatte, so habe ich doch immer wieder das Glück gehabt, andere anstecken zu können: Heinrich Meiers Edition von Rousseaus Zweitem Discours, Christoph Brauns Arbeit über »Max Webers Musiksoziologie« – wenn so etwas bei der Lehre herauskam, dann war das der schönste Lohn.

Im Juni 1960 habilitierte ich mich: Ich bekam die Venia für »Politische Wissenschaft« – das und nichts weiter. Ich glaube, ich war der erste, der aufs ganze ging – also keine Rückversicherung durch Zusätze wie: Politikwissenschaft und Soziologie, Politik und politische Philosophie, neuere Geschichte etc. Politik pur, wobei sich die Verstrebungen des uralten Faches in den ganzen Bereich der einstmals sogenannten Staatswissenschaften ja von selbst verstand. Von einer Politikwissenschaft, die ihren Stolz darein setzt, sich zu »professionalisieren« und gegenüber anderen »auszudifferenzieren«, um sich dann über strikt zu beachtende Zäune »interdisziplinär« wieder zusammenzuschalten, habe ich nie viel gehalten. Halten zu Gnaden: wie öde ist das meiste dieser Art von »Politologie«. »Interdisziplinär«: dafür bekommt man Graduiertenkollegs nachgeworfen, aber es ist doch nur ein anderes Wort dafür, daß gleich mehrere ein Brett vor dem Kopf haben.

Meinen öffentlichen Habilitationsvortrag hielt ich über das Thema: »Amtsgedanke und Demokratiebegriff«. Auch und gerade in der Demokratie muß sich die sogenannte Willensbildung auf die öffentlichen, in rechtlicher Verantwortung stehenden Ämter in Parlament und Regierung ausrichten. Vergleichsweise gilt das auch für das wissenschaftliche Amt, das wir als Lehrende einer Universität in Forschung und Lehre wahrzunehmen haben. Damit komme ich ans Ende meiner Erzählung.

V.

Wenn Politikwissenschaft mir zum Beruf wurde, so habe ich das ganze Berufsleben im äußeren Rahmen der Universität verbracht, an sechs Hochschulen und in acht Fakultäten gelehrt: in zwei rechts- und staatswissenschaftlichen, zwei wirtschafts- und sozialwissenschaftlichen, drei philosophischen und – kurz aber unvergeßlich – an einer Pädagogischen Hochschule. Anfangs der 50er Jahre befand Hermann Heimpel, die deutsche Universität sei im Kern gesund. Das fand ich schon als Student nicht. Daß man als Jura-Student, der ein gutes Examen machen wollte, gar nicht darum herum kam, zum Repetitor zu gehen, war und ist ein Skandal. Seit dem »Blauen Gutachten« von 1948, der ersten großen Denkschrift zur Lage der Universität, für dessen publizistische Resonanz ich in der Göttinger Universitätszeitung mitverantwortlich war, habe ich mich wissenschaftlich, universitätsgeschichtlich und hochschulpolitisch mit Fragen der Universität – ich darf schon sagen, herumgeschlagen. Als Helmut Schelsky 1969 seinen »Abschied von der Hochschulpolitik« veröffentlichte, erschien zugleich mein kleines Buch »Die deutsche Unruhe« mit Studien zur Hochschulpolitik. Seit 1964 warnte ich vor dem mit dem Wissenschaftsratgutachten von 1960 – Ausbau statt Neubau – eingeschlagenen Weg. Bis 1975 – dem Jahr der Verabschiedung des unglückselig erbärmlichen Hochschulrahmengesetzes –, habe ich weiter geschrieben und mich herumgestritten. Als ich damals – 1975 – erfahren mußte – sehr dicht an Orten der Entscheidungen –, daß die Universitätsfragen für die meisten Politiker aller Couleur auch nur Spielmaterial sind – im give and take generalistisch ein- oder auszuhandeln sind, habe ich mein Engagement für diesen Politikbereich eingestellt. Wenn mir übel zumute war, so habe ich mich in der Nische des Lehrstuhls, wo es immer ein harmonisches und freundliches Klima gab, abgeschottet. Der Gedanke, daß mein verwinkeltes Zimmerchen im Kollegiengebäude IV vom Schwiegervater einer Schwester Max Webers, dem großen Architekten Karl Schäfer entworfen war, bot selbst dort noch einen Trost.

Heute, fünfzig Jahre nach dem legendären »Blauen Gutachten« meint Dieter Simon, ein wirklich erfahrener Kenner der Universitätssituation, die deutsche Universität sei durch und durch verrottet.

Ich fürchte, sie ist in ihrem Kern, der Idee, nach der sie selbst leben will, nicht der diversen Funktionen, die man von außen an sie heranträgt, sterbenskrank, aber sie weiß von ihrer Krankheit nichts, will davon auch gar nichts wissen. Wer ihr, denen, die für sie Verantwortung tragen, den Politikern und den Sprechern, der auf ihre Autonomie so verbohrt erpichten Universität, von ihrer Krankheit erzählen würde, hat keine Chance, angehört zu werden. Ich erschrecke, wenn ich mir eingestehen muß, daß mich die Universität nicht mehr interessiert. Die Wissenschaft selbstverständlich, und die Studenten – und jetzt drücke ich mich einmal korrekt aus –, auch die Studentinnen, selbstverständlich, aber im Grunde tun sie mir leid, weil sie ja kaum erfahren, was ihnen die deutsche Universität von heute vorenthält. Die Steine dieses schönen Baus sind geduldig: da oben steht noch immer: »Die Wahrheit wird euch frei machen«. Das zielt nicht nur auf das Wort aus dem Johannes-Evangelium, das ist auch die Botschaft der sokratischen Philosophie und in ihrer Nachfolge aller wahren, aufklärenden, das heißt frei machenden Wissenschaft. Ich schiebe das Bekenntnis gerne nach: Ich habe die alte Universität wirklich geliebt. Mitglied einer bedeutenden Fakultät zu sein, hat mich angeregt und stolz gemacht. Seit der Zerschlagung der alten Fakultäten, wissenschaftlichen Korporationen, in Verwaltungseinheiten, fühle ich mich in dieser Universität ortlos. Die alten großen Quellen des Enthusiasmus, der doch wohl das Beste am Menschen ist, der Gottesglaube und der Patriotismus, die Liebe zum Vaterland, sind weitgehend versiegt. Auch die Universität als Institution kann keine Leidenschaft mehr entzünden. Aber eines bleibt uns: die Wissenschaft, eine sich philosophisch, das heißt frei machend, nicht utilitarisch oder positivistisch definierte Wissenschaft, kann noch immer ein neu quellender Fluß der Begeisterung sein. »O Jahrhundert, o

Wissenschaft! Es ist eine Lust zu leben« – schreibt Ulrich von Hutten an Willibald Pirckheimer 1518.

Ich liebe die Wissenschaft noch immer. Mit meinem Weber bin ich darin einig, daß nichts für den Menschen etwas wert ist, was er nicht mit Leidenschaft tun kann – bei aller selbstverständlich gebotenen Nüchternheit und Mäßigung – Leidenschaft ist ja nicht nur blinder Überschwang – sie hat am Leiden Anteil. Davon handelte ja der erste Teil meines Berichts. Die heutige Universität ist mir fremd und ich habe wenig Hoffnung, daß in ihr eine Wahrheit, die uns frei macht, große Chancen hat. Etwas von der Idee, dem Geist, der die Institution beseelt und rechtfertigt, müßte doch auch in ihren unentbehrlichen Äußerlichkeiten, ihrer Rechtsform, der Ordnung ihrer Fakultäten, auch in ihren Bauten mitschwingen. Ich leide unter der Banalisierung der Institution, in der wir unserer Aufgabe nachgehen müssen. Wie habe ich die Göttinger Universität, ihre alte Aula, geliebt. Was für ein Vorzug, daß das Smendsche Staatstheoretische Seminar im »Sekretärzimmer« der Akademie tagen konnte! Wie schön war es, in das noble Jugendstilgebäude der Hamburger Universität zu gehen, um dort seinen Amtspflichten nachzukommen. Ich versuche, es noch einmal auf den Punkt zu bringen: zurück zu dem Thema, das der alte Smend mir zur Behandlung nahelegte.

Die alte Bezeichnung eines Ordinarius war »ordentlicher und öffentlicher Professor«. Daß die Bezeichnung Professor etwas mit Bekenner zu tun hat, ist eine Fabel, die immer wieder erzählt wird. Aber was beinhaltete die Bezeichnung »öffentlicher« Professor? Und warum heißt der Privatdozent »Privatdozent«? In diesen Bezeichnungen schlägt sich nichts anderes, als die spezifisch deutsche kulturstaatliche Tradition nieder, die die deutsche Universität bestimmt hat, und mit der sie leben oder sterben wird. Eine Institution ist geronnener Geist, sie kann ihm nicht entrinnen. Deutschland war seit dem 30-jährigen Krieg immer ein armes Land, und wir haben nie Universitäten besessen, die sich reichen Stiftungen und großem Eigenbesitz verdanken. Nach der Kirche konnte nur der Staat ihr Gründer, Erhalter und ihre finanzielle Stütze sein. Er brauchte sie auch: in der ersten Fakultät für die Ausbildung konfessionstreuer Geistlicher, in der zweiten für gesetzeskundige Juristen, in der dritten für zuverlässige Ärzte. (Wie dankbar muß ich vor allem den Kollegen der Medizinischen Fakultät für Können, Fürsorge und Freundschaft sein.) Die vierte, die Philosophische Fakultät hatte bis in die Zeit Kants und Humboldts ja nur eine eher propädeutische Funktion, und Humboldt ist ja nur eine wichtige

Etappe in der deutschen Universitätsgeschichte, ihre Grundlagen sind viel älter, nüchterner. Die öffentlichen Professoren waren solche, denen der Staat ein öffentliches Amt, das der Vertretung ihres Faches übertragen hatte. Fachvertreter nannte man die Ordinarien ja auch. Dem Privatdozenten verlieh die Fakultät, also nicht der Staat, eine Lehrbefugnis, die venia legendi – sie waren aber keine Träger eines öffentlichen Amtes, mußten auch nicht das ganze Fach vertreten. Natürlich weine ich den alten Titeln nicht nach. Mit dem Wegfall der alten Amtsbezeichnung, die von mir aus jedem, der in eine Dauerstellung eingewiesen wird, zugeteilt werden könnte – es ist mir völlig egal –, aber mit ihrer Ersetzung durch eine haushaltsrechtliche Kategorie: »C2«, »C3«, »C4«, hat der Staat, was ihm doch auch als Demokratie überhaupt erst eine gewisse Würdigkeit gibt, seine Kulturstaatlichkeit in Frage gestellt. Auch der Beamtenstatus für die Volksschullehrer war ja Folge der besonderen kulturstaatlichen Verantwortung, in die sich die deutschen Staaten nach dem dreißigjährigen Krieg und wieder nach den napoleonischen Kriegen, hineingestellt sahen. Auch die wilhelminische Ära nobilitierte sich durch ihre Kultur- und Wissenschafts-Leistungen, im Kern politischen Leistungen, von staatlichen Leistungen abhängig. Auch die Weimarer Republik verstand sich als Schul- und Kulturstaat. Nur durch Kultur konnte sich dieses Land immer wieder hochbringen. Und darum waren Erziehung und Bildung der Kinder und der reiferen Jugend in den Universitäten eine öffentliche Sache von besonderem Rang. Davon weiß der heutige Staat nichts und auch die Universität hat es vollkommen vergessen. Seit drei Jahrzehnten werden die immer gleichen Begriffe: besseres Management, andere organisatorische Strukturen hin- und hergewälzt. Daß eine sinnvolle Reform der heutigen Universitäten, sofern sie denn überhaupt möglich ist, nur möglich ist, wenn sie nicht an Organisationsfragen ansetzt, sondern von einer Idee ausgeht, die etwas mehr ist, als die gesellschaftliche Funktion, die die Universität natürlich auch erfüllen muß, das wird ausgeklammert, denn wo wäre sie? Humboldt mag – wie der Minister Rüttgers meint – passé sein, aber was kommt nach ihm? Ein Papier nach dem anderen, eines so uninteressant und uninspiriert wie das vorhergehende. Ich bin ganz ehrlich: ich habe keine Hoffnung für die deutsche Universität, und das ist für mich eine bittere Erfahrung am Ende eines Berufslebens, weil ich die Alternative nicht sehe, die denen offeriert werden könnte, auf die es doch vor allem ankommt: auf die Studierenden. Gegen die Zumutung, die Universität habe Sinn zu stiften, habe ich mich immer gewehrt. Wer kann das schon? Das können immer nur Einzelne tun, dazu Begabte. In den 68er Jahren habe ich die Studenten gebeten, wenn sie Sinn suchten, sollten sie doch bitte ins Theater oder in die Bibliothek gehen, dort lägen tausende von Büchern, die zu lesen sich mehr lohne, als sich hier uninspiriertes Wissen abzuholen.

Der Geist ist ein Wühler. Wenn in der Universität für ihn kein Platz ist, wird er sich schon einen neuen Bau errichten. Jedenfalls bin ich ganz sicher, daß es immer wieder junge Menschen geben wird, denen die Möglichkeit, aus dem Geist heraus zu leben, frei, niemandem untertan zu sein, das allerwichtigste ist. Den Titel von Gerhard Krügers wunderbarem Platon-Buch über »Einsicht und Leidenschaft«, vielleicht in diesem Raum erfunden – Krüger war ein Schüler Heideggers –, hätte ich gerne selbst erfunden. Ich hoffe, daß ihn Jüngere noch einmal erfinden werden.

(1998)

Bibliographische Nachweise

1. Parlamentarische Opposition und Industriegesellschaft

Erstveröffentlichung: »Parlamentarische Opposition und Industriegesellschaft. Zur Lage des parlamentarischen Regierungssystems«, in: *Gesellschaft – Staat – Erziehung* 1 (1956), S. 205–222.

2. Das Modell des Bürgers

Erstveröffentlichung: »Das Modell des Bürgers«, in: *Gesellschaft – Staat – Erziehung* 2 (1957), S. 330–339.

3. Meinungsforschung und repräsentative Demokratie

Erstveröffentlichung: *Meinungsforschung und repräsentative Demokratie. Zur Kritik politischer Umfragen*. Tübingen 1957: J. C. B. Mohr (Paul Siebeck). (Recht und Staat in Geschichte und Gegenwart, 200/201.)

4. Verfassungsordnung und Verbandseinfluß

Erstveröffentlichung: »Verfassungsordnung und Verbandseinfluß. Bemerkungen zu ihrem Zusammenhang im politischen System der Bundesrepublik«, in: *Politische Vierteljahresschrift* 2 (1961), S. 23–35.

5. Richtlinienkompetenz und Regierungstechnik

Erstveröffentlichung: *Richtlinienkompetenz und Regierungstechnik*. Tübingen 1964: J. C. B. Mohr (Paul Siebeck). (Recht und Staat in Geschichte und Gegenwart, 300/301.)

6. Aufgaben einer modernen Regierungslehre

Erstveröffentlichung: »Aufgaben einer modernen Regierungslehre«, in: *Politische Vierteljahresschrift* 6 (1965), S. 422–441.

7. Planen und Vorsorgen als Regierungsaufgabe

Erstveröffentlichung: »Planen und Vorsorgen als Regierungsaufgabe«, in: *Hessische Hochschulwochen für Staatswissenschaftliche Fortbildung* (Bad Homburg) 67 (1969), S. 36–46.

8. Verfassung und Verfassungswirklichkeit

Erstveröffentlichung: *Verfassung und Verfassungswirklichkeit. Ein deutscbes Problem.* Tübingen 1968: J. C. B. Mohr (Paul Siebeck). (Recht und Staat in Geschichte und Gegenwart, 373/374.)

9. »Machtwechsel« – oder der Versuch einer zweiten Gründung?

Erstveröffentlichung: »›Machtwechsel‹ – oder der Versuch einer zweiten Gründung?« (Rezensionsabhandlung zu: Arnold Baring: *Machtwechsel.* Stuttgart 1982), in: *Zeitschrift für Parlamentsfragen* 14 (1983), S. 154–160.

10. Die Rolle des Parlaments und die Parteiendemokratie

Erstveröffentlichung: »Die Rolle des Parlaments und die Parteiendemokratie«, in: Richard Löwenthal und Hans Peter Schwarz (Hrsg.): *Die zweite Republik. 25 Jahre Bundesrepublik.* Stuttgart 1974: [Seewald], S. 203–243 (Abdruck hier ohne S. 229–235).

11. Regierbarkeit

Erstveröffentlichung: »Regierbarkeit. Zur Begründung der Fragestellung«, in: Wilhelm Hennis, Peter Graf Kielmansegg, Ulrich Matz (Hrsg.): *Regierbarkeit. Studien zu ihrer Problematisierung.* Stuttgart 1977: [Klett], S. 9–21.

12. Parteienstruktur und Regierbarkeit

Erstveröffentlichung: »Parteienstruktur und Regierbarkeit«, in: Wilhelm Hennis, Peter Graf Kielmansegg, Ulrich Matz (Hrsg.): *Regierbarkeit. Studien zu ihrer Problematisierung.* Stuttgart 1977: [Klett], S. 150–195.

13. Politik ohne Beruf?

Erstveröffentlichung: »Politik ohne Beruf? Anmerkungen zur Arbeit der ›Gemeinsamen Verfassungskommission‹, in: *Politisches Denken. Jahrbuch 1994*«, Stuttgart 1995: [Metzler] S. 1–13.

14. Integration durch Verfassung?

Erstveröffentlichung: »Integration durch Verfassung? Rudolf Smend und die Zugänge zum Verfassungsproblem nach 50 Jahren unter dem Grundgesetz«, in: *Juristenzeitung* 1999, S. 485–495.

15. Politikwissenschaft als Beruf

Erstveröffentlichung: »Politikwissenschaft als Beruf. Erzählte Erfahrung eines 75jährigen«, in: *Freiburger Universitätsblätter* 140 (Juni 1998), S. 25–48.

Personenverzeichnis

Kursiv gesetzte Zahlen verweisen auf die Fußnote der Seite

Wilhelm Hennis bei Mohr Siebeck

Max Webers Fragestellung

»Mit tiefem Respekt vor der Größe und Bedeutung Max Webers hat Wilhelm Hennis mit diesen Studien Wege zu einem tieferen und reicheren Verständnis dieses ›Bismarcks der Wissenschaft‹ gewiesen.
Er hat ihn heruntergeholt von seinem Podest als Klassiker der modernen Soziologie, doch er hat durch diese ergänzende und belebende Interpretation die wahre Größe Max Webers und seine historische Einbettung in die deutsche Geistesgeschichte nur noch deutlicher hervortreten lasssen.«
Kurt Sontheimer in *Die Zeit*, Nr. 15 am 03. 04. 1987

»Man hätte ein solches Buch [...] nicht mehr für möglich gehalten: Hennis präsentiert uns den Juristen, Nationalökonomen und Soziologen Max Weber als, und vor allem als *Philosophen*, getrieben von der einheitsstiftenden Fragestellung des ›ganzen Weber‹ (1. Kap.), nämlich der ›anthropologisch-charakterologischen‹ Fragestellung nach der Entwicklung des ›Menschentums‹ ...«
Daniel Brühlmeier in *Studia Philosophica*, 1992, vol. 51, S. 259–261

1987. IV, 242 Seiten. Fadengeheftete Broschur und Leinen.

Max Webers Wissenschaft vom Menschen

»Es ist das Verdienst von Wilhelm Hennis, die Spuren von Denkern wie William James oder Friedrich Albert Lange in Webers Werk erschlossen zu haben. Seine Studie über ›Max Webers Wissenschaft vom Menschen‹ ist mit der Unbefangenheit, Leidenschaft und Urteilskraft eines großen Politikwissenschaftlers geschrieben. Sie entfaltet eindringlich die Facetten der anthropologischen Fragestellung Max Webers und ist ein einzigartiger Beitrag zu seiner ›intellektuellen Biographie‹.«
Andreas Anter in *Die Zeit*, Nr. 14 am 29. 03. 1996

»Hennis stellt Weber in die große Tradition politikwissenschaftlichen Denkens von Platon bis Rousseau. Webers Auseinandersetzungen mit den naturalistischen Denkweisen seiner Zeit ist von der heutigen politischen Wissenschaft untet veränderten Vorzeichen neu zu führen. Hennis' bedeutendes Buch erinnert daran, daß ›das Licht der großen Kulturprobleme‹ noch nicht weitergezogen ist, daß es nach wie vor unsere Probleme sind.«
Karl-Heinz Nusser in *Zeitschrift für Politik*, 1996, Nr. 3, S. 339–342

1996. VII, 229 Seiten. Broschur oder Leinen.